나무 신화
MYTHOS BAUM

suryusanbang
2022.06

- 〔나무 신화〕 나무로 본 유럽 민속의 기원과 효능
  〔MYTHOS BAUM〕 The Origin and Effect of European Folklore Seen through Trees
- 지은이 ⓒ 도리스 라우데르트 Written by Doris LAUDERT
- 옮긴이 ⓒ 이선 Translated by YEE Sun
  책임 편집 ⓒ 심세중 Edited by SHIM Sejoong
  주석 작성 ⓒ 심세중 · 이선 Annotation by SHIM Sejoong · YEE Sun
  편집 도움 홍지영 · 김유정 · 조연하 · 김나영
  표지 일러스트레이션 ⓒ 디자인콘셉트 · 구성 박상일 + 그래픽 이수경
  한국어판 편집 · 디자인 · 출판 ⓒ 수류산방 Produced, Edited & Designed by Suryusanbang

- 〔MYTHOS BAUM〕
  © 2009 BLV Buchverlag GmbH & Co. KG, München/GERMANY
  이 책의 한국어판 저작권은 BLV Buchverlag GmbH & Co. KG와의 계약으로 수류산방에서 소유합니다.

- Produced & Published by 수류산방 樹流山房 Suryusanbang
  초판 01쇄 2021년 11월 30일
  　　　02쇄 2022년 06월 21일
  값 38,000원
  ISBN 978-89-915-5579-2 03520
  Printed in Korea, 2022.06

  9 788991 555792   03520

- 수류산방 樹流山房 Suryusanbang
  등록 2004년 11월 5일 (제300-2004-173호)
  〔03054〕 서울 종로구 팔판길 1-8 〔팔판동 128〕
  T. 82 02 735 1085 F. 82 02 735 1083
  프로듀서 박상일
  발행인 및 편집장 심세중
  크리에이티브 디렉터 朴宰成 + 박상일
  이사 김범수, 박승희, 최문석
  디자인 · 연구팀 김나영 〔피디〕
  사진팀 이지웅 〔피디〕
  편집팀 전윤혜 〔선임〕
  인쇄 효성문화 〔박판열 T. 82 (0)2 2261 0006〕

나무 신화
MYTHOS BAUM
나무가 우리에게 건네는 이야기 : 역사 · 풍습 · 나무들의 초상
나무로 본 유럽 민속의 기원과 효능

도리스 라우데르트 지음
이선 옮김
심세중 책임 편집

② 2022년 [한국에서 가장 아름다운 책] | ① 2021년 [한국조경학회 우수번역상]

MYTHOS BAUM
Was Bäume uns Menschen bedeuten :
Geschichte · Brauchtum · Baumporträts von Ahorn bis Zitrone

The Origin and Effect of European Folklore Seen through Trees
Written by **Doris LAUDERT**
Translated by **YEE Sun**
Edited by **SHIM Sejoong**

나무의 삶처럼 길었던 번역 여정을 돌아보며 | 이선

"나무는 / 땅이 하늘로 쓰는 / 한 편의 시."
〔칼릴 지브란(Kahlil Gibran)〕

눈 덮인 산에 올라 어스름한 저녁이 되면 인적 없는 숲속에 짐을 푼다. 두껍게 쌓인 낙엽은 푹신한 매트리스가 되어 겨울밤에도 침낭 하나로 견딜 만하다. 사위는 바람 소리도 없이 고요하다. 일상의 번다한 잡념은 추위와 적막에 눌려 사라지고, 코끝을 스치는 매서운 한기가 정신을 맑게 한다. 숲 바닥에 누워 바라보는 밤하늘과 별, 그리고 나무들은 평소와는 사뭇 다른 모습이다. 땅의 에너지를 하늘에 전하려 애쓰는 듯한 나무. 그 검은 실루엣이 장엄하다.

오래전 독일 남부의 '검은 숲'〔슈바르츠발트(Schwarzwald)〕 인근 도시에 살았던 적이 있다. 그 곳은 중유럽에서 숲이 가장 울창한 지역으로, 전나무와 가문비나무, 너도밤나무 등이 빽빽이 모여 자란다. 우리 나라 제주도 면적의 3배가 넘는 크기이니 규모도 대단하다. 로마의 역사가 타키투스[Publius Cornelius Tacitus, 56~117년]는 이 숲을 "흉측하고 소름이 돋는 숲"이라고 표현했다. 이 숲의 울창함을 나타내는 '검은 숲'이란 명칭도 로마인들이 지어 준 이름, '실바 니그라(Silva Nigra)'에서 유래했다. 구릉과 산 위에 끝없이 펼쳐진 너른 숲은 마치 검푸른 파도가 일렁이는 바다처럼 보였다. 수많은 나무들이 흡사 독일 병정처럼 도열해 있는 숲에서 뿜어져 나오는 아우라는 색다른 분위기를 자아냈다. 가도 가도 끝이 보이지 않은 검은 숲속에 혼자 남게 되면, 시간을 훌쩍 뛰어넘어 거친 야성의 중세 시대에 와 있는 듯한 묘한 느낌이 들곤 하였다. 숲이라는 공간 속에서 중세로 시간 여행을 체험한 일은 오래도록 내 기억 속에 남아 있다.

작은 씨앗에서 시작되어 거대한 몸체로 자라면서 수백 년, 또는 수천 년을 버텨 내는 나무는 우리 인간이 이 지구에 태어나기 전부터 살아 왔던 원주인이다. 인간은 나무에 의지해서 수백만 년을 살아 왔다. 인간의 의식주를 해결하는 주요한 자원이 바로 나무였고, 문화와 정신의 원천이 숲이었으니, 나무와 숲이 있어 인간이 존재한다라고 해도 과언이 아니다. | 오래전 동양에서는 우주 만물을 설명하는 다섯 가지 기본 요소 중 하나로, 서양에서는 우주를 떠받치는 거대한 생명체로 그려졌던 나무란 무엇일까? 수백 년의 나이테 속에 숨겨진 많은 이야기를 단지 몇 줄의 글로 표현한다는 것은 쉬운 일이 아니다. '줄기나 가지가 목질로 된 여러해살이 식물'로 나무를 설명한다면, 그것은 매우 건조할 뿐 아니라 나무에 대한 예의도 아닐 것이다. 리그닌과 셀룰로오스, 엽록소와 광합성 등은 나무를 설명하는 중요한 용어들이지만, 나무에는 이러한 단어들로 표현할 수 없는 그 무엇인가가 숨어 있다. | 우리 나라를 포함한 동아시아에도 숲과 나무에 관한 신화와 전설이 많다. 유럽의 경우도 마찬가지다. 그리스와 로마를 중심으로 한 유럽 문명은 숲에서 시작되었다고 해도 지나친 표현은 아니다. 신화와 전설뿐 아니라 목재, 수렵, 양봉, 유리, 소금 등 실생활에 필요한 수많은 것들이 숲으로부터 얻어졌다. 어디 그뿐이랴. 오월주〔Maypole〕에서부터 크리스마스 트리까지 민속 문화의 중심에도 나무가 자리 잡고 있다.

유럽에서 흔히 볼 수 있는 35종의 나무들이 인문학적 시선으로 다시

태어난 이 책 『나무 신화(Mythos Baum)』는 나무에 대한 한 편의 유장한 서사시라고 할 수 있다. 저자는 나무의 생물학적 특성과 의미뿐 아니라 관련된 신화와 전설, 역사와 민속 등 나무에 숨겨진 문화적 유전자를 발굴해 내었다. 이는 마치 나무의 서정성을 찾고자 노력한 저자의 새로운 시도처럼 보인다. | 대개 나무를 주제로 한 책들은 그 내용이 자연 과학이나 인문적 서술 중 어느 한쪽에 치우쳐 있는 경우가 대부분이다. 그러나 이 책은 식물학, 역사학, 민속학, 문화 인류학, 신화학, 의학, 기술 과학, 예술학 등이 총망라되어 그 내용이 방대할 뿐 아니라 다채롭게 구성되어 있다. 이 각각의 분야들이 씨줄과 날줄이 되어 직조된 내용은 형형색색의 독특한 문양처럼 인상적이고 흥미진진하다. 새로운 패턴의 문양들은 책 속에서 점차 평면에서 입체로 진화한다. 나무를 주제로 여러 분야에서 조명하고 싶었던 저자의 열정과 의지가 고스란히 책 속에 녹아 있는 듯하다. 그러면서도 자신의 주장이나 느낌을 독자들에게 들이밀지 않는다. 숲과 나무에 대한 감정과 상상은 독자들의 몫으로 남겨 두는 저자의 너그러움이 돋보인다. | 책의 곳곳에 등장하는 옛 그림과 판화는 이 책의 또 다른 매력으로 다른 곳에서는 쉽사리 찾아볼 수 없는 귀중한 자료이다. 이들 자료는 마치 풍성한 식탁에 더해진 진귀한 향신료와 같은 구실을 하며 책의 내용을 훨씬 더 맛깔스럽게 한다. 또한 저자는 각각의 나무에 관한 서술의 첫머리에 관련된 싯귀나 격언 등을 소개해 그 나무가 전하는 메시지를 함축적으로 담아 내었다.

이 책은 처음부터 개개의 나무를 설명하는 병렬식 서술이 아니라 앞부분에서 숲의 역사와 문화를 개괄하여 땅을 고른 후 그 위에 나무 한 그루씩을 심어 가며 설명하는 방식을 택했다. 이른바 직렬과 병렬이 함께 하는 서술 방식으로 전체와 부분을 잘 이해할 수 있도록 했다. 전반부에는 「숲의 문화사」라는 소주제를 통해 지구의 역사에서 숲이 발전되어 온 과정과 숲이 인류의 역사와 문화에 끼친 영향 등을 소개한다. 이어지는 「신화 속의 나무」에서는 숲과 나무에 얽힌 신화와 전설을 펼쳐 보인다. 전반부의 「숲의 문화사」와 「신화 속의 나무」는 각각의 나무를 본격적으로 설명하기 전에 전체 배경을 파악하도록 하는 일종의 입문 구실을 한다. 이 부분은 하나의 '소책자'로 따로 엮어도 될 만한 충실한 내용과 분량을 담고 있다. 각각의 나무들에 대한 상세하고 방대한 설명이 이어지는 후반부는 이 책의 많은 부분을 차지한다. 나무라는 하나의 주제를 중심으로 다채로운 내용이 담긴 이 책은 단숨에 읽는 것보다 생각날 때마다 천천히, 그리고 조금씩 읽어 나가는 것도 좋을 듯싶다. 마치 시공간을 넘나들며 틈틈이 이곳저곳의 숲을 여행하는 기분으로 말이다.

1999년에 처음 출간된 이 책은 2004년 개정 증보판을 내고 독자들의 많은 성원에 힘입어 총 7쇄를 출간했고, 2016년에는 제목을 『나무 신화(Mythos Baum)』에서 『나무의 마법(Magie der Bäume)』으로 바꾸며 새로 단장했을 만큼 그 생명력을 잃지 않고 있다. 증보판에는 무화과나무, 월계수, 올리브나무, 감귤류 등 지중해 지역에서 자라는 나무들과 아시아에서 자라는 은행나무가 새롭게 추가되었다. 저자 도리스 라우데르트(Doris Laudert)는 안타깝게도 2012년 세상을 떠나 더 이상의 개정판은 나오지 못하게 되었다. 지금도 나무에 관한 전설, 신화, 또는 역사에 관해서는 독일어권에서 가장 대표적인 저술로 여러 문헌에 자주 인용되는 것을 보면 유럽에서는 독자들에게 꽤나 사랑을 받고 있는 모양이다.

평소에 역사와 민속 문화에 관심이 많았던 옮긴이는 수업 시간에 이 책을 자주 인용하며 그 내용을 소개했다. 그러다가 학생들뿐 아니라 일반 독자들에게도 이 책을 알리고 싶은 무리한 욕심이 생겨 번역을 시작하게 되었다. 번역 작업이 마냥 즐겁고 수월했던 것만은 아니었다. 몇 줄의 글과 단어 속에 숨어 있는 역사적 배경과 문화적 특성을 알지 못하고서는 내용이 명쾌하게 이해되지 않는 부분이 몹시 많았다. 또한 용어와 인물, 그리고 대상들 뒤에 숨겨진 배경과 특성을 정확히 파악하지 못하면 내용 전체의 흐름을 파악할 수가 없어 꽤나 힘에 부치고 고단한 작업이었다. 게다가 원문에 충실하면서도 적확(的確)한 우리말을 찾기도 쉬운 일이 아니었다. 옮긴이의 인문학 지식과 소양이 부족하다 보니 한 단어와 문장을 붙잡고 몇 시간씩 이리저리 궁리하느라 작업은 더디게 진행되었다. 각주의 양이 많은 것도 이러한 이유 중 하나다. 이 책에 첨부된 각주는 독자를 위한 것일 뿐 아니라 옮기고 편집하는 과정에서 스스로 필요하고 궁금하여 찾아보고 익힌 결과물이라 할 수 있다.

초벌 번역 원고가 출판사에 넘겨진 후, 재검토와 수정을 거쳐, 그 원고를 옮긴이가 다시 보기를 수 차례 반복했다. 옮긴이는 그저 제 좋은 맛에 시작한 일이지만 편집자들에게는 지난한 작업이었을 것이다. 특히 심세중 선생은 거친 원고를 수정하고 다듬어 주었을 뿐 아니라 오랜 시간을 할애하여 문장 하나하나를 꼼꼼히 살펴봐 주었다. 공역이라 해도 과언이 아닐 정도로 깊이 파고든 것이다. 이런 여러 번의 확인 과정에서 옮긴이의 오역뿐 아니라 저자의 원문 오류까지 밝혀 내고 바로잡았다. 이는 단어 하나의 의미에도 적당히 타협하지 않으려는 수류산방의 엄정한 편집 정신의 결과라 아니할 수 없다. 고인이 되신 저자도 편집자의 이와 같은 노력과 집념에 어디선가 박수를 보내고 있을 것이다. | 원래 건축에서도 개축(改築)이 신축(新築)보다 어

려운 법인데, 박상일 방장님은 원서의 이미지와 분위기를 최대한 유지하면서 책을 새롭게 편집해 주었다. 내용을 충실하게 하는 도판을 새롭게 보태고, 원서에는 없는 해설 지도를 추가하여 본문에 등장하는 지명과 지역을 지도상에 표기했다. 이는 국내 번역서 편집에서 새로운 시도가 아닐까 생각된다. 사실 유럽의 여러 지명은 우리의 귀에 익숙하지 않을 뿐더러 그 장소가 정확히 어디에 위치해 있는지 헷갈릴 때도 많다. 나무와 숲이 주제인 이 책에서는 지역의 자연 환경과 역사 및 문화사가 밀접한 관련이 있으므로 어느 한 장소의 지리적 위치는 매우 중요하다. 본문에 새로이 추가된 관련 지도는 독자들이 내용을 이해하고 문화적 상상력을 확장시키는 데 많은 도움을 줄 것으로 기대한다.

조그만 씨앗 하나를 건넸을 뿐인데, 오랜 기간 물과 거름을 주고 햇빛을 쬐어가며 커다란 나무로 키워 주신 수류산방의 여러 선생님들, 특히 심세중 선생께 다시 한 번 감사드린다. 이 분들에게 또 하나의 빚을 진 셈이다. 또 번역 과정에 도움을 주신 이주현 박사님과 다니엘 탠들러(Daniel Tendeler)께도 감사 말씀을 전한다. 많은 노력을 기울였음에도 오역이나 오류가 남아 있을 수 있다. 허심탄회한 질정 부탁드린다. | 이제 오래 미뤄 두었던 과제를 끝낸 기분이다. 이 책의 번역은 10여 년 전부터 제자들에게 약속했던 일이었다. 편집 과정이 예상보다 많이 길어져 이제야 출간하게 되었다. 그만큼 이 책 『나무 신화(Mythos Baum)』의 폭과 깊이가 넓고 깊다는 반증이 아닌가, 하며 변명을 해본다. 평소에 학생들의 과제 제출 기간을 엄격하게 다그쳤던 나로서는 낯이 뜨겁지만, 늦게나마 제자들과의 약속을 지켰으니 그래도 체면치레는 한 셈이다.

오랫동안 한자리에 머무르면서 온갖 풍상을 견디며 서 있는 나무는 마치 묵언 수행하는 수도자 같다. 늙을수록 추해지는 사람과 달리 나무는 나이가 들수록 장대하고 아름답다. 옛 글에서 "땅에서 나는 것 중에 나무가 가장 볼 만하다〔地可觀者 莫可觀於木〕"〔*〕라더니, 어찌 보면 나무는 하늘에 대한 땅의 대답이 아닐까, 번역이 마무리될 즈음에 드는 생각이었다.

|

2021년 10월 담소헌(淡素軒)에서, 이선(李瑄).

〔*〕 이 구절은 『설문해자(說文解字)』〔후한(後漢) 때 허신(許愼, 58?~147?)이 편찬한 중국의 가장 오랜 자전(字典)〕에서 '서로 상(相)' 자를 풀이하는 대목에서 나온다. '상(相)'은 나무〔木(목)〕와 눈〔目(목)〕이 결합한 글자로, '서로'라는 뜻도 있지만 그 전에 '살펴 본다'라는 뜻이 먼저 있었다. 『설문해자』에서는 이를 "相 省視也. 从(從)目从(從)木. 易曰 地可觀者 莫可觀於木.(상 성시야. 종목종목. 역왈 지가관자 막가관어목)"이라고 풀었다. 마지막 문장을 직역하면 "역(易)에서 말하기를 땅에서 가히 관(觀)이라 할 것을 꼽는다면 나무만큼 관(觀)이라 할 것이 없다."가 된다. 여기서 '역(易)'은 『역경(易經)』『『주역(周易)』』이 아니라 『역위(易緯)』를 말한다. 『역위』는 하도(河圖) 낙서(洛書)를 다르게 풀이한 해설서로, 『역경』『주역』의 위서〔緯書, 유가의 경(經)과 어긋나는〔緯〕 견해를 펼친 문헌〕로 분류되었다. '관(觀)'은 '본다'는 뜻도 있지만 여기서는 '풍지관(風地觀)' 괘〔䷓〕를 가리킨다. 풍지관〔䷓〕은, 상괘는 바람〔손풍(巽風)〕이고, 하괘는 땅〔곤지(坤地)〕이어서, 땅 위에 바람이 부는 상이다. 그런데, 손괘는 또한 나무도 상징〔손위목(巽爲木)〕하기 때문에 '땅 위에 나무가 자라는 상'이라고도 할 수 있다. 관(觀)괘의 대략적 의미는 통치자가 위로 하늘의 신성한 도를 겸허한 마음으로 '살피'면 사시(四時)가 어긋나지 않고, 아래로 민생과 민심을 자세히 '살피고' 꿰뚫어야 그 통치권이 확립될 것이며, 이러한 통치자의 의젓함을 '우러르며' 백성들이 교화된다는 것이다. 『역위』에서는, 이 같은 "풍지관 괘〔䷓〕의 참된 의미를 지상에서 가장 잘 표상하는 것이 나무"라고 해설한다. 그리고 다시 『설문해자』에서는 이 『역위』의 구절을 인용하며, "'상(相)'의 본뜻은 '풍지관 괘와 같은 자세로 살펴보는 것'이며, 그렇게 두 존재가 살피고 우러르는 데서 '서로'라는 의미가 파생했다."고 설명한다. 즉 여기서 '본다는 것'은 인간의 눈으로 나무를 보는 것이기도 하지만, 나무처럼 보는 방식이기도 하다. │ 그런데 이렇게 풀이한 우리말 문장은 '땅에서 (사람이) 관하는 것'으로 읽히지만, 한문 문장의 주어는 여전히 '땅(地)'이라는 점이 남는다. 다석 류영모(柳永模, 1890~1981)의 한자 풀이를 따르는 미술평론가 김종길은 "땅이 옳다 보는 이 중에 가장 옳게 보는 것이 나무"를 제안한다. 이 경우 곧 땅의 입장에서, 땅이 하늘을 향해 낳은 존재 가운데 가장 관이라고 하기에 옳은 존재, 땅이 나무를 통해 관(풍지관)을 실현해 낸다는 뜻에 가까워진다. 땅에 뿌리를 내리고 하늘을 향해 높게 자라는 과정, 그 큰 나무를 우러르는 모습, 하늘의 빛을 합성해 푸르른 나무가 지상의 생명들을 먹이고 품고 치유하는 작용. 이 모두가 '풍지관(風地觀)' 괘〔䷓〕 그리고 그저 보는 것이 아니라 관(觀)하여 보는 행위의 의미를 크고 깊게 드러내는 것이겠다.

『나무 신화』 차례

00 나무의 삶처럼 길었던 번역 여정을 돌아보며 | 이선 [005]
  일러두기 [017] | 지도 01 [018] | 지도 02 [019]

00'1 숲의 문화사 [Kulturgeschichte des Waldes] [020]
혹독한 추위 이후 [022] | 잔인한 땅 [024] | 무주공산(無主空山) [028] | 경계를 표시하는 나무 [030] | 대벌목 시대 [032] | 나무와 손해는 매일매일 자란다 [034] | 방목장으로 이용되던 숲 [036] | 밑에도 나뭇잎, 위에도 나뭇잎 [039] | 내게 가장 귀한 짚은 마구간에 깔 나뭇잎 [041] | 개간권 [043] | 신성 로마 제국의 양도원(養蜂園) [044] | 사냥터의 야생 동물이 눈에 잘 띄도록… [048] | 위하여, 더 흥겨운 사냥을 위하여! [052] | 나무의 시대 [055] | 거칠고 장식 없는 통나무 집 [058] | 숲이 여행길에 나섰을 때 [060] | 중세의 루르 공단 [064] | 신은 염천(鹽泉)을 위한 숲을 창조하셨다 [068] | 유리 공장 [096] | 셈을 못하나 해도 [072] | 눈에 띄게 줄어든 숲 [073] | 땔감이 가장 적게 드는 난로 [076] | 문명 앞에는 숲이 있고… [077] | 승승장구하는 독일가문비나무 [079] | 만성적 관리 소홀 [080]

00'2 신화 속의 나무 [Der Baum im Mythos] [082]
인류의 기원 [084] | 인류의 토대가 된 비옥한 토양 [090] | 나무와는 형제처럼 이야기 나눌 수 있다 [0942] | 운명의 나무 [094] | 변신 이야기 [096] | 신성한 숲 [099] | 낙원의 나무와 십자가 나무 [104] | 계통수와 계급 나무 [106] | 과일 나무를 심거나, 그럼 결혼할 수 있을 걸세! [109] | 해롭고 쓸모없는 것?—오월주(五月柱) [112] | 거실의 전나무 [117]

01 감귤류 [Zitrusfrüchte ; *Citrus* sp.] [128]
향기로운 열매 [130] | 레몬 꽃이 피는 나라 [133] | 메디아의 사과 [134] | 레몬 [138] | 오렌지 [140] | 지도 03 [143]

02 개암나무 [Der Haselstrauch ; *Corylus avellana*] [144]
개암나무 시대 [146] | 개암에 깃든 화해 [147] | 수맥 지팡이, 마술 지팡이 [149] | 창살용 나뭇가지와 산울타리용 나뭇가지 [153] | 누가 개암을 까나? [154]

03 너도밤나무 [Der Wacholder ; *Fagus sylvatica*] [156]
게르만의 숲 [158] | '부헤(die Buche)'라는 이름이 생겨나기까지 [162] | 서적(Bücher)과 룬(Rune) 문자 [164] | 인내심이 대단한 너도밤나무 [169] | 땔감으로 쓰이던 너도밤나무 [171] | 땔감에서 고급 목재로 [172] | 세탁용 너도밤나무 재 [175] | "매사에는 양면이 있지만 너도밤나무 열매만은 삼면(三面)을 지니지." [176] | 논란의 여지가 있는 치료제 [179] | 이름난 너도밤나무 [179] | 지도 04 [181]

04 노간주나무 [Die Ulme ; *Juniperus communis*] [182]
북유럽의 사이프러스 [184] | 노간주나무가 자라는 곳 [185] | 산 속 숲의 유향나무 [186] | 생과 사의 경계에 서 있는 수호자 [190] | 페스트와 싸우는 보호처 [193] | 악마로부터 수호하는 생명의 회초리 [195] | 황무지와 헐벗은 땅에 퍼져 나가다 [197] | 노간주나무의 사촌, 사비나 [199]

05 느릅나무 [Die Ulme ; *Ulmus* sp.] [202]
건축에서 참나무 다음으로 치는 느릅나무 [204] | 이 세상을 떠나는 느릅나무들 [208] | 포도덩굴 지주목과 속껍질로 만든 끈 [210] | 치료 효과가 있는 속껍질 [213] | 비애의 상징 [214] | 인류의 기원 [216] | 역사적인 느릅나무 [217]

06 단풍나무 [Der Ahorn ; *Acer* sp.] [218]
외래종 단풍나무와 독일 토종 단풍나무 [220] | 나무 중의 모범생 [222] | 가을의 홍조 [224] | 독일 음식에 귀중한 나무 [225] | 귀중한 목재 [226] | 달콤한 수액 [228]

07 딱총나무 [Der Holunder ; *Sambucus* sp.] [230]
가짜 딱총나무와 진짜 딱총나무 [232] | 지도 05 [234] | 독성이 있는 사촌들 [235] | 보물 지킴이 [236] | 홀레 아주머니(Frau Holle)의 나무 [238] | 가난한 이들의 포도 [241]

08 독일가문비 [Die Fichte ; *Picea abies*] [242]
조림 수종의 대표 주자 [244] | 당신의 숲을 망치고 싶다면… [246] | 산에서 태어난 독일가문비 [248] | 각기 다른 모습의 독일가문비 [251] | 바이올린 제작용 목재 [254] | 괴혈병(壞血病)에 특효약 [255] | 독일가문비 숲으로 데려가다 [258] | 가장 신비한 나무 [259]

09 들장미 [Die Heckenrose ; *Rosa canina*] [260]
들장미와 재배종 정원 장미 [262] | 피비린내 나는 죽음의 상징 [264] | 프레야의 잠들게 하는 사과 [266] | 장미에 젖은 페르시아 [268] | 꽃의 여왕 [270] | '신비한 장미(Rosa mystica)', 마리아 [272] | 장미 골목의 여인들 [275] | 침묵의 상징 [276] | 붉은 저고리, 검은 모자 [277]

10 마가목 [Die Eberesche ; *Sorbus aucuparia*] [280]
숲 가장자리의 밝은 곳에 사는 나무 [282] | 새들이 좋아하는 키 작은 숲 [283] | 마가목을 이용한 별미들 [286] | 지도 06 [288] | 생명력 있는 나무와 회초리 [289] | 마가목의 형제 자매들 [291]

11 무화과나무 [Die Feige ; *Ficus carica*] [296]
남국의 전령 [298] | 무화과 열매를 먹고 살다 [300] | 아테네와 로마의 의례 나무 [303] | 평화의 나무에서 교수대 나무까지 [307] | 무화과와 돼지 [308] | 무화과를 드러낸다는 뜻 [309] | 식용 무화과와 못 먹는 무화과 [311] | 카를로비 바리 커피와 무화과 치즈 [313] | 달

콤하고 향기로운 시커모어무화과 [315] | 연인의 나무, 사자(死者)의 나무 [316]

12 **물푸레나무** [Die Esche ; *Fraxinus excelsior*] [318]
강변과 계곡의 나무 [320] | 물푸레나무 창으로 격렬히 싸우다 [322] | 인류의 기원 [325] | 나는 위그드라실이라는 물푸레나무를 알고 있네 [326] | 목맨 자 [328] | 류머티즘과 매독을 이긴다 [330]

13 **밤나무** [Die Edelkastanie ; *Castanea sativa*] [332]
남방의 나무 [334] | 재배 밤나무와 야생 밤나무 [336] | 궁핍한 이들의 식량 [338] | 누가 불 속에서 밤을 꺼내 오는가? [341] | 포도나무 받침대와 무두질용 밤나무 껍질 [343] | 파괴적인 균류 전염병 [344] | 거대한 나무 덩어리 [345]

14 **배나무** [Der Birnbaum ; *Pyrus pyraster*] [346]
진짜 야생 배나무 [348] | 향기 가득한 배나무 정원 [350] | 잘 익은 배는 따야지 [353] | 발저의 배나무 [354] | 지도 07 [356] | 목조각가와 목형 제작자 [357] | 배나무에 하소연하기 [358] | 하벨란트의 리벡 마을에 사는 리벡 아저씨 [360]

15 **버드나무** [Die Weide ; *Salix* sp.] [362]
버드나무의 친척 [364] | 1년에 1번만 벤다 [368] | 버들가지 엮어 삼은 신발 [371] | 음울한 죽음의 나무 [372] | 샘솟는 생명의 상징 [374] | 버드나무 옆에서 참회하다 [376] | 마법에 걸린 나무 [377] | 욕망을 억제하다 [378] | 새로 난 가지를 봉헌하다 [381] | 기나나무 껍질과 아스피린 [382]

16 **벚나무** [Der Kirschbaum ; *Prunus avium*] [384]
재배종 벚나무의 시조 [386] | 루쿨루스(Lucullus)의 귀한 벚나무 [387] | 새에서 유래한 학명 [389] | 벚나무 동우회 [390] | 성 바르바라 축일에 자르다 [393] | 버찌의 꼭지와 벚나무의 진 [394] | 추운 겨울을 위한 핫 팩 [395] | 시대를 풍미했던 양식을 대표하는 목재 [396] | 벚꽃에 취한 일본 [397]

17 **사과나무** [Der Apfelbaum ; *Malus sylvestris*] [398]
야생 사과나무 [400] | 사과의 문화사 [401] | 전통적인 과수 재배의 쇠락 [403] | 사과나무가 자라는 땅 [405] | 사과의 고객들 [408] | 죄악의 열매 [412] | 만물의 척도 [414] | "하루에 사과 한 알씩 먹으면 의사가 필요 없다" [416] | 향기 [418]

18 **산사나무** [Der Weissdorn ; *Crataegus* sp.] [420]
가꾸기 까다롭지 않은 산울타리 [422] | 착한 마법의 나무 [424] | 산사나무의 역사 [426] | 산책 지팡이, 채벌 회초리 [429] | 약용과 식용으로 탁월한 산사나무 [431]

19 **서어나무** [Die Hainbuche ; *Carpinus betulus*] [432]

00 | Mythos Baum | 나무 신화 | 나무 신화(Mythos Baum) : 나무로 본 유럽 민속의 기원과 효능

전형적인 미상화서〔434〕| 밑동 베기〔435〕| 요새 산울타리〔436〕| 철의 대용품〔440〕

20 **소나무**〔Die Kiefer ; *Pinus sylvestris*〕　　　　　　　　　　　〔442〕
매우 오래된 선구수종〔444〕| 척박한 지역에서도 살아가는 생존자〔445〕| 소나무의 생김새〔447〕| 중세의 어둠을 밝히던 관솔개비〔449〕| 풍부한 송진〔450〕| 역청과 타르 제조〔452〕| 그을음 제조통〔454〕| 다양한 쓰임새〔455〕| 고대의 폐 질환 약제〔456〕| 천년의 광채를 뿜는 일본의 소나무〔457〕| 유럽잣나무(*Pinus cembra*)〔458〕| 고산 지대의 무고소나무〔461〕

21 **송악**〔Der Efeu ; *Hedera helix*〕　　　　　　　　　　　　　〔462〕
독일 숲속의 외래종〔464〕| 술의 신(酒神) 디오니소스에 대한 열광〔466〕| 신의(信義)의 상징〔469〕| 최상의 물건은 광고가 필요 없다〔470〕

22 **오리나무**〔Die Erle ; *Alnus sp.*〕　　　　　　　　　　　　　〔472〕
오리나무의 종류〔474〕| 계곡과 강의 경계를 형성하는 나무〔475〕| 땔감용에서 인기 있는 목재로〔476〕| 염색과 채색〔478〕| 마왕의 고향〔479〕| 마왕〔481〕| 지도 08〔482〕| 유배의 나무〔483〕

23 **올리브나무**〔Der Ölbaum ; *Olea europaea*〕　　　　　　　　〔484〕
끈기의 표상〔486〕| 올리브나무의 기원〔487〕| 초록에서 보라를 지나 검정으로〔490〕| 다양한 수확물〔491〕| 의인(義認)의 화환〔493〕| 성유〔496〕| 신들의 다툼〔497〕| 방랑〔501〕| 몸 속은 꿀로, 몸 밖은 올리브유로〔502〕| 올림피아 경기〔504〕| 300만 *lb*의 올리브유〔506〕

24 **월계수**〔Der Lorbeer ; *Laurus nobilis*〕　　　　　　　　　　〔508〕
옛 숲에 남겨진 나무〔510〕| 영혼이 깃든 나무〔511〕| 속죄의 나무〔513〕| 피비린내 나는 승리의 상징〔515〕| 시인과 체육인들의 나뭇잎〔516〕| 천상과 대지의 월계수〔517〕

25 **은행나무**〔Der Ginkgo ; *Ginkgo biloba*〕　　　　　　　　　〔518〕
살아 있는 화석〔520〕| 암나무와 수나무〔521〕| 다산의 상징〔524〕| 괴테의 나무〔526〕| 일본 국운의 상징〔529〕| 옛 중국의 캐슈너트〔530〕

26 **잎갈나무**〔Die Lärche ; *Larix decidua*〕　　　　　　　　　　〔532〕
태양의 후예〔534〕| 산 속의 잎갈나무 목초지〔535〕| 까다롭지 않은 산림 수종〔536〕| 내수성(耐水性)이 강한 잎갈나무 목재〔538〕| 베네치아의 테르펜틴〔539〕| 알프스의 정원수〔541〕

27 **자작나무**〔Die Birke ; *Betula pendula*〕　　　　　　　　　　〔542〕
자작나무의 생장〔544〕| 내한성 강한 선구수종〔545〕| 자작나무로 만든 비행기와 술잔〔547〕| 북유럽의 나무〔548〕| 갈리아의 역청〔550〕| 자작나무로 만든 우편 엽서〔551〕| 새로운 시작의 상징〔552〕| 러시아인과 자작나무〔553〕| 샤머니즘의 우주수(宇宙樹)〔554〕| 말썽꾸러기 길들이기〔556〕| 값비싼 수액〔557〕| 치료용으로 쓰이는 잎과 가지〔559〕| 소택지자작나무〔559〕| 지도 09〔560〕

28 **전나무**〔Die Tanne ; *Abies alba*〕　　　　　　　　　　　　　〔562〕
그늘진 곳에서도 잘 자라는 나무〔564〕| 우려되는 전나무 고사(枯死) 현상〔567〕| 서늘한 기

후를 좋아한다 [568] | 전나무의 영혼 [569] | 거룩한 전나무 [571] | 스트라스부르 테르펜틴 [572]

29 주목 [Die Eibe ; *Taxus baccata*] [574]
색다른 생김새 [576] | 모양 만들기 [577] | 금지된 나무 [579] | 치명적인 독약인가 미래의 치료약인가? [581] | 주목과 전쟁 [583] | 로빈 후드(Robin Hood)의 비밀 [583] | 영국에서 온 궁수 [585] | 유럽을 가로 질러 [586] | 청동기 시대 대신 주목 시대 [589] | 마법으로 둘러싸이다 [591] | 오랜 세월의 증언 [593]

30 참나무 [Die Eiche ; *Quercus* sp.] [594]
참나무의 특성 [596] | 참나무의 열매 "배런드 봄" [600] | 인류 최초의 식량 [603] | 내구성이 강한 물건의 재료 [605] | 성스러운 숲 [608] | 치료 효과가 있는 껍질 [615] | 참나무의 상징 [616] | 나무의 노장 [619] | 지도 10 [621]

31 포플러 [Die Pappel ; *Populus* sp.] [622]
다양한 포플러 [624] | 포플러 조림 [626] | 포플러 왁스와 포플러 솜털 [628] | 치료 효과 [629] | […] 허나 포플러는 자꾸 꺾였다 […] [630] | 흑백양 [632] | 양버들 [633] | 은백양 [635] | 사시나무 [638]

32 플라타너스 [Die Platane ; *Platanus* sp.] [640]
외래종 단풍나무 [642] | 시골 마을의 정자 나무에서 대도시의 나무로 [644] | 신들의 선물 [645] | 페르시아의 나무 [648]

33 피나무 [Die Linde ; *Tilia* sp.] [650]
피나무 시대 [652] | 온순한 피나무와 거친 피나무 [653] | 부드러움의 상징 [656] | 마을의 피나무 아래서 추는 춤 [657] | 최초의 옷 [662] | 리그눔 사크룸, 신성한 목재 [664] | 피나무 법정 [665] | 피나무 법정에서 추방되다 [667] | 치료제 피나무 [669] | 피나무—인격체 [669]

34 호두나무 [Der Walnussbaum ; *Juglans regia*] [672]
누구나 좋아하는 만생종 [674] | 로만 호두나무와 갈리아 호두나무 [675] | 후추 대용품이자 태닝 크림 [676] | 호두가 벌어지면… [678] | 독이 있는 나무—귀중한 목재 [680] | '찰과상'에 효과가 있는 호두나무 잎 [683]

35 호랑가시나무 [Die Stechpalme ; *Ilex aquifolium*] [684]
무장한 나무 [686] | 숲 속의 잡초 [688] | 호랑가시나무에게 왕관을 [690] | 종려나무 숲과 채찍 손잡이 [692] | 새 잡는 끈끈이와 마테 차 [694] | 지도 11 [696]

추천 도서 [698] | 역사적 인용문의 출처 [700] | 인명 색인 [703]

일러두기

- 한국어 번역판의 원본은 독일의 도리스 라우데르트(Doris Lauert)가 쓴 *Mythos Baum*〔München : BLV Buchverlag GmbH & Co. KG, 2009〕이다. 원서는 2016년에 *Magie der Bäume*으로 제목이 바뀌었다.
- 원서의 초판본은 중유럽의 나무를 알파벳 순으로 수록했고, 한국어 번역판의 저본인 2009년판에서 지중해의 나무인 무화과나무, 은행나무, 월계수, 올리브나무, 플라타너스, 감귤류를 덧붙였다. 번역본에서는 모두 합쳐서 가나다 순으로 배치했다.
- 외국의 지명에 붙은 산, 강, 주, 인(人), 어(語) 등은 개정된 띄어쓰기 원칙에 따라 붙였다. 이해를 위해 고유 명사인 지명에 강, 산맥, 계곡, 자연 공원 등을 덧붙인 경우도 있다.
- 외국의 지명이나 인명 중에 하이픈(-)이 들어 있는 경우 한글 표기에서도 알파벳의 표기에 따라 하이픈을 삽입했다. 〔예를 들어 '노르트라인-베스트팔렌주'〕
- 유럽의 역사적 인명은 각 인물의 국적을 따랐다. 단, 프랑크 왕조의 역사적 인물들은 주로 독일어 발음을 우선으로 하면서, 국내에 다른 이름으로 널리 알려진 경우 이를 덧붙였다.
- 주석 및 본문에서 소괄호( )나 대괄호〔 〕안의 알파벳 표기는 원서의 독일어를 우선으로 했다. 한자어 또는 전문 용어 중에 필요한 경우 번역자와 편집자의 판단에 따라 한자를 병기했으며, 이 경우 한자를 먼저 쓰고 원서의 독일어 순으로 밝혔다.
- 본문에서 소괄호 안의 학명 표기는 독일어 원서의 저자가 표기한 경우에만 따랐다. 처음 등장한 수종일지라도 본문에 학명을 표기하지 않은 경우, 번역자가 학명을 병기한 경우에는 주석에서만 밝혔다.
- 본문 중 대괄호〔 〕안에 어원 등의 설명이 등장하는 표현은 원서를 따른 것이다.
- 본문의 맥락 이해를 돕기 위한 짤막한 뜻풀이나 간단한 부연 설명은 굳이 주석으로 빼지 않고 본문 속에서 푸른색 대괄호 작은 글씨〔 〕로 덧붙였다.
- 원문의 출처는 주석 번호를 따로 매기지 않고〔*〕로 표시했다.
- 용어는 한자어의 경우 한자, 독일어 순의 병기를 우선했고, 그 다음에 필요에 따라 영어나 라틴어, 또는 해당 언어를 함께 썼다. 구분을 위해 영어는 '영', 그리스어는 '그' 등으로 표시했다. 독일어 용어는 원문의 표현을 따르되 책 제목 등을 축약해서 표시했을 때는 원제를 썼다.
- 역사적 인명은 본문에 처음 등장할 때 원어만 표시했다. 예수, 모세, 소크라테스 등은 따로 쓰지 않았다. 생몰년 등은 주석에서 밝혔다.
- 도판 제목에서 인물이 그림을 그린 화가일 경우에는 쉼표로 표시〔프란체스코 피에라비노(Francesco Fieravino), 〈레몬과 바이올린이 있는 정물(Nature morte arbres Citron et violon)〉〕했고, 삽화가 수록된 책의 저자일 경우에는 '의'〔폴카머(J.C. Volkamer)의 『뉘른베르크의 헤스페리데스(Nürnbergische Hesperides)』 수록 삽화, 1708년〕와 같은 방식으로 구분했다.

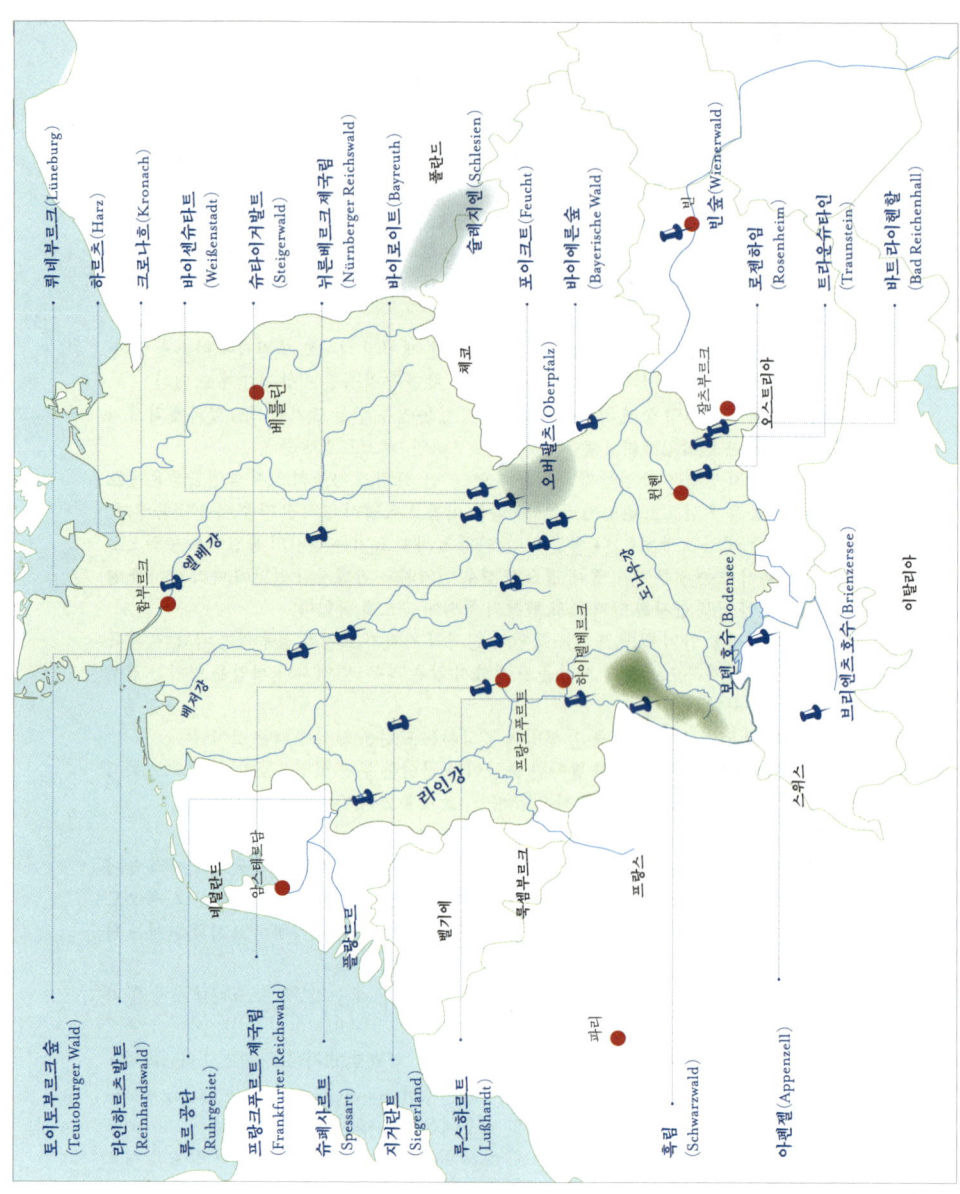

↑ **지도** 01 〔00'1 숲의 문화사〕편에 등장하는 지명.

| 00 | **Mythos Baum** | 나무 신화 | 나무 신화(Mythos Baum) :
나무로 본
유럽 민속의 기원과 효용 |

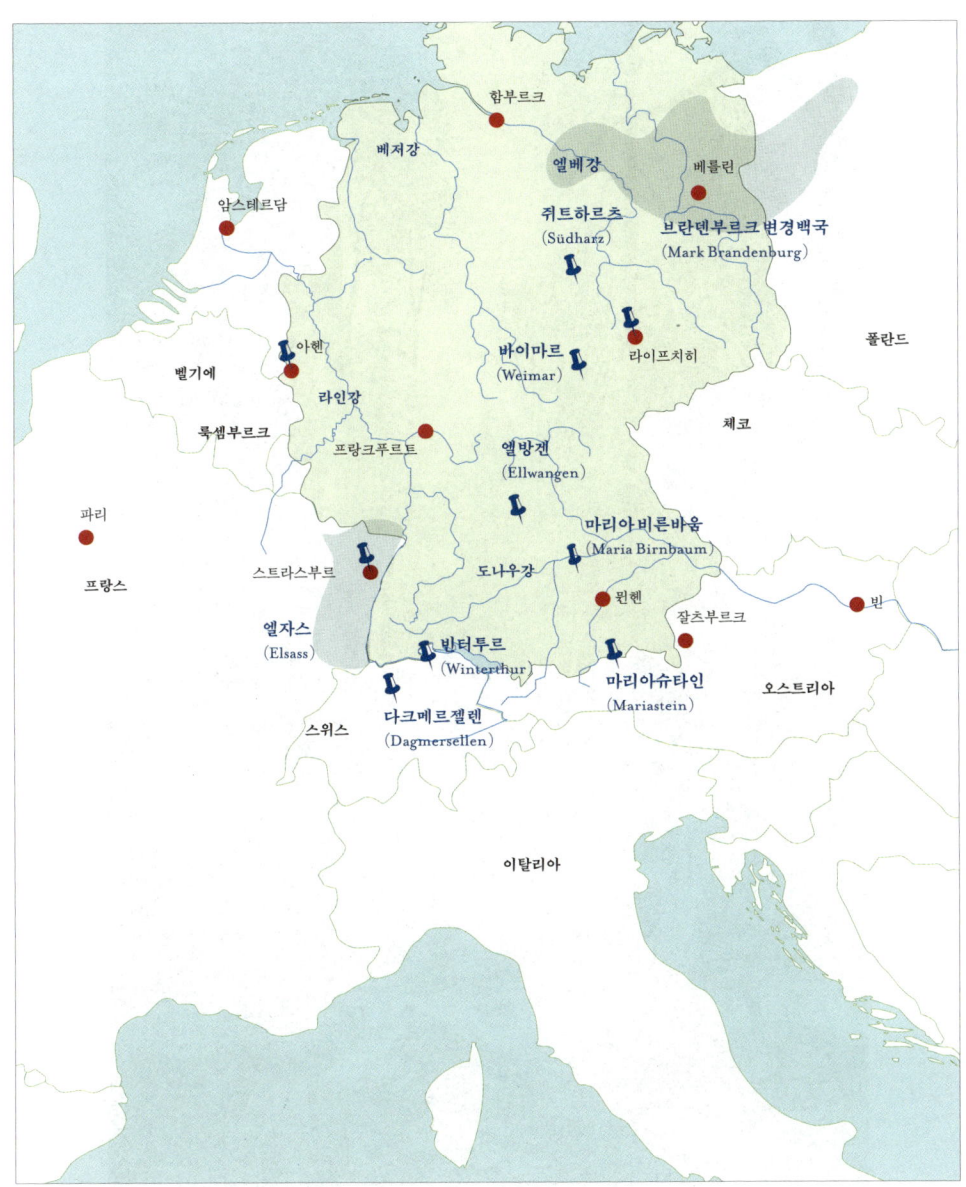

↑ **지도** 02 〔00'2 신화 속의 나무〕편에 등장하는 지명.

00'1 | Kulturgeschichte des Waldes / Cultural History of Forest | 숲의 문화사 | 나무 신화(Mythos Baum): 나무로 본 유럽 민속의 기원과 효능

숲의 문화사

Kulturgeschichte des Waldes

Cultural History of Forest

숲은
왕관처럼 솟은 산봉우리보다,
치장한 들판보다,
보배로운 대지보다,
그리고 그 어떤 유용한 쾌락보다도
당연히 우선시되고
평가되어야 한다.[001]

〔카를로비츠(H. C. v. Carlowitz)〕

[001] 카를로비츠의 『산림 경제〔*Sylvicultura Oeconomica*〕』: 위 글은 근세 독일 작센(Sachsen)의 세무사이자 산림관이었던 카를로비츠(Hans Carl von Carlowitz, 1645~1714년)가 쓴 『산림 경제 혹은 야생 수목 재배를 위한 가장(家長)의 정보와 자연에 순응하는 지침(*Sylvicultura Oeconomica, oder haußwirthliche Nachricht und Naturmäßige Anweisung zur wilden Baum-Zucht*)』[이후 『산림 경제』로 약칭] 235쪽에서 인용한 것으로, 당대 작센의 선제후 강건왕 아우구스트 2세(August II der Starke, 1670~1733년)의 통치와 생활을 은유적으로 표현한 것으로 추측된다. 아우구스트 2세는 바로크 시대의 심미주의자이자 쾌락주의자로 자원을 수탈해 수많은 보석과 도자기 등을 수집하고 호화로운 왕궁을 지었다. 카를로비츠는 이 인용문에서, 산봉우리를 '왕관'으로, 들판은 '궁전'으로, 대지의 보물은 '은광 또는 지하 자원'으로 빗대면서 이 모든 것보다 '숲이 가장 가치 있고 의미 있는 것'으로 인정받아야 한다는 점을 강조한다. 카를로비츠는 채굴하느라 숲이 파괴되는 것에 개탄해 1713년에 이 책 『산림 경제』를 내는데, 서구에서는 최초로 숲의 관리를 개괄한 책이자 '지속 가능성'의 원칙을 정립한 책으로 평가받는다. 오늘날 세계적 개념으로 정립된 '지속 가능한 개발(Environmental Sound and Sustainable Development, ESSD)'의 시원으로 보기도 한다. 아우구스트 2세가 수집한 보물과 도자기 등은 현재 독일 드레스덴 궁전(Dresdner Schloss)의 '녹색 궁륭의 방(Grünes Gewölbe)'에 전시되어 있다.

←숲은 수많은 동식물의 생활 터전이자 인류의 신화와 역사, 문화가 깃든 공간이었다.

혹독한 추위 이후

"옛날 옛적에, 요즘 독일 사람들과 마찬가지로 독일의 숲도 볕이 따뜻한 남쪽 나라로 떠나고 싶어 했던 때가 있었습니다. 사람이나 나무나 이유는 매한가지였지요. 바로 추운 날씨였습니다." 환경 평론가 호르스트 슈테른(Horst Stern)[002]은 제3기[003] 말엽인 180만 년 전의 기후 상황을 이런 말로 표현했다. | 6,000만 년이 넘는 동안 나무들의 생육에 적당하게 온화했던 유럽의 기후가 갑자기 추워지기 시작했다. 빙하기, 즉 최소한 네 번의 대빙하기와 수많은 소빙하기가 찾아온 것이다. 중간중간에 따뜻한 시기인 간빙기(間氷期, Interglacial Stage)가 돌아오면서 잠시 중단되기도 했지만, 지금으로부터 1만 2,000년 전, 최후의 빙하기가 끝날 무렵이 되자 중유럽에서는 한때 열대성처럼 보이던 초목을 더는 찾아볼 수 없게 되었다. 이어지는 추운 날씨에 나무들은 꽁꽁 언 땅 속에서 얼어붙거나, 얼음 속에 파묻히기까지 했다. 나무라곤 한 그루 없는 추운 평원만 남아, 마치 시베리아 툰드라(tundra)를 떠올리게 했다. 원래 중유럽에 자생하던 목련이나 백합나무는 자취를 감추었다. 수많은 수종은 그나마 따뜻하던 프랑스 남부, 이탈리아, 발칸 반도, 러시아 남부 등에서 살아남았다가 빙하기가 끝나고서야 따뜻해진 중유럽으로 다시 돌아왔다. | 이처럼 황폐해진 초원에 처음으로 돌아와 뿌리를 내린 나무들[기원전 8000년경]은 오늘날까지 이른바 '선구 수종(先驅樹種)'[004] 또는 '개척 식물'이라고 불리며 매우 중요한 구실을 맡았다. 소나무와 자작나무의 뒤를 이어, 중석기 시대와 기원전 6000년경까지는 개암나무가 이 선구 수종에 속했다. 신석기 시대[기원전 6000~3000년경]에는 식물이 자라기에 최적의 기후가 되면서 피나무, 느릅나무, 단풍나무, 물푸레나무 등이 혼생(混生)하는 참나무 혼효림(混淆林)[005]이 형성되었다. 이뿐 아니

00'1 Kulturgeschichte des Waldes / Cultural History of Forest 숲의 문화사 나무 신화(Mythos Baum): 나무로 본 유럽 민속의 기원과 효능

라 삼림 한계선[006]도 지금보다 200~400m 더 높이 올라갔다. | 그러다 기후가 다시 추워지자, 온화한 기후를 선호하던 수종들이 숲에서 사라져 갔다. 청동기 시대[기원전 2000년~기원 전후]에는 그 빈 자리에 서늘하고 습기가 많은 곳을 선호하는 너도밤나무가 점차 자리를 잡게 되었다. 숲의 역사를 통틀어 보면 기원전 800년부터를 이른바 중유럽의 '너도밤나무 시대(Buchenzeit)'라고 부를 수 있을 텐데, 기후상으로는 오늘날까지 이어지지만, 삼림 전문가(Förster)들이 조림한 독일가문비나무에 한참 전에 그 자리를 내어 주고 말았다.

↑ 다양한 낙엽 활엽수가 모여 자라는 숲의 모습.

[002] 호르스트 슈테른[Horst Stern, 1922~2019년] : 독일의 작가이자 저널리스트. 영화 감독으로도 활동했는데, 환경과 야생 동물 보호가 주된 관심사였다. 독일 환경과 자연 보호 연맹[Bund für Umwelt und Naturschutz Deutschland, 약칭 'BUND(분트)']의 창립 회원이며, 바이에른 자연 보호상과 알렉산더 훔볼트 메달을 받았다. [003] 제3기[第三紀, Tertiär] : 지질 시대에서 대략 6,500만 년~200만 년 전을 가리킨다. 신생대의 전반기로, 이 시기에 알프스 산맥이 생겨났다. [004] 선구 수종[先驅樹種, pionier] : 나무가 없는 빈 공간에 가장 먼저 정착해 자라는 나무로, 대개 햇빛을 많이 필요로 하는 양수(陽樹)다. 시간이 지나 숲이 울창해지고, 볕이 잘 들지 않게 되면 세력을 잃어 감소하는 경향을 보인다. '선구종'이라고도 한다. 본문의 '개척 식물'은 원문이 'Erstbesiedler'로 '최초의 정주자'라는 뜻이다. [005] 혼효림[混淆林, Mischwald] : 다양한 수종으로 이루어진 숲을 이른다. 반대말은 단순림으로, 어느 한 수종으로만 이루어진 숲이다. [006] 삼림 한계선[森林限界線, Waldgrenze, 영 forest line] : 해발 고도가 높아지면 온도가 내려가고 바람도 거세어 어느 지점(경계)부터는 나무들이 울창한 숲을 이루지 못하는데, 이 경계를 일컫는다. '수목 한계선(tree line)'이라고도 한다.

잔인한 땅

독일어권의 자연 상태 숲에 처음 변화가 나타난 시기는 신석기 시대 초기인 기원전 4000년경으로 추정된다. 수렵과 채집을 주로 하는 유랑 생활에서 땅을 일궈 살아 가는 농경 생활로 넘어 가던 무렵이었다. 그러나 이 시기 사람들은 여전히 한 곳에 정착하지 않고, 이리저리 떠돌았다. 화전(火田)[007]으로 밭을 일구다가 몇 년 지나 수확량이 떨어지면 버리고 떠나기 일쑤였다. 청동기가 발명된 기원전 약 2000년부터는 이 새로운 금속을 제련하느라 엄청난 양의 목재가 필요했는데, 역설적이게도 그렇게 제련해 만든 청동 도끼 덕분에 벌목도 더 수월해졌다. 그래도 서력 원년 즈음까지는 독일 땅 대부분이 숲으로 뒤덮여 있었다. 라인(Rhein) 강가에 여러 해 주둔했던 로마군 지휘관 플리니우스(Plinius)[008]는 끝없고 제압할 수도 없는 원시림을 처음 마주하고 "[…] 게르만 전체를 뒤덮고 있으며 추위와 암흑의 그늘을 동반한다.[…]"고 묘사했다. 타키투스(Tacitus)[009]도 그의 책 『게르마니아(Germania)』에서 이 땅을 "경관이 몹시도 흉측"하다며 "원시림을 보면 소름돋고 늪지를 보면 추하다"고 적었다. 이 망망한 숲 앞에서 경외감을 표한 인물은 전쟁에서 연승을 거둔 카이사르(Gaius Julius Caesar)로, 『갈리아 전기(Commentarii de Bello Gallico)』[010]에서 그 경외감을 다음과 같이 묘사했다. "이 게르만 땅에서 두 달 동안 쉼 없이 숲을 걷더라도, 숲의 끝[헤르시니아 숲을 말한다[011]]을 보았다고 말할 수 있는 사람은 아무도 없으리라.[…]" | 로마인에게는 게르만 원주민 또한 원시림 못지 않게 위협적이었다. 야생 짐승 가죽으로 옷을 해 입거나, 폼포니우스 멜라(Pomponius Mela)[012]에 따르면 심지어 나무껍질을 걸치고 있었다는 게르만족은 야만과 야성의 전형이라 여겨졌다. 물론 로마인의 이런 서술은 중유럽의 숲을 왜곡해

↓ 힘든 개간 사업으로 많은 희생이 따랐다. 첫째는 죽음, 둘째는 궁핍, 셋째는 식량 부족이었다. 한스 홀바인(Hans Holbein), 〈죽음의 무도(Totentanz)〉 연작 중에서, 16세기.

[007] 화전(火田, Brandrodung): 처녀지나 휴경지를 경작할 때 불을 놓아 잡초와 잡목을 없애는 방법. 화전을 개척할 때 생기는 부식물이나 재가 토양을 기름지게 한다. 농사를 짓다가 지력이 떨어지면 다른 곳으로 옮겨가 다시 불을 놓고 화전을 일구는 유랑 화전과 한 곳에 정착해 농사를 짓다가 지력이 떨어지면 다시 불을 놓기를 반복하는 정착 화전으로 나뉜다. [008] 플리니우스(Gajus Plinius Secundus, 23~79년): 고대 로마의 정치가, 군인이자 학자. 전 37권으로 이루어진 백과 사전 『박물지(Historia Naturalis)』(77년경)를 편찬했는데, 이 책은 16세기 초반까지 식물에 대한 주요 문헌으로 권위를 떨쳤다. 그의 조카와 구별해 대 플리니우스라고 부른다. [009] 타키투스(Publius Cornelius Tacitus, 55?~117?년): 고대 로마의 역사가이자 웅변가. 호민관, 재무관, 법무관을 거쳐 집정관까지 올랐고, 112~113년에는 아시아 속주 총독을 지냈다. 공화제 시대와 비교해 로마의 제정제를 퇴행적이라 비판한 『웅변론에 대한 대화』 외에 『연대기』, 『역사』 등을 썼다. 그의 또 다른 저서 『게르마니아(Germania)』는 라인강의 동쪽, 도나우강(Donau)의 북쪽을 다룬 지지(地誌)로, 지리와 더불어 고대 게르만족의 관습을 기술한 중요한 자료다.

이해한 형국에 불과했던 것이, 게르만을 침공한 로마인들이 본 것은 고작 리메스(Limes)[013]까지, 즉 전체 게르만 땅의 절반밖에 되지 않았기 때문이다. 비교적 개간하기 수월했던, 북독일의 사질 토양[014]은 로마인들이 침공하기 전에 벌써 나무가 모두 베어 있었다. 그렇기에 독일 북서부 저지대가 게르만족의 초기 거주지로서 오래 전부터 '독일 문화의 요람'으로 여겨지게 된 것이다. | 기원전 8세기부터 전체적으로 기후가 한랭해지면서 강수량이 늘었다. 더불어 사질 토양 지대도 경작지로서의 가치를 잃고, 점차 황무지[015]로 변해 갔다. 중유럽의 경관을 근본적으로 바꾼 것은 그러나 로마인이 최초로, 당시로서는 탁월한 건축재이자 연료였던 풍부한 목재 자원을 착취했던 것에서 비롯한다. 또 정복자들이 밀밭이나 포도밭을 조성하느라, 게다가 밤나무를 심기 위해서도 숲은 사라져 갔다. 아무튼 라인 강변에 주둔해 있던 8만여 로마군과 점점 팽창하는 도시는 끊임없이 숲의 자원을 요구했다. (당시 트리어(Trier)[016]의 인구는 7만여 명에 달했다.) 1세기경에 로마인이 게르만 지역에서 퇴각하고 나서야, 비로소 인구 밀도가 다소 낮아지게 되었다. 그 무렵 인구 밀도는 1km²당 2~3명이었는데, 지금은 그보다 수백 배 증가했다.

[010]『갈리아전기〔*Commentarii de Bello Gallico*〕』: 갈리아(Gallia)는 로마 제국 멸망 전까지 지금의 프랑스, 벨기에, 스위스 서부, 라인강 서쪽 독일 등 중유럽을 아우르던 지명이다. 수많은 켈트 부족이 나눠 차지하고 있던 땅이 기원전 58년부터 8년간의 전쟁 끝에 율리우스 카이사르에게 정복되었는데, 이 과정을 카이사르가 직접 기록한 문헌이 『갈리아전기』다. 뛰어난 라틴어 문장으로 유명할 뿐 아니라 고대 갈리아의 지리와 민족에 대한 묘사가 풍부하다. [011] 헤르시니아 숲〔Herkynischer Wald〕: 라인강 동쪽으로 뻗어 있던 깊은 숲을 가리키던 옛 이름으로, 고대 로마인들은 그 끝을 유럽의 끝이라 여겼다. [012] 폼포니우스 멜라〔Pomponius Mela, ?~?년〕: 고대 로마의 지리학자. 1세기경에 활동했다 전한다. 43~44년경에 『지지〔地誌, *De Chorographia*〕』를 썼는데, 고전 라틴어로 쓰인 유일한 지리서다. 유럽 남동부, 카스피해, 페르시아만, 적도 이북 아프리카의 지명, 지세, 기후, 풍습을 기술했는데, 이는 당시 지중해 사람들 관념 속의 모든 지역을 아우른 것이었다.

00'1 | Kulturgeschichte des Waldes / *Cultural History of Forest* | 숲의 문화사 | 나무신화(Mythos Baum): 나무로 본 유럽 민속의 기원과 효능

↓산짐승 가죽으로 옷을 만들어 입고 특유의 힘이 넘치던 게르만족은 로마인에게 야만과 야성의 전형으로 간주되었다. 동판화, 1616년.

〔013〕**리메스**〔Limes〕: 고대 로마 제국에서 설치한 국경 방어용 성벽을 이른다. 독일 남서부, 라인강과 도나우강 사이에 놓여 있다. 〔014〕**북독일의 사질 토양**〔Sandböden〕: 독일의 지형구(地形區)는 북쪽부터 남쪽으로 크게 북독일 평야, 구릉이 이어지는 중앙 고원, 남독일, 독일 알프스의 네 구역으로 나뉘는데, 그중 북독일 평야는 빙하 퇴적물이 덮인 비옥한 땅이다. 북독일 평야의 서쪽이 사질 토양의 평탄지를 이룬다. 〔015〕**황무지**〔Heidegebiet〕: 직역하면 '히스(Heide, *Calluna vulgaris*, 영 heath)'가 무성한 땅이다. 히스는 매우 척박한 강산성 토양에 생육하는 관목류로 독일 북부에 넓게 퍼져 있다. 〔016〕**트리어**〔Trier〕: 독일 남서부 라인란트-팔츠주(Land Rheinland-Pfalz)의 도시. 독일에서 가장 오래된 도시로 여겨지며, 모젤강 기슭에 위치해 있다. 고대에 트레바리족(Treveri)이 정착한 데서 이름이 유래했고, 로마 제국의 속주인 갈리아 벨기카(Gallia Belgica)의 수도로 4세기경 번창했다.

무주공산(無主空山)

로마군이 철수한 후에도 공공 영역에 대해서는 로마의 선례가 남아서, 법의 효력은 주거지와 주변의 개간된 데까지만 미쳤다. '숲'을 뜻하는 독일어 '발트(Wald)'는 언어사적으로 '빌트(wild)〔야생〕'와 어원상 인접하며, 당시에는 라틴어로 '로쿠스 네미니스(locus neminis)'〔'로쿠스(locus)는 장소, '네미니스(neminis)는 '아무도 없다'는 뜻의 '네모(nemo)'에서 파생하여〕, 즉 '무주공산'이라는 뜻으로 통했다. 그러나 숲을 자유롭고 거리낌없이 이용하던 시대는 오래 가지 못했다. 중세 초에 들어 인구 밀도가 급증하면서 이방인의 숲 이용은 점점 엄중하게 제한되었다. 그 전까지 주인 없던 숲은 이제 '공유'하는 숲이 되었다. 전에 누구도 손대지 않았던 광활한 숲 지대는 메로빙거 왕조(Merowinger)[017] 이래 영주들의 차지가 되었다. 소유가 불명한 땅은 황제에게 넘어갔다. 이런 오래된 보호림[018] 가운데 상당수가 오늘날까지 남아 있다. 라인하르츠발트(Reinhardswald), 토이토부르크 숲(Teutoburger Wald), 뉘른베르크 제국림(Nürnberger Reichswald), 프랑크푸르트 제국림(Frankfurter Reichswald), 슈타이거발트(Steigerwald), 슈페사르트(Spessart), 하르츠(Harz) 등이 그런 예들이다. | '발트(Wald)〔숲〕'에 대응하는 다른 단어인 '포르스트(Forst)〔삼림〕'[019]는 '울타리를 친' 또는 '외부의'라는 뜻의 라틴어 '포리스(foris)'에서 유래하며, 메로빙거 왕조의 킬데베르트 1세(Childebert I) 재위기인 556년에 낚시터 주변을 '삼림으로 선포(Einforstung)'[020]해서 출입을 제한했다는 기록에서 처음으로 언급된다. | '포르스트(Forst)'는 이후로 행정 관리에 관련된 법률 용어로 남았다. 그와 반대로 '발트(Wald)'는 한편으로는 자연 생태계와, 다른 한편으로는 인간 영혼과 깊은 연관을 맺고 신화적 의미도 띠게

되었다. 그래서 이를테면 '숲의 신들(Waldgöttern)'이라거나 동화에서도 '어두운 숲(dunklen Wald)'이라 하지, '삼림의 신들(Forstgöttern)'이나 '어두운 삼림(dunklen Forst)'이란 표현은 쓰지 않는다. 중세 초에는 왕실림(王室林, Königsforst)[021]을 제외한 모든 숲은 공유림(公有林)이었다. 사유림(私有林)은 존재하지 않았다. 만약 농민이 자기 밭이나 초지가 숲으로 바뀌는 것을 막지 못한다면, 공유 재산으로 넘어가고 말았다. 이것이 "말 탄 이의 박차에 수풀이 닿으면, 농부는 권리를 잃으리"라는 당시 속담에 담긴 원칙이었다.[022]

[017] 메로빙거 왕조[Merowinger] : 5세기 중반부터 8세기 중반까지 로마가 통치하던 갈리아 지방(지금의 프랑스, 벨기에, 독일과 스위스 일부분)을 이어받아 다스린 프랑크 왕국의 왕조다. 751년 카롤링거 왕조(카롤루스 왕조, Karolinger)로 대체되었다. [018] 보호림[保護林, Bannwald] : 중세에 시작된 개념으로, 이 숲의 권한은 영주에 속했으며, 다른 사람의 이용은 금지되었다. 현재는 산사태나 홍수를 예방하기 위해, 생태적 목적으로 보호하는 숲을 말한다. [019] 발트[Wald, 숲]와 포르스트[Forst, 삼림] : 독일어에서 삼림(森林, Forst)은 포괄적인 숲(Wald) 중에서 사람이 가꾸어 온, 즉 육림(育林)에 의해 경영된 숲을 이른다. 그러나 오늘날 유럽에는 사람의 손이 닿지 않은 숲이 거의 없어서 두 낱말이 큰 구별 없이 사용된다. 우리말 삼림이 인공림을 뜻하지는 않지만, 이 책에서는 숲과 구별하고자 삼림으로 옮겼다. [020] 삼림 선포[Einforstung] : 직역하면 '삼림으로 만든다'는 뜻이지만 나무를 심어 숲을 조성하는 것이 아니라 특정 지역을 왕이나 영주가 '삼림(Forst)'이라고 칭함으로써 권리를 독점하고, 다른 이들의 사냥이나 채집을 금지하는 행위를 말한다. 'Inforestierung'이라고도 한다. 문맥에 따라 '금림(禁林)으로 선포' 등으로 옮겼다. 킬데베르트 1세는 왕명으로 강의 낚시터 주변을 자신의 '포레스티스(*forestis*, 또는 *forestas, forastis*)'라고 지정하는데, 영지 안에 속하지 않는 지역이었다. 곧 포레스티스는 영지 외부의 미개발지로서 영지 거주민들의 사용이 금지된 땅이다. 영지의 거주민들은 누구나 영지 안의 물과 숲에 대한 권리를 공유했으나, 영지 밖의 물과 숲에 대해서는 왕이나 영주가 권리를 독점했다. 이 포레스티스가 이후에 독일에서 보호림(Bannwald)으로 이어졌다. 이에 반해서 왕실이나 영주 소유의 숲이면서도 사냥권이 독점적으로 지정되지 않은 곳들을 본문에 나오는 '네메스(*nemes*)', 또는 '실바(*silva*)'라고 구분해 지칭한 것이다. [021] 왕실림[王室林, Königsforst] : 왕이 관할하는 보호림을 뜻하며, 실제 지명으로서도 쾰른에 '쾨니히스포르스트'가 있다. 10세기에 오토 1세(Otto I der Große)가 프랑크 왕실 소유임을 천명하고, 1004년 이전부터 이 이름으로 불렸다. [022] "말 탄 이의 박차에 수풀이 닿으면, 농부는 권리를 잃으리[Reicht der Busch dem Reiter an die Sporen, dann hat der Bauer das Recht verloren]" : 경작지와 숲을 구분하는 초목의 높이를 말한다. 그렇기에 농부들은 경작지의 풀을 끊임없이 베고 관리해 숲으로 보이지 않도록 막아야만 했다.

경계를 표시하는 나무

토지 재산의 조세 수입이 증가함에 따라 왕의 땅이건 마을 소유 땅이건 간에, 땅의 경계를 표시할 필요가 점점 커졌다. 중세에는 산이나 숲과 같이 누구에게나 눈에 띄고 확고부동한 것을 표식으로 삼았다. 숲이 개간되고 토지가 잘게 분할되면서부터는 표식이 표석(漂石, Findling)이나 노거수(老巨樹)로 바뀌었는데, 노거수는 살아 있는 경계석으로서 그에 상응하는 예우를 받았다. 왕실의 보호를 받았으며, 꺾거나 베는 것이 금지되었다. 그러나 나무는 쉽게 폭풍과 화재, 도끼질 등에 희생되었고, 설령 "많은 시련을 견뎌 내더라도 결국에는 썩어 땅으로 되돌아갔기" 때문에 메로빙거 시대 이후에는 나무 대신에 경계석(Grenzstein)을 이용했다.[023] 구덩이를 파서 새 경계석을 묻을 때마다 그 구덩이에 동전을 던져 넣고 사내아이에게 입으로 그 동전을 물어 올리게 했다. 궁중백(宮中伯)〔Pfalzgraf, Count Palatine〕[024]이었던 프란츠 필리프(Franz Philipp)가 1702년에 기록했듯, 그 과정에서 사람들은 사내아이를 밀쳐 입이 땅에 세게 부딪치게 했다. 아이는 그 장소를 평생 잊지 못했을 것이다. | "어린 내가 지금 본 것은 / 나중에 나이가 들어서도 잊지 않으리. / 이 돌이 말을 할 수 없더라도 / 이처럼 모든 진실이 드러나리." | 놀랍게도 1964년까지도 스위스에서는 경계를 표시하는 나무가 있으면 "토지 대장을 조사하지 않아도 마을에서나 법정에서 권리를 인정받았다." | 해마다 이른 봄이면 마을 사이에 경계를 정하는 풍습이 있었다. 이 '슈나트강(Snaatgang/Snatgang)'〔나무를 벤다는 뜻의 '슈니덴(sniden)'에서 유래〕이라는 의식 때 나무에 경계 표시(십자가나 여타의 기호)를 다시 새겼다. 마을에 젊은 이장이 새로이 선출되면, 전임자는 관례에 따라 후임자를 데리고 다니며 경계 나무에 이를 때마다 일일이 그의 따귀를 때려 후

↑ 새로운 경계석을 세울 때면, 구덩이에 동전을 집어 넣고 사내아이에게 입으로 그 동전을 들어 올리게 했다. 동전을 입에 물고 고개를 드는 순간, "아이가 평생 그 장소를 기억할 수 있도록 사람들은 그 뒷덜미를 땅바닥에 세차게 밀쳤다." 호베르크 남작(Freiherr von Hohberg)의 『귀족의 전원 생활(Adeligen Landleben)』[025]에 수록된 삽화, 1687년.

[023] 표석〔漂石, Findling〕과 경계석〔境界石, Grenzstein〕: 표석은 빙하의 작용으로 운반되었다가 남은 거대한 바윗돌로, 자연석이지만 오랜 시간이 흐르면서 전설이 깃들거나 사람들에게 지표가 되는 경우가 많다. 경계석은 토지 경계를 표시하는 기호를 새긴 돌로, 대개 인위적으로 다듬은 낮은 돌기둥을 묻어 세운다. [024] 궁중백〔宮中伯, Pfalzgraf〕: 궁중백(팔츠백)은 '팔츠 선제후(選帝侯)〔Kurfürst von der Pfalz, Elector of the Palatinate〕'〔선제후(選帝侯)는 1356년의 황금 문서에 의하여 독일 황제의 선거권을 가졌던 신성 로마 제국의 일곱 제후를 말한다.〕의 이전 작위다. 궁중백은 신성 로마 제국 황제와 가장 가까운 봉신들로 지방의 강력한 권력자들〔공작(公爵, Duke) 혹은 변경백(邊境伯, Markgraf, Margrave)〕을 견제하기 위해 그 지방의 요충지에 파견됐다. 궁중백의 권위는 공작과 변경백 다음가는 지위였으나, 지방 영주들의 권력이 강해지면서 대부분 공작령에 흡수되거나 사라졌다. [025] 『귀족의 전원 생활〔Adeligen Landleben〕』: 원제는 『게오르기카 쿠리오사(Georgica Curiosa)』다. '게오르기카'는 고대 로마의 베르길리우스(Vergilius)의 같은 제목의 시에서 따온 것으로 '농경시(農耕詩)'를 뜻한다. '귀족의(adel)'라고 했으나 '시골 지주의', '시골 양반의'에 가깝다. 오스트리아의 시골 지주(郷土, Landadel)인 볼프 헬름하르트 폰 호베르크(Wolf Helmhardt von Hohberg)가 전원의 가정 생활과 농업의 여러 항목을 백과 사전식으로 집대성한 책으로, 17세기 '가부(家父) 문학'(Hausväterliteratur)'의 대표작으로 꼽힌다. 독일어권에서 16세기부터 18세기까지 가족을 통솔하던 가부(또는 가장)들이 쓴 이런 류의 책을 '가부 문학'이라고 한다. 〔가부 문학에 대해서는 주석 [063] 참조.〕

임자가 마을의 경계를 '영영 잊을 수 없도록' 했다. 예전에는 이런 경계 나무가 주민끼리 사적 제재〔사형(私刑, Lynchjustiz)〕를 가하는 경우, 교수형을 집행하는 장소로 쓰이기도 했다. 마을 사람들이 소소한 범죄를 저지른 수상한 부랑자나 집시를 경계 나무에 묶어 두는 일도 곧잘 있었는데, 여기에는 두 가지 이유가 있었다. 하나는 이를 보고 더는 외지인이 마을에 들어오지 못하게 하려는 것이었고, 다른 하나는 예상되는 불화를 두 마을끼리 똑같이 나누자는 뜻이었다.

대벌목 시대

이미 메로빙거 왕조와 카롤링거 왕조(Karolinger)[026] 시대에도 방대한 면적에 걸쳐 벌채가 이루어졌으나, 본격적인 벌목 시대는 그 이후, 곧 11세기부터 13세기 사이에 도래했다. 유럽에서 오늘날에도 지명이 '로드(-rode)', '로이트(-reut)'로 끝나는 곳이라면 그 무렵에 대규모 벌채가 이루어졌다고 보면 된다.[027] 대대적 개간을 일으킨 주요인은 경제가 안정되면서 인구가 급증한 것이었다. 학자들은 900년과 1000년 사이에 독일 인구가 두 배로 증가했고, 심지어 1200년대에는 네 배로 불어났다고 추정한다. 인구가 밀집한 독일 땅 서쪽 지역은 1300년대에 잠시 개간이 주춤했으나, 엘베강(Elbe) 동쪽에서는 17세기까지 넓은 면적의 숲이 꾸준히 개간되었다. 밭두렁이나 개간지에 관한 마을 주민의 오래된 권한〔그 전에는 자유민[028]이라면 누구나 숲 한켠을 점유할 권한이 있었다.〕은 벌목 시대가 끝날 무렵이 되자 사라져 버렸다. 그래도 "쇠망치를 던져 도달할 정도의 면적(Hammerwurfweite)"이라면 허가 없이도 개간할 수 있었다. | 13세기 말에 중유럽의 마을 수는 최고조에 달하며 이른바 마을의 절정기를 이루었

↑ 목재 고갈의 공포에 시달리며 옛 사람들은 몇 시간씩 걸어 땔감을 져나르곤 했다. 오늘날 중유럽에서는 과밀해진 숲을 솎아내느라 막대한 비용이 드는데 말이다.『노(老) 마이스터의 지혜서(Buch der Weisheit der alten Meister)』에 수록된 목판화, 1483년.

으나, 그 이후로는 오늘날까지 꾸준히 감소세를 보인다. 14세기에는 흑사병과 발진 티푸스가 몇 년마다 한 번씩 시골 마을을 덮쳐 전체 인구의 1/3이 급사했다. 전체적으로 기후가 좋지 않았던 1550년대 소빙기(小氷期)에는 연평균 기온이 약 1.5도 하강해 일부 지역에서는 농사를 짓지 못하게 되었고, 넓은 면적이 다시 숲으로 되돌아가기도 했다. 많은 사람이 죽어 나간 '30년 전쟁'(1618∼1648년) 때에도 숲은 잠시 한숨을 돌릴 수 있었다.

[026] 카롤링거 왕조[Karolinger] : 메로빙거 왕조에 종사하던 프랑크족 궁재(宮宰, Mayor of the Palace) 피핀(Pippin der Kleine)이 751년에 실권을 잡아 세운 프랑크 왕국의 두 번째 왕조로 '카롤로스 왕조'라고도 한다. 2대 왕인 카를(샤를마뉴) 대제(Karl der Große) 때 크게 부흥했고, 그 아들인 루트비히 1세(Ludwig der Fromme) 이후 서프랑크, 중프랑크, 동프랑크 왕국으로 삼분할된다. [027] '로드[-rode]'와 '로이트[-reut]' : 독일어 지명에 붙는 접미어 '로드(-rode)'는 '벌목하다', '개간하다'라는 뜻의 '로덴(roden)'에서 파생된 말이다. '로이트(-reut)' 역시 '개간하다', '뿌리째 뽑다'는 뜻의 '로이튼(reuten)'에서 파생된 말이다. [028] 자유민[freie Mann] : 중세 시대 평민 중에 농토에 예속되지 않은 농민(자유 농민)과 도시의 무산자 계급을 가리킨다. 땅에 예속되지 않으므로 이주의 자유가 있고 병역의 의무를 지닌다. 10세기 이후가 되면 실질적으로 영주에게 인두세 등 각종 세금을 내는 농노라 할지라도 법적으로는 자유민인 경우도 많았다.

나무와 손해는 매일매일 자란다

시골 사람들에게는 '숲은 만인의 것'이라는 생각이 뿌리 깊었다. 『프라이당크의 겸양(Freidankes Bescheidenheit)』[13세기 운율 시가 모음집][029]에 나오는 다음과 같은 대목이 그것을 절묘하게 표현한다. "울창한 숲에 무슨 해가 되랴, / 겨우 한 사람이 나무해 지고 간들." 나무나 목재가 별 가치 있는 것도 아니고 결코 모자라게 될 일도 없으리라는 생각이 있었기에 "나무와 손해는 매일매일 자란다."거나 "나무와 불행은 밤에도 자란다." 같은 속담도 당시에는 말이 되는 소리였다. 숲의 규모가 워낙 엄청나다 보니, 목재는 무한하려니 믿은 것이다. 그렇지 않을 수도 있음을 비로소 통감하게 된 것은 한참 나중의 일이었다. | 원래 농민 누구나 공유림에서 땔감이나 집을 짓는 데 쓸 나무를 벨 수 있었고, 가축을 방목하고, 나뭇잎이나 도토리를 모아 사료로 쓰거나 농사(Waldfeldbau[혼농림(混農林)])[030]를 지을 수도 있었다. 그러던 것이 중세 말에 이르자, 왕실의 삼림에서 태동한 영주의 삼림이 마을 공유림을 흡수하면서 점점 범위를 넓혀 가게 되었다. 앞서 인용한 바 있는, 중세 고지 독일어를 구사하던 시인 프라이당크는 귀족이 숲의 대부분을 강탈해 간다는 농민들의 하소연을 다음과 같이 표현해 남겼다. "영주는 권력과 토지, 돌과 물, 숲으로 나를 괴롭히네." 농민이 농사를 짓는 데 숲을 이용하려면 더 높은 조세와 개별 및 집단 작업, 부역(영주에 대한 의무 노동) 등과 같은 반대 급부를 바쳐야 했다. 결국 억압받던 농민들의 불만은 '16세기 농민 전쟁'[031]에서 절정에 다다른다. "숲은 교회든 세속이든 점유할 수는 있어도 살 수는 없는 것이다. 숲은 공동의 소유로 되돌아가야 한다." 이것이 당시 농민들의 요구였다.

↓16세기의 피비린내 나는 농민 전쟁은 많은 부분이 삼림 이용과 관련이 있다. 정확하게 말하면 농민들의 권리가 억압된 데 기인했다. 이 전쟁에서 패한 후로 농민들은 그 어느 때보다 심하게 핍박받았다.

〔029〕『프라이당크의 겸양〔*Freidankes Bescheidenheit*〕』: 프라이당크(Freidank)는 13세기 독일 음유 시인으로, 자세한 생애는 알려져 있지 않다. 그 이름을 직역하면 '자유로운 사상'이라는 뜻이 되므로, 그러한 사상을 담기 위해 가명을 썼다는 설도 있다. 이 책에 실린 구절들이 후대에 많은 문인에게 인용되었다. 인용구의 원문은 "Dem richen Walde kleine schadet / ob sich ein Mann mit Holze ladet"로 대구를 이룬다. 한 사람이 스스로 지게에 지고 갈 만큼씩만 채취한다면 숲이 쉬 상하지 않으리라는 뜻이다. 〔030〕혼농림〔混農林, Waldfeldbau〕: 임업과 농업이 결합된 경작 방식. 원시 시대부터 이루어져 온 농경 방식으로, 한 해만 화전을 한 다음 다시 숲으로 돌아가게 하거나, 숲을 그냥 둔 채 음지 식물을 농사짓는다거나 가축을 방목하는 등 여러 형태가 있다. 이 책 여러 곳에서 소개하는 방목림(Hudewald, Weidewald)도 가축을 기반으로 한 혼농림의 한 형태라고 할 수 있다. 〔031〕독일 농민 전쟁〔*Deutsche Bauernkrieg*〕: 1524년 독일 남서부에서 귀족들의 과도한 소작료에 대한 반발로 시작되어 독일 전역으로 퍼져 나간 농민 항쟁이다. 농민들은 집회를 열고 12개 조항을 요구했는데, 그중 제5항이 '삼림 자원의 자유로운 이용'에 관한 것이었다. 농민들은 루터(Martin Luther)의 종교 개혁에 고무되어 봉기했으나 정작 루터는 이 전쟁에서 귀족의 편을 들었다. 10년의 항쟁 기간 동안 30만 명의 농민이 귀족들에게 죽임을 당했다.

방목장으로 이용되던 숲

삼포식(三圃式) 경작[032]을 하면서 생겨난 황무지나 휴경지만으로는 가축의 목초지가 충분하지 못했으므로, 오래 전부터 나무가 드문드문해서 햇볕이 잘 드는 참나무 숲을 이른바 방목림(放牧林, Weidewald)[나무를 베지 않고 가축을 방목하는 숲. 597쪽 주석 [750]참조]으로 개방했다. 이런 숲은 상대적으로 많은 양의 햇빛이 지표면까지 도달하기 때문에 풀이 자라는 기간 내내 목초지로서 소와 돼지, 염소들이 뜯을 풀을 제공했다. 물푸레나무, 너도밤나무, 단풍나무 같은 낙엽 활엽수가 자라는 곳이 '방목 숲(Plumhölzer)'으로 환영받았다. 숲은 가축 우리가 되어 갔다. 이런 방식의 방목을 일러 독일어로는 '블룸베주크 운트 본네(Blumbesuch und Wonne)'[033]라고 불렀다. 초지를 뜻하는 고어 플루오모(Pluomo)에서 유래한 말이다. 도토리 사료를 먹이려고 돼지만 방목하던 예전의 숲 이용 방식(「참나무」편 참조)과 견주었을 때, 이런 방목 실태는 숲 생태계에 큰 피해를 끼쳤다. 오늘날에는 건초 수확을 목적으로 조성한 사료용 목초지가 흔하지만, 이는 18세기나 되어서야 생겨난 것이고, 옛날에는 소가 겨우내 나뭇잎과 왕겨, 간혹 밀짚이나 씹으며 근근이 버텨야 했으므로 체중이 200kg도 채 되지 않는 굶주린 암소들은 봄, 여름이 되면 숲 방목장에 들어가 배를 채우고서야 겨우 기력을 회복할 수 있었다. | 몸집이 큰 가축들(소나 말)은 돌아다니며 땅을 짓밟아 피해를 입혔지만, 염소나 양이 미치는 피해는 이보다 심각했다. 염소는 풀보다 나무를 좋아해 풀이 곁에 지천이어도 나무의 새순과 가지는 물론이고 어린 나무는 아예 통째로 뜯어 먹기 때문에, 이를 막기 위해 이미 오래 전부터 판례(법규집)에 염소를 숲에 방목하는 것을 금지하는 조항이 있었다. 이 규정은 17~18세기에 심각한 결과를 낳았는데, 전반적으로 빈곤해지면서

↓ 방목하는 가축들은 발굽으로는 땅을 다지고, 입으로는 새싹과 가지를 뜯어 먹는다. 특히 염소는 어린 나무들에게 치명적이다. 동판화, 1702년.

염소가 '가난한 이들의 소(Kuh des armen Mannes)'라 불릴 만큼 가치가 커지면서다. 일례로 1692년 브라운슈바이크(Braunschweig)의 산림법에서는 이를 어기고 염소를 방목하는 경우에는 '사살(射殺)'을 언도했다. | 이 가혹한 규정은 오랫동안 변함 없이 지켜졌지만, 프랑스 혁명기에 일시 철회된 적이 있다. 그러자 불과 몇 년 만에 사이먼 샤마(Simon Schama)[034]의 신랄한 표현을 빌리자면, 엄청난 수의 암소며 양과 염소 떼가 엄격히 보호되어 온 국유림을 "거대한 녹색

[032] 삼포식 경작(三圃式 耕作, Dreifelderwirtschaft) : 지력을 회복하기 위해 경작지를 셋으로 나누고 그 가운데 하나를 해마다 돌아가며 놀리는 농업 방식이다. [033] 블룸베주크 운트 본네(Blumbesuch und Wonne) : 직역하면 '꽃구경과 환희' 즉 '꽃놀이'라는 뜻으로 고산 방목(高山放牧)을 일컫던 옛 표현이다. 숲을 지나 '높은 산지에 들풀과 봄꽃이 펼쳐진 목초지를 찾아 다닌다'는 뜻이라고 한다. [034] 사이먼 샤마(Simon Schama, 1945년 ~) : 영국의 역사학자이자 미술사학자로, 미국 컬럼비아 대학 교수로 재직하고 있다. 『파워 오브 아트(Simon Schama's Power of Art)』(우리말 번역본 : 아트북스, 2013년), 『시민들 ― 프랑스 혁명 연대기(Citizens: A Chronicle of the French Revolution)』, 『풍경과 기억(Landscape and Memory)』, 『영국의 역사(A History of Britain)』 외 수많은 저서를 냈으며 이 가운데 『영국의 역사』가 다큐멘터리로 제작되어 영국 BBC에서 방영됐다.

여물통"으로 바꿔 버렸다. | 사방으로 흩어진 방목 가축들에 사슴떼까지 합세하면 몇 달 동안 가꾼 경작지라도 삽시간에 초토화시켜 버리기에 충분했으므로, 농부나 소작인들은 경작지마다 울타리를 치기 시작했다. 그러자 1790년에는 "경작지, 초원, 목초지, 정원에 강화되는 끝없는 울타리"에 반대하는 의견도 나왔다. 어린 숲도 당연히 가축들이 뜯어 먹지 못하도록 몇 년 동안은 보호해야 했다. '벌채권'이 생기면서 벌채 구역은 '벌채 금지 구역'이나 '보호 구역' 내에 위치하게 되었고, 그 결과 '보존과 벌채'가 서로 긴밀하게 연결되었다. | 벌채 금지는 1850년에 에밀 아돌프 로스매슬러(Emil Adolf Roßmäßler) [035]가 시적으로 표현했듯, 최소한 "어린 나무가 나뭇잎과 새순을 즐겨 먹는 방목 가축을 피할 정도로 자랄 때까지" 지속되었다. | 숲을 방목지로 이용하던 관습은 19세기에 이르러 가축을 축사에서 기르기 시작하면서 점차 사라졌다. 그럼에도 그런 관습이 일부 남아서, 지거란트(Siegerland)의 하우베르크 공유림(Hauberg) [036]에서는 1955년까지 1,500두가 넘는 소를 방목했으며, 알프스에서는 지금도 곳곳에서 가축을 숲에 방목한다.

[035] 에밀 아돌프 로스매슬러[Emil Adolf Roßmäßler, 1806~1867년] : 독일의 자연 과학자이자 정치가, 민속 작가. 1850년대에 물고기와 식물에 관한 수많은 저술을 남겨 '독일 아쿠아리스트(aquarist)의 아버지'로 불린다. 원서에는 'Ernst August Roßmäßler'로 표표되어 있으나 이 인용문은 에밀 아돌프 로스매슬러가 남긴 것이다. [036] 지거란트 하우베르크 공유림[Siegerländer Hauberg] : 지거란트는 독일 지겐(Siegen)을 예로부터 일컫던 지명으로, 지금은 노르트라인-베스트팔렌주(Nordrhein-Westfalen)에 속한다. 이 일대에서 고유의 방식으로 경영해 온 공유림을 '하우베르크'라고 부른다. 독일어로 '하우(hau)'는 베기, 즉 벌목을, '베르크(berg)'는 산을 뜻한다. 하우베르크는 대개 자작나무와 참나무가 우점(優占)하는 숲으로, 16~20년마다 숲의 한 지역을 정해 모든 나무를 등치만 남기고 잘라 버리는 저림(低林) 형태의 경영 방식을 취한다. 빈 땅에는 한해만 농사를 짓고 이듬해부터 등치에서 새로 돋은 줄기를 키운다. 도토리가 풍년인 해에는 돼지를 방목한다. 이런 공유림은 이 지역 철강 산업을 위해 필요한 목탄 등의 숲 자원을 지속적으로 얻기 위해서 고안한 방식이지만, 목탄과 무두질용 참나무 껍질 등의 수요가 줄어들면서 20세기 후반에 들어 그 의미가 축소되었다. [저림 경영 방식은 043쪽 주석 [040], [041]도 참조할 것.]

00'1 *Kulturgeschichte des Waldes / Cultural History of Forest* — 숲의 문화사 — 나무 신화(Mythos Baum) : 나무로 본 유럽 민속의 기원과 효능

밑에도 나뭇잎, 위에도 나뭇잎

↑ 옛 프로이센 지방의 헛간 딸린 농가(Vorlaubenhaus), 1930년대. 오른쪽 현관 앞에 반개 방 헛간채가 덧붙어 있는데, 이런 공간을 '라우베(Laube)'라고 한다. 원래 지면이 아니라 위층의 벽 안쪽 공간이 '라우베'인데, 그 아래쪽에 눈비를 피해 농기구를 보관하거나 가축을 키운다. 스위스 동부 알프스 산간에서는 라우베(헛간)가 딸린 목조 농가를 그 지명을 따서 토겐부르크 하우스(Toggenburger Haus)라고 부른다.

몇백 년 전만 해도 겨울에 가축 사료로 쓸 건초를 다 댈 만큼 목초지를 소유한 농부는 거의 없었다. 그래서 하는 수 없이 나무에 달린 나뭇잎을 사료로 이용하기도 했다. 가축 먹이에 쓰려고 나뭇잎을 채취하는 것을 '분(Wunn)'이라고 하는데, 2년마다 한 번씩 잎(Laub)이 달린 채로 어린 나뭇가지를 잘라서 다발로 묶고 매달아서 말렸다. 이 나뭇단은, 비를 피하도록 집에 딸린 '헛간(Laube)'에 걸린 채 보관되다가 겨울이 되면 사료로 사용되었다. 나무에 무리가 가지 않도록 어린 소년이 격년으로 위에 올라가 나뭇잎만 훑었다. 그러면 어른들은 땅에 떨어지는 잎을 커다란 자루에 주워 담았다가 축사 다락의 건초장에 옮겨 말렸다. 안 그래도 곡물 재배량이 적은 산악 지대에서는 침대 요도 짚 대신 나뭇잎으로 속을 채워 넣었다. "밑에도 나뭇잎이요, 위에도 나뭇잎일세(Mit Laub onder, mit Laub ober)."라는 말은 알프스 산간 아펜첼(Appenzell)[037] 주민들이 빈한해져 버린 자기네 살림

을 풍자한 것으로, 그들은 덮을 이불속조차 나뭇잎으로 채워야 했다. | 청동기 시대 이래 잎 사료로 각광받은 물푸레나무 외에도 피나무, 느릅나무, 단풍나무의 어린 가지가 주된 대상이었다. 이 때 자를 수 있는 가지의 범위는 "지상에서 도끼가 닿을 수 있는 높이"까지만 허용되었다고 한다. | 여러 지방에서는 나무에 올라가 "어린 가지를 자르고 잎을 따는 것(Verlauben)"을 엄금했는데, 일례로 1439년 루스하르트(Lußhardt)[038]의 삼림 규정에는 "그리고 너도밤나무를 그루터기도, 가지도 자르지 말 것"이라는 대목이 실려 있다. | 나뭇잎을 가축의 먹이로 대던 풍습은 제1차 세계 대전 중 몇 년간 다시 부활했다. 전학년 학생들을 숲으로 보내 나뭇잎을 샅샅이 그러모으게 한 다음, 학교 창고나 체육관에서 말린 뒤 화물차로 실어 보냈다고 한다. | 스칸디나비아에서는 1930년대까지 독자적인 독특한 방법을 고수했다. 가을과 겨울이면 숲에 가서 '가지 자르기(Reisbrechen)'를 하는데, 버드나무와 자작나무 잔가지를 최고로 쳤다. 집에 돌아와 이 잔가지들을 잘게 자른 다음에 물에 삶아서 돼지 사료로 쓴 것이다.

[037] 아펜첼[Appenzell]: 스위스 알프스의 북동쪽 산계이자 주의 이름이다. 장크트갈렌주(St. Gallen)에 완전히 둘러싸여 있다. 과거에는 아펜첼이라는 하나의 주였으나, 16세기에 신교는 아펜첼 아우서로덴(Appenzell Ausserrhoden), 구교는 아펜첼 인너로덴(Appenzell Innerrhoden)으로 분할되어, 두 지역을 아우를 때는 아펜첼러란트(Appenzellerland)라고 부른다. 스위스 알프스를 특징짓는 목초지 사이에 띄엄띄엄한 농가 풍경이 펼쳐진다. 치즈가 특히 유명하다. [038] 루스하르트[Lußhardt]: 독일 바덴-뷔르템베르크주(Baden-Württemberg) 북쪽, 라인지구대(Oberrheinische Tiefebene)에 펼쳐진 넓은 산림. 총면적은 약 4,866헥타르를 헤아리고, 이 중 1,326헥타르가 보호 구역으로 지정되어 있다. 독일어에서 '루스(Luß)'는 원래 귀족이나 수도원 소유로 벌채하지 않는 지역을, '하르트(Hardt)'는 산림을 뜻했다. 라인강 동쪽의 이 드넓은 숲지대는 3세기경부터 프랑크족들에게 하르트발트(Hardtwald)라고 불렸다. 11세기부터 숲과 그 부산물, 주민에 대한 모든 권한이 모두 인근 슈파이어(Speyer) 주교좌에 소속되었으나, 마을이 늘어나면서 차츰 개발되어 숲의 넓이가 계속해서 줄어 갔다. [슈파이어 주교좌에 대해서는 153쪽「개암나무」편 주석[225] 참고.]

내게 가장 귀한 짚은 마구간에 깔 나뭇잎

↑ 토양에 유기물을 공급하는 낙엽을 지속적으로 채취하는 것도 숲에 피해를 주었다. 소녀들이 낙엽을 모으고 있다. 존 에버렛 밀레이(John Everett Millais), 〈가을 낙엽(Autumn Leaves)〉, 1856년, 맨체스터 미술관(Manchester Art Gallery) 소장.

18세기에 농업 혁명이 일어나면서 감자와 토끼풀을 더 많이 심고, 여름에도 가축을 축사에서 기르다 보니, 짚은 구하기 힘든 품목이 되었다. 마구간에 깔 거리의 수요가 급증하자, 농부들은 숲에서 낙엽을 그러모아야 했다. 스위스 브리엔츠 호수(Brienzersee) 일대에서는 19세기 초까지도 부녀자와 아이들이 너도밤나무 숲을 헤집으며 나뭇잎을 닥치는 대로 주워 담았다. 뱃짐으로 수백 척 분량을 너끈히 팔곤 했다고 한다. 곡식을 거의 재배하지 못하는 산간에서는 예로부터 나뭇잎의 쓸모가 대단히 컸고, 침엽수도 가리지 않고 잘라다 썼다. 당시 농민들은 이렇게 하소연했다. | "마구간에는 짚도 없고, 건초도 없네. / 마구간에 깔 나뭇잎이 내게는 가장 귀한 짚. / 집에서는 연기가 피어오르고, 비는 퍼붓는데, / 이보다 더 힘들기야 하리오." | 나뭇잎을 채취하면 숲에 해롭다는 것은 일찌감치 알려져 있었다. 그래서 이미 1568년 바이에른 공 알브레히트 5세(Albrecht V. von Bayern)가 공포

↑ 독일 북서부 아이펠(Eifel)의 고원에서는 특유의 뗏장 거름 방식으로 형성된 초지를 '베젠진슈터하이데[Besenginsterheide, 양골담풀(금작화)밭]'라고 부른다.

한 바이에른의 첫 산림법에도 나뭇잎 긁어 모으는 것을 금지하는 조항이 들어 있다. | '호밀 영구 단작 농업(Einfeldwirtschaft)'이 보편적이던 독일 북서부에서는 마구간에 깔 거리를 마련하는 데 '뗏장 거름'[039]이라는 선사 시대 방식에 기댔다. 양지 바른 숲이나 히스 초원의 풀이 난 토양 윗부분을 떠내어 짚 대신에 까는 것이다. 뗏장을 떠낸 땅이 다시 회복되기까지는 대략 20년이 걸렸다. | 벼농사에는 거름이 엄청나게 필요하고, 이를 충분히 대기란 쉽지 않았기에 중국과 한국에서는 독특한 거름 제조법이 고안되어 오늘날까지 전한다. 봄이 되면 소가 잎이 무성한 나뭇가지를 산에서 계곡으로 실어 나른다. 그러면 사람들이 가지를 진흙탕에 다져 넣고, 나뭇잎과 껍데기가 썩도록 둔다.[이 썩은 물이 논으로 흘러들어 거름 구실을 한다.] 끝까지 썩지 않은 가지는 골라서 말린 다음에 집 아궁이의 땔감으로 삼았다.

[039] 뗏장 거름[Plaggendüngung]: 히스가 자라는 들이나 숲의 풀이 많은 땅에서 뗏장을 떠서, 또는 풀을 태운 다음 그 재와 흙을 마구간에 깔아 놓으면, 가축 분뇨와 뒤섞여 양분이 풍부해진다. 이를 다시 땅에 뿌려 거름으로 쓴다. 적어도 철기 시대부터 이어져 왔으나 유럽에서 중세 들어 급격히 증가하면서 초지를 파괴하는 원인이 되었다. 독일 북서부와 그 인근에서는 1930년대까지 존속했다.

개간권

숲(대체로 저림[040])과 농경의 중간 문화라고 할 수 있는 혼농림은 중세 이후 존재해 왔고 열대 우림에서는 오늘날에도 행해진다. 독일 바이에른 숲(Bayerische Wald)의 비르켄베르크 저림(Birkenberg)[041]에서도 1930년대까지 이 경영 방식이 전해 내려왔다. 이런 곳에서는 농부가 어느 정도의 토지를 개간할 수 있는 권리를 지녔다. 농부들은 나무를 벌채한 다음 숲의 바닥에 불을 지르고, 이듬해 봄에 어디서나 무난히 자라는 호밀이나 메밀 같은 곡물을 파종했다. 이런 농사를 한두 해 짓는 사이, 벌채했던 그루터기에서 줄기가 다시 돋아 곡식을 재배하기 어려워질 정도가 되면, 나무가 조금씩 자라기 시작하는 어린 숲을 가축 방목장으로 이용하는 식이었다.

→ 18세기에 독일 남부 슈바르츠발트(Schwarzwald, 흑림(黑林))의 산림 휴한지(休閑地)를 화전 개간하는 모습. 나무를 벌채한 후 화약을 놓아 숲 바닥을 불태우고, 이렇게 조성한 밭에 곡식을 재배했다.

[040] 저림(低林, Niederwald, 영 low forest): 땔감이나 그밖의 목적으로 나무를 자른 뒤, 그 그루터기에서 자라는 맹아(萌芽)를 이용하는 숲을 말한다. 움돋이로 갱신되는 숲으로, 벌기(伐期)가 짧고 나무 수가 많다. 오리나무류, 리기다소나무, 참나무류 등이 저림을 만드는 주요 수종이다. 큰 나무를 잘라내서 땔감 등으로 이용하고 움을 키워서 새 숲을 만든다. 싹이 자라는 족족 베어내 나무가 크게 자라지 못하므로 '왜림(矮林)'이라고 하며, 맹아림(萌芽林), 신탄림(薪炭林)이라고도 한다. 우리 나라에서도 땔감용 목재를 얻기 위해 1960년대까지 이 방식을 썼다. [041] 바이에른 숲(Bayerische Wald)의 비르켄베르크 저림(Birkenberg): 바이에른숲은 독일 바이에른주(Freistaat Bayern)의 울창한 저산(低山) 지대를 가리킨다. 이 숲은 서쪽으로 체코 국경을 넘어 보헤미아 숲으로 이어진다. 비르켄베르크는 낱말그대로 풀면 자작나무 산이라는 뜻인데, 바이에른숲 일대에서 자작나무를 활용하려고 경영하던 저림 방식을 일컫는다. 오늘날 바이에른 숲 여러 곳에 '비르켄베르크'라는 지명이 남아 있기에 통칭해 '비르켄베르크저림'으로 옮겼다.

신성 로마 제국의 양봉원(養蜂園)

채밀(採蜜, Zeidelweide)이나 야생 꿀벌 이용권은 일찍부터 벌이가 괜찮은 사업이어서, 독일 바이에른 지방과 오스트리아에서는 이미 8세기경 문서에 기록이 나타난다. 누군가 나무에서 야생 벌떼를 발견하게 되면, 그 가지에서 한 조각을 떼어 내어 영주에게 제출했다. 꿀을 채취할 때가 되면, 나무를 발견한 사람과 영주의 대리인이 그 장소로 다시 찾아갔다. 떼어 낸 조각이 나무의 패인 자국에 꼭 들어맞으면 그를 발견자로 인정하고, 영주와 발견자가 꿀과 밀랍(蜜蠟) 수확량을 나누었다. 그리고 야생 꿀벌들이 겨울을 날 수 있도록 수확량 중 1/3은 나무 그루터기에 남겨 두었다. | 이처럼 우연히 야생 벌떼를 발견해 꿀을 얻던 것이, 시간이 지남에 따라 독립된 생업으로 발전하게 되었으니 바로 야생 벌치기(Wildbienenzucht)다. 노거수에 끌로 길이 90cm, 깊이 60cm, 너비 10cm 가량의 홈을 파서 이른바 '벌통(Beute)'을 만들고, 안쪽에 신선한 밀랍과 꿀벌을 유혹하는 식물〔가령 멜리사(Melisse)[042]〕을 바른 다음, 그 위에 벌이 드나들 만한 구멍만 낸 판자를 못질해 봉했다. 그러나 이렇게 만든 벌통 중에 고작 1/3 정도에만 야생 벌이 들었다. 피나무 외에도 참나무류, 소나무가 대개 '벌통 나무'로 이용되었다. | 커다란 구멍이 파여 심각한 상처를 입은 벌통 나무는 썩기 쉽고, 폭풍우에도 쉬 쓰러질 우려가 있었으므로, 가지치기 정도가 아니라 아예 벌이 붙은 나무의 위쪽 수관(樹冠)을 몽땅 잘라 버린 다음 자작나무 껍질[043]을 덮어 씌우는 경우도 흔했다. 인적 드문 숲에서는 곰의 침입을 막으려고 둥치에 철조망을 둘러치기도 했다. 구 프로이센 공국 시대였던 1537년의 어느 보고에 따르면, 곰 한 마리가 벌통 45개를 먹어 치웠다는 기록도 있다. 꿀벌 도둑(특히 사람)을 막으려고 하인 한 명을 정해서 '꿀벌 파수꾼(Bienert)' 직

을 부여하는 곳도 많았다. 벌을 모으는 나무라면 버드나무, 서양갈매나무, 물푸레나무, 개암나무, 피나무 등 숲에 지천이었다. | 피나무가 풍부한 카르파티아산맥(Karpaten)[044] 기슭에서 엄청난 양의 꿀이 수확되었고, 16~17세기에 약 십만 개의 '벌통'이 있었다던 독일 기사단령 동(東)프로이센(Ostpreußen)[045]도 생산량이 많았다. 뉘른베르크 제국림은 '신성 로마 제국 양봉원(Heiliges Römisches Reichs Pingarten)'[046]이라는 이름으로 역사에 기록되기도 했다. 일대의 27개 마을과 100개의 농원이 꿀로 먹고 살았다. '채밀업(Zeidlerei)'이라는 독자적 특권을 보유한 길드가 형성된 것이다. 몇몇 자유 도시에서는 면세 특권을 누렸고, 인근의 바이센슈타트(Weißenstadt), 크로나흐(Kronach), 드로셀펠트(Drosselfeld) 같은 곳은 채밀 재판권(Zeidelgericht)도 얻었다. 포이크트(Feucht)[047]에서는 1779년까지도 법적 효력을 유지했다. 특권을 승인한 황제는 '벌꿀세'를 징수했다. 1350년에 카를 4세(Karl IV)[048]가 그 세와 거기 딸린 권리를 젝켄도르프(Seckendorf) 가문[049] 귀족들에게 은화 200냥에 저당잡혔는

[042] 멜리사[Melisse, 학 *Melissa officinalis*] : 레몬 밤(Lemon Balm). 꿀풀과 여러해살이풀로 남유럽에서 자생한다. 소화를 돕고 레몬 향이 나서 향신료로 쓰인다. 멜리사 향은 벌의 호르몬 냄새와 비슷해 유럽에서 예로부터 벌을 유인하는 데 이용했다. '꿀벌을 유혹하는 식물'의 원어는 'Bienenkraut'인데 직역하면 '꿀벌 허브'가 된다. 벌이 좋아하는 향을 뿜는 식물을 일컫는 낱말로는 멜리사 외에도 히솝(*Hyssopus officinalis*)이 있다. [043] 자작나무 껍질[Birkenrinde] : 자작나무 껍질은 부드럽고 여러 겹인 데다 기름 성분을 함유해 잘 썩지 않고 방수 기능까지 있어서 다용도로 이용되었다. [044] 카르파티아산맥[Karpaten] : 동유럽의 습곡 산맥. 말발굽 형상이어서 슬로바키아 브라티슬라바 동쪽에서 일어나 북동쪽으로 폴란드와 우크라이나의 남쪽에 이르고, 남으로는 루마니아 동부를 지나 세르비아 남동부에 걸쳐 있다. 과거 헝가리 왕국의 동쪽 경계였다. [045] 독일 기사단[Deutsche Ritterorden] : 로마 가톨릭 교회 소속의 기사단. 십자군 원정 때 예루살렘에서 생겨나 13세기 이후 트란실바니아 등 동유럽과 프로이센에서 토착민을 내쫓으며 지역을 정복했다. 이들이 점령한 프로이센 땅이 훗날 프로이센 공국 형성의 바탕이 되었다. 독일 기사단은 1808년 나폴레옹(Napoléon)에 의해 해체되었다. 동프로이센(Ostpreußen)은 독일 제국과 나치 독일의 영토였다가 종전 후 폴란드와 러시아에 할양되었다. [046] 제국 양봉원[Reichs Pingarten] : 핑가르텐(Pingarten)은 비엔가르텐(Biengarten, Bien=벌, Garten=정원, 밭)과 같은 말이다. 뉘른베르크 인근에는 핑가르텐이라는 지명이 여러 곳에 남아 있다. [047] 포이크트[Feucht] : 독일 뉘른베르크의 인구 13,000명 가량의 작은 마을(Markt). 중세 때부터 양봉과 천연 꿀 채취의 중심지여서 레브쿠헨의 원료 대부분을 공급했다. 지금도 마을에 꿀 박물관이 있다.

↑ 양봉가는 '야생 벌통'에서 꿀을 채취했다. 그림 가운데의 활과 화살을 든 사람은 1356년 뉘른베르크의 양봉가 길드 조합원 차림을 묘사한 것이다. 『제들러 백과 사전(Zedler's Universal-Lexicon)』 수록 삽화, 1740년.

00'1 | Kulturgeschichte des Waldes
Cultural History of Forest | 숲의 문화사 | 나무 신화(Mythos Baum) :
나무로 본
유럽 민속의 기원과 효능

데 끝내 되찾지 못했다. 벌꿀세는 최종적으로 뉘른베르크 자유 도시(Nürnberg)에 귀속되었고, 이 사건을 계기로 14세기 이후 이 자유 도시에서 레브쿠헨(Lebkuchen)[050] 제조업이 비약적으로 발전했던 것이다. | 17세기가 끝날 때까지 꿀은 유일한 감미료였다〔당시 사탕수수에서 추출한 키프로스산(産) 설탕은 거의 황금과 맞먹는 값어치를 지녔다〕. 밀랍도 스테아린(stearin, 쇠기름 등에서 추출한 유지)이라는 물질이 개발되는 1824년까지 수백 년 동안 대체품이 없었다. 그 때까지 밀랍은 초, 봉랍(封蠟, sealing wax), 칠판 등을 만들 유일한 재료였다. 일례로 오스트리아에서는 1914년까지도 제단(祭壇)을 밝히는 초로 순 밀랍을 썼다.〔수도원에 양봉 시설을 많이 둔 이유도 바로 이 때문이었다.〕 | 야생 채밀에서 양봉으로의 전환은 더디게 진행되었다. 오랜 관습법에 따라, 벌을 치던 나무가 폭풍에 쓰러지면, 벌통이 있던 나무 둥치가 채밀꾼의 몫으로 돌아갔다. 그런 둥치를 파서 만든 '통나무 벌통(Klotzbeute)'을 주변 나무에 매달거나, 후에 숲에 세워 두곤 했다. 이 과정에서 예상치 못하게 벌떼가 살아 있는 나무와 무관함을 알게 되었고, 드디어 통나무 벌통을 농가 주변에 설치하게 되었다. 이 방식은 여러모로 이익이었는데, 그 까닭은 18세기 말 목재 생산을 최우선시하는 새로운 산림 경영 방식이 도입되자, 숲에서 치는 벌은 값비싼 목재를 소모하는 셈이 되었기 때문이다. 채밀업을 하려면 길드 조합원으로 가입해야 하고 세금도 납부해야 했기에, 과세를 피해 집에서 치는 양봉은 벌이가 더 나아 삽시간에 퍼져 갔다. 그러나 야생 꿀 채집이 쇠퇴하게 된 데는 결정적으로 두 가지 이유가 있었다. 우선은 종교 개혁 이후 교회의 밀랍 수요가 현저하게 줄었고, 또 세월이 흐르면서 싼값에 원당(原糖)을 생산할 수 있게 되었기 때문이다.

[048] 카를 4세[Karl IV, 1316~1378년] : 룩셈부르크 왕가 출신의 보헤미아 왕(재위 1316~1378년)이자 신성 로마 제국 황제(재위 1355~1378년). 인문주의에 관심이 많아 프라하에 대학을 세운 인물이다. [049] 젝켄도르프 가문[Seckendorf] : 독일 프랑켄(지금의 바이에른) 지역의 명망 있는 가문으로, 원서의 '젠켄도르프(Senckendorf)'는 오기다. [050] 레브쿠헨[Lebkuchen] : 독일 바이에른의 전통 생과자로, 뉘른베르크가 주된 생산지다. 꿀을 많이 사용하기 때문에 호니히쿠헨(Honigkuchen, 꿀 과자)이라고도 한다. 크리스마스 때에 즐겨 먹는다.

사냥터의 야생 동물이 눈에 잘 띄도록…

가장 원초적인 산림 이용 형태라 할 수렵 이야기를 하자면, 게르만족 대이동의 소용돌이가 끝난 첫 한 세기 동안에는 마을의 공유림에서 모든 농민에 의해 협동 조합의 형태로 행해졌다. 중세 말엽에 이르러 영주의 권력이 점점 강해지면서, 마을 숲은 영주들에게 강탈당하고 말았다. 수렵이 귀족의 특권이 되어 버린 것이다. 영국에서 1086년에 작성된 유명한 토지 대장 『둠즈데이 북(Domesday Book)』[051]은 영주들이 금림 선포를 통해 얼마나 철저하게 마을 숲을 사유화했는가를 잘 보여 준다. 정복왕 윌리엄(William the Conqueror)[052]은 새로 정복한 잉글랜드에서 사냥할 숲을 조성하려고 마을 전체를 초토화시켰다. 『피터버러 연대기(Peterborough Chronicle)』[053]에 실려 있는 영국 시(1067년)는 윌리엄 1세의 잔인함을 다음과 같이 전한다. | "[…] 그는 수많은 야생 사냥 구역을 세우고 / 법률도 공포했다. / '수사슴이나 암사슴을 죽인 자는 / 눈을 멀게 하리라'고 […] / 그는 사슴을 지극히 사랑했다. / 마치 자기가 아비라도 되는 양 […]." | 독일 땅이라고 별반 다르지는 않았다. 공유림이 황제의 산림에 편입되기가 무섭게, 농민에게는 산림 이용에 대한 그 어떤 권한도 허용되지 않았다. 평민이 영주의 숲에서 사냥하는 것 또한 금지되었다. 게다가 "토끼와 자고새,[054] 그밖에 깃털 달린 야생 조류 같은 작은 사냥감"마저 관청이나 수도원의 몫이었다. 평민에게는 세월이 흐르면서 하나의 고유한 민속 놀이로 변형된 명금류(鳴禽類) 사냥[055]만이 허락되었다[「마가목」편 참조]. | 이 모든 불평등한 금지에 반항하며 16세기에 농민들은 다음과 같이 요구하고 나섰다. | "[…] 넷째로, 지금껏 아무리 가난한 사람일지라도 가금류나 강물 속 물고기 같은 사냥감을 잡는 데 허락을 받은 일이 없었다. 하느님이 인간을 창조하셨을 때, 그는 우리 인

↓산골과 농촌의 백성들은 영주의 사냥 놀이에 분개하며 치를 떨었다. 〈사냥하고 사슴 모는 방법〉, 『가스통 페뷔스의 궁정 사냥서(*Das höfische Jagdbuch des Gaston Phebus*)』 수록 삽화, 1405～1410년.

〔051〕『둠즈데이 북〔Domesday Book〕』: 영국의 윌리엄 1세가 1086년에 작성한 토지 대장. 조세를 목적으로 영주의 이름과 소유지 면적, 장원 규모, 농민 수, 공유지 면적 등을 상세히 기록했다. 〔052〕윌리엄 1세〔William I, 1028～1087년〕: 노르만 왕조의 시조이자 잉글랜드의 국왕(재위 1066～1087년). 프랑스 노르망디 공작의 사생아로 태어나 사생왕이라고도 불린다. 노르망디 공국을 강성하게 성장시킨 다음 이를 기반으로 영국 왕위의 혼란을 틈타 영국을 침공했다. 헤이스팅스 전투에서 영국의 헤럴드 2세(Harold II)가 전사하면서 잉글랜드 왕으로 즉위했으므로 정복왕 윌리엄이라고 한다. 〔053〕『피터버러 연대기〔Peterborough Chronicle〕』: 앵글로색슨족과 노르만족이 지배하던 시기의 영국에 대한 기록인 『앵글로색슨 연대기』는 7권이 남아 있는데, 그 가운데 E판이 피터버러에서 작성되었기 때문에 『피터버러 연대기』라고 부르기도 한다. 1066년에 노르만 정복으로 윌리엄 1세가 집권한 후 앵글로색슨의 연대기 집필을 공식적으로 금했지만 피터버러의 수도사만은 계속해서 써 나갔으므로, 이 시기의 역사를 통치자가 아닌 시각에서 기록한 유일한 자료로 가치가 높다. 〔054〕자고새〔Feld-Hühnern〕: 메추라기와 비슷한 꿩과의 새로 유럽 식탁에 자주 올랐다. 〔055〕명금류 사냥〔Singvogelfang〕: 명금류는 참새아목에 속하는 작은 새의 총칭으로, 대개 경쾌하고 밝은 소리를 내는 조류를 가리킨다. 주로 오스트리아 북부에서 봄에 지저귀는 새를 생포해서 새장에 키우다가 겨울이 오면 풀어 주는 풍습이 내려왔다. 〔명금 사냥에 관해서는 694쪽 주석 〔867〕참조.〕

간에게 하늘을 나는 새들과 물에 사는 물고기 같은 모든 동물에 대한 권한을 주셨다.〔…〕"[056] | 누구든 밀렵하다 붙잡히면, 팔츠 선제후국(Kurpfalz)[057]의 1709년 법령에 따라 "사슴뿔과 쇠로 된 족쇄를 차고 반 년간 공공 노동을 해야 하는 처벌"을 받았다. | 동시에 수렵기에는 많은 사슴이 영주의 눈앞에서 돌아다니도록 사냥감을 공들여 보호했다. 그 탓에 농민들의 경작지는 끊임없이 야생 동물로 인한 피해를 입었고, 죽이지 못하는 '사냥감(Wildpret)'들과 맞서 시시포스(Sisyphus)의 형벌과도 같은 싸움을 해야 했다. 황제 소유의 산림 안에 농지가 있는 농민들에게는 더구나 농작물을 보호하기 위해 작은 야생 동물 포획용 덫을 놓는 것조차 일절 허락되지 않았다. 피해를 막아 보려고 우회적인 방법이라도 강구하려 치면, 밀렵꾼으로 몰려 처벌을 받을 위험을 무릅써야만 했다. 1792년 5월, 어느 마을에서 매일 4사람씩 농경지를 감시했는데도 사슴과 멧돼지들이 귀리 파종을 망쳐 놓았다는 기록이 전한다. 사람들은 "밤이고 낮이고 야생 동물을 감시해야 하는 견딜 수 없는 부담"에서 벗어나길 간절히 바랐다. 선제후가 조속히 구제책을 강구하지 않는다면, 이는 "신민(臣民)의 간곡한 바람을 저버리는 것"이었다. 숲 자체가 입은 피해 또한 이만저만이 아니었다. 야생 동물이 너무 북적이니 천연 갱신(天然更新)[사람의 손이 닿지 않고도 씨가 떨어져 저절로 다시 산림이 새롭게 이루어지는 일]이 제대로 이루어지지 못했고, 그 때문에 숲은 울창해지지 못한 채로 나이만 들어갔다. 18세기 말이 되어서야 비로소 사냥에 미쳤던 영주들이 사냥감 없이는 살 수 있어도 나무 없이는 살 수 없다는 사실을 깨닫기 시작했다. 되벨(H. W. Döbel)[058]도 『사냥꾼 실습(Jäger-Practica)』에서 "사슴을 귀히 여기는 사냥꾼은 나무도 귀히 여겨야 한다."는 결론을 내렸듯이 말이다.

↓ 포획용 그물을 이용한 새잡이. 농부들에게는 대개 '큰 짐승(붉은 사슴과 멧돼지) 사냥'과 '작은 짐승(산토끼와 야생 조류) 사냥'이 허용되지 않았기 때문에 새잡이 정도에나 만족해야 했다.

[056] 독일 농민 전쟁 12조 조항[Zwölf Artikel] : 1524년에 시작된 독일 농민 전쟁 기간 동안 슈바벤(Schwaben, 스위스 보덴호와 도나우강 사이 지대로 오늘날 독일의 가장 남쪽을 이르는 역사적 지명으로, 농민들이 지배 세력인 슈바벤 동맹에 대항해 붙인 이름) 농민들이 주축이 되어 요구 사항을 정리한 12조 조항문을 발표한다. 당시 농민들의 상황과 불만을 잘 알 수 있는 이 조항 중 본문의 인용문은 네 번째 조목으로, '사냥과 어로의 자유'를 요구하는 내용이다. [057] 팔츠 선제후국[Kurpfalz] : 선제후(選帝侯, Kurfürst)는 중세 독일에서 황제 선거의 자격을 가진 가장 서열 높은 제후로 선거후(選擧侯), 선정후(選定候)라고도 한다. 팔츠 선제후국은 라인강 북쪽과 오늘날 라인란트-팔츠주, 바덴-뷔르템베르크주와 헤센주(Land Hessen), 현재 프랑스 땅인 로렌(독일어로 로트링겐, Lothringen) 지역의 일부를 다스렸다. [058] 하인리히 빌헬름 되벨[Heinrich Wilhelm Döbel, 1699~1759년] : 독일의 임업 전문가. 대대로 산림과 사냥 관련 업무에 종사하던 집안에서 태어났다. 작센 선제후국의 프리드리히 아우구스트 2세(Friedrich August II)의 수석 피쾨르(piqueur, 몰이사냥에서 말을 탄 사냥꾼)를 맡기도 했다. 1746년에 출판된 저서 『사냥꾼 실습 또는 익숙하고 노련한 사냥꾼(Jäger-Practica oder der wohlgeübte und erfahrene Jäger)』은 당시 '귀족들의 사냥(몰이사냥)'을 상세히 소개한 책으로 유명하다. 사냥장치, 설비, 사냥 영지 배치도를 묘사한 정교한 목판 삽화뿐 아니라 사냥터의 수종 관리, 측량법 등의 지침이 실려 있다.

위하여, 더 흥겨운 사냥을 위하여!

↑ 사냥할 짐승을 그물로 둘러싸는 '포위' 사냥에는 수많은 농민이 동원됐다. 사냥감이 빠져 나갈 수 없도록 그물과 휘장을 둘러친 사냥 구역 안으로 짐승들을 몰아 넣어야 했다.

절대주의 시대〔Absolutismus, 17~18세기〕에 프랑스에서 들어온 '몰이사냥〔parforcejagd : '파르 포스(par force)'는 프랑스어로 '강제로'라는 뜻〕'법은 독일에서도 크게 유행했다. 대략 3시간 동안 사슴 한 마리를 잡는 몰이사냥이라면, 약 100마리의 말과 300마리가 넘는 사냥개가 동원되었다. 궁정 소속 사냥꾼들은 사냥이 매끄럽게 진행되도록, 미리 사슴을 점찍어서 실제 사냥이 시작되기 며칠 전에 외따로 가두어 두었다. 수렵 기간이 시작될 때면 궁정 화가, 제빵사, 난쟁이 광대, 수의사 등을 실어 나르느라 마차 행렬이 물밀듯이 숲을 통과했다. | 사냥하는 날이 오면, 사냥개 무리가 사슴이 도망가도록 미리 내어 둔 길

을 따라 배치되었다. 기진맥진한 사슴은 결국 영주의 총구 앞으로 내몰리게 되어 있었다. 만일의 경우에 대비하고자 '피쾨르(piqueur, 몰이사냥에서 말을 탄 사냥꾼)'라 불리는 몰이꾼이 사슴 뒤로 다가가 뒷다리 인대를 쳐서 끊어 놓았다. 귀족의 사냥감 죽이기는 나팔수의 나팔 소리와 여성들의 손뼉 소리로 막을 내렸다. | "이는 그러므로 대단한 신사와 숙녀들 앞에서 벌어지는 쾌락이다. 그들은 몇 시간이고 신나게 구경한다. 동물이 어떻게 쫓기는지, 또 기사(騎士)들이 사냥감이 죽을 때까지 어떻게 가지고 노는지.〔…〕" 이것이 H. W. 되벨의 서슴없는 논평이었다. | 군주의 사냥꾼은 트로피로 오늘날 흔히 받는 사슴뿔 대신, 사슴의 오른쪽 앞발을 받았다. 국고가 텅 비어 가자, 사치스러운 몰이사냥은 조금 더 경제적으로 변형된 '독일식' 혹은 '포위' 사냥(eingestellte Jagd)〔059〕으로 교체되었다. 이 방식을 위해서는 온 마을 주민이 종종 몇 주씩 농사일을 멈춰야 했다. 농부들은 몰이꾼, 사냥 시종, 마부, 그물 수선공, 사냥개 관리인 등 강제 노역에 동원되어야 했지만 정작 자기네가 사냥할 권리는 얻지 못했다. 사냥 준비 기간에 영주가 마음껏 부릴 수 있는 일꾼 노릇을 거역하려면 가혹한 벌이 따르는 산림법 위반으로 고소당할 위험을 무릅써야 했다. | 사냥 무대도 '설치'해야 했다. 초대된 손님이 머물 천막과 무대는 물론이고 잡초가 무성한 폐허며 숲속 성채까지 가짜 모형으로 만들었다. 사냥이 시작되기 몇 주 전부터 농노〔060〕들이 숲을 샅샅이 훑으며 미리 정한 구역 안에 들짐승들을 '포위'해 넣었다. 그 구역에서 동물들이 도망가지

〔059〕 '독일식' 혹은 '포위' 사냥〔eingestellte Jagd〕: 사냥감을 천막이나 그물 등으로 울타리를 친 사냥터 안에 몰아 넣고서 쏘아 맞추는 형식이므로 '포위' 사냥으로 옮겼다. 야외극장처럼 동물이 세팅된 무대가 마련된다. 사냥감의 진이 빠질 때까지 숲속에서 모는 과정을 생략하는 대신, 미리 동물들을 준비하는 데 노동력이 대거 동원되어야 하는 방식이다. 〔060〕 농노〔Hörig〕: 일반적으로 농노라고 통칭하나, 본문의 '회리히(Hörig)' 농노는 전형적인 '농노(Leibeige)'보다는 자유롭고 자유민보다는 예속된 상태였다. 사유 재산을 지닐 수 있으나 땅을 소유할 수는 없어, 토지에 관한 한 영주에 예속된다. '30년 전쟁' 후 이 신분 계층의 다수가 빈곤에 빠지면서 농노(Leibeige)로 전락했다. 〔061〕 사냥 휘장〔Jagdlappen〕: 사냥감을 특정한 방향으로 몰아넣기 위해 그물에 매다는 휘장. "샐 틈 없이"는 원문에서 "durch die Lappen"이라고 표현했는데, 이 휘장(Lappen) 밖으로 도망친 동물은 사냥하지 않는다는 원칙에서 유래해 '새어나가다', '빠져나간다'는 의미를 띠는 숙어다.

않도록 그물망이나 천 조각, 사냥 휘장[061]을 '샐 틈 없이' 걸쳤다. 일례로 1739년 프리드리히 대왕(Friedrich II)[062]이 사냥을 할 때 몰이꾼 4,000명과 보조 일꾼 600명을 대도록 명했을 뿐 아니라 100km가 넘는 그물을 설치하게 시켰다. 사냥 당일이 되면, 미리 준비된 원형 사냥장 안에 사냥감을 몰아넣는데 그 한가운데에 사냥을 하는 왕을 위한, 보호대를 둘러친 단이 세워져 있었다. 귀하신 분이 쏜 총알이 빗나가는 난감한 상황을 막아야 하니, 사냥장에는 동물들이 걸려 쓰러지도록 기둥을 박았다. | 이와 같은 궁정의 사냥철을 한 번 보낼 때마다 못해도 500마리의 사냥감이 잔인하게 죽어 나갔다. 덕분에 야생 동물이 새순을 뜯는 피해야 일시적으로 줄었지만, 시골 농부들의 고통은 가실 줄 몰랐다. 가부(家父) 콜레루스(Colerus)[063]는 1604년의 「오푸스 외코노미쿰(Opus oeconomicum)」이라는 글에서 다음과 같이 탄식했다. | "제대로 옷을 입지도 못한 가난한 사람들이 추운 겨울날 사냥에 동원되어 밖으로 나가야 했고, 그물을 치느라 동상에 걸려 허벅지를 절단하기도 했으며, 나무 뒤에서 얼거나 죽은 채로 발견되기도 했다." | 영주들이 소유한 보호림은 그 전까지 자행되던 주민들의 무리한 목재 채취로부터는 보호될 수 있었지만, 야생 동물이 너무 많아지다 보니 새순을 뜯어 먹는 피해는 몇 곱절 더 늘어났다. 오늘날 우리는 과거 전제 군주들의 한심스런 사냥 열정 덕택에, 금지령이 아니

---

[062] 프리드리히 2세(Friedrich II, 1712~1786년): 독일 프로이센 왕국의 3대 왕이자 계몽 군주로, 프로이센을 강국으로 키워 독일인이나 추종자들에게는 프리드리히 대왕(Friedrich der Große)이라 불리며 존경받는다. 1740년에 즉위했으므로 본문에 등장하는 사냥 당시는 황태자 시절이지만, 저자의 원문 표현을 따랐다. 이후 이 책에서는 프리드리히 2세로 옮겼다. [063] 요하네스 콜레루스(Johannes Colerus, 1566~1639년): 요하네스 콜레르. 독일의 신교 목사이자 초기 '가부(家父) 문학'을 대표하는 인물이다. 1604년에 부친이 남긴 글을 절기에 맞게 편집해 『농가 경제(Oeconomia ruralis et domestica or Haußbuch)』라는 제목의 전집을 펴냈는데, 그 내용에서 여러 분야의 농업 지식, 가축, 사냥, 요리와 규제 등 농가 경영을 다루었다.

었으면 최소한 일부는 훼손되었을지 모르는 숲을 온전하게 이어받아 그 혜택을 본다. 도시의 녹색 완충 지대로서, 대도시 주변의 휴식처로서 과거 프랑크푸르트 제국림, 뉘른베르크 제국림, 오스트리아의 빈 숲(Wienerwald)[064] 등은 이제 그 가치를 돈으로 환산할 수 없다.

나무의 시대

"나무(Holz)는 겨우 한 마디 단어지만, 그 속에는 경이롭고 동화같은 하나의 세계가 가득 차 있다."—테오도르 호이스(Theodor Heuss)[065] | 중국에서는 나무를 금속[066], 흙, 불, 물과 함께 자연을 이루는 다섯 요소 중 하나인 '근원 물질'로 여긴다. 이에 상응하는 비슷한 개념으로 그리스어의 '힐레(hyle)'가 있는데, 이 단어는 나무라는 뜻과 함께 '질료(Materie)'라는 뜻도 지닌다.[067] 로마에서도 목재를 '질료(materia)'라고 부르긴 했지만, 껍질이나 잎, 뿌리와 구분하여 실제로 목재로 쓰이는 부분을 일렀다. 덧붙여 이 단어 '마테리아(materia)'

[064] 빈 숲[Wienerwald] : 비너발트. 오스트리아의 수도 빈 주변에 펼쳐진 길이 45km의 숲으로 알프스산맥의 일부를 이룬다. 16세기까지 사냥터였다가 이후 꾸준히 조림이 이루어져 지금은 빈 시민의 휴식처가 되고 있다. [065] 테오도르 호이스[Theodor Heuss, 1884~1963년] : 독일의 정치가. 1949년 서독(독일 연방 공화국)이 수립되면서 초대 대통령으로 선출되었으며, 1954년에 재선되어 1959년까지 대통령을 지냈다. 전후 독일 헌법을 제정한 인물이다. 나치 집권기 등 정치 활동을 못하던 시기에는 저널리스트로 많은 글을 남기기도 했다. [인용문 "Holz ist nur ein einsilbiges Wort, aber dahinter steckt eine Welt voller Märchen und Wunder." 출처 : Hubert Glatz, *Erinnerungen eines alten Holzwurms*(Gernsbach : Deutscher Betriebswirte Verlag, 1989)] [066] 오행[五行] : 원문에는 'die Luft(공기, 대기)'로 나오는데, 원래 음양 오행에서는 나무[木], 불[火], 땅[土], 금속[金], 물[水]을 우주 만물을 이루는 다섯 요소로 보므로, 'die Luft'는 'das Metall(금속)'의 오류이거나, 또는 저자가 오행을 지수화풍[地水火風] 사대[四大]에 나무[木]를 더한 것으로 잘못 이해한 것으로 여겨진다. [067] 질료[hyle, 희 ὕλη] : 아리스토텔레스에 따르면 만물은 형상(eidos, εἶδος)과 질료(힐레)로 이루어진다. 철학적으로 질료는 어떤 형상이 될지 모르는 원초적 재료, 가능태에 해당하며, 흔히 목재가 질료라면 목재로 지은 집이 형상이라고 비유된다. 원래 호메로스(Homeros)의 작품에서 힐레는 목재, 또는 숲을 뜻했는데, 고대 그리스어에 특정한 목적이나 용도를 지닌 재료를 지칭할 적당한 낱말이 없어 아리스토텔레스가 이 낱말을 차용했다고 한다.

는 어머니를 뜻하는 '마테르(mater)', 그리고 자궁이나 모태를 뜻하는 '마트릭스(matrix)'와 같은 뿌리에서 파생한 것이다. 나무는 이른바 '근원적 어머니(Urmutter)'[068]로서, 인간을 둘러싼 수많은 일용품을 낳았다. 적어도 유럽에서 석탄[이 또한 이미 태고적에 가라앉은 숲이다]과 철로 산업 시대를 열기 전까지는 그랬다. 이런 의미에서 19세기까지 유럽의 문화사를 때로 '나무 시대(hölzernes Zeitalter)'라고 표현하기도 한다. 중세 전성기에는 사람들이 지금보다도 약 6~8배의 나무를 사용했을 것으로 추정된다. | 좀바르트(Sombart)[069]는 그의 유명한 저서 『근대 자본주의(Der moderne Kapitalismus)』에서 나무와 인간의 깊은 관계를 다음과 같이 서술했다. "모든 영역의 문화 생활을 계속해서 장악해 온 나무는 모든 경제 활동의 줄기들이 꽃을 피울 수 있는 전제 조건이었으며, 모든 물건의 재료로서 19세기 전까지 문화에 나무의 특성을 뚜렷이 각인해 넣었다."

[068] 근원적 어머니[Urmutter] : 태모, 대모(great mother), 근원모, 시모(Stammmutter) 등으로도 불린다. 분석 심리학에서 집단무의식 속의 어머니 원형을 가리키기도 한다.
[069] 좀바르트[Werner Sombart, 1863~1941년] : 독일의 경제학자로, 이론과 역사를 종합해 '경제 체제'의 개념을 확립하는 등, 경제 사회의 전모를 파악하고자 했다. 대표 저서는 1902년 초간한 후 1927년까지 증보한 『근대 자본주의(Der moderne Kapitalismus)』다. 원문에 『근대 자본주의의 역사(Geschichtes des moderne Kapitalismus)』로 되어 있으나 원제를 따랐다.

↓ 벌목공의 작업. 크리소스토무스 잔트베거 신부(Pater Chrysostomus Sandweger)의 프레스코 벽화 (부분). 오스트리아 니더외스트라이히의 요세프스베르크 교구 교회(Pfarrkirche Josefsberg), 1830년경.

거칠고 장식 없는 통나무 집

나무는 우선 땔감과 건물을 짓는 데 이용되었다. 오래 전부터 나무를 베는 시기는 나무의 수액(樹液)이 이동하지 않는 동안, 즉 마르틴 축일(11월 중순)[070]부터 2월 중순 사이가 일반적이었으며, 이는 '겨울에 벌채한 목재(Winterholz)'에는 영양분이 많지 않아 해충 피해가 적기 때문이다. 언제 나무를 베는 것이 유리한지는 옛 사람들도 잘 알았던 것이, 옛말에 "건축용 목재나 널빤지로 쓸 나무를 2월 중에 또는 2월의 상현달 다음 돌아오는 화요일 이후에 베면, 절대 벌레도 먹지 않고 갈라지지도 않는다."라고 했다. | 서력 기원 전후에 중부와 북부 유럽 사람들은 지중해 사람들과는 달리 나무로 지은 집에 살았다. 일찍이 타키투스도 게르만족의 주거를 '목공(Holzwerck)'으로 짓는데 "조악하며 장식이 없다."고 기록한 바 있다.[071] 그 후로 수 세기가 흐르도록 별반 달라진 것은 없었다. 한 예로 함부르크(Hamburg)에서는 대화재가 발생한 19세기 중반까지 거의 모든 주택이 나무로 지어진 집이었다고 한다.[072] | 흑림(黑林, Schwarzwald)[073]이나 알프스 같은 침엽수림 지대에서는 통나무집 구조(Blockbauweise)가 대다수를 차지한 반면, 활엽수림 지대에서는 목골조 건축(Fachwerkbau)이 발달했다. 슐레지엔(Schlesien)[074] 같은 곳에서는 때때로 이 두 유형이 혼합된 절충형도 볼 수 있다. 1800년경까지만 해도 연료용 목재와 건축용 목재의 비율은 대략 9:1이었지만, 현재는 그 반대가 되었다.

[070] 마르틴 축일(Martini) : 프랑스의 성인 투르의 마르티노(Sanctus Martinus Turonensis, 316~397년)를 기념하는 축일로 매년 11월 1일이다. 서유럽의 농경력에서는 겨울의 시작으로 여겨, 가을 밀 파종을 끝내고, 여성들은 야외 노동을 멈춘다. 전야에 어린이들이 등불을 들고 행렬을 하고 거위 고기를 먹는 등 추수 감사절의 성격을 띠는 축일이다.

↓ 작업 중인 목수들. 그림 가운데에는 막시밀리안 1세(Maximilian I)가 목수로 그려져 있다. 막시밀리안의 자전적 이야기 『백왕(Weißkunig)』에 수록된 목판화, 1514~1516년.

[071] **타키투스가 묘사한 게르만족 주거**: 고대 로마의 타키투스는 그의 저서 『게르마니아』에서 "그들은 돌이나 기와는 전혀 사용하지 않는다. 무엇을 하든 목재를 쓴다. 사람의 마음을 끌지도 않고 장식도 없이 가공되지 않은 상태로 덩어리째 사용한다. […]"라고 썼다. [072] **함부르크 대화재**[Hamburger Brand]: 독일 북부의 함부르크에서 1842년 5월 5일부터 8일까지 사흘 간 화재가 계속되었다. 50km 떨어진 곳에서도 불길이 보일 정도였으며, 도시의 거의 1/3이 폐허가 되었다고 한다. [073] **흑림**[黑林, Schwarzwald]: '슈바르츠발트'라고도 한다. 독일 남동부 바덴-뷔르템베르크주에 위치한 울창한 삼림 지대로, 숲이 크고 깊어 '검다(Schwarz)'고 표현했다. [074] **슐레지엔**[Schlesien] **목조 건축**: 슐레지엔은 오늘날 폴란드 서남부, 오데르강(Oder) 상류 지방으로 대부분이 산악 지역이다. 오랫동안 체코와 폴란드가 번갈아 가며 점령했으며 한때 프로이센 제국에 속했다. 슐레지엔 지방은 목조 건축이 크게 발달했는데, 둥근 통나무를 각지게 다듬어 특유의 통나무집(Schrotholzhäus)을 짓는다. 17세기에 목조로만 지은 대형 교회들은 유네스코 세계 유산으로 등재되었다.

숲이 여행길에 나섰을 때

건축용 목재는 집을 짓는 데뿐 아니라 배를 만드는 데에도 사용되었다. 영국인은 참나무를 '선박의 아버지(father of ship)'라 부르기도 했을 정도다. 남부 영국과 프랑스의 광활하던 참나무 임분(林分)[075]이 어디에 남아 있을까 하는 질문에 대한 답은 간단하다. 바로 그들 무역 선단(船團)과 전함(戰艦)에 쓰였다. 유럽에서 가장 막강한 제국의 운명은 (예를 들자면 에스파냐 무적 함대(Spanish Armada)의 패망처럼) 대양에서 결정되었다. 독일은 다른 나라에 비교해서 선박 건조가 미미했는데도, 17~18세기에는 라인강이나 엘베강, 도나우강, 베저강(Weser)처럼 배가 드나들던 강변의 숲은 타국에 있는 조선소의 목재 수요를 대기 위해 모조리 벌채되었다. 특히 숲이 적은 네덜란드는 선박용 목재를 구매하는 고마운 고객으로, 17세기에서 18세기 초까지 여러 번이나 영국과 프랑스를 제치고 해양과 상업에서 막강한 권좌에 오른 나라였다. 자본이 풍부한 네덜란드의 상사(商社)는 1년에도 몇 번씩 대규모로 뗏목을 엮어 목재를 날랐는데, 그런 뗏목의 규모는 보통 가로 50m, 세로 300m나 되었다. 뗏목 바닥은 침엽수로 만든 이른바 '네덜란드 통나무(Holländerstämme)'[076]로 삼았으며, 그 위에 귀중한 선박용 참나무가 꽉 찬, 값비싼 뗏짐을 싣고 내렸다. 평균 17,000톤의 무게가 나가는 그 대형 뗏목을 라인강에 띄워 보내려면 노 젓는 사공 450명과 닻을 조작하는 인부 80명이 필요했다. │ 더

---

[075] 임분(林分, Bestand) : 나무의 종류, 나이, 생육 상태 등이 비슷해 주위의 다른 삼림과 구분이 되는 숲의 범위. 삼림의 취급 단위가 될 수 있는 임목(林木)과 임지(林地)를 합해 임분이라고 하며 순우리말로는 '숲 몫'이라고도 한다. [076] 네덜란드 통나무(Holländerstämme) : 18세기 독일의 목재 수출이 네덜란드를 상대로 성업을 이룬 시기에 네덜란드 수출용 목재는 침엽수재질로 길이는 18~30m, 지름이 32~40cm 등의 까다로운 기준을 갖춰야 했는데, 이 기준을 갖춘 나무를 말한다.

↓ 모든 삼림에서 베어 낸 목재는 거대한 뗏목이 되어 주로 네덜란드로 운송되었다. 도르드레흐트(Dordrecht)를 지나는 라인강에 뜬 뗏목. 18세기 동판화.

↑ 통나무는 강변의 얕은 저수조에서 뗏목으로 엮었다. 그래서 이런 곳을 '아인빈트슈투베(einbindstube, 엮는 장소)'라고 부르게 되었다. 뗏목은 여러 개가 연결되었기 때문에 앞뒤 뗏목 사이가 자유롭게 휠 수 있도록 통나무를 엮었다. 카를 블루멘탈(Karl Blumenthal) 사진, 19세기 후반.

00'1 | Kulturgeschichte des Waldes / Cultural History of Forest | 숲의 문화사 | 나무 신화(Mythos Baum) : 나무로 본 유럽 민속의 기원과 효능

구나 뗏목을 서로 엮기 위한 밧줄도 나무로 만들었다는 사실이 눈길을 끈다. 요즘에는 대마(大麻)나 사이잘 삼[077] 또는 화학 섬유로 만든 밧줄을 저렴한 가격으로 원하는 길이와 강도에 맞춰 손쉽게 구매할 수 있기 때문에 지난날의 '나무 밧줄(Holzseile)'은 잊어진 지 오래다. │ 젖은 목재에 열을 가하면 구부러지는 힘과 감기는 힘이 강해진다는 것은 오래 전부터 알려져 있었다. 라인 지방(Rhineland) 출신의 목수 미하엘 토네트(Michael Thonet)[078]는 바로 이 점을 최초로 산업적으로 활용했다.〔「너도밤나무」편 '땔감에서 고급 목재로' 참조.〕 20세기 초반까지만 해도 이른바 '버들가지 비틀기(Wiedendrehen)'는 뗏목꾼이라면 해야 할 일과 중 하나였다. 버드나무의 어린 가지를 잘라, 그 생가지를 버들가지 화덕(Wiedofen, 빵 굽는 화덕과 비슷하다)에 넣고 수액에서 거품이 일 때까지 열을 가한다. 그러고는 꺼내어 뜨거운 상태에서 가지를 비튼다. 이것을 식히면 나무 밧줄이 완성된다. 여러 번 사용할 수 있는 밧줄로, 쓰기 전에 하루 동안 물에 담가 두어야 했다. 버들가지 밧줄을 만드느라고 어린 나뭇가지들을 다량으로 잘랐기 때문에 이미 1725년에 뗏목에 관해 다음과 같은 '일반 칙령'이 내려졌다. "관료들은 숲을 보호할 수 있도록 버드나무나 다른 나뭇가지 대신, 가능한 한 짚으로 만든 밧줄로 묶는 방법을 도입하도록 해야 한다."

[077] 사이잘 삼[Sisal] : 중앙 아메리카에서 자라는 용설란과의 식물로, 잎에서 섬유를 뽑아 밧줄을 만든다. 멕시코의 시살만(Sisal)에서 수출한 데서 그 이름이 유래했다. [078] 미하엘 토네트[Michael Thonet, 1796~1871년] : 라인강을 끼고 있는 보파르트(Boppard) 출신의 목재 기술자이자 가구 디자이너다. 가죽 장인 집안출신으로 어려서 목수일을 배웠다. 고향에서 공방을 차리고 나무에 열과 증기를 가해 휘게 하여 의자 등을 만드는 방법을 고안했다. 이 가구가 당시 오스트리아 왕실에 알려지면서 빈으로 공방을 옮겼다. 기존의 무겁던 가구 구조를 가볍게 하면서도 우아한 곡선으로 처리된 디자인으로 국제적 명성을 얻었다. 대표작으로 1859년에 발표해 이른바 '비엔나 커피 체어'라고 불리게 된 〈No.14〉가 있는데, 역사상 세계에서 가장 많이 팔린 의자 중 하나로 꼽힌다.

중세의 루르 공단

예전에는 숲이나 나무가 철과 지금보다 훨씬 더 밀접한 관계였다. 19세기까지는 용광로를 가열하는 데 석탄 대신에 숯〔木炭(목탄)〕을 썼다. 목탄용 나무도 건축재처럼 적절한 시기〔'목재의 달(Holzmonate)'이라고 부르던 1~2월〕에 맞추어 벌채했는데, "그래야 영주에게도, 그리고 광산주, 제련소 소유주, 대장장이에게도 녹지가 숯검댕이가 되어도 큰 피해가 되지 않을 것이었다." 이러한 입지 조건 때문에 대장간은 광산과 인접한 데가 아니라, 결정적으로 인근에 울창한 숲이 있어야 했다. 울창한 숲으로 유명한 하르츠(Harz) 보호림에 관한 어느 연대기에 이런 대목이 있다. "목재는 광산의 심장이요, 영주의 보물이라. 목재가 없는 광산은 추가 없는 종(Klock ohne den Kneppel)이요, 현이 없는 류트(Laute ohne Saiten)와 같도다." | 목탄용 목재의 소모량은 엄청났다. 연철 1톤을 생산하는 데 목탄 6톤이 필요했다. 목탄 1톤을 생산해 내려면 5톤의 목재가 필요했으니, 결국 1톤의 철을 생산하는 데 30톤의 땔감이 소요되는 셈이었다. 숯쟁이 집안의 생활상은 빌헬름 하우프(Wilhelm Hauff)[079]의 흑림(슈바르츠발트)을 다룬 동화 『차가운 심장(Das kalte Herz)』에 생생히 묘사되어 있다. 광부와 대장장이들 사이의 옛 기도문은 그들의 직업이 얼마나 숲과 단단히 결부되어 있었는지를 여실히 보여 준다. | "전나무가 푸르러지네, 광석은 자라네. / 신이여, 우리 모두에게 즐거운 마음을 선사하소서." | 흑색 화약(그리고 이를 이용한 폭파 방식)[080]이 유럽에 알려지기 전인 13세기까지는 암석을 채굴하는 데도 목재가 필요했다. 굿일꾼(Erzknappen)〔광산이나 탄광에서 광석이나 석탄 등을 캐는 일을 하는 인부〕들은 현장에서 큰 화덕을 걸고 '불을 피워(feuersetzen)' 암석을 뜨겁게 달궜다가 곧바로 찬물을 끼얹어 부서지기 쉽게 만들었다. | 철을 제련

↓목탄 생산을 위한 가마 조성의 여러 단계. 그림 맨 뒤에 최종 생산품인 목탄을 실어 나를 마차가 보인다.

〔079〕 빌헬름 하우프〔Wilhelm Hauff, 1802~1827년〕: 독일 남부 슈투트가르트(Stuttgart) 출신의 낭만주의 시인이자 동화 작가다. 상류층 가정 교사를 지내며 자신이 가르치는 아이들을 위해 인근의 흑림(슈바르츠발트)에서 살아가는 사람들을 소재로 여러 편의 동화를 썼다. 그중 하나인 『차가운 심장(Das kalte Herz)』은 가난한 숯쟁이 소년 페터 뭉크의 이야기다. 〔080〕 흑색 화약〔Schwarzpulver〕: 화약류 중에서 가장 오래 전에 발명된 것으로 질산칼륨, 황, 목탄을 혼합해 만든 화약이다. 목탄을 섞기 때문에 검은 색을 띠었다.

↓ 19세기까지 대장간에서는 용광로에 목탄을 채워 넣어 땔감으로 썼다. 게오르그 뢰나이스(Georg Löhneiss)의 『광산 보고서(Bericht vom Bergwerk)』 중에서, 1650년.

00'1 | Kulturgeschichte des Waldes / Cultural History of Forest | 숲의 문화사 | 나무 신화(Mythos Baum) : 나무로 본 유럽 민속의 기원과 효능

하려면 철이 함유된 원석을 숯과 석회와 함께 일명 '괴철로(塊鐵爐, Rennofen)'라고 하는 노(爐)에 집어넣은 다음 풀무질로 온도를 높여 불순물이 많은 철 덩어리, 즉 '루페(Luppe)'를 우선 얻는다. 이 쇳덩어리를 가지고 몇 번이고 녹이고 두들기기를 반복하여 불순물을 최소화했다.[081] 선철[082]이 추출되면 양철이나 무기, 철사 공장 같은 철공소에 보내졌다. | 독일에서 가장 주요한 제철 공업은 숲이 많은 오버팔츠(Oberpfalz)[083]에서 발달했는데, 이를 두고 호르스트 슈테른은 "중세의 루르(Rhur) 공단"[084]이라고 절묘하게 표현한 바 있다. | 번성기였던 15세기 무렵 오버팔츠는 신성 로마 제국에서 플랑드르(Flandre)[085] 다음으로 부를 구가했던 지역으로, 200여 곳의 대장간에서 연간 약 10,000톤의 선철을 생산해 냈다.

[081] **중세 유럽의 야철**: 유럽에서 초기의 철 야금은 흙이나 돌로 만든 괴철로(塊鐵爐)에서 목탄을 태워 철광석을 철로 환원하는 것이었다. 이 괴철로는 풀무질을 해 봤자 노(爐)의 온도가 1,000°C를 넘지 못해 철광석이 잘 녹지 않았다. 완전히 녹은 선철을 얻지는 못했고, 이 과정에서 나오는 불순물을 슬래그(Slag), 반쯤 녹은 철이 섞인 덩어리를 루페(Luppe)라고 불렀다. 루페만 다시 달구고 두들겨 불순물을 더 제거하면 연철이 되며 이 작업을 반복해 강철을 얻었다. [082] **선철**[銑鐵, **Roheisen**, 영 **pig iron**]: '무쇠'라고도 부른다. 철광석을 용광로에 녹여 얻는다. 동양에서는 고대부터 선철을 추출했으나, 이 기술이 서로마 제국 붕괴 이후 서방에 전파되지 못해 유럽에서는 16세기가 되어서야 선철을 얻기 시작했다. [083] **오버팔츠**[**Oberpfalz**]: 독일 남부 바이에른주에 있는 인구 약 100만 명의 지방(군)으로 철광과 유리, 기계 산업이 발달했다. 이름 자체가 '높은 팔츠'라는 뜻으로, 라인강을 끼고 있는 저지(低地) 팔츠(Rheinpfalz, 라인란트-팔츠주)와 대조를 이루는 동쪽의 고지(高地)를 일컫던 데서 유래한 지명이다. [084] **루르 공업 지대**[**Rhurgebiet**]: 독일 북서부 노르트라인-베스트팔렌주의 공업 지대로 탄광이 많으며, 철강을 비롯한 독일 중공업의 중심지이자 유럽 최대의 공업 지역이다. [085] **플랑드르**[**Flandre**]: 오늘날 벨기에와 네덜란드에 속하는 북해 연안의 저지대(低地帶). 지중해와 스칸디나비아, 발트 해, 영국의 사이에서 국제 무역으로 큰 부를 쌓았다. 13세기 이후 유럽 모든 나라의 상인들이 이곳에서 교역했다. 15세기에는 '부귀공(富貴公)' 마리(Marie de Bourgogne, 1457~1482년)가 이 지역을 상속받아 다스리면서 자유 도시의 특권을 인정해 주었다. 프랑스의 간섭을 견제하고자 마리는 훗날 신성 로마 제국의 황제로 취임하는 막시밀리안 대공(막시밀리안 1세)과 결혼했으나 곧 요절해 버린다. 부를 구가하던 이 지역이 합스부르크 왕가의 소유로 넘어가는 데 반대한 도시들이 연합해 1484년부터 두 차례 봉기를 일으켰지만 1492년에 신성 로마 제국 군대에 완전히 진압되고 만다. [막시밀리안 1세는 584쪽 주석 [734] 참고]

신은 염천(鹽泉)을 위해 숲을 창조하셨다

염분이 함유된 물(염수)을 큼지막한 화덕 위에 끼얹고 증발시켜 소금을 얻는 방법은 매우 오래된 방식으로, 일찍이 켈트족이 썼고, 나중에 로마인도 이를 응용했다. 제염소의 증류기(Sudpfanne)〔맥주를 만들 때 맥아와 효모를 끓이는 커다란 구리솥과 비슷하게 생겼다.〕 아래에서 얼마나 많은 양의 나무가 불타 없어졌는가는 산림 소유주와 제염소 주인 사이에 체결했던 별의별 목재 계약서들을 보면 알 수 있다. | 그러므로 "신은 염천(鹽泉)을 위해 숲을 창조하셨으니, 당신이 그러하듯 숲도 영원히 존속되기를 바랐다 〔…〕."[086] 이미 1350년 북부 독일의 뤼네부르크(Lüneburg)에 있던 제염 공장에서는 30만km³의 나무를 때서 30,000t의 소금을 생산해 냈다. 바트 라이헨할(Bad Reichenhall)[087]의 제염소는 보덴 호수(Bodensee)[088]의 두 배 넓이에 해당하는 약 110,000ha의 숲을 마음대로 사용할 수 있었다. 바이에른 경계를 넘어서까지도 "영원히" 보장되던 목재 벌채권을 잘츠부르크(Salzburg)의 볼프 디트리히(Wolf Dietrich) 대주교가 갑자기 인정하지 않자 결국 1611년에 전쟁이 벌어졌다. 이 전쟁은 '목재 전쟁(Holzkrieg)'으로 역사에 기록되었다.[089] 세계에서 가장 오래된 수송관 중 하나도 소금과 연관되어 있다. 1617년에 바트 라이헨할에서부터 트라운슈타인(Traunstein)까지 약 32km의 염수관(鹽水管)이 설치되었고, 이 관은 계속 연장되어 1956년 로젠하임(Rosenheim) 제염소가 문을 닫을 때까지 가동되었다.[090] "산을 넘어 소금물을 수송하느라" 뮌헨(München)에서 '궁정 수도 감독관(Hofbrunnmeister)'이 파견되었다. 수송관은 나무로 만들었다. 거기에 길이 4m짜리 독일가문비나무 통나무 8,400개가 쓰였고, 관을 하나하나 잇느라 양철통도 같은 수만큼 필요했다.

00'1 Kulturgeschichte des Waldes / Cultural History of Forest 숲의 문화사 나무 신화(Mythos Baum): 나무로 본 유럽 민속의 기원과 효능

유리 공장

숲과 관계된 오래된 산업 중의 하나인 유리 제조업도 중유럽의 숲에 많은 부담을 주었다. 유리가 완성되기까지는 각양 각색의 작업자의 손길을 거쳐야 한다. 석영을 시굴하는 이, 모래 녹이는 이, 광석 깨는 이, 재 만드는 이, 유리 끓이는 이, 나무꾼, 장작 말리는 이, 화부(火夫), 유리 불기 장인 등, 누구 하나 유리 공장에 없어서는 안 될 사람들이었다. 유리를 만들려면 대략 모래가 100일 때 탄산칼륨 30, 석회 15의 비율로 섞어 녹이는데, 탄산칼륨이 모래 속의 석영을 녹이는 촉매제, 즉 '용제(溶劑)'로서 결정적 구실을 했다. 모래 알갱이에서 석영을 녹여내 추출하려면 최소한 1,800°C까지 온도를 높여야 했지만 당시에는 그런 기술이 없었으므로, 1,200°C에서 탄산칼륨을 넣어 추출했다. 탄산칼륨은 오래 전부터 비누를 만들 때나 염색과 표백에 매우

[086] 영원한 숲[ewigen Waldes] : 인용구는 1611년에 라이헨할(주석 [087] 참조)의 어느 재상이 편지에 쓴 문장으로, 이어서 "그러므로 인간이 잘 간수해야만 한다"고 나온다. 라이헨할 제염소 운영 업무 중에는 인근의 숲에 나무가 계속 자라도록 관리하는 일도 포함되었다. 독일에서는 지속 가능한 삼림 경영에 대한 초기의 인식으로 평가한다. [087] 바트 라이헨할[Bad Reichenhall] : 독일 남부 바이에른주 작은 도시로 오스트리아 잘츠부르크와 접해 있다. 소금물 우물이 있어 기원전부터 소금을 생산했고 지금도 염업의 중심지다. 1890년까지는 '라이헨할'이라고 불렸기 때문에 원문에서는 '라이헨할 제염소(Der Saline Reichenhall)'라고 했다. 이 옛 제염소(Die Alten Saline)에서 만든 소금을 라이헨할 소금(Reichenhaller Salz)이라고 했다. [088] 보덴 호수[Bodensee] : 독일 남부 바덴-뷔르템부르크주의 남쪽에 있는 호수로, 스위스와 접해 있다. 빼어난 풍경과 온화한 날씨, 호수 속의 작은 섬에 자라는 각종 식물로 유명하다. 표면적 약 571km²로 유럽에서 세 번째로 넓은 호수다. [089] 목재 전쟁[Holzkrieg] : 대개 '소금 전쟁(Salzkrieg 또는 Ochsenkrieg 1611)'으로 기록된다. 독일 바이에른의 라이헨할 제염소에서는 땔감을 대기 위해 오스트리아 잘츠부르크의 숲도 벌채를 했는데, 이에 잘츠부르크와 바이에른 간에 전쟁이 일어났다. 1587부터 잘츠부르크를 다스렸던 볼프 디트리히 폰 라이테나우(Wolf Dietrich von Raitenau) 대주교는 이웃한 바이에른 공국과 계속 경쟁해 왔고, 소금 시장을 장악해 큰 이익을 거두었으며 이 부를 이용해 잘츠부르크에 뛰어난 바로크 건축물들을 만들기도 했다. 그러나 1611년 소금 거래를 두고 잘츠부르크를 공격했다가 패하면서 주교직에서 물러나고 연금된 채 생을 마감했다. [090] 로젠하임 제염소[Saline Rosenheim] : 바트 라이헨할과 트라운슈타인에 이어 독일 바이에른주에서 세 번째로 설치된 제염소다. 트라운슈타인으로부터 연장된 길이 약 80km의 수송관이 1810년에 완성되면서 제염을 시작했다. 로젠하임은 라인강에 인접해 있어 소금을 판매할 때 수송료를 줄일 수 있었다.

요긴하게 쓰였지만 얻기가 어려웠다. 1851년 독일에서 수산화나트륨 광맥을 처음 발견하기 전까지는 대부분 나무를 태운 재에서 추출했으니, 다음과 같은 유리공들의 노래에도 잘 드러난다. "몇몇 장인은 신이 창조하셨네, 재를 가지고 유리 만들 줄 아는 이를." | 숲속에 거주하는 '회(灰) 장인(Aschenbrenner)'이라는 거친 장인에 관한 기록은 1667년에 다음과 같이 처음으로 등장한다. "회 장인은 칼륨 만드는 전문 지식이 필요하기에 아무나 될 수 없으며, 그 중에 많은 이는 한 주 내내 물과 빵으로만 연명하며 집에 돌아가지 못하고 숲속에서 지내야 한다." 그들은 쓰러진 고목 토막은 닥치는 대로 태웠다. 너무 노쇠한 나무들과 속이 썩은 나무, 고사한 가지는 말할 것도 없고 멀쩡하게 서 있는 나무까지 태웠다. 나무 중심부까지 도끼 자국을 내어 불을 붙이면 속까지 다 타 저절로 꺼질 때까지는 닷새에서 이레가 걸렸다. 그들은 나무 종류에 따라 목재에 포함된 칼륨 함유량이 서로 다르다는 것을 일찍부터 알고 있었다. 특히 너도밤나무는 칼륨 함유량이 독일가문비나무보다 3배, 유리를 만드는 데 곧잘 쓰이던 산느릅나무는 독일가문비나무보다 무려 8배가 많다. 농부들에게는 재 만들기가 쏠쏠한 부업이 되었다. 일례로 1856년에는 나무 재 8통이면 일꾼의 일주일치 품삯을 지급할 수 있었다. 아셴만(Aschenmann), 아셰를(Ascherl), 아셰마이어(Aschermaier), 아셴브렌너(Aschenbrenner)와 같은 성(姓)은 까맣게 잊어버린 유리 제조업을 떠올리게 한다.〔독일어 '아셰(Asche)'는 '재', '회분(灰分)'〕 | 생산된 재를 송진 바른 통[091]에 담아 유리 공장에 보내면, 유리 공장에서는 여기에 물을 타서 만든 잿물에 이른바 '매용제(媒熔劑)'를 넣고 나무로 불을 지펴 대략 24시간 동안 끓였다. 마지막에는 솥 밑바닥에 '유체〔Fluss, 용제(溶劑)〕' 또는 '돌(Stein, 원석)'이라 부르는 물질이 눌어붙는데 이것을 끌로 긁어 모은 것이 저급 탄산칼륨이다. 값비싼 유리용으로 쓰는 희고 깨끗한 '고급 탄산칼륨'을

↓유리 공장도 제염소 못지않게 광석을 녹이는 데 엄청난 양의 땔감을 집어 삼켰다. 19세기 중반까지는 유리 제조에 없어서 안 되는 탄산칼륨도 나무를 태워 만든 재로만 만들 수 있었다.

만들자면, 이 초벌 탄산칼륨에 물을 타고 '소성로(燒成爐)'에 넣어 다시 한 번 불순물을 제거했다. | 제련공(Schmelzer)[092]의 구실이 가장 중요했는데, 유리가 용해되는 48시간 동안 그의 작업에 따라 최종 생산품의 질이 크게 좌우되기 때문이었다. 파울 프리들(Paul Friedl)[093]의 『다시 꽃피는 숲(Und wieder blühte der Wald)』이나 『야생의 숲(Wilder Wald)』같은 작품에 이런 유리 공방 장인들의 삶이 매우 감동적으로 생생히 묘사되어 있다.

[091] 송진 바른 통(verpichten Fässern): 석유가 소개되기 전까지 유럽에서는 송진이 여러 곳에서 역청, 즉 아스팔트를 대체했다.(「소나무」편 참고.) [092] 제련공(Schmelzer): 직역하자면 '녹이는 사람'이라는 뜻으로, 금속이나 유리를 녹여 제품으로 만들어내는 직업을 일컫는다. 아셴브렌너 등과 마찬가지로 제련공을 뜻하는 독일어 '슈멜처'도 성으로 남았다. [093] 파울 프리들(Paul Friedl, 1902~1989년): 독일의 작가이자 향토사학자. 츠비젤(Zwiesel)에서 어린 시절부터 평생 살면서 바이에른의 숲과 민속 문화를 기록하고 살리는 데 헌신했다. 동화, 소설과 희곡, 민속학지를 다수 남겼고 독일 실러 재단상, 연방 대십자 훈장 등 다수의 상을 수상했다.

셈을 못하니 해고

중세 초에는 숲에서 바람에 쓰러진 나무를 주워 모으는 것, 또 '과실 맺지 않는 나무'(자작나무, 버드나무, 오리나무…)의 시원찮은 가지, 그리고 말라죽은 가지나 웃자란 가지는 베어서 집에 가져갈 수 있었다. 옛 판례를 보면, 이미 "베어 놓은 나무를 가져가는 행위만이 도둑질"이었다. 반면 자기 소유가 아닌 나무라도 도끼로 찍어 베는 것은 오랫동안 벌을 받지 않았는데, "도끼질은 알리는 신호지, 도둑질이 아니(die Axt ist ein Rufer, kein Dieb)"라고 여겼기 때문이다. (소리가 울리지 않는) 톱을 이용해 나무를 썰면 엄한 처벌을 받았다. 16세기에는 '벌목 망치(Waldhammer)'[낙인 도끼(Malbarte), 표시 도끼(Zeichenaxt)][094]로 벌목할 나무에 반드시 표시를 해야 하는 제도가 도입되었다. 벌목 도장(Waldeisen)에는 영주의 문장(紋章)과 해당 연도(年度)를 새겼다. "쇠도장을 찍어 놓은 나무를 제외하고는 어떤 나무도 베어서는 안 된다."는 내용이 1777년 프로이센의 규정에 나온다. 벌목한 나무를 쉽게 감독하고자, 베고 난 그루터기에도 잘 보이는 자리에 벌목 망치로 표시를 했다. 프랑스에서는 이런 규칙이 1930년대까지도 존속했다. 늘 목재가 달리다 보니 슬쩍 훔치는 일이 점점 잦아지는 것도 당연했다. 쥐꼬리만한 봉급을 받는 벌목꾼으로서는 목재 관리자와 결탁하는 일도 흔했다. 그 경우 1620년에 2명의 벌목꾼들이 겪었듯이, 도둑질이 발각되면 애꿎게 벌목꾼만 불성실하고 태만하며, "수를 헤아릴 능력이 전무하다"는 이유로 즉시 해고를 당했다.

[094] **벌목 망치〔Waldhammer〕**: 자루는 도끼처럼 생겼지만 날 대신 도장처럼 넓은 면에 표식을 새겨 나무에 그것을 찍는 용도로 만든 망치다. 지표면 가까이의 둥치를 쳐서, 윗부분을 베어도 그 표식이 남게 했다. 낙인 도끼, 표시 도끼, 벌목 도장도 모두 같은 말이다. '불법 방지 망치(Frevelhammer)'라고도 부른다.

눈에 띄게 줄어든 숲

수백 년 넘게 숲을 착취하기만 하고 조금도 돌보질 않았으니 17~18세기 내내 '목재 고갈의 공포'가 더욱 두드러진 것은 당연한 귀결이었다. 그에 맞서 기회가 있을 때마다 조금이나마 조림을 시도한 사례도 있는데, 뉘른베르크의 광산주이자 1368년 '전나무 씨 뿌린 사람〔播種人(파종인)〕'으로 산림 역사상 영예의 전당에 오른 페터 슈트로머(Peter Stromeir)[095]가 대표적이다. 그는 "더 이상 천연 갱신[096]이 이루어지지 않는" 황량한 산지 군데군데 씨를 뿌려 싹을 움틔워 냈다. 그러나 이는 너무 작은 규모였기에, 말 그대로 새발의 피에 그쳤다. 마르틴 루터(Martin Luther)도 조만간 세 가지, 즉 '진실한 벗, 정직한 재화, 울창한 나무'가 부족하게 되리라 예언한 바 있었지만 오랫동안 무시되었다. | 결국엔 그 말이 옳았다. 숲이 "눈에 띄게 줄어"들었고, 이에 "수명을 다한 폐허"가 되지 않도록 예방해야 했는데, 건축재와 무엇보다 땔감 마련이 점점 어려워졌기 때문이다. 그 결과 숲에 대한 규정과 산림법이 우후죽순으로 제정되었고, 그럴 때마다 관련 관직도 생겨났다. 존 맨우드(John Manwood)[097]는 1592년에 발표한 산림법에 관한 논문에서 "〔…〕 그러므로 삼림(forst)은 무엇보다도 다

---

[095] **페터 슈트로머〔Peter Stromeir, Peter Stromer, 1315?~1388년〕**: 산에 나무의 씨앗을 직접 심거나 뿌려 숲을 만드는 파종 조림(播種造林)의 선구자. 독일 뉘른베르크의 시의원이자 부유한 상인이었던 그는 당시에 숲이 황폐해져 가는 것을 우려했다. 목재 부족이 그의 사업에 직접 영향을 끼쳤을 뿐 아니라 여러 사회 문제를 낳았기 때문이다. 파종 조림 방법을 시도해 보다가 1368년 4월 9일 부활절에 소나무와 전나무, 독일가문비, 낙엽 활엽수를 대규모로 파종 조림했는데, 그 중 침엽수인 전나무와 소나무의 결과가 매우 좋았다. 슈트로머의 시도가 최초는 아니었으나, 정확한 시기와 방식을 기록으로 남겨 역사적으로 인정을 받는다. 뉘른베르크의 숲은 유럽 최초로 인공 조림으로 조성된 산림으로 기록되며, 그는 '근대 조림의 아버지'라는 호칭을 얻게 되었다. [096] **천연 갱신〔天然更新, 영 natural regeneration〕**: 주변 나무에서 씨앗이 떨어지거나 그루터기에서 움이 트는 등 자연적으로 다시 숲이 조성되는 방식을 말한다. 원문은 'keiner Samen mehr annehmen', 즉 '더 이상 씨를 받을 수 없었던 숲'이다. [097] **존 맨우드〔John Manwood, ?~1610년〕**: 영국 런던의 법률가이자 월섬 포레스트(Waltham Forest)의 사냥터 관리자였다. 엘리자베스 1세(Elizabeth I) 때 잉글랜드 남부 햄프셔주 서남쪽에 있는 산림 지대인 뉴 포레스트(New Forest)의 산림법을 관장하는 치안 판사를 지냈다.

음 4가지가 있어야 지속된다. 즉 울창한 수풀과 야생 동물, 확고한 법령, 그리고 집행하는 관료가 있어야 한다."라고 기술했다. | 새 산림법에서는 최우선적으로 땔감 절약이 실효 있는 대책이라 보았다. 하지만 정작 이행하기는 어려운 시도였던 것이, 난방 방식이 부실해 한겨울이면 궁정에서조차 극심한 추위에 시달렸기 때문이다. 루이 14세(Louis XIV)의 제수(弟嫂)였던 팔츠의 리젤로테(Liselotte von der Pfalz)[098]가 1695년에 파리에서 친정인 하이델베르크성으로 보낸 편지에는 "왕의 식탁에 오른 물이며 잔에 담긴 포도주마저 얼었다"는 내용이 있다. | 숲이 성글어질 때마다 농부들이 목재를 남용하고 마구 써서 그렇다며 비난받았다. 그러나 낭비의 정의는 무엇보다 사회적 맥락에서 형성되며, 그 기준 또한 대단히 애매하다. 시골에서는 마차 3대 정도의 땔감으로 겨울을 버텼지만, 도시의 가정은 8대분을 배당받아 훈훈하게 났다. 목재를 아끼지 않기로는 귀족의 저택이며 성도 있었으니 한 번 지을 때마다 수천 그루 최고급 목재를 집어삼켰다. 그러나 농부들은 제 집을 수리할 목재도 힘겹게 구했다. 오스트리아의 황제 요제프 2세(Joseph II) 재위기인 1784년에 영악한 장관 하나는 절약을 내세워 기이한 발상을 제안했는데, 바로 '재활용 관(Spar-sarg)'[099]이다. 무덤에서 하관할 때 관 바닥이 열리며 시신이 구덩이 속으로 떨어진다. 그리고 나면 관만 끄집어올려 다음 장례에 또 쓰는 것이었다.

[098] 팔츠의 리젤로테〔Liselotte von der Pfalz, 1652~1722년〕: 팔츠 공작 부인 엘리자베트 샤를로트(Elisabeth Charlotte)의 애칭. 팔츠 선제후 카를 1세 루트비히(Karl I. Ludwig)의 장녀로 하이델베르크성에서 태어나 유년 시절을 보냈고, 1671년에 루이 14세의 동생인 오를레앙 공 필리프(Philippe d'Orléans)의 두 번째 부인으로 프랑스로 시집가게 되었다. 이 결혼이 루이 14세가 팔츠를 상대로 팔츠 계승 전쟁(제2차 100년 전쟁)을 일으키는 원인이 되었다. 리젤로테는 베르사유에서 지내면서 친정을 그리워하며 많은 편지를 썼는데, 베르사유의 생활상을 생생하게 그린 사료로 평가받는다. 본문의 편지는 1695년 2월에 고모인 조피(Sophie von der Pfalz)에게 보낸 것이다.

↓지난 세기의 목판화나 풍경화는 극심하게 착취됐던 농촌의 숲을 잘 보여 준다. 당시에는 '황무지와 나지(裸地)'가 널리 퍼져 있었다. 남아 있는 것은 늙거나 말라비틀어진 나무, 형질이 좋지 않은 나무들뿐이었다.

[**099**] **재활용 관(Sparsarg)** : 1785년에 개혁 군주 요제프 2세(Joseph II, 1741~1790년)에 의해 도입되었으며, 그 이름을 따서 '요제프 공동 관(Josephinischer Gemeindesarg)'이라고도 부른다. 요제프 2세는 신성 로마 제국 황제를 이어받았으며 어머니 마리아 테레지아(Maria Theresia)와 함께 오스트리아, 보헤미아, 헝가리를 공동 통치했다. 계몽주의에 경도되어 모친의 사후 수많은 개혁을 실시했는데, 다수가 비현실적이어서 사회 혼란을 초래하기도 했다. 이 경우도 그런 개혁 중의 하나였고, 빈 시민들의 반발이 커져 1년 만에 명령을 철회했다. 그러나 오스트리아 지방교구에서는 이후로도 한동안 사용되었다고 한다.

땔감이 가장 적게 드는 난로

예전에는 산림법의 내용을 하인들이 잊지 않도록 100쪽이 넘는 긴 전문을 해마다 1번씩 교회에서 예배를 마친 뒤에 큰 소리로 암송하게 했다. 1527년 바이로이트(Bayreuth)의 산림법이 처음 제정되자 선제후의 시종장 입에서 저도 모르게 이런 말이 튀어 나왔다 한다. | "오, 하느님! / 얼마나 많은 새로운 법규가 있어야 / 화평해지나요, / 누가 이걸 모두 지킬 수 있답니까!" | 산림법들은 끝도 없이 많은 사항을 규정하고 결정했다. 목재가 부족하다는 구실로 석회 가마나 벽돌 공장 신축을 불허했다. 기초를 돌로 쌓지 않은 나무집, 가정용 빵 굽는 화덕이나 목욕실 설치, 마룻바닥 널빤지의 은촉[100], 숲에서 바로 널빤지를 제재(製材)하는 행위(대팻밥도 버리지 않기 위해) 등이 모조리 금지되었다. 심지어 난로 구멍 크기까지 지침에 따라야 했다. 1764년에 프리드리히 2세는 '땔감이 가장 적게 드는 난로'에 상금을 걸기도 했다. 문이 없는 벽난로 대신 뚜껑이 달린 난로가 유행했다. 독일인들이 미국으로 이민을 가서도 문이 없는 벽난로보다 뚜껑 달린 난로를 선호한 것이 18세기에 들어 주목받게 되었다는 사실은 눈길을 끈다.[101] | 이런 맥락에서 비교할 만한 동시대 사례도 있다. 알제리에서는 지금도 각 부엌마다 전용 화덕을 따로 만드는 것을 금지하고 대신에 기름으로 때는 화덕을 중앙에 설치해 공동으로 쓴다. 환산해 본다면, 마을마다 최소한 15ha 정도의 숲이 벌채되는 것을 막을 수 있다고 한다.

[100] 은촉[隱鏃, Spund] : 두 널빤지를 마주 이을 때 한쪽 널빤지의 맞닿는 면을 깎아 길게 내민 돌기로 '장부촉'이라고도 한다. 반대편은 홈이 나게 판다. 은촉을 은촉홈에 끼워서 두 널빤지를 마주 잇는다. [101] 프랭클린 스토브 [영 Franklin stove] : 미국 건국의 아버지로 불리는 벤저민 프랭클린(Benjamin Franklin)은 펜실베이니아에서 독일인 이민자들이 문 달린 벽난로(geschlossene Herd)를 지어 쓰는 것을 보고 여기에 착안해 1741년에 경제성이 획기적으로 높은 철제 스토브를 개발했다. 이 난로는 아직도 시판되고 있다.

00'1   Kulturgeschichte des Waldes / Cultural History of Forest   숲의 문화사   나무 신화(Mythos Baum) : 나무로 본 유럽 민속의 기원과 효능

문명 앞에는 숲이 있고…

"문명 앞에는 숲이 있고 문명 뒤에는 사막이 남는다."고, 19세기에 샤토브리앙(François-René de Chateaubriand)[102]은 말했다. 중유럽은 아직까지 그런 피해를 거의 입지 않았는데, 기후가 온화하며 토심이 깊고 토양이 기름져서다. | 숲이 사라지고 그 결과 땅이 척박해지는 것은 새로울 것 없이 아주 오래 전부터 있어 온 일로, 레바논삼나무[103] 숲의 역사적 변천은 이를 보여 주는 유명한 사례다. 이미 기원전 2500년경부터 이집트인들은 레바논의 울창한 삼림이 사라지는 것을 목격했으며, 2,000년이 지난 후에 플라톤(Platon)은 『크리티아스

↑ 숲에서 생산되는 목재는 여전히 중요한 원료다.

[102] **프랑수아-르네 드 샤토브리앙**[François-René de Chateaubriand, 1768~1848년] : 프랑스의 문학가. 루소(Jean-Jacques Rousseau)와 밀턴(John Milton)의 영향을 받은 가톨릭 왕당파 전통주의자로, 낭만주의 문학을 창시했다고 평가받는다. 대표작으로 1802년 출간한 『기독교의 정수(Le Genie du Chridtianism)』가 꼽히며, 19세기 작가들에게 많은 영향을 끼쳤다. [103] **레바논삼나무**[Libanon-Zeder, 학 *Cedrus libani*] : 레바논시다, 백향목이라고도 불린다. 성경 여러 곳에 등장하며, 레바논국기에도 그려져 있다. 고대에 고급 건축재로 남벌되어, 지금은 멸종 위기종 목록에 '관심 대상'으로 올라 있다.

(Critias)』에서 "그래서 […] 비옥하고 부드러운 토양이 전부 유실되어, 지금은 당시에 비하면 마치 병에 걸려 뼈만 앙상하게 남은 환자 몸처럼 말라붙은 땅 덩어리만 남게 되었지."라고 썼다. 그러나 무분별한 숲 이용은 다른 곳에서도 마찬가지였다. 중국 주나라(기원전 4세기경) 때에는 이른바 '산불 사냥〔화렵(火獵)〕'이 유행했는데, 사냥꾼들이 사냥감을 손쉽게 잡으려고 산비탈을 몽땅 불로 태워 없애는 방식이었다. | 고대에는 '로마의 곡식 창고'라 불릴 정도로 제국에서 가장 풍요로웠던 북아프리카의 모로코와 알제리 해안도 파죽지세의 개간이라는 운명을 피하지 못했다. 오늘날 이 지역이 황폐해진 결정적 원인으로 강수량 감소 외에도 특히 벌채(그 때문에 지하수 수위가 낮아졌다)와 토지의 과도한 이용이 꼽힌다. | 고대 항구 도시 에페소스(Ephesos)[104]도 숲을 훼손했다가 결국 멸망에 이르렀다. 지금으로부터 4,000여 년 전만 해도 참나무 숲이 울창했던〔화분 분석(花粉分析)〕〔지층 속의 꽃가루의 종류 등을 분석해, 퇴적 당시의 식생이나 기후 환경 등을 연구하는 일〕으로 밝혀졌다〕 에페소스 일대는 기원 전후 즈음 대부분 경작지로 변해 있었다. 이렇게 경작지가 되는 동안 광범위한 토양 침식이 심해졌고, 항구를 여러 번 옮겼는데도 점점 흙이 쌓여 결국 그 유명한 아르테미스 신전(Artemision)이 완전히 '모래에 뒤덮이기'에 이르렀다. 오늘날 발굴된 유적지는 바다에서 5km나 떨어져 있다.

[104] 에페소스 [Ephesos]: 소아시아(서남아시아 아나톨리아) 서해안의 이오니아(Ionia) 고대 도시. 성경에 '에베소'로 등장한다. 터키 이즈미르(Izmir) 남서쪽으로 약 50km 지점에 위치한다. 카이스테르강(Kaystros River, 터 Küçük Menderes)을 끼고 기원전 7~6세기 때 항구를 낀 상업 중심지로 발전했다. 에페소스는 아르테미스(Artemis) 여신을 숭배했으며, 그 신전은 영험함과 규모로 고대 세계 7대 불가사의 중 하나로 꼽혔다. 당시 신전이 먼 바다에서도 보일 정도였다고 한다. 그러나 인구가 급증하면서 인근 산림이 훼손되어 토양 침식이 가속화되었다. 결국 카이스테르강 하구의 강어귀에 엄청난 토사가 쌓이면서 기원전 3세기 경에는 에페소스에 있던 포구를 바다 쪽으로 옮겨야 했다.

승승장구하는 독일가문비나무

"숲이여, 숲이여! 신께서 푸르게 하시네!" 요제프 폰 아이헨도르프(Joseph von Eichendorf)[105]가 찬탄한 말이다. 숲이 국가 복리의 근간이 되려면 관리에 힘써야 한다는 관념이 18세기 말에 합리적이고 지속 가능한 임업의 길을 열었다. 척박한 땅에서 더 많은 목재를 얻고자 한 '수업 시대(Lehrjahr)'[시행 착오를 겪던 시기. 괴테(J. W. von Goethe)의 소설 『빌헬름 마이스터의 수업 시대(Wilhelm Meisters Lehrjahre)』(1795년)에서 따 왔다.] 동안에는 특별한 비료나 외래 수종에 기대를 걸고 각처를 헤맸다. 특히 북미 원산인 서양측백나무[106]와 더글러스소나무(미송, Douglasie), 스트로브잣나무를 대대적으로 심어 독일 땅에 적응케 하려 애썼지만, 끝내 수포로 돌아갔다. 새로 조림한 단순림(單純林)은 균류나 해충의 피해를 입으면 삽시간에 전멸하고 말았다. 결국 기르기 쉽고 생산성 높은 독일가문비나무에 다시 주목했다. 전에는 숲속의 숱한 나무 중 하나였던 것이 졸지에 인기 수종으로 부상했다. 이제 황무지, 숲속 빈터, 불량 임지(林地), 개벌지(開伐地)를 가리지 않고 유럽 전역에서 이 나무를 심는다 〔「독일가문비」 편 참고〕. 호르스트 슈테른은 이런 현상을 "목재 공장으로서의 숲"이라 표현했다.

←독일가문비나무는 해충이나 태풍 피해를 이기고 여전히 단순림을 유지해 독일 땅에서 성공한 수종으로 꼽힌다.

[105] 요제프 폰 아이헨도르프〔Joseph von Eichendorff, 1788~1859년〕: 독일 후기 낭만주의 문인. 프로이센 공국 시대 슐레지엔 출신으로 민요조 서정시를 많이 남겨 '독일의 숲의 시인'으로 불리며, 그 다수가 가곡으로 작곡되어 애창된다. [106] 서양측백나무〔Thuja, *Thuja occidentalis*〕: 북미 대륙 북동부가 원산지인 상록 침엽수다. 목재도 쓰임새가 높아 유럽에서 산울타리용으로 많이 심는다.

만성적 관리 소홀

↑ 햇빛이 숲 바닥까지 도달하는 숲에는 지피 식생(地被植生)이 울창하다. 이 지피 식생은 수백 년간 가축들에게 사시사철 목초지 구실을 했다.

1960년대 이후로 석유와 플라스틱 시대를 거치며, 사람들은 이제 숲을 그 전까지와는 전혀 다른 관점에서 보게 되었다. 삼림 전문가들[107]은 "숲이 더는 사업성이 없다."고 하소연한다. 예전에는 나무가 부족하다 보니 바람에 쓰러진 나무를 땔감으로 쓰려고 줍는 것조차 금지되었는데, 요즘은 정반대다. 솎아베기[간벌(間伐)]는 노동력이 필요하고 따라서 비용이 집약적으로 드는지라 더 이상 시행할 수 없는 숲 주인이 늘었다. 가는 나무가 '빽빽한 임분'(Stangeort)[수십 년이 지났는데도 조림 당시처럼 밀도가 매우 높은 임분]은 뒷날 질 좋은 건축재를 얻고자 한다면 진작부터 솎아베기를 해 주어야 한다. 1950년대까지만 해도 원목 1m³의 가격은 산림 노동자가 40시간 이상 일하는 인건비와 맞먹었지만, 20년 뒤에는 고작 3시간에 해당될 정도로 떨어졌다. 이 주제에 관해서 빌헬름 하인리히 폰 릴(Wilhelm Heinrich von Riehl)[108]이 일찍이 19세기에 내놓은 예견을 이 장의 마지막 인용구에 앞서 소개한다. "우리가 목재를 전혀 쓰지 않게 되더라도 숲만은 필요하리라." 이 필요성의 근거로 산소 발생, 물 순환 조절, 여과 기능… 그런 익히 알려진 과학적 사실을 꼽을지 모르겠다. 그러나 어째서 베르톨트 브레히트(Bertolt Brecht)[109]처럼, 숲을 감성적이거나 신화적인 체험의 측면에서 접근하지는 않는 건가. "숲이라는 게 뭔지 자네 아는가? 그저 10,000발(클라프터)[110]이나 되는 나무가 숲이란 말인가? 또는 인류에게 주어진 신록의 환희인가?"

[107] 삼림 전문가[Förster, 영 forester] : 숲에 관련된 연구와 보호를 담당하는 공인된 전문가. 목재 채취와 조림, 보호 구역 관리, 수렵 등 생태적, 사회적 기능을 관할하며 삼림의 지속적 이용을 가능케 한다. 독일에서 삼림 전문가(푀르스터)가 되려면 관련 교육을 받아야 하는데, 각급 교육 기관에 따라 특성과 기능이 조금씩 다르다. 대학교에서는 학문적 임학 연구와 실습에 집중하며, 전문 대학(응용 학문 대학)에서는 경영 관리 교육과 실습이 주를 이룬다. 임업 기술 학교에서는 삼림 관리와 실무 교육, 실습이 이루어진다. 모든 학교는 국립이다. 종합 대학교의 임학 전공은, 프라이부르크 대학교(Universität Freiburg), 괴팅겐 대학교(Universität Göttingen), 뮌헨 공과 대학교(Technische Universität München), 드레스덴 공과 대학교(Technische Universität Dresden) 등 독일에 4곳뿐이다. 전문 대학은 프라이징 대학(Hochschule Weihenstephan-Triesdorf), 에버스발데 대학(HNE Eberswalde), 힐데스하임 대학(HAWK Hildesheim), 로텐부르크 대학(Hochschule für Forstwirtschaft Rottenburg), 에어푸르트 대학(Fachho-chschule Erfurt) 등이 있고, 기술 학교는 로르 임업 기술 학교(Bayerische Forstschule und Technikerschule für Waldwirtschaft)가 이름이 있다. 독일의 공공 숲에는 반드시 삼림 전문가가 배치되어야 하며, 사유림에도 숲의 주인이 필요로 하면 둘 수 있다. [108] 빌헬름 하인리히 폰 릴[Wilhelm Heinrich von Riehl, 1823~1897년] : 독일의 역사학자. 뮌헨 대학 교수와 바이에른 왕립 박물관장을 지냈다. 민속학의 체계화에 힘썼고, 사회 민속학이라는 분야를 창시해 '독일 민속학의 아버지'라 불린다. [109] 베르톨트 브레히트[Bertolt Brecht, 1898~1956년] : 독일의 극작가, 시인, 연출가. 주로 사회주의 성향의 작품을 연출했으며, '소격 효과(疏隔效果)'로 유명하다. 인용구는 1948년 초연한 『푼틸라 씨와 그의 하인 마티(Herr Puntila und sein Knecht Matti)』에 나온다. 숲을 팔아 버리자는 하인 마티의 말에 반박하는 푼틸라의 대사로, 인류의 환희를 어찌 감히 팔 수 있느냐고 주장한다. [110] 발[Klafter] : 과거 유럽에서 통용되던 길이 단위로 사람이 '두 팔을 활짝 뻗은 길이'에 해당하므로 같은 뜻의 우리말인 '발'로 옮겼다. 1클라프터와 1발은 모두 현대 도량형 약 1.8m로 환산된다.

↓ 〈숲에 들어서는 사냥꾼들(The Hunters Enter the Woods)〉(부분), 유니콘 태피스트리
(The Unicorn Tapestries) 연작, 1495~1505년, 뉴욕 메트로폴리탄 미술관(Metropolitan Museum of Art) 소장.

00'2 | Der Baum im Mythos
The Trees in Mythology | 신화 속의 나무 | 나무신화(Mythos Baum) :
나무로 본
유럽 민속의 기원과 효능

신화 속의 나무
Der Baum im Mythos
The Trees in Mythology

나무란 그냥 씨앗에서 싹으로,
싹에서 낭창거리는 줄기로,
그리고 줄기에서 마른 목재로
변하는 것이 결코 아니지.
나무를 알고 싶으면 잘라서는 안 돼.
나무란 말이지, 서서히 하늘과 결합하는 힘 그 자체거든.

〔생텍쥐페리(Antonie de Saint-Exupéry), 『성채(*Citadelle*)』 중에서 [*]〕

↑ 수많은 정령과 요정이 살던 숲은 유럽 문화의 산실이자 신화의 배경이었다. 카미유 코로(Jean-Baptiste-Camille Corot), 〈아침, 님프들의 춤(Une matinée, la danse des nymphes)〉, 1850년경, 프랑스 오르세 미술관 소장.

[*] 〔원문 출처 : Antoin de Saint-Exupéry, *Die Stadt in der Wüste* (Düsseldorf : Karl Rauch Verlag, 1956, 2002) p.33.〕

인류의 기원

베르너 좀바르트는 "물질뿐만 아니라 정신적으로도, 유럽의 모든 문화는 숲에서 생겨났다."라고 썼다. 여러 민족의 신화를 보면, 인류 존재의 기원을 숲이나 나무에서 찾곤 하는데, 북구 신화에서 그것은 아스크(Ask)와 엠블라(Embla), 곧 물푸레나무와 느릅나무로 나타난다. 신들이 이 나무를 가지고 남자와 여자를 창조했다.[111] 서력 기원 즈음에 로마의 위대한 시인 베르길리우스(Vergilius)[112]는 『아이네이스(*Aeneis*)』에서 주피터(Jupiter)[113]에게 봉헌한 참나무 숲에 대해 언급하는데, 당시에 로마의 일곱 언덕을 뒤덮었던 숲이다. 그 언덕에는 나무 그루터기며 울퉁불퉁한 참나무에서 태어난 야만의 인간들이 살았다. | "이 숲에는 한때 원주민 파우누스(Faunus)와 님프[114] / 그리고 나뭇가지와 줄기 속에서 생겨난 미개한 종족이 살았지. / 관습도 교양도 몰랐지. / 소에 고삐를 매는 일도, 재산을 모으고 불리는 법도 몰랐다네. / 겨우 사냥과 나무 열매로 연명했지.〔…〕" | 그리스 신화에 나오는, 벌거벗고 털이 수북한 반신반인(半神半人)의 판(Pan)과 사티로스(Satyros)를 로마 신화에서는 파우누스와 실바누스(Silvanus)〔라틴어로 '실바(silva)'는 숲을 의미한다〕라 불렀다. | 수메르의 『길가메시 서사시(*Gilgamesh*)』[115](기원전 2000년경)에서는 엔키두(Enkidu)를 통해 그같은 원시 숲의 형상이 처음으로 등장한다. 야생 동물 사이에서 자란 엔키두는 제멋대로 살던 숲속에서 창녀를 만나면서 인간과 교류하기를 갈망하게 된다.[116] 원초적 힘이 넘치는 피조물인 미개인 또는 '야만인(homme sauvage)'의 이같은 모습은 그림과 전설, 문학 작품 속에서 오늘날까지 전해 내려 온다. 무엇보다 중세의 기사 소설에서 꾸준히 되풀이해 등장한다. 일례로, 트리스탄(Tristan) 설화의 가장 중요한 판본에서 트리스탄은 모로이스

00'2 | Der Baum im Mythos / The Trees in Mythology | 신화 속의 나무 | 나무신화(Mythos Baum) : 나무로 본 유럽 민속의 기원과 효능

↓ 마르틴 숀가우어(Martin Schongauer), 〈개 문장의 방패를 든 야만인(Wilder Mann mit Wappenschild)〉, 동판화, 1480년경.

[111] **아스크(Ask)와 엠블라(Embla)** : 북구 유럽의 창조 신화에서 인류의 시작은 다음과 같다. "어느 날, 아스 신들이 해안을 거닐다가, 두 그루의 나무를 발견한다. 신들이 주워 물푸레나무로는 남자를 만들고, 느릅나무로는 여자를 만들었다. 오딘(Odin)이 숨과 생명을 불어 넣고, 그 동생인 빌리(Vili)는 지혜와 운동을 주었으며, 베이(Vé)는 얼굴과 말과 귀를 주었다. 남자를 '아스크'라 부르고 여자를 '엠블라'라 불렀는데 여기서 인류가 시작되었다." [112] **베르길리우스(Publius Vergilius Maro, 기원전 70~19년)** : 로마의 건국을 신화적으로 그린 서사시 『아이네이스(Aeneis)』의 저자로, 고대 로마 최고의 시인으로 꼽힌다. 이후 유럽의 시성으로 추앙받아 단테(Dante)가 『신곡(神曲, La divina commedia)』에서 저승의 안내자로 그를 선정한다. [113] **주피터(Jupiter)** : 그리스 신화의 제우스(Zeus)에 해당하는 고대 로마의 주신(主神). '주피터'라는 이름은 '하늘인 아버지여(Dieu Pater)'라는 호칭이 한 단어로 줄어들면서 생성된 것이다. 하늘을 관장하며, 우레와 폭풍을 지배한다. 여기에 점차 온갖 권능이 겹쳐져 미래를 예측하고, 인간의 생사를 좌우하는 '최고 신'이 되었다. 백마가 끄는 하얀 마차를 탄다고 여겨졌는데, 이는 하늘의 빛과 관련된 것이다. [114] **파우누스(Faunus)와 님프(Nymph)** : 로마 신화에 등장하는 전원(田園)의 신과 정령. 파우누스는 상반신은 인간의 형상이고 하반신은 염소의 몸뚱이, 얼굴에는 염소 뿔과 귀가 달렸다. 그리스 신화의 판(Pan) 혹은 사티로스(Satyros)와 동일시되기도 한다. 님프는 여신과 인간의 중간적 존재이며 샘이나 강, 숲에서 파우누스와 어울린다. 노래와 춤을 좋아하고, 때때로 신이나 인간과 연애를 한다. [115] **『길가메시 서사시(Gilgamesh)』** : 기원전 2000년 무렵 수메르와 바빌로니아인에 의해 기록된 것으로, 기원전 2800년경 고대 메소포타미아 지방에서 번성했던 수메르 문명의 우루크(Uruk) 국왕 길가메시를 주인공으로 한 이야기다. 길가메시는 반신반인 형상에 폭군으로 악명이 높았다. 그의 위세를 꺾고자 신들이 거인 엔키두(Enkidu)를 보내는데, 길가메시는 엔키두와 싸워 이기고 그와 친구가 된다. 둘은 함께 모험을 떠나 삼나무 숲의 괴물 훔바바(Humbaba)를 없애고, 여신 이슈타르(Ishtar)의 유혹도 뿌리친다. 이에 이슈타르의 아버지이자 하늘 신 아누(Anu)가 하늘의 황소를 보냈지만, 둘은 이 황소까지 없애고 만다. 분노한 아누는 엔키두를 죽이고, 길가메시는 슬픔에 빠져 영생을 구하는 여행을 떠난다. 이 여행에서 영원히 죽지 않는 우트나피시팀(Utanapishtim)을 만나 인류에게 닥칠 재앙과 영생의 비밀을 듣지만, 길가메시는 영생의 기회를 잃고 고향으로 돌아간다.

↓사티로스(반인반수), 파우누스(목신), 실바누스(숲과 들판의 신)와 야만인 등 신화적인 숲속 존재들은 오늘날까지도 문학 작품과 전설 속에 남아 전해진다.

〔116〕 엔키두〔Enkidu〕: 신들의 어머니 아루루(Aruru)가 천신 아누의 모습을 본떠 진흙으로 만들었다고 한다. 엔키두는 이슈타르 신전의 신관이자 창녀인 샴하트(Shamhat)에 빠져 엿새 낮 이레 밤을 보낸 뒤, 야생에서 문명으로 접어들게 된다. 〔117〕 란실롯〔Lance-lot, 랑슬로〕: 아서왕(아르튀르) 전설의 원탁 기사 중 가장 훌륭한 용사. 아서왕 전설에 관해서는 주석〔574〕 참고.

00'2 | Der Baum im Mythos / The Trees in Mythology | 신화 속의 나무 | 나무 신화(Mythos Baum): 나무로 본 유럽 민속의 기원과 효능

(Morois) 숲에서 인간다움을 버리고 숲속에서 야만으로 살아간다. 아서왕(Arthur, 아르튀르) 설화에서 란실롯(Lancelot, 랑슬로)[117]은 성배(聖杯)를 찾는 동안에 여러 번 이성을 잃어 '야만인'이 되었다가 결국 자아를 되찾는다. | 이런 '야만인' 외에도 중세 독일의 숲에는 선하거나 악한 자연 정령(精靈)이 수없이 많이 살았다. 코볼트(Kobold)[118], 츠베르크(Zwerg)[119], 트롤(Trolle)[120], 빌트바이블라인(Wildweiblein)[121], 홀츠프로일라인(Holzfräulein)[122], 모스프로일라인(Moosfräulein)[123], 젤리겐 프로일라인(Säligen Fräulein)[124], 로흐융페르(Lohjungfer)[숲처녀 : '로흐(loh)'는 숲을 뜻하는 '루쿠스(lucus)'에서 유래], 엘프(Elf)[125], 님프, 요정(Fee)[독일어

[118] 코볼트[Kobold] : 독일 민담에 자주 등장하는 정령이다. 원래는 사람 눈에 보이지 않지만 불, 동물, 인간, 촛불로 변신할 수 있다고 한다. 인간으로 변신할 때는 난쟁이나 어린아이 형상을 띠며, 민가에서 농민의 차림새로, 탄광에서 등이 굽은 흉측한 몰골로, 배에서 선원 형상으로 살기도 한다. 변덕스러운 성격으로 종종 사람들을 골탕 먹인다. [119] 츠베르크[Zwerg] : 난쟁이(dwarf). 지하 동굴에 주로 살며 대장장이나 광부일을 한다. 옛 전설 속에서는 불유쾌한 존재였으나『백설공주와 일곱 난쟁이』나『호빗(The Hobbit)』등에서는 귀여운 소인족으로 그려진다. [120] 트롤[Trolle] : 사람들이 잠든 고요한 밤에 마을을 배회하는 요괴. 흉측한 외모를 지녀 트롤을 본 동물들은 벌벌 떨었다고 한다. [121] 빌트바이블라인[Wildweiblein] : 독일어 '빌트(Wild)'는 '야생'과 '야성'을, '바이블라인(Weiblein)'은 '자그마한 여성'을 뜻한다. 숲속에 사는 요정으로, 님프와 비슷한 존재다. 빌트바이블라인이나 젤리겐 프로일라인은 모두 핀(요정)의 일종이다. [122] 홀츠프로일라인[Holzfräulein] : 독일어 '홀츠(Holz)'는 '나무'를, '프로일라인(Fräulein)'은 결혼하지 않은 젊은 여성을 뜻하므로, 직역하면 '나무 아가씨'가 된다. 그 이름에서 보듯 민담에서 젊은 아가씨 모습으로 나타나는 요정이다. 대개 무채색의 수수한 린넨옷을 걸친다. 숲속 나무 뿌리 밑이나 나무 구멍에 살며, 사람들에게 앞날을 점쳐 주거나 숲속의 약초, 행운을 알려 주며, 보답으로 음식을 얻는다. 맨 처음 구운 도넛이나 막 자른 빵의 첫 조각 등이 그것이다. [123] 모스프로일라인[Moosfräulein] : 이끼 요정, 이끼족, 이끼 사람, 또는 숲 부족 등으로 불린다. 난쟁이(츠베르크)와 비슷하지만 몸집이 조금 더 크고 회색에 털과 이끼로 뒤덮여 있다. 때로 아름다운 용모로 묘사되기도 한다. 그중 여성은 흑사병을 다스리며, 덤불 할머니(Buschgrossmutter)를 여왕으로 모신다. 로흐융페르는 모스프로일라인을 부르는 다른 이름이다. [124] 젤리겐 프로일라인[Säligen Fräulien] : '환희의 요정'. 산속 동굴이나 바위, 드라바강(Drava) 기슭에 산다고 한다. 소음을 싫어하고 수줍음 많은 성격이지만, 무척 지혜롭고, 가난한 농부의 조언자, 조력자로 도움을 주기도 한다. 일부 지역에서는 금발머리 여성의 모습으로 나타난다. [125] 엘프[Elf] : 북유럽에서 기원한 요정의 일종으로, 언덕이나 지하에 산다고 여겨졌다. 소인 형상으로, 남녀 공히 젊고 아름다운 용모를 지녀 누구든 한 번 보면 반하게 된다고 한다. 음악을 좋아해서 언덕 위에 모여 춤을 추기도 하고, 장난을 좋아해서 민가에 살면서 사람들을 골탕 먹이기도 한다.

로 요정를 뜻하는 '피(Fee)'는 라틴어로 운명을 뜻하는 '파툼(fatum)'의 복수형 '파타(fata)'에서 유래] 등등. 상상 속 존재라고 할 수 있는 이런 숲속 정령들은 오늘날 우리에게 전기톱의 굉음이라고는 들리지도 않던 어떤 시대를 떠올리게 한다. 이들은 기독교로 겨우 개종한 '미개인'의 마음을 끊임없이 사로잡았기에, 교회에서는 이들에 대한 변신을 다시금 감행해야 했고, 그렇게 해서 숲속 정령들은 '가련한 망령(armen Seelen)'[126]으로 전락했다. 교회 장로들은 "숲에 귀가 있다(Aures sunt nemoris)"[127]며 엄포를 놓았다. 이 때 그들이 말하는 숲이란, 평범한 숲이 아니라 신성한 숲 '네무스(nemus)'[128]였다. 숲속에 생기를 불어 넣던 정령들이 우리 세계에서 (공식적으로) 사라져 버린 것은 기독교 교회의 극성맞은 선교 탓일까? 그럴 리가 없다. 왜냐하면, 암흑의 존재들을 물리침으로써 그들의 존재는 떳떳이 인정받아 왔기 때문이다. 즉, 오로지 증명할 수 있는 사실만 받아들이려고 하는 오늘날 우리의 과도한 합리주의 사고 방식이 더 큰 원인일 것이다.

[126] 가련한 망령[arme Seelen] : 가톨릭에서 '연옥에 떠도는 영혼'을 말한다. 심판을 받아 연옥에 떨어졌지만, 지상에서 인간이 그를 위해 기도해 주면 언젠가 정화되어 천상으로 올라갈 기회를 지닌다. 기독교가 들어오면서 숲속 정령과 여러 존재들이 모두 가련한 망령으로 분류되었다. [127] 숲에 귀가 있다[Aures sunt nemoris] : 라틴어 전문은 "Aures sunt nemoris, oculi campestribus oris"로 '숲에 귀가 있고 들에 눈이 있다'는 뜻이다. 또는 '나무에 귀가 있고 들에 눈이 있다'고도 표현한다. 메아리를 의인화한 것이기도 하고, 사람이 없는 곳에서도 '언행을 조심하라', '침묵하라'는 뜻으로 쓰이기도 한다. [128] 네무스[nemus] : 라틴어로 숲을 뜻하는 단어 중 '루쿠스(lucus)'는 엄격하게 신성한 숲, 즉 신에게 봉헌된 나무들이 모인 숲을 가리키며, 이와 대조되는 '실바(silva)'는 자연적으로 형성된 숲이다. '살투스(saltus)'는 인간의 손이 닿지 않은 야생의 영역을 뜻하며, 마지막으로 '네무스'는 신에게 봉헌되지 않고 인간이 가꾼 정원이나 숲을 말한다. 네무스는 시적 영감을 주는 곳으로 여겨지면서 차츰 신성한 기운을 띠게 되었다. 이름난 네무스로는 아우구스투스(Augustus) 황제의 손자이자 양자로 입양되었던 가이우스(Gaius)와 루키우스(Lucius)가 요절한 후 그들을 기려 조성한 네무스 카에사룸(nemus caesarum), 이탈리아의 '네미(Nemi)'라는 도시 이름의 어원이 된 네무스 아리키눔(nemus aricinum) 등이 있다. 관련해서 켈트어에서 네메톤(nemeton)이 숲, 나아가 신성한 숲, 신전 등을 뜻한다.

00'2 Der Baum im Mythos
The Trees in Mythology

신화 속의 나무

나무 신화(Mythos Baum) :
나무로 본
유럽 민속의 기원과 효능

↓ 히에로니무스 보스(Hieronymus Bosch), 〈숲에는 귀가 있고, 들에는 눈이 있네(Wälder haben Ohren, Felder haben Augen)〉, 동판화, 1500년경, 베를린 국립 박물관(Staatliche Museen zu Berlin) 소장.

인류의 토대가 된 비옥한 토양

문화와 진보에 대한 고대의 원형, 영원한 도시 로마는 숲의 자식이다. 로마의 모태인 알바 롱가(Alba Longa)[129]를 건국한 실비우스(Silvius)[130]는 숲에서 태어났다. 그의 직계 자손이 로물루스(Romulus)와 레무스(Remus)이므로, 레아 실비아(Rhea Silvia, 로물루스와 레무스의 어머니)까지 모두 '실비우스'라는 성(姓)을 따랐다. 암늑대의 젖을 먹고 나무들로부터 보호받으며 자란 로물루스는 진정한 숲의 아들이었다. 게르마니아(Germania)[131]가 여전히 원시의 여명에 머물러 있었던 그 시대에〔「숲의 문화사」편 '잔인한 땅' 참조〕, 로마는 최고도로 번영을 누렸던 것이다. | 문명과 근대 인류의 형성은 개간을 하면서부터야 실현될 수 있었다. 기원전 2000년경의 『길가메시 서사시』에서 숲의 벌채는 전혀 야만적인 것이 아니라, 오히려 문화 행위로 그려졌다. 길가메시는 길이 기억될 만한 행동을 함으로써 명성을 얻길 원했다. 그는 레바논삼나무가 울창한 산에서 자신의 이름을 내세우며 신성한 숲의 괴물 훔바바(Humbaba)를 무찌르려 했으니, 이는 곧 삼나무 숲을 베어 버렸음을 의미한다. | 물론 문명의 토대를 확립하는 것이 개간만으로 되는 일은 아니다. 망자를 흙 속에 묻고서야 비로소 인간은 조상이 길이 묻혀 있을 그 땅에 진정으로 뿌리내리게 되는 법이다. 이렇듯 '대지의 자손'으로서 존재한다는 사고가 세대에서 세대로 전해졌다. 그렇기에 라틴어에서 나무줄기를 뜻하는 '스티피테스(stipites)'가 '가장(家長)'을 의미하고, 어린 싹을 뜻하는 '프로파게스(propages)'는 '그 자녀'를 가리키는 것이다.

00'2 | Der Baum im Mythos / The Trees in Mythology | 신화 속의 나무 | 나무 신화(Mythos Baum): 나무로 본 유럽 민속의 기원과 효능

↓ 로마의 건국 신화와 연관이 있는 늑대. 로마를 건국한 로물루스와 레무스는 암늑대의 젖을 먹고 나무들로부터 보호받으며 자란, 진정한 숲의 아들이었다.

[129] 알바 롱가[Alba Longa] : 고대 로마의 로물루스 신화에 언급되는 지명인데, 실존 여부를 두고 학계에 설이 분분했다. 오늘날에는 로마 남동쪽에 위치했던 지방이라고 보는 설이 대체로 통용된다. 고대 로마의 역사가 티투스 리비우스(Titus Livius)의 『로마 건국사(Ab Urbe Condita)』에 따르면, 트로이 함락 후 사람들을 이끌고 이탈리아로 이주해 온 트로이 장군 아이네아스(Aeneas)가 라비니움(Lavinium)이라는 도시를 세운 데서 이야기가 시작된다. 아이네아스가 사망한 뒤, 그의 아들인 아스카니우스(Ascanius)가 라비니움을 버리고 다시 사람들을 이끌어 로마 남동쪽에 위치한 알바 산기슭에 새로 도시를 건설했는데, 이 새로운 도시가 바로 '알바 롱가'다. [130] 실비우스[Silvius] : 로물루스와 레무스가 로마를 건국하기 전에 알바 롱가와 라비니움을 다스린 왕이다. 전설에 따르면, 그는 아이네아스의 아들로 아스카니우스의 이복 동생이었다고 한다. 실비우스라는 이름은 '숲'을 뜻하는 라틴어인 '실바'에서 따온 것인데, 이는 그가 숲에서 태어났기 때문이다. 아이네아스 사후에 형인 아스카니우스가 라비니움을 양보함으로써 왕이 되었다. 그러다가 아스카니우스에게 후사가 없자 알바 롱가까지 물려받아 두 지역을 다스리게 되었다고 한다. 다른 설로는 실비우스의 형이 아니라, 아버지라는 이야기도 있다. [131] 게르마니아[Germania] : 로마인이 민족 대이동을 시작하기 이전에 게르만인이 거주했던 지역을 가리킨다. 동쪽은 비슬라강, 서쪽은 라인강, 남쪽은 다뉴브강, 북쪽은 발트해에 이르며, 지금의 독일, 폴란드, 체코, 슬로바키아에 해당한다. 독일 또는 독일인을 의인화한 말이기도 하다.

나무와는 형제처럼 이야기 나눌 수 있다

"식물은 […] 사람과 닮았다. 식물은 피부를 지녔으니 그것이 껍질이다. 그 머리와 머리카락은 뿌리에 해당한다. 줄기는 형상과 특징을 지니며, 감각과 감성을 지닌다. […] 식물의 죽음과 소멸은 바로 한 해의 계절을 가리킨다."[파라셀수스(Paracelsus)[132]] | 나무는 인간의 가장 훌륭한 닮은꼴이다. 나무는 사람처럼 수직으로 직립할 뿐 아니라 자라면서 더욱 성숙해지고, 사람처럼 죽음을 맞이한다. 그래서 에리히 캐스트너(Erich Kästner)[133]는 "나무와는 형제처럼 이야기 나눌 수 있다."는 명구를 남겼다. | 낙엽 활엽수와 마찬가지로 인간 존재에게도 봄, 여름, 가을, 겨울이 있다. 가을에 나무에서 낙엽이 떨어져 사라지는 것은 인간의 황혼기와 죽음에 곧잘 비유되니, 일본 가인(歌人) 핫토리 란세츠(服部嵐雪)[134]의 싯귀에서도 그렇다. "낙엽이 떨어지네, 어디에 머물까? / 바로 묘비석 위에." | 나무에 관한 비유는

---

[132] 파라셀수스[Paracelsus, 1493~1541년]: 스위스 출신의 의사, 본초학자, 연금술사로, 바젤(Basel) 대학 교수를 지냈다. 인간의 형상을 자연이나 우주와 유사하게 파악하려는 움직임은 서구 중세의 강한 전통이었다. 파라셀수스는 인간의 특정한 신체 부위와 닮은 모양의 식물이 그 부위에 약효를 지닐 것이라고 보았다. [133] 에리히 캐스트너[Erich Kästner, 1899~1974년]: 독일의 현대 시인. 드레스덴의 가난한 직공의 아들로 태어났다. 교사를 꿈꾸었으나 제1차 세계 대전이 끝난 뒤, 문학을 공부하며 창작과 잡지 편집에 종사했다. 『에밀과 탐정들(Emil und die Detektive)』(1928년)로 명성을 얻었다. 『꼬마 아가씨와 안톤(Pünktchen und Anton)』(1931년), 『하늘을 나는 교실(Das fliegende Klassenzimmer)』(1933년) 등 빼어난 아동 소설을 남겼으며, 어른을 대상으로 쓴 『파비안(Fabian)』으로 나치의 탄압을 받았다. 스위스로 도피해 어려운 시절을 보냈으나, 전후에는 독일이 사랑하는 작가로 영예를 누렸다. [134] 핫토리 란세츠[服部嵐雪, 1654~1707년]: 일본 에도(江戶) 시대 전기에 활동한 '하이카이[俳諧(배해)]' 작가다. 하이카이는 '렌가[連歌(연가)]'에서 갈라져 나온 시 형식으로, 하이단[俳壇(배단)]이라 불리던 집단이 창작했다. 여기서 발전한 것이 '하이쿠[俳句(배구)]'로, 계절감을 표현하는 규칙이 있어 식물이 곧잘 등장한다. 핫토리 란세츠는 마츠오 바쇼(松尾芭蕉)의 제자로 부드럽고 우아한 시가 여럿 전한다.

00′2   Der Baum im Mythos / The Trees in Mythology   신화 속의 나무   나무 신화(Mythos Baum): 나무로 본 유럽 민속의 기원과 효능

성서에도 무척 자주 나타난다. "레바논의 삼나무처럼, 헤르몬(Hermon) 산의 야생 올리브나무처럼 나는 위로 높이 자랐다."〔「집회서(Ecclesiasticus)」24장 13절〕| 독일의 관용구 중에도 인간과 나무의 동질성을 추정할 만한 대목이 적지 않다. 인간도 나무처럼 단단하고(baumstark) 둥치처럼 옹차며(stämmig), 깊이 뿌리 박거나(verwurzelt), 아니면 뿌리 뽑히거나(entwurzelt), 또는 "귀한 동량으로 다듬어질 수(aus gutem Holz geschnitzt)" 있지 않은가? "어린 나무였을 때 비뚤게 자라면, 큰 나무가 되어도 반듯하지 못하지."라는 동요 구절도 있다. 개별 존재뿐 아니라 인류 전체를 보아도 나무와 인간의 동질성은 면면하다. | 그런 점에서 게르만 민족의 생명수(生命樹)를 표기하는 룬 문자[135]는 '⚹'인데, 이는 두 개의 상징, 즉 여성을 가리키는 '⼂'(위르 룬)과 남성을 가리키는 'Ψ'(마드르 룬)을 합친 기호다.

←가지와 뿌리로 사혈점(瀉血點, 몸속의 나쁜 피를 빼내는 위치)을 표현했다. 몸 전체를 뒤덮은 잎과 줄기, 그리고 땅에 뿌리내린 두 다리를 통해 사람이 우주의 한 요소임을 표현하고 있다. 〈식물 인간(Der Pflanzenmensch)〉, 존 케이스(John Case)의 해부학 개설서 『Compendium anatomicum nova methodo institutum』 수록 동판화, 1696년.

[135] 룬 문자(Rune) : 북유럽과 영국, 스칸디나비아, 아이슬란드의 고대 게르만족이 라틴 문자를 받아들이기 전 사용하던 문자 체계로, 라틴 문자가 들어온 후에도 병행해 사용했다. 24자로 이루어졌다가 29~33자까지 늘어나기도 했다. 처음에 나오는 여섯 개 문자 'f, u, p(=th), a, r, k'를 따서 '푸타르크(futhark)'라고도 부른다. 현재 4,000여 개의 비문(碑文)이 남아 있다. '룬'은 17세기 후반 덴마크어로 '비밀'이라는 뜻이었다. 즉 주로 의식이나 주술용으로 발전했지만, 일상 언어로도 사용되었다. 나무나 바위에 새겨서 썼기 때문에 곡선이 거의 없고, 활자 자체가 뜻을 지닌 단어이기도 하다.

운명의 나무

"나는 나무와 친척인 것 같은 느낌이 들어, / 뿌리는 어두운 땅속에 머물러 있지 / 그러나 위쪽 밝은 가지에는 / 산들바람과 새들로 미지의 기쁨. / 암흑은 내 삶의 의미, / 내가 어디서 왔는지 몰라. / 내 꼭대기 높이 그리고 널리 / 상념과 노래가 걸려 / 시간을 살랑이네."〔오토 링크(Otto Linck)[136],「나무」〕| 인간과 나무가 깊은 동질성을 지니고 있다는 자각에서 고대인들은 개별 인간이나 집안 또는 한 도시 전체의 존재를 특정 나무와 결부시키곤 했다. 로마에는 사내 아이가 태어나면 나무를 심어, 그 나무의 생장을 보고 아이의 미래를 점치는 풍습이 있었다. 수에토니우스(Suetonius)[137]는 베스파시아누스(Vespasianus) 황제 전기에서 성스러운 참나무에 관해 썼다. 이 참나무는 플라비우스(Flavius) 왕조(베스파시아누스, 티투스, 도미티아누스)[138]의 운명의 나무로 여겨졌다. 베스파시아누스의 어머니 베스파시아(Vespasia Polla)가 아이를 낳을 때마다 참나무에서 새 가지가 뻗어났고, 그 나뭇가지의 생장을 보고 태어난 아이의 운명을 점쳤다. 아우구스투스(Augustus)의 월계수 숲도 같은 저자의『황제 열전(*De Vita Caesarum*)』에 등장하는데, 황제가 죽음에 임박하자 그의 운명의 나무도 함께 시들었다. 네로(Nero, 카이사르 가문의 마지막 황제)가 죽었을 때는 "그의 월계수나무가 뿌리까지 바싹 말라 죽었다." | 아테네의 아크로폴리스에 있던 올리브나무도 로마의 로물루스와 레무스가 그 아래에서 늑대 젖을 받아 먹던 무화과나무만큼이나 정성스레 관리되었다. 두 나무의 상태는 각 도시의 운명을 나타내는 척도로 여겨졌다. 로마의 무화과나무가 메마르자, 16세기의 어느 우의화(寓意畵)에 그려진 것처럼 〔"제국의 몰락으로"〕 로마의 영광도 종말을 고했다. | 텔아비브(Tel Aviv)에서 예루살렘(Jerusalem)으로 가는 길가에

있는 '여행자를 위한 조림 센터(Planting Center for Tourists)'에는, 나무와 인간이 서로 운명을 같이한다는 생각을 바탕삼아, 학살된 600만 유태인을 위한 '순교자의 숲'이 조성되었고, 지금까지 250만 그루의 나무가 심겼다. | 다비드(David)를 배신한 아들 압살롬(Absalom)[139]은 도주하다가 머리카락이 나뭇가지에 걸리는 바람에 잡혀 죽임을 당한다. 이야말로 글자 그대로 운명의 나무라 해도 좋으리라.

← "이 무화과나무에 실과를 구하되 얻지 못하니 찍어 버리라, 어찌 땅만 버리느냐." 얀 라위켄(Jan Luyken), 우의화〈열매 맺지 못하는 무화과나무의 비유(Parable of the Fig Tree)〉, 동판화, 17세기 말.

[136] 오토 링크[Otto Linck, 1892~1985년] : 독일의 삼림관, 지리학자, 고생물학자. 1차 대전 종전 후 바덴-뷔르템부르크주의 여러 곳에서 삼림관을 지내면서 쌓은 지식으로 많은 시와 산문을 썼고, 직접 찍은 사진을 더해 책을 냈다. 평생 자연 보호 운동에 헌신해 다수의 상을 받았다. 원서에는 'Linde'로 표기되어 있으나 'Linck'의 오기다. [원문 출처 : Robert Matzek, *Goldene Worte über Bäume*, Stuttgart : Idee-Verlag, 1983] [137] 수에토니우스[Gaius Suetonius Tranquillus, 69~130년 이후] : 고대 로마의 역사가이자 정치가. 율리우스 카이사르, 아우구스투스—티베리우스—칼리굴라(Caligula)—클라우디우스(Claudius)—네로—갈바(Galba)—오토(Otho)—비텔리우스(Vitellius)—베스파시아누스—티투스(Titus)—도미티아누스(Domitianus)의 전기가 수록된 이른바 『황제열전(*De vita Caesarum*)』[한국어판 제목은 '열두 명의 카이사르']의 저자로 알려져 있다.
[138] 플라비우스[Flavius] 왕조 : 베스파시아누스와 그의 두 아들 티투스, 도미티아누스의 세 황제로 이어진 이 왕조가 로마 제국을 다스린 기간은 69년에서 96년까지로 30년이 채 못되지만 굵직한 사건과 개혁이 일어났다. 왕조를 연 베스파시아누스는 네로 사후에 일어난 내란을 평정해 황제로 추대되었는데, 최초의 평민 출신 황제다. 아들 티투스 때는 폼페이의 베수비오(Vesuvio, 베수비오스) 화산이 폭발했고, 페스트가 창궐했다. 도미티아누스는 은화의 은 함량을 높이는 화폐 개혁을 단행했다. 이 시기에 로마 시내에 기념비적 거대 건축물들이 지어졌는데, 가장 유명한 것이 원형 경기장, 즉 콜로세움(Colosseum)이다.
[139] 압살롬[Absalom] : 이스라엘 왕 다비드의 셋째 아들로, 이복형 암논(Amnon)을 죽이고 달아나 헤브론에서 즉위하여 아버지의 왕권을 뺏으려 했다. 성서의 「사무엘서」에 따르면 머리숱이 풍성한 미남이었다고 한다. 얄궂게도 이 머리카락이 그의 죽음을 초래했다. 현재의 요르단 서쪽에 있던 에브라임(Ephraim) 숲에서 참나무 가지에 머리카락이 걸려 사촌인 요압(Joab) 장군에게 사로잡혔고, 삼지창으로 죽임을 당했다.

변신 이야기

"나무는 / 땅이 하늘에 쓰는 / 한 편의 시."〔칼릴 지브란(Kahlil Gibran), 「모래와 물거품(*Sand und Schaum*)」〕| 아우구스투스 황제 시절에 명성을 떨쳤던 시인 오비디우스(Ovidius)의 『변신 이야기(*Metamorphoses*)』[140]는 거의 책 전체가 인간이 나무로 변하는 이야기로 채워져 있다. 대부분 인간이 극도의 위기에 처하면, 신들이 나무로 변신시켜 준다. 수치스러운 짓을 저질러 이리저리 쫓겨다니던 미르라(Myrrha)[141]도 그렇게 신에게 애걸해 나무가 되었다. 그녀는 나무껍질을 가르고 아들 아도니스(Adonis)를 낳았다. | 아름다운 요정 다프네(Daphne)도 마찬가지였다. 그녀에게 반해 쫓아다니던 아폴론(Apollon)을 피할 수 없게 되자 아버지이자 강의 신인 페네이오스(Peneios)에게 다른 모습으로 변신시켜 달라고 간청했다. 다프네는 월계수가 되었고, 그래서 아폴론이 월계수 가지를 머리에 두르게 된 것이다. 오비디우스는 이렇게 쓴다. "발도 금세 뿌리로 변하고, 머리는 우듬지가 되었네. / 남겨진 것이라곤 찬란한 아름다움뿐〔…〕." | 하마드리아데스(Hamadryades)[142]라는 나무 정령은 자기 나무와는 떼려야 뗄 수 없는 관계여서 죽음마저 함께 했다. 테살리아(Thessalia)의 왕자 에리시톤(Erysichthon)이 금기를 어기고 신성한 숲에서 참나무를 베자 그 안에 깃든 요정이 떨더니, 줄기에서 피를 흘리며 죽고 만 것이다. 악행에 대한 벌은 가혹했다. 에리시톤은 케레스(Ceres)[143] 여신으로부터 채울 수 없는 배고픔이란 저주를 받아, 결국 제 살을 뜯어 먹다 죽는다. | 오비디우스는 마력으로 모든 자연물을 사로잡았던 오르페우스(Orpheus)[144]의 노래가 지닌 힘에 대해서도 썼다. 오르페우스가 노래하려고 앉으면, 나무들은 이 가수에게 차양을 쳐 주고 가락에 귀 기울이려 다가와 "그 자리에 그늘을 드리웠다."

00'2 | Der Baum im Mythos / The Trees in Mythology | 신화 속의 나무 | 나무 신화(Mythos Baum): 나무로 본 유럽 민속의 기원과 효능

↓ 그리스 신화에서 잘못을 저질러 도망치던 미르라는 신들에게 부탁해 나무로 변했다. 그 아들 아도니스는 나무가 된 그녀의 껍질을 뚫고 태어났다. 1778년 암스테르담에서 출간된『변신 이야기』의 삽화.

[140]『변신 이야기[Metamorphoses]』: 오비디우스가 기원후 8년경에 쓴 서사시로, 15권으로 이루어져 있다. 그리스 로마 신화, 소아시아 설화 등 신화적 이야기와 로마 건국 전설, 트로이 전쟁사 등 역사적 사실을 망라했다. 천지 창조부터 시작해 카이사르의 승천에 이르기까지 변신과 관련된 이야기들을 모았다. 등장하는 여러 신들이 자연 현상의 속성을 지녀,『변신 이야기』의 신화적 공간이 자연을 의인화한 것임을 알게 한다. [141] 미르라[Myrrha]:『변신 이야기』에서 오르페우스의 입을 빌려 전하는 이야기는 다음과 같다. 미르라는 피그말리온(Pygmalion)의 외손자이자 키프로스(Cyprus)의 왕인 키니라스(Cinyras)의 딸인데, 아버지를 사랑했다. 유모의 부추김에 어둠을 틈타 정체를 숨기고 아버지와 동침했으나, 날이 밝자 분노한 아버지에게 쫓기게 되었다. 도망치는 와중에 아홉 달이 흘렀고, 만삭의 몸으로 더는 움직일 수 없게 되어 신들에게 죽은 것도 산 것도 아닌 몸이 되게 해 달라고 빌었다. 신들이 그 청을 들어 나무로 변하게 했다. 미르라가 흘린 눈물이 몰약(沒藥, myrrh)이다. 몰약이 나오는 나무들은 종소명이 'myrrha'로 표기되며, 나무 껍질의 상처에 수지처럼 맺히던. [142] 하마드리아데스[Hamadryades]: 오이타(Oeta) 산의 숲을 관장하는 정령 옥실로스(Oxylus)와 참나무 정령 하마드리아스(Hamadryas) 남매 사이에 태어난 여덟 딸을 이른다. 각자 서로 다른 나무를 관장하는 정령이 되었다. 일반적으로 '드리아데스(dryades)'는 나무의 정령을 일컫지만 그중에서도 하마드리아데스는 나무가 죽을 때 함께 사라진다고 믿어졌다. 자신들이 깃든 나무를 보호해 달라고 영웅에게 도움을 청하거나, 나무를 해친 이들에게 복수하는 전설이 이에서 유래한다. [143] 케레스[Ceres]: 로마 신화의 곡물과 계절을 관장하는 여신. 그리스 신화의 데메테르(Demeter). [144] 오르페우스[Orpheus]: 트라키아(Thracia)의 왕 오이아그로스(Oeagros)와 뮤즈의 우두머리 칼리오페(Calliope) 사이에 난 아들로, 시와 음악에 뛰어났다. 아폴론과 칼리오페 사이에서 태어났다고도 한다. 그가 아폴론에게서 받은 리라를 연주하면, 목석이 춤을 추고 맹수와 파도도 잠잠해졌다고 한다. 트라키아의 요정 에우리디케(Eurydice)와 결혼했는데, 아내가 죽자 지하 세계에 내려가 리라 연주로 명계의 왕 하데스(Hades)를 감동시켰다. 하데스의 허락으로 아내를 지상으로 데려가게 되었으나, 뒤를 돌아봐서는 안 된다는 약속을 어겨 다시 아내를 잃고 만다. 오르페우스가 상심에서 벗어나지 못하자, 그를 사랑한 다른 여인들이 분노해 그를 죽이고 시체를 찢어 리라와 함께 강물에 던져 버렸다.

↑ 아브라함이 마므레의 참나무 곁 천막 어귀에 앉아 있을 때 자기 앞에 있는 세 사람을 보고 정성껏 대접하는데, 이들이 세 천사였다고 한다. 삼위일체 도상에는 마므레의 참나무가 곧잘 등장한다. 류블레프(Andrei Rublev), 〈삼위일체(Trinity)〉, 템페라, 15세기 초, 모스크바 트레챠코프 갤러리(Tretyakov Gallery) 소장.

00'2 | Der Baum im Mythos
The Trees in Mythology | 신화 속의 나무 | 나무 신화(Mythos Baum) :
나무로 본
유럽 민속의 기원과 효능

신성한 숲

"이 나무. 나는 나무를 향해 돌 하나를 던졌네. 되돌아오지 않았지. 나는 천천히 나무를 타고 올라 길을 잃고 어느 먼 나라로 가네."[카를 크롤로(Karl Krolow), [145]「나무(*Der Baum*)」] | 고대인은 자연 속에서만 접할 수 있는 신성(神性)과 '본능적' 관계를 맺었다. 그렇기에 로마의 철학자 세네카(Seneca)는 벗 루킬리우스(Lucilius)에게 보낸 편지[146]에서, "자네가 늙고 큼직한 나무들이 울창한 숲에 다가간다면 […] 그 장소의 은밀함과, 드넓은 숲에 끝없이 이어지는 컴컴한 숲 그늘에 대한 감탄이 자네 내면의 신성을 향한 믿음을 일깨울 것일세."라고 썼다. 또 기원후 1세기 무렵에 플리니우스는 "인간에게 주어진 최고의 선물은 나무와 숲이라고 여겨진다."고 말했다. | 게르만족의 수목 숭배에 관해서 타키투스가 기록을 남긴 바 있다. "그런데 그들은 신들을 벽에 가두거나 어떻게든 인간 형상의 특질과 닮게 표현하는 것이 천상의 숭고함에 걸맞지 않다고 여기며 […] 그들은 숲을 신성하게 떠받들고, 눈에 보이지 않으며 단지 신실한 전율을 통해서만 느껴지는 아득한 존재에 신의 이름을 붙인다." | 가나안 사람들이 나무를 성스러운 비밀의 수호자이자 성물(聖物)로 추앙했음은 구약의 여러 구절에서 찾아볼 수 있다. 아브라함(Abraham)은 마므레(Mamre)〔아브라함이 정착한 헤브론 근처의 땅〕의 성스러운 참나무로 하느님을 위한 제단을 만들었다(「창세기」 13장 18절). | "여호와께서 마므레 참나무 숲에

---

[145] 카를 크롤로[Karl Krolow, 1915~1999년] : 독일의 시인. 하노버(Hannover) 출생으로 괴팅겐 대학과 브레슬라우 대학에서 독문학, 로망스어, 철학, 미술사를 공부했다. 나치스에 가담해 적극 활동했고, 1950년대 이후 독일 문단을 대표하는 시인의 한 사람으로 추앙받았다. 게오르크 뷔히너상 등을 수상했다. 〔원문 출처〕: Karl Krolow, *Gesammelten Gedichte 2* (Frankfurt am Main : Suhrkamp, 1987.) [146]『윤리 서간집[*Epistulae Morales ad Lucilium*]』: 로마의 사상가이자 정치인이던 세네카(Lucius Annaeus Seneca, 기원전 4~기원후 65년)가 루킬리우스라는 젊은 지방관에게 보내는 124편의 편지 형식으로 구성한 저작으로, 실제로 보내기 위해 쓴 편지는 아니다. 네로의 스승이었으나 말년에 스스로 자리에서 물러났다. 평생의 경험과 내적 성찰을 바탕으로 쓴 이 서한집은 뛰어난 문학성과 철학성을 지녀, 서구 지성인들에게 큰 영향을 미쳤다. 세네카는 이 글을 쓴 지 얼마 지나지 않아 반역에 가담했다는 이유로 네로가 보낸 사약을 받고 죽었다.

서 아브라함에게 나타나시어 약속하시었다."(「창세기」 18장) | 그러나 천지 창조의 역사에 등장했던 나무와 샘에 대한 원초적 숭배는, 시간이 지나면서 영적으로 승화한 여호와 숭배에 방해가 되었다. 모세(Moses)는 「신명기」에서 "네 하느님 여호와를 위해 쌓은 제단 곁에 어떤 나무로든 상(像)을 세우지 말라."라고 명했다(「신명기」 16장 21절). 훗날 이 구약 시대의 지도자는 성스러운 숲을 폐허로 만들라고 시켰다. 이교도가 모이는 장소에 대한 집요하고 강압적인 파괴에 관한 한 기독교가 가장 드셌다. 전도사들은 나무들과 맞서, "내면과 외부의 원시림"과 맞서, 끊임없이 전투를 벌였다. 452년 프랑스 아를(Arles) 공의회에서는 수목 숭배를 신성 모독에 해당한다며 금하도록 명했다. 이후 종교 회의에서는 이교도가 뿌리내리고, 그들만의 의식을 거행하기도 하는 '우상 숭배의 숲'을 말 그대로 '깡그리 뽑아 버려야' 한다는 생각이 더욱 만연해졌으며, 실제로도 이런 숲 파괴가 심심치않게 자행되었다. 그렇지만 11세기에 앵글로색슨계 수도사였던 앨프릭(Aelfric)[147]이 설교 중에 "기독교인은 돌이나 나무에 대고 은총을 구해서는 안 되고, 오로지 성호(聖號)만 그어야 할지어다."고 외친 것을 보면, 그때까지도 나무에 깃든 악령을 모조리 물리치지는 못했던 모양이다. | 신성한 나무와 숲이 가차없이 사라지는 과정에 대해서는 「참나무」 편에서 상세히 다룰 것이다. 독일어권에서 성스러운 두 나무(참나무와 너도밤나무)를 마지막으로 베어 버린 것은 19세기의 일이다. 1806년에 스위스의 다크메르젤렌(Dagmersellen)에서는 '경찰국'이 의회에 속한 여러 신부의 급박한 요청으로 "참나무와 너도밤나무를 쥐도새도 모르게 없애는 데 필요한 지출을 집행"하도록 권한을 위임한 바 있다.[148] | 신앙적으로 이미 극복했다고 믿었던 숲의 형상을 중세 이래 독일 건축가들이 하늘로 뻗어오르는 고딕 양식 첨탑으로 재현해 왔다는 사실을 성직자들은 오랫동안 인정하려 들

지 않았다. 이탈리아의 미술가 라파엘로(Raffaello)가 고딕 양식[149]의 대성당을 보았을 때, 창문에 나뭇가지가 달린 딱딱한 숲인 것 같다며 교만하게 조롱했다. 그래서 16세기 초에 그는 교황 레오 10세(Leo X)에게 독일식 첨두(尖頭) 아치[150]의 굽은 줄기라는 것은 (이탈리아의 둥근 아치와는 반대로) 나무를 흉내낸 형상에 불과하다고 보고했다. | 인적이 드문 숲속에서 은둔하며 영성을 느낀 기독교도들은 그

↑ 전도사들은 이교도 야만인이 기독교를 수월하게 받아들일 수 있도록 '신령한' 나무에서 과거에 숭배 대상이던 신상(神像)을 없애고 대신 그 자리에 마리아 상을 바꿔 넣었다. 요제프 폰 퓌리히(Joseph von Führich), 〈독일 숲속에서의 기독교 전래(Einführung des Christentums in den deutschen Urwäldern)〉, 1864년, 뮌헨 피나코테크 소장.

[147] 앨프릭[Aelfric, 955?~1010?년] : 10세기의 유럽 수도원 부흥 운동 지도자의 한 사람으로 꼽히는 영국의 성직자이자 종교 산문 작가다. [148] 다크메르젤렌[Dagmersellen] : 스위스 루체른(Luzern)의 작은 마을. 참나무가 류머티스 관절염을 치료하는 효힘이 있다는 등의 이유로 이 지역 민간에서 숭배하던 나무들을 없애려고 성직자들이 루체른 행정 당국을 부추겼으며, 주민의 반발을 우려해 몰래 없애 버린 사건이다. [149] 고딕[Gotik] : 이 용어는 1514년 교황 레오 10세(Leo X)의 명으로 바티칸 궁전 보수를 맡게 된 라파엘로(Raffaello Sanzio da Urbino, 1483~1520년)가 처음 사용했다고 한다. 르네상스를 대표하는 화가이자 건축가였던 라파엘로는 1518년 교황에게 보내는 편지에서 고대 로마 제국 붕괴 이후에 지어진 건축 이상적 고전 양식이 아니라 '야만스러운 고트족(Goths)'의 취향처럼 천박하다는 의미로 '고딕'이라 표현했다. 이 말은 이후 바사리(Giorgio Vasari, 1511~1574년)에 의해 용어로 정착되었다.

↓ 창살이 나뭇가지처럼 난 고딕 양식의 첨탑은 어떤 면에서 움직이지 않는 숲으로 볼 수 있으며, 그 때문에 원시 수목 숭배의 잔재로 간주된다.

에 걸맞게 야만의 숲을 전혀 다른 모습으로 그려냈다. "그대는 책에서보다 숲에서 더 많은 것을 발견할 것이다. 나무며 바위들이 어느 누구도 알려 주지 않던 것들을 그대에게 가르쳐 주리라."고 클레르보의 베르나르 성인(Bernard de Clairvaux)[151]은 적었다. 이와 관련해 흥미로운 사실로, 영어에서 자연 보호 구역을 가리키는 단어 '생추어리(sanctuary)'는 원래 '장소의 신성함'[라틴어로 '상투스(sanctus)'는 '신성하다'는 뜻]을 함의한다. | 나무 숭배는 17세기와 18세기에 이교

와 기독교가 혼종된 기이한 상징으로서 다시 부활했는데, 이 때는 성모 마리아와 결합한 형태로 나타났다. 이미 「이사야서」(11장 1절)에서 성모 마리아를 나무에 비유하고 예수는 그 나무에서 나온 열매나 작은 가지라 표현한 바 있다. 〔"이새(Jesse)〔다윗 형제의 아버지〕의 줄기에서 한 싹이 나며 그 뿌리에서 한 가지가 나서 결실(結實)할 것이요."〕 그러니 성모 마리아를 숭배한다는 핑계 아래 성목 순례(聖木巡禮)가 유행한 것도 그리 놀랄 일은 아니다. '30년 전쟁' 때에는 나무를 둘러싼 성지(聖地) 교회가 지어지기까지 했다. 대표적 사례로 엘방겐(Ellwangen)의 쇠넨베르크 성당[152]을 들 수 있다. 이 성당의 중앙 제단 뒤에는 전나무가 서 있었고, 그 나무 안에 기적을 행하는 마리아 상이 있었다(지금은 그 전나무로 만든 십자가가 대신 있다). 독일 남부 오버바이에른(Oberbayern) 지방의 순례 성지 마리아 비른바움(Maria Birnbaum)[153]에 있는 성모상도 배나무 둥치를 깎아 만든 것이다.

[150] **첨두 아치〔Spitzbogen〕**: 끝이 뾰족한 아치로, 로마네스크 건축의 둥근 아치와 대조되는 고딕 건축의 특징 중 하나다. 아치의 가장 높은 지점을 뾰족하게 만들면, 둥근 아치에서는 아치 전체에 작용하던 하중의 힘이 수직, 즉 기둥 쪽으로 전가된다. 기둥과 창이 길쭉하고 천장이 높아지는 고딕 건축의 구조와 미를 가능하게 하는 조건이다. 첨두 아치의 뼈대, 늑골 궁륭(肋骨穹窿)을 저자는 '굽은 줄기(das gebogene Gezweig)'라고 표현했다. [151] **클레르보의 베르나르〔Bernard de Clairvaux, 1090~1153년〕**: 라틴어로는 성 베르나르두스(Bernardus). 프랑스 퐁텐느 레 디종(Fontaine-lès-Dijon)의 명문가에서 태어나, 1112년에 디종 근처의 시토(Citeaux)에 있는 수도회에 들어갔다. 1115년에 샹파뉴(Champagne)의 클레르보의 산간에 수도원을 세우고 시토회(Ordre cistercien) 창설에 기여했다. 이성과 논증 위주의 스콜라 문화를 비판하고, 성서와 기도, 은둔을 강조하는 분위기로 수도회를 이끌어, 중세 말 신비주의의 선구자로 여겨진다. [152] **쇠넨베르크 성당〔Schönenbergkirche〕**: 독일 바덴-뷔르템베르크주의 동쪽에서 가장 주된 성모 성당(Zu Unserer Lieben Frau)이다. 바로크 성당으로, 17세기에 처음 지어졌으나 불에 타 18세기에 재건했다. 해마다 수천 명이 찾는 순례 성지로, 그중에는 콘라트 아데나워(Konrad Adenauer), 헬무트 콜(Helmut Kohl) 등 독일 수상도 있다. 원문의 'Schöneberg'는 오기다. [153] **마리아 비른바움 순례 성당〔Wallfahrtskirche Maria Birnbaum〕**: 독일 바이에른주의 질렌바흐(Sielenbach)에 있는 성모 성당이자 순례 성당이다. '30년 전쟁' 중인 1632년에 스웨덴 군인들이 작은 사당(Bildstock)의 피에타 상을 버렸는데, 나중에 질렌바흐의 목동이 반쯤 탄 이 성모상을 찾아내 속이 빈 배나무 안쪽에 앉혔다. 그 뒤로 여러 이적이 일어나면서 1668년에 성당을 세우게 되었다. 바이에른 최초의 바로크 성당으로, '마리아 비른바움(Maria Birnbaum)'은 직역하면 '마리아 배나무'가 된다. 성당이 있는 질렌바흐는 오버바이에른의 경계 근처에 있지만 행정적으로는 슈바벤(Schwaben)에 속한다.

낙원의 나무와 십자가 나무

"여호와 하느님께서는 그 땅에서 보기에 아름답고 먹기도 좋은 열매가 맺는 수많은 나무를 자라게 하셨는데, 정원 한가운데는 생명의 나무와 선악을 알게 하는 지혜의 나무도 있더라."고 「창세기」에서 이른다. 이 대목의 나무가 하나의 나무인지 아니면 두 그루의 서로 다른 나무인지 성서는 분명하게 밝히지 않았다. 지혜의 나무는 이래저래 태초부터 우리 인간을 골머리 앓게 만들도록 정해져 있었던 셈이다. | "지혜의 나무는 얻지 않았을까, / 생명 나무로부터 숨결과 공간을? / 선택의 대가는 힘겨운 길을 가리켜, / 그들은 낙원을 잃었네."〔프란츠 그릴파르처(Franz Grillparzer)[154],「슬픔의 성모(Stabat Mater)」〕| 낙원의 나무에 대한 상상이 실제 식물학 서적에 명문화된 것은 아코(Akko)[155]의 추기경 야콥 드 비트리아코(Jacob de Vitriaco)[156]에 와서다. 그는 13세기경에 성지의 식물에 대한 보고에서 "선과 악에 대한 지혜를 지닌 나무(Arbor scientiae boni et mali)"라는 것을 언급한다. | 외경(外經)의 전설에 따르면, 죽어가던 아담(Adam)은 자비의 기름〔생명 나무의 수액이라고도 한다.〕을 간청하고자 아들 셋(Seth)을 천국을 지키는 대천사에게 보냈다. 그 곳에서 셋은 말라 버린 선악의 나무를 발견한다. 환영 속에서 이 나무가 새로 푸르러지고 꼭대기에 갓 태어난 아기가 잠자는 모습이 보였다. 아담의 아들은 이 아기가 미래의 구세주임을 알아차리고, 나무 씨앗 세 톨을 얻어와, 아버지가 죽은 뒤 그 혀 위에 놓았다. 씨앗은 싹을 틔워 나무로 자라났다. 그 중 하나가 훗날 구세주의 십자가가 되어 골고다, 즉 아담이 묻힌 바로 그 언덕에 세워졌다고 한다. | 16세기부터는 연금술 기호에 '철학의 나무(arbor philosophica)'[157]가 꾸준히 등장했다. 지식과 지혜는 곧바로 연결되므로, 낙원의 나무를 그 모델로 삼았다. 나무 꼭대기에는 태양과 달

이 열매로 달렸다. 나무 밑에는 아담과 이브 대신에 탐구자들을 영도하는 신 헤르메스 트리스메기스투스(Hermes Trismegistos)[158]가 노인의 형상으로, 그를 추종하는 연금술사 제자들이 젊은이의 형상으로 그려지곤 했다.

↑기독교라는 종교도 나무와 연관이 없을 수 없다. 최초 낙원에서의 추방은 그(사건과 정원) 중심에 선악을 알게 하는 지혜의 나무가 있다. ╱바실리우스 발렌티누스(Basilius Valentinus)의 『수은(Azoth)』 표지 삽화, 1659년.

[154] 프란츠 그릴파르처[Franz S. Grillparzer, 1791~1872년] : 오스트리아 빈 출신의 극작가. 법학을 공부하고 평생 공무원으로 일하면서 뛰어난 비극을 다수 남겼다. 베토벤(Ludwig van Beethoven)의 장례식 때 조문을 쓰기도 했다. [155] 아코[Akko] : 이스라엘 북부 지중해 연안의 항구 도시로, 아크레(Acre)라고도 불린다. 고대에는 페니키아의 항구로 번영했으나 635년에 이슬람교도들에게 점령되어, 이후 십자군 전쟁 때 쟁탈전의 소용돌이에 휘말렸다. 예루살렘 순례의 거점으로도 유명하다. [156] 야콥 드 비트리아코[Jacob de Vitriaco, 1160?~1240년] : 중세 프랑스의 신부로, 교황 이노첸치오 3세(Innocentius PP. III)가 그를 아코의 추기경으로 임명했다. 이슬람 땅의 성지를 돌아본 경험을 바탕으로 『예루살렘의 역사(Historia Hierosolymitana)』를 쓰기 시작했으나 완성하지 못하고 세상을 떴다. 불어로는 자크 드 비트리(Jacques de Vitry). [157] 철학의 나무[arbor philosophica] : 나무의 형상에 계통도, 화학식 등을 기입하는 것으로 내용에 따라 연금술의 나무, 과학의 나무, 지혜의 나무 등으로 불린다. 화학 물질의 변화 과정을 공식화해서 줄기, 잎, 열매 등에 대입하기도 한다. [158] 헤르메스 트리스메기스투스[Hermes Trismegistos] : 그리스의 신 헤르메스(Hermes)와 이집트 신 토트(Thoth)가 결합된 신 혹은 반신(半神). 이름을 풀이하면 '세 번 위대한 헤르메스'가 되는데, 우주를 아우르는 세 가지 지혜, 즉 연금술, 점성술, 신성 마법(백마술)에 통달했음을 의미한다. 위 오른쪽의 그림은 1659년 출판된 독일의 연금술사 바실루스 발렌티누스(Basilius Valentinus)의 저서 『수은, 철학자들이 금을 만드는 방법에 대하여(Azoth, ou le moyen de faire l'or caché des philosophes)』의 표지 삽화로 본문의 '철학의 나무'와 연금술사들이 등장한다.

계통수와 계급 나무

원시림을 벌채하고 그에 따른 문명 개화를 이룩한 다음, 인류는 계통수(系統樹)[159]라는 새로운 종류의 나무를 '심었'으니, 역사 속에서 가장 먼저 형상으로 드러난 것이 '이새(Jesse)[다윗 형제의 아버지]의 뿌리'다. 선지자 이사야(Isaiah)는 하느님의 등장을 다음과 같은 말로 예고했다. "이새의 줄기에서 한 싹이 나며, 그 뿌리에서 한 가지가 나서 결실할 것이요."[「이사야서」11장 1절] 다윗 왕의 아버지인 이새는 예수의 조상도 된다. 이 계통수는 16세기에 만들어진 후 애창되는 성탄 찬송가 가사로 오늘날까지 전해 온다. | "이새의 뿌리에서 / 새싹이 돋아나 / 옛 선지 노래대로 / 장미꽃 피었다."[160] | 족보(Ahnentafel)야 일찍이 로마인도 제작할 줄 알았다. 중유럽에서는 낱낱의 사람의 혈통을 계통수의 형식에다 그려 넣었는데, 이 전통은 12세기 귀족 사회에서 처음 시작된 것이다. 훗날 등장한, 신분 질서를 순차적으로 그려 넣은 계급 나무(Ständebaum)라든가 또 다윈(Charles R. Darwin)의 생물 진화 계통수(Abstammungsbaum)도 모두 계통수가 변형된 것이다. | 특히 흥미로운 것이 1519년에 페트라르카마이스터(Petrarcameister)[161]가 제작한 계급 나무다. 그림을 언뜻 보아서는 별달리 혁명적으로 여겨지지 않는데, 나무 맨 밑에 농부를 바탕으로 그 윗가지에 황제, 그리고 더 위에 교황을 그려 넣어 확고부동한 사회 계층 구조를 드러낸 듯하기 때문이다. 이 그림의 진수는 가장 높은 나무 꼭대기를 자세히 살펴야 발견할 수 있다. 거기에 빈둥거리며 백파이프를 부는 농부 2명이 속세와 교회의 왕관 위에 앉아 있는 것이다. 그러나 이 그림을 그린 예술가의 희망처럼 사회 계층 구조가 뒤집히는 일은 생기지 않았다. 실패로 돌아간 참혹한 농민 전쟁 후에 남은 것은 더욱 잔혹해진 억압과 더욱 커진 절망뿐이었다.

↓교회에 스테인드글라스나 벽화로 그려진 '이새의 뿌리'를 보면, 잠든 이새의 다리 사이로 나무 덩굴이 뿌리를 뻗고, 줄기마다 유대 왕들의 이름이 나오며, 예수에 이르러 명단이 끝난다. 〈예수의 족보(Ahnenreihe Jesu)〉, 림부르크 대성당(Limburger Dom) 벽화, 16세기.

[159] 계통수(系統樹)〔Stammbaum〕: 생물의 진화 과정을 나무의 줄기와 가지의 관계로 나타낸 그림. 직역하면 '계통(혈통) 나무'인데, 독일어로 '족보' 혹은 '계보'도 '슈탐바움'이라고 한다. 영어로 '패밀리 트리(family tree)'다. [160] 〈이새의 뿌리에서〔Es ist ein Ros entsprungen〕〉: 독일어 가사는 다음과 같다. "한 송이 장미가 피었네 / 뿌리에서 곱게 / 선인들이 노래한 것처럼 / 이새로부터 태생하셨네(Es ist ein Rose entsprungen / aus einer Wurzel zart / wie es die Alten sungen / Von Jesse kam die Art)." [161] 페트라르카마이스터〔Petrarcameister〕: 16세기 초 목판화의 밑그림을 그린 화가인데, 작품에 서명을 남기지 않아 정확한 이름은 알 수 없고 한 사람인지 같은 화파의 여러 작가인지도 불분명하다. 독일 르네상스에서 가장 중요한 삽화가로서 평가받는다. 이 이름으로 알려진 일부 작품은 나중에 '한스 바이디츠(Hans Weiditz)'라는 사람이 제작한 것으로 밝혀지기도 했다.

↑ 맨 밑에 농부로부터 시작해 기사, 성직자 등을 거쳐 꼭대기에는 황제와 교황을 그려 넣어 중세의 공고한 계급 구조를 보여 준다. 계급 나무의 가장 높은 곳에 자리 잡은 두 농부는 이런 위계가 뒤집히기를 바라는 희망을 상징한다. 페트라르카마이스터(Petrarcameister), 〈계급 나무(Ständebaum)〉, 1519년.

00'2 | Der Baum im Mythos
The Trees in Mythology

신화 속의 나무

나무신화(Mythos Baum):
나무로 본
유럽 민속의 기원과 효능

과일 나무를 심게나, 그럼 결혼할 수 있을 걸세!

"1년을 계획하고자 하면 곡식을 심고, / 1,000년을 계획하고자 하면 나무를 심으라."〔중국의 재상 관중(管仲)〕[162] | 독일인의 조상들은 오랫동안 '문화 민족'은커녕, 오히려 말 그대로 미개하고 야만적인 채로 게르만 숲속에 살았으므로 메로빙거 왕조 때인 5~8세기까지는 나무를 심는다는 관념조차 거의 없었으리라 추정된다. 나무를 심고 그 관리를 여러 해 거듭해 지속하면서 비로소 정주하는 삶, 고향이라는 인식, 그리고 재산의 개념이 함께 자랄 수 있었다. | "과일 나무를 심게나, 그럼 결혼할 수 있지!" 18세기에는 흔히들 이렇게 말했다. 일단 나무들이 잘 자라난 뒤에라야 결혼 승낙이 떨어졌다. 브란덴부르크 변경백국(Mark Brandenburg)[163]에서 신부감을 얻으려 서두르는 마을 청년들은 자신에게 정해진 '신랑 참나무(Bräutigamseichen)' 6그루를 제때 땅에 심어야 했다. 결혼 승낙을 얻으려면 반드시 푸르러진 나무들을 보여 주어야 했다. 이 오랜 풍습을 되살려 낸 독일의 지자체는 쥐트하르츠(Südharz)의 노르트하우젠(Nordhausen)이었다.[164]

〔162〕 **관중〔管仲, 기원전 ?~645년〕**: 중국 춘추 시대 초기의 정치가이자 사상가. 이름은 이오(夷吾). 제(齊)나라 환공(桓公) 때에 경(卿)의 벼슬에 올라 환공의 개혁을 도우며 제나라를 당대의 막강한 나라로 만들었다. 관중의 사상을 정리한 『관자(管子)』 「목민(牧民)」편에 "창고가 가득 찬 뒤에야 예절을 알고, 먹을 것과 입을 것이 넉넉해야 영예와 치욕을 안다."라고 한 것처럼 도덕 교화(道德敎化)가 물질 생활을 기초로 함을 설파했다. 인용구의 출처는 「권수(權修)」편의 한 구절로, 그 내용은 조금 달라서 다음과 같다. "일년지계 막여수곡, 십년지계 막여수목, 종신지계 막여수인(一年之計莫如樹穀, 十年之計莫如樹木, 終身之計莫如樹人)"〔1년의 계획으로 곡식을 심는 것만 한 것이 없고, 10년 계획으로 나무를 심는 것만 한 것이 없고, 평생의 계획으로는 사람을 기르는 일 만한 것이 없다.〕 곡식과 달리 나무는 한 번 심어 열 번 수확하기 때문이라고 풀이했다. 〔163〕 **브란덴부르크 변경백국〔Mark Brandenburg〕**: 1157년부터 1806년 사이에 존속했던 신성 로마 제국의 제후국 중 하나다. 독일 동북쪽의 엘베강과 오데르강 사이의 브란덴부르크 지역이 영토로, 수도는 베를린이었다. 신성 로마 제국의 해체로 사라졌지만, 프로이센 왕국의 토대가 되었다. 독일에서는 지금도 브란덴부르크주를 가리킬 때 이 이름으로 부르곤 한다. 〔164〕 **노르트하우젠〔Nordhausen〕**: 독일 중부 튀링겐주(Thüringen)의 군청 소재지로 인구는 약 44,000명이다. 이 지역은 독일 중북부에서 가장 높은 산맥인 하르츠(Harz)의 남쪽이 된다. 인접한 쥐트하르츠(Südharz, 남하르츠)와 함께 2차 세계 대전 이전까지는 작센주에 속했다. 쥐트하르츠는 현재 행정 구역상 작센-안할트주(Sachsen-Anhalt)에 속해 서로 다른 지역이 되었다.

↓ 18세기에는 곳곳에서 '결혼 나무'를 정해진 숫자대로 새로 심었다는 것을 증명해야만 결혼 승낙을 받을 수 있었다. 루트비히 리히터(Ludwig Richter), 〈봄의 결혼식 행렬(Brautzug im Frühling)〉, 19세기.

00'2 Der Baum im Mythos
The Trees in Mythology

신화 속의 나무

나무 신화(Mythos Baum):
나무로 본
유럽 민속의 기원과 효능

1970년부터 신랑 신부가 결혼한 날 시청 뒤 공터에 결혼 기념 식수를 할 수 있게 한 것이다. | 나무를 심는다는 것은 미래를 본다는 뜻이며, 다음 세대에 물려줄 유산을 보호하고 지키는 것은 부모와 조상의 책무다. 더욱이 과일 나무는 "이자를 낳는 저축 은행"이라고 이야기꾼 요한 페터 헤벨(Johann Peter Hebel)이 1806년에 쓰기도 했다.[165] 〔이 이야기는 『라인 가정의 벗, 이야기 보물 상자(Schatzkästlein des rheinischen Hausfreundes)』(1811년)라는 책에 수록된다.〕 "내가 돈을 많이 벌어 물건도 사고, 사랑하는 아가씨와 결혼해 하느님이 내게 자식을 선사하시면, 내 자식들에게 각자 나무를 정해 줄 테다. 그리고 꼭 나무 이름에 루트비히(Ludwig), 요하네스(Johannes), 헨리에테(Henriette) 같이 내 아이들 이름을 붙여 줘야지. 나무는 우리 애들의 첫 자본이자 재산이 되겠지. 그리고 이 나무들이 서로 어떻게 자라는지, 몇 년 뒤에 아이들이 자기의 자본에 기어올라 이자를 거둬들이는 장면을 보게 되리라." | 요제프 라이트겝(Josef Leitgeb)[166]은 영리를 추구하는 것이 그 본질인 농촌의 과수원에서 지극히 인간적인 정서를 끌어냈다. "그리하여 그들(과일 나무)은 다들 서로 이웃해 살아가고 집 주변에서는 사람의 친구가 되어 준다. 마을을 에워싸며 안온한 경관을 마련해 주고, 어린이들과 함께 늙어 가면서도 해마다 봄이면 다시 젊어지니, 나무들이 이렇게 자라고 꽃 피우고 열매를 맺는 속에 우리 삶의 가장 경건한 초상이 깃들어 있다."〔『꽃, 나무 그리고 음악에 대하여(Von Blumen, Bäumen und Musik)』(1947년) 중에서〕

〔165〕요한 페터 헤벨〔Johann Peter Hebel, 1760~1826년〕: 독일의 사제, 교육자, 작가. 스위스 바젤에서 태어났는데, 고아가 되어 교회에서 자랐다. 에를랑겐(Erlangen) 대학에서 신학을 공부하고, 카를스루에(Karlsruhe) 고등학교 교사와 교장을 거쳐, 1819년에 주교가 되었다. 농촌 생활의 목가적 풍경을 뛰어난 묘사력과 애정 어린 필치로 그려 독일 방언 문학의 선구로 평가된다. 『알레만 방언 시집(Almannische Gedichte)』(1803년)과 『라인 가정의 벗, 이야기 보물 상자』(1811년)가 유명하다. 이 중 후자는 라인 지방 달력을 만들면서 교훈이 되는 이야기들을 모은 책자로, 인기가 많아 지금도 독일인에게 애독되며, '달력 이야기'라는 문학 장르를 낳았다. 〔주석〔245〕참고.〕〔166〕요제프 라이트겝〔Josef Leitgeb, 1897~1952년〕: 오스트리아의 문필가. 인스브루크(Innsbruck)에서 태어나 대학을 졸업한 후 작은 시골 마을에서 교사로 지냈다. 전통 형식의 자연시를 다수 남겼고 시골 생활의 경험, 제2차 세계 대전 참전 경험을 바탕으로 소설과 자전적 책도 여럿 펴냈다.

해롭고 쓸모없는 것?—오월주(五月柱)

"4월은 약속이며 조심스런 새출발, 5월은 그러나 완성"이라고 할 볼랜드(Hal Borland)[167]는 말했으며, 에리히 캐스트너는 5월을 지극히 사랑하여 '모차르트의 달(Mozart des Kalenders)'[168]이라고 표현했다. 화려한 리본으로 장식한 다음 그 주위를 돌며 춤추는 오월주(Maibaum)는 1년 중 가장 아름다운 시기이자 스스로 부활하는 자연의 힘을 드러내는 보네모나트(Wonnemonat, 5월)[169]의 화신이다. 기둥은 대개 자작나무로 만들었는데, 사람들이 직접 숲에서 베어 껍질을 벗기고 (마귀가 껍질 속에 깃들지 못하도록) 가지를 치되, 그 맨 꼭대기는 은총의 힘을 내려받는 메신저로서 남겼다. 온갖 장식이며 달걀, 브레첼[170] 등을 매단 다음, 5월 1일에 마을 한가운데에 세웠다. | "이 달은 지금은 아내이지만 곧 어머니가 될 땅에게 하늘이 보내는 입맞춤이다." 프리드리히 폰 로가우 남작(Friedrich Freiherr von Logau)[171]은 5월을 안성맞춤으로 표현해 냈다. | 게르만족 선조가 거행하던 '봄의 제전'은 원래 5월 1일 저녁부터 시작했으며, 이 때 대지의 어머니가 하늘과 결혼해 풍요를 낳기를 봉축했다. 이것이 '히에로스 가모스(hieros gamos, 성스러운 결혼식)'[172]로 사제 한 쌍이 대행하던 의식이었으나, 기독교 시대에 들어가면서 야만스럽고 광란하는 '발푸르기스의 밤(Walpurgisnacht)'[173]으로 변질되었다. 이 결합이 내려 줄 축복의 힘, 즉 새로 소생하는 생명력을 확신하던 민중은 마을과 들에서 벌어지는 축제에 꼭 참여했다. 이렇듯 게르만족이 하루의 시작을 그 전날 밤부터로 간주했다는 사실은 [타키투스가 『게르마니아』에서 이해하지 못한 채 기록했듯] 오늘날에도 성대한 축제를 할 때면 흔히 전야제를 여는 까닭을 해명해 준다. | 그렇다고 해서 고대에 풍요의 축제가 지역을 막론하고 일제히 5월 첫날에 열린 것은 아니

↓ 음양이 결합하는 성스러운 결혼으로 나무에 풍성한 결실이 맺힌다. 바르텔레미 아노(Barthélemy Aneau, 1505~1561년), 〈결혼의 상징(Matrimonii Typus)〉, 『시화집(Picta poesis)』, 1552년.

[167] 할 볼랜드[Hal Borland, 1900~1978년] : 미국의 저널리스트. 『뉴욕 타임즈』에 30여 년 넘게 칼럼 「아웃도어 사설(Outdoor Editorials)」을 연재했다. 대표작으로 아메리카 원주민 유트족(Ute)이 백인 사회에 대항하는 이야기인 『전설이 저물어 갈 때(When the Legends Die)』(1963년)가 있다. [168] 모차르트의 달[Mozart des Kalenders] : 에리히 캐스트너가 1955년에 펴낸 마지막 시집 『13월(Die 13 Monate)』에 나오는 싯귀. 캐스트너는 이 시집에서 각 달의 특징을 의인화해 표현했다. 5월은 수많은 꽃이 피며, 날씨도 온화해 사랑이 충만한 계절로 칭송받아 왔다. 캐스트너는 이 시에서 5월을 화려한 음악 선율에 비유한다. [169] 보네모나트[Wonnemonat] : 독일어로 '보네(Wonne)'는 기쁨, 희열, 환희 등을 뜻한다. '보네모나트'는 직역하면 '환희의 달'로, 화사한 5월을 가리키는 대표적 관용구다. [170] 브레첼[Bretzel] : 독일 남부와 스위스 등지에서 먹는 빵으로, 길게 뺀 밀가루 반죽을 8자로 꼬아서 만든다. 짭잘하고 쫄깃한 식감이 특징이다. 그 이름은 라틴어로 팔을 뜻하는 '브라키움(brachium)'에서 유래했다고 추정한다. 보통 'brezel'로 표기하며, 원문의 'bretzel'은 남독일의 표기 방식이다. 미국 과자 '프레츨(pretzel)'도 이 빵에서 유래했다. [171] 프리드리히 폰 로가우 남작[Friedrich Freiherr von Logau, 1604~1655년] : 바로크 시대의 독일 시인으로 3,000수에 달하는 『격언시(Sinngedichte)』(1654년)를 지었다. [172] 히에로스 가모스[hieros gamos, 희 ἱερὸς γάμος] : 희랍어로 '신성한 결혼'을 뜻하며, 여기서 결혼은 예식이 아니라 남녀의 교합을 말한다. 인도나 근동의 고대 농경 기반 사회에서 행해졌으며, 신을 대리하는 사제, 여신관 등이 성교 의식을 집행해, 풍년과 다산, 부족의 번성, 우주의 영속을 기원한다. [173] 발푸르기스의 밤[Walpurgisnacht] : 중유럽, 북유럽에서 4월 30일 또는 5월 1일, 즉 '메이데이(May Day)' 밤에 행하는 축제를 이른다. '발푸르기스'는 이 날을 축일로 하는 8세기의 성녀 발푸르가(Saint Walpurga)에서 유래한다. 지역에 따라 다소 차이를 보이나, 공통적으로 밤에 모닥불을 피우고 노래하며 춤춘다. '메이데이'는 유럽에서 여름이 시작하는 날로서, 고대 그리스에서 플로라 여신에게 바치던 '플로랄리아(Floralia)', 고대 켈트족의 불의 제전 '발타너(Beltane)' 등 다산과 풍요를 기원하는 제의가 널리 열렸다. 독일에서는 발푸르기스의 밤이 되면 마녀들이 하르츠 산맥에 있는, 북부 독일에서 제일 높다는 브로켄산(Brocken)에 모여 봄을 기다린다고 믿었다. 이 민간의 믿음이 알려지게 된 것은 괴테의 『파우스트(Faust)』에 나오면서다.

다. 북유럽에서는 기후가 춥고 식물 생육이 더디다 보니 더 늦은 시점인 오순절(五旬節)[174]이나 아니면 성체 축일[175]로 연기했다. | 오월주 풍습이 처음으로 기록된 것은 1225년 독일 아헨(Aachen)에서 작성한 공문서에서다. 교구 신부가 사람들이 '신앙심 없이 세운 나무'를

↑ 5월제(May Day) 때는 마을 한가운데 장식된 오월주를 세웠다. 사람들은 그 주위를 돌며 춤을 추고 마을의 풍요를 기원했다. 오월주는 우주의 회전 중심에 놓인 축으로 여겨졌다. 나무 꼭대기에는 천사가 깃들어 행운을 가져다 준다고 해서 잎을 치지 않았다.

돌며 춤추는 것을 보고 마귀라고 경악하며 그 나무를 단숨에 넘어뜨리는 바람에 드잡이를 치게 되었다. 소동이 나자 한달음에 달려온 마을 수령이 축제 마당에 쓰러져 있는 나무를 보고서는 숲에 가서 더 큰 나무를 베어 오라고 했으니, 이에 딱 들어맞는 당시의 농민 속담이 있다. "일만 하느라 쉬지 않으면, 기쁨과 힘을 곧 잃는다." | 이교도의 다산(多産)의 마법과 기독교 교리 사이에 이처럼 갈등이 크게 팽배한 원인은 1585년의 다음 기록에 잘 드러난다. "오월주를 구하러 가는 참가자 대행렬의 분위기가 너무 들뜬 나머지 숲으로 가는 처녀 중 3분의 1이 순결을 잃는다." | 그러나 이런 풍습을 근절하기란 불가능했기에 시간이 지남에 따라 성직자들은 "이교의 축제를 점차적으로 기독교화해야 하며, 많은 부분에서 그들의 축제를 본따야 함"을 깨닫게 되었다. 기독교 역사에서 이같은 전화위복이 처음 겪는 일도 아닌 마당이라, 교회에서는 이교의 마을 순례 행렬을 기독교의 5월 행진으로 바꾸었다. | 하지만 성직자들과는 전혀 다른 이유에서 영주들에게도 오월주 풍습은 눈엣가시였다. 1695년 스위스 빈터투르(Winterthur)에서 열린 평의회에서는 젊은이들이 "독일가문비나무나 전나무를 5월에 베는 것은 파렴치한 악행"이므로 형벌을 내리겠다고 교회에 통보했다. 목재 절약이 이유였다. 프리드리히 2세도 이 풍습을 "산림에 대한 최악의 남용"이라 여겨, 1774년에 칙령을 내려 이같은 악습은 "확실히 철폐하고 금해야 한다"고 규정했다. 이를 위반하고 감히 "교회나 집 문 앞에 이를 설치하려는 자"는 "임의의 벌금"을 물거나, 벌금을 내지 못할 경우에는 "더 가혹한 체벌"을 각오해야 했다. | 19세기가 되자 처벌의 목소리는 더이상 들리지 않게 되었다. 오히려 반대

[174] 오순절(Pfingsten, 영 Pentecost) : 유대교와 기독교에서 공히 지내는 유일한 축일로, 5월 말 보리 수확기와 겹친다. 「사도행전」에 따르면, 이 날 예수의 제자들이 모두 예루살렘에 모였으며, 성령이 방언을 사용하는 능력을 부여했다. 기독교인들은 오순절을 성령이 내린 날이자 '교회의 탄신일'로 기념한다. 오순절(五旬節)은 부활절로부터 50일째 되는 날이라는 뜻이다. [175] 성체 축일(聖體祝日, Fronleichnam, 영 Corpus Christi) : 그리스도의 성체 성혈 대축일. 기독교에서 그리스도의 성체(聖體)에 대한 신앙을 고백하는 날이다. 삼위일체 대축일(5월 26일)이 드는 주의 목요일에 지켜지는 것이 관례였으나, 최근에는 삼위일체 대축일 다음 돌아오는 일요일에 거행하기도 하며 대개 6월 초가 된다.

로 종교 단체도 아닌 정부에서 오월주를 봉축하고 나섰다. "바이에른 북부 전역에서 명망 있는 마을이라면 아름다운 오월주를 귀히 모신다."는 표현이 1860년 제국 황실에서 발행한『바바리아 지역과 민속(Bavaria Landes und Volkskunde)』이라는 문헌에 보인다. | 역대로 가장 큰 오월주는 1974년 오스트리아 티롤(Tirol) 지방의 순례지인 마리아슈타인(Mariastein)에 세워졌다. 높이 78m에 달하는 오월주를 세우자니 크레인이 동원된 것은 당연했다. 중유럽에 자생하는 독일가문비나무나 전나무는 최대 60m까지밖에 자라지 못하는 까닭에 이 거대 오월주는 나무 2그루를 연결해 만들었다. | "봄이면 잎이 돋아나고, / 줄기에 달콤한 수액이 흐르네. / 초록으로 물들면 놓아야 마땅하지, / 한스가 그레텐의 문 앞에다가."〔마르틴 밀리우스(Martin Mylius, 1621년)〕[176] | '보네모나트(5월)'에는 큼지막한 오월주만이 아니라 작은 나뭇가지도 세웠다. 20세기 초까지만 해도 시골 청년들은 5월 1일 전날 저녁이면 껍질에 이름을 새긴 작은 자작나무나 독일가문비 가지를 연인의 방 창문이나 문 앞에 놓았다. 물론 이런 영예는 행실이 바르고 정숙한 아가씨만 누릴 수 있었다. 행실 나쁜 아가씨들은 "수치스러운 오월"[177], 즉 대개 말라비틀어진 나무를 감수해야 했다. 한 술 더 떠서 이 망신 주는 표식을 쉽사리 치우지 못하도록, 그래서 이튿날 아침 교회에 가는 이들이 알아볼 수 있도록 하려고, 사내들이 가지를 지붕 박공 꼭대기에다 올리는 경우도 적지 않았다.

[176] **마르틴 밀리우스**〔Martin Mylius, 1542~1611년〕: 독일의 시인이자 교육자. 괴를리츠(Görlitz)의 아우구스툼 김나지움에서 교사 및 교장을 지냈다. 인용구에서 한스와 그레텐은 우리말의 갑돌이와 갑순이처럼 처녀와 총각의 대명사다. [177] **수치스러운 오월**〔Schandmai〕: 정숙한 처녀에게는 자작나무, 전나무, 너도밤나무를 주었지만, 여러 남자를 좋아한다면 벚나무, 서양산사나무, 마가목 등을, 까칠한 여성에게는 호랑가시나무를, 퉁명스러운 성격이라면 참나무를, 수다쟁이에게는 포플러나 버드나무 가지를 세웠다.

거실의 전나무

↑ '유령 사냥'이라고도 불리운 오딘(Odin)의 사냥 행렬은 훗날 사냥 장비를 갖춘 허깨비들이 말을 타고 허공을 질주하는 모습으로 그려졌다. 루돌프 헨네베르크(Rudolf Henneberg), 〈빌데 야크트(Wilde Jagd)〉, 1856년의 회화를 바탕으로 제작한 판화, 1883년.

흔히 크리스마스 트리를 "전나무야(O Tannenbaum)"라고 노래하지만, 사실 대부분은 독일가문비나무를 쓴다. 예전에는 민간에서 관용적으로 전나무(Tanne)라는 말이 지금보다 훨씬 널리 쓰였다. '탄넨바움'은 전나무뿐 아니라 독일가문비나무, 소나무 등 숲에서 가장 중요한 침엽수를 아우르는 이름이었던 것이다. | 크리스마스 트리의 신화적 뿌리가 인도-게르만족의 우주 나무인지, 기독교 문화의 생명 나무인지, 또는 전혀 다른 데 있는지 아직 결정적으로 밝혀진 바는 없다. 대개 '고대 게르만의 표상에 대한 기억'으로 보는데, 게르만족 사이에서 한겨울에 푸른 나뭇가지를 가지고 축제를 벌이던 풍습이 일찍부터 전해 왔기 때문이다. 성탄절(Weihnachten : wite nahten = 거룩한 밤)은 오래 전 동지제(冬至祭, Mittwinterfest)나 율 축제(Julfest)[178]에서 유래한 듯하다. | 게르만족은 계절의 변화를 빛과 어둠의 투쟁이라 보고, 동지는 새로운 생명을 깨우려고 태양이 겨울의 어두운

[178] 율 축제 [Julfest] : 성탄절의 기원이라고 여겨지는 고대 북유럽의 겨울 축제. 오딘의 하늘 행차인 빌데 야크트(Wilde Jagd) 기간을 기념하는 데서 유래했다는 설이 있으며, 이에 따라 오딘에게 '율니르(Jólnir)'라는 이명이 생겼다. 오늘날 크리스마스의 여러 풍습, 햄을 먹는 것이나 노래 부르기 등이 이 축제에서 유래했다고 여겨진다.

↑ 19세기에 그려진 이 그림에서 고대 게르만족의 표상에 대한 기억을 찾아보기란 쉽지 않다. 프란츠 폴링거(Franz I.Pollinger), 〈리트 최초의 크리스마스 트리(Der erste Christbaum in Ried)〉, 1848년, 리트 임 인크라이스 민속학 박물관(Museum Volkskundehaus, Ried im Innkreis) 소장.

| 00'2 | Der Baum im Mythos
The Trees in Mythology | 신화 속의 나무 | 나무신화(Mythos Baum) :
나무로 본
유럽 민속의 기원과 효능 |

힘과 투쟁하는 시기로 여겼다. 이것이 12일이 걸리므로 이른바 '십이야(Zwölften)', 또는 라우네흐테(Rauhnächte)[179]라고 하는데, 낮의 길이가 알아차릴 만큼 길어져서 투쟁에서 태양의 승리가 명백해질 때까지를 이른다. | "날은 점점 밝아지네 / 성탄까지는 수탉의 걸음만큼 / 새해까지는 사슴이 뛰는 만큼, 성촉절(2월 2일)[180]까지는 한 시간만큼." | 신들에게 바쳐진 '십이야' 기간에는 고된 노동이나 사냥을 금했고, 어느 법정에서나 화해가 이루어졌다. 사람들은 신에 대한 경배의 표시로 불을 지피고 제물을 바쳤다. 그러는 사이에 신들은 천상의 거처인 발할라(Valhalla)[181]를 나와서 세상을 돌아다니며 인간과 대지에 두루 가호를 내린다는 것이 게르만족의 믿음이었다. 이 행렬의 맨 앞에는 보탄(Wotan, 게르만족 최고의 신인 오딘(Odin)]이 그의 아내 프레야(Freya, 대지의 여신)와 나란히 섰다. 훗날 보탄의 호위병은 마녀와 마법사, 연금술사처럼 유령의 형상을 한 섬뜩한 군대, '빌데 야크트(Wilde Jagd)'로 번안되었다. | 크리스마스 트리가 처음 세워지기 훨씬 이전부터 원초적 생명력의 상징으로 나뭇가지를 모시는 관습은 다양한 형태로 존재했다. 이 중 일부는 '생명의 회초리(Lebensrute)'[182][「마가목」편 참조]나 '바르바라 나뭇가지(Barbarazweig)'[183]의 형태로 오늘날까지 남아 있다. 푸른 가지를 거실에

[179] 십이야(十二夜, Zwölften, Rauhnächte) : 성탄절에서 주현절(主顯節, Epiphany)까지의 기간. 주현절은 기독교에서 예수 그리스도가 하느님의 아들로 세상에 모습을 드러내심을 기념하는 축일이다. 그리스도가 동방의 3박사에게 나타난 날로, 예수 탄생 후 12일째가 된다. 이 기간 내내 크리스마스 장식을 달고 12일째 밤에 잔치를 벌인다. [180] 성촉절(聖燭節, Lichtmess) : 주의 봉헌 축일. 기독교에서 성모 마리아가 아기 예수를 예루살렘 성전에 바친 일을 기념하는 절기다. 크리스마스로부터 40일째인 2월 2일에 촛불을 밝혀 기리므로 성촉절, 캔들마스(Candlemas)라 한다. [181] 발할라(Valhalla) : 발할(valhall)은 '전사자(戰死者)의 홀' 또는 '기쁨의 집'이라는 뜻이다. 북유럽 신화를 모은 서사시『에다(Edda)』에 의하면, 발할라는 신들이 사는 세계인 아스가르드(Asgard)에서 가장 크고 아름다운 궁전이다. 오딘을 섬기는 무장한 처녀들인 발키리(Valkyrie)가, 명예롭게 전사한 군인들의 영혼을 거둬 데려온다. 전사자들은 낮에는 세계 종말 때 벌어질 결전에 대비하고, 밤에는 술과 산해진미를 즐긴다. 자연히 수명이 다하거나 병사한 사람들은 발할라에 들어올 수 없다고 한다. 이에 관해서는「사과나무」편 참고. [182] 생명의 회초리(Lebensrute) : 겨울이나 이른 봄에 푸른 나뭇가지로 어린아이나 젊은 여성을 건드리거나 살짝 때리는 풍습이 있는데, 나뭇가지의 생명력을 전해 준다는 의미다. 다산(多産)을 상징하기도 한다.

걸어 놓는 풍습이 너무도 싫었던 나머지 1494년에 제바스티안 브란트(Sebastian Brandt)는 『바보배(*Das Narrenschiff*)』에서 열을 올린다.[184] "그리고 새로운 것을 얻지는 못한 채 / 그리고 새해의 노래를 부르고 / 그리고 집에는 녹색 전나무 가지를 꽂아 놓았으니 / 이야말로 그 해를 망쳤다는 뜻이라네." | 기록으로 남은 최초의 크리스마스 트리는 1539년에 스트라스부르(Straßburg) 대성당에 세워졌다. '다듬'기는 했지만, 촛불 장식은 없어 듬성듬성했을 당시 트리의 모습이 어땠을지, 어느 이름 없는 여행자는 다음과 같이 써서 남겼다. "스트라스부르에서는 크리스마스에 전나무를 실내에 세우고, 거기에 색종이로 오린 장미, 사과, 구운 과자, 금박, 사탕 등을 매단다." 크리스마스 트리를 세우는 이 신유행이 엘자스(Elsass) 지방[185]에 얼마나 빨리 퍼졌는지는 1561년 공포된 엘자스 북부의 산림법이 반증해 주는데, "모든 주민은 8ft 높이(2m 50cm)가 되는 전나무는 베어도 좋다."는 내용이 수록된 것이다. 구교권에서는 새로운 풍속이 더디게 퍼져나간 반면, 상류층 프로테스탄트 사이에서는 급속도로 받아들여졌다. 괴테(J. W. von Goethe)는 1765년에 라이프치히(Leipzig)에서 학생 신분으로 있으면서 불빛을 매단 크리스마스 트리를 처음 접하고서, 10년 뒤에 바이마르(Weimar) 집에 이 반짝이는 장식을 세웠다. | "반짝이는 나무, 눈부신 나무 / 달콤한 과자가 온가득 / 현란하게 움직이고 / 노소의 마음을 들뜨게 하는 / 그런 축제가 우리에게 선사되었네. / 놀라서 아래 위로 쳐다보고 / 몇 번이고 거듭해 이리저리 쳐다보네."〔괴테, 「크리스마스(*Weihnachten*)」〕| 18세기 말엽까지 방 안에 초록 나무를 세우고 잔치를 벌이는 일을 두고 얼마나 갑론을박했던가는 1789년에 실러(F. von Schiller)가 당시 약혼녀 로테(Lotte von Lengefeld)에게 보낸 편지에서도 알 수 있다. "목요일에 바이마르에 돌아갑니다. 당신은 성탄을 축하할 만한 것을 아무것도 준비하

↑ "아이들은 곧잘 냄비에 가득 딸기를 담아 갖고 오기도 하고, 보릿짚에 딸기를 나란히 꿰기도 하곤 했습니다. 그리고 작은 전나무 옆에 앉아서 '야아, 참 예쁜 나무다!' 하고 말했습니다. 전나무는 그런 소리를 듣는 것이 싫었습니다." 한스 크리스티안 안데르센(Hans Christian Andersen)의 『동화집(Fairy Tales)』 영문판 중 「전나무」 삽화, 1884년.

[183] 바르바라 나뭇가지 [Barbarazweig] : 12월 4일 성녀 바르바라(Barbara) 축일을 기념해 거실 화병에 꽂아 두는 나뭇가지를 말한다. 지역과 풍습에 따라 벚나무, 자작나무, 사과나무, 개암나무, 자두나무 등 쓰이는 나무 종류는 다르다. '바르바라 나무'라고도 한다.
[184] 제바스티안 브란트 [Sebastian Brandt, 1457~1521년] : 독일의 르네상스 인문주의자이자 풍자 작가. 1494년에 출판한 풍자서 『바보배(Das Narrenschiff)』로 역사에 이름을 남겼다. 이 책에서 그는 바보들을 싣고 바보 선장이 모는 배가 바보들의 천국, 나라고니아(Narragonia)로 향하는 여정을 우화로 써서 당시 사회의 무지몽매함과 악덕을 풍자했다. 이 작품은 이후 다가올 종교 개혁의 전조로서, 훗날 다른 문인들에게 많은 영향을 미쳤다.
[185] 엘자스 [Elsass] : 오늘날 프랑스 알자스(Alsace) 지방을 일컫는 독일어. 스트라스부르가 중심 도시다. 독일과 접경하여 역사적으로 두 나라 국경 분쟁 지역이었으며 대부분 독일어를 사용한다. 스트라스부르는 유럽에서 가장 오래된 크리스마스 시장 중 하나인 크리스트킨델스메리크(Christkindelsmärik)가 1570년대부터 지금까지 선다.

지 않았겠지요! 당신이 방에 초록 나무를 세우는 걸 지지해 주기를 고대합니다."[186] | 1870년까지만 해도 독일에서 크리스마스 트리는 상류 사회의 전유물이었다. 민중에까지 널리 퍼진 것은 1870~1871년에 일어난 보불전쟁[187] 이후다. 군인들의 사기를 높이고자 프로이센의 국왕 빌헬름 1세(Wilhelm I)는 크리스마스에 막대한 양의 어린 독일가문비나무들을 전방에 보냈다. 집으로 돌아가게 되었을 때 귀향하는 병사들이 이 나무를 간직해 오면서 크리스마스 트리는 성탄절 축제에 빼놓을 수 없는 요소로 자리 잡았다. 성탄 축제에 쓰는 대림환(待臨環)[188]도 빌헬름 1세 시대에 유래했다. 함부르크 인근의 청소년 보호 시설 '붉은 집(Raues Haus)'[189]에서 처음으로 만들었다는 것이다. | 축제가 끝난 뒤 버려진 트리의 운명은 한스 안데르센(Hans Christian Andersen)이 「전나무」라는 동화에 쓴 대로다. "사내아이들이 마당에서 놀고 있어요. 그 중 가장 어린 꼬마 아이 가슴에는 황금별이 달려 있습니다. 그 황금별은 가장 행복했던 저녁에 나무가 달고 있었던 것이에요. 그것도 이제는 끝이에요. 그 저녁도 끝났고, 나무도 끝났고, 그리고 이야기도 전부 다 끝, 끝이에요. 모든 이야기가 끝나기 마련이듯 말입니다."

00'2   Der Baum im Mythos / The Trees in Mythology   신화 속의 나무   나무 신화(Mythos Baum): 나무로 본 유럽 민속의 기원과 효능

↓비헤른(J. H. Wichern)이 함부르크의 붉은 집에서 처음 디자인한 대림환(待臨環), 1839년. 처음에는 초를 24개 꽂았다.

[186] 실러(Friedrich von Schiller, 1759~1805년)와 샤를로테(Charlotte von Lengefeld, 1766~1826년): 괴테와 더불어 독일 고전주의의 대문호로 일컬어지는 실러는 1759년 마르바흐(Marbach am Neckar)에서 태어났다. 법학과 의학을 공부하고 군의관으로 복무하던 시절에 희곡 『군도(Die Räuber)』를 발표하며 데뷔했다. 하지만 〈군도〉의 초연에 참석하느라 몰래 영지를 떠났다가 집필이 금지되자 도주하여 슈투트가르트, 프랑크푸르트, 만하임 등지를 떠돌게 된다. 이 시기에 바이마르 궁정에서 교양 수업을 받던 샤를로테를 만나, 바이마르에 정착한다. 1789년에 실러는 예나 대학 교수로 초빙을 받아 예나(Jena)에서 지내며 약혼한 샤를로테에게 수많은 편지를 보냈다. 이 편지에는 실러가 바이마르의 집 주인인 그리스바흐 부인(Frau Griesbach)이 나무 세우기를 반대해도 자기 편을 들어 달라며 이미 나무를 주문했다는 내용이 이어진다. 실러와 로테는 편지를 주고받은 두 달 후인 1790년 2월 20일에 결혼한다. [187] 보불전쟁(普佛戰爭, Deutsch-Französischer Krieg): 프로이센 왕국의 주도 아래 통일 독일을 이룩하려는 비스마르크(Otto von Bismarck)의 정책과 이를 저지하려는 프랑스 나폴레옹 3세(Napoleon III)가 충돌해 일어난 전쟁. 이 전쟁에서 승리를 거둔 프로이센의 빌헬름 1세(Wilhelm I, 1797~1888년)는 베르사유 궁전 '거울의 방'에서 독일 제국의 초대 황제로 추대된다. [188] 대림환(待臨環, Adventskranz): 성탄절 전에 그리스도가 다시 오기를 기다리는 4주간의 대림절(待臨節) 기간에 장식하는 화환을 이른다. 둥글게 엮은 전나무 가지 위 네 귀퉁이에 초 네 개를 얹고, 화환 한가운데에 하얀 초를 하나 세운다. 일요일마다 차례로 한 개씩 촛불을 켜서 그리스도 탄생의 예언, 아기 예수를 맞이할 베들레헴, 그리스도를 발견할 목자들, 그리스도가 오심에 기뻐하는 천사들을 기린다. 성탄절 전날이나 당일에 마지막으로 가운데 하얀 초에 불을 밝히는데, 이는 예수 그리스도를 상징한다. [189] 붉은 집(Rauhes Haus): 독일의 신학자 요한 하인리히 비헤른(Johann Hinrich Wichern, 1808~1881년)이 장애인, 부랑아, 빈민가 아동을 수용하기 위해 1833년 함부르크에 설립한 시설이다. 붉은 벽돌로 지어져 처음에는 '붉은 집'을 의미하는 '로테스 하우스(Rotes Haus)'라 불렸는데, 같은 뜻의 북독일 사투리 '라우에스 하우스(Rauhes Haus)'로 명칭이 굳어졌다. 이 시설에서 비헤른이 성탄을 맞아 아이들과 만든 화환이 '대림환'의 시초라고 한다.

00 | **Mythos Baum** | 나무 신화 | 나무 신화(Mythos Baum) :
나무로 본
유럽 민속의 기원과 효능

[124] ↑
[125] →

00　Mythos Baum　|　나무 신화　|　나무 신화(Mythos Baum) : 나무로 본 유럽 민속의 기원과 효능

[126] ↑
[127] →

01	감귤류 [Zitrusfrüchte ; *Citrus* sp.]	[128]
02	개암나무 [Der Haselstrauch ; *Corylus avellana*]	[144]
03	너도밤나무 [Der Buche ; *Fagus sylvatica*]	[156]
04	노간주나무 [Die Wacholder ; *Juniperus communis*]	[182]
05	느릅나무 [Die Ulme ; *Ulmus* sp.]	[202]
06	단풍나무 [Der Ahorn ; *Acer* sp.]	[218]
07	딱총나무 [Der Holunder ; *Sambucus* sp.]	[230]
08	독일가문비 [Die Fichte ; *Picea abies*]	[242]
09	들장미 [Die Heckenrose ; *Rosa canina*]	[260]
10	마가목 [Die Eberesche ; *Sorbus aucuparia*]	[280]
11	무화과나무 [Die Feige ; *Ficus carica*]	[296]
12	물푸레나무 [Die Esche ; *Fraxinus excelsior*]	[318]
13	밤나무 [Die Edelkastanie ; *Castanea sativa*]	[332]
14	배나무 [Der Birnbaum ; *Pyrus pyraster*]	[346]
15	버드나무 [Die Weide ; *Salix* sp.]	[362]
16	벚나무 [Der Kirschbaum ; *Prunus avium*]	[384]
17	사과나무 [Der Apfelbaum ; *Malus sylvestris*]	[398]
18	산사나무 [Der Weissdorn ; *Crataegus* sp.]	[420]
19	서어나무 [Die Hainbuche ; *Carpinus betulus*]	[432]
20	소나무 [Die Kiefer ; *Pinus sylvestris*]	[442]
21	송악 [Der Efeu ; *Hedera helix*]	[462]
22	오리나무 [Die Erle ; *Alnus* sp.]	[472]
23	올리브나무 [Der Ölbaum ; *Olea europaea*]	[484]
24	월계수 [Der Lorbeer ; *Laurus nobilis*]	[508]
25	은행나무 [Der Ginkgo ; *Ginkgo biloba*]	[518]
26	잎갈나무 [Die Lärche ; *Larix decidua*]	[532]
27	자작나무 [Die Birke ; *Betula pendula*]	[542]
28	전나무 [Die Tanne ; *Abies alba*]	[562]
39	주목 [Die Eibe ; *Taxus baccata*]	[574]
30	참나무 [Die Eiche ; *Quercus* sp.]	[594]
31	포플러 [Die Pappel ; *Populus* sp.]	[622]
32	플라타너스 [Die Platane ; *Platanus* sp.]	[640]
33	피나무 [Die Linde ; *Tilia* sp.]	[650]
34	호두나무 [Der Walnussbaum ; *Juglans regia*]	[672]
35	호랑가시나무 [Die Stechpalme ; *Ilex aquifolium*]	[684]

↑ 향기가 좋은 백색의 꽃 사이에 탐스럽게 익은 오렌지.

| 01 | Zitrusfrüchte
Citrus | 감귤류 | 나무 신화(Mythos Baum) :
나무로 본
유럽 민속의 기원과 효능 |

감귤류 Zitrusfrüchte
Citrus sp.

레몬에서 짜내네, 즙이 많은 별을,
쓴 것은 삶의 가장 깊은 곳에 있는 씨앗.
〔프리드리히 실러, 「펀치의 노래(Punschlied)」[190] 중에서〕

↑ 16세기에 동아시아에서 유럽으로 건너온 오렌지는 오늘날 전 세계 감귤류 생산의 절대 다수를 차지한다.

[190] 「펀치의 노래〔Punschlied〕」: 실러가 세상을 떠나기 2년 전인 1803년에 쓴 시로, 당시 인도에서 들어온 음료인 '펀치'를 이루는 재료로 레몬, 설탕, 물, 정신 네 가지를 꼽고 각각을 노래한다. "즙이 많은 별"은 레몬의 단면이 별 모양을 하고 있는 것을 표현한 듯하다.

향기로운 열매

오늘날 감귤류 열매는 품종과 교배종이 매우 다양해지면서 우리 일상에서 떼려야 뗄 수 없게 되었다. 비타민이 풍부한 청과(靑果)로서의 중요성 외에, 잎과 꽃, 열매에 함유된 정유(精油, essential oil) 성분 덕분에도 각광받는다. 활용법은 다양하다. 우선 주스류, 레모네이드, 알콜 음료에 섞는 마멀레이드 절임이며 가향차(flavored teas), 향수와 세제를 아우른다. 그 밖에 세계 곳곳에서 약재와 향료재로 쓰여 왔다. 이들은 일찍이 중국에서 고대 무역로[육로 비단길]를 거쳐 서양으로 유입되었다. | 감귤류 식물은 열대와 아열대에서 자라는 상록 교목이나 관목으로, 잎은 대부분 단엽(單葉)이다. [탱자나무(*Poncirus trifoliata*)는 예외로, 작은 잎이 3장씩 모여 나는(삼출엽, 三出葉) 활엽수다.] 수피(樹皮)는 모두 녹색인데, 곧 탄소 동화 작용을 한다는 뜻이다. | 귤속(*Citrus*)의 주요 종은 다음과 같다. **오렌지**(*Citrus sinensis*), **광귤**(*C. aurantium*)[191], **만다린**(*C. reticulata*), **레몬**(*C. limon*), **포멜로**(*C. maxima*)[192], **자몽**(*C. paradisi*)[193], **시트론**(*C. medica*), **멕시칸 라임**(*C. aurantifolia*). | 감귤류 식물 중 일부는 무리 없이 잡종 교배가 되기 때문에, 품종이 수많을 뿐 아니라 종내 잡종(種內雜種)과 종간 잡종(種間雜種)도 부지기수며, 이들 중에는 그 각각의 산지에서만 유통되는 것도 있다. | 감귤류는 겨울에 휴면기에 들면 대부분 -5°C까지만 견딜 수 있다. 이보다 내한성(耐寒性)이 큰 종은 작은 잎이 셋씩 달리는 탱자나무와 변종이 다양한 의창지(宜昌枳, *Citrus ichangensis*)[194]뿐이다. | 의창지는 내한성이 가장 큰 종이라 오래 전부터 독일의 일부 포도주 산지에 이식해 왔으며, 냉해를 입은 해가 별로 없었다. 독일에서 10월에 익는 이 감귤(의창지)은 열매가 노랗고 만다린과 흡사하게 생겼지만, 아쉽게도 맛은 별로 없다.

↓ "베르가모토 레몬(Limon Bergamotto)은 그 모양이 베르가못(Bergamot)과 흡사해 붙여진 이름이다." 폴카머(J.C. Volkamer)의 『뉘른베르크의 헤스페리데스(Nürnbergische Hesperides)』수록 삽화, 1708년. [195]

[191] 광귤[Pomeranze] : 포멜로와 감귤나무의 자연 교잡으로 생겼는데, 동아시아에서 자라는 것을 광귤, 유럽에서 자라는 것을 쓴귤(bitter orange)이라 부르기도 한다. 과육이 매우 떫고 시다. [192] 포멜로[Pampelmuse, Pomelo] : 한자로는 문단류(文旦類)라고 한다. 동남아시아나 열대 지방에서 자라며 열매가 매우 크고 품종이 다양하다. [193] 자몽[Grapefruit] : 서인도제도에서 포멜로와 오렌지가 자연 교배해 생겨난 종이다. [194] 의창지[宜昌枳, Ichang-Papeda] : 중국 중부에서 나는 감귤로, 의창등(宜昌橙)이라고도 한다. '이창 파페다'라는 이름은 이 과일이 후베이성[湖北省(호북성)]의 양쯔강[揚子江(양자강)] 북쪽 기슭에 있는 '이창[宜昌(의창), Yichang]'이라는 항구에 집하되는 데서 유래했다. 우리 나라의 유자도 의창지의 이종이다. [195] 요한 크리스토프 폴카머[Johann Christoph Volkamer, 1644~1720년] : 독일의 상인으로, 원예에 조예가 깊어 뉘른베르크의 정원을 정비하는 데 참여했다. 이 경험을 바탕으로 1714년에 『뉘른베르크의 헤스페리데스(Nürnbergische Hesperides)』라는 책을 냈는데, 인근의 다양한 감귤류 나무를 소개하는 내용이다.

↓ 초막절을 준비하는 유대인들. 감귤류의 여러 종 중 특히 에트로그시트론(*Citrus medica var. etrog*)은 초막절 제례에 없어서는 안 될 요소였다.

←불수감(佛手柑, Buddhas Hand) 열매. 부처의 손가락을 닮았다는 뜻으로, 불수귤이라고도 한다.

| 01 | Zitrusfrüchte
Citrus | 감귤류 | 나무 신화(Mythos Baum):
나무로 본
유럽 민속의 기원과 효능 |

레몬 꽃이 피는 나라

감귤류 하면 많은 이들이 지중해와 휴가를 떠올린다. 괴테도 다르지 않았다. "당신은 아시나요? 저 레몬 꽃이 피는 나라, 짙은 녹색의 잎 사이에서 황금빛 오렌지가 빛나는 곳을. 당신은 아시나요? 푸른 하늘에서는 부드러운 바람이 불어 오고, 도금양(桃金孃, Myrte)은 가만히, 월계수는 드높이 서 있는 곳. 그곳으로! 그곳으로! 오 내 사랑, 당신과 함께 그곳으로 가고 싶소!"[196] | 그 과실, 특히 만다린은 중국에서 이미 4,000년 전에 최고의 과일로 꼽혔다. 당시에는 황제와 고관대작만이 맛볼 수 있을 만큼 귀했다.[『서경(書經)』「우공(禹貢)」편에 하나라의 우왕에게 양주 사람들이 귤을 공물로 바쳤다는 구절이 나온다.] 만다린 농장주들은 그 열매를 일컫던 이름이기도 한 '황금 머리 노비'[197]들을 굴려 부와 특권을 얻었다. | 중국에서는 시트론(C. medica)의 변종으로 특이하게도 손가락 모양의 열매가 달리는 품종이 생겨났는데, 흔히 불교의 인상(印相)[수인(手印), 무드라(मुद्रा), 부처의 손가락 모양. 다양한 의미를 표시한다.]을 닮았다 해서 '불수감(佛手柑)'이라 불렸다. 싱가포르와 홍콩에서 특히 음력 정초 무렵에 이 '부처 열매'를 법당이나 일반 가정의 불단에서 흔히 볼 수 있다. | 거의 모든 사물에 상징적 의미를 붙이는 중국에서는, 이 열매에도 딱히 관련이 없어 보이는 의미를 부여했다. 손가락 형상의 끝부분이 안쪽으로 살짝 감싸쥔 형상이라고 해서 돈을 긁어모은다는 상징으로 풀이한 것이다. 감귤은 보통 관료에게 은밀한 청을 넣을 때 선물로 쓰였다. 그러니 귤 선물을 했을 때 그 반응을 청렴의 척도로 삼을 만하겠다. 예나 지금이나 이 과일은 재물의 상징으로 받아들여져 온 셈이다.

[196] 「그대는 아는가, 그 나라를[Kennst du das Land]」: 괴테의 교양 소설 『빌헬름 마이스터의 수업 시대』(1824년) 3권 제1장에 나오는 시로, 주인공 빌헬름을 사모하게 된 어린 소녀 미뇽이 읊는다. 우리에게는 소설을 각색한 오페라 〈미뇽(Mignon)〉(1866년)에서 부르는 아리아인 〈그대는 아는가, 저 남쪽 나라를〉로 친숙하다. [197] 노귤[奴橘]: 삼국시대 오나라의 태수였던 이형(李衡)이 무릉(武陵)의 범주(氾洲) 물가에 귤나무 천 그루를 심고, 임종할 때 자식에게 '내가 나무 노비[木奴] 천 그루를 심어 놓았으니, 네가 먹고 사는 데 걱정이 없을 것'이라고 한 고사에서 유래해 노귤(노비 귤), 또는 귤노(橘奴), 목노라고 한다. 원문의 표현은 'goldköpfigen Sklaven'이다.

메디아의 사과

원래 유럽 사람들은 감귤을 전혀 몰랐다. 서양에서 시트론을 처음으로 접하게 된 것은 아마도 알렉산더 대왕(Alexander der Große) 덕택일 것이다. 아시아 원정 때(기원전 334~324년) 수행한 학자들이 이 과실을 '메디아(Media)의 사과'[198] 또는 '페르시아 사과'라 불렀다. | 수십 년 뒤 그리스에서 아리스토텔레스(Aristoteles)의 제자이자 철학자·식물학자였던 테오프라스토스(Theophrastus)[199]가 시트론에 대해 상세히 기록했다. "이 사과는 먹을 수는 없지만 향기가 무척 좋으며, 잎에서도 향기가 난다. 옷 속에 넣어 두면 좀이 슬지 않는다. 사람이 맹독을 마셨을 때 이 과일로 담근 술을 마시면 메스꺼워져서 위 속의 독을 토해 내고 다시 신선한 숨을 들이쉴 수 있게 된다.[…]" | 테오프라스토스가 남긴 최초의 과학적 서술이 유럽인에게는 오랫동안 이 불가사의한 낙원의 과일에 대한 유일한 정보였다. 그 뒤로 거의 500여 년이라는 시간이 지나서야 지중해 지방에서 처음으로 레몬나무가 재배되고, 그 땅 사람들이 오렌지꽃 향기와 '황금 사과' 열매에 매혹되기 시작했다. | 기원후에 '메디아의 사과'는 여러 자료에 계속 등장했다. 베르길리우스도 언급했으며, 디오스코리데스(Dioscorides)[200]도 『약물지(藥物誌, De Materia Medica)』에 이 과실의 용법을 소개했다. 플리니우스는 시트론(Citrus medica)을 약용 식물로 분류하면서 테오프라스토스의 권고를 거의 토씨도 바꾸지 않고 그대로 옮겼다. '키트루스(Citrus)'라는 개념이 여기서 처음으로 등장하게 된다. 과실에서 내뿜는 정유 성분이 좀이나 해충들을 쫓는 특성은 '키트루스'라는 속명을 지닌 식물이 두루 지니는데, 그리스어 '케드루스(kedrus)'[201]에서 유래했다. | '메디아의 사과'는 레몬이나 오렌지처럼 대중적인 품종들과 달리, 생과자의 계절인 크리

↓ 1711년에 드레스덴(Dresden) 츠빙거(Zwinger) 궁전에 세워진 오랑주리는 당대 독일에서 가장 아름답다고 일컬어졌다.

[198] 메디아의 사과[Medischen Äpfel, 영 Median apple] : 메디아(Media)는 지금의 이란 북서부에 있던 고대 왕국으로, 나중에 페르시아의 속주(屬州)가 되었는데, 이 지역에서 레몬을 재배했다. 또한 그리스어로 사과(mela)는 '육즙이 있는 열매', 즉 과일을 통칭했다. 시트론의 학명인 키트루스 메디카(Citrus medica)도 메디아에서 유래했다. 테오프라스토스가 '페르시아의 사과'라고 기록했으나, 오늘날 '페르시아의 사과(Persischer Apfel)'는 일반적으로 '살구'를 말한다. [199] 테오프라스토스[Theophrastus, 기원전 371~287년] : 고대 그리스의 철학자. 레스보스섬(Lesbos) 출신으로 플라톤과 아리스토텔레스에게 배웠다. 아리스토텔레스가 세운 학교 리케이온(Lykeion)을 물려받아 운영하고 가르쳤다. 여러 분야에 연구서를 남겼으며 특히 식물을 관찰하고 연구하여 쓴 「식물 탐구(Peri Phyton Historia)」와 「식물의 기원에 대하여(De Causis Plantarum)」는 르네상스 시대까지 유럽 식물학 연구의 가장 주요한 기초 문헌으로 큰 영향을 미쳤다. [200] 디오스코리데스[Pedanius Dioscorides, 약 40~90년] : 기원후 1세기경 로마 제국에서 활동한 그리스계 약학자. 로마군의 내과 의사로 활동하는 동안 약용 식물에 관한 전문 지식을 얻게 되었으며, 식물 분류학에 지대한 업적을 남겼다. 『약물지(藥物誌)』『약물에 대하여(De Materia Medica)』 등 약초에 대한 그의 정확한 기술(記述)은 17세기까지 인용되면서 서양 본초학의 시초가 되었다. [201] 케드루스[kedrus] : 고대 그리스어로 레바논삼나무 등 시더(Cedar)류를 일컫는다. 감귤류의 향과 시더류의 향이 유사한 데서 파생한 말로 추정된다. 참고로 귤속의 상위 분류인 운향(芸香)과도 강한 향을 지닌 식물을 뜻한다.

스마스 때에만 볼 수 있다. 이 철이면 두껍고 정유 성분이 풍부한 시트론 겉껍질을 설탕에 절인 당과(糖菓)가 '치트로나트(Zitronat)'라는 이름으로 판매된다. 독일에서 시트론을 치트로나트치트론(Zitronatzitrone)이나 체드라트치트론(Zedratzitrone)이라고 부르는 것도 이에서 유래한다. 치트로나트 절임 만들기 : 우선 시트론 약 2.5kg을 반으로 잘라 속의 빽빽한 과육은 긁어 낸다. 껍질을 한 달쯤 소금물에 담갔다가 꺼내어 설탕물에 넣고 끓인 후, 잘게 깍둑썰기를 한다. │ 유대인의 풍습에서는 전혀 다른 관점에서 시트론이 중요한 구실을 맡는다. 이스라엘 사람들은 바빌론에서 포로 생활을 하는 동안 시트론을 알게 되었고, 이후로 이 과일은 유대 의식, 특히 초막절(草幕節)[202] 때 중요한 자리를 차지하게 되었다. 에트로그(*Citrus medica* var. *etrog*)라 불리는 레몬은 특이한 형상의 열매로, 마음의 속죄를 상징한다. 연한 노란색 속살에 흠집이 없고, 특유의 방추형 모양을 갖추어야 한다. 이 좁고 길쭉한 형상은 열매가 자라면서 모양이 잡혀야 가능하기 때문에, 이스라엘의 감귤 농장에서는 이를 위해 열매가 어릴 때 특별히 제작된 유리병을 씌워 키운다.

[202] 초막절[草幕節, Laubhüttenfest] : 이집트를 탈출한 이스라엘 사람들이 40년 동안 광야에서 장막 생활 했던 것을 기념하는 절기다. 「레위기」 23장 40절의 "첫날에는 너희가 아름다운 실과 나무와 종려 가지와 무성한 가지와 시내 버들을 취해 너희 하느님 여호와 앞에서 이레 동안 즐거워할 것이라."에서 '아름다운 실과'를 시트론으로 해석하기도 한다.

01 Zitrusfrüchte / Citrus | 감귤류 | 나무 신화(Mythos Baum) : 나무로 본 유럽 민속의 기원과 효능

↑ 레몬은 17~18세기에 궁정에서 매우 인기가 높아, 곧잘 정물화의 소재가 되기도 했다. 레몬의 향기는 마법을 물리치고 구취를 없애 주는 것으로 생각됐다. 프란체스코 피에라비노(Francesco Fieravino), 〈레몬과 바이올린이 있는 정물(Nature Morte Arbres Citron et Violon)〉, 캔버스에 유화, 1670년경.

레몬

레몬은 야생에서 자라는 것을 어디에서도 찾을 수 없다는 점으로 보아 시트론과 라임 그리고 포멜로의 교잡종으로 여겨진다. 그 원산지는 인도와 파키스탄에 걸친 펀자브(Punjab) 지방인 듯하다. 대략 10세기경에 아랍인에 의해 북서부 인도에서 근동으로, 그리고 거기서 다시 십자군에 의해 유럽으로 전파되었다. | 나무는 생육에 적당한 따뜻한 지역에서라면 높이 5m까지 자란다. 진녹색의 잎은 가죽처럼 두껍고 질기며 향기가 난다. | 원래가 더운 지방에서 기원하다 보니 레몬나무는 오렌지나 만다린, 자몽나무보다 훨씬 추위에 약하다. 반대로 이런 품종과 달리 한 해에도 여러 차례 꽃이 피기 때문에, 한 나무에 익은 정도가 서로 다른 열매들이 함께 달려 있곤 하며, 시칠리아섬(Sicilia)[203]에서 그렇듯, 1년에 네 번까지도 신선한 레몬을 수확할 수 있다. | 그러니 거의 열두 달 내내 나무에 열매가 맺히는 셈이고, 이듬해에 외국으로 수출할 목적이라면 덜 익은 푸른 레몬을 따서 운송 도중에 익도록 한다. 노랗게 익은 다음 수확하는 레몬이 한결 향이 짙지만, 저장이 어렵다 보니 내수용으로만 유통된다. 레몬의 산도는 한 해 중 수확철에 따라 서로 달라서, 11월에 수확한 열매가 가장 산도가 높다. 레몬나무 한 그루에서 최대 2,000개의 열매를 수확할 수 있다고 한다. | 레몬은 비타민 C, 구연산, 정유, 펙틴(pectin) 등을 함유하고 있다. 비타민 C가 워낙 많이 들어 있다 보니 과거에는 남아프리카 희망봉 근처를 오가는 선원들에게 '괴혈병 예방책'으로 세인트헬레나섬과 태평양의 섬 등지에 레몬 농장을 조성해 공급하기도 했다. | 16세기뿐 아니라 17세기 문헌에서도 레몬즙이 "모든 흉중의 슬픔과 비통함, 그리고 우울증을 이기는 데" 효험이 있다는 기록이 두루 나타난다. 17세기 궁정 여인들은 항상 레몬 한 알을 품에 지니고 다니다가 구

취를 없애고 입술을 붉게 하려고 이따금 씹었다고 한다. 그 향기, 생기와 청량감 덕분에 레몬은 생명력의 상징이 되었다. 레몬 향은 모든 마법, 모든 재앙을 물리친다고 여겨졌다. 페스트 치료약에도 레몬 껍질 추출물이 반드시 함유되었다. | 레몬은 위생과 정화 능력 때문에 '임종' 풍습에 사용되었다. 인도에서는 과부들이 장작더미에 오른 남편의 시신 앞에서 손에 레몬을 들고 자의반 타의반 자살을 해야 했다. 독일에서도 사형 선고를 받은 죄인은 사형장에 끌려 갈 때 손에 레몬을 쥐었다. 바로 프랑크푸르트의 영아 살해범[204]도 그랬고, 이것이 훗날 괴테의 『파우스트』에서 그레첸의 원형이 되었다. | 제2차 세계 대전 이후까지도 시골에서는 장례식에서 가장 가까운 유가족들과 사제 그리고 관을 메는 사람은 흔히 정향(丁香)이나 로즈마리 가지를 꽂은 레몬을 손에 드는 풍습이 있었다. 레몬은 기독교에서 순결, 특히 품행 방정을 상징한다.

↑ 농장에서 자라는 레몬. 노랗게 익은 후 수확하면 한결 향이 짙다.

[203] **시칠리아섬[Sicilia]** : 이탈리아 서남단에 있는 지중해 최대의 섬이다. 화산 폭발로 형성된 비옥한 토양과 온화한 기후로 농사가 잘 되는데, 시트론, 레몬, 오렌지가 가장 주요한 농산물로 꼽힌다. [204] **프랑크푸르트의 영아 살해범** : 프랑크푸르트의 식당 여종업원 주잔나 마가레타 브란트(Susanna Margaretha Brandt, 1746~1772년)는 금 세공인의 유혹에 빠져 사생아를 낳는다. 당시에는 그것이 중죄였으므로 아이를 혼자서 몰래 낳은 다음 죽였다가 1772년 1월에 참수형에 처해졌다. 괴테의 일부 친척들이 이 사건의 재판에 참여했으며, 마침 법률 공부를 하던 괴테는 이 사건을 모티프로 삼아 『파우스트』에서 비운의 그레첸을 그렸다고 한다.

오렌지

↓ 프레더릭 레이턴(Frederic Leighton), 〈헤스페리데스의 정원(The Garden of the Hesperides)〉, 1892년, 영국 레이디 레버 미술관(Lady Lever Art Gallery) 소장.

기원전 4세기경 굴원(屈原)은 「귤송(橘頌)」이라는 시로 귤의 달콤함을 읊었다.[205] 중국 황실에서는 귤이 인기여서 한(漢)나라 무제(武帝) 때(기원전 1세기경)부터 귤을 궁에 조달하는 전담 관리를 따로 둘 정도였다. 이 훌륭한 나무의 목재도 찾는 이가 많았다. 주(周)나라 때는 궁수(弓手)의 무기를 귤목으로 만들었다. 목질이 매우 단단하고, 나뭇결은 섬세하고 반듯하며 옹이도 없는 데다 연한 오렌지빛 광택이 은은해서, 상감 세공용으로도 각광을 받았다. 오늘날의 칫솔이 나오기 전까지는 가늘게 찢은 귤나무 가지를 사용했다.[206] | 16세기 초반에서야 비로소 오렌지가 동아시아에서 유럽으로 수입되었으니, 포

01 | Zitrusfrüchte / Citrus | 감귤류 | 나무 신화(Mythos Baum) : 나무로 본 유럽 민속의 기원과 효능

르투갈에 의해서였다. 그래서 이탈리아에서는 이후로 이 열매를 '포르토갈로(portogalo)'라고 부른다. 수십 년 후에 오렌지는 에스파냐와 포르투갈 선박에 실려, 당시 새로 발견된 신대륙에 전파되었다. 콜럼버스(Cristoforo Colombo)가 이미 자신의 두 번째 '서인도' 항해에 감귤류 씨를 싣고 갔다고 하며, 피사로(Pizarro)[207]는 페루에 이를 전파했다. 마침내 에스파냐에서 아메리카 대륙으로 향하는 모든 에스퍄냐 선박에 오렌지 씨 100개씩을 싣고 가는 법률이 제정되었다. | 유럽에서는 특히 17세기에 경제가 급성장하고 귀족 중심 사회가 형성되면서 오렌지에 열광했는데, 이 현상은 건축뿐 아니라 예술에도 길게 영향을 남겼다. 오렌지는 회화, 인쇄, 조각 등 여러 예술 장르의 모티프가 되었다. 오렌지는 그리스 신화에 등장하는 세상 서쪽 끝의 헤스페리데스(Hesperides)가 지키는 황금 사과로 여겨졌다〔「사과나무」 편 참고〕. 그 사이 콜럼버스와 마젤란(Ferdinand Magellan)이 세상 서쪽 끝과 동쪽 끝이 서로 만난다는 사실을 입증해 버렸으니, 헤스페리데스의 사과는 극동에서 온 것일 수밖에 없었다. | 바로크 시대에는 유럽의 숱한 성과 정원 시설이 확장되었다. 화려한 건물에서 사치스런 옷을 입고 고급 향연을 벌였을 뿐 아니라 코끼리니 아프리카의 노예 따위의 이국적 희귀품을 가지고 귀족들이 스스로를 뽐내려 들었다. 기이한 땅에서 들여 온 희귀한 식물도 이 목적에 이용되어, 오렌지나무와 레몬나무, 광귤나무 등이 군주의 새로운 취미거리로 등장했다. 자유 제국 도시며 제후의 궁에서는 경쟁하듯 광귤나무 정원을 설치했다. |

〔205〕「귤송(橘頌)」: 원문에서 「귤송」의 지은이를 '리 사오(Li Sao)'라고 표기했는데, 시 제목과 지은이를 혼동한 것이다. '리 사오'는 「이소(離騷)」의 중국어 발음으로, 초나라의 회왕(懷王)과 충돌해 물러나야 했던 실망과 우국(憂國)의 정을 노래한 굴원(屈原, 기원전 343?~278?년)의 다른 시 제목이다. 굴원은 「귤송」에서 귤의 향기와 빛깔, 그리고 겨울에 푸른 점을 군자의 성품에 빗대어 찬미했다. 〔206〕 귤나무 칫솔 : 귤나무는 가지 끝이 여러 갈래로 잘게 갈라지기 때문에 칫솔 대용으로 사용되었다. 지금도 오렌지나무로 만든 이쑤시개가 쓰인다. 〔207〕 프란시스코 피사로〔Francisco Pizarro, 1475?~1541년〕: 에스파냐 군인으로 잉카 제국을 정복하고 페루 리마(Lima)를 건설했다. 피사로의 병사들은 남미에 양파와 감귤류를 전파했는데, 산도가 높은 감귤류는 생선을 절이는 데 쓰였다. 오늘날 페루를 대표하는 요리 세비체(Ceviche)가 이 방법으로 만들어진 것이다.

처음에는 냉해를 막을 때 조립식 나무 상자를 사용했으므로, 겨울마다 땅에 뿌리박은 나무 위에 사람이 일일이 상자를 씌워 가며 보온했다. 그러나 미관상 아름답지 못한 임시 가설물이 장기간 설치되어 있는 것이 군주들의 눈에 거슬렸거니와, 겨울에도 식물을 그대로 자랑하고 싶었다. 이렇게 해서 추위에 민감한 오렌지나무가 최초의 온실에 그 이름을 명명해 주었으니, 바로 오랑주리(Orangerie)[208]다. 독일에서 가장 오래된 것은 1568년에 지어진 슈투트가르트의 오랑주리로 본다. 1685년 베를린 궁전(Berliner Stadtschloss)의 루스트가르텐(Lustgarten)[209]에 지어진 광귤나무 하우스에 이르자 더는 임시 가설물이 아니라 건축가의 설계가 개입하기 시작했다. 이후로 대규모 궁전마다 오랑주리를 갖추기 시작했고, 식물은 대형 화분에 심겨 그 안에서 겨울을 났다. 독일에서 가장 아름다운 오랑주리는 1711년에 세워진, 드레스덴(Dresden)의 츠빙거(Zwinger) 궁전에 있는 것이 꼽힌다. | 오늘날 세계에서 가장 많이 생산되는 감귤류는 오렌지다. 오렌지는 네이블 오렌지(Navel Orange)와 주스용 오렌지(Saftorange)〔발렌시아 오렌지를 말한다.〕로 나뉜다. 생과일을 바로 먹는다면 네이블 오렌지가 최고다. 열매 꼭지가 배꼽과 비슷하게 튀어 나와 있고, 그 안에 또 다른 작은 과육(새끼 열매)가 맺혀 있는 점이 특징이다. | 오렌지는 수확 후에는 더 이상 익지 않기 때문에, 다 익고 나서 따야 한다. 녹색 오렌지가 주황색으로 바뀌려면 유럽이나 북미, 남아프리카에서처럼 약 5°C에서 몇 밤을 지내야 한다. 밤이 되어도 별로 추워지지 않는 브라질이나 인도에서는 다 익은 오렌지도 녹색을 띤다. 오렌지가 익은 정도는 주로 과육에 함유된 당도와 산도의 비율로 나타내는데, 예를 들어 에스파냐산 네이블 오렌지라면 그 비율이 5.5 : 1쯤 된다.

01 | Zitrusfrüchte
Citrus | 감귤류 | 나무 신화(Mythos Baum) : 나무로 본 유럽 민속의 기원과 효능

↑ 지도 03 [01 감귤류]와 [02 개암나무]편에 등장하는 지명.

[208] **오랑주리**[Orangerie, 영 orangery] : 원래는 열대 식물을 모아 놓은 정원을 뜻했지만, 나중에는 의미가 확대되어 추위에 약한 과수 화분을 옮겨 겨울에도 보호하고 관리하기 위해 지은 건물을 가리킨다. 프랑스 베르사유 궁전의 오랑주리가 대표적이다. 바로크 양식의 성이나 정원에 필수인 시설 요소였다. [209] **루스트가르텐**[Lustgarten] : 기쁨의 정원, 쾌락의 정원. 동물원이나 온실, 놀이·문화 시설을 갖춘 공원이다. 독일 내 여러 도시에 이런 공원이 있는데 16세기에 베를린에 지어진 루스트가르텐이 가장 잘 알려져 있다. 오늘날에는 시민들의 여가 시설로 이용된다.

↓ 이른 봄에 피는 개암나무 수꽃은 동물의 꼬리를 연상케 한다. 수꽃 위에 붉은 실처럼 솟아 있는 것이 암꽃이다.

02 | Der Haselstrauch
Corylus avellana | 개암나무 | 나무 신화(Mythos Baum) :
나무로 본
유럽 민속의 기원과 효능

개암나무 Der Haselstrauch
Corylus avellana

개암 두 알을 불 속에 집어 던진다.
열매마다 사랑하는 이의 이름을 붙인다.
열매 하나는 금세 큰 소리 내며 터지고
다른 하나는 불 속에서 고요하고 밝게 빛난다.
아! 불 속의 개암 열매처럼
당신의 사랑도 그렇게 활활 불꽃을 피운다면….
[토머스 그레이(Thomas Gray, 1716~1771년)][210]

↑ 석기 시대의 유목민은 개암을 지방과 에너지를 공급하는 채집 식품으로 높이 평가했다.

[210] 「양치기의 일주일 [*The Shepperd's Week*]」: 이 시구는 원래 영국의 시인이자 극작가인 존 게이(John Gay, 1685~1732년)의 연작시 「양치기의 일주일」에 등장한다. 두 이성 중 누구를 택할지를 개암으로 점쳐 보는 장면이다. 여러 시인의 시를 묶은 선집에 수록되어 독일어권에 번역될 때 토머스 그레이의 시로 잘못 알려진 듯하다.

개암나무 시대

약 9,000년 전 중유럽에 개암나무(*Corylus avellana*)[211]가 드넓게 퍼져 있었다는 사실을 요즘 사람들은 상상할 수 없을 것이다. 이 '개암나무 시대(Haselzeit)'는 나무가 없던 후빙기의 툰드라에 자작나무며 소나무가 처음으로 정착하던 시대와 그 뒤에 이어지는 참나무 혼효림 시대 사이의 이행기에 해당한다. 이제는 개암나무 숲이 삼림 형성에 별 구실을 맡지 않는다. 2~6m 높이에 잔가지가 많은 개암나무는 햇빛이 많이 드는 활엽수림이나 강변 숲, 숲 가장자리와 산울타리에서 자라며 여름이 덥고 건조한 지역을 좋아한다. 병에 걸리지 않으면 자연 상태에서 100년까지 살 수 있다. | 개암나무는 잎이 나기 전인 2월에 꽃이 먼저 핀다. 알레르기 비염이 돌기 시작할 즈음이기도 하다. 외관만 보면 암꽃은 잎눈과 거의 비슷한데, 눈비늘〔芽鱗(아린)〕에 작고 붉은 실처럼 생긴 암술머리가 솟아 있는 것만이 차이점이다.〔144쪽 사진 참조〕 풍매화(風媒花)이지만, 벌들에게 가장 중요한 화분(花粉) 공급자에 속한다. 열매를 다람쥐, 큰겨울잠쥐, 생쥐, 어치, 딱따구리 등이 먹어서 퍼뜨리기도 한다. 독일 시장에서 흔히 팔리는 개암은 일반적인 서양개암나무가 아니라 남유럽 개암나무(*Corylus maxima*)[212]에서 난 열매이며, 독일에서는 거의 붉은개암나무[213]만 재배한다.

[211] **개암나무**〔Haselstrauch, *Corylus avellana*, 영 common hazel〕: 서양개암나무로. 우리 나라와 아시아의 개암나무(Asian hazel, 학명 *Corylus heterophylla*)와는 다르다. 이 장에서는 개암나무속(hazel, 속명 *Corylus*) 전체를 다루었다고 보고, 편의상 '개암나무'로 통칭했다. [212] **남유럽 개암나무**〔Lambertshasel, *Corylus maxima*〕: 주로 남동부 유럽에서 자라는 개암나무로 서양개암나무보다 크다. 터키와 흑해 주변은 개암의 최대 생산국으로, 전세계 유통량의 3/4이 여기서 생산된다. 그 열매를 영어로는 헤이즐넛이 아니라 '필버트(filbert)'라 불러, 필버트 개암나무라고 옮기기도 한다. [213] **붉은개암나무**〔Bluthasel, *Corylus maxima* "Purpurea"〕: 잎의 색깔이 자주빛을 띠어 붉은 이름으로 직역하면 '핏빛 개암나무'가 된다. 열매를 얻기보다는 관상용으로 주로 심긴다.

개암에 깃든 화해

↑ 붉은개암나무. 슐츠(F. J. Schultz)의 『오스트리아의 자생 및 귀화 목본과 관목 도감 (Abbildung der in- und ausländischen Bäume, Stauden und Sträuche, welche in Oestreich fortkommen)』중에서, 1792년.

딱총나무도 그렇지만 오늘날까지 개암나무가 사람의 거주지 가까이에서 흔히 보이는 것은 떨기나무류〔灌木(관목)〕가 인간과 문화사적으로 밀접하게 얽혀 있기 때문이다. 이 두 떨기나무(개암나무, 딱총나무)는 고대부터 항상 주거지 주변에서 발견되었고, 그 가지는 기독교도나 이교도를 막론하고 무덤에서 자주 출토되는 유물의 하나이기도 하다. 개암 열매는 이미 유랑 생활을 하던 석기 시대부터 큰 비중을 차지한 식량이었기 때문에, 게르만 시대에는 '개암 부인(Frau Haselin)'[214]을 함부로 베어서는 안 되었다. 이방인이 개암을 한 움큼 이상 줍는 것도 허락되지 않았다. | "개암에 화해(和解)가 깃들어 있다."는 옛말은 독일에만 있는 말이 아니다. 일례로 고대 로마에서 휴전과 평화 협정의 중재자는 손에 개암나무 가지를 들어 선의(善意)를 표시했다. | 또한 '줌머라테(Summerlatte)'라고 부르는, 이 신화적 떨기나무의 하엽(夏葉)[215] 가지를 꽂아 재판소나 형장에 경계를 지었다. 경계석을 세우기 이전 시대에는 인적이 드문 농부의 땅도 개

---

[214] 개암 부인〔Frau Haselin〕: 딱총나무를 '홀레 아주머니(Frau Holle)'라고 부르듯 독일에서는 집 주변의 떨기나무에 여성형 호칭을 붙여 높이곤 한다.

암나무 가지를 꽂아 표시했으며, 산림 구역이나 법원 관할구의 표지 기둥도 개암나무로 만들었다. 살인이나 강도와 같은 범죄가 발생하면 개암나무 가지가 진실을 밝혀 줄 수 있다고 여겨졌다. 떨기나무들에는 게다가 무엇인가를 물리치는 힘이 있었다. 개암나무 가지를 들면, 이른바 뱀을 물리치고 마녀를 통제할 수 있으리라 믿어졌다. 신데렐라는 어머니의 무덤에 바치고자 개암나무 여린 가지를 갖고 싶어 하는데, 이것이 재앙을 물리치고 행운을 가져다주는 작은 나무로 자라난다.[216] 축복을 내리는 종려 가지(聖枝(성지))도 이 가지를 잘라 만든다는 사실은 우연이 아니다. 요약하자면, 개암나무는 어떤 악(惡)이든 다 잘 다스릴 수 있다.

←신데렐라는 아버지가 꺾어 준 개암나무 가지를 어머니의 묘 곁에 심고 기도를 드린다. 뿌리를 내린 나무에 흰 새가 날아와 소원을 들어 준다. 엘리노어 애보트(Elenore Abbott), 「신데렐라」의 삽화, 1920년.

[215] 하엽(夏葉, Johannistrieb, 영 late leaves) : 몇몇 나무는 봄과 여름 두 번에 걸쳐 잎을 내는데, 이런 현상을 자유 생장이라고 하며, 이 때 봄에 나는 잎이 춘엽(春葉), 여름에 나는 잎이 하엽이다. 버드나무, 느티나무 등이 이에 속한다. 원문의 '줌머라테(Summerlatte)'는 '여름'의 '여린 가지'라는 뜻이다. [216] 신데렐라(Aschenputtel, 영 Cinderella) : 아셴푸텔은 재투성이라는 뜻이며, 이를 영어로 옮긴 이름이 신데렐라다. 19세기 그림(Grimm) 형제의 동화(『Kinder- und Hausmärchen』)에서 신데렐라는 장에 가는 아버지에게 옷이나 보석 대신 나뭇가지를 꺾어 달라고 부탁한다. 그렇게 받은 개암나무 가지를 어머니의 무덤 곁에 심고 기도를 드리자 뿌리를 내리고 새가 날아들어 소원을 들어 준다. '재투성이'와 관련해, 개암나무 가지는 유럽에서 불쏘시개로 많이 쓰였다.

02 | Der Haselstrauch
Corylus avellana | 개암나무 | 나무신화(Mythos Baum) :
나무로 본
유럽 민속의 기원과 효능

수맥 지팡이, 마술 지팡이

↑ 마술 지팡이의 신화적 의미는 성서에도 나온다. 이집트에서 탈출하면서 하느님의 명에 따라 모세가 지팡이로 호렙(시나이)산을 내리치자 바다가 갈라졌다. 17세기 동판화.

개암나무 가지는 에너지를 흐르게 하는 데 최적이다. 가지를 꺾어 수맥 탐지봉을 만들어 실험해 보면, 저항이 거의 없다가 에너지가 모이는 곳에서 규칙적으로 진동한다. 또 번개로부터 보호해 주고 방해가 되는 땅 속의 전자파를 빨아들이며 수맥파를 찾아내는 능력이 있다고 한다. 한편으로는 마력을 보여 주고, 동시에 다른 한편으로는 에너지의 흐름을 파악할 수 있는 개암나무의 특징은 게르만족에게 경외, 그리고 의심이라는 두 개의 상반된 감정을 불러일으켰다. | 일찍이 북유럽 신화를 모은 『에다(Edda)』 가운데 「스키르니르(Skirnir)의 노래」에서 중매인 스키르니르가 마법의 나뭇가지로 거인 게르드(Gerd)[217]의 마음을 바꾸는 대목에서도 십중팔구 개암나무를 썼을 것이다. 오딘 또한 그 초자연적인 위력을 이용했다. | "용감한 거인은 / 흘레바르드(Hlebard)인 것 같더군. / 그가 내게 마술 지팡이를 주기에, / 그것으로 그의 넋을 빼앗아 버렸지."〔「하르바르드의 노래(Harbard-lied)」, 『에다』〕 | 훗날 켈트족이나 게르만족의 사제들은 개암나무의 예언력으로 마법을 부렸다. 신화 속에서 마법의 나뭇가지가 행하는 권능은 유대 문화에서도 대단했다. 유대인들이 이집트에서 탈출하다

[217] 게르드(Gerd) : 『에다』에 나오는 거인 기미르(Gymir)의 딸로 몸집이 거대하고 미모가 빼어났다고 한다. 나중에 프레이르(Frey/Freir)의 아내가 된다. 스키르니르는 프레이의 친구이자 시종으로 프레이를 대신해 거인 게르드에게 청혼을 전한다. 〔'너도밤나무' 편 '서적과 룬문자' 참고.〕

↓ 다우징(Dowsing) 하기. 막대나 추 등을 이용해 수맥뿐 아니라 광맥, 광산의 시굴 구덩이도 탐지했다. 게오르크 아그리콜라(Georg Agicola)의 『금속론(De re metallica)』 수록삽화, 목판화, 1556년.

갈증으로 거의 죽을 지경에 이르렀을 때, 모세가 하느님의 말씀에 따라 지팡이로 호렙산(Horeb)[시나이산(Sinai)]의 바위를 때리자, 부족의 원로들이 보는 가운데 바위에서 물이 쏟아져 나왔다. 「출애굽기」 7장 8~12절에 적혀 있듯이, 아론(Aaron)의 지팡이[218]도 마법의 지팡이 중 하나다. "[…] 아론이 바로[파라오(Pharaoh)]와 그 신하 앞에 지팡이를 던졌더니 뱀이 된지라, 바로도 현인들과 마술사를 부르매 그 애굽(이집트) 술객들도 그 술법으로 그와 같이 행하되, 각 사람이 지팡이를 던지매 뱀이 되었으나 아론의 지팡이가 그들의 지팡이를 삼키니라[…]." | 신의 사자 헤르메스(Hermes)가 드는 뱀 형상의 지팡이 카두케오스(Caduceus), 라케시스(Lachesis)[그리스 신화의 '운명의 여신'. 운명이 자아 낸 생명줄의 길이를 이 지팡이로 잰다.][219]의 수명의 지팡이, 그리고 요정의 요술봉에 이르기까지, 신비한 나무의 변신시키는 힘은 그 명맥을 이어갔다. | 17세기까지도 수맥봉을 이용하면 숨겨둔 보물이나 금속 광맥, 물줄기를 찾아낼 수 있

02 Der Haselstrauch
Corylus avellana

개암나무

나무신화(Mythos Baum):
나무로 본
유럽 민속의 기원과 효능

다는 믿음이 민간에서 굳건했다. 효력을 떨어뜨리지 않으려면 두 갈래로 갈라진 나뭇가지를 '쇠붙이를 사용하지 않고(sine ferro)', 톱도 써서는 안 되며, 날카로운 부싯돌로 잘라 내야만 했다. 또한 사육제(謝肉祭)[220]나 삼왕내조축일(三王來朝祝日)[221] 또는 성요한절[222]에 자르는 것이 가장 좋았다. 19세기까지도 나뭇가지를 자를 때

↓두 마리 뱀이 파리 모양으로 감긴 카두케오스(그리스어 케뤼케이온)은 머큐리[Mercury=헤르메스(Hermes)]가 드는 지팡이다. 호흐허(Romeyn de Hooghe), 〈메르쿠리우스(Mercurius)〉, 동판화, 1688~1689년, 암스테르담국립미술관(Rijksmuseum) 소장.

[218] 아론(Aaron)의 지팡이 : 아론은 모세의 형으로, 모세와 함께 이스라엘 백성을 이집트(애굽)에서 탈출시켰다. 아론이 짚고 다닌 지팡이는 신의 이적(異蹟)과 제사장의 정통성을 상징한다고 해석된다. 「출애굽기」에서 이집트의 왕[바로=파라오(Pharaoh)] 앞에서 지팡이를 뱀으로 변하게 한 것은 신의 이적을 드러낸다. 「민수기」에서 각 지파에서 내놓은 12개 지팡이 중 아론의 지팡이에서만 싹이 터 살구가 열린 이야기는 하느님이 그를 선택했다는 정통성을 뜻한다. 아론의 싹 난 지팡이를 모세가 계약의 궤 안에 보관했다고 한다. 저자는 개암나무와 관련해 소개했으나, 대개는 '편도(아몬드)나무'라고 풀이한다. [219] 라케시스(Lachesis) : 인간의 삶과 죽음을 지배하는 운명의 여신들(Fates) 중 하나. 그리스 신화에서 모이라이[Moirai, 로마 신화의 파르카이(Parcae)]의 세 자매는 이렇다. 사람이 태어날 때 그 사람의 생명의 실을 짜는 클루토(Clotho, 노나), 그 실의 길이를 재고 성격을 결정 짓는 라케시스(데키마), 가위로 실을 자르는 아트로포스(Atropos, 모르타). 그 중 라케시스는 지팡이(잣대)를 들고 수명, 즉 실의 길이를 측정하는데, 제우스조차 그 결정에 따라야 한다. [220] 사육제[謝肉祭, Fastnacht] : 사순제(四旬祭)에 앞서 열리는 축제. 대개 2월 중·하순에 든다. [221] 삼왕내조축일[三王來朝祝日, Dreikönig] : 예수가 동방박사 세 사람 앞에서 자신이 메시아임을 드러낸 것을 기념하는 날로, 1월 6일이다. [222] 성요한절[Johanni] : 세례자 요한을 기념하는 날로, 6월 24일이다.

면 반드시 다음과 같은 주문을 외웠다고 한다. | "사랑스러운 나뭇가지야, 내가 너를 자르노니, / 내게 알려 줘야 한다, / 내가 네게 묻는 것을. / 그러니 너는 진실을 느끼기 전에는 / 움직이지 말거라." | 이미 초기 프랑크 왕국 시대의 『리부아리아 법전(Lex ripuaria)』[223]에서 개암나무를 이용한 마법을 일체 금지했지만, 오늘날까지도 수맥을 찾는 데 'Y자'로 갈라진 개암나무 가지가 믿을 만한 탐지봉으로 애용된다. 또한 민담에서도 이를테면 개암나무 덤불 속에는 보물 상자를 열 수 있는 은 열쇠가 있다는 식으로 설화가 남아 이어졌다. | 잘 휘감기다 보니 개암나무 줄기의 쓰임새는 수맥 탐지봉만이 아니었다. "개암나무 즙으로 정신을 차리게 한다."는 관용구는 호된 매질을 예고하는 다른 표현이었다.

↓ '화약공장(Pulvermühle)'에서는 황, 질산칼륨 등과 함께 개암나무 목탄을 절구에 넣고 조심스럽게 으깼다. 일찍이 13세기에 로저 베이코(Roger Baco)[224]는 "이 기술을 알면, 천둥과 파멸을 불러일으키리라."라고 서술했다. 『스위스 연대기(Schwytzer Chronica)』에 수록된 캐리커처, 1554년.

[223] 『리부아리아 법전(Lex ripuaria(or Ribuaria))』: 7세기 초 리부아리아(Ribuaria)계 프랑크족 법전. 『살리카 법전(Lex Salica)』과 함께 고대 게르만 부족법을 대표한다.

02 | Der Haselstrauch
Corylus avellana | 개암나무 | 나무 신화(Mythos Baum):
나무로 본
유럽 민속의 기원과 효능

창살용 나뭇가지와 산울타리용 나뭇가지

1482년 제정된 슈파이어(Speyer) 주교좌[225]의 산림 규정에서 개암나무는 사실상 "쓸모없는 목재(Unhölzern)"에 해당했지만, 그렇다고 함부로 베어서도 안 되었다. "그 목재와 잔가지"는 구체적으로 "땔감으로 사용해서는 안 되며 창살이나 산울타리에만 사용해야 한다." 개암나무는 워낙 맹아력(萌芽力)〔식물의 싹트는 힘〕이 왕성해—거의 버드나무에 맞먹는다—해마다 또는 한 해 걸러 베어도 된다. 그런 가지를 엮어서 산울타리뿐만 아니라 바구니 손잡이, 통의 테두리, 그리고 좀 굵은 것은 산책용 지팡이를 만들었다. 숯가마에서는 그 목재를 가지고 각광받던 화약용 목탄이며 데생용 목탄을 만들었다. 너도밤나무 톱밥처럼 개암나무 톱밥으로도 곧잘 포도주나 맥주를 거르곤 했다.

↓ 버드나무 밑둥을 꺾어 가지런히 눕힌 다음 그 사이사이에 개암나무 잔가지를 엮어 키우면 울창한 산울타리가 된다. 스탠리 앤더슨(Stanley Anderson), 〈산울타리 만드는 사람(The Hedger)〉, 동판화, 1934년.

〔224〕 로저 베이컨〔Roger Bacon, 1214~1294년〕: 원문에는 '로저 베이코(Roger Baco)'로 되어 있으나, 영국의 화학자이자 철학자, 그리고 화약 제조에 중요한 역할을 했던 로저 베이컨(Roger Bacon)의 오기로 보인다. 〔225〕 슈파이어〔Speyer〕: 독일 남서부 라인 강변에 있는 도시. 가톨릭 주교좌가 있다. 10세기에 대성당이 지어졌고, 중세 시기 동안 자유 무역 도시로 큰 위세를 떨쳤다. 후에 독일 종교 개혁의 중심지가 되었다.

누가 개암을 까나?

개암나무의 학명[226]은 열매에서 유래했다. '코릴루스(*Corylus*)'라는 속명은 그리스어 '코리스(corys, 탈·가면)'에서 파생했는데, 열매 주위를 탈이 뒤덮듯 포(苞)가 감싸고 있기 때문이다. 열매 자체가 은밀히 숨어 있다는 데서 "열매 껍질 속의 진실(Wahrheit in der Nussschale)"이라는 관용구가 나왔다. 이 말은 지혜는 아무나 얻을 수 있는 것이 아니라는 뜻이다. 한편 '아벨라나(*avellana*)'라는 종 이름은 지리상의 여건에서 유래한다. 캄파니아주(Campania)의 도시 아벨라(Avella)[227]는 질 좋은 개암으로 유명했다. 카를 대제의 왕실 재산 조례에서 개암나무를 '아벨라나리오스(Avellanarios)'라고 기입했으며, 힐데가르트 폰 빙엔(Hildegard von Bingen)[228] 때에 이르면 개암나무(Haselbaum)로 표기했다. | 경건한 힐데가르트 수녀는 이 떨기나무에 좋은 평을 줄 수 없었다. "개암나무는 쾌락의 상징이며, 치료 목적으로는 도통 쓸모가 없다." 이렇게 말할 만한 진실이 털끝만큼이라도 있다면, 아마 개암(과 호두)가 오래 전부터 성(性) 및 다산과 관련이 깊었기 때문일 테다. | "열매는 노예에게나 주려무나, 이제 아이 시절은 지났으니. 열매를 충분히 가지고 놀았잖니…." 고대 로마의 카툴루스(Catullus)[229]가 읊은 결혼 노래에 일찌감치 이런 구절이 나온다. 자유롭게 연애하던 시절이 결혼과 함께 끝났다는 의미다. 비슷한 맥락이 유럽 여러 민요에 보인다. "나이팅게일은 전나무에서 울지 않고, 개암나무 덤불에서 지저귀네…." 나이팅게일은 오로지 암컷을 찾을 동안만 구슬피 울다가, 짝짓기가 끝나면 조용해진다. "나무딸기를 따러 가다"나 "건초더미로 가다"라는 속담과 마찬가지로 "개암나무 덤불로 가다"라는 관용구는 정인(情人)과의 밀회를 뜻한다. "개암나무 많은 곳에, 수많은 아비 없는 자식" 또는 "개암나무

02 | Der Haselstrauch *Corylus avellana* | 개암나무 | 나무 신화(Mythos Baum): 나무로 본 유럽 민속의 기원과 효능

에서 낳아 온 녀석"과 같은 속어도 이에 얽힌 곱지 않은 시선을 드러낸다. | 행실 나쁜 처녀가 어떤 평판을 받는가는 적어도 5월 1일이면 분명해진다. 여러 마을에 5월 1일 저녁에 청년들이 사랑하는 처녀의 방 창문 앞에 자작나무 가지를 세워 놓는 풍습이 있다. 반대로 사내들과 개암나무 덤불에 헤프게 들락거리던 처녀의 문 앞에는 자작나무 대신 개암나무 다발이 꽂혔는데, 이렇게 되면 뭇 손가락질을 받았다. 노르망디(Normandie)에서는 1393년에는 벌써 이런 풍습이 자리잡고 있었다. | 성적 상징이 강한 나무인 만큼 '상대가 꿈쩍않을 때'도 당연히 요긴했다. 개암나무 껍질을 태운 가루를 상대가 먹을 음식에 타면 된다는 것이었다. 이런 의미에서 개암 기름은 성욕 증강제로 여겨졌다.

[226] 학명[學名, der wissenschaftliche Name, 영 scientific name] : 학명은 생물을 명명할 때 세계 공통으로 쓰이는 명칭으로, 국제 명명 규약에 따라 라틴어 또는 라틴어화한 이름을 쓴다. 학명을 붙일 때는 속명(屬名)과 종소명(種小名)으로 이루어지는 이명법(二名法)을 쓴다. 예를 들면 사람의 학명은 '호모 사피엔스(Homo sapiens)'인데, '호모(Homo)'는 속명이고, '사피엔스(sapiens)'는 종소명이다. 이명법은 스위스 출신 식물학자였던 가스파르 보앵(Caspard Bauhin, 1560~1624년)이 창시했으나 널리 사용되지 못하다가, 스웨덴 출신 박물학자 카를 폰 린네(Carl von Linné, 1707~1778년)에 의해 본격적으로 통용되기 시작했다. 학명은 통상적으로 이탤릭체로 표기한다. [227] 아벨라[Avella] : 이탈리아 남부의 캄파니아(Campania)는 베수비오(Vesuvio) 화산이 있는 곳이다. 캄파니아주의 아벨라는 고대 교역 도시로, 그 이름의 어원은 '과일이 잘 되는 곳'이라는 의미다. 고대에는 아벨라나(Avellana)라고 불렸고, 이 책의 원본에서도 그렇게 표기했다. 8세기 말 카를 대제의 왕실 재산 조례에는 왕실 영지에서 기후가 허락하면 의무적으로 심어야 할 나무와 꽃의 수종을 열거하는데, '아벨라나리오스'도 그 중 하나로 등장하며, 당시 식물명 연구 자료로 쓰이고 있다. [왕실 재산 조례는 339쪽 주석 [483] 참고.] [228] 힐데가르트 폰 빙엔[Hildegard von Bingen, 1098~1179년] : 독일의 수녀로 신학 연구, 음악, 약초학 등 다방면에 걸쳐 탁월한 업적을 남겼다. 라인헤센(Rheinhessen)의 귀족 가문의 10번째 딸로 태어났으며 부모가 십일조로 수도원에 보냈다고 한다. 오랜 경험과 연구를 바탕으로 약초학과 광물 치료법을 널리 알렸기에 지금까지도 독일에서 민간 요법으로 전해진다. 루페르츠베르크(Ruppertsberg)에 최초의 수녀원을 세워 이전에 수도원에 부속되었던 수녀의 위상을 끌어 올렸으며, 빙엔(Bingen)에 2번째 수녀원을 세웠다. '빙엔의 힐데가르트'라는 뜻의 이름은 여기서 유래한 것이다. [229] 카툴루스[Gaius Valerius Catullus, 기원전 84?~54년] : 고대 로마의 시인으로 이탈리아 북부 베로나(Verona) 출신이다. 연상의 귀부인과 사랑에 빠지고 실패하는 과정에서 남긴 연애시로 유명하다.

↑ 이른 봄 지표면에 도달하는 광량이 증가하면, 너도밤나무 숲에는 몇 주만에 지피 식생(地被植生)들이 가득 찬다. 나무 아래에 유럽 바람꽃(*Anemone nemorosa*)이 피어 있다.

03   Die Buche
Fagus sylvatica   너도밤나무   나무신화(Mythos Baum):
나무로 본
유럽 민속의 기원과 효능

너도밤나무 Die Buche
Fagus sylvatica

너도밤나무가 말하기를,
"나의 영토는 잎이 닿는 곳까지라네.
나는 생각이 굳은 나무가 아니야,
내 표현은 가지에 휘감겨 오르지,
나는 잎이요, 꽃가루 위의 수관이라네…"

〔테오도르 도이블러(Theodor Däubler, 1876~1934년), 「너도밤나무(*A bükk*)」〕[*]

↑ 야생 동물들이 즐겨 찾는 너도밤나무 열매는 사람도 식량으로 먹었을 뿐 아니라 열매로 짠 기름은 20세기 중반까지 식용유로 널리 이용되었다.

[*]〔원문 출처 : Gerhard Mitscherlich, *Wald-Zauber und Wirklichkeit* (Freiburg i. Breisgau : Verlag Karl Schillinger, 1982).〕

게르만의 숲

↘줄기 속에 발저 헤르고트(Balzer Herrgott)라는 상이 있어 유명한 흑림(黑林, Schwarzwald)의 너도밤나무.

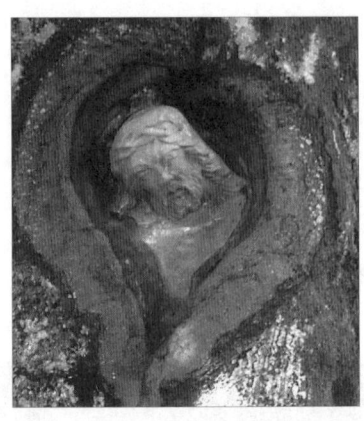

서기 1세기경, 로마의 시인이자 세네카의 조카였던 루카누스(Lucanus)[230]에게 끝없이 펼쳐진 게르만의 어두컴컴한 너도밤나무(*Fagus sylvatica*)[231] 숲은 문명 세계 인간이라면 되도록 피해야 할 음습하고 오싹한 곳으로 비쳤다. 밝은 햇볕이 쏟아지던 고향의 숲만 보아온 플리니우스도 게르만의 숲에 짓눌려 이렇게 썼다. "숲은 게르만 전체를 뒤덮어 추위와 어둠을 가져온다." 이처럼 어둡고 햇빛 한 줄기 들어오지 않는 숲속에서 게르만족이 잔혹한 제의를 거행하고 있을 거라고 사람들은 상상했다. | 이 암흑의 너도밤나무 숲 시대는 숲의 역사 전체를 놓고 보면 그리 오래지 않다. 그 전에는 따뜻하고 햇빛이 많이 드는 곳을 선호하던 참나무 혼합림이 있던 자리를, 기온이 낮아진 청동기 시대(기원전 2000~500년 무렵)에 들어서면서 점차 유럽너도밤나무(Rotbuche)가 침입해 들어와 빽빽해진 것이다. 철기 시대(기원전 500~서기 원년) 동안 원래 참나무 숲이었던 거의 모든 곳이

너도밤나무 차지가 되었다. 이 현상을 두고 "한때뿐이나마 자연이 스스로 중유럽의 숲 모습을 결정한 최후의 사건"이라고 스위스의 산림학자인 크리스티안 퀴클리(Christian Küchli)는 논평을 달기도 했다. | 인간이 본래 있던 숲 형상을 바꾸지 않았더라면, 지금까지도 중유럽 깊은 내륙 대부분을 너도밤나무가 차지하고 있었을 것이다. 오늘날 독일 흑림(黑林) 지대에서처럼, 산에 오르면 너도밤나무가 독일가문비나 전나무와 함께 자라는 모습을 마주쳤을 법하다. | 너도밤나무의 강점은 햇빛을 조금만 받아도 생육하는 내음력(耐陰力)[그늘에서도 견뎌낼 수 있는 힘]이 높다는 것이다. 일광(日光)의 1/60의 빛만 받아도 무성히 자란다. 너도밤나무 숲 아래에 사는 초본류(草本類)는 독특한 채광 여건에 적응되어 있다. 4월이면 나뭇가지에 새잎들이 돋아나기 전에 마치 저속 촬영한 영상처럼, 봄의 지중 식물(Frühlingsgeophyten)이 땅을 헤집고 움튼다. 노루귀, 제비꽃, 아네모네, 풀모나리아[232], 앵초 등의 초본류는 햇빛이 많이 비칠 때, 즉 아주 이른 봄 아직 잎이 나지 않은 나뭇가지 사이로 빛이 지면에 들어올 때 일제히 반응하기 시작한다. 그러다 나무의 새잎이 그늘을 드리울 무렵이면 봄꽃들은 곧 시드니, 꽃이 만발하던 초본층(Krautschicht)은 이렇게 해서 순식간에 사라져 버린다. | 너도밤나무는 공기 중 습도가 높은 것을 좋아하므로, 해양성 기후가 발달한 프랑스 서부에서 가장 아름답고 오래된 숲을 만날 수 있다. 반면에 저지대인 헝가리나 독일의 잘레강(Saale) 유역처럼 연평균 강수량이 500mm 이하인 대륙성 기후 지

---

[230] 루카누스[Marcus Annaeus Lucanus, 39~65년] : 고대 로마의 정치가이자 시인. 철학자 세네카의 조카로 에스파냐 코르도바(Córdoba)에서 태어나 로마와 아테네에서 공부했고, 네로 황제에 중용되었다. 예술가로 자처하던 네로가 루카누스의 인기를 질투해 작품 발표를 금지하자, 황제 암살에 가담했다가 발각되어 27살에 자결했다. 본문의 내용은 그의 서사시 『파르살리아(Pharsalia)』에 등장한다. [231] 너도밤나무 : Fagus sylvatica는 엄밀히 말하면 '유럽너도밤나무(Rotbuche)'다. 우리 나라의 너도밤나무(Fagus engleriana)는 울릉도에만 자생하는 특산종이다. 이 장에서 다루는 'Buche'는 '참나무목 너도밤나무속(Fagus)'을 통칭한다고 보았고, 원문의 'Rotbuche'만 유럽너도밤나무로 옮겼다. [232] 풀모나리아[Lungenkraut, Pulmonaria officinalis] : 자색 꽃이 피는 유럽 원산 다년초. 이름은 '폐(Lunge)에 효험 있는 풀'이라는 뜻이다. 영어로도 '렁워트(lungwort)'라 한다.

역에서는 찾아볼 수 없다. 이렇게나 잘 자라는 너도밤나무조차 토양이 습하거나 물에 잠기는 강변, 홍수가 범람하는 습지는 기피해, 버드나무, 오리나무, 물푸레나무 등에 그 자리를 내어 준다. 또 석회질이나 양분이 풍부한 토질을 선호하는 나무라서, 강산성(强酸性)이거나 과습하거나 너무 건조하거나 토심이 얕은 척박한 지역도 꺼린다. | 그런 척박한 땅에서 바로 소나무나 참나무, 또한 간혹 독일가문비

↑ 언제나 인간에게 많은 도움을 주어 온 너도밤나무는 3,000여 년 전 중유럽을 평정했다.

03   Die Buche
Fagus sylvatica

너도밤나무

나무 신화(Mythos Baum) :
나무로 본
유럽 민속의 기원과 효능

가 자라는 것이다. 너도밤나무는 바람에도 강하기 때문에 아직도 벨기에나 프랑스, 그리고 호헤스 펜(Hohes Venn)[233]에서는 방풍용으로 가옥의 서쪽에 심곤 한다. 이런 바람을 오래 맞으면 너도밤나무의 수관이 마치 깃발과 같은 형태로 변형되는데, 독일 남부 프라이부르크(Freiburg)의 샤우인스란트산(Schauinsland)에 있는 너도밤나무 편형수(扁形樹)는 워낙 유명해 사진에도 곧잘 등장한다. 유럽너도밤나무는 북위 60도까지 분포하며 남쪽에서는 산악 고지대에만 분포한다. | 독일에서 가장 웅장한 너도밤나무 숲으로는 토양에 석회질이 풍부한 슈바벤 쥐라산맥(Schwäbische Alb)과 프랑켄 쥐라산맥(Fränkische Jura)을 꼽는데, 그 숲에서는 나무 키가 30m까지 자라며 최고 45m에 이른다. 평균 수령도 140~160년으로, 간혹 300년까지 사는 나무도 있다. | 수피가 은회색인 데다 윗부분까지 잔가지 없이 매끈하고 늘씬한 덕분에 너도밤나무 숲은 장엄하고 숭고한 인상을 주며 경외감마저 불러일으킨다. 독일의 옛 선조들이 필경 고요하고 은은한 빛이 퍼지는 너도밤나무 숲을 중세 대성당의 표본으로 삼았을 법한 까닭은, 구전(口傳)에서 '성(聖) 회당(Heilige Halle)'으로 비유하는 데서도 알 수 있다. | "이 회당을 보라 / 얼마나 자랑스럽게 위로 뻗어 오르는가, / 당당히 하늘의 푸르름을 향해. / 거대한 너도밤나무는 전나무와 함께 / 가장 고귀한 기둥처럼 서 있네. / 또한 드높은 넓은 돔처럼 / 나무 꼭대기는 신록의 옷자락으로 / 아치를 드리우네. / 존경하고 찬양하라, / 이 세상의 창조주를. / 신전으로 삼고자 숲을 만드셨으니."[요제프 빅토르 폰 셰펠(Victor von Scheffel)[234], 「반트의 사제(Der Mönch von Banth)」]

[233] 호헤스 펜[Hohes Venn, 영 High fens]: 벨기에 동부 리에주(Liège)와 독일 국경에 걸친 고원으로, 벨기에에서 가장 해발 고도가 높다. 넓은 고원 습지와 풍부한 동식물 생태계로 보호 구역으로 지정되어 있다. [234] 요제프 빅토르 폰 셰펠[Joseph Victor von Scheffel, 1826~1886년]: 독일 카를스루에 출생의 시인이자 소설가. 법관으로 근무하면서 장편 서사시 「제킹겐의 나팔수(Der Trompeter von Säckingen)」를 발표해 인기를 얻었다. 이후 눈병이 심해져 보덴 호수 근처에서 요양하며 집필에 몰두했다. 역사소설 『에케하르트(Ekkehard)』를 비롯, 낭만적 민족주의 경향의 작품을 남겨 독일인에게 많은 사랑을 받는다.

'부헤(die Buche)'라는 이름이 생겨나기까지

↑ 수꽃이 달린 너도밤나무 가지.

게르만 이전에는 너도밤나무를 '파고스(bhágos)'라 하고, 그리스어로는 '파게인(phagein)'이라고 했는데, 이는 '먹는다'는 뜻이다. 14세기에 레겐스부르크(Regensburg)의 성당 참사회원(參事會員)이었던 콘라트 폰 메겐베르크(Konrad von Megenberg)가 쓴 『자연의 역사(Naturgeschichte)』[235]에는 "나무의 새로 난 잎에 부드럽고 달콤한 즙이 있어, 가난한 사람들은 잎이 여릴 때 따 두었다가 약초처럼 달여 먹는다."는 기록이 있다. 이른 봄 갓 돋아난 어린 너도밤나무잎을 버터 빵 사이에 넣은 맛있는 간식거리가 한때의 유행은 아닌 모양이다. 예전에 '먹는 나뭇잎(Esslaub)'이란 표현을 흔히 사용했던 것이 이를 입증한다. 너도밤나무는 인간에게만 식량을 제공한 것이 아니다. 목재는 블룸홀츠(Blumholz), 그 잎은 블룸바레(Blumware)라고 해서['플루오마(pluoma)'=목초] 신선한 채로나 말린 형태로 가축 사료가 되었다.[『숲의 문화사』(036~038쪽), 167쪽 주[244] 참조] 여러 유럽 언어에서 너도밤나무를 일컫는 낱말은 독일어 '부헤(Buche)'와 발음이 비슷하다. 옛 고지 독일어에서는 '부오하(buoha)'였고, 북유럽 고어로는 '보크(bok)'였다. 또한 영어 '비치(beech)', 네덜란드어 '베위크(beuk)', 슬라브어 '북코브(buckow)' 등은 모두 인도게르만어의 '파그스(bhags)'에 그 뿌리를 둔다. 동카르파티아산맥의 북쪽[발트카르파텐(Waldkarpaten)]에 위치한 부코비나(Bukowina)[236]는 이름 그대로 너도밤나무의 땅이며, 중부 독일의 뢴산맥(Rhön)도 고대 로마 때는 보코니아(Boconia)였다가 수백 년 후에는 부헨(Buchen)이라고 불렸다. 남부 독일의 오덴발트(Odenwald)에서 가장 고도가 높은 멜리보쿠스(Melibokus)의 지명에도 너도밤나무라는 뜻이 들어 있다. 현재 쓰이는 독일 지명 중에 참나무(Eiche)에서 유래한 지명은 1,400곳이지만, 이를 넘어서는 1,567곳이 '부헤'라는 낱말에서 유래했다. 대략 100군데에는 직접적으로 '부흐(Buch)'라는 단어가 들어가며, 부흐베르거(Buchberger), 뷔히너(Büchner), 뵈크너(Beukner) 같은 성씨 또한 관련이 있다. 프랑스어로 너도밤나무를 뜻하는 '에트르(hêtre)'는 다른 어원에서 파생했는데, 옛 프랑크어[237]로 어린 너도밤나무 줄기를 뜻하던 '에스터(heester)'와 연관이 있다. 이와 관련해 지금도 독일어에서 하이스터(Heister)가 어린 너도밤나무[묘목이란 의미도 있다.]를 뜻한다.

[235] 콘라트 폰 메겐베르크[Konrad von Megenberg, 1309~1374년]: 가톨릭 사제로 바이에른에서 태어나 파리 대학에서 공부하고 레겐스부르크 주교좌 교수를 지냈다. 14세기의 가장 중요한 학자이자 저술가로, 신학과 철학은 물론 자연 과학 등 여러 분야를 섭렵해 라틴어 저서를 남겼다. 원문에 등장하는 『자연의 역사(Naturgescichte)』는 그의 책 『박물지(Buch der Natur)』의 부제 '독일어로 쓴 자연의 역사(Naturgeschichte in deutscher Sprache)'를 편의적으로 축약해 부른 듯하다. [236] 부코비나[Bukowina]: 오늘날 루마니아와 우크라이나에 걸친 지역의 역사적 지명으로, 동카르파티아산맥 북쪽 사면부터 드니스테르강까지 이어진 평원을 아우른다. 발트카르파텐(Waldkarpaten)은 반달 모양을 한 동카르파티아산맥의 바깥을 일컫는 독일어 지명이며, 슬로바키아어로는 폴로니니(Poloniny)라고 한다. [237] 고대 프랑크어[Altfränkisch]: 유럽에서 4~8세기경 저지대 국가들(지금의 벨기에, 네덜란드 등)과 인접한 프랑스 북부, 독일 서부의 프랑크족들이 사용하던 언어다. 서게르만어족에 속하며 현대 프랑스어의 기원으로 여겨진다.

서적(Bücher)과 룬(Rune) 문자

﹨오늘날에도 얼빠진 사람들은 나무껍질에 낙서를 새긴다.

13세기에 독일의 궁정 시인 하르트만 폰 데어 아우에(Hartmann von der Aue)[238]는 "교양 있는 기사(騎士)가 있었으니 책(Bouchen)에 쓰인 것을 읽을 줄 알고, 곧 쓸 줄 알았다."고 썼다. | 독일어에서 '부헤(Buche, 너도밤나무)'와 '부흐(Buch, 책)' 사이의 유사성은 어디에서 유래했을까? 어떤 이들은 구텐베르크(Johannes Gutenberg, 1398?~1468년)가 애초에 너도밤나무 목재로 활자를 만들어 인쇄한 데서부터라고 추정한다. 그러나 실은 철자(綴字, Buchstaben)를 뜻하는 옛 고지 독일어[高地獨逸語, 독일 남부와 중부에서 사용되는 독일어] 낱말 '부오슈타프(buohstap)'와 관련이 있다. 게르만의 '룬(Rune) 문자'가 너도밤나무 막대기(Buchen-Stäbe)에 새겨졌기 때문이다. | '룬(Rune)'은 '비밀(Geheimnis)'이라는 뜻으로, 오늘날 독일어의 '귓속말(Ge-

03　Die Buche　　너도밤나무　　나무 신화(Mythos Baum):
　　Fagus sylvatica　　　　　　　나무로 본
　　　　　　　　　　　　　　　　유럽 민속의 기원과 효능

raune)'에도 그 의미가 깃들어 있다. 최초에 룬 문자는 마법 사과를 수호하는 게르만 여신 이둔(Idun)의 손에서 탄생했다. 이둔은 자기 남편이자 보탄(Wuôtan=오딘)의 아들인 브라기(Bragi)[239]의 혀에 룬 형상을 새겨 넣었고 그 이후로 그의 말에 마법이 실려, 시인들 중 가장 위대한 시인이 되었다는 것이다. 『니벨룽겐의 노래(*Das Nibelungenlied*)』[240]에 나오는 구드룬(Gudrun)[크림힐트(Kriemhild)]도 룬 해독에 통달했던 듯하다. 마법 문자이니만큼 무엇보다 예배 의식이나 치료, 전쟁의 목적에 쓰였다. 『에다』의 「시그드리파(Sigrdrifa)가 말하기를」[241]에 이런 구절이 있다. "룬 문자를 배우라. / 의사가 되려거든, / 그리고 부상을 치료하는 방법을 알려거든 / 가지가 동쪽으로 자라는 숲속 나무의 껍질에 / 룬 문자를 새겨 두라."

[238] 하르트만 폰 아우에[Hartmann von der Aue, 1165?~1220?년]: 독일의 궁정 시인으로 『에레크(*Erec*)』, 『이바인(*Iwein*)』 등 기사(騎士)들과 관련된 서사시를 주로 썼다. 스스로도 기사를 자처하면서, 읽고 쓰는 능력을 기사가 갖추어야 할 주된 교양으로 강조했다. 본문의 인용구는 『가련한 하인리히(*Der arme Heinrich*)』에 등장한다. [239] 브라기[Bragi]: 오딘의 아들 중 하나로, 시와 노래에 뛰어나서 신 중에서는 유일하게 스칼드(skáld, 음유 시인)가 되었다. 턱수염과 머리카락이 긴 노인으로 묘사되며, 늘 하프를 지니고 다닌다. 죽은 영웅들이 발할라에 도착하면 시가를 읊어 주며 수고를 위로하고 마음을 달래 준다고 한다. [240] 『니벨룽겐의 노래[*Das Nibelungenlied*]』: 독일 중세 영웅 서사시로 기사 문학의 걸작으로 꼽힌다. 12세기 후반에 쓰였다고 하는데, 정확한 성립 연대와 작자는 알려져 있지 않다. 437년 훈족(Hun)에 의한 부르군트(Burgund)[라틴어 부르군디아(Brugundia)에서 유래, 독일어 부르군트(Burgund), 프랑스어 뷔르공디(Burgondie)→부르고뉴(Bourgogne), 영어 버건디(Burgundy)] 왕국 멸망, 453년에 아틸라 왕(Attila)의 급사 사건 등 게르만족 대이동 시대의 이야기들이 집대성되었다. 내용은 이렇다. 라인강 근처 부르군트의 왕 군터(Gunther)의 누이 크림힐트(Kriemhild)[구드룬(Gudrun)]가 장차 사랑하는 남편을 여의게 되는 꿈을 꾼다. 미인으로 소문난 크림힐트를 만나기 위해 네덜란드 왕자 지그프리트(Siegfried)가 부르군트에 온다. 그는 니벨룽(Nibelung)['안개 또는 암흑의 아들'이란 뜻]의 용을 무찌르고 피를 뒤집어 쓰면서 불사신이 된 인물로, 피나무잎이 붙어 용의 피가 튀지 않은 등이 유일한 급소다. 당시 군터 왕은 아이슬란드의 브룬힐트(Brunhild) 여왕에게 청혼했는데, 결혼 시합에서 이겨야만 했다. 군터 왕은 지그프리트에게 대신 시합에 나가 주면, 누이를 주겠노라 약속한다. 투구로 얼굴을 감춘 지그프리트가 승리하고, 약속대로 크림힐트와 결혼한다. 십 년 뒤, 브룬힐트와 크림힐트가 서로 남편을 자랑하다가 크림힐트가 결혼 시합에서 지그프리트가 대신 싸웠음을 누설하자, 브룬힐트는 모욕감에 전사 하겐(Hagen)을 시켜 지그프리트를 죽인다. 미망인이 된 크림힐트는 훈족 왕 에첼(Etzel)과 재혼하고, 몇 해 뒤 브룬힐트 일족과 하겐을 초대해 모두 죽여 복수한다. 본문에서 '구드룬'은 『에다』에서 '크림힐트'를 부르는 이름이다.

| 사랑의 마법에서도 룬 문자는 주된 수단이었다. 게르만의 신 프레이르(Freyr)는 거인 게르드를 신부감으로 맞이하려고 중매인으로 스키르니르를 보냈다가 보기 좋게 거절당하지만, 스키르니르는 게르드에게 룬으로 앞날을 망치겠다고 협박해 겨우 허락을 받아낸다. "수리사즈(Thurisaz, Thurs, ᚦ)〔망치 또는 나뭇가지의 가시를 본딴 룬. 강력한 존재, 거인, 선한 존재, 가시, 토르 신, 호의적이지 않은 힘의 적 등을 뜻함.〕를 내가 그대와 세 개의 막대기에 새기리라. 악의, 망상, 혼란의 막대기에." | 시구르드(Sigurd)가 발키리(Valkyrie)〔'죽을 자를 선택하는 자'라는 뜻으로 오딘을 섬기는 죽음과 전쟁의 처녀들.〕 시그드리파에게 배운 룬의 가르침 중에는 이런 구절도 있다. "그대 승리(Sieg)를 거두려거든, '승리의 룬(Siegrunen)'을 알아 칼자루 끝에 새기라." | 옛 신화에는, 예컨대 룬 문자 같은 비밀을 지키기 위해 철저한 자기 희생을 하거나 심지어 자살을 요구하는 내용이 곧잘 나온다. 신들의 아

←게르만족의 룬(Rune) 문자뿐 아니라 구텐베르크가 인쇄에 처음 사용했던 활자도 너도밤나무에 새긴 것이라 한다.

03 | Die Buche
Fagus sylvatica | 너도밤나무 | 나무 신화(Mythos Baum) :
나무로 본
유럽 민속의 기원과 효능

버지 오딘조차 룬을 해독하려고 아흐레 밤을 물푸레나무, 즉 우주수(宇宙樹)[세계수(世界樹)] 위드그라실(Yggdrasil)에 매달려 있어야 했다. 기독교의 순교자들이 예수의 희생을 뒤따르듯, 북유럽 영웅들은 오딘의 희생을 본받았다. 전장에서 죽지 못한 전사(戰士)가 오딘의 자식이 되고자 한다면 할복 자살과 비슷한 다른 기회가 주어졌다. 온몸이 피범벅이 될 때까지 아주 긴 룬을 피부에 새기는 것이다. 이 자살 의식에는 '게이르스 오즈(geirs-odds)'[242]라는 각별히 신성한 룬을 사용했다. 전쟁의 여신 발키리에게 발할라의 문을 열어 달라고 간청하던 시구르드는 "오딘의 피로 물든 룬 문자를 용맹하게 가슴과 팔에 새긴 용사"로 묘사된다. | 룬 문자가 새겨진 막대를 던져 점치는 일은 아주 오래된 규범이었다. 『역경(易經)』에서 과거, 현재, 미래를 꿰뚫어보는 주력(呪力)으로서 톱풀[243]을 던지거나, 타로 카드를 뒤섞는 의식과 비슷하다. 주사위 던지기처럼, 룬 문자를 나무 막대에 새겨 넣고 일정한 규칙에 따라 던지는 것이다. 중요한 것은 막대기를 만들 때 너도밤나무, 참나무, 개암나무 등 열매를 맺는 견목(堅木)[244]을 썼다는 사실인데, 오랜 관습에 따라 이런 나무에는 신의 가호가 깃들어 있다고 믿었기 때문이다. 룬 막대에 적힌 대로 그 사람의 운명이 결정되

[241] 「시그드리파가 말하기를[Sigrdrífomál]」 : '시그드리파(Sigrdrifa)'는 발키리(Valkyrie) '브륀힐드(노르드어 Brynhildr, 독 Brunhild, Brünnhilde)'의 다른 이름이다. 「시그드리파가 말하기를」은 『고(古)에다』에 수록되어 있으며, 시그드리파가 시구르드르에게 이야기해 주는 룬 마법과 잠언을 담고 있다. 『니벨룽겐의 노래』에서 시그드리파는 아이슬란드 여왕 '브룬힐트', 시구르드는 '지그프리트'에 해당한다. [242] 게이르스 오즈[geirs-odds] : 창의 끝이라는 뜻으로, 북유럽 신화에서 오딘의 창을 의미한다. 오딘이 임종 때 창으로 자신의 정맥을 잘라 보이며, 이와 같이 죽은 전사는 발할라에서 만날 것이라 약조했다. 늙어서 죽음이 가까워진 전사들은 혈관을 잘라 죽을 때까지 피를 흘렸는데, 이를 '룬을 새겨 오딘에게 바친다'고 말했다. [243] 『역경(易經)』의 톱풀[Schafgarbe, 영 yarrow] : 『역경』 즉 『주역(周易)』은 중국 주나라 때 괘(卦)·효(爻) 두 가지 부호로 길흉 점치는 법을 해설한 책이다. 주역점을 치는 데 톱풀 즉 '시초(蓍草)'를 썼다. 뺑때쑥이라고도 한다. 후대에는 시초 대신 대나무를 깎아 만든 막대를 사용했는데, 서죽(筮竹)이라 부른다. [244] 견목[堅木, Hartholz] : 경재(硬材). 활엽수 중 섬유질은 많은데 관다발이 좁아 단단하고 무거운 목재를 말한다. 떡갈나무, 졸참나무, 나왕, 마호가니, 티크 따위로 밀도가 대략 0.55g/cm³ 이상이다. 가구, 건축재, 마루널 등에 활용한다. 162쪽의 블룸홀츠(Blumholz)도 견목과 같은 의미로 통용된다.

므로, 막대를 던질 때면 신의 가호가 함께하기를 기원했다. 그러나 막대 던지기를 '래들(raedel)'이나 '래츨(Rätsel)', 즉 '수수께끼'[영어의 리들(riddle)도 같다]라고 불렀던 것을 보면 해석이 항상 똑떨어진 것은 아니었나 보다. 로마의 역사가 타키투스도 서기 1세기 무렵에 『게르마니아』에서 '룬 막대 던지기'에 관해서 썼는데, 그 내용은 이렇다. | 사제는 너도밤나무 막대를 같은 길이로 여럿 자른 다음, 룬 문자를 새겨 넣는다. 그리고 이 막대기들을 '무작위로' 흰 천(키케로에 따르면 흰 색은 '가장 신의 품격에 적합한' 색이다)에 던진다. 사제가 하늘을 쳐다보면서 그 중 막대기 세 개(이 또한 두루 합의된 성스러운 숫자다)를 집어 들고, 거기에 쓰인 내용을 종합해 미래를 해석한다. | 옛 민속 달력[245]을 보면, 너도밤나무를 가지고 기상 예측을 한 구절을 여기저기서 발견할 수 있다. 만성절(萬聖節)[246]이면 너도밤나무에서 조각을 떼어낸 것도 그래서다. | "11월에도 조각이 촉촉하면 / 이듬해에 맑은 날보다 비오는 날이 많고, / 반대로 뻣뻣하고 딱딱하면 / 맹추위가 닥치리라." | 이를 룬 문자 예언의 마지막 잔재라고 해석하는 것은 억측이리라. 그러나 너도밤나무가 아주 오래전부터 최근까지 문화사 속에서 천 년이 넘도록 예언 능력과 관계 맺어 왔다는 사실은 흥미롭다.

[245] 민속 달력[Volkskalender] : 독일 민간에서 통용되던 달력에는 절기, 농사 정보, 사혈 침자리, 별자리 그림은 물론이고 이발하기 좋은 날이라든가 목욕하기 좋은 날 등도 기입되었다. 근대 국가로 접어들면서 이런 정보를 제외한 달력을 반포하려고 했지만 사람들이 새 달력을 사려 들지 않았다. 18세기 이후에 절충안으로 교양 있고 읽을 줄 아는 가정을 대상으로 전통적 정보 중에 유익하고 공유할 만한 내용을 격언이나 이야기로 만들어서 출판하는데, 요한 페터 헤벨의 『라인 가정의 벗, 이야기 보물 상자』(1811년)가 이런 달력의 대표격이다. 20세기 초반까지 널리 만들어졌다. [246] 만성절[萬聖節, Allerheiligen] : 모든 성인 대축일(Sollemnitas Omnium Sanctorum, All Hallows' Day). 기독교에서 하늘에 있는 모든 성인, 특히 따로 축일을 갖지 못한 성인들을 기리는 축일로, 서유럽에서는 11월 1일이다. 만성절 전날 밤이 '핼러윈(Halloween, All Hallows' Day evening)'이 된다.

03 Die Buche
    Fagus sylvatica

너도밤나무

나무 신화(Mythos Baum) :
나무로 본
유럽 민속의 기원과 효능

인내심이 대단한 너도밤나무

↑ 나이가 1,000년 정도로 추정되는 오스트리아 뮬피어텔(Mühlviertell) 구타우(Gutau) 지방의 너도밤나무는 독일어권에서 가장 인상 깊은 천연 기념물의 하나로 손꼽힌다.

삼림 전문가에게 너도밤나무는 '숲의 어머니'다. 양분이 가득한 그 잎은 썩어서 좋은 거름이 된다. 너도밤나무는 첫 해에는 거의 음엽(陰葉)[247]만을 틔우는데, 이 음엽은 직사광선 아래서는 잘 버티지 못하기 때문에 따로 어미나무[母樹(모수)]의 그늘 아래에서 보호받아야 한다. 그러므로 도토리를 수확한 다음 (5~6년마다) 바로 베는 참나무와 달리, 늙은 너도밤나무라도 어린 나무들을 보호하도록 몇 년쯤 그대로 놓아 둔다. 뿌리가 지표면 가까이에만 퍼지는 천근성(淺根性)[248]을 지닌 독일가문비는 태풍 피해를 자주 받지만, 너도밤나무 뿌리는 땅속에 사방으로 뻗어 나가며 튼튼히 박히기 때문에 여간해서는 피해가 없다. 땅속 깊이 뿌리내리는 참나무는 벼락을 자주 맞다 보

[247] 음엽[陰葉, Schattenblatt] : 광조건이 열악한 곳에서 자란 잎으로 내음력이 크다. 햇빛이 풍부한 곳에서 자란 양엽보다 크거나 얇은 경우가 대부분이다. [248] 천근성[淺根性, Flachwurzeligkeit] : 식물의 뿌리가 지표면 가까이에만 분포하는 성질. 독일가문비가 대표적이며, 반대로 소나무류는 땅속 깊이까지 뿌리를 내리는 심근성(深根性) 수종이다.

니, '참나무 아래는 머물면 안 된다'는 구전이 전한다. | "참나무와는 떨어져야 하고, 목초지라면 피해야 하지. 독일가문비 밑에 가선 안 되고, 부디 너도밤나무를 찾아야 하느니라!"[249] | 요즘 독일에서는 너도밤나무를 '착취당한 하녀' 또는 '혹독한 고난을 이긴 나무'라고 지칭하기도 한다. 지난 2,000여 년 동안 너도밤나무가 차지했던 면적의 변천을 생각하면 과히 틀린 말은 아니다. 서력 기원 시대만 해도 로마인을 오싹하게 했던 게르만의 울창하고 드넓은 너도밤나무 원시림은 이미 사라진 지 오래다. 오늘날 독일 전체 경제림(經濟林)[250]에서 유럽너도밤나무가 차지하는 면적은 17%에 불과하다. 너도밤나무 목재는 쉽게 부패하고 유연성이 부족해서, 예전에도 참나무처럼 집이나 선박을 짓는 용도로는 쓰지 못했다. 그저 반목조 건물에서 뼈대며 받침대를 만드는 데나 쓰였다. 그러므로 주로 '그루터기를 베어 버리는' 저림 방식으로 경영하던 중세의 경제림에서 유럽너도밤나무는 참나무류나 서어나무류에 비해 보잘것없는 취급을 받았다. 물론 빨래통, 목욕통, 젖 짜는 통, 솔, 숟가락, 주발, 갈퀴, 빨래 집게 등 다양한 가정용 도구며 농기구가 너도밤나무로 만들어졌다. 슈페사르트(Spessart) 고원의 로르베르크(Rohrberg)[251] 같은 곳에서는 그래도 가끔 맹아에서부터 울창하게 자란 유럽너도밤나무를 마주치곤 한다.

[249] "참나무와는 떨어져야 하고…" : 원문은 "Vor den Eichen(아이헨) sollst du weichen(바이헨), Und die Weiden(바이덴) sollst meiden(마이덴). Zu den Fichten(피흐텐) flieh mitnichten(미트니흐텐), Doch die Buchen(부헨) mußt du suchen(주헨)!"으로, 밑줄 친 부분의 발음이 운율을 이룬다. [250] 경제림(經濟林, Wirtschaftswald) : 목재 따위의 임산물을 이용하거나 이익을 얻으려고 가꾸는 삼림. 원시림(Urwald)이나 이차림(Sekundärwald)과 달리 인간이 목적을 위해 조성한 숲으로 공용림(供用林)이라고도 한다. [251] 로르베르크 자연 보호 구역(Naturschutzgebiet Rohrberg) : 슈페사르트에 있는 자연 보호 구역으로 면적은 약 10ha 규모이며, 바이에른주에서 최초로 보호 구역으로 지정된 곳이다.

03 Die Buche
Fagus sylvatica

너도밤나무

나무 신화(Mythos Baum) :
나무로 본
유럽 민속의 기원과 효능

땔감으로 쓰이던 너도밤나무

오래 전부터 너도밤나무는 흔히 땔감으로 쓰였다. 너도밤나무 $7m^3$를 태울 때 발생하는 열량이 참나무 $8m^3$를 태운 발열량과 맞먹었다. 예전에는 넉넉한 집에서나 너도밤나무를 땔감으로 쓸 수 있었기 때문에, 1950년대까지만 해도 독일 팔츠(Pfalz) 지방에서는 누군가에게 부자라고 말할 때 "너도밤나무를 때시는군요!"라는 표현을 썼다. 가정용 난로뿐이 아니었다. 석탄이 도입되기 전까지는 유리 제조 공장이나 철강 제련 공장 등 산업용으로도 너도밤나무 땔감이 다량으로 쓰였다. | 너도밤나무 땔감이 독특한 용도로 사용된 시기는 자동차 연료를 거의 구할 수 없었던 제1차 세계 대전 이후였다. 트럭의 짐 싣는 칸에 작은 오븐을 설치한 다음에 그 위에 얹은 용기 속에 너도밤나무 조각을 넣고 공기를 차단한 상태에서 가열했다. 일종의 '건류(乾溜) 방식'〔석탄, 목재 따위의 고체 유기물을 공기가 없는 상태에서 높은 온도로 가열해 휘발 성분과 비휘발 성분으로 나누는 것.〕인데, 그 결과 발생된 목재 가스를 벤젠 대신에 연료로 쓴 것이다. | 영국과 스웨덴에는 이른바 '신성한 너도밤나무 장작'이라 불리는 풍습이 있다. 이들 나라에서는 크리스마스 때 거대한 너도밤나무 장작을 벽난로에 집어 넣고 불을 지핀다. 율블록(Julblock)〔'Jul'은 스웨덴어로 '크리스마스'를 뜻한다〕이라고 불리는 이 장작을 태운 재를 새해가 된 다음 땅에 뿌리면서 행운을 기원했다. | 불을 지필 때는 선사 시대부터 너도밤나무버섯(Buchenschwamm) 또는 부싯깃버섯(Zunderschwamm)이라고도 부르는 말굽버섯(*Fomes fomentarius*)을 썼다. 다년생으로 말굽처럼 생긴 이 버섯은 크기가 약 30cm까지 자라는데, 너도밤나무나 자작나무에 유난히 잘 생긴다. 예전에는 물렁한 중간 부분을 떼어 내어 여러 번 삶은 뒤 세게 비비고 질산염 용액에 담갔다가 말렸다. 이렇게 마련한 부싯깃은 교회에서 부활절 전날에 불을 지필 때 불쏘시개로 사용했다. | 너도밤나무 대팻밥은 널리 쓰던 소나무에 비해 불꽃이 튀지 않아, 중세 때는 조명용으로도 애용되었다.

땔감에서 고급 목재로

19세기까지만 해도 너도밤나무 목재는 주로 연료용(燃料用)이었다. 공업적으로 이용된 것은 독일 중부 라인(Mittelrhein) 지방의 목공 명장 미하엘 토네트에 의해서다. 그는 "물리·화학적 수단으로, 임의로 휘거나 형태를 잡은 목재"로 1842년에 빈(Wien)의 재상 메테르니히(Klemens von Metternich, 1773~1859년)로부터 특허권을 따냈다. 너도밤나무 목재에 강력한 수증기와 열을 가해 마음대로 휠 수 있는 기술을 개발한 것은 유례 없는 일이었다. 토네트가 만든 가장 유명한 가구는 '비엔나 의자 14번(No.14 chair)'으로, 전 세계적으로 6,000만 개 넘게 팔려 나갔다고 한다. 옛 오스트리아[252] 빈의 커피숍에라면 전형적으로 비치되는 가구가 되었을 뿐 아니라 또 다른 면에서도 획기적이었는데, 바로 운송 비용을 절감하기 위해 의자를 여섯 개의 부분으로 나누어 배송한 점이었다. 주문자는 함께 배달된 한 줌의 나사못으로 현장에서 의자를 조립하면 되었다. '이케아(Ikea) 원칙'[253]이 최소한 150년 전부터 시작된 셈이다. 토네트의 고향인, 라인 강변의 보파르트(Boppard)에 있는 시립 박물관[Museum Boppard, Kurfürstliche Burg]에서 목재를 구부려 만든 독특하고 재미있는 그의 가구를 만날 수 있다. | 100여 년 전 너도밤나무 목재를 타르에 담가 수십 년 동안 썩지 않게 할 방법이 개발되면서부터, 이 목재는 철도 침목(枕木)으로도 이용되기 시작했다. 그 밖에 널마루 쪽이나 합판으로 활용하기에도 좋았다. 그러나 수십 년 동안 활발했던 너도밤나무 목재 시장도 1960년대부터는 황금기가 지나고 사양길에 접어들게 되었다. 석유 산업이 붐을 일으키며 너도밤나무를 밀어낸 것이다. 예전에는 너도밤나무 목재로 만들던 빨래통, 대접, 주걱이며 빨래 집게 등이 저렴한 플라스틱으로 대체되었다. 단순한 너도밤나무 무늬목이 시장

↑ 벤트우드(bentwood), 즉 증기열을 가해 나무를 휘는 방식으로 조립하는 '토네트(Thonet) 의자 14번'은 19세기 말 유럽 카페에 필수품처럼 퍼졌다. 툴루즈 로트렉(Henri de Toulouse-Lautrec), 〈물랭 루즈에서(At the Moulin Rouge)〉, 1892~1895년, 시카고 미술관(Art Institute of Chicago) 소장.

↓ 〈토네트(Thonet) 의자 카탈로그〉, 1904년.

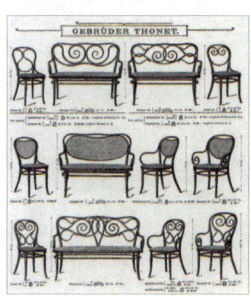

[252] 옛 오스트리아[Altösterreich] : 시슬라이타니아(Cisleithania), 즉 19세기에 오스트리아-헝가리 제국 하에서의 오스트리아 지역을 자국민들이 부르는 이름이다. 오늘날 국가로서의 오스트리아는 1차 세계 대전 이후에 탄생했으므로 구별하는 것이다. 이런 의미에 착안해 '옛 오스트리아'로 옮겼다. [253] 이케아 원칙[Ikea Prinzip] : 스웨덴에 본사를 두고 있는 세계 최대 조립식 가구 판매 회사인 이케아에서는 조립식으로 수송비를 절약하는 것이 첫 번째 원칙이다.

에서 밀려나고, 오색창연한 무늬를 자랑하는 열대 목재가 그 자리를 차지했다. 애당초 다소 붉은 빛을 띠는 열대 목재에 살짝 칠만 하고 광택을 내면 호두나무 같은 고급 목재와 엇비슷해 보여서 아주 잘 팔려 나갔다. 그래도 지난 몇 년 동안 '고급스러운 너도밤나무'로 광고를 하면서 단풍나무, 물푸레나무, 벚나무 같은 전통적인 고급 활엽수 목재와 나란한 등급에 오르게 되었다. 스웨덴에서는 '프로 보크(Pro Bok)' ['보크(Bok)'는 스웨덴어로 너도밤나무를 뜻한다.]라는 재단까지 설립하고, '숲의 어머니' 너도밤나무의 목재 가격을 유지하기 위해 노력을 기울였다.

"여자가 빨래를 어떻게 하는지 잘 보고 배워라. 따뜻한 물을 붓고 재와 섞어…." 빨랫비누가 생산되기 전에는 너도밤나무 재가 세제를 대신했다.

세탁용 너도밤나무 재

우리 증조부 때만 해도 이른바 '잿물 통'은 우유 통이나 프라이팬 같이 농가의 가정 용품으로 없어서는 안 될 필수품이었다. 세척할 때 사용할, 아궁이에서 떨어진 재를 모아 두는 투박한 나무통 말이다. 너도밤나무나 그 재에는 탄산칼륨이 다량 함유되어 있어, 잿물 제조에 자주 이용되었다. 세탁용 잿물을 만드는 가장 간단한 방법은 미지근한 물에 미리 모아 둔 재를 푼 다음 여러 차례 저어 주는 것이다. 몇 시간이 지난 후 앙금이 가라앉은 웃물을 결이 촘촘한 천에 걸러 내면 빨래나 청소하는 데 쓸 잿물이 만들어진다. 이와 같이 만든 너도밤나무 재로 빨래하는 일 자체도 '잿물(Beuchen)'이라고 불렸는데, 식구가 많은 집에서는 지루하고 힘든 노동이었다. 걸러 낸 잿물을 계속 끓여야 하고, 다시 새로 재를 뿌려 완전히 녹을 때까지 반복하는데, 여기에만 꼬박 24시간이 걸린다. 이런 사실을 알고 나면 라인 지방에 전하는 "처녀가 시집가면, 잿물 내리고, 음식 장만하고, 빵을 굽고, 신랑 옷 짓는 일까지 전부 하루 안에 해치울 줄 알아야 한다."는 옛 속담이 무슨 말인지 와 닿으리라. 한마디로 불가능한 일을 해 내라는 것이다. 잿물을 내리고 난 찌꺼기는 햇볕에 말렸다가 들에 뿌려 거름으로 삼는다. 간혹 유리 공장에서도 이 찌꺼기를 이용했다. 하지만 이런 재료로는 그저 평범한 녹색 병 유리(Bouteillenglas) 밖에 만들지 못한다. | 1618년 북부 독일의 뤼네부르크(Lüneburg)의 목재법을 보면, 예전에는 아궁이와 오븐에서 나오는 재로 수익을 얻는 일이 공공연히 남용되던 특권이었음이 분명히 알 수 있다. 오로지 재만 모을 요량으로 "사무실에 쳐박혀 있는 관리"는 할당받은 재 사용권을 박탈당해야 마땅하다는 내용이 등장하는 까닭이다.

> "매사에는 양면이 있지만, 너도밤나무 열매만은
> 삼면(三面)을 지니지."[254]

열매를 맺을 무렵이 되면 너도밤나무는 몹시 지치는데, 종자 생산을 위해 탄소 동화 작용으로 생성한 1년치 당분의 2/3 가량을 소모해 버리기 때문이다. 이렇게 많은 투자를 해서 얻은 열매는 다람쥐, 되새, 어치, 들쥐 등이 먹어치우고, 고작 나뭇잎이나 흙에 덮여 살아남은 종자만이 싹을 틔울 것이다. 가을에 너도밤나무 열매가 풍작을 거둔 해에는 겨울이 매섭고 혹독하다고 해서, 스위스에서는 "너도밤나무 열매 많으니, 저주도 많네(Viel Buech, viel fluech)"라고들 한다.〔열매의 수확량으로 겨울 날씨를 점친다.〕| 그럼에도 너도밤나무 열매는 가을마다 돼지를 먹일 사료였다. 하지만 돼지들이 참나무 도토리만큼 좋아하지는 않았기 때문에, 콘라트 폰 메겐베르크는 1482년에[255] 그의 책 『박물지(Buch der Natur)』에서 "너도밤나무 열매를 먹여서는 도토리를 먹인 돼지만한 육질을 생산하지 못한다."고 설명했다. | 짐승들만 너도밤나무 열매 맛을 찾은 것이 아니다. 동갈리치아(Ostgalizien)[256]에서는 널리 거래되기도 해서, 거리에서 '1크로이처어치씩'[257] 너도밤나무 열매를 살 수 있었다. 너도밤나무 열매에는 독성 물질인 청산배당체(青酸配糖體) 성분이 함유되어 있기 때문에, 하루에 한 주먹 이상 먹으면 안 된다. 식용으로 다량 이용해야 한다면 (꼭 필요한 경우) 미리 끓는 물에 익혀서 먹는다. 그러나 너도밤나무 기름은 전혀 위험하지도 않을 뿐더러, 오히려 오래가고 부드러운 식용유로 쳐 주는데, 이 기름 성분이 열매에 25%까지 함유되어 있다. 피마자 기름과 마찬가지로 유독 성분은 찌꺼기 속에 남는 것이다. 옛 자료에 따르면, 열매 100 파운드(lb)를 짜면 "맑은 식용유 12 파운드와 현등(懸燈)〔매다는 등〕을 밝힐 탁한 기름 4 파운드"를 얻을 수 있었다. | 너도밤나무 기름

03　　Die Buche
　　　Fagus sylvatica　　　　너도밤나무　　　나무 신화(Mythos Baum) :
　　　　　　　　　　　　　　　　　　　　　　　　　　나무로 본
　　　　　　　　　　　　　　　　　　　　　　　　유럽 민속의 기원과 효능

이 경제적 구실을 맡은 것은 두 번의 세계 대전 때였다. 제1차 세계 대전 때인 1916년 독일 연방 의회에서는 너도밤나무 열매를 돼지 사료로 사용하지 못하도록 금했는데, 열매를 모조리 긁어 모아서 기름 제조를 위해 '유지(油脂) 담당 전쟁 위원회'에 곧장 공출해야 했기 때문이었다. 제2차 세계 대전이 끝난 1946년과 1947년은 100년 만에 열매 풍년이 든 시기였다. 그 때는 기름을 짜겠다고 남녀 노소 누구나 너도밤나무 열매를 주우러 산에 나갔다. 오늘날 너도밤나무 열매 기름은 할머니 세대의 향수 어린 추억으로만 남게 되었지만 말이다.

↑ "기름을 원하면 너도밤나무 열매를 모으라(Wollt Ihr Oel, Dann Sammelt Bucheckern)!"는 구호가 쓰인 포스터를 독일의 유지 담당 전쟁 위원회(Kriegsausschuss für Öel und Fette)에서 배포했다. 원화는 율리우스 기프켄스(Julius E.F. Gipkens), 1917년.

[254] 너도밤나무의 삼면 : 너도밤나무 열매의 단면이 삼각형이라는 뜻이다. 원문은 "Alles hat zwei Seiten, nur die Buchecker hat deren drei." [255] 『박물지』[*Buch der Natur*]』 : 메겐베르크는 1374년에 사망했으며 『박물지』는 대략 1348~1350년 사이에 저술한 것으로 추정된다. 이 책은 처음 약 100년 동안 내용이 조금씩 다른 필사본으로 퍼져 나갔다. 인쇄 시기가 명기된 첫 판본은 1475년 아우그스부르크에서 인쇄되었고, 1482년판도 아우그스부르크에서 인쇄되었다. [256] 동갈리치아[Ostgalizien] : 갈리치아(Galicia)는 카르파티아 산맥 북쪽 지방을 일컫는 역사적 지명으로, 1722년부터 1918년까지 합스부르크 왕가의 지배를 받았다. 그 서쪽은 현재의 폴란드에 속하고, 동갈리치아(Ostgalizien)는 현재의 서부 우크라이나에 해당하며 중심 도시는 리비우(Lviv)다. [257] 크로이처[Kreuzer] : 13~19세기에 동유럽에서 사용되던 소액 단위의 화폐. 시기에 따라 다르겠으나 대략 1크로이처는 4페니히(0.04 마르크) 정도의 가치를 지녔다고 한다.

↑독일에서 가장 유명한 천연 기념물인 '바바리아 너도밤나무(Bavaria-Buche)'의 태풍 피해를 입기 전 사진이다. 바이에른주(Freistaat Bayern), 뉘른베르크와 뮌헨의 중간 지점쯤에 있는 폰도르프(Pondorf) 마을에 있다. 한창 때에는 높이 약 22m, 둘레 9m에 달했다. 수령이 500~900년으로 추정되어 독일의 대표 노거수로 손꼽히던 이 너도밤나무는 2006년 폭풍으로 큰 피해를 입었고 이후 고사한 것으로 판정을 받았다. 많은 작가가 이 나무에 헌시를 바치기도 했다.

03 Die Buche
    Fagus sylvatica

너도밤나무

나무 신화(Mythos Baum) :
나무로 본
유럽 민속의 기원과 효능

논란의 여지가 있는 치료제

너도밤나무는 느릅나무나 딱총나무 등과는 달리 사실상 약용 식물로 받아들여진 적이 없다. 그러나 너도밤나무 잎은 궤양의 통증을 완화시키고 열을 내리는 습포로 곧잘 이용되었으며, 잇몸 염증 치료에도 효과가 있다고 한다. 16세기의 어느 본초학(本草學) 서적에서는 "〔…〕 너도밤나무 잎을 따서 / 입안에서 씹으면 / 화끈거리는 잇몸이 즉각 건강해지리니〔…〕"라고 썼다. 새로 돋은 신선한 너도밤나무 잎에 설탕과 주정(酒精)을 부으면 몸에 좋은 너도밤나무 술이 된다. 또 탁해진 포도주나 식초에 너도밤나무 조각을 넣어 두면 불순물이 걸러져 깨끗해진다. | 너도밤나무 목재를 건류해서 추출한 타르는 예전에 치료제로 이름을 날렸다. 여기에 감초 가루와 글리세린을 넣고 진통제 알약을 만들어 위장 장애에 복용하는 약재로 자주 팔았다. 그러나 요즘은 이 약재가 암을 유발한다는 이야기가 있어 단지 외상 치료에만 이용된다. 요사이 너도밤나무에서 추출한 타르가 '픽스 파기(Pix Fagi)'[258]라는 이름으로 판매되며 통풍, 류머티즘, 피부병 등에 효과가 있다고 한다. 이 약재는 동물의 상처 치료에도 이용되는데, 특히 염소나 양의 발굽에 상처가 났을 때 소독용으로 쓰인다.

이름난 너도밤나무

"숲속에 숨겨진 그 곳을 나는 알지, 거기에 / 너도밤나무 한 그루 서 있네, 그림보다도 더 아름답게〔…〕"〔에두아르트 뫼리케(Eduard Mörike, 1804~1875년),「아름다운 너도밤나무(Die schöne Buche)」, 1842년〕| 너도밤나무는 100살이 넘으면 노인 축에 든다. 수령 300

---

[258] 픽스 파기(Pix Fagi): 라틴어로 '너도밤나무에서 추출한 타르'라는 뜻이다. 현재 스프레이 형태로 판매된다.

년이 넘는 경우는 흔치 않다. 독일에서 가장 유명한 너도밤나무 중 하나는 '알트뮐탈(Altmühltal) 자연 공원' 내 폰도르프(Pondorf) 마을에 있는 '바바리아 너도밤나무(Bavaria-Buche)'다. 수관(樹冠)이 매우 아름다워 수많은 달력이나 엽서를 장식했는데, 최근 폭풍의 영향으로 균형 잡힌 수형이 망가져 버렸다. 또 다른 유명한 나무는 흑림의 빌데 구타흐(Wilde Gutach) 골짜기에 생육하는 수령 300여 년에 달하는 너도밤나무로, 줄기 속에 발저 헤르고트(Balzer Herrgott)라는 성상(聖像)이 있다.[158쪽 사진 참조] 지역에 전해 온 이야기에 따르면, 어느 목동이 돌로 만든 예수 토르소를 이 나무 줄기에 얹었다고 한다. 시간이 지나면서 신기하게도 나무껍질이 예수의 두상을 감싸고 자라, 상이 아예 나무줄기에 뿌리 박고 고정된 듯 되어 버렸다는 것이다. 앞에서 말한 '성(聖) 회당'과 같은 형태를 만들어 내지 못하는 너도밤나무도 있다. 일명 '쥔텔 너도밤나무(Süntelbuche, *Fagus sylvatica* for. *suenteliensis*)'인데, 너도밤나무의 한 품종이지만 가지나 줄기가 똑바로 자라지 않는 것이 특징이다. 기괴하고 독특하게 굽은 수관이 서로 얽히고설켜 마치 보개(寶蓋, baldachin)인 양 한여름에 완벽한 정자(亭子) 그늘을 선사한다. 이 나무는 베저고원(Weser) 중턱의 쥔텔(Süntel)이라는 곳에서 우연히 처음 발견되었다. 오늘날에는

↑독일 라우에나우(Lauenau)의 **쥔텔 너도밤나무**, 1907년.

03   Die Buche
Fagus sylvatica

너도밤나무

나무 신화(Mythos Baum):
나무로 본
유럽 민속의 기원과 효능

↑ **지도 04** 〔03 너도밤나무〕편에 등장하는 지명.

묘포장(苗圃場)에서 무성 생식으로 번식되며 간혹 공원에 식재되기도 한다. 독일에서 가장 유명한 쥔텔 너도밤나무는 '칸첼 너도밤나무(Kanzelbuche)'[259]라는 이름으로 크라이흐가우(Kraichgau) 구릉의 슈테른엔펠스(Sternenfels)라는 곳에 생육하며, 베저강 상류에 자리잡은 휙스터군(Höxter)의 베버룽엔(Beverungen)에서도 큼지막하게 자란 쥔텔 너도밤나무를 만날 수 있다. | 붉은잎 너도밤나무(*Fagus sylvatica* f. *purpurea*)는 엽록소에 적색 색소인 안토시안(Anthocyan)이 다량 함유되어 잎이 붉은 빛을 띤다. 1680년 스위스 취리히의 이르헬(Irchel) 구릉에서 처음으로 발견된 이래 공원이나 정원 입구에 즐겨 심기는 종이 되었다.

〔259〕 **칸첼 너도밤나무**〔Kanzelbuche〕: '칸첼'은 설교대, 강단을 뜻하는데 이 별칭의 유래는 명확하지 않다. 수령이 300여 년으로 추정되며, 둘레 4m가 넘는 거대한 나무로, 천연기념물로 지정·관리되었으나 2001년에 태풍으로 쓰러지고 해충들의 피해를 받아 고사했다. 이후 후계목 두 그루가 자라고 있다. 본문에서 슈테른엔펠스에서 자란다고 했으나, 정확하게 행정 구역으로는 인접한 자버펠트(Zaberfeld)에 속한다.

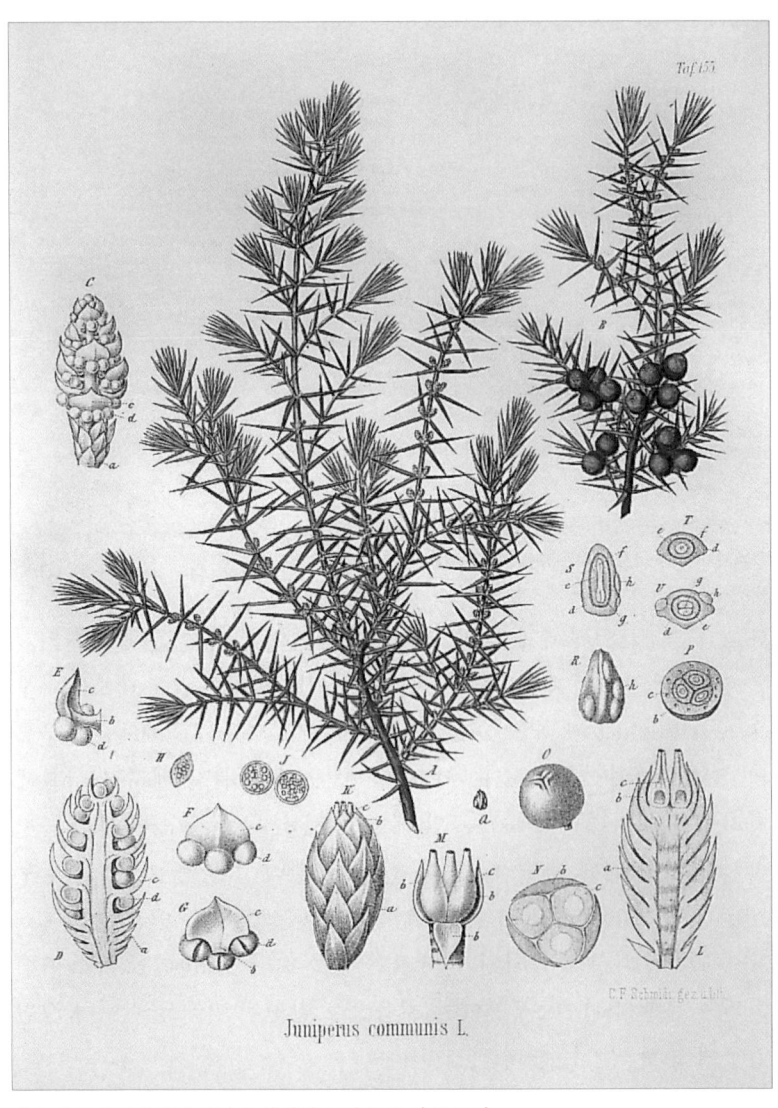

↑ 노간주나무의 여러 기관을 상세히 그려 놓은 식물도판.

04 Der Wacholder
Juniperus communis

노간주나무

나무 신화(Mythos Baum) :
나무로 본
유럽 민속의 기원과 효능

노간주나무 Der Wacholder
Juniperus communis

우리 엄마는 나를 죽였고, 우리 아빠는 나를 먹었네.
그러나 내 누이동생 마를렌은 내 뼈를 빠짐없이 찾아내어
비단 천에 감싸 노간주나무 아래에 두었네.
짹, 짹, 나는 얼마나 아름다운 새인가!

〔필리프 오토 룽게(Philipp Otto Runge),「노간주나무 동화(*Von dem Machandelbaum*)」〕[260]

↑ 검푸른 색의 잘 익은 노간주나무 열매는 치료 효과가 뛰어나다. 이 열매로 상처를 소독하고 신장(腎臟)에 유익한 차를 만든다.

[260] **필리프 오토 룽게**〔**Philipp Otto Runge**, 1777~1810년〕: 북독일 낭만주의 화가로 인물화에 뛰어났다. 종교화와 우의화에도 개성을 발휘했다. 또 전래 민담을 글로 옮겨 출판했는데, 그 중「노간주나무 동화」를 비롯한 몇몇이 훗날 그림 형제(Brüder Grimm) 동화집에 다시 실려 널리 알려졌다. 주인공 소년이 새엄마에게 죽임을 당하자, 누이동생이 오빠의 뼈를 노간주나무 아래 묻었고, 죽었던 소년은 새로 변해서 날아갔다는 내용으로, 제목의 '마한델바움(Machandelbaum)'은 북독일에서 노간주나무를 부르는 이름이다.

북유럽의 사이프러스

일반적으로 노간주나무(*Juniperus communis*)라고 하면 좁은 의미로 들노간주나무(*Juniperus communis* ssp. *communis*)[261]를 지칭하며, 다양한 형태를 띠지만, 대부분은 지상에서부터 가지가 빽빽이 퍼져 나가면서 위로 반듯하게 자라, 기둥 모양의 수관을 형성하곤 한다. 예전에 곧잘 불리던, '북방의 사이프러스(Zypresse des Nodens)'라는 명칭은 노간주나무가 지중해의 사이프러스 나무[262]와 가까운 사촌간임을 (둘 다 측백나무과에 속함) 연상시킨다. 발트해나 발티쿰(Baltikum)[263] 일대에서는 100년 넘게 살며, 높이도 10m를 넘고 지름이 30cm까지 이른다. | 바늘 모양의 뾰족하고 가는 잎은 '메르세데스(Mercedes) 별'[자동차 브랜드 메르세데스 벤츠의 로고인, 원 안의 세 꼭지 별과 닮았다는 뜻이다.]처럼 가지에 3개씩 돌려 나며, 손으로 비비면 향내가 난다. 들노간주나무는 어린 바늘잎만 지닌다는 점에서 편백류에 속한다. 그밖의 노간주나무 종 다수는 일부 어린 가지에만 가늘고 날카로운 바늘잎이 나고 오래된 가지에는 비늘잎이 달린다(사이프러스와 유사하다). 노간주나무는 암수딴그루인데, 간혹 한 개체에 암꽃과 수술이 함께 달리기도 한다. 푸른색의 둥근 열매는 3년이 지나면 완전히 익어 흑갈색이 된다. 열매를 퍼뜨리는 일은 무엇보다 유럽개똥지빠귀(*Turdus pilaris*)와 검은지빠귀(*Turdus merula*)의 몫이다.

[261] 들노간주나무[Heidewacholder] : 노간주나무의 아종(亞種)으로 주로 중유럽의 히스가 자라는 척박한 들판에 모여 자란다. 우리 나라의 노간주나무는 엄밀히 말하면 '*Juniperus rigida*'이지만, '*Juniperus*'가 노간주나무속이라는 점에서, 이 책에서는 노간주나무라고 옮겼다. [262] 사이프러스 나무[Cypress, 학 *Cupressus sempervirens*] : 측백나무과에 속하는 상록 침엽수로, 지중해 주변에 생육한다. 다 자라면 수고 20~35m, 가슴 높이 지름 70~100cm에 달한다. 구릉의 사이프러스는 이탈리아 중부 토스카나 지방의 경관을 특징짓는 요소 중 하나다. [263] 발티쿰[Baltikum] : 구 러시아령 발트해 연안 여러 나라를 부르는 역사적 지명. 리투아니아, 라트비아, 에스토니아 등이 속한다.

노간주나무가 자라는 곳

햇빛을 많이 필요로 하는 것 이외에는 전혀 까다롭지 않은 들노간주나무는 대개 척박하고 토심이 얕거나 그리 깊지 않은 점토질 토양, 모래땅, 그리고 석회암 지대에 주로 자란다. 볕만 잘 들면, 히스가 자라는 척박한 들판이나 성긴 숲에도 자리를 잡는다. 뿌리가 널리 퍼지는 덕택에 암반 지대에서도 살아남을 수 있다. 들노간주나무는 대개 저지대에 서식하는 나무지만, 해발 1,600m에 달하는 산악 지대에서도 잘 자란다. 북아프리카부터 유럽과 아시아, 북미 대륙에 이르기까지, 노간주나무는 침엽수 중에 가장 넓은 분포 지역을 지닌 나무다. 이렇게 광대하고 다양한 공간에 자라므로 여섯 개의 아종(亞種)으로 분류한다. | 극지방이나 아고산대(亞高山帶, subalpine zone), 고산대 지역에는 키가 겨우 20~30cm밖에 자라지 못하는 난쟁이노간주나무(산노간주나무, *Juniperus communis* ssp. *alpina*)가 서식한다. 들노간주나무와 다른 점은 잎이 바늘처럼 찌르지 않고, 열매가 타원형으로 생겼다는 점이다[들노간주나무의 열매는 구형(球形)이다]. 해발 3,570m의 발리스(Wallis)[스위스 발레주(Valais)의 독일어 명칭] 지역에서도 자라는 난쟁이노간주나무는 유럽에서 가장 높은 곳에서 자라는 목본류다. 들노간주나무가 석회암 지대를 좋아하는 반면, 난쟁이노간주나무는 특히 화강암이나 편마암 지대에 자란다.

↑ **산노간주나무**(Alpen-Wacholder), **또는 난쟁이노간주나무**(Zwerg-Wacholder), 『*Illustrated Flora of the Northern States and Canada. Vol. 1*』, 1913년.

산속 숲의 유향나무

독일 선조들이 예로부터 딱총나무나 노간주나무와 같은 약용 식물을 귀히 여겼음은 다음과 같은 오래된 농촌 민요에도 그대로 드러난다. | "딱총나무와 노간주나무 앞에서는 / 모자를 벗고 반나절이나 조아리네." | 요제프 빅토르 폰 셰펠이 '산 속의 유향나무(Bergwaldes Balsamstaude)'[264]라고 칭찬했던 노간주나무는 이미 고대 이집트의 파피루스 두루마리에서도 가장 중요한 약용 식물로 설명되어 있다. 그리스의 의사 디오스코리데스는 그의 저서 『약물지』[『약물에 대하여』]에서 노간주나무는 상처를 치료하고 이뇨 작용을 한다고 설명한 바 있으니, 이 나무의 가장 주요한 특성 중 하나를 이미 알았다는 뜻이다. 즉 신장을 자극하는 것이다. 노간주나무가 지닌, 상처를 깨끗이 하고 소독하는 효력은 류머티즘, 통풍, 수종 등으로 발생한 통증에 유용했다. 차로 마실 때는 약 1/4리터의 물에 노간주나무 열매 으깬 것을 1찻술 넣고 끓여, 10분쯤 우려 낸 뒤 체에 거르면 된다. 예전에는 '두송실(杜松實, Fructus Juniperi)'이라는 약재로 취급했는데, 요즘은 잘 익은 열매를 식료품점에서 향신료로 판매한다. 과다하게 복용할 경우에는 신장을 자극할 뿐 아니라 심장을 빨리 뛰게 하고 호흡을 가쁘게 할 수 있기 때문에 조심해야 한다. 하루에 2잔 이상을 마시지 말아야 하며, 어떤 형태로든 6주 이상 지속해 음용하는 것은 피해야 한다. | 이와 관련해서 흥미로운 대목은, 모든 노간주나무는 정유 성분[테르피놀(terpinol), 사비넨(sabinen), 주니페린(juniperin) 등]을 함유하는데, 그 함량이 일조량에 따라 좌우된다는 사실이다. 독일산 노간주나무의 열매에는 0.6~0.9% 정도 함유되어 있는 반면, 남부 프랑스나 보스니아산은 정유 성분이 2%에 달한다. | 노간주나무의 열매는 그 밖에도 병균에 대한 저항력과 살균력을 증진시키는 효과가 있어 폐

04   Der Wacholder *Juniperus communis*   노간주나무   나무신화(Mythos Baum): 나무로 본 유럽 민속의 기원과 효능

↓ 마리안 노스(Marianne North, 1830~1890년), 〈네바다 산맥의 노간주나무 노거수(Juniper Tree on Nevada Mountains)〉, 1875년, 미국 마리안 노스 갤러리(Marianne North Gallery) 소장.

에도 이롭다. 기관지염이나 독감 또는 감기 등에 노간주나무 열매 몇 알을 씹거나, 열매에서 추출한 정유를 흡입하면 효과가 있다(두송실유 몇 방울을 뜨거운 물에 떨어뜨리고 그 향을 들이마신다). | 사냥한 고기 요리나 자우어크라우트(Sauerkraut)[265]에는 검게 익은 열매가 오늘날에도 양념으로 들어간다. 크나이프 신부(Pfarrer Kneipp)[266]는 3주간 매일 최대 열매 15알을 복용하는 건위(健胃) 치료 요법

[264] 유향나무[Balsamstaude]: 발삼(balsam)은 특정한 수종이 아니라 식물의 줄기나 가지에 함유된, 점도가 높고 향이 강한 액체를 통칭한다. 송진도 발삼의 일종이다. 히브리어로 향기롭다는 뜻의 보셈(bosem), 베셈(besem)에서 유래했다. 성경에 자주 등장하며, 유향나무 또는 발삼나무로 옮긴다. 그 종에 대해서는 여러 설이 있어, 한국에서 유향나무라 부르는 종은 감람나무속이다. 향으로 사용되기도 하는 노간주나무가 산속에 자라므로 '산 속의 유향나무'라고 칭한 듯하다. [265] 자우어크라우트[Sauerkraut]: '신맛 나는 양배추'라는 뜻으로, 독일식 양배추 절임이다. 양배추를 발효해 시큼한 맛이 나는데, 감자나 고기 또는 소시지 등과 곁들여 먹는다. [266] 제바스티안 안톤 크나이프[Sebastian Anton Kneipp, 1821~1897년]: 독일 바이에른 출신의 신부이자 의학자다. 다양한 자연 치료요법을 설파했으며, 특히 냉온욕 등 수(水)치료법의 선구자로서 유명하다.

을 추천한 바 있다. 오늘날의 눈으로 보기에는 신장을 자극할 수 있기 때문에 과다한 복용량인 듯하다. 물론 몇 알쯤은 매일 먹어도 염려할 필요가 없다. | 그런데 두송실은 전혀 다른 방법으로도 아픔을 물리치는 효력을 발휘한다. 열매의 당분 함량이 거의 30%에 달하기 때문에 알코올로 발효되는 것이다. 술을 증류할 때 휘발성의 정유 성분이 함께 증류되어 예전에 콜레라 술로 마시던 슈타인해거(Steinhäger), 진(Gin), 제네버(Genever), 도른카트(Doornkaat), 길카(Gilka), 보로비츠카(Borovička) 등에 개성 강하고 풍부한 향기를 부여한다.[267] 북미 인디언은 노간주나무 가지의 또 다른 용도를 알고 있었다. 그들은 비상시에 (자작나무, 피나무, 느릅나무 속껍질과 마찬가지로) 노간주나무 속껍질을 벗겨 씹어 먹어서 비타민과 무기질을 보충했다. | '글래크(Gläck)'는 알프스 일대에서 가축의 식욕을 돋우고 병을 치료할 때 쓰는 소금인데, 20세기까지도 알펜로제 가지[268], 보리와 노간주나무 잎을 빻아 소금과 섞어 먹였다. | 노간주나무의 목재를 증류해서 얻은 노간주나무 기름(oleum cadinum)은 오랜 세월 동안 만성 피부 발진에 사용되어 왔는데, 요즘은 잊힌 지 오래다. | "요컨대 노간주나무의 효과와 효능을 모조리 설명한다는 것은 불가능할 것 같다." 이 구절이 히에로니무스 보크(Hieronymus Bock)[269]가 『본초학(本草學, Kreutterbuch)』(1577년)이란 책에서 노간주나무의 다양한 용도에 대한 설명을 마무리 짓는 문장이었다.

---

[267] 두송주(杜松酒) : 노간주 열매와 여러 약재 그리고 주정을 넣어 만든 증류주의 총칭. 슈타인해거(Steinhäger)는 독일 슈타인하겐 지방에서 생산되고, 진(Gin)은 영어권에서 두송주를 일컫는 이름이다. 제네버(Genever)는 네덜란드에서, 도른카트(Doornkaat)와 길카(Gilka)는 독일에서, 보로비츠카(Borowitschcka)는 슬로바키아에서 팔리는 두송주의 이름이다. 과거에는 브랜디나 슈냅스가 콜레라 치료 효과가 있다는 속설이 있어 '콜레라 슈냅스'라고 불렀다. [268] 알펜로제[Alpenrose, 학 *Rhododendron ferrugineum*] : 진달래과의 상록관목. '알프스의 장미'라는 뜻이지만, 철쭉과 비슷하게 생겼다. 피레네 산맥이 원산으로 고산 지대에서 자란다.

---

04   Der Wacholder *Juniperus communis*   **노간주나무**   나무 신화(Mythos Baum) : 나무로 본 유럽 민속의 기원과 효능

↓ 필리프 오토 룽게의 「노간주나무 동화」에는 "누이 마를렌이 내 뼈를 빠짐없이 찾아내어, 비단천에 감싸 노간주나무 아래에 놓았네"라는 내용이 나온다.

[269] **히에로니무스 보크**[Hieronymus Bock, 1498~1554년] : 독일의 식물학자이자 의사로, 중세의 본초학 지식을 근대적으로 옮겨 냈다. 생애는 자세하게 알려지지 않았지만 하이델베르크 대학을 나와 교사 생활을 하다가 궁정의 의사가 되었다고 한다. 독일 식물들의 이름, 특징, 그리고 약효를 정리한 보크의 『본초학(本草學, Kreutterbuch)』은 1539년에 초간본이 나왔다. 보크는 평생 독일 전역을 여행하며 수많은 식물을 직접 보고 먹어 보았으며, 이 책에서 700여 종의 식물을 정리하면서 서유럽에서 중세까지 통용되던 디오스코리데스의 분류법을 따르지 않고 자신만의 고유한 분류 체계를 세웠다. 『본초학』은 1546년에 다비트 칸델(David Kandel, 1520~1592년)의 삽화가 추가된 판본이 만들어졌고, 이후 17세기까지 여러 이본이 계속해서 나왔다. 본문에 등장하는 1577년판은 사후에 출간된 개정판이다.

생과 사의 경계에 서 있는 수호자

주목(朱木)이나 훗날 북미에서 들여온 측백나무[270]와 더불어 유럽에서는 노간주나무를 무덤가에 자주 심었다. 그렇지만 노간주나무는 죽음으로 데려가는 나무라기보다는, 오히려 생과 사의 갈림길에 선 늘푸른 수호자로서 독특한 위치를 차지해 왔다. 노간주나무의 학명인 고대 라틴어 '유니페루스(Juniperus)'는 흔히 '유베니페루스(Juveniperus)'로 잘못 불리곤 했는데, 그 의미를 사람들이 '젊다'라는 뜻의 '유베니스(juvenis)'와 '탄생'이라는 뜻의 '파레레(parere)'가 붙어서 생긴 단어라고 풀이한 것이다. 사람들은 영혼이 현세(現世)에서 사라지는 것이 아니라 특별한 상황에서는 다시 소생될 수 있다고 믿었다. 생과 사를 넘나드는 시간 동안 영혼은 노간주나무에 머무르며, 노간주나무는 이른바 '죽음의 나무'로서 그 영혼을 보호해 준다는 것이다. 이런 능력에 대한 믿음은 노간주나무의 옛 이름에서도 나타난다. 옛 고지(高地) 독일어에서는 노간주나무를 '베크할터(wechalter)' 또는 '베크올더(weckolder)'라 부르다가, 나중에는 '베크홀더(weckholder)'와 '크베크홀더(queckholder)'를 거쳐 최종적으로는 '바크홀더(Wacholder)'로 바뀌었다. '원기를 돋우다', '생기를 불어 넣다' 등의 뜻이 있는 '에어크빅켄(erquicken)'이라는 단어나, 저지(低地) 독일어[271]로 '샘'을 뜻하는 '크비크보른(Quickborn)' 등의 사례에서 볼 수 있듯, '크베크(queck)'에는 '깨어 있는' 혹은 '활발히 활동하는' 등의 뜻이 있기 때문에 노간주나무는 '감시자〔바크할터(Wach-Halter)〕'[272]라고 할 만하다[「마가목」편 '생명력 있는 나무와 회초리' 참고]. | 죽어가는 이에게 노간주나무는 부활의 약속이었다. 그 원형은 노간주나무에 관한 동화에 잘 나타난다. 못된 새엄마가 죽인 아들이 결국 노간주나무 아래에서 다시 소생한다는 이

야기(183쪽의 시, 189쪽의 삽화 참고)는 원래 화가였던 필리프 오토 룽게에 의해 저지 독일어로 쓰였다가, 훗날 그림 형제의 동화 전집에 다시 실렸다. 헤르만 뢴스(Hermann Löns)[273]의 시에도 비슷한 배

↑ 노간주나무 가지는 예술가들에게 생과 사 사이의 세계를 상징하곤 했다. 이 그림은 헤르만 뢴스(Hermann Löns) 시의 표제 그림이다.「꿈」이라는 이 시에서 한 소녀가 자기가 사랑하는 사람이 어디에 있는지 노간주나무에게 물어 본다. "노간주나무야, 사랑스런 노간주나무야, 너무 슬퍼서 네게 왔어. 불길한 꿈을 꾸어 마음이 무겁단다…."

[270] 측백나무[Lebensbäume] : 측백나무과 측백나무속(Thuja)에 속하는 나무들을 통칭한다. 북미에 2종, 아시아에 3종이 자생한다. '생명수'라는 뜻으로 라틴어로 '아르보르비테(arborvitaes)', 독일어로 '레벤스바움'이라고 부른다. 북미의 워싱턴 등지에 많이 자생한다. 우리 나라의 측백나무나 눈측백도 이에 속한다. [271] 저지(低地) 독일어 [Plattdeutsch, Niederdeutsch] : 독일어는 크게 독일의 북부에서 사용되는 '저지 독일어'와 독일 중부와 이남 지방에서 사용되는 '고지(高地) 독일어(Hochdeutsch)'로 나뉜다. 저지 독일어는 네덜란드 일부 지역에서도 사용되며, 고지 독일어는 현재 표준 독일어에 해당한다. 고지 독일어는 다시 '고(古)고지 독일어(Althochdeutsch, 8~11세기)'—'중(中)고지 독일어(Mittelhochdeutsch, 11~14세기)'—'초기 신(新)고지 독일어(Frühneuhochdeutsch, 14~17세기)'—'신(新)고지 독일어(Neuhochdeutsch, 17세기~현재)' 등 시기별로 세분된다. 고지 독일어의 철자법은 1534년 마르틴 루터의 성서에서 그 기초가 세워졌다. [272] 바크할터[Wach-Halter] : '바크(wach)'에는 '깨어 있는', '감시하는' 등의 뜻이, '할터(Halter)'에는 '관리인', '주인' 등의 뜻이 있다. 이 두 단어가 합쳐져, '감시자'를 뜻하게 된다. [273] 헤르만 뢴스[Hermann Löns, 1866~1914년] : 서프로이센 태생의 독일 시인이자 언론인. 시인의 천성과 생업 사이에서 고뇌하고, 결혼에도 실패했다. 48살 때 제1차 세계 대전에 자원했다가 전사했다. '30년 전쟁'에서 소재를 얻은『늑대 인간(Der Wehrwolf)』으로 명성을 얻었다. 동물 세계의 관찰을 토대로『뮈멜만(Mümmelmann)』을 써서 독일 동물 문학의 시조가 되었다. 자연 사학자이자 환경 운동가로서 '뤼네부르거 하이데(Lüneburger Heide)'[독일 북서쪽 니더작센주(Land Niedersachsen)의 북동부에 퍼져 있는 황무지]의 자연과 민속을 기록하고 보호하는 데 앞장섰다.

경을 지닌 것이 있다. 그의 「꿈」이라는 시에는 어느 소녀가 자신의 연인이 어디에 있는지 노간주나무에게 물어 보는 내용이 나온다. 비극을 알고 있는 나무는 삶과 죽음을 아우른 은유로써 대답한다. | "노간주나무야, 사랑스런 노간주나무야, / 너무 슬퍼 너에게 왔어. / 불길한 꿈을 꾸어 마음이 무겁단다. / 미르텔나무에 피처럼 붉은 꽃이 피었으니, / 내 사랑하는 이가 아픈가, 아니면 결국 죽게 되는 걸까? / 먼 곳에 있는 너의 사랑하는 이는 / 아프지도 않고 죽지도 않아. / 그는 장밋빛 소녀에게 사랑을 바쳤네. / 붉은 장미 소녀야, 그것이 그의 운명. / 너를 위해서는 그가 죽어야 한단다. / 그는 다시 돌아오지 않아…."

↑ 미르텔(Myrten)은 지중해 지역의 상록 관목으로, 향신료와 식용으로 쓰인다. '은매화'로도 불리듯 흰 꽃이 피는데, 헤르만 뢴스의 시에서는 붉은 꽃이 피었으므로 불길해 하는 것이다. 독일의 식물화가 에레트(Georg Dionysius Ehret, 1708~1770년)가 그린 미르텔(*Myrtus communis*), 18세기.

04   Der Wacholder *Juniperus communis*   **노간주나무**   나무 신화(Mythos Baum) : 나무로 본 유럽 민속의 기원과 효능

페스트와 싸우는 보호처

오랫동안 치명적이고 무시무시한 질병의 대명사를 꼽자면 페스트였다. 페스트 부인(Pestfrau)이 되어 집집마다 들이닥쳤고, 학살의 천사이자 낫을 든 사신(死神)으로서 온 세상을 이리저리 휘젓고 다녔다. 자구책을 아는 소수만이 해를 피했다. 그 중 오버팔츠(Oberpfalz)의 발트하임(Waldheim)에 사는 젊은이가 있었는데, 전하는 이야기에 따르면 그는 노간주나무 숲속에서 나무를 베어 그 열매를 먹고 버텼다고 한다. 이 이야기를 뒷받침할 만한 문헌 자료도 있다. 일례로 히에로니무스 보크의 『본초학(Kreutterbuch)』 1577년판에서 "페스트가 돌던 시기에 독일에는 특별한 보호처가 있었다."라고 한 것은 '노간주나무'를 두고 이른 것이다. 크나이프 신부도 "두송실은 구강과 위장을 소독하고 감염을 막아 준다."고 했다. 페스트의 성인(聖人)인 '성 로쿠스(St. Rochus) 축일'(8월 16일)[274]에 수확한 열매가 특히 약효가 좋았다고 한다. 심지어 다 죽어 가던 새들도 지붕에서 노래를 부를 정도였다는 것이다. "크라네비트(Kranewitt)[노간주나무]하고 참나물(Bibernell)을 먹어 봐, 그러면 그리 빨리 죽지는 않을 거야." 노간주나무의 다른 이름인 '크라네비트'는 유럽개똥지빠귀(Wacholderdrossel)[275]를 이르는 독일 남부 사투리 '크라메트포겔(Krammetvogel)'에서 유래했는데, 이 새가 유난히 노간주나무의 열매를 즐겨 먹는다. 크라네비트에는 또한 옛 고지 독일어 '비투(witu)'=목재라는 말도 깃들어 있다. 지금도 시골에서는 일상에서 독일가문비의 마른 가지를 '비트(Wied)'라고 부르는 것이다. | 페

---

[274] 로쿠스[St. Rochus, 1295?~1327년?] : 로코 성인(Rocco). 프랑스 몽펠리에 귀족 집안 출신의 로쿠스 신부는 가산을 모두 가난한 사람들에게 나누어 주고 로마로 떠난 순례길에서 페스트 환자들을 도왔다고 전한다. 외과 의사, 약사, 순례자, 병자, 빈민, 죄수의 수호 성인이다. 1327년 8월 16일 이탈리아 보게라(Vogehra)에서 사망했다고 전하는데, 이 날을 '성 로쿠스 축일'로 정했다. [275] 유럽개똥지빠귀[Wacholderdrossel, *Turdus pilaris*] : 북유럽과 중앙아시아 북부를 오가는 철새로, 독일어 이름을 풀이하면 '노간주나무지빠귀'가 된다. 그 옛 이름인 '크라메트포겔'에서 '크라메트'도 노간주 열매를 가리키던 옛말이다. '회색머리지빠귀'라는 우리말 이름도 있지만, 국내에는 분포하지 않는다.

스트가 맹위를 떨치던 때, 유럽의 도시에서는 광장에 노간주나무 장작을 쌓아 놓고 불을 질렀다. 그 연기가 공기를 정화하고 감염을 예방한다고 기대했기 때문이다. 사람들은 활활 타는 장작으로 병실에 연기를 피워 소독하면서 이렇게 외쳤다. | "골목 구석구석에 / 타오르는 수백 개의 횃불, / 노간주나무에서 피어오르는 향(Kranwittholz

↑ 배경에 마치 화관처럼 둘러싼 노간주나무가 등장한다. 레오나르도 다 빈치(Leonardo da Vinci, 1452~1519년), 〈지네브라 데 벤치의 초상(Ginevra de' Benci)〉, 1474~78년경, 워싱턴 국립 미술관(National Gallery of Art) 소장.

[276] 그리스노간주나무 [*Junperus excelsa*] : 본문에서 지칭한 나무는 그리스, 레바논, 터키 등지에 분포하는 그리스노간주나무(Greece Juniper)다. 그 아종인 페르시아노간주나무(*J. excelsa* subsp. *polycarpos*)가 파키스탄까지 퍼져 있기에 그렇게 말한 듯하다. 중국 서남부와 티베트 고산에는 티베트향나무(*Juniperus tibetica*), 검은향나무(*Juniperus indica*), 히말라야향나무(*Juniperus recurva*) 등이 자생한다. 티베트에서는 사찰에서나 가정에서 일상적으로 이런 향나무 가지를 연기가 나게 태워 주변을 정화하고 향을 공양한다. [277] 희생 제의 [번제(燔祭), **Brandopfer**] : 동물을 태워 그 향을 신에게 바치는 제의는 고대 그리스 종교나 북유럽·근동에 널리 나타난다. 성서에서 동물을 완전히 태우는 제사를 '번제'라 하고, 유향과 소금·곡식을 올리는 것을 '소제(素祭, grain offering)', 내장을 태우는 것을 '화목제(和睦祭, Peace Offering)'라 한다. 본문에서 '향불'로 옮겼으나 '발트라우시(Waldrauch)'는 직역하면 '숲의 연기'가 된다. 그 어원이 '바이라우시(Weihrauch)'와 통한다는 설명인데, 흔히 오늘날 '향'으로 번역되지만 신성한(weih) 연기(rausch)라는 뜻이다. 'olibanum sylvaticum'은 라틴어로 '숲속의 유향나무'가 된다.

| 04 | Der Wacholder
Juniperus communis | 노간주나무 | 나무 신화(Mythos Baum) :
나무로 본
유럽 민속의 기원과 효능 |

weyrauch)이 / 공기를 정화한다네." | 예전에는 이 나무를 '레크홀더(Reckholder)' 또는 '라크홀더(Rackholder)'[중고지 독일어로는 '레크알터(reckalter)', '레콜터(rekolter)'], '로이크홀더(Räuckholder)' 등으로도 불렀다.['라우시(Rauch)'는 '연기', '로이세른(räuchern)'은 '훈제하다', '향을 피우다'라는 뜻.] 또 동프로이센에서 부르던 '카디크나무(Kaddikstrauch)'나 라트비아(Latvia)의 '카디키스(Kadikis)라는 이름도 '향을 피우다'라는 뜻의 라트비아어 '카디티(kaditi)'에서 유래한 것이다. 라플란드(Lappland)에는 누가 세상을 뜨면 곧바로 그 집에서 노간주나무 가지를 태우는 풍습이 있다. 티베트에서도 아픈 사람의 오두막에서 그 사촌격인 나무(*Junperus excelsa*)[276]의 가지를 태운다. | 노간주나무에서 추출한 정유도 '페스트를 막는 영약(靈藥)'의 주성분이었다. 그래서 노간주 향유를 보석에 묻혀 환자 주변에 둥그렇게 뿌리면서 주문을 외어 유행병을 물리치려고 했다. | 번제(燔祭)는 원래 기독교에 없던 의식으로, 소금·내장(內臟)과 함께 침엽수 송진과 노간주나무를 향불(Waldrauch)[이교도의 향(Weihrauch)=Olibanum sylvaticum]을 피웠다.[277] 동방에서 초기 기독교 지역으로 향이 전래하기 전까지 전도사들은 봉헌용으로 노간주나무를 사용했다. 노르웨이에 전파된 어느 축복 의식은 "두송실 먹으며 예수의 십자가를 바라보네"라는 말로 시작하는데, 씨방벽(Fruchtblätter)[씨방은 잎(심피)이 밑씨를 둘러싸 만들어지는데 씨방벽은 그 바깥, 나중에 과피로 발달하는 부분을 말한다.]이 뾰족하게 봉합된 형상을 띤 것을 열매마다 십자가가 들어 있다고 보아서다.

악마로부터 수호하는 생명의 회초리

노간주나무가 지닌, 사악한 것을 쫓는[벽사(辟邪)] 능력에 관련된 관습 중 몇몇은 19세기까지 전해져 왔다. 북독일의 뤼겐섬(Rügen)에서는 집을 지을 때 악마가 침입하지 못하도록, 집의 기초 바닥에 '크니르크(Knirk)'라고 부르는 노간주나무 기둥을 파묻는 풍습이 있었다. 버

터를 젓는 막대기도 노간주나무로 만들곤 했는데, 그래야만 우유가 마법에 걸리지 않는다고 여겼기 때문이다. | 나무도 영혼을 지니고 있다고 신성시했기 때문에, 바이에른주의 동부를 비롯한 여러 곳에서는 이른바 '생명의 회초리(Lebensrute)'를 마가목 대신〔「마가목」 편 참고〕 노간주나무로 만들었다. 성 마르틴(St. Martin)의 날에 마을의 목동은 '미르틴의 나뭇가지'[278]를 들고 집집마다 찾아가 창고에 그 나뭇가지를 집어 넣으며 다음과 같은 구절을 암송했다. | "성스러운 미르트(St. Mirt)께서 오셨네, / 나뭇가지를 들고. / 또 한 해가 무사히 지나갔네! / 그 많은 노간주나무의 씨들(Kronwittbierl), / 그 많은 암소와 숫소, / 그 많은 새싹, 농부들은 소와 말을 가져라. / 그 많은 가지와 / 그 많은 건초 〔…〕" | 이른바 '매맞는 날'[279]이라 불리던 '성 스테파노 축일(Stefanitag)'(12월 26일)이나 또는 '죄 없는 아기 순교자 축일'(12월 28일)[280]도 의미가 비슷한 날이었다〔「마가목」 편 참고〕. 프랑켄 지방에서는 아이들이 노간주나무 가지를 들고 집집마다 돌아다니며, 나뭇가지로 사람들의 발을 때리면서 새해의 건강을 빌었다.

[278] 미르틴의 나뭇가지〔Mirtensgert'n〕: 남독일이나 오스트리아에서 행해지던 풍습으로, 마르틴 축일(11월 11일)에 노간주나무 가지에 들장미와 참나무 잎을 더해 집에 장식한다. 미르틴의 나뭇가지를 가축 우리에 걸어 놓으면 다산과 건강을 얻을 수 있다고 믿는다. [279] 매맞는 날〔Pfeffern〕: 크리스마스를 전후로 어린이들이 마을을 돌며 사람들의 다리를 나뭇가지로 때리며 축복을 비는 풍습이다. 다리를 때리며 "페페르 페페르(Pfeffer, Pfeffer)"로 시작하는 축복문을 암송하면, 답례로 과자 등을 준다. [280] 죄 없는 아기 순교자 축일〔Tag der uschuldigen Kinder, 영 Children's Mass〕: 성탄절 사흘 뒤에 돌아오는 축일이다. 성경에 따르면 헤로데가 유대의 왕이 될 예수가 탄생할 것이라는 예언을 듣고 베들레헴의 두 살 이하의 모든 아기들을 죽인다. 이 아기들은 아무 죄 없이 예수를 위해 최초로 순교한 생명이므로, 세상의 모든 아이와 떠도는 죽음들을 기린다. 성탄 전야부터 이어지는 8일간의 축일 중에서 그리스도교 최초의 순교자인 스테파노 성인(Stéphanos)을 기리는 '성 스테파노축일'과 함께 애도의 의미를 담은 날이다.

04 | Der Wacholder *Juniperus communis* | 노간주나무 | 나무 신화(Mythos Baum): 나무로 본 유럽 민속의 기원과 효능

황무지와 헐벗은 땅에 퍼져 나가다

요즘은 노간주나무가 귀해지고, 곳에 따라 위기에 처한 나무로까지 간주되다 보니, 과거에 노간주나무를 잔뜩 쌓아 향불을 지폈다는 사실이 쉽게 상상이 가지 않는다. 16세기까지만 해도 야코부스 타베르네몬타누스(Jacobus Tabernaemontanus)[281]는 "숲이나 척박한 산악 지대 어디에서든지 자라기로 유명한 나무"라고 했다. 어찌해서 이처럼 잘 퍼지던 나무가 급속히 쇠퇴한 것일까? | 대규모 산림 벌채가 끝으로 치닫던 14세기 중엽, 숲은 나무가 없거나 황폐해져 볼썽사나웠다. 황무지와 나지(裸地)가 경관의 대부분을 차지했고, 방목한 가축도 노간주나무는 건드리지 않았기 때문에 (따라서 노간주나무는 과거 방목지의 지표다.) 가시 덤불, 덤불숲과 함께 척박한 땅에서 경쟁자 없이 마구 퍼져 나갔다. 다른 나무들이 자라는 것을 방해할 정도로 말이다. 그래서 관계 당국에서는 노간주나무를 목초지나 숲에서 반드시 베어 내어야 할 대상으로 취급했다. | "이 덤불은 삼림 전문가보다는 일반 백성들에게 훨씬 사랑받는다."['임업적 측면에서는 의미가 없다'는 뜻이다.]는 것이 1871년에 산림 안내서를 작성한 이의 견해였다. '임업의 프롤레타리아(proletariat)'라는 표현으로 대변되듯, 노간주나무는 조림학 측면에서 한 번도 주요 지위에 오르지 못했다. 그러나 견해는 점차 바뀌었다. 점점 희귀해지는 불모의 목초지에 자라는 노간주나무는 보호해야 할, '나무 중의 귀하신 몸'으로 여겨지게 되었다. | 향

---

[281] 타베르네몬타누스(Jacobus Theodorus Tabernaemontanus, 1525~1590년): 독일 이름 야콥 디트리히(Jakob Dietrich)를 라틴어 식으로 부른 것이 야코부스 테오도로스다. 본명보다는 출신지 지명인 '타베르네몬타누스'(지금의 라인란트-팔츠주의 바트 베르크자베른(Bad Bergzabern)]로 알려져 있다. 약초 채집자이자 의사로 '독일 식물학의 아버지'라 할 수 있는데,『본초학(Kreutterbuch)』(1539년)을 쓴 르네상스 시대의 식물학자 히에로니무스 보크의 제자다. 나사우-바일부르크(Nassau-Weilburg) 왕가, 슈파이어 주교좌, 보름스 자유 도시 등 여러 궁정과 도시에서 의사로서 이력을 쌓았고, 하이델베르크 대학에서 연구했다. 말년에는 평생에 걸친 식물학 연구와 의료 경험을 정리한 저서『신(新)본초학(Neuw Kreuterbuch)』(1588년)과『식물 도감(Eicones Plantarum)』(1590년)을 출판해 17세기 유럽 본초학에 영향을 미쳤다.

↓ 히스(heath)가 무성한 드넓은 언덕 한가운데 서 있는 커다란 노간주나무 군락은 북부 독일의 황무지 풍경을 특징짓는다.

Photo by Hans Reinhard

기가 오래 가는 노간주나무 목재는 질기고 견고하며 송진이 함유되어 있지 않아 소품을 제작하는 데 애용된다. 이 목재로 정밀한 세공품, 채찍 손잡이, 마디가 있는 산책용 지팡이[독일 사람들이 '크니르크' 또는 '슈테크홀더(Steckholder)'라는 이름에서 흔히 떠올리는 것] 등을 만들었다. | 진실을 밝히는 능력이 깃들었다고 여겨진 까닭에, 재판관의 의사봉을 만들 때도 사용했다. 1530년 존트호펜(Sonthofen)[282]의 지방관이자 사형 집행인 한스는 판결을 언도할 때 '노간주나무 막대봉(wechalterin zepterstewdlin)'을 오른손에 들었다고 한다.

[282] 존트호펜(Sonthofen) : 현재 스위스와 접해 있는 알프스의 작은 마을. 바이에른주 슈바벤(Schwaben)에 속한다. 적어도 12세기 무렵 이래 이 마을에 법정[팅그(Thing)]이 설립되어 해마다 재판이 열렸고, 1429년부터는 경매와 채무, 시장에 관한 법정이 있었다. 20세기 초까지 이어진 법정에서는 최고형인 교수형을 집행할 수 있었으며, 그 터에는 기념물이 남아 있다. [법정 나무와 팅그는 「참나무」와 「피나무」 참고.]

04   Der Wacholder
Juniperus communis

노간주나무

나무신화(Mythos Baum) :
나무로 본
유럽 민속의 기원과 효능

노간주나무의 사촌, 사비나

'악취 나는 노간주나무'[283] 또는 자데바움(Sadebaum)이라 불리는 사비나노간주나무(*Juniperus sabina*)는 노간주나무와 사촌간이다. 덥고 건조한 환경을 잘 견디는 이 나무는 특히 남유럽과 중앙 알프스, 남부 알프스의 토심이 얕고 알칼리성인 토양에 주로 분포한다. 최대 수고가 약 2m에 달하는 관목성 나무로, 잎을 비비면 고약한 냄새가 나기 때문에 '악취 나는 노간주나무'라는 이름이 붙었다. 이 나무는 원예 장식용으로 큰 가치가 있었던 것은 아니지만, 오래 전부터 농가나 수도원의 정원, 공동 묘지 등에 흔히 심겼다. 히에로니무스 보크가 『본초학』에서 "성직자들은 종려주일[284]에 봉헌할 제벤바움(Sevenbaum)과 그밖의 식물들을 잘 관리한다."라고 언급했듯이, 남 독일에서는 흔히 이 나무를 묶어 종려가지로 삼았다. | 나무의 모든 부분이 맹독성인 사비나노간주나무는 낙태제(落胎劑)로서도 매우 중요했다(함유된 독성이 자궁 마비를 일으킨다). 이 나무에서 추출한 기름의 주요 성분은 사비넨(Sabinen) 20%, 사비넨아세트산염 40%, 튜존(Thujone) 등이다. 그 기름을 피부에 문지르기만 해도 중독되

---

[283] 악취 나는 노간주나무[Stinkwacholder, *Juniperus sabina*] : 사비나노간주나무는 잎을 비비면 고약한 냄새가 사방으로 퍼져, 독일에서는 '구린 노간주나무' 또는 '냄새 나는 노간주나무'라고도 불린다. [284] 종려주일[Palmtag] : 성지주일(聖枝主日)은 예수 그리스도가 십자가형을 앞두고 예루살렘에 입성(入城)해 사람들에게 환영받았음을 축하하는 날로, 사순절의 6번째 주일이다. 이 때 종려나무 가지를 들고 행진을 하거나 종려나무에 축성하므로 '종려주일'이라고도 한다. 종려 다발, 즉 성지(聖枝)는 생명의 상징으로 4세기경부터 사용되었다고 한다. 축성받은 종려나무 가지를 집에 가지고 가서 십자가에 걸어 두었다가 이듬해 '재의 일요일'에 태운다. 독일에서는 난대성인 종려나무가 자라지 않았기 때문에 버드나무나 노간주나무를 대신 사용했다. 종려 다발을 만들 때 섞는 식물은 흔히 버들강아지, 회양목, 노간주나무, 호랑가시나무, 주목, 삼나무, 사데바움의 7종이다. [285] 로즈마리[Rosemarin, *Rosmarinus officinalis*] : 꿀풀과에 속하는 허브로 지중해 인근이 원산지다. 향신료이자 향수의 재료일 뿐만 아니라, 그 정유가 민간 요법에서 여러 용도로 쓰였다. 로즈마리의 뾰죽한 잎은 노간주나무와 그 형상이 닮기도 했거니와, 신성한 힘이 있다고 여겨져 그 가지를 태워 화장터를 정화했다. 또 로즈마리 정유는 방광과 자궁을 수축해 낙태를 유발한다고 믿었다. 애도의 꽃이라고 한 것은, 유럽에서 로즈마리가 망자에 대한 기억을 상징하기 때문이다. 장례식에서 로즈마리를 묘지에 던지면서 망자를 애도한다. 그래서 공동묘지 가는 길목에서 로즈마리를 팔기도 했다.

며, 몇 방울만 섭취해도 사람에게 치명적이다. 그렇기 때문에 고대로부터 특수한 목적에만 사용되었다. 이 나무가 '처녀 로즈마리(Jungfernrosmarin)'(로즈마리는 애도의 꽃이다)[285]라고 불린 것은 임신한 여자들이 무사히 낙태하기가 그만큼 어려웠음을 입증한다. 이에 관해 1562년 피에란드레아 마티올루스(Pierandrea Matthiolus)[286]는 다음과 같이 기록한 바 있다. "제벤바움[사비나나무]은 여성에게 시간을 강제로 보내게 만든다. 늙은 마녀와 비를 내리게 하는 마녀(Wettermacherin)는 노련한 솜씨로 젊은 창녀들을 유혹해 사비나 나무의 어린 싹을 갈아 만든 약을 마시게 했고, 이리하여 수많은 태아들이 목숨을 잃었다." | 그래서 20세기까지 이 나무는 수없이 추적을 당했다. 소녀들이 이 나무의 열매를 필사적으로 약탈하려는 것을 방지하기 위해, 뮌헨이나 취리히의 식물원 등 여러 곳에서는 이 나무에 [운향(芸香)[287]와 비슷하게] 철조망을 쳐서 보호했다. 나치 독일 시대에는 자녀들을 많이 낳는 것을 권장했기 때문에, 수목원에서 이 나무를 증식하는 것이 금지되었다. 동종 요법(同種療法) 의학에서는 사비나노간주나무의 가지 끝부분을 통풍, 방광 질환, 신장 질환 등에 사용하며, 유사성의 법칙[288]에 따라서 유산 위험이 있을 때도 사용한다.

04 Der Wacholder
Juniperus communis

노간주나무

나무 신화(Mythos Baum):
나무로 본
유럽 민속의 기원과 효능

↓ 사비나노간주나무의 잎은 노간주나무의 바늘잎과는 달리 비늘 모양의 잎이 기왓장처럼 포개져 있다. 어린 가지에만 바늘 형태의 잎이 3개씩 모여 난다.

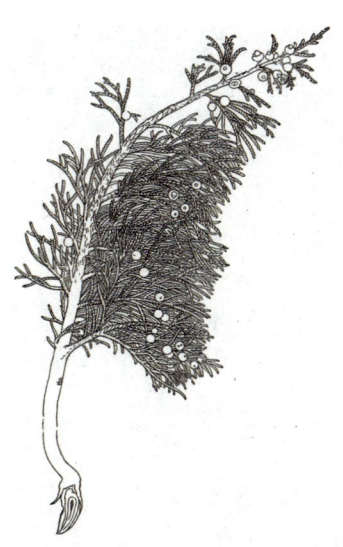

〔286〕**피에란드레아 마티올루스**〔Pierandrea Matthiolus, 1501~1577년〕: 피에트로 안드레아 마티올리(Pietro Andrea Mattioli). 이탈리아 시에나 출신 의사이자 식물학자로, 오스트리아 대공 페르디난트 2세(Ferdinand II, Erzherzog von Österreich)와 신성로마 제국 막시밀리안 2세의 주치의를 지냈다. 고양이 알러지를 처음 발견한 사람이기도 하다. 의학 서적을 저술했을 뿐 아니라 그리스어와 라틴어로 된 전문 서적들을 모국어로 번역해 칭송받았다. 가장 대표적인 업적은 디오스코리데스의 『약물지(藥物誌)』 [『약물에 대하여(De Materia Medica)』]를 번역하고, 100가지 약용 식물을 정리해 『식물주해서(Discorsi)』(1544년)를 펴낸 일인데, 이 책은 여러 언어로 번역되어 유럽에 퍼졌으며, 독일어판은 1563년 프라하에서 출간됐다. 식물 학명 중 속명 '마티올라(Matthiola)'는 그를 기려 로버트 브라운(Robert Brown)이 제정한 것이다. 〔287〕**운향**〔Raute, 학 Ruta graveolens〕: 루타(Ruta, Rue). 지중해 원산으로 우리 나라에서는 자생하지 않는다. 운향과의 여러해살이 풀인 이 식물은 유산을 일으킬 수 있으므로 임산부의 복용이 금지되어 있다. 노란꽃이 피는데, 유럽 민속에서 처녀성, 그리고 순결을 잃은 데 대한 후회를 상징한다. 결혼식에서 순결한 신부가 루타 꽃을 장식할 수 있다. 셰익스피어의 『햄릿』에서 미친 오필리아가 로즈마리와 운향 꽃다발을 만들며, 『겨울이야기』 4막 4장에서는 페르디타가 (죄에 대한) 기억과 은총을 상징한다며 로즈마리와 운향을 바친다. 〔288〕**동종 요법**〔同種療法, **Homöopathie**〕: 인체에 질병 증상과 비슷한 증상을 유발시키면 치료할 수 있다는 치료법이다. 1796년에 독일의 의사 자무엘 하네만(Samuel Hahnemann, 1755~1843년)이 '동종 원리(similia similibus curentur)'라는 자신만의 치료 원리를 발표한다. 하네만은 당시까지 유행하던 사혈법이 치료 효과나 근거가 별로 없다고 보고, 그 대신에 민간 요법을 활용한 임상 실험 결과를 바탕으로 '건강한 사람에게 특정 증상을 유발하는 약물이, 그 증상을 나타내는 환자를 치유할 수 있다'고 주장했다. 이것이 첫 번째 원리인 '유사성의 법칙'이다. 이 때 약물 용량이 적을수록 효과가 크다는 것이 두 번째 '극소량의 법칙'이다.

↑ 산느릅나무의 잎 끝은 대개 3갈래로 갈라진다. 가장자리에 날개가 달리고 가운데에 씨가 들어 있는 열매는 느릅나무 종류의 공통된 특징이다.
→ 고사하기 전 히르자우(Hirsau)의 느릅나무, 1878년. 두 개의 삼각 박공이 높이 솟은 성당 폐허 안팎을 뒤덮고 있다.

05 | Die Ulme
Ulmus sp. | 느릅나무 | 나무 신화(Mythos Baum) :
나무로 본
유럽 민속의 기원과 효능

느릅나무 Die Ulme
Ulmus sp.

히르자우(Hirsau)[289]의 폐허 속에 느릅나무 한 그루
새로 난 연두빛 수관(樹冠)은 지붕을 훌쩍 넘어 이리저리 흔들리네.
느릅나무는 옛 성당 마당에 깊게 뿌리를 내려,
성당 지붕 위에서 푸른 하늘 드높이 아치를 만드네….
〔루트비히 울란트(Ludwig Uhland)[290]〕

[289] 히르자우(Hirsau) : 독일 남부 바덴-뷔르템뷔르크주의 마을로, 흑림 지대에 속한다. 11세기에 이 곳에 세워진 히르자우 성당(Kloster Hirsau)은 준공 당시 독일에서 가장 큰 교회의 하나로 꼽혔다.「히르자우의 느릅나무(*Die Ulme zu Hirsau*)」라는 위의 시에 훗날 리하르트 슈트라우스(Richard G. Strauss, 1864~1949년)가 곡을 붙여《세 개의 노래(Drei Gesänge älterer deutscher Dichter)》(op. 43) 연작의 하나로 발표한 바 있다. [290] 루트비히 울란트(Ludwig Uhland, 1787~1862년) : 민요풍의 서정시와 발라드로 유명한 독일 작가다. 고향인 바이에른주 슈바벤의 역사와 언어, 풍경, 도덕을 바탕으로 한 낭만적이고 시민적인 시로 폭넓은 사랑을 받았다. 또한 뷔르템베르크 헌법 투쟁과 프랑크푸르트 의회에서 자유주의자측에 서서 시민을 옹호하는 시민 운동가로서의 면모도 보였다.

건축에서 참나무 다음으로 치는 느릅나무

느릅나무는 비스듬하게 비대칭[291]을 이루는 잎의 형태로 쉽게 알아 볼 수 있다. 꽃은 전형적인 풍매화(風媒花)[292]로 3월이면 핀다. 이른 봄 잎이 나기도 전에 벌써 잎처럼 생긴 열매가 광합성을 통해 에너지를 생산해 낸다. 물푸레나무와 호두나무가 겨우 잎을 틔우기 시작하는 5월이 되면 이미 잘 여문 느릅나무의 열매는 바람을 타고 훨훨 퍼져 나간다. 열매 대부분은 불과 몇 주 안에 발아가 이루어질 수 있으며, 2년마다 다량의 열매가 맺힌다.[293] | 느릅나무는 절대로 한 곳에 군락을 이루지 않고, 대부분 혼효림 속에 드문드문 흩어져 한두 그루씩 자란다. 비교적 대기 오염에도 강하기 때문에 도심 가로수로서도 적합하다. | 중유럽에 자생하는 느릅나무에는 세 종류가 있는데, **산느릅나무**(Bergulme, *Ulmus glabra*)[294]는 독일 일대에서 가장 흔히 마주치는 느릅나무다. 산느릅나무는 산악 지역의 대기 습도가 높은 기후를 좋아하므로, 알프스 지역에서는 해발 1,400m까지 자란다. 양분이 많고 습도가 적당한 토양에서는 30~40m까지도 쑥쑥 자라며 얼추 400년을 산다. 나무에 관한 어느 옛 책자에서는 이 나무를 "건축에서 참나무 다음으로 중요한, 최고의 거수(巨樹)"로 꼽은 바 있다. | 산느릅나무는 유럽을 넘어 서아시아에까지 자생한다. 잎 앞면이 매우 거칠고 잎 끝이 종종 세 갈래로 갈라져 있는 것이 들느릅나무와의 차이점이다. | **들느릅나무**(Feldulme, *Ulmus minor*)[295]는 산느릅나무보다 따스한 곳을 좋아한다. 그 밖에는 산느릅나무와 크기와 수명이 비슷하며 토양에 대한 요구도(要求度)도 유사하다. 들느릅나무는 해발 600m 이하의, 넓은 강이나 계곡 주변에 주로 자란다. 그 명칭에서도 알 수 있듯이, 평지나 강변 숲뿐 아니라 사람이 사는 거주지 주변에도 퍼져 자라면서 문화적 동반자가 되어 왔다. 들느릅나무는 산

↓ 산느릅나무는 봄에 잎이 나기 전에 꽃이 먼저 핀다. 잎이 다 나올 때까지, 꽃이 지고 2~3주 안에 둥근 느릅나무 열매가 맺힌다.

림 쇠퇴 피해의 위협을 받고 있으며, 이미 적색 목록에서 '위급종(CE : critically endangered)'으로 분류되어 있다. 문화사적으로 의미 있는 수많은 들느릅나무 노거수가 지난 수십 년 동안 안타깝게 고사(枯死)해 사라졌다. | 평균 나무 높이가 10~35m에 달하며 생육 조건이 까다롭지 않은 **흰느릅나무**(Flatterulme, *Ulmus laevis*)는 느릅나무 셋 중에서 키가 가장 작다. 수령은 최고 250년에 달하며, 평지를 좋아

[291] 느릅나무 잎 : 대부분의 잎은 가운데 잎맥을 기준으로 좌우 대칭의 모양을 띠는데, 느릅나무 종류는 아래쪽〔葉底(엽저), leaf base〕으로 가면 비대칭인 특징을 보여 쉽게 구별할 수 있다. [292] 풍매화〔風媒花, Windbestäubung〕: 바람에 의해 꽃가루가 운반되는 꽃을 이른다. 보리, 벼 같은 곡물과 침엽수에 주로 보인다. [293] 결실의 주기〔Samenjahre〕 : 결실에 주기성이 있는 나무들이 있어서, 넓은 면적에 걸쳐 어떤 수종의 결실량이 풍족한 해를 결실년도(結實年度)라고 한다. 반대로 결실이 빈약한 해를 흉작년도(凶作年度)라고 한다. [294] 산느릅나무〔Bergulme, *Ulmus glabra*〕: 산지에서 주로 자라기 때문에 독일에서는 '산(山, Berg)느릅나무'라 불린다. 핀란드에서는 '부오리얄라바(Vuorijalava)'라고 하는데, 이 또한 '산의 느릅나무'라는 뜻이다. 영국에서는 북쪽 스코틀랜드에 흔하다고 해서 '스코트 엘름(Scott elm)'이라고 부르기도 한다. [295] 들느릅나무〔Feldulme, *Ulmus minor*〕: 산느릅나무보다 저지대인 들에서 자라기 때문에 독일어로 '들(Feld)느릅나무'라고 부르게 되었다. 영어의 '필드 엘름(field elm)', 프랑스어의 '오름 샹페트르(orme champêtre)'도 같은 뜻이다. 우리 나라에서는 '유럽 들느릅나무'라고도 부른다.

해서 해발 500m 이하의 구릉 지대에서 자란다. 목재의 재질도 산느릅나무나 들느릅나무에 비해 좋지 않다. | 들느릅나무와 마찬가지로 흰느릅나무도 강변이나 습한 혼효림 지대에서 가장 많이 볼 수 있다. 흰느릅나무는 유럽의 향토 수종으로는 드물게 판근(板根)[296]—판근을 형성하는 수종들은 대개 열대 지방에 분포한다—을 형성한다. 흰느릅나무는 느릅나무 고사 현상[297]에 대해 가장 내성이 강하다. 다른 두 느릅나무와 달리, 열매 꼭지가 길며 열매 둘레에 달린 날개에는 잔털이 있다. | 유럽 여러 언어에서 느릅나무를 이르는 표현들은 언어 뿌리가 동일하다. 라틴어로는 '울무스(ulmus)', 영어로는 '엘름(elm)', 이탈리아어로는 '올모(olmo)'로 불린다. 인도게르만어에서는 자음 'L'과 'R'을 종종 혼용했기 때문에 프랑스어 '오름(orme)'도 같은 어원에서 나왔음을 알 수 있다. 원래 느릅나무와 그 목재를 동시에 뜻하는 독일어는 '뤼스터(Rüster)'다. | 뤼스터란 이름은 1580년에 최초로 소개되었다. 옛 고지 독일어로는 '로우스트(roust)' 또는 '루츠보움(ruz-boum)'으로 불렸으며, 중고지 독일어에서는 '루스트(rust)'라고 불렸다. | 민간에서는 느릅나무를 '이페(iffe)', '엘메(elme)' 또는 '일메(ilme)'라고 불렀다. 이펠도르프(Iffeldorf), 이핑하임(Iffingheim), 이펜스(Iffens) 같은 지명은 오래 전에 느릅나무가 자라던 곳임을 의미한다.

---

[296] 판근[板根, **Brettwurzelbildung**, 영 **buttress root**] : 나무의 곁뿌리가 줄기에 널빤지를 꽂아 지지해 놓은 것처럼 뻗어 자라서 땅 위로 노출되어 있는 뿌리를 말한다. 버팀뿌리. [297] 느릅나무 고사 현상[**Ulmensterben**] : 자낭균[子囊菌, Ophiostoma (Ceratocystis)]에 의해 발병되며, 느릅나무 좀벌레가 퍼뜨린다. 잎이 서서히 시들면서 고사되는 병으로 유럽에서는 특히 산느릅나무의 피해가 심하다. 느릅나무병, 느릅나무 마름병, 느릅나무 시들음병이라고도 한다. 영어로 '네덜란드 느릅나무병(Dutch elm disease, DED)'이라고 하는 것은 이 병이 네덜란드의 항구를 통해 유럽으로 수입된 아시아의 목재에서 옮아 퍼졌고, 이런 원인을 1921년에 네덜란드에서 밝혔기 때문이다.

---

05 Die Ulme *Ulmus* sp.   느릅나무   나무 신화(Mythos Baum) : 나무로 본 유럽 민속의 기원과 효능

↓ 들느릅나무(*Ulmus carpinifolia*). 오토 빌헬름 토메(Otto Wilhelm Thomé), 『독일 오스트리아 스위스의 식물(*Flora von Deutschland, Österreich und der Schweiz*)』. 독일 1885년.

이 세상을 떠나는 느릅나무들

↑ 오스트리아의 화가 페르디난트 게오르크 발트뮐러(Ferdinand Georg Waldmüller, 1793 ~1865년)가 1849년에 〈드넓은 프라터 풍광(Große Praterlandschaft)〉이라는 작품에서 위엄 있는 기념물로 표현했던 빈(Wien)의 프라터 공원 느릅나무는 이제 더는 서 있지 않다. '느릅나무 시들음병'이 모조리 휩쓸어 버렸기 때문이다.

1871년판 숲 관련 서적에서는 느릅나무를 두고 "병이나 천적이 거의 없다."고 쓴다. 상황은 급변해 그 말은 옛 말이 되었다. 20세기 초 출처를 알 수 없는 곳으로부터 느릅나무 병을 일으키는 병원균(*Ophiostoma ulmi*)[자낭균(子囊菌)의 일종]이 들어왔기 때문이다. 이 병원균은 물관[298]을 막아 나무를 죽게 하는 무서운 '느릅나무 시들음병'의 원인이 된다. 한 그루가 이 균에 감염되면 좀벌레(*Scolytus*)[299]를 통해 건강하게 자라던 느릅나무에도 병을 옮기게 된다. 가지가 시들거나 나무 끝이 마르기 시작하면 더는 손을 쓸 수 없다. | 이 역병(疫病)은 1919년 네덜란드에서 처음으로 알려져서 '네덜란드병'이라 불리

05 | Die Ulme
Ulmus sp. | 느릅나무 | 나무 신화(Mythos Baum) :
나무로 본
유럽 민속의 기원과 효능

게 되었다. 병은 1923년에는 영국에, 1930년에는 미국에 상륙했다. 이 병으로 미국의 일부 지역에서는 자생하던 북미흰느릅나무[300]와 북미흑느릅나무[301]가 절멸했다. | 오늘날 유럽의 모든 느릅나무는 이 전염병의 위험에 노출되어 있으며, 중유럽의 느릅나무 90%가 이미 전염된 것으로 알려져 있다. 전염병의 첫 발생으로부터 느릅나무가 막 회복하기가 무섭게, 1960년에 두 번째이자 더 심각한 '느릅나무 시들음병'이 중유럽을 다시 강타했다. | 극히 위험한 '새로운 병원균'(*Ophiostoma novo-ulmi*)이 북미에서 발생했는데, 이 병원균은 갑자기 유럽에 등장해 그 때까지 간신히 살아남았던 느릅나무마저 몇 달만에 고사시켰다. | '느릅나무 시들음병'은 느릅나무에만 발병하지만, 모든 느릅나무가 똑같이 피해를 입는 것은 아니다. 다름슈타트(Darmstadt)에 있는 한 묘목장에서는 수년 전부터 이 전염병에 강한 클론을 미국에서 도입하려고 노력하고 있다. 지금까지 독일 연방 식물 품종 관리청[302]에서는 품질이 보증된 이른바 '내성 있는 느릅나무(Resista-Ulmen)' 여덟 종의 수입을 허가했다. 전염병에 가장 내성이 강한 헝가리 원산의 느릅나무(*Ulmus carpinifolia*)와 여러 느릅나무를 교잡한 '레베라' 느릅나무(*Ulmus* 'Rebera') 등이 그것이다.

[298] 물관[Wasserleitgefäße] : 속씨식물의 물관부에서 물이 지나는 통로 구실을 하는 조직. 도관(導管)이라고도 한다. [299] 느릅나무좀[Ulmensplintkäfer] : 나무좀과(*Scoly-tus*) 중 느릅나무에 사는 여러 종을 아우른다. '느릅나무 시들음병'을 유발하는 자낭균은 느릅나무좀벌레의 등에 올라탄 응애가 옮긴다. 좀벌레는 느릅나무의 수피와 목질부 사이에 알을 낳거나 터널을 만드는 습성 때문에 병원균이 빠르게 퍼지게 하는 구실을 맡는다. 일종의 매개체인 셈이다. [300] 북미흰느릅나무[Weißulme, 학 *Ulmus americana*] : 미국느릅나무(American elm), 흰느릅나무(white elm)라고 하며, 미국 동부에 자생한다. 수관이 역삼각형으로 퍼지는 것이 특징이다. 건강한 상태에서 높이 30m 이상 자라고 수명도 수백 년에 달했으나, 느릅나무좀에 취약하여, 10만 그루 당 1그루 정도의 생존율을 보였다. [301] 북미흑느릅나무[Felsen-Ulme, 학 *Ulmus thomasii*] : 바위느릅나무(rock elm)라고 하며 미국 중부에 자생한다. 가지에 코르크가 발달한 것이 특징이다. [302] 독일 연방 식물 품종 관리청[Bundessortenamt, BSA] : 독일 연방 식물 품종 보호청, 품종청이라고도 한다. 독일 연방 식량 농업부 산하의 독립 기관으로 1953년에 설립되었다. 하노버에 본부를 두고 전국에 11개의 품종 시험소를 운영한다. BSA의 업무는 품종보호법(Variety Protection Act)과 종자법(Seed Act)에 의거하며 식물과 종자의 품질 인증, 판매 자격 허가, 식물 다양성 보호, 신종자의 지적 재산권 보호 등이다.

포도 덩굴 지주목과 속껍질로 만든 끈

"포도 덩굴은 달콤한 욕망으로 / 기꺼이 느릅나무를 감싸 안네."〔필립 폰 체젠(Philipp von Zesen), 「사랑의 노래(*Liebeslied*)」, 1656년〕[303] | 로마인들은 오래 전부터 커다란 느릅나무 자체를 포도 덩굴 지주목(支柱木)으로 이용했다. 이것이 시간이 지나면서 느릅나무로 만든 받침 기둥으로 대체되었다. 느릅나무 목재는 물푸레나무와 그 특성이 비슷하지만 하중에 견디는 힘은 다소 약하다. 예전에는 느릅나무 목재가 '두루두루 널리' 사용되었다. 총의 개머리판, 실패, 도르래, 종가(鐘架)〔Glockenstuhl, 서양 종을 매다는 틀〕, 그밖에 내구력이 강한 기구들을 만드는 데 자주 쓰였다. 요즘에는 주로 가구용으로 사용된다. 가구 공방에서 느릅나무 목재는 향이 좋지 않고 도구들을 '무디게 하는(werk-zeugabstumpfende)'〔목질이 단단해 대팻날이나 톱날을 금세 무디게 하는〕 목재로 알려져 있다. | 산느릅나무를 태워 만든 재는 독일가문비 재의 8배, 너도밤나무 재의 2배에 달하는 탄산칼륨을 함유하고 있어, 이른바 '숲의 재'라 불리며 유리 제조 공장에 가장 비싼 값에 팔린다〔유리 제조 공장은 「숲의 문화사」편 '유리 공장' 참고〕. 산느릅나무 속껍질은 피나무 속껍질보다 섬세하고 연해 원예용 끈으로 각광 받는다. 이 속껍질로 밧줄과 꿀벌 통을 만들기도 했다. 20세기 초까지만 해도 일본의 아이누족(Ainu)[304]은 느릅나무의 사촌인 난티나무(*Ulmus laciniata*)[305]의 속껍질에서 나오는 섬유질로 단순한 목재 틀에 옷감을 짜서 옷을 지어 입었다.

↑ 과거에는 아예 느릅나무 자체를 포도나무 지주대로 이용했다. 필립 폰 체젠이 1656년에 "포도 덩굴은 달콤한 욕망으로 기꺼이 느릅나무를 감싸 안네(Die Reben umfangen aus süßem Verlangen die Ulmen mit Lust)."라고 읊었듯 말이다. 동판화, 1702년.

[303] 필립 폰 체젠(Philipp von Zesen, 1619~1689년): 독일 바로크 시대를 대표하는 소설가이자 시인. 데사우(Dessau) 근처에서 태어났고 비텐베르크 대학에서 시 작법과 수사학을 공부했다. 네덜란드 공화국에서 번역 일을 하기도 했으며 말년에는 함부르크에 정착했다. 그가 만든 신조어나 표현의 다수가 여전히 독일어에서 즐겨 사용된다. 위의 인용시도 처음에는 별도의 제목이 없었고, 후에 「사랑의 노래」 또는 「사랑의 힘(Der Liebe Gewalt)」이라는 제목으로 여러 선집에 실렸다. [304] 아이누족(Ainu, 일 アイヌ): 일본 홋카이도, 러시아의 사할린, 쿠릴 열도 등지에 사는 소수 민족. 아이누족은 느릅나무를 숭상하는데, 그 신화에는 벼락신이 느릅나무 여신을 사모해 아기를 임신시킨 것이 인류의 시초라는 이야기가 나온다. 느릅나무 껍질로 옷이나 밧줄을 만드는 풍습은 아이누족뿐 아니라 북방 만주 시베리아 민족 사이에서 널리 나타난다. [305] 난티나무(Gewebeulme, *Ulmus laciniata*): 한국의 중부 이북과 울릉도의 고산, 일본의 홋카이도, 만주, 캄차카 등 냉대 지방에 자생하는 느릅나무과의 다년생 큰키나무. 높이 10~25m, 지름 1m에 이른다. 껍질은 약재로 사용하고 어린 잎은 먹는다. 우리 나라 오대산에도 군락이 있다. 아이누어로 수피와 섬유질을 앗(at), 나무를 앗니(atni)라고 부르며, 이 앗(속껍질의 섬유)을 염색해서 앗토시(attus, 일본어로는 아츠시(厚司))라는 옷을 짠다.

↓ 느릅나무 껍질로 의복을 만드는 일은 유럽에서 오래 전에 행해졌고, 아이누족(홋카이도의 시베리아 민족) 사이에는 오늘날까지도 남아 있다.

↑ 느릅나무 속껍질로 짠 아이누족의 전통 의복 앗토시, 19세기.

05 | Die Ulme
Ulmus sp.
| 느릅나무 | 나무 신화(Mythos Baum) :
나무로 본
유럽 민속의 기원과 효능

치료 효과가 있는 속껍질

느릅나무에서 특히 약효가 있는 부분은 겉껍질 바로 안쪽에 있는 속껍질이다. 들느릅나무에서 채취된 속껍질[306]은 예전에 약국에서 '코르텍스 울미 인테리오르(Cortex Ulmi interior)'라는 이름으로 판매되었다. 속껍질에 함유된 끈적이는 점액 성분은 지혈 작용을, 타닌 성분은 가래를 삭여 주는 효과가 있는데, 이는 이미 1세기 때의 그리스 의사 디오스코리데스가 추천한 바 있다. 그는 기침이 심할 때나 또는 상처나 골절상에 속껍질을 달인 물을 처방했다. 점액 성분이 위장을 보호하기 때문에, 설사 환자들에게도 속껍질을 달인 차를 처방했다. 속껍질을 말려 갈아 만든 가루약은 습진과 피부병을 낫게 할 때 뿌렸다. | 옛 본초학 책을 뒤적이다 보면 지금은 잊어진 느릅나무 즙에 관한 이야기와 어김없이 마주친다. "초봄에 느릅나무의 잎은 진딧물(Aphis gallorum ulmi)이 만든 작은 포자낭으로 뒤덮이는데, 그 주머니는 액체로 가득 차 있다. 소위 느릅나무 즙이라 부르는 이 액체는 치료 효과가 매우 크다.[…]" 곤궁하던 시절에는 느릅나무 열매를 볶아 반찬이나 주전부리 삼아 식탁에 올렸다.

---

[306] 느릅나무 속껍질 : 우리 나라에서는 유백피(楡白皮)라고 한다. 『동의보감(東醫寶鑑)』 등에서는 몸에서 습기를 빼내는 약재로 기록되어 있다. "성질이 활리(滑利, 미끄러움)하여 대소변을 잘 통하게 하고 장과 위의 사열(邪熱)을 없애고 부은 것을 가라앉히고 방광염을 내리며 불면증을 낫게 한다."

비애의 상징

↑ 베르길리우스의 서사시 『아이네이스[(Aineis); (Aeneas)]』의 한 장면을 그렸다. 게오르크 아인마르트(Georg Christoph Eimmart, 1638~1705년), 〈지하 세계에서 싸우는 아에네아스(Aeneas Tries to Fight Images in The Underworld)〉, 1688년, 동판화, 뮌헨 바이에른주립 도서관(Bayerische Staatsbibliothek) 소장.

고대에는 느릅나무가 죽음과 애도의 상징이었다. 요정들은 쓰러진 영웅들의 무덤가에 느릅나무를 심었으며, 오르페우스는 느릅나무 아래에 묻힌 사랑하던 연인 에우리디케(Eurydike)를 슬퍼했다. 헤라클레스(Herakles)가 그의 열두 과업을 수행하기 위해 요정 헤스페리데스들이 지키는 동산의 황금 사과를 훔쳐가자 요정들은 각각 느릅나무, 버드나무, 백양나무 등의 슬픔의 나무들로 변신했다. 베르길리우스는 헛된 꿈이 매달려 있는 느릅나무가 지하 세계의 입구에 있다고 말했다.[307] 고대 그리스에서는 느릅나무를 신의 사자(使者)인 헤르메스의 나무로 간주했다. 날개 달린 모자와 날개 달린 신발을 신고 헤

↓ 보스턴 커먼의 느릅나무 노거수, 19세기, 뉴욕 공립 도서관 로버트 데니스 컬렉션(Robert N. Dennis collection).

르메스는 죽은 자들의 영혼을 우주의 재판관에게 인도했다. 날개 달린 느릅나무 열매는 바람에 날리며 그의 곁을 동행했다. | 과거에 편찬된 삼림 관련 서적에서 확인할 수 있듯, 예전에는 피나무와 느릅나무를 교회 마당과 그 밖의 공공 장소에 심었다. 대개 이 나무들이 노거수가 되면 그 장소의 상징물이 되었다. 독일에서 피나무가 그랬듯이, 프랑스 남부에서는 특히 느릅나무를 '정의의 나무'로 여겼다. 느릅나무 그늘 아래에서 재판을 열고 신의 목소리를 공포했다. | 느릅나무는 또한 미국 독립사에 길이 남은 감동적인 이야기에서 '재판을 하는' 나무 노릇을 맡기도 했다. 1765년 여름 보스턴(Boston)에서 영국인 2명을 느릅나무에 매달아 교수형에 즉결 처분한 이후로, 이 느릅나무가 '자유의 나무'[308]로 추앙받았던 일 말이다.

[307] 지하 세계 입구의 느릅나무 : 베르길리우스는 서사시 『아이네이스(Aineis)』에서 지하 세계의 내부 구조를 자세히 설명한다. 지하 입구에는 근심, 질병, 공포, 기아 등이 자리잡고 있으며, 저승의 강인 아케론강(Acheron) 입구에는 헛된 꿈이 매달려 있는 느릅나무도 있다고 묘사했다. [308] 자유의 나무[Freiheitsbaum, 영 Liberty Tree] : 미국 독립 전쟁 전에 영국의 식민 통치에 반대하는 급진적 시민 조직들이 결성된다. 그들은 영국이 미국 식민지의 신문, 광고물 등의 인쇄물, 모든 법적 증명서, 허가증, 플레잉 카드 등에 인지를 붙여 세금을 납부하도록 한 인지세법(印紙稅法, Stamp Act)에 저항해 보스턴 커먼(Boston Common, 메사추세츠주 보스턴 중심에 1634년에 만들어진, 미국에서 가장 오래된 공원)에서 조세 징수관을 교수형시키고 이 나무에 '자유의 나무'라는 이름을 붙인다. 이 장소가 식민 지배에 대항하는 거점이 되자 1775년에 영국군이 나무를 베어 버렸다.

인류의 기원

인류가 나무에서 기원했다는 상상은 다양한 문화권에서 접하게 된다. 고대 북유럽 신화도 그 하나다. 『에다』에 따르면, 아스크(Ask)와 엠블라(Embla)는 해안가에 떠밀려 온 물푸레나무와 느릅나무였다. 신들은 힘없는 이 통나무들을 거둬들여 생명의 숨결을 불어넣고, 온기와 영혼을 주어 물푸레나무는 남자로, 느릅나무는 여자로 창조했다. | "〔…〕무리 중에 / 힘세고 관대한 / 아제 신(Die Asen) 셋이 / 바닷가에 도착했다. / 그곳에서 신들은 / 감각도 없고, / 영혼도 없고, / 생명의 온기도 없고, / 색깔도 없는 / 힘없는 아스크와 엠블라를 / 발견했다. / 그러자 오딘은 감각을, / 회니르(Hoenir)는 영혼을, / 로두르(Lodurr)는 생명을 / 그들에게 불어넣어 주었다."〔「무녀의 예언(Voluspa)」[309] 19, 『에다』〕

[309]「무녀의 예언〔Völuspá, 영 Voluspa〕」: 『에다』의 첫 부분이다. 중세 북유럽에서 가장 중요했던 시가이며 창세 신화와 미래의 세상을 설명하는 내용이 담겨 있다. [310] 보름스〔Worms〕: 독일 남부 라인란트-팔츠주에 있는 인구 약 80,000명의 도시다. 중세 이래로 제국 자유 도시로 로마 제국 회의가 곧잘 열리던 곳이었으며, 마르틴 루터가 황제 앞에서 자신의 종교 개혁에 대한 신념을 천명한 것도 1521년의 보름스 제국 회의에서였다. 원서에는 피핑하임〔Pfiffingheim〕이라고 나오나 피플리히하임〔Pfiffligheim〕의 오기로 보인다. [311] 루터느릅나무〔Lutherulme〕: 신학자 마르틴 루터가 그 아래에서 설교했다고 전하는 느릅나무다. '루터 나무'라고도 알려져 있으며, 괴테도 이에 관해 언급한 적이 있다. 1521년에 심었다고 전하는 이 느릅나무는 엄청난 크기 때문에 엽서와 그림 등에 피플리히하임의 상징으로 곧잘 등장했으나 몇 번의 태풍 피해와 '느릅나무 시들음병'에 시달리다가 1949년에 고사했다. 지금은 남아 있는 밑둥에 나무의 역사를 새긴 기념물이 서 있고, 같은 자리에 어린 느릅나무가 자라고 있다.

05 | Die Ulme
Ulmus sp. | 느릅나무 | 나무 신화(Mythos Baum) :
나무로 본
유럽 민속의 기원과 효능

역사적인 느릅나무

↑ 보름스에 있던 루터 느릅나무(Luther-Ulme), 독일 잡지 『가르텐라우베(*Die Gartenlaube*)』 중에서, 1883년. ↗ 오른쪽은 같은 지면에 실린 1870년의 모습.

문화사적으로 흥미를 끄는 느릅나무의 대부분은 더는 남아 있지 않다. '느릅나무 시들음병'을 일으키는 병원균과 느릅나무 좀벌레는 보름스(Worms)[310]의 피플리히하임에 있던 전설적인 루터 느릅나무[311]마저 무너뜨리고 말았다. | 수백 년 동안 푸르름을 유지하던 이 거대한 느릅나무는 높이 40m, 둘레 11m에 달했다고 한다. 이제는 그루터기만 남아, 그 한쪽 면에 이 느릅나무의 역사가 부조로 새겨 있다. | 독일 남부 흑림 지대 히르자우의 성당 폐허에 자라던, 독일에서 가장 유명했던 울란트(Uhland) 느릅나무도 더는 남아 있지 않다. '느릅나무 시들음병'의 피해가 극심해 1991년에 지상에서 6m만 남기고 베어야만 했기 때문이다. | 다재다능했던 독일의 작가 루트비히 울란트가 지금으로부터 약 150년 전에 종교 개혁의 진정한 기념물로 칭송했던 그 느릅나무마저도 말이다. 〔203쪽에 인용한 울란트의 시 참고〕

↑ 가을에 빛깔이 아름다운 단풍나무는 목재로도 매우 유용하다. 들판에 서 있는 플라타노이데스단풍나무 노거수.

↓ 단풍나무 목재는 현악기의 뒷판으로 쓰이는데, 고유의 줄무늬가 선명하다. 안드레아 아마티(Andrea Amati), 쿠르츠 바이올린(ex 'Kurtz' Violin), 1560년경. 미국 메트로폴리탄 박물관 소장.

| 06 | Der Ahorn
Acer sp. | 단풍나무 | 나무 신화(Mythos Baum) :
나무로 본
유럽 민속의 기원과 효능 |

단풍나무 Der Ahorn
Acer sp.

해가 솟아오른다. 하얀 염소처럼,
단풍나무 그늘로 아름답게 얼룩져,
그물처럼 얽힌 초록색 가지를 통해,
수줍게 황금빛으로 퍼져 나간다.

〔페터 후헬(Peter Huchel, 1903~1981년),「단풍나무 아래(*Unter Ahornbäume*)」〕[*]

↑ 미국의 메이플 시럽 채취를 묘사했다. 〈뉴욕 옷세고 카운티의 설탕숲(Scene In A Sugar Bush, Otsego County, New York)〉, 목판화, 1867년.

[*]〔원문 출처 : Peter Huchel, *Die Gedichte* (Freiburg i. Frankfurt : Suhrkamp Verlag, 1984)〕

외래종 단풍나무와 독일 토종 단풍나무

전 세계에 150여 종 이상의 단풍나무가 분포하며, 중유럽에 자생하는 것은 주로 3종이다. 첫 번째는 기후가 온화한 곳을 선호하는 **들단풍나무**(Feldahorn, *Acer campestre*)로, 딱히 까다롭지 않아 척박한 토양에서도 잘 자라며 햇빛도 그다지 필요로 하지 않는다. 풀이 무성한 활엽수 혼효림에 분포하며 도로 주변이나 밭둑, 숲 가장자리에서도 흔히 볼 수 있다. 두 번째는 잎 가장자리가 뾰족한 **플라타노이데스단풍나무**(Spitzahorn, *Acer platanoides*)다. 참나무와 느릅나무가 많이 출현하는 저지대의 피나무 혼효림에 혼생하는데, 해발 700m 이하에 주로 분포한다. 요즘에는 피나무 혼효림이 자연적으로 세력이 감소해 드물어졌다. 세 번째는 **산단풍나무**(Bergahorn, *Acer pseudoplatanus*)다. 이름에서도 알 수 있듯, 산악 지대의 토심이 깊고 양분이 풍부하며 습한 계곡부 산림에서 자란다. 알프스에서는 해발 1,600m 높이까지도 분포한다. 이 종은 근래 들어 자주 조림되나, 북독일에서는 원래 자생하지 않았다는 사실을 옛 식물 서적에서 확인할 수 있다. 그 예로 야코부스 타베르네몬타누스가 1588년 저술한 식물지[『신(新)본초학(Neuw Kreuterbuch)』을 말하는 듯하다.]에서는 단풍나무를 두 종류만 소개하는데, 이른바 마스홀더(Maßholder)라고 불리는 '독일 단풍나무(Teutsch Ahorn)'와 현재의 버즘나무를 뜻하는 '외래 단풍나무'[312]가 그것이다. | 산단풍나무는 매우 유용한 건축용 목재 공급원으로 요즘은 영국뿐 아니라 스웨덴 남부, 프랑스에서도 흔히 볼 수 있다. 이들 지역에서는 귀화종으로 간주된다. 산단풍나무는 경쟁력이 매우 강하다 보니, 영국에서는 북미산 벚나무(*Prunus serotina*)[313]처럼 수십 년 사이에 생태 문제를 야기하는 식물로까지 여겨지는 실정이다.

↓ 왼쪽은 들단풍나무(Der Feldahorn), 오른쪽은 산단풍나무(Der Bergahorn)를 그린 독일의 식물 도감. 잎의 모양과 꽃, 열매의 차이를 알 수 있다. 1796년.

←독일의 식물 도감에 실린 플라타노이데스단풍나무(Der Spitzahorn), 1826년. 잎 가장자리가 뾰족하다.

[312] 외래 단풍나무 [Fremdahorn] : 이 책의 원저자는 외래 단풍나무가 버즘나무(Orientalische Platane)를 뜻한다고 썼으나 다른 자료들에서는 당시의 '외래 단풍나무'는 현재의 플라타너스(양버즘나무)를 의미한다고 나오는 곳도 있다. 잎의 가장자리가 갈라지고 뾰족한 버즘나무나 플라타너스의 잎이 단풍나무 잎과 닮았기 때문인 것으로 추정된다. [313] 북미산 벚나무 [Spätblühende Traubenkirsche, *Prunus serotina*, 영 black cherry] : 북미 대륙 동부 원산으로 수명이 길고 종자의 발아율이 높다. 원예용으로 유럽에 소개되었지만 식용으로도 애용되는 버찌를 새들이 먹어 유럽에 꾸준히 퍼졌다. 미국에서와 달리 20세기 후반 들어 유럽의 숲을 빠르게 잠식해 종 다양성을 위협하고 있는데, 미국 토양에는 이 벚나무의 생장을 방해하는 미생물이 많은 데 비해 유럽에는 거의 없기 때문이라고 한다.

나무 중의 모범생

↑ 스위스 동부의 알프스 산간 마을 '트룬(Trun)의 산단풍나무'. 교회 옆에 양갈래로 갈라진 노거수가 서 있다. 뮬러(Gustav Adolph Müller), 〈성 안나 교회(Kapelle St. Anna)〉, 『스위스의 전형적 명소(Die klassischen Stellen in der Schweiz)』 수록 삽화, 1836년.

산단풍나무는 물푸레나무와 마찬가지로 토양을 별로 가리지 않고 생장이 빠르며 위로 곧게 뻗어 자라는 '나무 중의 모범생'이어서 삼림 전문가에게 각광받는 수종이다. 물푸레나무와 또 한 가지 공통점은 나뭇잎이 가축 사료로 이용된다는 점이다. 그렇다 보니 해발 높이가 높은 지대에서는 산단풍나무가 물푸레나무를 대체한다. 산단풍나무는 잠아(潛芽)[314] 발생력이 낮기 때문에 어린 잎을 가축 사료로 이용하려고 '가지치기'를 하거나 동물들이 어린 가지째 뜯어 먹을 경우 큰 타격을 입는다. 그러므로 산단풍나무의 잎을 거둘 때는 가지는 그냥 둔 채로, 붙은 잎만 훑어야 한다.[「숲의 문화사」편 '밑에도 나뭇잎, 위에도 나뭇잎' 참고] | 산단풍나무는 자생하는 단풍나무 중 가장 크고,

군락을 이룬 곳에서는 40m 높이까지 자라기도 한다. 수령 또한 500년을 넘기도 한다. 저지대에서는 거의 매년 열매를 맺고, 고지대에서는 2년에 1번 정도 열매를 맺지만 싹을 틔우는 건 채 반도 되지 않는다. 단풍나무의 열매를 집게처럼 코에 붙여 볼 때면 어릴 적 추억이 새삼 떠오르기도 한다. 산단풍나무는 잎이 뾰족한 플라타노이데스단풍나무처럼 자동차 배기 가스에 대한 내성은 강하지만, 겨울철 제설에 사용되는 염화칼륨에는 약하다. | 울창하게 우거진 산단풍나무 숲으로 대표적인 사례는 오스트리아 카르벤델산맥(Karwendel)[315]의 이자빙켈(Isarwinkel) 지방에서 찾아볼 수 있다. 아울러 스위스 동부 알프스 산간 마을 트룬(Trun)에는 정말 유명한 산단풍나무가 있다. 1424년에 이 산단풍나무 아래에서 일군의 사람들이 '회색 동맹(Grau Bund)'[316]의 결의를 맹세했다. 그로부터 이 산단풍나무 노거수는 오늘날 '그라우뷘덴주(Graubünden)'라고 불리게 된 이 지역에서, 1870년에 닥친 폭풍으로 쓰러질 때까지 생존했다. 폭풍 피해로 쓰러진 이 나무를 추모하여 주민들이 뽑힌 노거수의 그루터기를 메고서 쿠어(Chur)의 법정까지 행렬을 이루어 갔다고 한다. 약 100년 전, 본래의 나무가 생육하던 그루터기 주변에서 맹아지(萌芽枝, sprout)가 나오기 시작하여, 현재 후손으로 자라고 있다.

[314] 잠아(潛芽, Schlafende Knospe) : 일명 '숨은 눈'이라고 한다. 식물 줄기의 껍질 속에 숨어 보통 때는 자라지 않지만, 음지에 갑자기 햇빛이 많이 들거나 가지나 줄기를 자르면 비로소 자라기 시작하는 눈을 이른다. [315] 카르벤델산맥[Karwendelgebirge] : 오스트리아 티롤주에 위치한 산맥이다. 높이는 3,000m에 달하며, 차갑고 습한 기후와 풍부한 강수량, 초원이 특징이다. 사냥감이 풍부한 숲으로도 이름이 높아 왕실의 사냥터로 쓰이기도 했다. 현재 대부분 지역이 카르벤델 자연 보호 구역으로 지정되어 있다. [316] 회색 동맹[Grau Bund] : 이탈리아, 오스트리아, 리히텐슈타인과 접한 스위스의 트룬 지방은 12세기 후반까지 중앙 집권 세력이 없이 독립적인 작은 마을들이 흩어져 있었다. 스위스 동부의 쿠어(Chur) 주교좌와 인근의 영주들 사이에 전쟁이 계속되면서 이 지역의 교역은 큰 피해를 입었다. 14세기 말에 폭력을 멈추고 교역을 촉진하고자 마을 대표들이 동맹을 결성했는데, 당시 민중들이 주로 집에서 짠 회색 옷을 입고 있어 '회색 동맹'이라는 뜻의 '그라우 분트(Grau Bund)'라 불렸다. 회색 동맹은 군사력과 행정권, 재판권을 행사했다. 스위스 동맹과 동맹 관계를 유지하며 '30년 전쟁'에서 한 축을 맡았다. 1803년 나폴레옹이 스위스와의 조정법(調停法)을 발효할 때 '그라우뷘덴(Graubünden)'이라는 주로 획정되었고, 프랑스어로는 '그리종(Grisons)'이라고 한다.

가을의 홍조

가을철에는 타오르는 듯한 붉은색과 오렌지색으로 화려한 플라타노이데스단풍나무(Spitzahorn)가 창백한 황금색의 산단풍나무보다 한 수 위라고 할 수 있다. 그러나 단풍 빛깔을 제외하면, 플라타노이데스단풍나무는 산단풍나무에 여러 모로 못미친다. 목재의 질이 낮고 생산량도 적다 보니 주로 공원이나 도심의 녹지, 농지 보호용 방풍림 같은 목적으로 식재한다. 도심 속 주요 수종으로 자리 매김해 가고 있으나, 사방으로 뿌리를 뻗는 속성을 지닌 플라타노이데스단풍나무는 흙다짐이나 가지치기에 예민하다. 수령도 150년을 넘지 못하고, 나무 높이도 최고 30m 정도에 그쳐 산단풍나무에 뒤처진다. 옛 고지 독일어에서는 이 나무를 '림보움(limboum)'이라고 불렀고 또는 라임바움(Leimbaum)이나 렌네(Lenne) 같은 별명도 전하지만, 그 어원은 아직 밝혀진 바가 없다. | 단풍나무의 학명인 '아체르(Acer)'는 라틴어로 '날카로운 것(scharf)' 혹은 '뾰족한 끝(spitz)'을 뜻한다. 인도유럽어의 어원에서 '아크(ak)'가 곧 '뾰족하다(spitz)'는 뜻인 데서도 알 수 있듯, 잎의 가장자리 끝부분이 삐쭉삐쭉한 데서 기인한 이름이다. [플라타노이데스단풍나무는 독일어로 '슈피차호른(Spitzahorn)'인데, '슈피츠'는 뾰족하다는 뜻이다.]

↑ 들단풍나무 열매의 날개는 서로 수평으로 달려 있다.

06 | Der Ahorn / Acer sp. | 단풍나무 | 나무 신화(Mythos Baum): 나무로 본 유럽 민속의 기원과 효능

독일 음식에 귀중한 나무

들단풍나무는 15m까지밖에 자라지 못해 3종의 단풍나무 중 가장 작다. 전형적인 저지대 수종으로 생장 속도도 무척 더디다. 전정(剪定)에 강하고 싹 트는 것도 매우 활발하므로 산울타리용으로 심는다. 수령은 100년까지 이를 수 있다. 선반공이나 목조각가는 아름다운 나뭇결을 지닌 들단풍나무 목재를 높이 평가하지만, 다른 분야에선 별 쓰임이 없다. 가지 대부분에 코르크가 발달되어 단면이 톱니처럼 생긴 것이 들단풍나무의 전형적인 형태다. 예전엔 들단풍나무를 '매펠(mäpel)', '마플도른(mapledorn)', '마스홀더(Maßholder)'라고 불렀는데, '마스홀더(Maßholder)'라는 이름은 지금까지 통용되며, 나아가 잊혀 버린 이 나무의 쓰임새를 떠올리게 한다. | 옛 독일어로 들단풍나무를 뜻했던 '마찰트라(mazzaltra)'에서도 비슷한 발음이 나타나는 '마스(Maß)'는 옛[古] 작센어의 '마트(mat)'와 관련 있고, 마스트(Mast)[317], 무스(Mus)[과일 퓌레. 또는 조림.], 메트부르스트(Metwurst)[돼지고기나 소고기를 갈아 만든 소시지.] 같은 단어들에서 '먹거리'와 연관된 유래를 추정할 수 있다. 데이지가 입맛을 돋운다 해서 마스리브헨(Maßliebchen)[318]이라 불리는 것과 같다. 16세기까지만 해도 독일어에서 '마스'란 단어는 사람들이 즐기는 음식이라는 뜻이었으나, 시간이 지나면서 가축 사료(飼料)로 의미가 퇴색했다. "돼지에게 마스를 먹이라(Gib dem Schwi's Maß)" 같은 표현이 한 세기 전까지 알프스 전역에서 통용되었다. 잎자루에서는 유액이 흐르며, 잎은 자우어크라우트처럼 다져 발효하기도 했던 들단풍나무는 독일의 식생활에서 빼놓을 수 없는 나무였다.

[317] 마스트[Mast]: 비육, 사료를 뜻한다. 영어에서도 도토리, 버찌 등 땅에 떨어진 나무 열매를 모아 가축에게 주는 사료를 일컫는다. [318] 데이지[Gänseblümchen, 영 Daisy]: 하얀색, 붉은색 등 꽃이 피는 국화과 풀로 유럽 원산이다. 유럽에서는 어린 잎을 샐러드에 쓰기도 하고 꽃이나 씨로 차를 끓인다. 약용 식물로도 이름난다. 마스리브헨(Maßliebchen)에서 '리브헨(liebchen)'은 '귀여운 사람'이나 '연인'을 뜻한다. 여기에 먹는 것과 관련된 접두어 '마스(Maß)'가 붙어 '입맛을 돋우는 것, 맛있는 것'이란 속뜻으로 풀이할 수 있다.

귀중한 목재

독일에 자생하는 3종의 단풍나무 중 산단풍나무 목재가 색깔이 가장 하얗기 때문에, 산단풍나무에는 '백목(白木, Weißholz)'이라는 별칭이 있다. 목조각 장인들은 주로 사람의 형상이나 꽃을 상감(象嵌)하는 데 이 나무를 사용했다. 또 가공하지 않은 상태일 때 산단풍나무는 너도밤나무 목재처럼 깎기가 수월해서 가구나 반죽 밀대, 나무 숟가락 같은 주방 용기를 만드는 데도 쓰였다. 그 유명한 트로이 목마도 단풍나무의 목재로 만들었다고 전한다. 산단풍나무 목재는 값이 비싸서, 목수가 써 보려면 상당한 비용 지불을 각오해야 한다. 같은 등급의 너도밤나무 목재와 비교하면 대략 4.5배에 맞먹어서, 재적(材積)〔목재의 부피. 원문에서는 세제곱미터.〕당 1,500유로까지 나간다. 나이테가 치밀한 독일가문비와 더불어 단풍나무도 기타, 바이올린, 첼로 같은 현악기의 공명판(共鳴板)이나 피리 같은 악기에 쓰인다. 그 옛날 목가적인 판(Pan)〔그리스 신화에서 숲, 사냥, 목축에 관련된 목양신(牧羊神)〕이 불던 피리도 단풍나무를 깎은 것은 아니었을까? 아무래도 갈대 피리[319]로는 이 목양신(牧羊神)의 조각 열정이 성에 차지 않았을 법하니 말이다. 지금도 팬파이프를 제작하는 데는 이른바 '빗장단풍(Riegelahorn)'이라 부르는 목재를 가장 많이 찾는데, 이 나무는 천천히 생장해 나이테가 좁고 어둡고 밝은 무늬가 어른거리며 아름다운 광택을 띤다. 음향목(Klangholz)으로 가장 우수한 단풍나무의 산지는 디나르알프스산맥(Dinar)〔동부 알프스 산맥의 남동쪽 지맥. 발칸반도에 위치한다.〕를 꼽는다.

↓ 단풍나무는 소리의 울림이 매우 우수해 특히 첼로, 바이올린, 기타 등과 같은 현악기의 공명판에 쓰인다. 요스트 아만(Jost Amann), 목판화, 1588년.

[319] 갈대 피리[Schilfrohr] : 그리스 신화에서 '목자(牧子)와 가축의 신'으로 등장하는 판(Pan)은 원래 아르카디아(Arcadia) 지방의 신으로, 미소년이나 요정을 쫓아다니는 호색한으로 여겨졌다. 이런 성격 탓에, 연애와 관련한 설화가 많은데 시링크스(Syrinx) 이야기가 그중 한 예다. 시링크스는 아르카디아산의 님프였는데, 구애하는 판에게 쫓겨 강가까지 오게 되었다고 한다. 더는 도망갈 길이 없자 강의 님프에게 간청해 갈대로 변신했다. 마침 바람이 불어 갈대가 서걱거렸고, 판은 이 소리에 반해 갈대들을 서로 다른 길이로 꺾고 밀랍으로 붙여 피리(팬파이프)를 만들었다고 한다.

달콤한 수액

↑ 가을 단풍이 든 플라타노이데스단풍나무. 이 아름다운 단풍나무에 얽힌 신화가 없다는 것은 기이하다.

독일 문화권에서 단풍나무는 자생 수종이면서도 신화와는 전혀 관련 없는 몇 안 되는 나무의 하나다. 자연 신앙이나 기독교 혹은 민간의 기복 어느 곳에서도 딱히 의미 있는 이야기가 보이지 않는다. 그저 가볍고 흥겨운 벗으로 묘사되었을 뿐이다. 말 그대로 '쓰이지 않은 페이지(unbeschriebenes Blatt)'인 셈이다. [블라트(Blatt)는 신참, 백지 등을 뜻하는데, 중의적으로 '잎'도 가리킨다. '빈 서판(tabula rasa)'도 독일어로 'unbeschriebenes Blatt'라고 한다.] 1664년에 [320] 야코부스 타베르네몬타누스도 "단풍나무는 재미있는 그림자 때문에 존중받는다."는 특징을 이야기했을 뿐, 그 밖에 대해서는 별로 거론한 바가 없었다. | 힐데가르트 폰 빙엔은 단풍나무의 성질을 '차

06   Der Ahorn
        Acer sp.

단풍나무

나무 신화(Mythos Baum):
나무로 본
유럽 민속의 기원과 효능

갑고 건조한 것'으로 묘사했다. 당시 의사들은 열이 나는 신체 부위나 부은 곳에 단풍나무 잎을 붙였다. | 단풍나무가 두드러지게 등장하는 사례로 괴테의 『파우스트』를 들 수 있는데, 파우스트 박사가 헬레나에게 그리스의 경관을 찬미하는 대목이다. "태고의 숲이랍니다! / 참나무는 기운차게 솟아, / 제멋대로 이리저리 가지를 뻗고 있고, / 부드러운 단풍나무(Der Ahorn Mild)는 달콤한 수액을 가득 품고 / 솟아 올라 잎들을 나부끼지요."〔『파우스트』 제2부 3막 「성채의 안마당」 중에서〕 | 자작나무와 마찬가지로 산단풍나무도 수액이 올라오는 이른 봄이 오면 나무에 구멍을 내 달착지근한 수액을 채취한다. 나무 한 그루에서 약 2주 동안 매일 1L의 수액을 채취할 수 있다. 채취한 수액은 구리 솥에 붓고 불을 떼서 시럽으로 만드는데, 대략 수액 100L로 1kg의 설탕을 만들어 내기도 했다. 특히 전쟁 중이나 불황 때 단풍나무 설탕은 일시적으로 경제적 중요성이 높아지곤 했다. 일례로 1806년 나폴레옹(Napoléon Bonaparte)이 대륙 봉쇄령을 내려, 영국령 식민지에서 유럽으로 설탕 원료 공급이 차단되었을 때도 그랬다. 단풍나무 설탕의 진가가 발휘된 마지막 시기는 제1차 세계 대전 중이었다. | 미국 동부와 캐나다에서는 오늘날까지도 전통적인 단풍나무 시럽(maple syrup) 제조가 경제에서 주요한 위치를 점한다. 캐나다 퀘백주에서는 연간 약 14,000톤의 메이플 시럽을 생산하는데, 전 세계 생산량의 70%를 차지하는 양이다. 이 지역 식당에서는 식탁에 메이플 시럽이 설탕 대신 소금, 후추와 함께 올라 있는 광경을 흔히 마주친다. 독일 사람들이 한겨울 저녁, 오븐에 노릇하게 굽고 바닐라 소스를 뿌린 구운 사과(Bratapfel)〔299쪽 주석〔410〕 참고〕로 이야기에 열을 올릴 때, 캐나다에서는 메이플 시럽을 끼얹은 팬케이크를 들며 긴 겨울밤을 난다.

〔320〕『신(新)본초학(Neuwe Kreuterbuch)』: 야코부스 타베르네몬타누스는 사망하기 2년 전인 1588년에 『신(新)본초학』을 펴냈는데, 본문에서 언급하는 1664년 판본은 사후 재출간된 것으로 보인다.

↑ 늦은 봄에 피는 딱총나무의 하얀 꽃은 아름다울 뿐 아니라 향기도 달콤하다.

07 | Der Holunder
Sambucus sp. | 딱총나무 | 나무 신화(Mythos Baum):
나무로 본
유럽 민속의 기원과 효능

딱총나무
Der Holunder
Sambucus sp.

이웃집 아이들과 이웃집 딱총나무는
영원히 내쫓을 수 없다네.
문을 한번 닫아 보련? 깜짝 놀랄걸!
담을 타고 기어 오르거든.
〔독일 격언〕

↑ '서민들의 포도'라고 불리던 검은딱총나무[321] 열매로는 딱총나무 과실주(엘더베리 와인)를 담갔다.

[321] 검은딱총나무[Schwarzen Holunder, *Sambucus nigra*] : 독일 남부에서는 홀러(Holler), 독일 북부에서는 플리더(Flieder)라고도 부른다. 영어로는 엘더(elder)라고 하는데, 이는 '불꽃'이란 뜻의 'oelder'에서 유래한 것이다. 예전에는 이 나무의 어린 가지 속을 빼내 불을 피웠다고 한다. 자주빛이 도는 검은색의 매우 작은 열매 '엘더베리(elderberry)'는 잼이나 젤리, 와인 등을 만드는 데 썼다. 감기 예방, 면역력 강화 등에 도움이 되어, 히포크라테스(Hippokrates of Kos, 기원전 460~370년)는 이 열매를 두고 '기적의 치료제'라 불렀다고 한다.

가짜 딱총나무와 진짜 딱총나무

↑ 난쟁이딱총나무(*Sambucus ebulus*), 1780년경.

검은딱총나무(*Sambucus nigra*)는 저지대와 해발 1,500m의 중산간의 습한 숲 지대, 숲 가장자리에서 자란다. 북쪽의 스칸디나비아 반도를 제외하고 전 유럽에 분포하는데, 양분이 많은 곳을 좋아해 주로 주택과 정원, 버려진 땅이나 공동 묘지 등 사람들이 무언가 버려 두는 곳(예를 들면 쓰레기 더미)에 자리 잡고 살아간다. 입지가 좋으면 몇 미터 높이까지도 자라는 나무다. 6월에는 산형화서(傘形花序)[322]에 달린 꽃에서 나는 묵직하고 달콤한 여름 향기로, 가을에는 검은색 열매로 쉽게 알아볼 수 있다. 껍질을 비비면 나는 독특한 냄새는 나무 이름의 또 다른 유래가 되었다. 검은딱총나무를 북부 독일에서는 '알호른(Alhorn)'[중고지 독일어로 알(al)은 '냄새나는' '썩은'이라는 뜻] 또는 '엘호른(Elhorn)'으로, 중부 독일에서는 '슈팅케홀러(Stinkeholler)'라 부른다. | "라일락 내음은 / 얼마나 부드럽고, 강하며, 그

득한가! / 나의 사지(四肢)를 풀리게 하고 / 무엇인가를 말하게 하네." | 리하르트 바그너(Richard Wagner)[323]의 오페라 〈뉘른베르크의 명가수(*Die Meistersinger von Nürnberg*)〉에서 한스 작스(Hans Sachs)[324]가 읊는 대사다. 작스가 살았던 16세기에는 뉘른베르크에 아직 꽃피는 라일락이 없었다. 당시에 '라일락(Flieder)'이라는 이름으로 사람을 들뜨게 하던 것은 꽃이 피는 딱총나무(Holunder, *Sambucus* spec.)였을 것이다. [독일어에서 라일락(*Syringa vulgaris*)과 딱총나무(*Sambucus* sp.) 둘 다 '플리더(Flieder)'라 부른다.] 16세기에 콘스탄티노플(Constantinople)[325]에서 모카[326]와 함께 진짜 라일락(*Syringa vulgaris*)이 수입되었을 때, 사람들은 이 '생경한' 나무에 '터키딱총나무' 라든가 스페인, 페르시아, 포르투갈 라일락이라고 접두어를 붙여 불렀다. 독일에서는 한참 동안 딱총나무를 라일락이라 여겼다. 오랜 시간이 흘러 오늘날 통용되는 이름으로 정착했지만 '플리더티(Fliedertee, 딱총나무 차)'라는 말만은 여전히 남아, 딱총나무의 예전 명칭을 떠올리게 한다.

[322] 산형화서[傘形花序, Dolde] : '산형꽃차례', '우산꼴 꽃차례'라고도 한다. 꽃대의 꼭대기 한 지점의 끝에 길이가 거의 같은 꽃자루가 나와 여러 송이의 꽃이 우산살처럼 방사형으로 퍼져서 핀다. 생강나무, 미나리, 앵초 등이 이에 속한다. [3232] 리하르트 바그너[Wilhelm Richard Wagner, 1813~1883년] : 독일의 작곡가. 라이프치히 출신으로 바이에른 왕국 루트비히 2세(Ludwig II, 1845~1886년)의 후원 아래 〈트리스탄과 이졸데〉(1859년), 〈니벨룽의 반지〉(1867년) 등의 오페라와 악곡을 남겼다. 자신의 악극을 위해 바이로이트 축제 극장을 열었다. 그의 작품과 예술론은 19세기 말 낭만주의 부흥에 큰 영향을 미쳤다. [324] 한스 작스[Hans Sachs, 1494~1576년] : 독일의 시인이자 작곡가, 가수. 독일 뉘른베르크의 재단사 아들로 태어나 구두 만드는 일을 하고 살면서 수많은 종교시를 남겼다. 본문의 한스 작스는 바그너의 오페라 「뉘른베르크의 명가수」의 주인공인데, 실존 인물을 모델로 한 것이다. 극 속에서 구두 장인이자 명가수로 등장하는 한스 작스는 주인공의 사랑을 이어 주는 스승이다. [325] 콘스탄티노플[Constantinople] : 동로마 제국 시대에 부르던, 터키 이스탄불(Istanbul)의 옛 이름이다. 오스만 제국에 주재했던 드 뷔스벡(Ogier Ghiselin de Busbecq, 1522~1592년) 신성 로마 제국 대사가 1562년에 콘스탄티노플의 궁정 정원에서 비엔나로 라일락을 가져와 유럽에 처음 소개했다고 한다. 16세기에는 프랑스 등 일부 지역에만 심기던 라일락이 유럽 전역에 퍼진 것은 19세기의 일이다. [326] 모카[Mokka] : 예멘에서 들여온 커피의 한 종류다. 에티오피아 원산인 커피는 14세기 무렵 예멘에 전해졌고, 그 주요 수출입항이 모카(Mocha)였으므로, 유럽에서 모카가 곧 커피를 일컫는 대명사가 되었다. 예멘의 커피는 터키에도 전파되었다. 터키가 오스만 제국의 중심이 되면서, 그 수도인 콘스탄티노플을 거쳐서 유럽으로 전파되었다.

↑ 지도 05 [04 노간주나무] [05 느릅나무] [06 단풍나무] [07 딱총나무] 편에 등장하는 지명.

07　Der Holunder
　　Sambucus sp.

딱총나무

나무 신화(Mythos Baum):
나무로 본
유럽 민속의 기원과 효능

독성이 있는 사촌들

검은딱총나무 외에 숲 가장자리나 숲속 빈터에서는 또 다른 종(種)인 붉은딱총나무(*Sambucus racemosa*)[327]와, 드물지만 난쟁이딱총나무(*Sambucus ebulus*)[328]를 만날 수 있다. 관목형(灌木形)인 **붉은딱총나무**는 노란색 산형꽃차례를 가지며, 붉게 익는 열매는 불에 익혀 씨를 발라내고 주스나 젤리를 만든다. 그러나 검은딱총나무 열매 같은 약효는 없으며, 아이들이 날로 먹으면 중독이 될 수도 있다고 한다. | 이 셋 중에 가장 독성이 강한 것은 두말할 나위 없이 **난쟁이딱총나무**다. 예전에는 체내에 수분이 과잉되면 이 나무 뿌리를 진하게 삶아 이뇨제로 마셨다. 열매로 만든 무스는 오늘날에도 자연 치료 요법을 전문으로 하는 약국에서 강력한 설사약으로 손꼽힌다. 난쟁이딱총나무는 다른 두 딱총나무처럼 흔히 볼 수 있는 종은 아니지만, 그 대신 최소한 20여 그루가 모여 자라 커다란 임분(林分)을 이루는 경우가 대부분이다. 관목으로서 최대 2m까지 자라며, 하얀색 산형꽃차례의 꽃은 소량으로 드문드문 필 따름이다.

↑ 잘 익은 붉은딱총나무의 빨간 열매는 날것일 땐 독성이 있지만 가열하면 먹을 만하고 주스를 만들기도 한다.

[327] 붉은딱총나무(Traubenholunder, *Sambucus racemosa*) : 총상(總狀)딱총나무, 사슴딱총나무(Hirschholunder) 또는 산(山)딱총나무(Bergholunder)라고도 부른다.
[328] 난쟁이딱총나무(Zwergholunder, *Sambucus ebulus*) : 아티히(Attich)라고도 한다. 유럽 중남부와 서남아시아에 자생하며 예로부터 약재로 쓰였다.

보물 지킴이

켈트족은 딱총나무 밑에 대지의 신 푸쉬카이티스(Puschkaitis)[329]가 좌정해 있다고 믿었다. 그는 난쟁이나 요괴 같은 수많은 숲속 존재의 주군이며, 인간의 운명을 멋대로 조종했다. 그가 인간을 사자(死者)의 세계로 인도했다는 점에서, 딱총나무는 내세(來世)와 관련이 있다. 그리스에서는 딱총나무 목재를 장례식에 사용했으며, 신기하게도 게르만족 땅에도 유사한 풍습이 남아 있다. 북독일에서 목수가 관을 짜기 위해 죽은 자의 치수를 잴 때, 새로 자른 딱총나무 줄기를 사용하는 것이 관례였던 것이다. 또한 영구(靈柩) 마차의 마부는 채찍 대신 딱총나무 채로 말을 몰았다. | 전쟁이나 도적떼가 들끓던 시절에 농부들은 딱총나무를 '보물 지킴이'로 이용했다. 피난을 떠날 때는, 군인이나 약탈꾼으로부터 보호해야 할 귀중품들을 딱총나무 덤불 아래 파묻고 줄기와 가지를 잘라 버렸다. 주민은 대개 몇 년이 흐른 후에야 고향으로 돌아왔다. 그럼에도 그들은 귀중품을 어디다 숨겼는지 금세 찾을 수 있었다. 그 사이 다시 자란 딱총나무 아래에 숨어 있다는 것을! | 아우구스티노회 수도사 아브라함 아 장크타 클라라(Abraham a Sancta Clara)는 딱총나무에 관한 아름다운 전설을 설교했다. 독실한 변경백(邊境伯)[330] 레오폴트(Leopold)가 부인 아그네스(Agnes)와 함께 교회를 세우고자 빈(Wien) 근방의 칼렌베르크(Kahlenberg)에 말을 타고 행차를 나섰다. 그런데 갑자기 "바람이 불어와 부인이 머리에 쓰고 있던 베일이 날아가 버렸다." 까맣게 잊고 있다가 수 년 뒤, 후작은 사냥을 하던 중 우연히 부인의 베일이 "오랫동안 비와 눈, 그리고 폭풍우에도 온전한 모습을 한 채" 딱총나무 덤불에 걸려 있는 것을 발견했다. "그것은 하느님께서 바로 여기 딱총나무가 서 있는 자리에 교회를 세우라는 징표와 다름이 없었다."[331]

↑ 1505년에 소(小) 뤼란트 프뤼아우프(Rueland Frueauf der Jüngere)가 그림이 그림은 오스트리아 빈의 클로스터노이부르크수도원(Stift Klosterneuburg) 개장 설화를 소재로 삼은 것으로, 딱총나무와 관련이 깊다. 하부로는 오스트리아 변경백 베 레오폴트 3세가 아내 아그네스와 어디에 교회를 세우면 좋을지 논의하고 있었다. 그 때 갑자기 세찬 바람이 불어와 아내의 베일이 날아갔고, 이야기는 중단되었다. 몇 년이 지난 뒤 사냥을 하던 변경백은 아내의 베일이 어느 딱총나무에 흠집 없이 걸려 있는 것을 발견했다. 그는 '바로 이 자리가 교회를 세울 곳이라고 생각한다. 레오폴트 제단화(Leopold-Altar) 중 《베일의 발견(Auffindung des Schleiers)》.

[329] **푸쉬카이티스〔Puschkaitis〕**: 라트비아나 리투아니아에서 대지와 숲을 관장하는 남성신으로, 딱총나무 덤불에 좌정하며 지하 난쟁이들을 거느린다. 'Puškaitis', '푸샤이티스(Pušaitis)'라고도 표기한다. [330] **변경백〔邊境伯, Markgraf〕**: 유럽의 중세 세습 귀족 가운데 타국과 영토가 맞닿은 일부 봉토(邊境)의 영주를 일컫는 칭호다. 흔히 '후작(Marquess)'으로도 번역되는데, 일반 백작보다 넓은 영토와 강한 권리를 지녔기 때문이다. 작위의 순서는 공작(公爵, Duke)-후작(侯爵, Marquess)-백작(伯爵, Earl, Count)-자작(子爵, Viscount)-남작(男爵, Baron) 순이다. 독일어 마르크그라프(Markgraf)에서 마르크(Mark)는 라틴어 마르카(Marca)가 어원으로 '영토(Territory)'를 뜻한다. [331] **클로스터노이부르크수도원〔Stift Klosterneuburg〕**: 1114년 세워진 아우구스티노회 수도원으로, 빈의 동쪽 도나우 강변에 있다. 오스트리아에서 가장 오래된 수도원의 하나로, 창설 당시에는 오스트리아 변경백국에 속했고 그 통치자가 레오폴트 3세(성 레오폴트, 재위 1095~1136년)였다. 바로크 시대의 인기 높은 설교가였던 아브라함 아 장크타 클라라(Abraham a Sancta Clara, 1644~1709년)는 1673년에 레오폴트 3세의 무덤이 있는 이 수도원에서 설교한 바 있다.

홀레 아주머니(Frau Holle)[332]의 나무

오래 전부터 농가의 비옥한 퇴비 더미 가까운 곳에 자리를 잡고 자란 검은딱총나무는 집이나 농장에서 녹색의 수호자였다. 사람들이 직접 퍼뜨린 경우도 있지만, 일부러 심지 않아도 대개는 새의 배설물을 통해 퍼져 나갔다. 딱총나무가 저절로 농가 주변에 자라면 길조로 여겨, 이 보호수를 베려 하지 않았다. 트로길 아른킬(Trogill Arnkiel)[333]은 1703년에 『킴브리족의 다신교(Cimbrischen Heidenreligion)』라는 책에서 자신이 악동이던 시절에는 누구도 딱총나무를 베거나 가지를 자를 엄두를 못 냈다고 썼다. 어쩔 수 없이 한 번쯤 베어야만 할 때는 우선 무릎을 꿇고 두 손 모아 빌었단다. | "딱총나무 아주머님, 당신 가지를 제게 좀 주소서. 저도 당신에게 무엇이든 바쳐서, 숲에서 자라게 하겠습니다." | 딱총나무에 대한 이런 숭배가 어디서 유래했는가는 그 이름을 곰곰 생각해 보면 쉽게 이해가 간다. 여러 곳에서 딱총나무(Hollunder, 홀룬더)를 '홀러(Holler)'라고 부르는데, 게르만족은 오스트리아와 남독일 전역에서 작은 딱총나무 아래에 민족 고유의 광명을 주는 어머니신(모신(母神))를 모셨고, 이 신이 훗날 격하되어 '홀레 아주머니(Frau Holle)'로 바뀌었다. 〔게르만족의 북유럽 신화에서 가정과 텃밭의 수호자인 파레야 여신이 딱총나무 덤불에 좌정하며, 딱총나무 아래에서 봄과 우물의 여신인 홀라(Holla)에게 들판의 풍요를 기원한다.〕 이 구원의 신은 행운의 나무의 잎과 가지에 살면서 농가를 모든 해악으로부터 지켜 주었다. 홀레 아주머니에게는 자비와 은총, 가호가 깃들어 있으니, 그 수호자라는 것은 딱총나무에게 영예인 셈이다. 나무의 모든 부분이 치료약으로 활용되는 딱총나무는 '독일의 외딴 농가의 살아 있는 가정 상비약 상자'였다. "껍질, 열매, 잎과 꽃, / 부분마다 기운을 주고 선을 베풀어, / 모두 은총이네."라고 옛사람들은 노래했다. | 어머니신이 홀레 아주머니가 되었다는 소문은

07　　Der Holunder　　딱총나무　　나무 신화(Mythos Baum):
　　　Sambucus sp.　　　　　　　　나무로 본
　　　　　　　　　　　　　　　　　유럽 민속의 기원과 효능

금세 퍼져 나갔고, 기독교가 세력을 확장하면서 나무에 대한 숭배는 처벌받는다는 위협과 함께 금기시되었다. 원래 모신이었건만 이제는 수확을 망치고 십이야(十二夜)〔크리스마스(12월 25일)에서 이듬해 1월 6일까지의 12일〕 기간 동안 밤마다 못된 짓을 일삼는 행패꾼이라는 비난을 견뎌야 했다. "홀레 아주머니는 처음에는 훌륭한 여자였지만, 나중에는 거친 껍질만 남은 속 빈 나무와 같다."고 헤센주(Hessen)의 마녀 기록에 적혔듯이 말이다. | 그러나 딱총나무의 영험은 끄떡이 없었다. 오히려 병을 가져가는 나무로 여겨졌다. 민간에서는 일정한 의식을 엄수하면서 다음과 같이 외웠다. | "가지를 구부리니 / 이제 열이 없어졌네. / 딱총나무 가지를 들어 올려, / 내 열이 그리로 옮겨 갔네. / 내가 하루 동안 지녔으니, / 이제 네가 오래 오래 가지거라." | 이 주문에도 효험이 없으면 '라일락 차'라고 부르던, 딱총나무 꽃차를 마시도록 권했

↑ 독일 연방 우표 속의 '홀레 아주머니(Frau Holle)'. 1967년. 헤센 지방에서는 눈이 오는 것은 홀레 아주머니가 이불을 털어 그 깃털이 날리는 것이라는 이야기가 전해 온다.
↗ 딱총나무는 그 약효 덕분에 '독일 외딴 농가의 살아 있는 약국'으로서 집 한켠의 지정석에 오래 전부터 자리 잡았다.

〔332〕홀레 아주머니〔Frau Holle〕: 독일의 전설에 나오는 인물로, 1812년 그림 형제의 동화집 『그림 동화』에 실렸다. 무서운 할머니 모습이지만 자애로운 어머니의 면모도 지녀 집안일을 때맞추어 잘하면 복을 주고, 게으름을 부리면 벌을 내린다. 〔333〕트로길 아른킬〔Trogill Arnkiel, 1639~1712년〕: 덴마크의 신학자이자 고고학자. 저서 제목의 킴브리족은 고대 게르만의 일족으로, 오늘날 덴마크와 북부 독일의 유틀란트 반도에 거주했고, 아른킬도 이 지역에서 활동했다. 〔334〕청산 배당체〔靑酸配糖體, Blausäureglykoside〕: 배당체는 유기 활성 화합물이 당과 결합되어 있는 형태를 말한다. '사이언 배당체' 또는 청산 배당체는 체리, 살구, 복숭아, 매실, 은행, 아몬드 등의 덜 익은 과육이나 씨앗에 함유되어 있다. 그 자체로는 무해하지만, 효소에 의해 분해될 때 청산(청산가리)이 발생한다. 소량일 때는 별 문제가 없으나, 다량섭취 시에는 구토 등 중독증세를 일으킨다.

다. 이 차를 뜨겁게 해서 마시면 땀이 난다. 오늘날에도 피나무 꽃차와 함께 독감에 가장 잘 듣는 가정 상비약으로 꼽힌다. 또 잎이나 껍질, 뿌리를 우려 낸 물은 배뇨를 촉진한다. | 꽃을 제외한 딱총나무의 모든 부분은 특히 청산 배당체(靑酸配糖體)[334]를 함유하고 있기에, 즉 날것은 다소 독성이 있기에 복용 전 가열해야 한다. 다 익은 열매로 만든 무스, 마멀레이드, 주스 등은 피를 맑게 하고 면역력을 높인다.

↑ 검은딱총나무(*Sambucus nigra*), 1796년.

07   Der Holunder *Sambucus* sp.   딱총나무   나무 신화(Mythos Baum): 나무로 본 유럽 민속의 기원과 효능

가난한 이들의 포도

집에서 빚은 '가난한 이들의 샴페인'[335]은 수 년 전부터 다시 사랑받는 민속주로, 제조하는 데 세심한 감각이 필요하다. 먼저 딱총나무 열매 15송이와 자른 레몬 3개, 설탕 1kg, 물 10kg을 큰 통에 함께 넣고 사흘간 햇빛 아래 놓아 둔다. 그 다음 레몬의 즙을 짜내고 망에 잘 걸러 병 속에 넣어 보관한다(가능하면 샴페인 병에 넣어 둔다). 지하 창고에 보관한 술은 1~2주가 지나면 샴페인처럼 익는데, 이것을 차게 해서 마신다. 딱총나무 샴페인은 쉬 발효되므로, 지하 창고에서부터 코르크 병마개가 튕겨 나가는 일이 곧잘 발생하기 때문에 병을 딸 때도 조심해야 한다. | 예전에는 농부들이 '가난한 이들의 포도'라는 딱총나무 열매로 딱총나무 과실주를 만들었다가, 이를 진짜 포도로 만든 적포도주와 블렌딩해 마셨다. 이것을 최소 6개월 이상 숙성하면 맛있는 가양주(家釀酒)가 된다. | 달콤하고 바삭한 '딱총나무 케이크(딱총나무 꽃을 팬케이크처럼 구운 것)'는 원래 고대 게르만족 사람들이 하지(夏至)에 올리던 제례 음식이었으며, 오스트리아에서는 일종의 '디저트'로 새참에 즐겨 먹는다. | 연미색의 딱총나무 목재는 단단하여, 회양목과 마찬가지로 빗이나 장남감과 같은 작은 소품을 제작하는 데 사용된다. 흑청색의 열매는 가죽을 청색이나 보라색으로 물들이는 색소로 쓰인다. 천연 색소로 염색한 식료품과 화장품의 수요가 지속적으로 증가하고 있으므로, 최근에는 딱총나무를 몇 헥타르(ha)씩이나 심기도 한다.

[335] 가난한 이들의 샴페인[Armeleutesekt, 아르메로이테젝트] : 샴페인(Champagne)은 원래 프랑스 샹파뉴(Champagne) 지방에서 생산되는 탄산이 든 스파클링 와인(sparkling wine)을 지칭한다. 독일에서는 이 샴페인과 맛과 향이 비슷한 젝트(Sekt)라는 발포성 포도주를 생산한다. '아르메로이테(Armeleute, 빈민 계층)'의 젝트인데, 여기서는 젝트라는 명칭 대신 우리에게 친숙한 샴페인으로 옮겼다.

↑ 어둑어둑한 독일가문비나무 숲은 여러 동화의 무대가 되었다. 클레버(Julius Sergius Klever), 〈빨간두건 소녀(Rotkaeppchen)〉, 유화, 1908년.

| 08 | Die Fichte
Picea abies | 독일가문비 | 나무신화(Mythos Baum) :
나무로 본
유럽 민속의 기원과 효능 |

독일가문비 Die Fichte
Picea abies

푸르른 녹음이 교회와 잔디밭 주변을 에워싸는 곳,
저기, 오래된 독일가문비가 홀로 하늘로 휘날리는 곳.
그곳에는 일찍 유명을 달리하신 우리의 선조들이 쉬고 계시며,
우리의 시선을 땅에서 하늘로 이끌어 가시네.

〔괴테, 「행복한 부부(*Die Glücklichen Gatten*)」〕

↑ 독일가문비의 암꽃(주홍색)과 수꽃(주황색). 암꽃은 나중에 열매가 되며, 설치류들이 좋아하는 먹잇감이다.

조림 수종의 대표 주자

200여 년 전부터 중유럽에서는 고지대 어디든 입지 환경을 따지지 않고 독일가문비(Picea abies)를 널리 조림했다. 껍질이 붉은 빛을 띠어 '붉은 전나무(Rottanne)'라고도 불리는 독일가문비는 오래 전부터 심각했던 목재 부족에 대응하는, 가장 생산성 높은 목재 공급원이었다. 삼림 전문가들은 가능한 곳이면 어디에나 독일가문비를 심었다. | 이미 고대 그리스와 로마 때부터 무분별한 개발과 산림 파괴 때문에 목재 부족 현상은 만연했다(그리스인들은 코카서스 지방에서, 로마인들은 프랑스와 북아프리카에서 장작을 수입했다). 이 '목재 결핍(Not am Holz)' 문제는 훗날 숲이 울창하던 지역에까지 번져 갔다. 1856년에는 알프스의 그린델발트(Grindelwald)에 사는 주민들이 땔나무를 다른 지역에서 몇 시간에 걸쳐 짊어지고 와야만 했다는 스위스 산림 조합의 보고에 연방 내각이 당황해 했다는 기록이 있다. | 18세기 말엽은 조림학 역사서에 '진정한 임업이 탄생한 시기'로 기록된다. 동시에 자라는 환경을 까다롭게 가리지 않는 독일가문비를 장기간에 걸쳐 조림하기 시작했다는 점에서도 중요한 시대다. 독일가문비는 메마른 초지와 숲의 빈 공간에서, 척박하고 단단해진 토양에서 선구 수종(先驅樹種)으로서, 어떤 활엽수보다도 월등한 생장을 보였다. 대부분의 활엽수들이 자라기 어려운 습한 토양에서도 잘 견뎌, 심지어 늪 가장자리나 강변에서도 독일가문비의 군락이 발견된다. | 전나무를 다시 심어 보았자 어렸을 때 모수(母樹)의 그늘 아래에서 자라야 할 뿐만 아니라 그 어린 순이 야생 동물에게 뜯어 먹히므로 독일가문비를 능가할 수 없다. | 독일가문비가 총애를 받은 이유 중 또 하나는 줄기가 곧은 통직성(通直性)에 있을 텐데, 스위스의 숲 전문가인 크리스티안 퀴클리가 이를 적절히 표현한 바 있다. "나무는

반듯함을 숭상하는 인간에게 좋은 인상을 심어 줘야 한다. 줄기가 곧고 가지도 일정하게 뻗은 독일가문비는 가지가 불규칙하게 뻗어나가는 참나무나 느릅나무, 피나무와는 이미 떡잎부터가 다르다. 질서 정연한 독일가문비 조림지의 장관은 나지(裸地)가 설마 숲으로 바뀌겠냐고 회의하는 이들에게 보여 줄 만한 것이다." | 이와 관련해 흥미로운 것이 영어 단어에도 보인다. '스프루스(spruce)'는 독일가문비나무나 그 목재를 가리키지만, '깨끗한, 깔끔한'이라는 뜻도 내포한다. 게다가 'to spruce up'이라는 숙어는 '말쑥하게 하다'라는 뜻이다. 19세기 오스트리아의 위대한 이야기꾼 아달베르트 슈티프터(Adalbert Stifter)[336]도 보헤미아(Bohemia)의 광대한 독일가문비 숲에 경탄했다. 훗날 평온과 질서, 절제의 문인으로 살아간 그는 아예 침엽수림에 통째로 바치는 책〔『교목림(Der Hochwald)』〕을 쓰기도 했다. 그는 "푸르스름한 빛으로 끝없이 펼쳐지는 교목림의 바다"를 바라보며 (물론 전부 인간이 심은 것이었지만!) 다음과 같이 떠올렸다. "아직 인간의 손길이 닿지 않은 자연의 모습에 덕이 드러나고 예가 있으니, 영혼은 그 순결함과 신성함에 고개 숙여 마땅하다고 말하고 싶다. ― 그리고 또한 마침내 오로지 그러한 영혼만이, 자연의 초상 앞에서 내면의 모든 위대함을 펼쳐 내리라. 〔…〕"

←아달베르트 슈티프터(Adalbert Stif-ter)는 자연에 관심이 깊고 미술에도 재능이 뛰어나 소설뿐만 아니라 많은 그림을 남겼다. 슈티프터, 〈베르크제 호수의 농가(Bauerngehöft am Bergsee)〉, 1835년경.

[336] 아달베르트 슈티프터〔Adalbert Stifter, 1806~1868년〕: 오스트리아의 작가. 현재는 체코에 속하는 보헤미아 출신이다. 교양을 통해 인간성을 회복코자 노력했던 이상주의자였다. 괴테의 전통을 계승한 「늦여름」(1857년)이 대표작이다. 그의 『교목림(喬木林, Der Hochwald)』은 『보헤미아의 숲』(문학과지성사, 2004년)으로 번역 출간되었다. 교목림(喬木林)은 큰키나무들이 최소한 80년 이상 자란 울창한 숲을 뜻하며, 이 작품에서 그는 독일 남부 보헤미아의 대자연을 탁월하게 묘사한다.

당신의 숲을 망치고 싶다면…

활엽수림이었던 숲을 침엽수림으로 바꾸려는 작업을 오늘날까지 이어오는 사이에 중유럽 산림 면적의 2/3가 침엽수림이 되었다. 독일가문비를 얼마나 끈질기게 심어 왔는가는 훈스뤼크산맥(Hunsrück)에 있는 준발트숲(Soonwald)의 사례에서도 정확하게 알 수 있다. 1786년 이 곳의 고지대 능선 주변 숲의 80% 이상이 저림(低林)과 중림(中林)[337]이었고 독일가문비가 차지하는 비율은 겨우 1%뿐이었다. 100년이 흐른 뒤 이 곳은 독일가문비가 30%를 차지하는 교림(喬林)[338]으로 바뀌어 있었다. 독일가문비는 1954년까지 증가세를 보여 41%를 차지하기에 이르렀다. 요즘 독일의 숲은 독일가문비가 약 33%를 차지하는데, 그 중 18%는 이미 삼림 쇠퇴 현상을 뚜렷이 나타내고 있다.[339] 19세기에 세워진 '토지 순수익설(Reinertragslehre)'[340]의 원칙은 나무들을 기초 자본으로, 나무의 생장을 연수익율로 가정하고 숲에서 가능한 한 많은 수익을 창출하는 것이었다. 독일가문비는 너도밤나무에 비해 2배나 되는 펄프를 생산할 수 있으며, 가구용 목재는 3배의 이익을 창출한다. 하지만 침엽수가 생태계에는 불리하다는 것이 수십 년 전부터 명백해졌기 때문에 독일가문비 조림의 타당성을 고려하는 것은 더는 적절치 않다. 순수하게 독일가문비만 조림된 경우에는 그 잎이 쌓여 토양이 산성화된다. 더구나 이와 같은 단작(單作)[341]은 해충에 취약한데, 그 중 가장 빈번히 출현하는 것이 나무좀이나 가문비솜벌레 등이다. (뽕나무버섯균에 의해 생기는) 구름버섯균류에 대한 피해도 활엽수와 침엽수가 섞여 자라는 혼효림에서보다 단순림에서 더욱 커지며, 독일가문비만을 조림한 지역은 그 뿌리가 천근성(淺根性)이기 때문에 거센 바람에 뿌리째 뽑히거나 부러져 더욱 피해가 클 수 있다. 또한 독일가문비가 빽빽이 조림된 숲에는

찬 공기가 정체되어 안개가 자주 낀다. | 20세기 초 태풍 피해로 바덴뷔르템베르크의 브라이텐탈(Breitenthal)에 조림된 독일가문비 숲이 모두 초토화되었을 때, 담당 삼림 전문가들은 다음과 같은 글귀를 새긴 비를 세웠다. "숲을 망치고 싶다면 반드시 독일가문비를 심으시오." 환경 저널리스트 호르스트 슈테른은 여기에 짤막한 해설을 덧붙인다. "저널리스트와 석공(石工)은 간결한 문장을 좋아하니까."

↑ 열매가 곧추서는 전나무와 달리 독일가문비의 열매는 가지에 매달려 있다가 통째로 땅에 떨어진다. 그렇기 때문에 땅 위에 떨어져 있는 방울 열매는 전나무 열매가 아니라 독일가문비 열매다.

〔337〕중림〔中林, Mittelwald, 영 middle foerest〕: 맹아를 이용하는 저림(低林)과 씨앗이 발아해 키가 큰 나무, 즉 교목(喬木)이 무성한 부분이 뒤섞여 있는 숲을 말한다. 〔338〕교림〔喬林, Hochwald, 영 high forest〕: 형질이 우수하고 키가 큰 나무를 생산할 목적으로 긴 시간 조성한 산림. 대부분 씨앗을 파종해 조성한다. 교목림, 고림(高林), 용재림(用材林)이라고도 한다. 〔339〕독일 삼림에서 독일가문비의 비율: 2012년의 제3차 독일 삼림 조사 결과에 따르면 독일가문비가 차지하는 비율은 약 26%로, 예전에 비해 다소 감소했지만 여전히 단일 수종으로는 가장 높다. 〔340〕토지 순수익설〔土地純收額設, Reinertragslehre〕: 토지로부터 최대 순수입을 얻도록 경영해야 한다는 설. 독일의 산림 전문가 막스 프레슬러(Max Robert Pressler, 1815~1886년)가 1850년대에 수립했다. 드레스덴 출신의 막스 프레슬러는 1840년부터 평생 왕립 작센 임학교(Königliche-Sächsische Forstakademie, 드레스덴 공대 임학과의 전신)에서 가르쳤다. 그는 각 숲과 나무의 벌기(伐期)를 최대 순이익을 얻을 때로 정해야 한다고 주장하며 이를 위해 나무 생장률을 구하는 공식을 고안했는데, 지금도 널리 쓰이는 '프레슬러식'이다. 〔341〕단작〔單作, Monokultur〕: 한 종류의 수종으로만 조성한 숲을 말한다. 단순림, 순림(純林)이라고도 한다. 독일의 경우 독일가문비나 침엽수 단작으로 조성한 경제림이 많았으나 병해를 크게 입고 1980년대 들어 대기 오염에 의한 숲의 고사가 대두되면서 지속 가능한 숲 경영으로 선회하는 계기가 되었다.

산에서 태어난 독일가문비

독일가문비를 뜻하는 '피히테(Fichte)'〔고대 독일어로는 퓨타(fiu-tha)·피타(fiehta), 중세 독일어로는 피이테(viehte)〕라는 명칭은 특이하게도 오로지 독일어에서만 나타나며, 같은 게르만어권이라도 영국이나 북부 네덜란드에는 없는 말이다. 아마도 독일가문비가 본래 산에서만 자생해 중세까지는 그 지역에 아직 분포하지 않았기 때문인 것으로 추측한다. 기온이 낮고 습하며 겨울이 추운 지역의 산지와 아고산대(亞高山帶)에서는 해발 약 800m부터 독일가문비 순림(純林)을 만날 수 있으며, 이보다 고도가 낮은 저지대에서는 너도밤나무와 전나무가 섞여 나타난다. 추위에 잘 견디는 독일가문비에 대해 스위스의 문필가 야콥 보스하르트(Jakob Boßhart)는 다음과 같이 묘사했다. | "그 높은 곳에 너는 버림 받은 채 홀로 서 있구나, / 척박한 알프스 초지 위에 / 얼굴에는 챙 넓은 모자를 쓰고 / 진지한 눈빛으로 사방을 둘러보는구나. 〔…〕"〔*〕 | 중유럽에서 가장 아름답고 자연 상태인 독일가문비 원시림 중 하나는 오스트리아의 호헤 타우에른(Hohe Tauern) 국립 공원[342] 중 잘츠부르크주에 속하는 지역에 있다. 해발 약 1,700m 높이의 라우리스(Rauris) 계곡 끝에 흔히 '라우리저 두르히강스발트(Rauriser Durchgangswald)'〔두르히강스발트는 회랑/통로숲, 통과 숲이라는 뜻이다.〕라고 불리는 독일가문비 원시림이 보존되어 있다. 이 숲에서는 대단히 나이가 많고 장엄한 노거수들이 여전히 경탄을 자아낸다. 중세 말엽에 한 차례 개벌(皆伐)〔숲의 나무를 한꺼번에 모두 베어 냄〕된 이후, 이 원시림 보호 구역은 사람 손길이 닿지 않은 채 지금까지 남았다. 나뭇가지마다 지의류(地衣類)가 늘어져, 그 늙고 노쇠한 형상이 한층 음울하게 보인다. | 독일가문비는 극한 추위가 지속되는 기간에는 광합성과 호흡 작용을 거의 멈춘다. 밤서리가 내리는 −20°C에도

끄떡없으며, 한겨울 -60°C에서도 살아남는다. 독일가문비가 추위를 견디는 원리는 세포에 탄수화물을 축적해 빙점(氷點)을 낮추는 것이다. 같은 원리로 밤이 길어지는 겨울에는 결빙 저항력이 증가하고, 낮이 길어지는 봄에는 감소하는 현상을 나타낸다. 그러다 보니 이른 봄에 기습적인 늦서리의 피해를 보기도 한다. 독일가문비는 이와 같은 생리 때문에 1월 평균 기온이 -35°C까지 내려가는 영구 동토(永久凍

↓ 예술에서 독일가문비는 곧잘 우울한 분위기와 관련 속에서 묘사되었다.

〔*〕〔원문 출처 : Walter Schoenichen, *Von deutschen Bäumen* (Berlin, 1950).〕〔342〕 **호헤 타우에른**〔**Hohe Tauern**〕: 중동부 알프스에 속하는, 오스트리아에서 가장 높은 산맥이다. 최고봉인 그로스글로크너(Großglockner)는 높이 3,798m. 잘츠부르크주(Salzburg), 케르텐주(Kärten), 티롤주등지에 걸쳐 있다. 오스트리아 최초의 국립공원이자 중유럽에서 규모가 가장 큰 국립공원이다.

↓ 에르하르트 알트도르퍼(Erhard Altdorfer), 〈독일가문비 노거수(Die grosse Fichte)〉, 1530년경, 덴마크 국립 박물관(Statens Museum for Kunst) 소장.

土)인 북시베리아 하탄가강(Chatanga)[343] 주변(독일가문비의 북한계선)에서조차 군락을 이룬다. 키가 겨우 80cm밖에 되지 않는 난쟁이독일가문비는 해발 2,500m〔쥐트티롤(Südtirol, 볼차노)의 오르틀러(Ortler)〕에서 만날 수 있다.

[343] **하탄가강**[Chatanga, 러 Хатанга] : 러시아 최북단의 강으로, 중부 시베리아의 크라스노야르스크를 흘러 북극해로 들어간다. 하탄가는 원주민인 에벤키족(Evenki, 어웡키)의 말로 '큰 겨울'이라는 뜻이다. 강 하류의 하탄가 마을은 러시아 내에서 최북단 거주지 중 하나로, 연평균 낮 기온이 -14°C에 달하며, 가장 더운 7월에도 12°C 밖에 안된다. 현재 3,000여 명의 주민이 살고 있다.

각기 다른 모습의 독일가문비

독일가문비는 한 그루 한 그루 모양이 다 다르다고, 삼림 전문가들은 말한다. 실제로 생태적인 폭이 매우 넓은 수종이어서, 일정 정도의 다양성을 간직한 채 진화해 왔다. 독일가문비의 수관(樹冠)은 생육하는 장소에 적응해서 시간에 따라 변형되어 버린다. 고산 지대에 분포하는 수관이 좁은 형태는 일명 '뾰족한 독일가문비(Spitzfichte)'에서 가장 뚜렷이 나타나는데, 이런 형태는 눈〔雪(설)〕의 무게를 최소화하려는 것이다. 이와는 대조적으로 저지대의 독일가문비는 수관이 넓어 곁가지가 주가지에 머리빗 모양으로 달린다. 유라시아에서 독일가문비는 2개 아종(亞種)으로 분화되었다. 유럽형 독일가문비(*Picea abies* ssp. *abies*) 아종과 북유럽-아시아형 독일가문비(*Picea abies* ssp. *obovata*)다. 가지가 매끈하고 잎과 열매가 긴 유럽형 독일가문비 아종은 유럽에서 북위 69°(스칸디나비아)까지 분포한다. 북유럽-아시아형 독일가문비는 러시아 북부와 시베리아를 넘어 알타이 산맥과 태평양 연안까지 분포하는데, 가지에 털이 나 있고 잎과 열매가 작은 것이 특징이다. | 줄기 위쪽의 가지는 하늘로 향하고, 아래쪽에 달린 가지들은 밑으로 처진다. 드넓은 벌판에 홀로 서 있는 독일가문비는 가지가 지표면까지 붙어 있지만, 이와 반대로 빽빽이 심긴 조림지〔헤르만 뢴스가 말한 '기둥밭(Stangenacker)'〕[344]에서는 아래쪽 가지의 2/3가 고사한다. 뾰족한 바늘잎은 저지대에서는 약 4~6년, 고지대에서는 10년까지 달려 있다. 피해를 입은 독일가문비〔너도밤나무와 마찬가지로 독일가문비는 대기 오염에 민감하게 반응한다.〕 잎의 수명은 고작 1~3년에 그친다. | 독일가문비의 붉은 색 껍질(이 때문에 껍질이 흰색인 '흰 전나무(Weißtanne)'에 대응해 '붉은 전나무(Rottanne)'라는 별칭이 붙었다.)〔가문비나무와 전나무의 모습이 흡사하기 때문이다.〕은

[344] 기둥밭〔Stangenacker〕: 산업 혁명 이후 독일 곳곳에 속성수인 독일가문비 위주의 침엽수림이 인위적으로 조성되었다. 헤르만 뢴스가 이런 현상을 비하하는 뜻에서 단순림인 데다가 숲 아래쪽의 식생이 척박한 숲의 형상에 빗대어 묘사한 표현이다. 〔헤르만 뢴스는 주석 [273] 참고.〕

고산 지대에서는 회색 빛으로 변하는 경향이 있다. 혼자 자라는 독립수는 20~25년쯤이면 벌써 꽃이 피고, 여럿이 모여 자라는 임분에서는 50~60년쯤 되어야 꽃이 핀다. 본격적인 개화기가 시작되면 대개 너른 면적에 엄청난 양의 꽃가루가 동시에 떨어진다. 이 '유황(硫黃)비'[345]는 비슷한 시기에 개화하는 과수(果樹)들의 꽃에 내려앉고 위를 덮어 '벌에 의한 가루받이'[受粉(수분)]를 불가능하게 만들 정도다. | 독일가문비와 전나무의 또렷한 차이점은 바로 열매에 있다. 독일가문비 열매는 밑으로 매달려 있다가 통째로 떨어지는 반면, 전나무는 열매의 인편(鱗片)[346]이 한 조각씩 떨어지고 그 속심은 가지에 남게 된다. 〔그러므로 땅 위에 떨어진 '열매 송이(Tannenzapfen)'는 전나무 열매가 아니라 독일가문비 열매다.〕〔우리가 소나무뿐만 아니라 비슷하게 생긴 다른 열매 송이들을 모두 '솔방울'이라고 칭하듯, 독일어로는 그것을 전나무 송이를 뜻하는 '탄넨자펜(Tannenzapfen)'이라고 한다.〕 지방 성분이 함유된 독일가문비 씨앗은 여러 설치류가 즐겨 찾는 먹이다. 시베리아 다람쥐가 하루에 갉아 먹는 독일가문비 열매의 양은 최근 기록에 따르면 190개에 달한다고 한다. 산쥐는 열매의 심만 남기고 깨끗하게 먹어 치우는 반면, 열매를 지저분하게 갉아 놓는 녀석은 다람쥐다. | 독일가문비가 전나무와 더불어 유럽에서 가장 키 큰 나무에 속한다는 사실은 '피체아 엑셀사(*Picea excelsa*)'라는 독일가문비의 옛 학명에도 반영되어 있다. 〔라틴어의 '엑셀수스(excelsus)'는 '높은, 솟은'이라는 뜻이다.〕 | 독일가문비의 수명은 약 600년, 수고는 약 50m까지 이르기도 한다. 지금까지 측정한 개체 중에 가장 큰 독일가문비는 높이가 63m에 달하며 보스니아-헤르체고비나의 페루치차(Perucića) 원시림[347]에서 자라고 있다.

08 Die Fichte
Picea abies

독일가문비

나무 신화(Mythos Baum) :
나무로 본
유럽 민속의 기원과 효능

↓ 설해(雪害)가 심한 알프스 지역에서 독일가문비나무는 수관이 가늘고 뾰족한 '뾰족한 독일가문비(Spitzfichte)'로 진화했다.

〔345〕유황(硫黃) 비〔Schwefelregen〕: 독일가문비를 비롯한 침엽수의 노란색 꽃가루가 빗물에 섞여 노랑빛이 감도는 것을 '유황'에 비유한 것이다. 〔346〕인편〔鱗片, Zapfenschuppen〕: 솔방울 형태의 구과(毬果) 식물 열매는 두툼한 조각들이 비늘처럼 모여 둥근 형태를 이루는데, 이 비늘 조각을 '인편'이라 한다. 〔347〕페루치차(Perućica) 원시림 : 보스니아-헤르체고비나 남서부의 수체스카 국립 공원(Nacionalni park Sutjeska)에 속한 원시림이다. 몬테네그로 국경에 접하며 해발 2,000m가 넘는 고산 지대로, 면적은 약 1,400ha이다. 유럽에서 가장 넓고 오래된 원시림 중의 하나이다. 원서에 '페루치아(Perucia)'라고 되어 있으나, 유럽에서 가장 키가 큰 가문비나무가 있는 곳은 '페루치차 원시림'이다.

바이올린 제작용 목재

독일가문비 목재는 보통 건축재, 선박재, 가구재 등으로 사용된다. 천천히 자라 나이테가 촘촘한 산악 지대의 독일가문비는 단단하고 견고해 현악기 제작에 최적으로 여겨졌다. '굵고 통통한(fett und mastig)'[나이테가 넓고 조직이 치밀하지 못하다는 뜻이다.] 저지대의 목재와 달리, 산악 지대 독일가문비는 최상의 울림판 목재(Klangholz)가 된다. 공명판을 제작할 때는 가지가 회초리 형태로 늘어져 있으며 나이테가 일정하게 나는 '개암가문비(Haselfichte)'[348] 목재를 많이 찾는다. 예전에는 유명한 바이올린 제작자들이 최적의 나무를 구하고자 도끼를 들고 직접 산에 올랐다고 한다. 때로는 적당한 나무를 찾는 데 몇 주일씩 걸리기도 했다. 살아 있는 나무 줄기를 보고서 나중에 이 목재에서 내는 울림이 어떨지를 미리 알아 내야 했기 때문이다. 그래서 선별된 독일가문비를 도끼로 계속해서 두드려 가며, 일정한 간격을 두고 그 울리는 소리를 들어서 '청진(聽診)'했다고 한다. 전통적인 바이올린 제작 학교와 공방이 대부분 알프스 지방에 모여 있는 것도 우연이 아니다.

[348] 개암가문비[Haselfichte] : 별도의 종이 아니라, 독일가문비 중에서도, 높이 1,200m 이상의 알프스 고산과 바이에른과 보헤미아의 숲 지대에서 자라는 나무 중에서 나이테가 독특한 변형을 일으킨 나무를 일컫는다. 단면을 잘라 보았을 때 나이테가 유난히 좁고 치밀한 조직을 보이는데, 그 원인은 아직 명확하게 밝혀지지 않았다. 예로부터 유럽에서 최고의 울림판 목재(Klangholz)로 쳐서, 바이올린이나 기타, 하프 등에 사용했다. 17세기에 악기 명인 스트라디바리(Antonio Stradivari, 1644?~1737년)가 돌로미티산맥(Dolomiti)에서 이 나무를 채취한 숲은 '바이올린 숲(Foresta dei violini)'이라는 이름을 얻었다. 오스트리아에서는 티롤의 울림판 목재 만드는 기술을 2011년에 자국의 무형 유산으로 지정했다. 껍질을 벗겨 보기 전에 살아 있는 나무를 보고 이런 나이테가 있음을 알아보는 것은 경험이 고도로 많은 극소수의 장인만 할 수 있기 때문이다.

괴혈병(壞血病)에 특효약

예전에는 독일가문비가 인간의 질병을 넘겨 받음으로써 사람들의 건강을 되찾아 주는 능력을 지녔기 때문에 안전하게 보호받아야 하는 여성적인 나무로 여겨졌다. 독일가문비의 특별한 효능은 이미 힐데가르트 폰 빙엔 시대[12세기]부터 정평이 나 있었다. 이 수녀원장은 독일가문비를 힘의 상징이라고 표현했다. 고대의 많은 본초학 서적에서는 이 나무 줄기가—특히 류머티즘 같은 병을—물리칠 수 있다고 거듭 소개한다. 예전에는 통풍을 앓고 있는 사람은 아침이 밝기 전에 자기 신체의 일부분(혈액 몇 방울이나 자른 머리카락 몇 올 등)을 독일가문비의 쪼개진 틈에 끼워 넣은 다음 왁스로 그 구멍을 봉하면 낫는다고 믿었다. 그 때 환자는 나무에 이런 글귀가 적힌 부적을 붙였다. "안녕하세요, 독일가문비 어머님, / 제가 통풍이 심합니다. / 제가 올해 고생이에요. / 영원히 가져가 주세요." | 류머티즘, 통풍, 요통에 독일가문비 껍질을 달인 즙으로 목욕을 하면 효과를 볼 수 있다. 그 밖에 만성 피부병을 완화하는 데도 효험이 있다고 한다. 신경을 강화하는 전신욕의 효과를 확실히 보고 싶다면 5 L 물에 독일가문비잎, 전나무잎, 솔잎 2kg을 넣고 30분 가량 끓인 후, 그 액을 물에 타서 목욕한다. (낙엽송 잎은 약한 독성이 있으므로 사용하면 안 된다!) 이뿐 아니라 새로 난 독일가문비의 잎을 뜨거운 물에 우려낸 차는 땀을 내게 하여 감기나 독감을 예방하는 데 탁월한 효능이 있다. | 이 잎이 또한, 비타민 C가 부족해서 발생하는 괴혈병에도 효과가 있음은 오래 전부터 알려져 있었다. 테오도르 츠빙거(Theodor Zwinger)는 1696년에 저서 『테아트룸 보타니쿰(Theatrum botanicum)』[349]에서 "괴혈병으로 몸져 누운 환자들이 급증했을 때, 독일가문비의 어린 가지와 잎을 맥주나 물에 담가 끓인 음료로 괴혈병 환자를 치료했다."고 적고 있다. 이른 봄에 나는 독일가문비의 우듬지로는 효능이 탁월한 기침 시럽을 만들 수 있다. | 독일가문비의 학명에 쓰인 '피체아(Picea)'는 '송진[라틴어 '픽스(pix)'=역청(瀝青)]'에서 유래했다. 예전에는 송

진이 많은 그루터기(나무를 베어 쓰러뜨린 다음 땅에 남은 기둥 부분)를 숯가마에서 목타르(木tar)로 증류하고 이것을 다시 역청으로 증류했는데, 이 역청은 특히 구두실용 역청이나 마차 윤활유로 팔려 나갔다. 독일가문비 송진은 과거에 약방에서 '픽스 부르군디카(Pix burgundica)'[Burgundy pitch]라는 이름의 약품으로 판매되었다. 크나이프 신부는 완두콩만 한 크기의 신선한 송진 덩어리를 씹지 않고 삼키면 흥분되고 힘이 솟는다고 했다. | 테르펜유(terpene oil) 증류 과정에서 생기는, 수분이 포함되지 않은 형태의 수지(樹脂)는 '레지나 알바(Resina alba)'라고 해서 콜로포늄(Kolophonium)[350]으로 판매되고 있다. 합성 바닐라 향이 생산되기 전에는 독일가문비의 송진에서 이를 추출했다고 한다(상처 난 독일가문비 줄기는 햇볕을 받으면 은은한 바닐라 향을 발산한다).

[349] 『테아트룸 보타니쿰[Theatrum botanicum]』: 스위스 바젤(Basel)의 학식 높은 집안출신의 의사이자 교육자 테오도르 츠빙거 3세(Theodor Zwinger III, 1658~1724년)가 쓴 본초학 책이다. 바젤 대학에서 의학을 가르친 츠빙거 3세는 마티올리(Pietro Andrea Mattioli, 1501~1577년)의 『식물 주해서(Discorsi)』(1544년) 독일어판을 저본으로 삼아, 자신의 견해를 증보해 이 책을 냈고, 그의 아들이 1744년에 재출간한 판본이 널리 퍼졌다. 부제의 일부는 다음과 같다. "완벽한 본초서. 세계 사방에서 나는 모든 지상 식물, 나무, 덤불, 약초, 그중에서도 유럽산을 중심으로, 기이한 성질, 장점, 특별한 약효와 수많은 경이로운 약재 및 그 용법을 소개해, 인간과 가축의 모든 질병을 막으며, 어떤 본초서에서도 볼 수 없는 완전히 새롭고 쉬운 그림을 덧붙인 역작.〔…〕모든 의사, 약사, 정원사, 가부와 집사, 특히 외딴 곳에 사는 병약한 이들에게 실용적." 〔마티올리는 주석 [286] 참고.〕
[350] 콜로포늄[Kolophonium]: 로진(Rosin)이라고도 한다. 그 이름은 고대 이오니아의 도시 콜로폰의 소나무에서 유래했으며, 송진에서 테레핀유를 제거한 것이다. 다양한 쓰임새가 있으나 무엇보다 현악기의 활이 미끄러지는 것을 막기 위해 바른다.

↓독일가문비 역청을 채취하는 모습을 그린 옛 그림. 소나무와 마찬가지로(「소나무」편 참고.) 껍질에 생채기를 내고 나중에 송진을 긁어냈다.

독일가문비 숲으로 데려가다

홀로 서 있는 한 그루의 독일가문비는 민간 설화와 동화 속에서 별 이야깃거리가 되지 못했다. 그 반대로 빨간 모자 소녀가 늑대를 만난 곳이나 헨젤과 그레텔이 어스름한 새벽에 발견한 마녀가 과자로 만든 집이 서 있던 곳은 독일가문비가 빽빽이 들어찬 음침한 숲속이었다. 용감한 꼬마 재단사 때문에 성가셔진 거인도 어둑한 독일가문비나무 둥치 아래에서 코를 골았다. 범죄자들이 사용하는 은어 중에 "독일가문비 숲속으로 데리고 들어가다"라는 표현은 '속인다'는 뜻이다. 한밤중에 빈 작업장에 몰래 침입하는 도둑을 '피히테갱어(Fichtegänger)'[351]라 했다. 또 손해를 입은 사람은 '피히트너(Fichtner)'라고 불렀다. | 가지가 우울하게 축 처진 독일가문비가 홀로 서 있는 것을 보면, 대부분 침울한 기분에 젖는다. 누군가는 "독일가문비는 심각하고 말없는 자일 뿐만 아니다. 온 몸을 흠뻑 뒤덮은 멜랑콜리가 가지를 아래로 휘고 짓눌러 땅에 닿으려 하는데, 그 땅 속에서도 또한 비탄이 치솟아 오르는 까닭이다."고 처절하게 쓰기도 했다. | 이미 고대 로마 사람들은 독일가문비를 사자(死者) 숭배와 비애에 연결했다. 기원후 79년 이탈리아의 베수비오(Vesuvio)산이 폭발했을 때 사망한 로마의 역사가 플리니우스는 『박물지(Naturalis Historia)』에서 독일가문비를 두고 "애도의 표식으로 문 앞에 세우고 화형장의 장작 더미 위에 푸른 가지를 얹는다."는 점을 강조했다.

---

[351] 피히테갱어[Fichtegänger] : 직역하면 '독일가문비 숲속에 들어가는 사람'이라는 뜻이 되지만, 일상 언어 생활에서는 '밤도둑'을 뜻한다. 독일가문비 숲속이 그만큼 어둡다는 데서 유래한 듯하다.

가장 신비한 나무

북미 대륙 남서부에 거주하는 호피(Hopi) 인디언들은 가문비를 '나무 중에 가장 신비한 나무'라고 해 신성시했다. 호피족이 떠돌며 살던 오래 전 암흑기에 이른바 오소리 씨족 사이에 결투가 있었고, 곧 이어 자연 재해로 땅이 바짝 말랐다. 호피족의 신은 속죄양으로 하여금 그 땅에 남아 4년간 참회하게 하고, 그 시간을 보낸 후 같은 장소에서 다시 만나 온순하게 행동할 것을 속죄의 대가로 요구했다. 신은 제물을 받은 후 대지에 다시 풍요로움을 돌려 주었으며, 가문비나무의 모습으로 현현(顯現)했다.[352] 그 후부터 호피족은 가문비나무 가지를 신이 내린 승낙의 표시로 간주했다. | 기독교 문화권에서 크리스마스 트리로서 가문비나무가 맡은 구실은 이미 앞에서 설명한 대로다(「신화 속의 나무」편 '거실의 전나무' 참고).

[352] **호피족의 가문비나무 신** : 호피족은 미국 아리조나주, 뉴멕시코주, 콜로라도주 일대의 건조 지대에 넓게 퍼져 살던 원주민 부족이다. 호피족 내에는 곰, 오소리, 나비, 토끼, 거미 등 수많은 씨족들이 있고 각 씨족은 가족보다 강한 결속력을 지니고 집단적으로 행동한다. 전설에 따르면 호피족은 기후가 급변해 재난이 올 때마다 지상, 동굴 등에 이주하여 여러 씨족의 도움을 받아 겨우 살아남곤 했다고 한다. 회색 오소리 씨족과 갈색 오소리 씨족은 늘 으르렁거리는 사이였다. 후에 좋은 땅에 정착하여 여러 씨족들이 새로 모여들고 인구가 늘어나면서 어느 날부터 물이 말라 흉년이 들고 굶주리기 시작했다. 호피족의 늙은 현자이자 주술사이던 우야(Wu'ya)가 모두를 불러 모아, 이는 두 씨족의 불화 때문이니, 이제 각 씨족들은 모두 흩어져 길을 떠나고, 자신은 속죄양이 되어 마을에 남겠다고 말한다. 홀로 남은 자신이 불화하여 불행을 가져온 이들에 대해 원망하는 마음을 품지 않는다면, 4년 후에 돌아왔을 때 자기 모습을 마을 안 어딘가에서 찾을 수 있을 것이라고 알려 준다. 4년 후 오소리 씨족이 돌아와, 우야가 우물 밑에서 죽어서 조그마한 가문비나무로 환생했음을 발견한다. 이 나무는 살라비(Salavi)라는 이름으로 호피의 수호신으로 여겨지게 되었고, 호피족은 지금까지 평화의 종족으로 알려져 왔다.

↑〈들장미〉, 히에로니무스 보크의 『본초학』에 실린 목판화, 1577년.

09 | Die Heckenrose
Rosa canina | 들장미 | 나무 신화(Mythos Baum):
나무로 본
유럽 민속의 기원과 효능

들장미

Die Heckenrose
Rosa canina

이제 울타리에 장미가 달렸네.
울타리는 붉게 물들고 향기로워,
온 세상이 정원으로 변하고
나는 그 정원의 주인이 되네.
〔카를 마이어(Karl Mayer, 1894~1944년),「장미 울타리 사이에서(*Zwischen Rosenhecken*)」〕[*]

↑ 은은한 향기를 풍기는 들장미의 연분홍꽃.

[*]〔원문 출처 : Carlheinz Gräter, *Linde und Hag* (Leinfelden-Echterdingen : DRW-Verlag, 1997)〕

들장미와 재배종 정원 장미

↑ 가는 가시가 밀생한 동아시아의 해당화(海棠花, Kartoffelrose, *Rosa rugosa*)는 자동차 배기 가스에 내성이 있어 도로변에 자주 심는다. 잘 익은 열매는 들장미와 마찬가지로 잼으로 만든다. 독일어 이름은 그 잎이 감자(Kartoffel)잎과 비슷한 데서 유래했고, 라틴어 학명 또한 우글쭈글한(rugo) 잎의 모양에서 유래했다.

들장미 또는 개장미(*Rosa canina*)[353]는 무성하고 늘어진 가지에 가시가 많고, 높이가 1~3m에 달하며 전체적으로 둥근 모습의 수형을 가진 관목이다. 들장미는 종소명에서 나타나는 것처럼[라틴어로 '카니스(canis)'는 개를 뜻함] 정원에서 키우는 귀한 재배종 장미에 비해 가치가 덜한 것으로 취급된다. 들장미는 아래로 기면서 뿌리가 돋는 가지[뿌리가 날 것으로 정해지지 않은 곳에서 난다 해서 부정근(不定根)이라 한다.]와 움돋이 하는 뿌리(Wurzelschosse)[근맹아(根萌芽)]를 지녀 무성 번식이 가능하다. 뿌리를 깊이 뻗는 관목으로 햇빛이 많이 필요하기 때문에 숲 가장자리, 숲속 산책로 주변, 덤불가나 숲속의 빈터 등지에서 잘 자란다. 아름답지만 금방 지는 들장미의 꽃은 은은한 향기를 풍긴다. 꽃의 꿀샘에서 꿀은 나지 않고 꽃가루만을 분비한다. 흰색[백장미(Feldrose, *Rosa arvensis*), 둥근인가목(Bibernell-Rose, *Rosa spinosissima*) 등] 또는 강렬한 붉은색[프랑스 장미(Essigrose, *Rosa gallica*), 스위트 브라

이어 장미(Weinrose, *Rosa rubiginosa*) 등]을 띠기도 하는 다른 장미 종들과 달리 들장미 꽃은 항상 분홍색을 띤다. 그 열매인 로즈힙(rose hip)을 일컫는 독일어 하게부테(Hagebutte)[354]는 울타리[울타리를 뜻하는 '헥켄(Hecken)'을 옛 독일어로는 '하그(hag)'라 했음]를 이루는 가시나무를 뜻한다. 상당수의 장미 열매에서 꽃받침 잎들이 눈에 띄게 다르다는 점은 주목할 만하다[프랑스 장미(*Rosa gallica*)가 대표적이다. 반면 들장미와 여타 야생 장미는 열매를 맺을 때 꽃받침을 떨어뜨린다]. 가장 먼저 난 (맨밑에 있는) 꽃받침은 잔잎이 많이 나 있지만 점점 단순해지는데, 다음 구절은 이를 형상화한 것이다. | "다섯 형제가 같이 태어났어. / 그런데 둘만 얼굴 전체에 수염이 났고, / 셋째는 뺨에만 났어. / 나머지 둘은 아예 수염이 없지."[272쪽 도판 참고] | 독일에서 가장 유명한 들장미는 실로 전설적인 '1,000년 묵은 장미 가지'로, 힐데스하임(Hildesheim) 대성당의 후진(後陣)[355]을 푸르게 장식하고 있다. 17세기에 이 나무의 나이가 최소 300년은 된다고 처음으로 언급되었는데, 가시 관목으로는 이미 굉장한 고령이었다. 이 들장미의 명성은 여러 도시로 널리 퍼졌다. 나이세(Neisse) 강가에 있는, 슐레지엔의 시인 요제프 폰 아이헨도르프의 무덤 위에도 힐데스하임 들장미 줄기를 꺾꽂이한 장미가 둥근 아치를 그렸다. 오스트리아의 황후가 된 엘리자베트(Elisabeth)[356]도 1871년에 힐

---

[353] 개장미[Hundrose, *Rosa canina*] : 들장미의 학명 중에 종소명인 '카니나(canina)'가 개(Hund, 영 dog)를 뜻하는 라틴어 '카니스(canis)'에서 온 데서 그 이름이 유래했다. 그 뿌리가 예전에 광견병 치료에 사용되었다고 한다. [354] 들장미 열매[Hagebutte, 영 rose hip] : 독일어 '하게부테(Hagebutte)'는 온갖 야생 장미류의 열매를 통칭한다. 독일어로 '하게(Hage)'는 울타리를 뜻한다. 옛 독일어인 '부테(butte)'의 어원은 명확하지 않지만 과일의 씨 부분을 가리키는 '붓젠(Butzen)'과 관련이 있다고 추정한다. [355] 후진[後陣, Apsis, 영 Apse] : 교회 건축에서 서쪽 파사드에서 보았을 때 가장 동쪽에 위치한 부분으로, 성가대석 뒤에 반원형으로 조성된 공간이다. 제단을 두고 십자가를 모신다. [356] 엘리자베트[Elisabeth von Österreich, 1837~1898년] : 바이에른 공작의 딸로 태어나, 1854년에 오스트리아 제국의 프란츠 요제프 1세(Franz Joseph I)와 결혼하여 빈의 쇤부른(Schloss Schönbrunn)으로 왔다. 빼어난 미모로 이름을 날렸으나, 자유로운 사고와 언행으로 황실에서 환대받지는 못했다. 시시(Sisi)라는 애칭으로 불리며, 유럽 황실의 인물 중 지금도 많은 사랑을 받고 있다.

데스하임의 들장미를 한 가지 보내 주기를 부탁해 쉰브룬 궁전 정원(Schlosspark Schönbrunn)에 심기도 했다. 1945년 5월 힐데스하임 대성당이 거의 전파(全破)되고 들장미도 건물 더미에 묻혔을 때가 최악의 상황이었다. 천만다행으로 이듬해 여름, 이 들장미는 다시 살아났고 지금까지도 도시의 상징으로서 사랑받고 있다.

↑ 일명 '천년의 장미(Tausendjährige Rosenstock)'로 불리는, 힐데스하임 대성당(Hildes-heimer Dom)의 장미 덩쿨. 성당은 독일 니더작센주에 위치하며 11세기부터 주교좌가 있었다. (왼쪽) 독일 잡지 『가르텐라우브(Die Gartenlaube)』에 실린 삽화, 1883년. (오른쪽) 제2차 세계 대전 이전의 모습, 1909년.

피비린내 나는 죽음의 상징

독일의 옛 사람들은 들장미에서 불, 전쟁터, 피, 죽음 등을 연상했다. 피로 물든 게르만족의 순교지에 심어진 관목이었던 들장미는 시체를

불태우는 장작더미에 없어서는 안 될 재료였다. | 메란(Meran)의 하우엔슈타인(Hauenstein) 성채[357] 폐허 아래에 있었다는 난쟁이 왕 라우린(Laurin)[358]의 전설적인 '장미 정원'도 다름 아닌 살육과 죽음의 전쟁터를 우회적으로 표현한 것이다. 중세의 시인들은 전쟁터를 '장미 정원'이라 미화했고, 숭고한 기사 시대에는 마상(馬上) 경기장을 '장미 정원'이라고 불렀다. 그래서 시합에서 승리한 자의 머리에 얹는 화관도 장미를 엮어 만들었다. 15세기에 쓰인 『나이트하르트슈필(Neidhartspiel)』[359]에는 다음과 같은 대사가 등장한다. "아가씨여, 청하노니, / 혹시 나에게 당신의 장미 화관을 주시겠소?" | 이후 낭만주의 시대에 이르기까지 피범벅인 상처나 깊이 난 흉터도 '작은 장미'라고 불렀다. "구혼자의 이글거리는 눈빛처럼, / 그리고 모든 칼자국처럼 / 영광의 장미(Ehrenröslein)〔상처를 말한다.〕가 선홍색으로 / 그의 이마와 뺨에 빛나네!"〔니콜라우스 레나우(Nikolaus Lenau)[360],「구혼(Die Werbung)」〕

[357] 하우엔슈타인 성채〔Ruine Hauenstein〕: 메란(Meran)은 이탈리아 북부 쥐트티롤(Südtirol)에 속하는 도시다. 이탈리아어로는 쥐트티롤을 볼차노(Bolzano), 메란을 메라노(Merano)라고 부른다. 이 곳 자이스 암 슐레른(Seis am Schlern) 마을에 하우엔슈타인 성이 있다. 해발 약 1,270m의 숲속에 폐허가 된 12세기의 성채가 남아 있다. [358] 라우린〔Laurin〕: 티롤의 깊은 산속에 산다는 전설 속의 난쟁이 왕이다. 수정으로 지은 그의 궁전에는 아름다운 '장미 정원'이 있어, 누구든 침입하면 라우린 왕이 손목과 발목을 베어 버리는 엄벌을 내렸다. '베른의 디트리히(Dietrich von Bern)'가 이 장미 정원에 침입해 전투를 벌이는 이야기는 중세 독일의 음유시 「작은 장미 정원(Der kleine Rosengarten)」 외 여러 작품의 모티프가 되었다. 장미 정원에 몸을 숨겼던 라우린 왕이 디트리히에게 들키자, 분한 나머지 자신을 보호해 주지 못한 정원에 대해 "낮에도 밤에도 누구도 그 모습을 보지 못할 것"이라고 저주를 내리는데, 낮도 밤도 아닌 시간을 깜빡해서 그 때만 모습을 드러낸다는 것이다. 하우엔슈타인 성채 인근에 있는 로젠가르텐 산군(山群, 봉우리가 많이 모여 있는 산의 무리)(Rosengartengruppe)이 그 곳이라고 전한다. 높이 2,900m 전후의 흰 백운암 봉우리들이 일출과 석양에 분홍색으로 아름답게 빛난다. 〔베른의 디트리히는 324쪽 주석 [460] [461] 참고.〕 [359] 『나이트하르트슈필〔Neidhartspiel〕』: 이름난 중세 음유 시인 나이트하르트 폰 로이엔탈(Neidhart von Reuenthal, 1180?~1237년)을 주인공(기사)으로 등장시켜 꾸민 독일어 최초의 세속극 중 하나로, 14세기에 창작되어 15세기 이후 유행했다. 기사 나이트하르트가 봄이 온 들판에서 첫 제비꽃을 발견하고 자신이 모시는 대공비에게 이를 바치고자 하는 내용이다. [360] 니콜라우스 레나우〔Nikolaus Lenau, 1802~1850년〕: 헝가리 출생의 오스트리아 서정 시인. 빈에서 활동하며 자연주의적, 감상적 시를 다수 썼으나 정신 이상으로 요절했다.

프레야의 잠들게 하는 사과

↑ 장미 혹벌(Rosengallwespe)이 들장미 잎에 알을 낳으면서 생긴 충영(蟲癭, 벌레혹). 이것을 '장미 사과(Rosenapfel)' 또는 '잠 사과(Schlafapfel)'라고 하는데, 갓난아기가 잠에 잘들도록 베개 밑에 넣어 두었다.

가끔 들장미에서 테니스 공만한, 혹처럼 붙은 조직을 볼 수 있다. 독일어로 이른바 '장미 사과' 또는 '잠 사과'[잠들게 하는 사과]라고 부르는 것이다. 장미 혹벌(*Diplolepis rosae*)이 들장미 잎에 침입해 생긴 장미 충영(蟲癭)[361]으로, 혹 속에는 애벌레가 사는 작은 방이 여러 개 만들어져 있다. 17세기까지만 해도 이 '마법 구슬(Zauberkugel)'[특효약을 뜻하기도 한다.]이 어린 아이들을 주술이나 발작으로부터 보호할 수 있다고 믿었기 때문에, 의사들이 늘 구비하고 있었다. 그 밖에 갓난아기의 베개 밑에 장미 충영을 놓아 두면 깨지 않고 잘 잔다고 여기기도 했다. | 이같은 수면(睡眠) 부적으로서의 쓰임새는 훨씬 오래 전으로 거슬러 올라간다. 신화 속 오딘[362]이 이 '잠들게 하는 사과(Schlafkunz)' 또는 '잠들게 하는 가시(Schlafdorn)'로 발키리 브륀힐데(Brünhilde)[363]를 깊은 잠에 빠지게 한 것부터가 그렇다.『에다』에 따르면, '밤'의 아버지인 거인 뇌르피(Nörfi)[364]도 이것을 사용했다. | "거기 동쪽의 엘리바가르(Élivágar)[365]에서 나온 / 냉정한 거인 뇌르피의 가

시 달린 나뭇가지,/ 그것으로 후려쳐 사람들을 잠재운다./ 미드가르드(Midgard)[366]의 생명들을, 매일 밤이 오기 전에."〔「오딘의 흐라프나갈드르(Hrafnagaldr 22)」, 『에다』〕| 아이슬란드에서는 오늘날에도 "들장미 가시로 찌르다"라는 표현이 누군가를 마법으로 깊이 잠들게 한다는 뜻으로 통용된다. 독일의 선조들은 고대 그리스 로마 시대 사람들처럼 이 '피를 부르는' 꽃에 최소한의 여성스러움은 부여했다. 프레야〔Freya＝프리그(Frigg)〕[367]의 신비한 정원에 있는 마법의 꽃이라고 보았으며, 라인강 하류 일대에서는 20세기 초까지도 그래서 들장미를 '프리그의 가시'라 불렀다. 여신의 성소에 심은 꽃은 여신의 축일인 금요일에만 꺾어야 마법의 힘이 사라지지 않았다. 산모가 난산(難産)으로 힘들어 할 때도, 다산과 사랑의 수호자이자, 고대 북유럽 태초의 어머니이며 대지의 어머니인 프레야 여신에게 도움을 간청했다. 출산이 무사히 끝난 후에 산파(産婆)는 오랜 풍습대로 태반(胎盤)을 장미 덤불 아래에 파묻었는데, 그래야 아이의 뺨이 붉어진다는 믿음 때문이었다.

[361] 충영〔蟲廮, Gall〕: 식물에 생기는 '벌레혹'을 이른다. 잎이나 뿌리 따위가 혹 모양으로 팽배한 부분으로, 식물체에 곤충이나 선충(線蟲) 등 동물, 균류가 알을 낳거나 기생하면서 이에 따른 자극으로 일어난 이상 발육이다. [362] 오딘〔Óðinn, Odin〕: 북유럽 신화에 등장하는 주신(主神)으로, 신 중에서 가장 나이가 많다. 세계를 창조한 오딘은 대지의 여신 표르긴(Fjorgyn)의 딸 프리그(Frigg)〔＝프레야(Freya)〕와 결혼했다. 원래는 천공(天空) 또는 바람의 신이었으나 역사적으로 전사(戰士) 계급이 세력을 얻음에 따라 싸움의 신으로 점차 격상되어, 『에다』에서는 '만물의 아버지'로 받아들여진다. 천지와 인간의 창조자이며, 모든 신은 그의 아들이다. [363] 브륀힐데〔Brünhilde〕: 브륀힐트. 북유럽과 게르만족 신화의 주요 인물로, 발키리(Valkyrie, 발퀴랴: 여전사)로 등장한다. 오딘의 명을 어겨 불의 고리로 둘러싸인 힌다르퍌(Hindarfjall)의 외딴 성에 영원히 잠든다. 『뵐숭 일족 이야기(Völsunga-saga)』에서는 할름군나르왕(Hjalmgunnar)에게 승리를 주려 했던 오딘의 뜻을 어기고 아그나르(Agnarr) 왕의 편을 들었다가 잠든 것으로 등장한다. [364] 뇌르피〔Nörfi〕: 북유럽 신화에서 불화의 신 로키(Loki)의 아들이자 밤의 여신 노트(Nott)의 아버지다. [365] 엘리바가르〔Élivágar〕: 미미르(Mimir) 샘에서 발원한, 세계가 시작되는 곳에 있는 11개의 강을 통칭한다. 〔물푸레나무 편과 327쪽 주석 [466] 참고.〕 [366] 미드가르드〔Midgard〕: 고대와 중세 게르만족의 신화에서 지상 세계로, 인간이 눈으로 볼 수 있는 유일한 세계다. [367] 프레야〔Freya〕: 프리그(Frigg)라도도 한다. 프로이(Frey)의 여동생이며, 태양신 오딘의 아내다. 가정과 혼인, 사랑과 미와 풍요를 관장한다. 유럽 여러 언어에서 금요일(Freitag, 영 Friday)이 그의 이름에서 유래했다.

장미에 젖은 페르시아

가장 오래되고 유명한 장미(아마도 프랑스 장미, 즉 로자 갈리카(*Rosa gallica*)로 추정된다) 그림은 매우 단순한 형태로 묘사되었는데, 지금으로부터 약 4,000년 전의 수메르(Sumer) 점토판에서 발견되었다. 유럽에서는 장미 그림이 이보다 훨씬 나중에 등장했을 것이다. 크노소스(Knossos) 궁전의 프레스코 벽화에 그려진 장미는 기원전 16세기에 제작된 것이다. | 가장 중요하고도 오래된 재배종 장미의 고향인 중근동(中近東)에서는 장미 숭배 문화가 고도로 번성했다. 그 나라 말로 '장미'라는 단어가 곧 '꽃'을 의미하기도 하는 페르시아야말로 전형적인 장미의 나라였다. 터키에서도 아름다운 장미꽃에 최상의 경의를 표했다. 터키인들은 장미가 무함마드(마호메트)[368]의 땀방울에서 피어난다고 믿었기에, 땅에 떨어진 꽃잎 한 장도 내버려 두지 않았다. 1187년에 마침내 술탄 살라딘(Saladin)[369]이 예루살렘을 점령했을 때, 그는 오마르(Omar) 모스크[370]를 정화하기 위해 500마리의 낙타에 장미수[371]를 실어 전쟁 중인 도시로 보냈다고 한다. | "장미를 본받아라! / 장미는 태양, 이슬 그리고 동쪽에서 불어오는 달콤한 바람, / 그리고 대지의 모든 광명과 행복을 자유롭고 행복하게 즐긴다. / 예언자의 지혜도 필요치 않아, / 장미는 그가 말한 대로 살기 때문에."(「장미」, 『하피즈(Hafis)[372]의 노래』) | 유대인들은 비교적 늦게 장미를 접했으니, 바빌론에서 억류되었을 때 비로소 처음으로 알게 되었다. 구약 「아가서」에서 사랑하는 이를 비유한 대상도 백합[373]이었지 장미가 아니었다. | 헤로도토스(Herodotus)가 '미다스(Midas)의 정원'[374]에서 환상적인 향기를 내뿜는 60장의 꽃잎이 달린 장미를 칭송한 것으로 보아, 고대 그리스에서는 장미가 기원전 450년경에는 알려져 있었던 듯하다.

09 | Die Heckenrose *Rosa canina* | 들장미 | 나무 신화(Mythos Baum): 나무로 본 유럽 민속의 기원과 효능

↓ 한적하고 낭만적이며 고요한 곳. 프랑크푸르트의 팔멘가르텐(Palmengarten)〔=종려나무 정원〕에 있는 장미로 뒤덮인 정자.

Photo by Doris Laudert

〔368〕 무함마드〔Muhammad, 570~632년〕 : 이슬람교의 창시자로 '무함마드'는 '찬양 받는 자' '뛰어난 자'라는 뜻이다. 오스만 제국 시대부터 장미는 무함마드의 신체 자체를 상징하는 예언자의 꽃으로 여겨졌다. 장미 형상으로 무함마드를 대신하며, 그 꽃잎에서 예언을 읽을 수 있다고 믿는다. 〔369〕 살라딘〔Saladin, 1138~1193년〕 : 이집트 아이유브(Ayyubid) 왕조의 시조로, 본명은 유수프(Yousuf)이며, 유럽에서는 살라딘, 또는 살라흐 앗 딘(Salah ad-Din)으로 알려졌다. 1187년에 십자군을 격파하고 예루살렘을 탈환했으며 관대하고 정의로운 성품으로 유럽에서도 이름을 날렸다. 〔370〕 오마르 모스크〔Omar-Moschee〕 : 예루살렘의 이슬람 사원으로, 통곡의 벽〔유대교〕, 성묘(聖墓) 교회〔기독교〕와 함께 예루살렘을 대표하는 성적(聖蹟)이다. 〔371〕 장미수(薔薇水) : 장미 꽃잎을 증류한 액체. 본문에서는 예루살렘을 무슬림이 탈환했음을 공고히 하고자, 주요 성지들을 정기적으로 장미수로 정화한 것을 말한다. 지금도 메카(Mecca)의 카바 신전에서는 검은 돌(al-Hajar al-Aswad)을 한 해에 한 번씩 장미수로 정화한다. 〔372〕 하피즈〔Hafis, 1325~1389년?〕 : 중세 페르시아의 서정 시인. 괴테가 하피즈의 시에 영감을 받아 『서동시집(西東詩集, West-östlicher Divan)』을 쓰기도 했다. 〔373〕 「아가서(雅歌書, Hohelied Salomos)」의 백합 : "나는 샤론(Sharon, 고대 팔레스티나의 평야)의 수선화요, 골짜기에 백합화로구나. 여자들 중에 내 사랑은 가시나무 가운데 백합화 같구나."〔「아가서」 2장 1절〕 「아가서」에는 백합이 자주 등장한다. 〔374〕 미다스의 정원〔Garten Des Midas〕 : 미다스는 그리스 신화에 나오는 소아시아 프리기아(Phrygia)의 왕으로, 손에 닿는 것은 무엇이든 금으로 변하게 하는 능력을 가졌다. 헤로도토스에 따르면 그는 궁을 마케도니아의 베르미온(Vermion)산 밑으로 이주하면서 장미를 가져와 아름다운 정원을 조성했으며, 여기에서 현자 실레노스〔Silenus=사티로스〕를 만난 인연으로 그 능력을 얻게 된다.

꽃의 여왕

↑ 로살리아(Rosalia) 축제 때 꽃잎에 파묻혀 질식한 여인들을 그렸다. 그러나 로마 시대의 역사 기록에 따르면, 황제가 로살리아 연회에 사용한 꽃은 장미가 아니라 제비꽃이었다고 한다. 알마 타데마(Alma Tadema), 〈엘라가발루스 황제의 장미(The Roses of Heliogabalus)〉, 19세기 말.

아프로디테(Aphrodite)[375]가 바다의 거품에서 태어나던 그 옛날, 대지의 신은 장미라는 가장 아름다운 꽃을 만들어 냈다. 그리스 신화는 붉은 장미가 어떻게 생겨났는지도 알려 준다. 사랑의 여신 아프로디테는 사랑하는 아도니스(Adonis)가 멧돼지에 부딪쳐 죽게 되었다는 소식을 듣고 황급히 달려 나가 우거진 흰 장미 숲을 헤매며 그를 찾아 다녔다. 이 때 아프로디테가 흘린 피가 묻어 장미가 붉게 변했다는 것이다. | 기원전 600년경 레스보스섬(Lesbos) 출신의 그리스 시인 사포(Sappho)[376]는 '꽃의 여왕'을 이렇게 예찬했다. "처녀의 홍조처럼 회랑을 넘어 매혹하는 / 오 장미여! 아, 꽃의 여왕 장미여…." | 장미가 상징하는 바는 그 이후로 바뀐 적이 없다. 사랑과 미의 상징인 장미는 옛날부터 여인의 일부로 여겨졌다. 그리스인의 장미 숭배를 이어받은 로마인은 사랑의 여신 비너스(Venus)에게 상

09 | Die Heckenrose
Rosa canina | 들장미 | 나무 신화(Mythos Baum):
나무로 본
유럽 민속의 기원과 효능

찬(賞讚)의 대상인 장미를 바쳤다. 5월과 6월 로마에서는 '로살리아(Rosalia)'라 하여 매혹적인 장미 축제를 거행했는데, 5월 11일 '장미의 날(Dies rosae)'에 절정을 이뤘다. 이 축연(祝宴)은 카이사르 통치기간에는 과하다 싶을 정도로 최절정에 달했다. 예컨대 네로(Nero)[377] 때의 유명한 일화로, 연회에 초대받은 손님들이 천장에서 떨어지는 수많은 장미 꽃잎에 질식해 죽기까지 했다는 것이다(아마 술의 신 바쿠스(Bacchus)도 한몫했겠지만). 클레오파트라(Kleopatra)도 장미 꽃잎이 거의 1엘레(Elle)[약 66cm] 높이로 깔린 방에서 안토니우스(Marcus Antonius)를 유혹했다. 호라티우스(Horatius)[378]는 장미를 과도하게 칭송하며 탐닉하는 것을 못마땅해 했다. 그는 올리브 숲을 뒤엎고, 비옥한 땅에 장미나 제비꽃밭을 조성해야 하느냐며 비난했다. 고대 장미 축제가 기독교에 남은 잔재가 오순절(성령 강림절)이어서, 20세기 초까지도 이탈리아에서는 오순절을 흔히 '파스콰 로자(Pasqua Rosa, 장미 축일)'라고 불렀다. 성령 강림절 일요일에는 교회의 2층 합창대석에서 신도석(信徒席)으로 장미를 흩뿌리는 '장미의 주일(domenica de rosa)' 행사를 거행하는 것이 관례다.

[375] 아프로디테(Aphrodite) : 그리스 신화에 나오는 사랑과 미, 풍요의 여신이다. 로마 신화에서는 비너스에 해당한다. 아프로디테의 탄생을 두고 호메로스와 헤시오도스(Hesiodos)의 서로 다른 설이 있는데, 본문에서는 헤시오도스 설을 따르고 있다. 그에 따르면, 크로노스(Kronos)가 아버지 우라노스(Ouranos)를 거세했을 때 바다에 버려진 우라노스의 성기가 에게해를 떠돌다 흰 포말이 되었다. 아프로디테는 이 포말에서 어른의 모습으로 태어났다고 한다. [376] 사포(Sappho, 기원전 630~590년) : 기원전 7세기 레스보스섬 출신의 여류 시인으로 격조 높은 서정시를 많이 남겼다. 여성으로서 호메로스에 비견되며 유럽에서는 모든 시대를 통틀어 숭앙받았다. [377] 네로(Lucius Domitius Nero, 37~68년) : 로마 제국의 제5대 황제로 54~68년까지 15년간 통치했다. 재위 초기에는 개혁 정책을 펼쳤으나, 4년째인 58년경부터 어머니와 황후를 살해하는 등 폭정으로 돌아선다. 64년 7월 로마에서 일어난 대화재의 책임을 기독교도에게 전가해 학살을 벌임으로써, 최초의 기독교 박해자로 이름을 남기게 되었다. 68년에 반란에 의해 쫓겨난 후 자살했다. 네로는 장미를 사랑하여 장미 관을 쓰고 장미 꽃잎을 베고 잤다는 등 많은 일화를 남겼다. [378] 호라티우스(Quintus Horatius Flaccus, 기원전 65~8년) : 고대 로마의 시인. 공화제(共和制)를 옹호하는 브루투스(Marcus Junius Brutus) 진영에 가담했다가 패한 뒤, 하급 관리로 지내며 시를 썼다. 옥타비아누스(아우구스투스 황제)의 정책에 뜻을 같이했다. 작품으로 『서정 시집』, 『시론』, 『풍자』 등이 전한다.

'신비한 장미(Rosa mystica)', 마리아

↑ 들장미(개장미)의 꽃받침은 잎이 5장인데 일부는 가장자리에 잔잎(털)이 몇 개 나 있고, 일부는 아예 없다. 〈들장미(*Rosa canina*)〉, 윌리엄 우드빌(William Woodville), 『의료식물학(*Medical botany*)』, 1790년.

초기 기독교인은 이 관능적인 꽃을 혐오했고, 천박함이나 방종 같은 고대의 상징에 연루되길 꺼렸다. 그래서 게르만족의 유서 깊은 장미 숭배를 탐탁지 않게 여겼다. 과거 막강한 권력을 과시했던 프레야와 그녀의 고양이가 끄는 수레도 마찬가지로 여겨 사악하고 천한 '하가지사(hagazissa)'[379] 마녀로 몰았다. | 성모 마리아 숭배가 서서히 융성하면서 비로소 비너스의 꽃이자, 아프로디테의 꽃이며, 프레야의

꽃의 명예는 '마리아의 가시', '성모의 장미' 등의 이름으로 회복되어 갔다. 장미는 순결과 도덕의 상징으로 숱한 성모상 그림에 등장했다. 나아가 성모 마리아 자체가 '신비한 장미(Rosa mystica)'가 되었다. 고대 이교도와 기독교의 꽃 숭배가 뒤섞인 셈이었으니, 펠루시움의 이시도르(Isidor von Pelusium)[380]가 우려했듯 "이교의 대모신(Magna Mater)[서아시아의 키벨레(Cybele), 또는 이집트의 이시스(Isis)]과 우리의 대모 마리아(Magna Mater Maria)는 엄연히 구별되어야 했다."(서기 440년경) | 고딕 대성당에서는 고대 모권 사회에서 극락의 방향이던 서쪽에 장미창(薔薇窓)을 내고, 그 아래에 마리아를 모셨다. 남성의 상징인 십자가는 반대편 끝인 동쪽의 앱스(apse)[후진(後陣)]에 배치되었다. 1208년 성 도미니코[381]의 기도용 줄이 장미 묵주[382]로 드러날 무렵엔 이미 장미가 기독교에 완전히 수용되어 있었다. | 종교 개혁가 마르틴 루터도 장미 숭배에 동조하는 편이었다. 그가 서거하기 직전인 1541년에 주조된 기념 주화에는 활짝 핀 장미 옆에 루터가 그려져 있고,[383] 둘레에 다음의 구절이 각인되었다. "십자가 바로 아래에 있다면, 기독교도의 마음은 장미 위를 가리라." | 허나 누구나 기독교

[379] 하가지사[hagazissa]: 울타리, 경계를 뜻하는 '하그(hag)' 위의 여성이라는 뜻으로, '하가주사(hagazussa)'라고도 한다. 여기서 경계는 이승과 저승을 나눈다. 하가지사는 나이 든 무녀로, 여러 세계를 오가기 위해서 나무 위에 오른다. 마녀를 뜻하는 독일어 '헥세(Hexe)'가 여기서 유래했다. [「산사나무」편 참고.] [380] 펠루시움의 이시도르[Isidor von Pelusium, 360~450?년]: 이집트 펠루시움의 수도사이자 신학자. 펠루시움 인근 수도원에서 생활했으며 원장에 올랐다. 그가 쓴 수천 통의 편지가 남아, 훗날 많이 읽혔다. 펠루시움은 나일강 삼각주의 가장 동쪽에 있던 도시로, 이집트 국경의 요새 구실을 했다. [381] 성 도미니코[Sanctus Dominicus, 1170?~1221년]: 에스파냐 출신의 기독교 성인으로, 성 프란체스코와 함께 중세 수도회 운동을 대표한다. 성 도미니코가 창시해 1220년 인정받은 도미니크 수도회에서 성 알베르투스, 성 토마스 아퀴나스 등의 신학자들이 배출되었다. 종교화 도상에서 성 도미니코는 책, 액자, 장미꽃 등과 함께 그려지는 경우가 많다. [382] 묵주[默珠, Rosenkranz, 영 rosary]: 가톨릭의 성물인 묵주를 뜻하는 라틴어 '로사리오(rosario)'는 장미 화관에서 유래했다. 기도 도구인 구슬 줄은 과거부터 있었으나, 르네상스 시대에 장미와 연관된 이름과 형태로 정착되었다. 성 도미니코가 1208년에 어느 성당에서 성모 마리아에게 이단과 싸울 무기로 이를 계시받았다는 전설과 함께 오늘날까지 전해지는 묵주의 상징이 형성되었다. [383] 루터의 장미[Luther Rose]: 루터는 1530년경 '루터의 장미'라는 문양을 만들어 자신의 신학을 요약했다. 문양에서 붉은 심장을 품은 흰 장미는 기쁨과 평화를 상징한다. 심장 안에는 검은 십자가가 들어 있다.

적 미덕을 장미와 동일시하지는 않았다는 것은 1608년 충직한 에카르트[384]의 금언에 드러난다. "그리스도의 뜻대로 이 세상 살고자 하는 자가 / 최후의 심판에서 구원받으려 하면 / 더는 장미 위를 가지 못하리."

↑ 전설에 따르면, 튀링겐(Thüringen)에 살던 자비심 많은 성 엘리사벳(Elisabeth)는 적선하려고 바구니에 빵을 담아 놓았는데, 그녀의 남편이 바구니를 들춰 보자 향기가 진동하는 장미로 변했다고 한다.

[384] **충직한 에카르트**[der getreue Eckart] : 선의의 봉사자이자 충고자로서, 중세의 다양한 전설이나 서사시에 등장하는 가공의 인물이다. 시인 괴테도 "당신이 충직한 에카르트가 되어, 타인이 손해 보지 않도록 충고해 준다면 그것도 하나의 역할이지만, 사실 큰 의미는 없다. 그들은 결국 덫을 향해 뛰어 들 테니까⋯."라고 말한 바 있다.

09 Die Heckenrose
Rosa canina

들장미

나무 신화(Mythos Baum) :
나무로 본
유럽 민속의 기원과 효능

장미 골목의 여인들

괴테의 시 「들장미」나 「가시 장미 공주」 동화[385]와 같이, 민간 구전에서 들장미는 소녀의 순수와 순결을 나타낸다. 그래서 "장미를 꺾다"라는 말은 소녀의 '순결을 빼앗다'라는 뜻이 된다. "장미가 너무 일찍 꺾였다"라는 외설적인 문구는 순결을 잃은 소녀를 가리킨다. 브레슬라우(Breslau)[386]에서는 매춘부를 '장미 골목의 여인(Rosengässlerinnen)', 그녀들이 사는 곳을 '장미 쪽방(Rosenwinkel)'이라 불렀다. 남프랑스의 님(Nimes)에서는 1세기 전까지만 해도 매춘부를 '장미'라고 불렀고, 이들은 자신의 직업을 알리기 위해 장미를 몸에 꽂아야 했다. | 결혼 적령기 처녀들을 가능한 빨리 결혼시켜야 했던 부모들은 과년한 딸을 꽃에 빗대어 이런 말을 즐겨 썼다. "가지에 달린 장미꽃을 시들게 해서는 안 된다." 1607년에 출간된 요한 피샤르트(Johann Fischart)[387]의 『철학적 혼인의 책(Philosophisch Ehezuchtbüchlein)』이라는 결혼 지침서에서는 총각들이 "장미에 키스만 하고, 향은 맡지 않는다"는 글로써 배우자를 선택할 때 성격보다 미모에 더 관심을 두는 현상을 개탄한다. | 그럼에도 끝내 무엇보다 중요한 것은 "최고로 아름다운 장미도 결국엔 로즈힙 열매가 되고 만다."[젊음의 무상함을 말한다.]는 사실이다. 다음의 묘비명은 이 일련의 주제에 관련된 것이다. "장미 한 송이 이 땅에 묻혔네. / 그 아름다움이 길이 널리 퍼졌는데 / 이제는 단지 썩어질 육체이네. / 누구도 쳐다 보지도 냄새 맡지도 않네."

[385] 「가시 장미 공주(Dornröslein)」: 1697년 프랑스의 샤를 페로(Charles Perrault)의 『어미 거위 이야기』에 처음 수록된 것으로 알려진 고전 동화다. 이 동화에서 공주는 장미 가시에 찔려 100년 동안 잠들었다가 스스로 깨어난다. 우리 나라에서 잘 알려진 「잠자는 숲속의 공주」는 이를 바탕으로 1812년 그림 형제가 발표한 판본이며, 물레 바늘에 찔려 잠든 공주는 왕자의 키스를 받아 깨어난다. [386] 브레슬라우(Breslau, 폴 Wrocław): 폴란드 브로츠와프의 독일식 지명이다. 18세기부터 제2차 세계대전까지 독일 프로이센 제국에 속한 바 있다. [387] 요한 피샤르트(Johann Fischart, 1546~1590년): 16세기에 활동한 독일의 시인이자 풍자가. 신교도로서 재치가 넘치는 사회 비판적인 글을 써서 생전에 인기를 끌었으나 '30년 전쟁' 이후 잊혔다. 19세기에 그 문학적 가치가 재발굴되었다.

침묵의 상징

수많은 꽃잎이 겹친 장미에서 사람들은 과묵함, 비밀 유지 등의 이미지를 떠올렸다. 로마 신화에서 사랑의 사자 아모르(Amor)는 비너스(Venus, 베누스)의 사랑과 유혹을 눈감아 달라고 침묵의 신에게 장미를 헌납한다.[388] 주연(酒宴)과 연회가 열리는 방의 천장에는 서로 나누는 대화 내용이 제3자의 귀에 들어가지 않게 한다는 뜻으로 장미를 매달아 놓는 풍습이 있었다. "당신과 나는 이것을 '장미 아래에서(sub rosa)'[영어의 'under the rose'와 같다. 여기서 장미는 침묵의 상징이다.] 이야기한 겁니다."라는 말은 '우리끼리만의 비밀입니다'라는 뜻이다. 제바스티안 브란트(Sebastian Brant)의 『바보들의 배(Das Narrenschiff)』(1494년)에도 비슷한 표현, 곧 "우리가 여기서 서로 애무한 것은 '장미 아래(unter Rosen)'라고[=비밀로] 합시다"는 구절이 있다. 교황 하드리아누스 6세(Hadrianus IV)는 재위 기간(1522~1523년) 동안 고해성사실(告解聖事室) 의자에 장미를 조각해 넣기도 했다. 이런 의미가 담긴 성유물(聖遺物)은 수도원이나 수녀원의 홀, 시청 지하 식당[389] 등에서도 찾아볼 수 있는데, 종종 천장에 석고로 부조된 장미 형상으로 나타난다.

[388] 아모르〔Amor〕: 그리스 신화에 따르면 아프로디테(비너스)는 장미를 자기 아들 에로스(아모르, 큐피드)에게 주었고, 에로스는 그것을 다시 침묵의 신인 하르포크라테스(Harpocrates)[이집트의 호루스(Horus)]에게 주었는데, 자기 어머니 비너스가 불륜에 빠진 것을 호루스가 보게 되었기 때문이다. 에로스는 어머니의 부정을 소문 내지 말아 달라는 뜻으로 침묵의 신 호루스에게 장미를 보냈다고 한다. 또는 에로스가 침묵의 신에게 소문을 내지 말아 달라고 부탁하자 침묵의 신이 답례 대신 장미를 보냈다고도 한다. [389] 시청 지하 식당〔Ratskeller〕: 독일어권에서 시청(Rathaus)의 지하 또는 바로 붙어 있는 식당 또는 바를 일컫는다. 대개 저렴한 값에 가정식 식사와 술을 먹을 수 있다. 이에 유래해 영어권에서는 대학의 지하 식당을 '라트스켈러'라고 부르기도 한다.

09   Die Heckenrose *Rosa canina*   들장미   나무 신화(Mythos Baum): 나무로 본 유럽 민속의 기원과 효능

붉은 저고리, 검은 모자

중세의 수도원 정원에는 반드시 '장미 화원(Rosarium)'이 조성되었는데, 장미 꽃잎은 귀한 의약품으로 여겨졌기 때문이다. 신선한 장미 꽃잎은 수도원 식당에서 고기를 양념하고 디저트를 장식하는 데도 즐겨 쓰이는 재료였다. 도시가 팽창하면서 최초의 약국이 등장했고, 그

↑ 성 안의 조그만 정원에 있는 에밀리아(Emilia)가 예부터 전해 내려오는 로마의 관습에 따라 장미 화환을 엮고 있다. 장미꽃 하나하나를 피나무 껍질로 엮은 화환에 붙였다. 〈장미 정원의 에밀리아(Arcita and Palemone Admire Emilia in Her Garden)〉, 보카치오(Giovanni Boccaccio)의 『테세이다(Teseida)』 필사본 삽화, 1460년경.

약제사들은 13세기부터 자신의 텃밭에서 '약제사의 장미(Apothekerrose)'[390]를 소규모로 재배했다. 수확한 꽃잎은 가공하기 전까지 설탕이나 소금에 재운 형태로 약국에서 보관했다. | 장미 꽃잎은 수요에 따라 장미수, 장미 주스, 장미 설탕, 장미 경단 등으로 만들어졌다. 오늘날에는 장미유(薔薇油, attar of roses)를 생산할 때 부산물로 생기는 장미수(薔薇水)가 약국에서 살 수 있는 유일한 장미로 만든 제품이다. 장미수는 마음을 진정시키고 기분을 상쾌하게 해 준다. 장미 꽃잎의 진정 효과는 힐데가르트 폰 빙엔이 그녀의 박물학 책에서 이미 언급한 바 있다. "장미 꽃잎은 새벽에 채취하라. 눈 위에 얹으면 고름이 빠지고 눈이 맑아진다." | 장미의 싹으로 만든 차는 지혈과 경련 완화에 효과가 있는 것으로 알려져 있는데, 장복해야 한다고 한다. | "붉은 저고리에 검은 모자, 배에는 돌멩이 가득. 이것이 무엇일까?"라는 장미 열매에 관한 수수께끼가 있다. 오늘날에는 장미 열매가 치료 효과가 가장 뛰어나다고 한다(그리고 이제 장미 꽃잎에는 없다고 본다). 들장미 열매를 차로 마시거나 히펜마르크 잼(Hiefenmark, 들장미 열매를 끓여서 만든 무스로, 비타민이 거의 파괴되지 않는다)을 만들어 먹으면, 감기 예방에 좋다고 정평이 나 있다. 비타민이 많

↑ 프랑스장미(*Rosa gallica*)는 중유럽에 700여 년 전부터 있었다.

09   Die Heckenrose
Rosa canina   들장미   나무 신화(Mythos Baum):
나무로 본
유럽 민속의 기원과 효능

이 함유된 것으로 알려진 레몬 100g에는 비타민 C가 겨우 60mg 들어 있지만, 씨를 뺀 장미 열매에는 입지 환경과 품종에 따라 100g 당 500~1,400mg 가량 함유되어 있다는 것이다. 놀라우면서도 잘 알려지지 않은 사실이다. 한편 들장미 열매의 붉은 색소는 카로티노이드 라이코핀(Carotinoid Lycopin)으로 산화 방지에 좋다. 토마토의 붉은색도 이 색소 때문이다. | 들장미 열매는 예전에는 '장미 씨(Semen Rosae)' 또는 '시노스바티 열매(Semen cynosbati)'라고 불리던 약재였다. 절구에 찧은 열매는 요석과 결석증에 대한 가정 처방약으로 긴히 쓰였다. | "여름의 마지막 장미를 보았네. / 마치 피 흘리는 듯 붉었네. / 지나는 길에 섬뜩해져 말했지. / 삶이 깊으면 그만큼 죽음에 너무 가깝다고!"〔헤벨(C. F. Hebbel)〕[391], 「여름의 초상(Sommerbild)」]

[390] 약제사의 장미〔Apothekerrose, *Rosa gallica* var. *officinalis*〕: 장미는 고대부터 근동과 로마 제국에서 약용으로 재배되었고, 장미수, 장미유, 꽃잎차, 연고, 화장품 등으로 가공되었다. 중세 유럽의 초기 약국은 아랍의 수도사들이 가공한 약제를 수입해 오는 약재상(Apotheke)〔라틴어로 '창고'를 뜻하는 '아포테카(apotheca)'에서 유래〕으로 출발했다. 그들을 따라 전파된 약용 장미(*Rosa gallica*)는 중유럽에서 가장 먼저 재배되기 시작한 품종이다. 아랍의 수도사들이 유럽에 정착하거나, 그들에게 전수받은 기법으로 교회 수도원에서 직접 약재를 재배하고 제조하기도 했는데, 이런 작업장을 '오피친(Offizin)'이라고 불렀다. 그 어원은 라틴어로 '일터'를 뜻하는 '오피치나스(offizinal)'에서 유래한 것이다. '오피친-약재상(Offizin-Apotheke)'은 자유 도시에서 교역할 권리를 보유했고, 페스트가 대유행한 14세기에 도시마다 자리잡게 되었다. '약제사의 장미' 학명에 '오피치날리스(*officinalis*)'가 붙는 것도 이 때문이다. 약국의 장미, 약제사의 장미 등으로 불리며, 15세기에 영국의 랭커스터 가문(House of Lancaster)에서 문장으로 삼아, 지금도 랭커스터를 상징하는 꽃이다. [391] 크리스티안 프리드리히 헤벨〔Christian Friedrich Hebbel, 1813~1863년〕: 독일 홀슈타인(Holstein) 출신의 극작가이자 시인이다. 독일 비극의 전통을 바탕으로 해서 신화나 전설 이야기를 소재로 즐겨 썼다. 첫 희곡인 『유디트(*Judith*)』(1840년) 외에 『마리아 막달레나(*Maria Magdalene*)』, 대작 『니벨룽겐(*Die Nibelungen*)』 등을 집필해 유럽의 근대 희곡 형성에 영향을 미쳤다는 평가를 받는다.

↑ 마가목류가 대개 그렇듯 엘스베르(Elsbeere, *Sorbus torminalis*) 열매도 첫 서리를 맞은 다음에야 먹을 만하다.

10 Die Eberesche
Sorbus aucuparia

마가목

나무신화(Mythos Baum):
나무로 본
유럽 민속의 기원과 효능

마가목 Die Eberesche
Sorbus aucuparia

나에게 한 뼘의 땅이 주어진다면, 조그만 마가목 숲을 만들고 싶다. 지나간 여름의 행복을 밝게 비추며 소중히 기리게 해 주는 유일한 나무이기 때문이다. 그렇다, 마가목 열매는 매일 조금씩 빛깔이 짙어지며 가지에 소담스럽게 달린 채 12월까지 그 빛을 발한다. 우산형 꽃대에 매달린 마지막 열매 한 알도 개똥지빠귀가 쪼아 먹을 때를 기다린다. 〔…〕

〔엘저 라스커-쉴러(Else Lasker-Schüler)[392],「마가목(*Die Eberesche*)」〕

↑ 8월에 산호색으로 익은 마가목 열매. 이 열매는 12월까지 나무에 매달려 있다.

[392] 엘저 라스커-쉴러(Else Lasker-Schüler, 1869~1945년): 독일 부퍼탈 출신의 시인이자 극작가. 보헤미아와 같은 생활로 이름을 떨치는 한편 표현주의 운동에 참여해 유태계 여성으로서 슬픔과 희망을 그렸다. 당대 독일 평론가들에게 '독일의 사포(고대 그리스의 여성 시인)'라 칭해졌으며, 1932년에 독일의 문학상인 클라이스트상을 받았다. 나치 정권을 피해 1934년에 예루살렘으로 망명해 그곳에서 생을 마감했다. 첫 시집인 『명부(冥府)의 강(*Styx*)』 외에 다수의 시집을 남겼다. 〔원문 출처: Else Lasker-Schüler, *Gesammelte Werke in dre Bänden* (Frankfurt am Main: Suhrkamp, 1996).〕

숲 가장자리의 밝은 곳에 사는 나무

마가목(*Sorbus aucuparia*)은 대관목, 또는 높이 15m까지 자라는 교목으로,[393] 수령이 100여 년에 달하고 유럽 전 지역에 분포한다. 마가목의 흰색 꽃에는 트리메틸아민(Trimethylamine) 성분이 함유되어 산사나무의 꽃에서처럼 생선 비린내가 난다. 깃 모양의 겹잎이 홀수로 나는[기수우상복엽(奇數羽狀複葉), 홀수 깃꼴 겹잎] 마가목 잎들은 가을이면 밝은 황색에서 진홍색으로 단풍이 든다. 마가목은 다양한 입지 환경에서 생육이 가능하다. 내한성이 강한 데다 ―산악 지역에서는 해발 2,000m까지 분포한다.― 뿌리가 천근성이어서 얕게 뻗지만 그 길이가 길기 때문에 아무 곳에서나 잘 자란다. 마가목은 토양이 산성에서 약알칼리성을 띠는 곳, 유기물이 풍부하고 성긴 사양토(砂壤土)[사토(모래흙)와 양토(참흙)의 중간쯤 되는 토양]를 좋아한다. 일시적으로 물에 잠겨도 비교적 잘 버텨 살아남지만, 습하고 통풍이 나쁜 곳에서는 생육이 불순하다. 어린 나무였을 때만 내음력이 있는 선구수종이라서 햇빛을 많이 필요로 한다. 울창한 숲에서는 키가 10~16m밖에 되지 못해 다른 나무들보다 상대적으로 작은 마가목은 항시 숲의 가장자리로 밀려나게 된다. 선구수종으로서 바늘꽃류나 산딸기처럼 무성하게 번지는 관목들로부터 숲의 어린 나무들을 보호해 주기 때문에, 임업인에게는 무척 요긴한 나무다. 그 뿌리는 가옥에 피해를 주지 않으므로 건물에 인접하게 심어도 무방하다. 배기 가스에도 내성이 매우 강하다. 그러나 고온에는 매우 예민하게 반응하므로 도심에 식재하는 것은 선택적으로만 가능하다.

[393] 마가목[Eberesche, *Sorbus aucuparia*] : 마가목은 기후에 따라 그 키가 달라진다. 추운 지역의 마가목은 약 5m까지 자라 대관목(Großstrauch)에 속하지만, 따뜻한 지역에서는 최고 15m까지 자라 교목에 속한다. 대관목은 관목 중에서 가장 큰 나무들을 분류하는 이름으로, 무궁화 등이 이에 속한다. 8m 이상 자라는 나무는 모두 교목으로 분류되기 때문에, 높이 자란 마가목일지라도 다른 교목들에 비해서는 상대적으로 작은 편이다.

10 Die Eberesche
    Sorbus aucuparia

마가목

나무신화(Mythos Baum) :
나무로 본
유럽 민속의 기원과 효능

새들이 좋아하는 키 작은 숲

마가목 열매는 산호처럼 붉은 빛을 띠며 8월에 절정을 이룬다. 마가목의 독일어 별칭 포겔베어바움(Vogelbeerbaum)[새 열매 나무라는 뜻이다.]도, 그 열매가 약 63종의 다양한 조류와 포유류가 즐겨 찾는 먹이라는 점을 알고 나면 이해가 될 것이다. 이처럼 좋은 먹이뿐 아니라 여러 새에게 서식지를 제공해 주기 때문에 예전에는 '새들을 위한 기쁨의 덤불(Lustgebüsch)'이라는 표현도 있었다. 마가목 열매는 새를 유인하는 데 가장 유용한 미끼 중 하나였으며, 이런 특징에서 '소르부스 아우쿠파리아(Sorbus aucuparia)'라는 학명이 유래했다. '아우쿠파리아(aucuparia)'라는 종소명은 라틴어 '아베스 카페레(aves capere)'라는 말에서 기원했는데, 새를 잡는다는 뜻이다. 피에란드레아 마티올리[201쪽 주석 [286] 참조]는 1563년판 본초학 책에서 "겨울에 농부들은 이 열매로 지빠귀를 잡는데, 그 새가 모이로 삼기 때문이다"라고 서술했다. 크라메츠(Krammets)라고 부르던 송이 열매를 질긴 말총으로 만든 올가미에 매달고, 이를 버드나무 가지를 휘어 만든 고리에 묶으면 덫이 되었다. 독일의 새 잡이꾼들은 이와 같은 새덫을 '도네(Dohne)'라고 불렀으며, 이런 사냥 방식을 '도넨슈티그(Dohnenstieg)'라고 했다.[394] 이렇게 만든 덫에는 이름 그대로 크라메츠 새(Krammetsvogel, 개똥지빠귀)밖에 안 걸렸던 듯하다. 올가미 새 사냥은 이미 오래 전 금지되었다. | 말을 타고 멧돼지나 사슴을 사냥하던 것이 귀족계급의 수렵 방식이던 데 반해, 올가미로 새를 잡는 것은 평민들의 오락거리였다. 19세기까지만 해도 독일의 축제일에는 속을 채우고 마리네이드(marinade) 소스[식초, 포도주, 기름, 향신료 등을 섞어 만든 절임용 소스]에 절여 구운 명금류(鳴禽類) 요리가 식탁에 자주 올랐다. 16세기 급증한 수

[394] 올가미를 이용한 새 사냥[Dohnenstieg] : 도넨슈티그는 올가미를 놓은 숲속 샛길이라는 뜻이다. 말총을 엮어 만든 새 올가미 여러 개를 오솔길에 나무를 따라 줄지어 설치했다. 이 사냥법은 19세기까지 유럽에서 성행했다. 길 이름 자체가 도넨슈티그인 곳도 독일 곳곳에 남아 있다. 현재에도 스웨덴 남부, 프랑스 북부, 이탈리아 중부 지방 등지에서 이루어지지만 현재 이를 법으로 허가한 나라는 프랑스뿐이며, 다른 나라에서는 불법이다.

요에 따라 조류를 끊임없이 포획하자, 새를 잡는 데 반대하는 목소리가 높아졌다. 그런 목소리의 대변자로 가장 유명한 이는 마르틴 루터다. 그는 이런 대중적인 놀이를 반대해「하인 볼프강 지베르거에 대한 루터의 조류 소송장」[395]을 쓰고 자신의 하인을 공개적으로 비난했다. 새 사냥꾼과 불량배에 대한 금지령이 이어졌지만 겁내는 이는 없었다. 세월이 흘러 독일의 식탁은 야생 조류를 밀어내고 비육(肥育) 닭이 점령하기에 이르렀지만, 프랑스와 이탈리아의 미식가들이 자주 찾는 식당은 요즘에도 여전히 수상한 명금류 별미 요리들을 선보이고 있다. | 독일어로 마가목을 뜻하는 '에버레쉐(Eberesche)'라는 이름이 어디에서 유래했는지는 분명치 않다. 마가목의 향명(鄕名)이 150여 개나 헤아릴 만큼 많은 것을 보면, 삶의 바로 곁에 함께 해 온 나무임이 틀림없다. 그 독일어 이름에 관한 몇몇 학설 중 하나로, 접두어 '에버(Eber)'가 '가짜'를 뜻하는 '아버(aber)'에서 기원했다는 설이 있다. 마가목의 잎 모양이 깃 모양 겹잎인 서양 물푸레나무(Gemeine Esche, 학명 *Fraxinus excelsior*)와 흡사해 '가짜 물푸레나무'라고 불리기도 했기 때문이다. 믿을 만한 문헌에 나오는 또 다른 의견으로 마가목의 열매가 예전에 '수퇘지(Eber)' 사료로 이용된 데서 유래했다는 설도 있다. 옛 고지 독일어에서 마가목을 뜻하던 '에버보움(Eberboum)'은 훗날 '에버라쉬(Eberasch)'로 변화했고, 1600년대부터는 '에버레쉐'로 정착했다.

[395]「하인 볼프강 지베르거에 대한 루터의 조류 소송장」: 마르틴 루터는 방울새, 지빠귀 같은 새들을 잡는 행위를 반대했다. 이를 어기고 새를 잡던 그의 하인 지베르거(Sieberger)에게 불만을 품었고, 새들이 마르틴 루터를 대리인 삼아 하인 '지베르거'를 고소하는 형식으로 소송장을 썼다. 이 책의 저자 라우더르트(D. Laudert)는 하인 이름을 '지빙거(Sibinger)'로 표기했으나, 역자의 확인 결과 '지베르거(Sieberger)'로 본문 번역을 수정했으며, 그 소송장의 제목 또한 '*Klageschrift der Vögeln an Dr. Martinum Luthern über Wolfgang Sieberger seinen Diener*'라고 했으나, 1530년에 제출한 소송장의 원제목은 '*Klageschrift der Vögel an Lutherum über seinen Diener Wolfgang Siebergern*'이다.

10   Die Eberesche   마가목   나무 신화(Mythos Baum):
Sorbus aucuparia   나무로 본
유럽 민속의 기원과 효능

→ 예전에 유행했던 '말총으로 만든 올가미'를 이용한 사냥법. 나무 막대를 휘어서 질긴 말총을 올가미로 걸어 놓았다. 새들이 나무 막대에 앉아 미끼로 달아 놓은 마가목 열매를 먹으려 할 때 올가미가 날개를 푸드덕거리는 새의 목을 조여 질식시킨다. 목판화, 1653년.

마가목을 이용한 별미들

민간에서는 마가목에 독성이 있다고 굳게 믿지만, 반드시 그렇지는 않다. 매일 신선한 마가목 열매 서너 개를 씹으면 오히려 배변에 도움이 된다. 말린 열매는 설사에 효과가 있어, 가정 상비약으로 쓴다(월귤나무 열매도 같은 효과가 있다). 많은 연설가나 성악가는 마가목 열매를 특효약으로 생각한다. 성대를 부드럽게 하고 목의 자극을 완화시켜 주며, 레몬보다 비타민 C가 더 많이 함유되어 있기 때문이다. 다만 열매를 날로 너무 많이 먹으면 위장 장애를 일으킬 수 있다. 16세기에 히에로니무스 보크는 『본초학』에서 다음과 같이 적었다. "그 열매는 묘하고도 불쾌한 맛이 있으니 / 너무 많이 먹었다가는 / 속이 불편해진다." 이런 증상은 열매에 포함된 파라소르빈산(Parasorbin Acid)이 원인으로, 열매를 끓이면 파괴되기 때문에 잘 익은 마가목 열매를 무스나 젤리 또는 주스로 만들어 먹는 것이 가장 좋다. | 바이에른 숲 일대에서는 일종의 마가목 열매 절임(Latwerge, 과일 무스)인 '포글비어라트바리(Voglbirlatwari)'라는 것이 피를 맑게 해 주는 정혈제(淨血劑) 효과로 유명하다. 이 무스는 양고기나 멧돼지 요리와 곁들여 먹으면 맛이 매우 좋다. 8월에 열매를 수확해 묽은 식초물에 하루 저녁 담가 놓아 쓴 맛을 없애고, 그것을 끓여 채에 거른 다음 열매와 같은 양의 설탕을 넣고 젤리가 될 때까지 조린다. 조리할 때 물론 어려운 점도 있는데, 바로 보크가 언급한 바대로, 쓴 맛을 내는 성분 때문에 생기는 '불쾌한 맛'이다. 이 불쾌한 맛이 끓이는 내내 가시지 않는 것이다. | 야생 마가목 열매는 새들이나 먹게 놔 두고, 정원에는 어린 모라비아마가목(Sorbus aucuparia var. moravica/edulis)을 몇 그루 심는 편이 합리적이다. 1810년 체첸공화국 오스트루츠나(Ostruzna) 지방의 후루비 예세니크산맥(Hruby Jesenik)에서 쓴 맛이 훨씬

덜한 마가목이 발견되었으니, 바로 모라비아마가목이다. 이 나무는 정원사들을 위해 황량한 산악 지대의 중요한 과수(果樹)가 되어 주려고 진화한 듯하다. | 마가목 열매를 과일로 취급하는 것은 실로 새로운 일이 아니다. 바람이나 강설(降雪)에도 유난히 내성이 강한 특성 때문에, 이미 18세기에 마리아 테레지아(Maria Theresia) 여제의 명으로 개량조차 하지 않은 마가목도 심어 가꾸도록 했으며,[396] 1779년에는 추운 지역에도 과수가 필요하다며 빨간 마가목 열매를 심도록 지시했다. | 티롤 지방에서는 마가목을 모스트베르(Mostbeere)라고도 부르는데, 이는 예전에 마가목 열매로 알코올성 음료를 제조했음을 알려 준다. [모스트(Most)는 과실주, 과즙, 특히 사과주를 뜻한다.] 라틴어 '소르베레(sorbere, 홀짝 홀짝 마시다)'에서 유래한 마가목의 학명 '소르부스(Sorbus)'도 같은 뜻을 시사한다. 마가목 열매로 만드는 체코의 야르세빈카(Jarcebinka)는 집에서 담그는 독특한 과실주(liqueur)다. 마가목 열매 400g을 으깬 후(쓴 맛이 나는 씨는 으깨지 말고), 금속성 그릇이 아닌 통에 담아 살짝 뚜껑을 덮고 약 1주일 동안 따뜻한 곳에 보관한다. 즙을 짜낸 후 발효된 용액에 70도짜리 곡주(穀酒)를 발효 용액의 두 배 정도 붓는다. 즙을 짜내고 남은 찌꺼기는 다시 곡주 500ml에 담아 중간 중간 흔들어 주면서 2주 동안 보관했다가, 다시 즙을 짜내고 첫 번째 용액에 붓는다. 마지막으로 설탕 시럽 1/4l를 넣어 단맛을 더하고 최소 6개월간 숙성시키면 마실 수 있다. | 독일에서는 마가목잎과 소귀나무잎, 참나무 껍질을 발효해 원시적인 약초 맥주를 만들었다. 이 원시적 양조주에 훗날 두송실, 쑥, 샐비어, 수레국화류 등 쌉쌀하고 향긋한 향료가 더해지면서 실한 '약주(Heilbier, 藥酒)'로 거듭났다. 비비면 아몬드 냄새가 약간 풍기는 잎과 역한 냄새가 심하게 나는 꽃은 아직도 흔히들 끓는 물을 부어 차로 우려 마시는데 기

[396] **마리아 테레지아의 중농 정책** : 합스부르크가의 여제인 마리아 테레지아(Maria Theresia, 1717~1780년) 재위 중에는 중농 정책의 일환으로 과수 재배를 강조했다. 당시 독일에서 소비되던 과일의 대부분이 수입에 의존했기 때문이었다. 1736년에는 도시나 지방의 가로수로 과수 식재를 적극 장려했다. 과수 재배에 공을 세운 농민에게는 메달을 수여하는 등 격려했으며, 도벌하는 자는 강력히 처벌했다.

침, 기관지, 폐렴에 효과가 있다. | 열매에서 추출한 성분인 소르비트(Sorbit)를 당뇨 환자를 위한 인공 감미료로 쓰던 일은 이제는 과거지사가 되었다. 염색 공장에서는 양모를 갈색이나 붉은색으로 염색하는 데 마가목 껍질을 사용하며, 단단하고 재질이 촘촘한 마가목 목재는 선반공과 공구 제작자들이 즐겨 찾는다.

↑ 지도06 〔08 독일가문비〕〔09 들장미〕〔10 마가목〕편에 등장하는 지명.

10   Die Eberesche
Sorbus aucuparia

마가목

나무 신화(Mythos Baum):
나무로 본
유럽 민속의 기원과 효능

생명력 있는 나무와 회초리

고대 켈트족 제사장들은 나무의 힘으로 저주와 불행을 물리칠 수 있다고 믿어, 의식을 치르는 성스러운 바위와 제단 주변에 마가목을 심었다. | 게르만 신화에서도 마가목은 행운을 가져다 주는 나무로 여겨졌다. 마가목은 천둥의 신인 도나르(Donar, 북유럽의 토르(Thor)에 해당)에게 바쳐진 나무였다. 『신(新) 에다(Prose Edda)』[397]에 따르면 한때 토르 신이 급류에 휩쓸렸을 때 어린 마가목을 잡고 간신히 물에서 빠져 나온 일이 있다고 한다. 이 전설에서 유래해 북유럽에서는 마가목을 '토르의 피난처(Thorsbjörg)'라고 부른다. 이뿐 아니라 토르는 양고기를 가장 즐기는데, 양이 마가목잎을 유난히 좋아한다는 것이다. | 이 나무의 생명를 살리는 능력이 우리 시대까지 알려져 전해 내려왔다고 느껴지는 것이, 저지 독일어로 마가목을 크비첸바움(Quitschenbaum) 또는 크비츠베어(Quitschbeer)라고 부르는데, 이것은 '생동하는, 활발한' 등의 뜻을 지닌 크벡(queck)이란 말과 이어진된다는 점이다. (독일어로 수은(水銀)을 뜻하는 '크베크질버(Quecksilber)'가 직역하면 바로 '움직이는, 생동감 있는 은(銀)'임을 참조하라). 이 생명력 있는 나무는 원기를 회복시키고 생기를 돋울 뿐더러, '생명의 회초리(Lebenstrute)'[398]로도 사용되었다. 부활절이나 크리스마스 또는 새해에 생명의 회초리로 때리는 풍습은 매우 연원이 깊다. 어린 아이들은 마가목(노간주나무나 개암나무, 자작나무 등도 쓰였다) 가지를 한데 묶어 만든 회초리를 들고 집집마다 돌

---

[397] 『신(新) 에다(Prose Edda)』: 『에다』는 북유럽의 시, 노래, 서사시 등을 모은 책으로, 북유럽 신화의 중요한 자료다. '고(古) 에다(The elder Edda)'와 '신(新) 에다(Young Edda)'로 나뉘며, 각각 '운문 에다(Poetic Edda)', '산문 에다(Prose Edda)'라 불리기도 한다. 1220년경 아이슬란드의 스노리 스투를루손(Snori Sturluson, 1178~1241년)이 정리한 『신 에다』에는 북유럽 신화와 더불어 시 작법에 관한 내용이 담겨 있다. (물푸레나무 편 327쪽 주석 [465] 참조). [398] 마가목 회초리: 원래 '후추를 뿌리다', '맵게 하다'라는 뜻을 지닌 '페펜(pfeffern)'은 드물게 '매질을 하다'라는 뜻으로 쓰이기도 한다. 독일 북부 지방에도 연말 연시 나뭇가지를 묶어서 만든 회초리로 사람들을 매질하며 돌아다니는 풍습이 전하는데, 나무가 지닌 생명력과 생기를 불어 넣고 행운을 가져다 준다고 믿었다.

아다니며 만나는 사람마다 매질을 했다. 이런 풍습을 독일어로 '페펜(pfeffern, 매질하다)'이라고 한다. 매질할 때는 '매질 주문(Pfefferspruch)'이라고 해서 고유한 구절도 같이 읊으며 선물을 내놓으라고 한다. 생명의 채찍으로 때리는 행위는 원래 다산과 풍요의 마법을 내포했다. 특히 종려 다발을 모르는 프로테스탄트 지역에서는 이 의식이 아직도 행해진다. 가톨릭 지역에서는 이미 오래 전에 기독교의 종려나무 풍습으로 바뀌었지만 말이다. | 앵글로색슨 지역에서도 마가목은 신화적으로 중요했다. 마녀를 일컫는 영어 단어(witch)도 여기에서 유래했고, 광석을 찾아내는 마녀의 마법 지팡이도 마가목 가지를 자른 것이었다.[399] | 고트프리트 벤(Gottfried Benn)[400]은 시에서 인간의 존재를 마가목 열매가 익어가는 모습에 빗대어 은유했다. | "마가목— 올해도 내년에도 매번 처음에는 희미한 색으로 물들다가 / 나중에는 붉은 빛으로 물들고 속살이 차올라 익네. / 신께 바치려나— 어떻게 살찌웠는가, 어찌 물들었는가. / 그리고 어떻게 그리 익어 갔는가?"

[399] 마녀의 지팡이[Hexenzauberstab] : 고 영어에서 마가목을 'cwic-beám(Quicktree)'이라고 불렀고, 이 이름이 여러 변형을 일으켜(wicken-tree, wich-tree, wicky 등) 19세기 이전 어느 시기에 마녀를 일컫는 'witch'라는 단어로 정착했다고 본다. 영국에서는 마녀가 타고 날아다니는 마법 지팡이도 마가목이라고 여긴다. [400] 고트프리트 벤[Gottfried Benn, 1886~1956년] : 독일의 시인. 신학과 철학을 공부하고, 베를린에서 의학을 전공한 뒤 의사 생활을 했다. 1912년 전위적인 시집 『시체 공시소(Morgue)』를 발표해 반향을 일으켰다. 표현주의 시대에는 신화와 원초적 세계에서의 자아 도취를 노래했다. 에세이 「신국가와 지식인」에서 나치즘을 찬양하기도 했으나, 이후 잘못을 깨닫고 잠시 절필했다. 제2차 세계 대전에 군의관으로 참전했다. 종전 뒤, 1948년에 시집 『정적 시편(Statische Gedichte)』을 발표해 널리 명성을 얻었고, 독일의 전후 세대에게 큰 영향을 미쳤다. 이 장의 첫머리에 나온 엘저 라스커-쉴러와 한때 친밀한 예술적 관계를 맺기도 했다. 〔원문 출처〕: Gottfried Benn, *Sämtliche Werke* (Stuttgart : Stuttgarter Ausgabe, 1986) -+Band 1.〕

10 | Die Eberesche *Sorbus aucuparia* | 마가목 | 나무신화(Mythos Baum) : 나무로 본 유럽 민속의 기원과 효능

마가목의 형제 자매들

↑ 로렌스 프뢸리시(Lorenz Frølich), 〈게이로즈의 땅으로 모험을 떠난 토르(Thor's Journey to Geirrodsgard)〉, 1906년. 마가목 줄기에 매달린 토르는 상류에서 내려오는 여거인에게 바위를 던지려 한다. 거인은 게이로즈의 딸로, 토르의 돌에 맞아 죽는다.

마가목속(*Sorbus*)에는 눈길을 끄는 특징이 있으니, 바로 유전적으로 고정된 잡종을 만들어 내는 능력이다. 이런 잡종들은 무수정으로 발아력 있는 씨앗을 맺으므로, 유전적 구성이 보존될 뿐 아니라 복제 가능하다. 그 자손들과 부모가 완전히 동일한 것이다. 이러한 잡종으로 스웨덴마가목(*Sorbus intermedia*)과 넓은잎마가목(*Sorbus latifolia*)을 꼽을 수 있다. | 슈파이어링(Speierling)[401]을 제외하고는 중유럽 지역에 자생하는 마가목류 대부분은 꽃가루받이로 서로 간에 교잡이 가능하나, 이렇게 태어난 잡종은 번식력 있는 씨를 맺지는 못한다. 전반적으로 마가목속은 순종과 다양한 잡종이 서로 얽히고설키다 보니 전문가들조차 분류하기 매우 힘들어한다. | 중유럽에서 가장

[401] 슈파이어링[Speierling, *Sorbus domestica*] : 슈파이어링은 독일어로 침 뱉기나 구토를 의미하는 '슈파이어라이(Speierei)'와 어원이 같다. 열매에 타닌 성분이 함유되어 떫은 맛이 나 이런 이름이 붙은 것으로 여겨진다. 마가목속에서 가장 희귀한 나무로, 잎과 열매는 다소 큰 편이다. 민간에서는 지사제로 사용되기도 했다. 1993년 독일, 2008년 오스트리아에서 '올해의 나무'로 선정되었다. 영어로는 '서비스트리(Service Tree)'라 한다.

↓ 니콜라우스 자켕(Nikolaus Jacquin)의 『오스트리아 식물지(Flora Austriaca)』(1773~1778년)에 그려진 슈파이어링(Sorbus domestica). 가지와 잎이 마가목(Sorbus aucuparia)과 비슷해 보이지만 열매 모양은 마가목류와 확연히 달라 쉽게 구별할 수 있다.

10 Die Eberesche
Sorbus aucuparia

마가목

나무 신화(Mythos Baum):
나무로 본
유럽 민속의 기원과 효능

희귀한 마가목 종류인 **슈파이어링**(*Sorbus domestica*)을 오스트리아에서는 '아르쉬첸바움(Arschitzenbaum)'이라 부르는데, 오스트리아의 동북부 니더외스터라이히(Niederosterreich)와 부르겐란트(Burgenland)[402], 독일의 라인 강변이나 모젤(Mosel) 강변 등 기후적으로 포도주 생산이 가능한 지역에서만 발견된다. 아마도 원래는 남유럽에서만 자생했을 터인데 오래 전 여름이 따뜻하고 건조한 지역에도 정착한 것으로 보인다. 종소명인 '도메스티카(*domestica*)'는 이 나무가 중세 때 주요 재배종이었음을 암시한다. '도메스티카'에는 야생을 길들인다는 뜻은 물론이고 '친숙한', '집 안에 있는' 등의 뜻도 있기 때문이다. 약 3cm 크기의 붉은색을 띤 열매는 처음에는 매우 단단하고 떫지만 첫 밤서리가 내리고 나면 제법 익어 먹을 만하다. 독일의 프랑크푸르트 지역에서는 요즈음에도 나무를 장대로 흔들어 떨군 마가목 열매를 사과주[403]에 첨가해 여과시키고 보존성을 높인다. '슈파이어링'은 그 맛을 잘 묘사한 이름[구토. 침 뱉기라는 뜻]이지만, 그럼에도 사람들은 이 열매를 먹었다. 크리스티안 딜만(Christian Dillmann)[471]은 『일링엔의 교장 선생님(*Der Schulmeister von Illingen*)』이라는 저서에서 자기 아버지의 유년 시절 이야기를 들려 준다. 뷔르템베르크 공작(公爵) 밑에서 매우 힘든 사냥에 부역했던 아버지는 아내와 함께 사냥감 몰이꾼 노릇을 하며 하루 종일 슈파이어링 열매와 야생 배만 먹고 견뎠다는 것이다. 유럽에서 가장 단단한 활엽수인 슈파이어링 목재는 포도 압착기, 수레를 끄는 가축의 멍에, 그리고 백파이

---

[402] **부르겐란트**[Burgenland] : 오스트리아의 가장 동쪽에 있는 주다. 오스트리아의 와인 산지는 니더외스터라이히, 부르겐란트, 슈타이어마르크 등 동쪽의 주들이다. [403] **사과주**[Apfelwein] : 사이더(cider). 사과 과즙을 발효시켜 만든 술로, 유럽 여러 나라에서 대중적이다. 독일과 오스트리아에서는 피츠(Viez) 또는 모스트(Most)라고 부르며, 알콜 도수는 4.8~7% 정도다. 프랑크푸르트에서는 슈파이어링을 소량 섞어 떫은 맛을 냈는데, 이렇게 만든 음료 자체도 슈파이어링이라고 한다. 민간에서는 데워서 감기 예방용으로 음용하기도 한다. [404] **크리스티안 폰 딜만**[Christian von Dillmann, 1829~1899년] : 독일의 교사이자 근대 교육 개혁자. 일링엔에서 교장을 하던 엘리아스 딜만의 막내 아들로 태어났다. 슈투트가르트에서 수학 교사를 지냈으며 뷔르템베르크의 공교육을 다지는 데 기여했다. 다수의 저서를 남겼으며, 본문에서 소개한 책은 사후인 1901년에 출간되었다.

↓ 흰색의 마가목 꽃은 트리메틸아민(Trimethylamine) 성분이 함유되어 있어 생선 비린내가 난다.

프(Bagpipe) 같이 압력이 많이 가해지는 악기 등을 만드는 데 사용되었다. | 잎의 모양새로는 슈파이어링과 마가목을 거의 구분할 수 없다. 마가목과는 달리 슈파이어링의 겨울눈[동아(冬芽)]은 털이 없고 매끈하며 나무 껍질은 일찍부터 코르크화해 배나무 수피와 흡사해진다. 반면 마가목의 수피는 나무가 나이를 먹어도 늦게까지 매끄러운 상태로 남아 있다. | 마가목과 사촌간인 **멜베르**(Mehlbeere, 학명 *Sorbus aria*)[405]도 식용 가능한 작고 붉은 열매를 맺는다. 이 나무는 크기가 20m까지 자라며 구릉이나 산악 지대에 널리 분포한다. 잎은 가장자리에 톱니가 나 있고 뒷면에는 흰색 솜털이 있는데, 봄이면 튤립의 잎처럼 우뚝 솟아나 쉽게 식별할 수 있다. 과거에는 이 열매를 비축 식량

이자 비상 식량으로 여겼다. 특히 산악 지대에서는 말린 열매를 빻아 가루를 낸 다음 밀가루와 섞어 오븐에 구운 달착지근한 빵이 별미였다. '멜베르'라는 이름도 이와 관련된 것이다. 제1차 세계 대전 때에는 숱한 아기들이 물이나 우유에 멜베르 가루를 넣고 끓인 죽으로 연명했다. │ 또 다른 종인 **엘스베르**(Elsbeere, 학명 *Sorbus torminalis*)[406]도 멜베르와 마찬가지로 따뜻하고 빛이 많이 드는 활엽수림의 알칼리성 토양을 좋아한다. 단풍나무처럼 잎의 가장자리에 비쭉비쭉한 톱니가 있고, 가을에는 단풍이 선명하게 든다. 오스트리아에서 아들라스베르(Adlasbeere)라 불리는 엘스베르는 슈파이어링 열매처럼 첫 서리가 내린 뒤에야 먹을 수 있다. 그 학명에서 종 이름이 암시하는 바와 같이, 이 열매는 설사와 이질(痢疾) 치료제로 사용되었다〔라틴어 '토르미나(tormina)' = 이질〕. 엘스베르 나무에서 값이 나가는 요소는 단단하고 무거우며 적황색을 띤 목재인데, '스위스 배나무'란 별칭으로 가장 값비싼 목재 중 하나로 거래된다. 1996년 독일의 니더작센주(Niedersachsen)에서 난 엘스베르 기둥 하나가 m^3 단위당 약 15,000마르크에 거래되었었으니 말이다.〔1996년의 환율로 계산하면 대략 120만 원.〕 엘스베르 나무 중에서 세상에서 가장 흠집 없는 '아름다운 엘제(schöne Elze)'는 독일 바이에른주 뷔르츠부르크시(Würzburg)의 슈타인바흐탈(Steinbachtal)에 있다고 한다. 줄기가 16m나 솟았는데 가지 하나 없이 매끄럽다는 것이다.

〔**405**〕 **멜베르**〔Mehlbeere, *Sorbus aria*〕: 중서부 유럽과 남부 유럽에 자생하며, 밝고 건조한 토양을 좋아한다. 마가목과 사촌간이지만, 복엽(複葉)인 마가목과는 달리 단엽(單葉)이며, 잎의 모양은 우리 나라의 팥배나무(*Sorbus alnifolia*)와 유사하다. 멜베르란 이름은 고운 가루, 분말 등을 의미하는 '멜(Mehl)'과 딸기, 포도, 토마토 등과 같은 장과(漿果, berry)를 뜻하는 '베르'의 합성어로, 이 나무의 말린 열매를 가루 내어 식용한 데서 비롯했다. 영어로는 '화이트빔(whitebeam)'이라고 한다. 〔**406**〕 **엘스베르**〔Elsbeere, *Sorbus torminalis*〕: 중부와 남부 유럽에 자생하며, 햇빛이 많이 드는 남쪽 사면을 좋아한다. 수피는 참나무와 흡사하고 열매는 지사제로 이용된다. 잎은 우리 나라의 산사나무(*Crataegus pinnatifida*)와 닮았다. 영어로는 'Wild Service Tree' 또는 'Chequer Tree'라고 한다.

↑홀츠베커(Johannes Simon Holtzbecher), 무화과나무(*Ficus carica*), 1660년경. 홀츠베커는 17세기 독일 함부르크에서 활동한 식물화가로, 그가 남긴 필사본은 바로크 정원 복원에 주요한 전거 자료가 되고 있다.

11 | Die Feige
Ficus carica

무화과나무

나무신화(Mythos Baum):
나무로 본
유럽 민속의 기원과 효능

무화과나무 Die Feige
Ficus carica

무화과나무여, 너는 이미 오래 전부터 나에게 깊은 의미를 주고 있다.
어떻게 너는 그처럼 개화기를 건너뛰어
때를 맞추어 결단의 열매 속으로,
누구의 찬미도 없이, 그 순수한 비밀을 밀어 넣는가!
〔라이너 마리아 릴케(Rainer Maria Rilke),「두이노의 비가6」[407]〕

↑ 무화과나무는 로마의 건국 신화를 포함한 여러 신화와 성경에 자주 등장한다. 가지에 열매처럼 달린 것이 꽃이자 열매다.

[407]「두이노의 비가(*Duineser Elegien*)」: 오스트리아의 시인 릴케(Rainer Maria Rilke, 1875~1926년)가 10년에 걸쳐 집필해 1922년에 완성한 만년의 역작이자, 대표작이다. 총 10편의 연작시인데 제6비가의 첫 대목이다. 여기서 무화과나무는 인간이 다다르고자 하는 궁극의 이상을 은유한다. 여러 번역본 중 독문학자 손재준의 번역을 옮겼다.

남국의 전령

중유럽에 사는 사람들은 무화과하면 곧바로 지중해를 떠올린다. 그리고 무화과나무, 올리브, 석류 등을 잘 익게 해 주는 지중해의 태양을 그리워한다. 하인리히 하이네(Heinrich Heine)[408]는 트리엔트(Trient)[409]에서 본 것을 그의 『여행 화첩(Reisebilder)』에 남겼다. 그가 맨 처음 접한 남국의 전령(傳令)은 피라미드처럼 쌓아 올린 신선한 무화과 더미였는데, 그는 무화과에 도취되면서도 우울해져 버린다. 독일에서 익은 과일이라고는 삶은 사과가 유일하다고 낙망 속에 결론지었다.[410] | 다들 하이네처럼 비관적이었던 것은 아니다. 중부 프랑켄 출신 볼프람 폰 에셴바흐(Wolfram von Eschenbach)는 그의 대서사시 『파르치팔(Parzival)』[411](1200년경)에서 성 안의 정원에는 무화과나무, 석류나무, 올리브나무, 포도나무 등과 기타 다른 식물들이 만발해 있었다고 묘사한다. 그보다 300여 년 뒤인 1582년 하이델베르크 출신 약사였던 비르중(Wirsung)이 쓴 『약전(藥典)』[412]에는 "무화과나무는 근래 독일 내에서도 널리 알려져 있다"라고 기록되어 있다. | 포도나무, 밤나무, 호두나무 등 남유럽에서 자라던 식물들을 중유럽의 풍토에 적응시키려 했던 시도 중 몇몇은 성공을 거두기도 했다. 그러나 독일 기후가 무화과의 생육에 남부 유럽만큼 적당한지는 의심스럽다. 사실 라인강 상류 일대에서도 무화과가 수확되긴 하지만, 1년에 한 번뿐이며 향기도 시원치 않다. | 무화과와 오디는 열매가 달콤하고 잎 모양이 약간 닮았다는 점을 제외하고는 서로 관련이 없는 듯 보이지만, 같은 뽕나무과(科)에 속하는 사촌격이다. 흥미롭게도 루터는 구약 성서에 자주 언급되는 무화과를 오디로 오역했다. 무화과나무속(Ficus) 식물은 전 세계적으로 700여 종이 넘으며, 동남아시아의 열대 우림에서 많이 자란다. 유럽인이 흔히 키우는

11   Die Feige
Ficus carica   **무화과나무**   나무 신화(Mythos Baum) :
나무로 본
유럽 민속의 기원과 효능

↓ 히말라야를 향하던 유럽 탐험가들이 아시아의 밀림에서 만난 거대한 인도 고무나무(*Ficus elastica*), 빌렘 헨드릭 데 프리서(Willem Hendrik de Vriese), 19세기 중반.

실내 관상 식물 중 하나로 잎이 부드러운 벤자민고무나무(*Ficus benjamina*)에서부터 천연 고무의 공급원으로 꼽힌 인도고무나무(*Ficus elastica*), 열대 우림에서 거대하게 자라는 벵갈고무나무(*Ficus benghalensis*)까지 말이다.

[408] 하인리히 하이네[Heinrich Heine, 1797~1856년]: 독일 뒤셀도르프 출신 시인. 낭만주의와 고전주의 전통을 잇는 서정 시인인 동시에 반(反)전통적인 저널리스트였다. 독일의 시인 중 누구보다도 많은 작품이 노래로 작곡되어 애창되고 있다. 『로만체로』 외 수많은 저서를 남겼다. [409] 트리엔트[Trient]: 이탈리아 북부의 소도시. 지금의 트렌토로, 1814년 나폴레옹이 실각한 이후 합스부르크 왕가의 영토에 속한 적이 있었다. 하이네는 1825년에 왕실의 후원을 받아 뮌헨을 출발해 합스부르크의 영토가 된 이탈리아 북부를 여행한 바 있다. [410] 구운 사과[Bratapfel]: 독일에서는 크리스마스 철에 딱딱하고 신 사과를 구워 디저트로 먹는다. 과일이 풍부한 이탈리아에서 고국을 생각하며 의기소침해진 하이네가 오븐에 '익힌' 사과를 '잘 익은' 과일로 비꼬아 비유한 것으로 보인다. 저자는 '삶은 사과(gekochte Äpfel)'라고 표현했으나 하이네는 '구운 사과(gebratene Äpfel)'라고 썼으며, 오늘날에는 '브라트아펠'이라고 한다. [411] 『파르치팔[*Parzival*]』: 중세 독일의 유랑 시인인 에센바흐(Wolfram von Eschenbach, 1160?~1220년)가 쓴 서사시로, 운율을 맞춘 2만 5천 쌍의 시행으로 이루어져 있다. 순진한 주인공 파르치팔이 아서(아르튀르)왕의 원탁의 기사가 되기까지, 성배를 찾고 기사도를 구현하는 과정을 그렸다. [412] 비르중[Christoph Wirzung, 1500~1571년]: 독일의 물리학자이자 약사. 약 처방을 모은 『약전(*Artzney Buch*)』을 남겼다. 이 책은 1568년 하이델베르크에서 출간되었고 사후인 1582년에 새로운 판본(*Ein new Artzney Buch*)이 바이에른에서 인쇄되었다.

무화과 열매를 먹고 살다

무화과나무는 에덴 동산의 나무 중 유일하게 그 이름이 밝혀진 나무다. 「창세기」 3장 7절에서 "그들은 무화과나무의 잎을 엮어 치마를 하였더라"라고 쓴다. 사과가 에덴 동산에서 처음 우위를 잡은 것은 겨우 중세 도상학(Iconography)부터이며, 그마저도 예로부터 사과가 다산과 쾌락의 원형적 상징이었다는 점이 한몫한 듯하다. 미켈란젤로(Michelangelo)도 시스티나 성당 벽화에서 재앙을 부른 낙원의 나무 바로 옆에 무화과나무 한 그루를 심어 넣었다. | 성서에서 무화과나무는 구세주 세계의 풍요롭고 지복한 삶을 대변했다. 종종 포도나무와 나란히 언급되는데, 두 나무 모두 '일곱 종의 식물'[413]에 속한다. "그의 포도 덩굴과 무화과나무 그늘 아래에 앉다" 또는 "그의 포도와 무화과를 먹고 산다" 같은 구절은 안온하고 평안한 생을 뜻했다. | 무화과는 원시적이고 불완전한 인간을 문명 생활, 더 순결한 풍습, 더 고귀한 신들의 길로 인도하는 과일로 칭송되었다. 무화과 삽목(挿木)은 정착 생활을 촉진시켰다.[414] 이러한 믿음이 오래 이어져 고대 그리스에서는 여사제라도 사나운 황소의 목에 무화과나무 가지를 휘감기만 하면 성스러운 제단에 희생 제물로 바칠 수 있다고 믿었다. 그리스에서는 이미 호메로스(Homeros) 이전부터 널리 재배되었으며, 테살리아(Thessalia)의 석기 시대 유적[기원전 2,500년경]에서도 발굴된 바 있다. | 무화과는 가장 가치 높은 생필품의 하나로 간주되었는데, 극도로 척박한 땅에서도 달콤한 열매를 맺고, 말리면 오래 저장할 수 있어 누구나 손쉽게 얻을 수 있는 식량이 되기 때문이다. 그리스, 리디아(Lydia)[415], 카리아(Karia)[416]에서는 무화과 한 줌이면 하루치 끼니로 너끈하다고 여겼다. 시인인 나우크라티스(Naukratis)의 아테나이오스(Athenaios)[417]는 『식사 중의 대화(Deipnosophistai)』라

← 아담과 이브는 그들의 알몸을 무화과나무잎으로 만든 치마로 가렸다. 쇼이히처(Scheuchzer)의 저명한 '비블리아 사크라(Biblia Sacra)' 동판화, 1731년.[418]

는 저술에서 한 장(章)을 할애해 말린 무화과를 변론했으며, 다름아닌 플라톤도 무화과를 어찌나 애호했던지 무화과 친구 '필로시코스(philosikos)'라는 별명을 얻기도 했다.

[413] **일곱 종의 식물**[sieben Arten] : 구약 성서에 나오는 성스러운 땅(이스라엘)의 일곱 가지 식물로, 밀, 보리, 포도나무, 무화과나무, 석류나무, 올리브나무, 대추야자를 이른다. 이스라엘 사람들은 이 식물들을 신의 축복으로 여겨 첫 수확을 제단에 올렸다. [414] **무화과의 작물화** : 팔레스타인의 예리코 주거 유적에서 기원전 9,000년 이전, 요르단의 신석기 마을 유적에서 기원전 12,000년경의 무화과 흔적이 발굴된 바 있다. 이는 곡물 경작에 뒤지지 않는 작물화이자, 농경 기술의 발전을 시사한다. 모든 과실수 중에서 무화과가 가장 먼저 작물화된 나무라는 데는 대체로 이견이 없다. [415] **리디아**[Lydia] : 고대 소아시아 왕국. 현재 터키의 서쪽 이즈미르주(Izmir), 마니사주(Manisa)에 해당한다. [416] **카리아**[Karia] : 고대 소아시아 남서부 지방. 리디아의 남쪽이 된다. [417] **나우크라티스의 아테나이오스**[Athenaios Naukrátios, ?~?] : 2세기경에 활동한 이집트 출신의 그리스어 문법가이자 저술가. 나일강 삼각주 서쪽의 교역 도시인 나우크라티스 사람이다.『식사 중의 대화(Deipnosophistai)』는 아테나이오스의 대표 저서다. 연회를 주최한 라렌시우스(Pontifex Larensius)와 29명의 초대 손님이 음식과 예술에 관해 대화하는 내용이다.『미식가』,『현자들의 연회』라는 제목으로도 번역되었다. [418] **쇼이히처**[Johann Jakob Scheuchzer, 1672~1733년] : 스위스 취리히 출신의 박물학자다. 신의 존재와 성경 속 이야기를 과학적으로 밝혀 보겠다는 의도로『피지카 사크라(Physica sacra)』라는 저작을 쓴다. 이 책은 처음에 출판 금지되었는데 1731년경 독일 아우구스부르크에서 은밀히 출판되어 유명해졌다. 저자는 이를 'Biblia sacra'라고 표기했다.

↑ 목동 파우스툴루스(Faustulus)는 무화과나무 밑에서 쌍둥이 로물루스와 레무스를 발견했다. 한겨울 테베레강은 만수위여서, 버들가지로 엮은 바구니에 실린 채로 아기들이 강가로 떠밀려 나온 것이었다. 채색 석판화, 1832년.

| 11 | Die Feige
Ficus carica | 무화과나무 | 나무 신화(Mythos Baum) :
나무로 본
유럽 민속의 기원과 효능 |

아테네와 로마의 의례 나무

무화과나무는 여러 신화에 등장한다. 어느 신화에서는 디오니소스가 나무의 요정 시케(Syke)[419]를 끈질기게 쫓아 다녀, 결국 그 요정이 최후의 수단으로 나무로 변신하고 그 안에서 살게 되었다는 이야기가 있다(이 이야기는 아폴론과 월계수를 연상시킨다.「신화 속의 나무」편 '변신 이야기' 참조). 이후 무화과나무는 디오니소스에게 성스러운 것이 되었다. 디오니소스 상(像)과 제례용 남근상(男根像)도 주로 연한 무화과나무 목재로 조각했으며, 무화과나무잎으로 장식했다. 무화과 열매 자체는 여성의 외음부를 뜻한다. | 플루타르코스(Plutarchos)는 아테네 사람들이 그들의 무화과를 몹시 자랑스럽게 여겨 수출하면 벌금을 매겼다고 전한다. 무화과를 수출한 상인을 밀고하는 자들을 비하할 때 시코판트(Sykophant)[420]라고 불렀다. '시코판트'는 그리스어로 무화과='시콘(sykon)'과 보여 주다='파이네인(phainein)'의 합성어로 '무화과 폭로자'라는 뜻이다. 시코판트는 남의 사적 영역을 무시하고 비밀을 폭로하므로 인기 없는 사람들이었다. 이것이 나중에는 모든 밀고자를 일컫는 이름이 되었다. | 로마 역사의 출발점에는 무화과나무가 있다. 아우구스투스 황제 시절에도 로마 태초의 '피쿠스 루미날리스[*Ficus ruminalis*, 루미스(rumis)=젖가슴]'[421]는 팔라티노 언덕(Monte Palatino) 서쪽 아래에 있었다고 한다. 겨울에 바구니에 담겨 테베레강(Tiber)에 떠내려 오던 쌍둥이 로물루스와 레무스가 팔라티노 언덕 밑으로 떠밀려 오게 되었다.

[419] 시케[Syke] : 하마드리아데스 중 하나로 무화과나무의 님프다. [420] 시코판트[Sykophant] : 고대 그리스에서 무화과 밀수출을 고발하면 범죄자들에게 부과된 벌금의 상당량을 상금으로 받았다고 한다. 이후 말도 안 되는 트집을 잡아 고소를 제기하는 사람들, 모략가를 뜻하게 되었다. 오늘날 영어에서는 사대주의자, 아첨꾼이라는 뜻으로 쓰인다. [421] 피쿠스 루미날리스[*Ficus ruminalis*] : 루미나의 무화과나무라는 뜻으로, 고대 로마에서 종교적 의미를 지녔던 나무다. 이 나무는 젖 물리는 산모와 동물들을 수도하는 루미나 여신에게 봉헌되었다. 로마 건국 신화는 아우구스투스 통치 시절에 쓰였는데, 당시 주피터(유피테르)의 별칭 중 하나가 모든 생명의 젖을 먹인다는 뜻의 루미나(루미누스, Ruminus)였다. 루미나(루미누스)가 국명인 로마와 어원상 이어진다는 견해도 있다.

사람들은 무화과나무 아래에서 어린 쌍둥이들이 늑대의 젖을 빨고 있는 것을 발견했다. 무화과나무의 잎이나 가지를 꺾었을 때 우유 같은 흰 수액이 흐르는 것을 생각해 보면, 로마 건국 신화에 무화과나무가 등장하는 것은 우연이 아니다. | 주피터의 벼락이 이 나무에 떨어진 이후 무화과나무는 더욱 신성시되었는데, 벼락이 사물을 정화시킨다는 믿음 때문이었다. 팔라티노 언덕에 있던 로마 태초의 루미나 무화과나무(피쿠스 루미날리스) 외에도 그 나무의 가지를 꺾꽂이해 키운 또 다른 무화과나무가 코미티움(Comitium)[422]에 심겨 숭배를 받았다. 로마인은 이 두 무화과나무를 유심히 관찰하며 나무들의 상태를 곧 로마 문명의 지표로 여겼다. 플리니우스에 따르면, 사람들이 나무가 마르면 무슨 일이 일어날 전조라고 여기는 바람에, 사제들은 재빨리 새 무화과나무를 심었다고 한다. | 그리스 이주민들은 그들의 문화 전체를 이탈리아 식민지에 이식했다. 무화과나무와 자기네 신들을 전파했고, 신의 이름만 바꾼 채 계속 숭배했다. 바커스로 이름이 바뀐 디오니소스의 축제에는 무화과가 가득 담긴 바구니를 등에 실은 염소가 빠질 수 없었다. 첫 수확한 조생 무화과[423]는 바커스 신의 것이었으므로 사투르날리아 축제[424] 기간에는 그에게 무화과를 바쳤으며, 무화과나무잎을 엮은 관을 쓴 바커스 그림도 많이 남겼다. 바커스는 무화과를 즐긴 덕에 정력을 유지한다는 것이었다. | 로마 신화에 등장하는 파우누스와 실바누스처럼 광야, 숲, 초원과 정원의 신이자 포도주의 수호자였던 프리아포스(Priapos)[425]에게도 봉헌되었다. 무화과나무의 목재로 조각하고 붉게 채색한 그의 거대한 남근상(Phallus)은 행운을 가져다주고 도둑을 막는다고 여겨져 과수원이나 포도밭에 설치되었다. | 고대 로마에서는 무화과가 정치에서도 한몫을 했다. 한니발(Hannibal)이 제2차 포에니 전쟁(Punic Wars)[426]에서 패했지만, 카르타고(Kartago)는 빠르게 다시 옛 강대국의 면모를 회복했

11   *Die Feige*
     Ficus carica   무화과나무   나무 신화(Mythos Baum) :
                                                           나무로 본
                                        유럽 민속의 기원과 효능

다. 플리니우스는, 대(大) 카토(Cato)[427]가 원로원 회의에서 카르타고 사람들이 그들의 함대로 로마를 함락할 수도 있으며, 그것이 얼마나 위협적인가를 분명하게 암시했다고 전한다. 카토는 아주 신선한 무화과(Ficus praecox)를 옷에서 꺼내서는 바로 이틀 전에 아프리카(튀니지 해안의 카르타고)에서 딴 것이라 주장했다. 손으로 주무르면 무화과가 얼마나 금세 멍이 드는지 안다면 그럴 듯한 이야기다. | 이 열매 하나를 계기로 경쟁 상대였던 카르타고에 대한 두려움이 다시 불붙은 원로원은 곧 제3차 포에니 전쟁을 결정했다. 3년 후인 기원전 146년 카르타고는 결국 멸망하고 말았다. 무화과 이야기가 속임수일 수도 있다는 추측은 당시 원로원의 누구도 하지 못한 모양이다.

[422] 코미티움(Comitium) : 로마 공화정의 민회(comitia)가 열리는 장소로 루미날리스무화과나무(Ficus ruminalis) 가지에서 나온 또 다른 무화과나무가 심겨 있었다. 피쿠스 나비아(Ficus navia)라고 하는데, 새점으로 유명하던 점술관 나비우스(Navius)가 신통력으로 언덕의 나무를 코미티움으로 옮겼다고도 한다. [423] 조생 무화과 : 기후가 온화한 지역에서는 해마다 2~4번까지 열매를 수확한다. 이른무화과는 지난해에 자란 가지에 2월이면 잎보다 먼저 맺힌다. 바커스가 무화과를 많이 수확할 수 있는 방법을 알려줘 첫 열매를 바친다고 한다. [424] 사투르날리아 축제(Saturnalia) : 로마의 농경 신 사투르누스(Saturnus, 그리스의 크로노스)를 기리는 축제다. 사투르누스(크로노스)가 통치하던 황금 시대를 재현한다는 뜻을 담았던 이 축제 기간 동안 연회가 이어지고 노예도 자유를 얻었다. 동지 직전인 12월 17일부터 24일까지 행해져 크리스마스의 기원으로 여겨진다. [425] 프리아포스(Priapos) : 그리스 신화에 등장하는 풍요의 신이자 가축, 과일의 수호자. 디오니소스와 아프로디테 혹은 키오네(Chione) 사이에서 태어났다고 전해진다. 제우스나 판의 아들이라는 설도 있다. 늘 발기된 거대한 성기를 지닌 모습이 특징으로, 로마의 에로틱한 그림이나 라틴어 문학 작품에 종종 등장한다. [426] 포에니 전쟁(Punische Kriege) : 기원전 3세기 중엽부터 100년 동안 지중해 패권을 둘러싸고 로마와 카르타고 사이에 벌어진 전쟁을 말한다. '포에니'는 로마인이 페니키아 사람을 이르던 말이다. 1차 포에니 전쟁에서 로마가 승리함으로써, 로마가 시칠리아, 사르데냐, 코르시카를 지배하게 되었다. '한니발 전쟁'이라고도 불리는 제2차 포에니 전쟁에서는 한니발 장군이 이끄는 카르타고군이 지금의 남프랑스를 장악하고, 알프스를 넘어 이탈리아 각지에서 로마군을 물리쳤다. 그러나 로마군은 게릴라 전법을 써 북아프리카에서 두 번째 승리를 거두었다. 제3차 포에니 전쟁에서 로마가 강화 조약 위반을 명분으로 내세워 카르타고를 완전히 점령함으로써 막을 내렸다. 세 차례에 걸친 전쟁으로 로마는 제국을 건설할 기반을 다지게 되었다. [427] 카토(Marcus Porcius Cato, 기원전 234~149년) : 고대 로마의 정치가이자 군인. 대(大) 카토라고도 하며 제2차 포에니 전쟁에서 전공을 세웠다. 카토는 당시 별 위협을 일으키지 않던 카르타고를 정복해야 한다는 집념이 강해, 크고 잘 익은 무화과를 옷자락에서 떨어트려 보이며 카르타고의 위험성을 웅변했다고 한다. 카르타고가 무화과가 신선할 만큼 가까이에 있으며 또한 로마보다 더 번성하고 풍요로워서는 안 된다는 논리였다.

↓ "저주 받고 좌절한 청년, 유다"는 무화과나무에 목을 매 자살했다고 한다. 아브라함 아 장크타 클라라의 『대악당 유다(*Judas der Ertz-Schelm*)』 수록 삽화, 18세기.

11 | Die Feige
Ficus carica | 무화과나무 | 나무 신화(Mythos Baum) :
나무로 본
유럽 민속의 기원과 효능

평화의 나무에서부터 교수대 나무까지

고대에 무화과나무가 지녔던 상징성은 시간이 지남에 따라 변해 갔다. 구약에서는 평화와 번성을 표상하던 나무였지만 점차 위협적이고 불안한 기운이 스며들었다. 마크로비우스(Macrobius)[428]는 그의 저서 『사투르날리아(Saturnalia)』에서, 로마에서 '괴인'을 화형에 처할 때면 항상 무화과나무 장작더미 위에서 불태웠다고 기록한다. 그리스에서는 불온한 책을 같은 방식으로 처분했다. 무화과나무 목재는 순수함이나 정화된다는 느낌은커녕 반대로 불순한 것들과 연결되어 갔다. 사람들이 무화과나무 근처에서 느끼곤 한 모종의 오싹함은 특히 죽음과 관련된 사건에서 기인한다. 플루타르코스[429]의 『그리스 로마 영웅전(Bioi Paralleloi)』에 따르면, 어느 날 티몬(Timon)[430]이 예고도 없이 의회에 나타나더니 단상에 올라 아테네 사람들에게 고약한 제안을 했다고 한다. "아테네 시민이여, 우리 집에는 조그만 헛간이 있고, 그 곁에 몇몇 사람이 목을 매어 죽은 무화과나무가 있소. 이제 그 자리에 새 집을 지으려 나무를 베려고 하니, 그 전에 혹시 여러분 중에 목을 매어 죽고 싶은 자가 있다면 서두르라고 알려 주고 싶소이다." 기독교 신학에서도 민속 신앙에서도 유다가 목을 메어 자살한 나무가 어떤 나무였나에 관심이 많았다. 4세기 이후부터 '유다(Judas)의 나무'가 무화과나무였다는 기록이 여러 자료에 거듭 등장한다.

---

[428] 마크로비우스(Macrobius Ambrosius Theodosius, 기원전 390~?년) : 400년 경에 활동한 후기 로마의 문법가, 역사가다. 아프리카 출생으로 추정된다. 저서인 『사투르날리아(Saturnaliorum Libri Septem)』는 고대 역사, 철학, 신화, 종교, 잡론 등을 방대하게 모은 총 7권의 백과 사전식 논집이다. 사투르날리아 축일 동안 지식인들이 가상의 대화를 벌이는 형식으로 쓴 데서 그 제목이 기인한다. [429] 플루타르코스(Plutarchos, 46?~120?년) : 고대 그리스의 철학자, 정치가, 시인. 아테네에서 수학하고, 로마에서 관직 생활을 했다. 귀향 후에는 다수의 전기 작품을 썼다. 일종의 수필집인 『모랄리아(Ethika Moralia)』와 전기 『그리스 로마 영웅전(Bioi Paralleloi)』('플루타르크 영웅전')이 현재까지 전하는데, 완전하지는 않다. 역사가적 태도보다는 이야기의 극적 구성과 도덕성에 치중했다. [430] 아테네의 티몬(Timon, 기원전 5세기경) : 고대 그리스의 시민으로, 인간 혐오로 유명했다. 17세기 영국 셰익스피어의 희곡 「아테네의 타이먼(Timon of Athens)」에 주인공으로 등장한다.

무화과와 돼지

지금까지 살펴본 것처럼, 무화과는 상반되는 것들을 아우른다. 성서에서도 마찬가지로 선과 악이라는 서로 상반된 가치를 과일을 즐기는 것과 연결했으니, 이 또한 병존이다. 동시에 성(性)과도 연결되었다. "세상에서 성만큼 졸지에 인간의 품성을 잃게 하고 몰락시키는 것은 없을 것"이라고 마리안네 보이헤르트도 『식물의 상징(*Symbolik der Pflanzen*)』[431]에서 쓴 바 있다. │ 동물 세계에서 돼지는 생식력과 번식을 상징한다. 고대부터 '무화과(sykon)'와 '돼지(choiros)'는 여성의 외음부를 가리켰다.(이탈리아어에서는 '피카(fica)'가 같은 뜻이다). │ '무화과를 따다'라는 뜻의 그리스어 '시키아제인(skyazein)'은 '탐색하다', '더듬다'라는 의미도 지녔는데, 열매를 따기 전에 만져서 익은 정도를 가늠했기 때문이다. 게다가 생김새가 고환(睾丸)과 비슷해, 그리스인에게 '무화과를 딴다'는 말은 다른 의미로 통하기도 했다. 베르베르족(Berber)[432]사이에서도 사정은 비슷했다. 이들은 무화과를 오로지 고환이라는 뜻으로만 받아들이는 통에 대화 중에 무화과라는 단어를 아예 사용할 수 없게 되어 버렸다. 대신 무화과를 가을을 뜻하는 '크리프(khrif)'라는 이름으로 대체했다. 대다수의 아랍 국가에서도 별반 다르지 않다. 터키에서는 주부가 무화과를 살 때, 무화과를 뜻하는 '인지르(incir)'라는 말을 입에 올리기란 거의 불가능하다. 그래서 '잘 먹었다'는 뜻의 '예미쉬(Yemis)'라는 단어로 대신한다. │ "매춘부는 마치 무화과나무처럼 누구에게나 접대한다"는 아테나이오스의 말은 무화과가 도덕적으로 평판이 좋지 않았음을 입증한다. 오늘날에도 오스트리아 수도 빈에서 "집집마다 돌아다니며 무화과를 판다"는 표현이 매춘을 뜻하는 관용구임은 널리 알려진 사실이다. 난봉꾼을 일러 '무화과 장수(Feigen-Tandler)'라고도 한다.

무화과를 드러낸다는 뜻

엄지를 검지와 중지 사이에 끼워 '무화과를 보이는'[433] 제스처는 남유럽에 두루 퍼져 있다. 이 제스처는 프리드리히 바르바로사(Friedrich Barbarossa) 황제[434]로 거슬러올라갈 법하다. 그가 격전 끝에 밀라노를 빼앗겼을 때, 그의 비 베아트릭스(Beatrix)는 빠져나오지 못하고 도시 안에 남게 되었다. 밀라노 사람들은 부인을 고약하고 상징적인 형벌로 욕보였다. 얼굴을 암탕나귀의 엉덩이 쪽을 향하게 거꾸로 앉혀서 온 도시를 끌고 다닌 것이다. 분개한 황제는 밀라노를 탈환한 후 도시를 쑥대밭으로 만들고 주민들을 즉결 처분했다. 단, 암탕나귀의 엉덩이에 꽂힌 무화과를 이로 물어 끄집어 냈다가 다시 집어 넣는 자만을 사면해 주었다. | '무화과를 보여 주는' 행위는 터무니없는 부당한 요구를 거절한다는 뜻일 뿐 아니라 마법이나 비방, 적의에 찬 시선 등 일상의 해코지를 막아 내는 힘을 지녔다고 간주되기도 했다. 자식이며 가축, 농장에 대한 자랑을 듣다가 질투심이 치밀 때 앞치마 밑에 손을 숨기고 손가락 사이에 엄지를 내밀면 그만인 것이다. 이탈리아에서 '무화과를 만들다(fare la figa)'라는 은어는 최상류층 사

[431] 마리안네 보이헤르트[Marianne Beuchert, 1924~2007년]: 프랑크푸르트 출신의 원예가이자 정원사. 식물에 관한 책을 다수 썼다. 그의 저서 『식물의 상징(Symbolik der Pflanzen)』은 우리 나라에서 『FLOWER & TREE : 세상에서 가장 아름다운 꽃과 나무 이야기』(을유문화사, 2002년)라는 제목으로 번역 출간되었다. [432] 베르베르족[Berber]: 지중해 연안 북아프리카의 토착민. 이집트의 도시와 오아시스부터 리비아, 튀니지, 알제리, 모로코를 거쳐 대서양 카나리아 군도까지 퍼져 있다. 현재 대략 1,200만 명 정도로 추정되며, 모로코 남부에 가장 많이 산다. [433] 피그 사인[fig sign]: 원문에서 '무화과를 보여 주다(einem die Feige zergen)'라고 했고, '무화과 손'이라는 뜻의 파이겐한트(Feigenhand)라고도 한다. 남유럽, 남미 등에서 누군가를 성적(性的)으로 야유할 때, 또는 모멸감을 주고자 사용한다. [434] 프리드리히 1세 바르바로사[Friedrich Barbarossa, 1122~1190년]: 호엔슈타우펜 왕가 출신의 신성 로마 제국의 황제 프리드리히 1세를 일컫는다. '바르바로사'는 그의 붉은 수염에서 유래한 별칭이며, 그 용맹함으로 많은 전설의 주인공이 되었다. 당시 베아트릭스 1세(Beatrix von Burgund, 1143~1184년)는 부르고뉴 백작령의 유일한 상속자였다. 이 지역이 성장하던 밀라노를 견제할 요충지였으므로 20살이 넘는 나이 차이에도 프리드리히 1세가 적극 나서서 1156년에 결혼에 이른다. 이들은 영지를 함께 돌아보곤 했는데, 그녀가 15세이던 1158년에 밀라노를 방문했다가 기습을 받았고, 프리드리히 1세는 이를 응징하고자 1162년에 밀라노를 공격해 대부분을 파괴한다.

이에서도 흔히 사용된다. 나폴리의 왕 페르디난도(Ferdinand I)[435]는 공식 석상에서 으레 한쪽 손을 주머니 속에 넣어 무화과를 표현했는데, 이 제스처를 통해 그에게 쏟아질 정적의 시선을 피하고자 했다고 한다. 이 풍습은 남유럽에서 알프스 너머로 퍼졌다. 16세기 초 파울리(Pauli)[436]의 『농담과 진담(Schimpf und Ernst)』이라는 책에 "그는 엄지손가락을 두 손가락 사이로 집어 넣는 남유럽의 관습을 흉내내어 그녀에게 무화과를 보였다"라는 대목이 보인다. | 여성의 음부를 표현하는 피가(figa)가 상징하는 바가 외설적인 것만은 아니다. 특히 독일 바이에른 지방에서는 예전에 뼈나 은으로 무화과 형태를 한 손 모양 장식품을 부적 삼아 옷에 꿰매 달거나 코르셋 끈, 묵주에 매달기도 했다. 시골에서는 총각들이 애인에게 은으로 만든, 이른바 '무화과' 장식[아래그림]을 선물하는 관습이 있었다. 만약 처녀들이 이 미니어처 무화과를 되돌려 주면 거절을 의미했다. 받아들이면 답례로 은으로 만든 하트를 선물해 감사를 표하는데, 이로써 서로 간의 언약이 이루어지는 셈이다. 남자는 하트를 시계 줄에, 여자는 무화과 장식을 가슴에 달았다.

←무화과를 표현하는 모습을 조각한 19세기의 은제 고리 장식. 사악한 눈길로부터 보호해 주는 부적이었다.

식용 무화과와 못 먹는 무화과

무화과나무의 수분 방식은 식물계에서 유일무이한 사례다. 이 과정은 다른 두 생물계, 즉 무화과나무와 무화과 혹벌이 긴밀하게 얽혀 이루어진다.[437] | 수천 년에 걸친 재배 결과, 야생 무화과로부터 두 가지 변종의 재배종 무화과가 탄생했는데, 이 둘은 서로간에, 그리고 무화과 혹벌(*Blastophaga psenes*)[438]이라는 혹벌과 각별한 상관 관계를 맺는다. 먹을 수 있는 암무화과(*Ficus carica* var. *domestica*)에서는 암꽃만 피는 데 반해, 숫무화과(*Ficus carica* var. *capricus*)[439]는 암꽃(혹벌 꽃이라고도 한다)과 수꽃을 모두 갖는다. 무화과 혹벌은 진화 과정을 거치면서 재배종 무화과의 유일한 수분 매개체를 맡게 되었다. 숫무화과는 혹벌의 애벌레들이 그 열매 속에서 자라기 때문에 먹을 수는 없고, 단지 '씨앗 기증자'(실은 꽃가루 기증자) 구실만 맡는다. 두 변종 무화과나무에는 매년 꽃이 3번 피는데, 여러 달 동안 매우 복잡한 수분 과정을 거쳐 무화과로 익는다. | 세월이 흐르면서 이런 수분 과정을 생략하고서도 맛 좋은 열매가 달리는 다양한 변종

[435] 페르디난도 1세(Ferdinand I, 1424~1494년): 아라곤(지금의 에스파냐) 국왕 알리폰소 5세(Alifonso IV d'Aragón)의 사생아로 태어났다. 알리폰소 5세는 20여 년의 계승 투쟁 끝에 1443년 나폴리를 통치하게 되었으나, 적자가 없었으므로 사후 아라곤 등은 그의 동생이 이어받고 나폴리만 페르디난도가 이어받았다. 하지만 나폴리와 인근 귀족들이 그의 권위를 인정하려 들지 않아 반란을 진압하느라 평생 많은 전투를 치러야 했다. 후세에 정적들에 대해서 무자비하다는 평판을 받았다. [436] 요하네스 파울리(Johannes Pauli, 1455~1530년): 독일의 프란치스코회 설교자이자 작가. 익살스럽고 교훈적인 설화와 민담, 야사를 수집한『농담과 진담(원제는 Schimpf und Ernst heißet das Buch mit Namen, durchlauft es der Welt Handlung mit ernstlichen und kurzweiligen Exempeln, Parabeln und Historien)』(1519년)으로 독일 문학사에 이름을 남겼다. [437] 무화과의 꽃: 무화과(無花果)는 '꽃이 피지 않는 과실'을 뜻한다. 하지만 실제로는 잎겨드랑이에 독특한 꽃이 달려 있다. 흔히 무화과라 부르는 초록색 열매가 바로 꽃이다. 꽃이 필 때 꽃받침과 꽃자루가 주머니처럼 비대해지면서 수많은 작은 꽃이 그 속으로 들어가 보이지 않는 것이다. 겉에서 볼 때 꽃도 없이 열매가 익은듯 보여 무화과란 이름이 붙었다. [438] 무화과 혹벌(Feigenwespe, *Blastophaga psenes*): 크기 2~3mm밖에 안 되는 혹벌로 무화과좀벌, 무화과꼬마벌이라고도 한다. [439] 숫무화과(Holzfeige, *Ficus carica* var. *capricus*): 독일어로는 보크파이게(Bockfeige)라고도 하는데 '숫염소무화과'라는 뜻이다. 학명의 카프리쿠스(*capricus*)도 숫염소를 뜻하는 라틴어 '카페르(caper)'에서 유래했다.

이 생겨났다. 이런 처녀 생식은 동·식물계에 늘 존재해 온 현상이다. 중유럽에서 온실이나 적당한 땅이 있어 자그마한 무화과나무 한 그루를 가꾸기로 마음먹었다면 이 처녀 생식 방식에 의지해야 한다. 수분 매개체 노릇을 해야 할 무화과 혹벌에게 중유럽의 겨울이 너무 춥기 때문이다. 그러나 무화과 주요 산지에서는 (대추야자 재배처럼) 수분이 확실히 이루어지도록, 꽃이 달린 숫무화과나무 가지를 식용 무화과나무의 줄기에 매달아 놓는 인공 숙성 촉진법을 사용한다. 수분에 성공하면 수확량이 늘고 익는 속도도 빨라지며 과즙도 더 풍부해진다. | 숫무화과나무가 지중해에서 맡은 임무에는 수정 매개뿐 아니라 단단한 성벽을 무너뜨리는 일도 있었다. 마르티알리스(Martialis)[440]는 "무화과나무는 메사나(Messana)[441]의 대리석을 부서뜨린다〔…〕"고 썼다. 인도에서도 같은 목적으로 바위 틈에 이 나무를 심었다. 나무가 자라면서 뿌리가 굵어져 바위를 쪼개면, 그 쪼개진 바위를 건축 자재로 썼다. 이런 힘 덕분에 인도에서는 열매를 맺지 못하는 숫무화과나무가 창조와 파괴의 위대한 신, 시바(Siva)의 표상이 되었다.[442] | 기독교에서 무화과나무는 불모의 상징이었다. 기독교인들은 이 나무를 유대교 회당(Synagogue)과 관련지었으니, 모세의 율법 아래에서 융성했으나 그리스도 이후로 의미를 잃었다는 뜻이다.[443]

[440] 마르쿠스 마르티알리스[Marcus Valerius Martialis, 38?~104?년] : 로마의 식민지였던 히스페니아(스페인) 출신으로, 인간의 통속성을 경고하는 경구시(警句詩)를 많이 남겼다. [441] 메사나[Messana] : 이탈리아 남부 시칠리아섬의 메시나(Messina). 기원전 8세기에 건설된 오래된 도시다. [442] 반얀 나무[Banyan, Ficus benghalensis] : 벵갈무화과라고도 부른다. 인도를 상징하는 반얀은 다른 나무나 바위 틈에 기생하는 특징을 지닌다. 끊임없이 가지가 퍼질 뿐만 아니라 한 가지에서 여러 뿌리가 거대하게 뻗는다. 힌두교에서 트리무르티(Trimurti), 즉 우주의 삼주신 시바·비슈누·브라흐마의 상징으로 숭배받는데, 브라흐마는 나무의 뿌리, 비슈누가 줄기, 시바가 가지에 해당한다. [443] 무화과의 저주 : 「마태복음」과 「마가복음」에 등장하는 예수의 이적을 말한다. 예수는 잎이 무성하지만 열매가 없는 무화과나무를 가리켜 "영원히 열매를 맺지 못하리라"라고 저주를 내린다. 무화과나무는 당시 돈에 물든 유대인의 성전을 비유한 것으로 풀이된다.

카를로비 바리 커피와 무화과 치즈

↑ 씨가 가득 들어찬, 잘 익은 무화과 열매는 예로부터 다산과 풍요의 상징이었다.

무화과 생산은 대부분 지중해에 국한되며 이탈리아는 매년 30만 톤 이상의 생산량으로 1위를 차지한다. 가장 인기 좋은 품종은 터키산 스미르나(Smyrna) 무화과다. 농장에서 헥타르 당 연간 수확량이 5~12t에 달한다. 플리니우스에 따르면, 이미 고대 로마 때 29종의 무화과 품종이 있었다고 한다. 이탈리아는 오늘날까지도 수확량 대부분을 자국에서 소비하는데, 일례로 남부 이탈리아에서는 연간 1인당 말린 무화과 80kg을 먹어 치운다. | 잘 가꾼 무화과나무 한 그루에서 약 100kg의 무화과 생과(말린 무화과 약 30kg에 해당된다)를 거두어 들인다. 무화과를 말릴 때는 수분이 어느 정도 빠질 때까지 나무에서 따지 않고 그대로 둔다. 그렇게 마른 열매를 수확해서 햇볕이나 건조실에서 수분 함량이 25%가 되도록 건조하면 당도가 16%에서 51%로 오른다. 그 과정에서 보존 처리는 저절로 된다. | 터키에서는 뜨거운 수증기로 처리한 후 압착기나 판으로 눌러 형태를 잡아서 시장에 내놓는다. 말린 무화과를 볶아서 무화과 커피를 생산하기도 했다. 1888

년판 마이어(Meyer) 백과 사전[444]을 보면, 말린 무화과를 볶아 일반 커피에 적당량을 섞으면 색깔도 좋아지고 맛도 더욱 훌륭해진다고 나온다. 비엔나 커피가 유명하게 된 것도 이런 블렌딩 덕분이겠다.[445] | 무화과는 카를로비 바리(Karlovy Vary) 커피[446]의 향료와 식후 와인을 만드는 데 쓰이며, 에스파냐와 포르투갈에서는 잘 익은 이 열매에 개암, 잣, 아몬드, 피스타치오 등과 다양한 향신료를 섞어 무화과 치즈를 만든다. 비슷하게 그리스에도 잘게 자른 무화과와 타임(Thyme), 아몬드, 견과류 등을 섞어 납작하게 누른 다음 오븐에 구운 무화과 과자가 있다. | 무화과나무의 목재는 신선한 상태에서는 질기지만 매우 가볍고 다공질인 데다 잘 휜다. 금속의 광택을 내는 데 쓰일 뿐 목재로서 별 쓸모가 없어 보인다. 하지만 테오프라스토스는 이 목재가 탄성이 좋아 극장 좌석, 마차 바퀴, 꽃 장식 등에 두루 사용되었다고 쓴다. 잘 말리기만 하면 참나무 못지않게 견고하고 강도가 높아지기 때문이다.

[444] 마이어 백과 사전[Meyers Konversations-Lexikon] : 독일인 요제프 마이어(C. Joseph Meyer, 1796~1856년)가 19세기 중반 창간한 백과 사전이다. 초판은 총 52권으로 출간되었으며, 그후 수 차례 개정판이 나왔다. 다양한 삽화와 함께 표제어를 설명한다. 독일어로 된 백과 사전 중 가장 유명하다. [445] 비엔나 커피 : 오스트리아 빈은 커피 전문점들로 유명했는데, 1800년대 초반 나폴레옹 전쟁 때문에 무역이 통제 되어 원두 수입이 어려워졌다. 이때 커피 원두를 대신해 무화과, 자두씨, 보리, 호밀, 치커리 등을 섞는 블렌딩이 개발되었다. [446] 무화과 커피[Feigenkaffee] : 커피 대체재 중 하나로 무화과를 로스팅하는 방식은 독일에서 1873년에 최초로 제품 생산되었다. 그 제조업자인 베버(Otto E. Weber)는 사업이 성공하자 드레스덴 근처에 공장을 세우고 '베버의 카를스바트 커피 향료(Weber's Carlsbader Kaffeegewürz)'라는 제품을 군납했다. 카를스바트는 오늘날 체코의 카를로비 바리다. 이 커피는 세계에서 가장 고가이고 유명한 커피 대체재의 하나로 이름을 날렸다.

11 Die Feige
Ficus carica

무화과나무

나무 신화(Mythos Baum) :
나무로 본
유럽 민속의 기원과 효능

달콤하고 향기로운 시커모어무화과

↑ 미켈란젤로(Michelangelo Buonarroti), 〈원죄와 낙원 추방(The Fall and Expulsion from Paradise)〉, 시스티나 경당(Aedicula Sixtina) 천장화, 1905~10년, 바티칸. 왼쪽의 잎이 무성한 가지가 무화과나무다.

오디무화과 또는 이집트무화과라고도 불리는 시커모어무화과(sycamore fig, *Ficus sycomorus*)는 근동에서부터 아프리카 북부, 중앙을 거쳐 멀리 남아프리카 등지까지 퍼져 있다. 남아프리카 공화국의 크루거 국립 공원(Kruger National Park)에는 가장 크고 수령이 대략 1,000년이 넘는 최고령의 시커모어무화과나무가 자라고 있다. 재배종 무화과와 비할 수 없을 만큼 커서, 높이는 15m 정도 되며, 거대한 줄기에 넓은 수관을 가지고 있다. 잎은 뽕나무와 흡사한데, 극히 추운 겨울에만 낙엽을 떨군다. │ 길이가 2~3cm밖에 되지 않는 산방꽃차례〔繖房花序〕[447]에 맺히는 열매는 아담무화과(Adam fig), 오디무화과, 파라오무화과 등 다양한 이름으로 불린다. 열매가 달콤하고 풍미가 있어 주민들은 즐겨 먹는다. 꽤 복잡한 수분 과정은 재배종 무화과와 흡사하다. 아주 특별한 혹벌(*Sycophaga sycomori*)이 수분을 돕는데, 그 과정에서 대부분의 씨방에 충영이 슬어 먹지 못하게 된다.

[447] **산방꽃차례**〔繖房花序, Doldentraube〕: 총상꽃차례와 산형꽃차례의 중간형인 무한꽃차례다. 꽃자루가 아래로 향할수록 길어져 꽃들이 평평하고 가지런하게 우산 모양으로 핀다. 산사나무, 유채, 마타리 등이 이에 속한다. 수평꽃차례, 편평꽃차례라고도 한다.

연인의 나무, 사자(死者)의 나무

↑ 기원전 1200년경 이집트의 신왕국 제 20왕조의 석회석 부조(浮彫). 신들에게 사자(死者)를 봉헌할 때, 시커모어무화과의 여신은 사자에게 물을 건네 주었다.

오디무화과는 고대 이집트 신화에서 중요한 구실을 했다. 이 무화과 나무의 넓은 수관은 그늘을 제공해 '휴게소'라는 이름을 얻었다. 이집트 『사자의 서』[448]에서는 라(Ra)가 매일 아침 나오는 하늘의 동쪽 문에 "터키옥으로 된 시커모어무화과 두 그루가 서 있다"고 적혀 있고, 이에 따라 신전이나 궁전의 입구에는 두 그루의 시커모어무화과를 곧잘 심었다. | 이집트 사람들은 최초의 왕조 때부터 정원을 조성하기 시작했으며, 이런 곳이야말로 인생의 내밀한 향락을 즐길 수 있는 장소였으며 특히 연인들 사이에서는 더욱 그랬다. 「수목원의 노래(*Baumgartenlieder*)」라는, 전해 내려오는 어느 연가(戀歌)에 이런 대목이 있다. "그녀가 손수 심은 조그만 시커모어무화과가, 말을 하

11 Die Feige
Ficus carica

무화과나무

나무 신화(Mythos Baum):
나무로 본
유럽 민속의 기원과 효능

려고 입술을 오물거리네. 잎이 살랑거리면 벌꿀의 향기처럼 달콤해. 정말 아름다워. 가녀린 나뭇가지는 푸르네. 거기 붉은 벽옥(碧玉)보다 더 붉은 잘 익은 열매가 달려 있네. 그 잎은 터키옥과 같네. 그 껍질은 파이앙스(Fayence) 도자기[449]와도 같네." | 신약 성서에는 예수와 그 부모가 이집트로 피난가면서 카이로의 북쪽에 있는 헬리오폴리스(Heliopolis)의 시커모어무화과 아래에서 잠시 쉬었다고 한다. 외경(外經)에서는 이 나무를 마타레아(Matarea)라고 했다. 예수가 이 나무의 뿌리에서 샘이 솟게 하고, 마리아가 아이들의 옷을 이 샘에서 빨았다. 마리아가 땀에 젖은 예수의 옷을 짜자 발삼 향내가 퍼졌다고 한다. | 1928년도 판의 베데커(Baedeker) 여행 안내서[450]에도 이 유명한 나무가 이집트의 볼거리로 등장했다. 프랑스 예수회에서는 이 나무를 보호하고 그 옆에 성 가족 성당을 세웠다. 아직까지도 솟아나는 샘에서 '신선한 물 한 모금'을 마실 수 있다. 이 성모 마리아 나무는 1672년에서야 심긴 것이지만, 그 신성함은 지속적이다. 콥트 교도(Copt)[451]나 에티오피아인들은 여전히 시커모어무화과마다 성모 마리아가 깃들어 있다고 믿는다.

[448] 『사자의 서[Ägyptisches Totenbuch]』: 사자의 서는 고대 이집트 시대에 관 속에 미라와 함께 매장하던 문서로, 사후 세계로 잘 갈수 있도록 돕는 교훈이나 주문을 상형 문자로 기록한 것이다. 이집트 신화에서 최고 신이 라(Ra)다. 태양신이며 최초의 우주 창조자다. '레(Re)'라고도 한다. 고대 이집트에서 피라미드나 『사자의 서』를 만든 목적은 죽은 자가 사후에 천상으로 가서 라와 재결합하게 하기 위한 것이다. [449] 파이앙스[Fayence]: 프랑스와 네덜란드에서 17~18세기에 널리 만들어진 연질 도기. 주석 성분을 함유한 불투명 유약을 발라 새하얀 색을 띤다. 파이앙스라는 이름은 이 기법을 프랑스로 전한 이탈리아 북동부의 도시 피엔차에서 유래했다. [450] 베데커 여행 안내서[Baedeker-Reiseführer]: 독일의 출판업자인 카를 베데커(Karl Baedeker, 1801~1859년)가 1828년에 자신의 이름을 따서 제작하고 출간한 여행 안내 책자. 오늘날 여행 안내서의 원조격으로 여겨지며, 지금도 출간되고 있다. [451] 콥트[Copt]: 이집트에 거주하는 기독교 정교도를 부르는 이름이다. 고대 이집트의 언어와 풍습을 내려받은 고유의 기독교 전례를 간직하고 있다. 에티오피아 정교회도 1950년대까지는 콥트정교회의 일파였다.

↑ 물푸레나무 우주수 위그드라실은 세계의 축을 형성한다. 위그드라실은 마치 살아 있는 기둥처럼 우주를 관통하며 신들의 도시, 거인의 땅, 그리고 지하 세계를 연결하고 있다.

12 | Die Esche
Fraxinus excelsior | 물푸레나무 | 나무 신화(Mythos Baum) :
나무로 본
유럽 민속의 기원과 효능

물푸레나무 Die Esche
Fraxinus excelsior

〔…〕 나는 커다랗고 맑은 물에 젖어 있는
위그드라실이라는 물푸레나무를 알고 있다네.
거기서 이슬이 맺혀, 골짜기로 떨어지고
우르드(Urd)의 샘[452] 위에 영원히 푸르게 서 있지. 〔…〕.
[「무녀의 예언(*Völuspá*)」, 『에다』]

↑ 북유럽 신화에 등장하는 위그드라실(Yggdrasil)이라는 우주수(宇宙樹)는 바로 물푸레나무였다.

[452] **우르드의 샘[Urðarbrunnr]** : 북유럽 신화에서 위그드라실 곁에서 솟고 있다는 샘이다. 샘에 세 여신이 모여 있는데, 샘의 이름의 유래이자 이미 태어난 우르드(Urd), 태어나고 있는 베르단디(Verdanld), 태어날 스쿨드(Skuld)다. 이들을 합쳐 운명의 세 여신 노르니르(nornir, Norne)라 한다. 노르니르는 각각 과거, 현재, 미래를 상징하며 우르드 샘 곁의 아름다운 집에 머무르며 인간과 신들의 삶의 실을 잣고 운명을 자른다.

강변과 계곡의 나무

물푸레나무(Fraxinus excelsior)[453]는 풀이 우거진 강변이나 계곡의 숲, 활엽수 혼효림 등지에서 흔히 산단풍나무, 느릅나무와 함께 자란다. 저지대의 개천가에서는 흑오리나무, 버드나무류와 나란히 줄지어 자라, 전형적인 경관을 이룬다. 물푸레나무의 줄기를 자르면,[454] 버드나무류(「버드나무」편 참고)를 잘랐을 때와 유사한 생태적 성향을 보인다. 물푸레나무는 습한 토양을 선호하지만, 쥐라(Jura)[455] 지방의 건조한 비탈 사면에서도 잘 자란다(삼림 전문가는 물가를 좋아하는 물푸레나무와 건조한 석회암 지대를 좋아하는 물푸레나무를 구분한다). 건조한 석회암 지대에서 자란 물푸레나무는 목재의 질이 유난히 좋다. | 피나무나 느릅나무와 마찬가지로 물푸레나무는 집 안에 심는 원예용, 혹은 마을 가운데나 장원에 심어 가꾸는 조경수나 정원수로는 적당하지 않다. 오히려 뿌리가 자라면서 건물의 벽에 해를 입힐 수 있기 때문에 건물 가까이에 심지 말아야 한다. 그늘도 별로 지지 않으니 녹음수(綠陰樹)로도 신통치 않다. | 물푸레나무의 잎은 커다랗고 독특한 우상 복엽(羽狀複葉)[작은 이파리들이 엽축을 중심으로 좌우에 나란히 달려 전체적으로 깃털 모양으로 모이는 잎. 깃꼴 겹잎]이며, 온대 유럽에서부터 페르시아 북부까지 분포한다. 알프스에서는 해발 1,400m까지 올라가며, 수고는 대략 40m에 달해 '가장 키가 큰 나무'에 속한다. 물푸레나무는 약 200년까지 살 수 있다. | 응달에서도 잘 자라는 음수(陰樹)지만 서리에 민감하기 때문에 삼림 전문가라면 물푸레나무가 어렸을 때에는 고목 밑에 두어 서리로부터 보호해 가며 보살핀다. 2m쯤 자란 후에는 [햇빛을 충분히 받을 수 있도록] 위쪽을 터 주어야 한다. 수령 80년에 달하면 가장 벌채하기 좋은 시기이니, 벌기령(伐期齡)[456]은 다른 가구용 목재들에 비해 빠른 축에 든다. 늙으면 나무 단면의 가운데부터 갈색으로 변하므로,

↓ 물푸레나무(*Fraxinus excelsior*), 오토 빌헬름 토메(Otto Wilhelm Thomé)의 『독일과 오스트리아, 스위스의 식물(*Flora von Deutschland, Österreich und der Schweiz*)』 수록 삽화, 1885년.

목재로서는 질이 떨어진다. 그러나 전체가 다 갈색으로 변색되면, 그 조직이 물푸레나무와 친척 관계〔올리브나무는 물푸레나무과에 속한다.〕인 올리브나무와 비슷해져서 '올리브 물푸레나무'라는 이름으로 고가에 팔린다.

〔453〕 **구주물푸레나무**〔*Fraxinus excelsior*〕: 유럽 원산의 물푸레나무다. 우리 나라에 자생하는 물푸레나무는 학명이 *Fraxinus rhynchophylla*다. 이 책에서 물푸레나무는 모두 구주물푸레를 가리킨다. 〔454〕 **물푸레나무 절두목**〔截頭木, Kopfesche〕: 버드나무류, 플라타너스, 물푸레나무 등 맹아력이 강한 나무들의 줄기를 자르면 그곳에서 수많은 가지가 나와 자란다. 〔455〕 **쥐라**〔Jura〕: 알프스의 북서쪽에 위치한 산악 지역으로 스위스와 프랑스 국경을 이룬다. 중생대 쥐라기에 석회암이 습곡되어 이루어진 산맥이다. 〔456〕 **벌기령**〔伐期齡〕: 임분이나 나무를 벌채할 수 있는 적당한 나이를 이른다. 나무의 종류, 생리적·공예적·경제적 목적에 따라 그 시기가 달라진다.

물푸레나무 창으로 격렬히 싸우다

물푸레나무 학명 중 속명 '프락시누스(*Fraxinus*)'는 그리스어 '프라소(phrasso, 울타리를 치다 / 두르다)'에서 유래했다. 원래 어린 물푸레나무 줄기는 울타리의 지주(支柱)나 말뚝용으로 안성맞춤이었기 때문이다. 한편 에셴츠(Eschenz), 에셴바흐(Eschenbach), 에셴베르크(Eschenberg), 에셴로헤(Eschenlohe), 에셴로트(Eschenrod) 또는 아샤우(Aschau) 등의 수많은 마을과 강 이름이 물푸레나무에서 기인한다. 프랑스어로 물푸레나무를 뜻하는 '프렌(frêne)'이라는 단어도 '프렌느(Frêsnes)' 또는 '프레네(Frêsnay)' 같은 지명에서 자주 접하곤 한다. | 독일어 '에셰(Esche)'는 고대 북구어 아스크르(ask-r)와 고대 영어인 '에세(äse)'에서 유래했으며, 물푸레나무 자체뿐 아니라 물푸레나무로 만든 창(槍)을 의미하기도 한다. 그리스어 '멜리아(melia)'도 다르지 않다. 질기면서도 탄력이 있는 물푸레나무 목재는 쉬이 쪼개지지 않기 때문에 고도의 내구성을 요구하는 용도에 적당하다. 그러나 습기에는 약한 것으로 알려져 있다. | 물푸레나무가 무기, 특히 창과 활을 만드는 목재로서 각광을 받은 것은 오래 전부터였다. 호메로스(Homeros)는 서사시 『일리아스(*Ilias*)』[457]에서 물푸레나무로 만든 창을 소개한다. "그 일족[아반테스족(Abantes)]은 긴 머리카락을 휘날리며 그[엘레페노르(Elephenor)]를 날쌔게 따르니, 창을 휘둘러 긴 물푸레나무가 적의 가슴을 감싼 청동 갑옷을 꿰뚫어 버리기를 열망하도다."[제2권 540행이다.] | 베르길리우스는 트로이가 무너진 후 라티움(Latium, 이탈리아)에 상륙한 아이네아스(Aeneas)[458]가 가장 먼저 동료들과 함께 창과 화살, 그리고 활을 만들기 위해 물푸레나무 목재부터 찾았다고 한다. | 가장 유명한 물푸레나무 창은 켄타우로스(Kentauros) 일족인 케이론(Cheiron)[459]이 만든 것이었다. 그리스 신화에

↓ 질기면서도 탄력이 있는 물푸레나무 목재는 옛날부터 투창(lance)과 찌르는 창(spear)의 막대기 제조에 곧잘 쓰였다. 이 그림은 중세 전쟁터의 보병들의 모습이다.

등장하는 반인반마(半人半馬) 케이론은 전설의 산 펠리온(Pelion)의 신성한 물푸레나무를 베어 창을 만들었고, 바로 그 창으로 아킬레우스(Achilleus/Achilles)가 트로이의 영웅 헥토르(Hektor)를 죽였

[457] 『일리아스[Ilias]』: 그리스의 음유 시인 호메로스(Homeros, 기원전 8세기경)가 썼다고 전하는 서사시다. 제목의 '일리아스(Ilias)'는 트로이의 별명 '일리오스(Ilios)'에서 유래한 것으로, 직역하면 '일리오스 이야기'가 된다. 10년에 걸친 그리스군의 트로이 공격 중 마지막 50일 동안 일어난 사건들이 줄거리다. 그리스의 아킬레우스(Achilleus)가 아가멤논(Agamemono)과 말다툼에서 모욕감을 느끼고 전투에서 이탈했다가, 친구 파트로클로스(Patroklos)의 죽음을 겪고 트로이 총사령관 헥토르(Hektor)를 죽여 복수하는 내용이 주를 이룬다. 무용(武勇)과 영웅성을 찬미한 작품으로 이후 문학에 끼친 영향이 크다.
[458] 아이네아스[Aeneas]: 아프로디테와 트로이 왕자 안키세스(Anchises) 사이에 난 아들로, 호메로스의 『일리아스』에서는 트로이의 용사로 등장한다. 베르길리우스의 서사시 『아이네이스(Aeneis)』의 주인공이기도 하다. 트로이 군대에서 헥토르에 버금갈 만큼 뛰어났으며 트로이가 함락된 후, 아버지를 업고 이탈리아로 달아나 새로운 나라를 세워 로마의 시조가 되었다. [459] 케이론[Cheiron]: 키론. 그리스 신화에 나오는 반인반마(半人半馬) 켄타우로스(Kentauros) 일족의 하나로, 냉정하고 도덕적인 성격에 현명함을 갖추었다고 한다. 음악, 의술, 사냥, 운동, 예언에 능했으며 트로이 전쟁의 영웅 아킬레우스, 아르고 원정대 대장 이아손(Iason)이 그의 제자다.

다고 한다. 히에로니무스 보크도 그의 본초학 책에서 "물푸레나무로는 좋은 책상과 식기뿐 아니라 긴 창도 만든다. 물푸레나무로 만든 창을 최초로 소유한 자는 아킬레우스였다"라고 썼다. 로마 신화에 나오는 사랑의 신 아모르[쿠피도(Cupido), 그리스 신화의 에로스(Eros)]의 화살도 물푸레나무로 만든 것이라 한다. 중세까지만 해도 창을 만드는 목재로는 물푸레나무가 으뜸이었다. 베른의 디트리히(Dietriech von Bern)[460]의 신하이자 무기 명장(名匠) 힐데브란트(Hildebrand)[461]는 제 아들과 "물푸레나무 창으로 격렬히 맞붙어 싸웠다"고 전한다. | 탄력 있는 물푸레나무 목재는 전쟁이나 수렵용뿐 아니라 바퀴나 사다리, 마차 등 하중을 견디는 기구를 제작하는 데도 필수적이었다. 탁구채와 스키도 오래 전부터 이 나무로 만들어졌다. 요즘은 이런 물품을 알루미늄이나 탄소 섬유 등으로 만드는 것이 일반적이지만, 고가의 스포츠 용품이나 공구 손잡이 등에는 여전히 물푸레나무가 쓰인다.

[460] 베른의 디트리히[Dietrich von Bern] : 베른의 왕으로 「니벨룽의 노래」, 『힐데브란트의 노래(Hildebrandslied)』 등에 등장하는 중세 게르만 서사시의 전설적인 영웅을 말한다. 베른은 이탈리아의 베로나라고도 하고, 가상의 나라라는 설도 있다. [461] 힐데브란트[Hildebrand] : 힐데브란트는 베른의 디트리히를 돕는 12명의 기사 중 하나로, 디트리히의 스승이자 무기의 명장이다. 게르만 민족의 영웅 서사시인 『힐데브란트의 노래』에는 그가 디트리히 왕과 원정을 떠났다가 귀향하지만 아버지가 죽은 줄로 알고 알아 보지 못한 그의 아들 하두브란트(Hadubrand)와 결투한다는 비극적 내용이 담겨 있다. [462] 헤시오도스[Hesiodos, 기원전 7세기경] : 그리스의 서사 시인. 신들의 계보를 다룬 『신통기(Theogonia)』, 목가적 생활을 노래한 『노동과 나날(Erga kai Hēmerai)』 등이 전한다. 『노동과 나날』에는 인류 이전의 역사가 등장하는데, ①황금 시대, ②은의 시대, ③청동 시대, ④철의 시대로 지금은 네 번째 철의 시대가 계속되고 있다. 올림포스 신들은 인간이 방탕해지면 멸망시키고 새로운 시대를 탄생시켜 왔다는 것이다. 청동 시대 종족은 제우스가 물푸레나무에서 창조했는데, 이들은 사납고 힘이 세어 싸움이 끊이지 않았다. [463] 아멜룽엔[Amelungen] : 동고트 아말리족(Amali, 아말족)의 왕가를 말한다. 『니벨룽겐의 노래』나 여러 연대기에서 베른의 디트리히와 그 후손을 아멜룽엔이라고 부른다. 본문의 '그의 우쭐하는 주군'이 곧 베른의 디트리히를 가리킨다.

| 12 | Die Esche
Fraxinus excelsior | 물푸레나무 | 나무 신화(Mythos Baum) :
나무로 본
유럽 민속의 기원과 효능 |

인류의 기원

↑ 올라우스 마그누스(Olaus Magnus, 1490~1557년)의 『북방 민족 문화지(*Historia de Gentibus Septentrionalibus*)』에 수록된 목판화, 1555년. 브레멘의 아담이 쓴 옛 웁살라의 신전과 성수(聖樹)를 묘사했다. 맨 오른쪽은 나무 밑 우물에 몸을 던져 자신을 봉헌하는 희생자이다.

물푸레나무는 무기나 여러 장비만 낳은 것이 아니고 원시 종교에 따르면 인류도 낳은 나무라 한다. B.C. 7세기 경 그리스 시인 헤시오도스(Hesiodos)[462]는 『노동과 나날(*Erga kai Hēmerai*)』에서 제우스가 세 번째 시대인 청동 시대에 물푸레나무로 종족을 창조했다고 썼다. 게르만 신화에서 최초의 인류는 '아스크'와 '엠블라', 즉 물푸레나무(남성)와 느릅나무(여성)이었다.(「느릅나무」편 참고). 바이킹족은 나아가 자기네를 '아셰마넨(Aschemanen, '아스크'로부터 유래)'이라고 명명하기도 했다. 힐데브란트는 『아멜룽엔의 노래(*Amelungenlied*)』[463] 속에서 그의 우쭐하는 주군에게 신화 속 혈통을 상기시킨다. "당신도 이미 잘 알겠지만 가문에 대해 교만하지 말기 바라오. 보탄(오딘)은 우리 모두를 하나의 물푸레나무로 깎아 만들었다오!" 북아메리카에서도 나무를 천지 창조와 연관시킨다. 원주민 알곤킨족(Algonkin)[464]의 탄생 설화에 따르면 세상의 창조자가 물푸레나무에 화살을 쏘아 남자와 여자를 만들어 냈다는 것이다.

[464] 알곤킨족[Algonkin] : 북미의 동부. 오대호 연안 등지에 살아 온 원주민으로 알곤킨어를 쓴다. 북미 인디언 가운데 가장 널리 퍼진 큰종족의 하나다.

나는 위그드라실이라는 물푸레나무를 알고 있네

↑ 물푸레나무의 날개 달린 열매는 같이 모여 총생(叢生, 뭉쳐나기)하는 것이 특징인데, 시간이 지나면서 갈색으로 변하고, 낙엽이 지고 나면 두드러진다.

스노리 스투를루손(Snorri Sturluson)[465]은 13세기 아이슬란드의 지도자와 학자들의 명을 받아 구전으로 전해 오던 전통 신화에 관한 지식을 보존하게 되었다. 역사에 정통한 그는 1220~1230년 무렵 그 동안 단편적으로 전해 오던 이야기를 엮어 『스노리 에다(Snorii-Edda, 신 에다)』를 집필했다. 이야기의 소재와 모티프는 바이킹 시대부터 민족 대이동 시기까지 거슬러 올라간다. 스노리의 저작은 고대 종교 안내서이자 젊은 스칼데(Skalde, 노르웨이와 아이슬란드의 시인)의 교과서가 되었다. 『스노리 에다』의 여러 이야기 중에 특히 유명한 것이 물푸레나무 우주수(宇宙樹) 위그드라실(Yggdrasil) 이야기로, 세계의 기둥이다(이 장의 맨 처음 시를 참조). 마치 살아 있는 기둥처럼 뻗어 나오는 위드그라실은 뿌리 3개로 서로 다른 세상을 연결한다. 그 중 하나는 신들의 거처인 아스가르드(Asgard)에, 두 번째는 거인

들의 땅인 요툰헤임(Jotunheim)에, 그리고 세 번째 뿌리는 지하 세계인 니플헤임(Niflheim)에 닿아 있다. 우주수에서 멀지 않은 곳에 불가사의한 샘 미미르(Mimir)('회상', '기억'이라는 뜻)[466]가 발원하는데, 신들의 아버지 오딘이 지혜를 새롭게 하기 위해 눈[目] 하나를 맡기고 항시 찾아오던 곳이다. 우주수의 우르드 샘에서 나온 운명의 세 여신 노르네(Norne)는 그 뿌리를 축이며 인간의 운명을 결정한다. | "천천히 돌리네, / 생을 점지하네, / 인류의 아이들을, / 인간의 숙명을 [⋯]."〔「무녀의 예언」,『에다』〕| 신들은 매일 무지개 다리를 건너 이 우주수로 내려와 그 그늘 아래에서 심판을 연다. 두 마리의 사슴과 하이드룬(Haidrun) 산양이 위그드라실의 잎을 뜯어 먹는다(금세기까지 물푸레나무는 가장 선호되는 사료였으며, 1950년대까지만 해도 알프스에서는 가축이 병이 났을 때 그 잎을 먹였다). | 나무 위에서 세상을 감시하는 오딘의 성수 독수리와 그 뿌리를 갉아 먹는 용 니드회그(Nidhögg)가 싸운다. 빛과 어둠 사이의 투쟁이라는 이 오래된 모티프는 여러 민족의 신화 속에서 두루 만날 수 있다. 용이나 뱀이 우주수의 생명을 노리며, 지키려는 힘과 파괴하려는 힘, 둘은 오랫동안 균형을 이루었다. 이제 세상의 종말이 다가온다. 위그드라실은 쓰러지고 말 것이다. | "위그드라실 줄기가 부들부들 떤다. / 늙은 나무 울부짖는 소리, / 거인이 다가온다. / 지하 세계가 온통 흔들린다. / 형제 수르트(Surt)[467]가 / 나무를 삼킬 때까지."〔「무녀의 예언」,『에다』〕| "그 나무는 쓰러지지 않을 수 없었다"고, 기독교 신비주의자들은 여겼다. 예수의 십자가가 더 크게 자라면서 진작 말라 버렸다는 것이다.

[465] 스노리 스투를루손〔Snorri Sturluson, 1179~1241년〕: 아이슬란드의 문인, 정치인. 아이슬란드 의회 의장을 지냈으며 북유럽 전설과 역사, 시를 모은 『신 에다』와 『헤임스크링글라(*Heimskringla*)』를 집필했다. [466] 미미르 샘〔Mimir〕: 위드그라실의 세 뿌리 끝에 샘이 하나씩 있는데, 요툰헤임에는 미미르의 샘, 니플헤임에는 흐베르겔미르(Hvergelmir), 아스가르드에는 우르드의 샘이 있다. 벌꿀로 담근 술이 흐르는 미미르의 샘은 지혜의 거인 미미르가 지키는데, 미미르(Mimir)는 영어의 기억(memory)과 그 어원이 연결된다고 여겨진다. 오딘이 지혜를 얻기 위해 샘물을 바라자 미미르는 댓가로 한 쪽 눈을 요구한다. [467] 수르트〔Surtr〕: 북유럽 신화 속 불의 거인. 수르트는 옛 노르드어로 검다는 뜻이다. 세계의 종말 라그나뢰크 때 아스가르드를 침략해 세상을 불태운다.

목맨 자

↑ 로렌스 프뢸리크(Lorenz Frølich), 〈위그드라실에 자신을 봉헌한 오딘(Odin Sacrificing Himself upon Yggdrasil)〉, 1895년.

신들의 아버지 오딘이 룬 문자를 얻어 마법을 펼칠 수 있게 되었던 것도 위그드라실 덕분이었다. 전하는 신화에 따르면, 오딘은 아흐레 동안 가지 하나에 목을 매달아 우주수에 자신을 봉헌했다고 한다. │ "오딘이 어떻게 룬의 지혜를 얻게 되었는가 // 나는 알고 있다네. / 내가 바람에 흔들리는 나무에 매달려 있다는 것을 / 투창에 찔린 채 / 꼬박 아흐레 동안. / 오딘에게 경건히 기도를 드리며 / 나는 내 스스로 룬 문자를 집어 들고 / 크게 외치자 나무에서 떨어졌다네. / 그러자 나는 번성했고, / 현명해졌으며, 성장했고 생기 얻었네. / 글자에서 글자로, 글자를 탐구하고 / 행동에서 행동으로, 행동을 이끌었네." (「너도밤나무」편 '서적과 룬 문자' 참고) │ 스칼데 시인들에게 오딘의 별명은 '갈가그라미르(Galgagramir)', 즉 교수대의 신 또는 '항이(Hangi)',

즉 목맨 자였다. 고트족과 앵글로색슨족은 흥미롭게도 기독교의 십자가—상상할 수 있는 가장 효과적인 선교 방편—를 교수대로 번역했다.[468] | 12세기 브레멘의 아담(Adam von Bremen)[469]은 스웨덴 웁살라의 오딘의 신성한 물푸레나무 숲에 대해 언급한 바 있다.[325쪽 도판 참고] 9년마다 온 나라의 씨족이 웁살라에 모인다. 전통에 따라 모든 씨족들은 속죄양, 즉 '각 종별 수컷 피조물(이 경우에 인간, 말, 개)'을 데리고 와야 한다. 오딘의 영광스러운 자기 희생을 본받아, 선택된 자들은 성스러운 나무에 목을 매단다. 기록에 의하면 당시 이런 죽음의식에는 '저속한 노래'와 '종소리에 맞춰 꿈틀거리는 여인들의 몸짓'을 동반했다고 한다. 메르제부르크(Merseburg)의 티트마르(Thietmar)[470]도 덴마크의 유사한 관습을 언급했다. | 이 '이교도' 나무의 마력(魔力)은 예상보다 훨씬 오래 되었다. 켈트족 사제 드루이드(Druid)[471]의 마법 지팡이도 물푸레나무를 깎아 만들었다고 전한다. 이 마법 지팡이로 특히 물의 파괴력으로부터 몸을 보호하고 비를 물리쳤다. 이런 내력이 옛날 날씨 점에 남아 내려온 듯한데, 이른 봄에 참나무가 물푸레나무보다 일찍 싹이 트면 그 해 여름은 비가 많을 것으로 예측했다. "참나무가 물푸레나무보다 먼저 트면 하늘을 크게 적시고, 물푸레나무가 참나무보다 먼저 트면 하늘을 크게 말린다."

[468] 갈가(galga) : 교수대를 뜻하는 영어 '갤로즈(gallows)'는 원시 게르만어 '갈고(galgo)'에서 유래하며 막대기, 나뭇가지를 뜻한다. 4세기에 성서를 고트어로 번역한 울필라스(Ulfilas)는 예수의 십자가를 '갈가(galga)'라고 옮겼다. '크로스(cross)'가 정착되기 전까지는 '루드(rood)'라고도 했는데 이 또한 막대기를 뜻한다. [469] 브레멘의 아담[Adam von Bremen, 11세기 중엽] : 독일 브레멘(Bremen)의 성직자이자 신학자. 라틴어로는 아다무스 브레멘시스(Adamus Bremensis). 1070년 『함부르크 교회 비숍의 공적기(Gesta Hammaburgensis Ecclesiae Pontificum)』를 펴냈다. 이 기록에는 "나무의 수종은 알 수 없다"고 되어 있다. 원문에 12세기로 표기되었으나 저자의 착오로 보인다. [470] 티트마르[Thietmar, 975~1018년] : 독일 중부 메르제부르크의 주교이자 역사가. 1012년부터 세상을 떠날 때까지 『티트마르 연대기(Chronicon Thietmari)』를 썼다. 총 8권의 분량에 908년부터 자신이 살던 시대의 자잘한 사건까지 기록하여 중요한 사료로 취급된다. [471] 드루이드[Druid] : 영국이나 도나우강 인근에 존재했던 고대 켈트족 사제로서, 종교 지도자일 뿐만 아니라 여러 분야에 능통한 지식인을 뜻한다. 드루이드는 만물에 정령이 있다는 애니미즘과 윤회를 믿었다. 나무를 신성시하여 주로 참나무 숲에서 모였으며, 긴 수련을 거쳐야 드루이드가 될 수 있었다.

류머티즘과 매독을 이긴다

힐데가르트 폰 빙엔은 '물푸레나무는 사려 깊은 통찰의 상징'이라고 기술했으며, 귀리 맥주를 제조할 때 홉(hop) 대신에 그 잎을 써도 된다는 것을 알고 있었다. 기원전 4세기 경 그리스의 유명한 의학자 히포크라테스(Hippokratēs)는 물푸레나무의 잎과 열매로 조제한 약이 류머티즘과 관절염에 효과가 있다고 추천했다. 오늘날에도 여기에 버들잎과 쐐기풀잎을 더해 류머티즘에 효과가 있는 차를 만들거나, 술에 담근 노간주나무 열매를 섞어 피부에 바르는 외용약 '물푸레나무 향유'를 만든다. 예전에는 온갖 나무의 대팻밥이며 부스러기를 넣고 끓인 물이 피를 맑게 하는 작용이 있다며 이른바 '목차(木茶)'가 유행한 적이 있다. | 원래 이 목차는 중앙아메리카와 남아메리카의 수종인 유창목(癒瘡木, 학명 *Guajacum*)[472]으로 만들어 '프랑스병'[473]에 처방했던 것이다. 물푸레나무의 목재도 유창목과 비슷한 효과가 있었던지라, 물푸레나무를 처음에는 '구아야쿰 게르마노룸(Guajacum Germanorum)'이라고 표기했다. 어린 가지는 껍질을 긁어 내어 차로 만들고 '유럽의 기나(기나나무[474]의 수피 대용품)'라 부르며 고열이 있는 환자에게 복용하게 했다. 1349년에 출간된 콘라트 폰 메겐베르크의 『박물지』에서는 발이 삐거나 부러진 데 식초를 넣고 잘 저은 물푸레나무 재를 치료제로 사용했다고 한다. "물푸레나무의 껍질이나 잎을 태운 재를 붙이면 부러진 뼈가 다시 붙는다." | 16세기에 로니체루스(Adam Lonicerus)[475]도 이와 비슷한 사례를 기록하고 있다. 그는 물푸레나무를 외상을 치료하는 나무로 권했으니, 그 껍질이 자상(刺傷)에 지혈 작용을 하기 때문이었다. | 예전에 물푸레나무가 만병 통치약으로 평가되었던 사실은 1750년에 출간된 백과사전의 설명에서도 확실하게 알 수 있다. "사람들이 물푸레나무에 대해

믿지 못할 이야기를 많이도 하는데, 그 중 반만 진실이라 쳐도 물푸레나무 한 그루가 약방 하나에 맞먹는다는 것은 인정하지 않을 수 없다〔…〕." | 1770년, 런던에서 자신의 성을 딴 유서 깊은 차 수입상을 운영하던 토마스 트와이닝(Thomas Twining)이 황당한 차 제조법을 폭로한 바 있다.[476] 그는 한 팸플릿에서 가짜 홍차를 제조해 반값에 연간 20톤이나 팔아치운 런던 인근 한 마을의 실태를 고발한다. 이 마을의 가짜 홍차 대량 생산법은 "아이들이 모아 온 물푸레나무 잎을 양의 똥과 함께 구리 솥에 넣고 볶는" 것이었다. | 찧고, 말리고, 정성스레 바싹 덖고 나면 이 혼합물이 찻잎과 엇비슷해 보였다고 한다. 맛이야 물론 진짜 홍차와는 사뭇 달랐겠지만 말이다.

[472] 유창목[癒瘡木, Pockholz, Guajacum] : 카리브해 지역과 남아메리카 북쪽 해안에 자생하는 나무다. 물에 가라앉을 만큼 비중이 높고 나무 조직이 매우 단단해 목재는 볼링 공이나 다양한 기구(器具)를 만드는 데 사용된다. 그 목재에서 추출한 정유는 항생제가 나오기 전까지 유럽에서 대체재로 널리 쓰였다. [473] 프랑스병[Franzosenkrankheit] : 15세기말 이탈리아 나폴리에 원정했던 프랑스군에 의해 매독이 이탈리아로 퍼졌다고 해 매독을 '프랑스병'이라고 칭한다. 그러나 상대국에 따라 '이탈리아병', '스페인병' 등으로도 불린다. [474] 기나나무[Chinarindenbäume, Cinchona sp.] : 꼭두서니과에 속하는 상록성 수종으로 남미 고산에 자생한다. 속껍질은 기나피(幾那皮)라는 약재로 사용한다. 프랑스의 루이 14세도 열병에 걸렸다가 기나피로 치료해 완쾌한 적이 있다고 한다. 껍질에서 추출한 물질이 해열과 말라리아 치료제 퀴닌(quinine)의 원료가 된다. 17세기에 에스파냐의 예수회 선교사들이 남미 사람들이 기나나무를 해열제로 쓰는 것을 보고 이를 유럽에 소개했는데, 예수회 독점으로 고가에 공급했으므로 보통 사람들이 구하기도 어려웠고, 신교도들은 구교에 대한 불신으로 이 약을 거부하기도 했다. 그래서 신교권 국가들은 대체재를 구하고자 다양한 노력을 한다. [475] 아담 로니체루스[Adam Lonicerus, 1528~1586년] : 로니처(Adam Lonitzer). 독일 마부르크 출신의 의사이자 식물학자. 식물 중에 로니체루스속(Lonicerus)은 린네가 그를 기리고자 그의 이름을 따서 붙인 것이다. [476] 트와이닝스[Twinings] : 1706년에 토마스 트와이닝(Thomas Twining, 1675~1741년)이 영국 런던에 최초로 커피 하우스를 연 데서 시작한 차 제조 회사이자, 유서 깊은 홍차 브랜드다. 본문의 리플릿은 설립자의 손자인 리처드 트와이닝(Richard Twining)이 1770년에 쓴 『Observations on the Tea and Window Act, and on the Tea Trade』를 말한다. 18세기 중반까지 영국 정부는 차에 110%에 달하는 높은 과세를 부가했기 때문에 차의 밀수나 가짜 차 제조가 성행했다. 리처드 트와이닝은 이를 시정하고자 글을 썼고, 이어 영국동인도회사의 집행 위원에 선출된다. 결국 그는 1784년에 과세율을 대폭 낮춘 「감세법(Commutation Act)」을 통과시키는 주역이 되었고, 이후 차 수입이 폭증한다.

↑ 참나무류와 밤나무류의 중간 형질인 구실잣밤나무는 아시아에 자생하는 상록 활엽수다. 구실잣밤나무속의 고저(苦櫧, *Castanopsis sclerophylla* (Lindl. & Paxton) Schottky). 클라크 아벨(Clarke Abel)의 『중국 내륙 여행(*Narrative of a journey in the interior of China*)』 수록 삽화, 1818년.

| 13 | Die Edelkastanie
Castanea sativa | 밤나무 | 나무신화(Mythos Baum):
나무로 본
유럽 민속의 기원과 효능 |

밤나무

Die Edelkastanie
Castanea sativa

이제 때가 되었네, 집으로 돌아가는 길에
당신이 자그마한 화로 곁 어딘가에 설 때가,
당신이 거기서 날아오르는 불꽃을,
그리고 철망 안에서 달아오르는 군밤을 지켜볼 때가.

[루돌프 슈티빌(Rudolf Stibill)[477], 「군밤(Maroni)」]

↑ 밤은 오래 전부터 중요한 식량으로 취급되었다.

[477] 루돌프 슈티빌[Rudolf Stibill, 1924~1995년]: 오스트리아 그라츠(Graz) 출신의 시인이다. 의학과 독일어, 철학, 미술사를 공부하고 1947년 첫 시집을 냈다. 오스트리아 라디오 방송국에 근무하며 평생 시작을 계속했다. 시의 뒷 연은 다음과 같다. "차가운 손을 군밤 봉지 속에 넣고 / 불을 알아채라, 불을 느끼라, 조금 더 여기 머물라. / '군밤 사려!' 부디 맛 보게나, 지난 여름이 어떻게 이글거리/는지! / 당신의 손은 따뜻해지리라, 화로는 노래를 퍼트리리라." [원문 출처: Rudolf Stibill, *Markierungen des Lebens* (Graz: Styria, 1975).]

남방의 나무

↑ 유럽밤나무의 수꽃은 길이가 약 20cm까지 자란다.

독일어로 '케스텐바움(Kestenbaum)' 또는 '케스테(Keste)'라고도 불리는 유럽밤나무(*Castanea sativa*)[478]는 남쪽에서 자라는 나무다. 그 자연 분포지는 프랑스의 지중해 연안에서부터 스위스와 이탈리아를 거쳐 오스트리아와 발칸 그리고 코카서스까지 걸쳐 있다. 따뜻한 곳을 좋아하는 이 나무가 퍼져나가는 데 인류가 어디까지 개입했는지를 오늘날 추정하기란 쉽지 않다. | 유럽에는 그리스 식민지를 개척할 때 프랑스 마르세유(Marseille) 지방에 유럽밤나무를 처음 가져왔을 것이라 가정한다. 하지만 당시에 프랑스 남부에서부터 알자스에 이르기까지, 팔츠 숲이나 또는 흑림 어딘가에서 벌써 자라고 있었을지도 모를 일이다. 로마인이 진격해 왔을 때 이미 유럽밤나무가 알프스 이북에 있었다는 사실을 청동기 시대의 유적 발굴을 통해 알 수 있다. 로마인 정복자들은 밤나무를 무리하게 재배했지만 새로운 환경에 적

응시키지는 못했다. | 자연 발생적으로 퍼져 나간 밤나무 숲은 이탈리아 반도의 아펜니노 산맥(Appennini)[479]에서 찾을 수 있다. 반면 이베리아 반도나 프랑스에는 이런 숲이 생겨나지 못했다. | 입지 조건이 매우 좋다면 밤나무는 햇빛이 그리 많이 들지 않아도 자랄 수 있는 나무다. 하지만 북쪽의 기후라거나 토양이 좋지 않은 곳에서라면 더 많은 햇빛을 필요로 하며, 어린 밤나무라면 더욱 그렇다. 여름에 건조하고 밝은 활엽수림 지대의 영양분이 풍부하고 토심이 깊은 토양에 흔히 분포한다. 응달에서만 싹이 나는 밤나무는 알칼리성 토양이나 습한 토양에서는 자라기가 힘들다. | 유럽밤나무는 보통 35m까지 자라며, 그 나이가 수백 년이 넘는 것도 별스런 일이 아니다. 사방이 트인 넓은 지역에서는 20~30년이 지나야 꽃이 피지만, 빽빽한 경우에는 그보다 수십 년 더 지나야 꽃이 핀다. 그 꽃에서는 마가목이나 산사나무 꽃에서와 같은 트리메틸아민의 불쾌한 냄새가 난다. 벌이나 개미, 딱정벌레 등이 수분(受粉)을 시켜 주는 중매쟁이다. 중유럽에서 밤나무는 포도가 자랄 수 있는 따뜻한 지역에서만 열매를 맺는다. "밤이 있으면 와인도 있다"는 팔츠 지방의 오랜 속담은 이를 뜻하는 것이다. 밤이 완전히 익지 못하는 추운 지방에서는 천연 갱신이 이루어지지 않는다.

[478] 유럽밤나무[Edelkastanie, *Castanea sativa*] : 밤나무속(Castanea)은 참나무과에 속한다. 한반도에 자생하는 것은 남쪽에 분포하는 밤나무(Castanea crenata)와 더 추운 북부 지방에서도 자생하는 약밤나무(Castanea mollissima)다. 이 책에서 다루는 것은 유럽밤나무(Castanea sativa)로 남유럽과 소아시아가 원산이다. 한국밤나무보다 더 크게 자라지만, 열매는 한국 밤나무의 반 정도밖에 되지 않는다. 세계의 재배종 밤나무 중에서 미국밤나무가 가장 크지만 열매는 가장 작고, 한국 밤나무가 가장 작지만 열매는 가장 크다. 이 책에서는 원문의 Edelkastanie, Kestenbaum, Keste는 유럽밤나무로, 그 외에는 밤나무로 옮겼다. [479] 아펜니노 산맥[Appennini] : 이탈리아 반도를 종단하는 산맥이다. 그 길이는 약 1,200km에 달한다. 최고봉은 코르노그란데산(Corno Grande)으로 해발 2,912m다. 2010년대 들어 이탈리아는 중국, 터키, 우리 나라 다음으로 세계에서 4번째로 밤을 많이 생산하는 나라이며, 최대 집산지는 투스카니의 무겔로(Mugello) 지방이다.

재배 밤나무와 야생 밤나무

↑ 야생 밤나무라고 불렸던 서양 칠엽수(*Aesculus hippocastanum* L.), 『네덜란드 식물도감(*Flora Batava of Afbeeldingen en Beschrijving van Nederlandsche Gewassen, XII.*)』, 1865년.

유럽밤나무는 특히 다람쥐, 생쥐, 산쥐, 까마귀, 어치 등을 통해 퍼져 나간다. 설치류들이 밤을 땅 속에 비축해 놓고 숨겨 놓은 것을 잊어 버리면, 이듬해 그 밤이 싹을 틔운다. 딱딱하고 윤기가 나며 가장자리에 뾰족한 톱니가 달린 잎은 지중해성 기후에 적응한 상록 경엽수(硬葉樹)의 잎[480]들을 떠올리게 한다. 잎은 길이 18cm, 폭 6cm까지 자란다. 눈에 띄는 점은 많은 유럽밤나무 줄기가 시계 반대 방향으로 뒤틀어지며 자란다는 것이다. 지난 세기까지만 해도 유럽밤나무를 '재배 밤나무'라고 해 '야생 밤나무(말밤나무)'[481]와 구별했다.

먹는 밤을 원시적이고 떫은 맛이 나는 **말밤**(Rosskastanie) 중에서 우수한 형질을 가진 최상품이라고 생각했던 까닭이다. 그러나 말밤나무는 열매의 형태만 유럽밤나무와 비슷하지, 사실상 전혀 다른 나무다. 말밤나무는 계통적으로 보아 장미과와 연관되는 반면, 유럽밤나무는 참나무류, 너도밤나무 등과 함께 참나무과에 속한다.[482] 아시아와 북미 서부에서는 참나무류와 밤나무 사이의 '징검다리'라고 할 수 있는 중간 형질, 즉 구실잣밤나무류(Castanopsis)와 돌참나무류(Lithocarpus)가 존재한다. | 아라비아에서는 밤을 '샤 발룻(Schah balluth)'이라 불렀는데, '귀족의 도토리'라는 뜻이다. 고대 그리스인은 밤을 '제우스의 도토리'라고 불렀다. 그들은 밤나무를 대규모로 심었다는 폰투스(Pontus, 흑해 소아시아 연안의 역사적 경관 지역)의 도시 카스타나(Kastana)의 이름을 따서 그 나무의 이름도 '카스타논(Kastanon)'이라고 명명했다. 로마인은 이를 라틴어화해서 '카스타나(Castana)'라고 표기했다. 다수의 식용 식물[예를 들면, 상추의 학명인 '락투카 사티바(Lactuca sativa)']의 학명에 흔히 등장하는 형용사 '사티바(sativa)'는 열매의 식용 가능성과 관련이 있다. 그 어원은 라틴어로 '배부르게 하다, 포식하게 하다'라는 뜻이 있다.

[480] **상록경엽수**[Hartlaubgehölze] : 여름철에는 강우량이 적어서 건조하며, 겨울철에는 온난하고 강우량이 많은 지중해성 기후에 분포하는 나무 중에서 작고 견고하며 두껍고 질긴 잎이 달리는 상록 식물을 말한다. 올리브나무가 대표적이다. [481] **야생 밤나무**[Wilde Kastanie] : 여기서 야생 밤나무란 서양칠엽수를 가리킨다. 학명은 Aesculus hippocastanum으로, 소엽이 5~7개씩 달리며 크기가 30m에 달한다. 유럽에서 가로수나 공원수로 즐겨 심는다. 일명 마로니에(marronnier)라고 하며, 서울 동숭동의 마로니에 공원이 유명하다. 열매는 밤과 매우 흡사하다. 열매의 겉껍질에 가시 같은 돌기가 나 있는 것이 일본칠엽수(Aesculus turbinata)와 다른 점이다. 유럽밤나무는 독일어로 '귀한 밤나무, 값 나가는 밤나무(Edelkastanie)'라고 하고 서양칠엽수는 '말밤나무, 바보밤나무(Rosskastanie)'가 된다. [482] **무환자나무과**[Sapindaceae] : 저자 라우더르트는 본문에서 서양칠엽수를 장미과와 연관된다고 했으나, 현재 분류학에서는 무환자나무과 또는 칠엽수과로 분류되고 있다. 현재 속씨식물문 진정쌍떡잎식물(eudicots)의 식물들은 크게 국화군(asterids)과 장미군(rosids)으로 분류한다. 장미군은 다시 장미군(rosids), 진정장미군 I(eurosids I), 진정장미군 II(eurosids II)로 나뉘는데 그 중에서 참나무목(Fagales)과 장미목(Rosales)은 진정장미군 I에, 무환자나무목(Sapindales)은 진정장미군 II에 속한다.

궁핍한 이들의 식량

↑ 스위스 테신의 밤나무 젤베(Selve)는 알프스 산악의 문화 경관으로 재조명받고 있다.

카를 대제의 『왕실 재산 조례(*Capitulare de villis*)』[483]를 보면 이미 당시에 팔츠 지방에 뽕나무, 아몬드나무, 무화과나무 등의 남유럽 수종과 더불어 밤나무 조림을 권장했다. 820년에 제작된 장크트 갈렌(St. Gallen) 수도원 평면도[484]에도 '밤나무 과수원(castenarius)'이 나타난다. 카를 카스트호퍼(Karl Kasthofer)[485]가 1823년에 숲에 대해 쓴 책에서는 영양 공급 식품으로서 밤나무와 감자를 비교한다. 17세기까지 따뜻한 지방에서는 밤이 진정한 주식이었기 때문이다. | 밤은 '소박한 음식(cucina povera)'[486]이었다. 전분(澱粉) 함량이 43%나 되어, 흉작일 때 곤궁한 이들의 생존을 보장해 주었다. '1인당 1그루'는 예전에 이탈리아와 스위스의 알프스 남쪽 사면에서뿐만 아니라 발칸 반도에서 소농민들이 헤아리던 말이다. 밤나무 1그루 당 연간 약 100~200kg의 밤을 수확했고, 1인당 필수량은 대략 150~200kg에 맞먹었다. 식량 자원으로서 얼마나 중시되었는지는 1778년 루가노(Lugano) 지방에서 밤나무를 도벌할 경우 벌금으로 은화 100탈러(taler)를 물게 한 벌채 금지 법령이 말해 준다. 다른

| 13 | Die Edelkastanie *Castanea sativa* | 밤나무 | 나무 신화(Mythos Baum): 나무로 본 유럽 민속의 기원과 효능 |

식품들처럼 밤도 거래의 대상이었고, 세금으로 지급하기도 했다. 예컨대 1693년 스위스의 퀴스나흐트 마을(Küssnacht)[487]은 슈비츠주(Schwyz)에 매주 밤 30자루를 바쳐야 했다. 결국 스위스 관습법의 관할 대상인 나무가 되었으며, 이는 오늘날까지도 일부 유효하다. 스위스의 '유스 플란탄디(jus plantandi)'[라틴어로 식목법이라는 뜻이다.]에 따르면, 인구 밀도가 높은 지역에서 집이 없는 가구의 생존을 위해서 나무를 소유할 수 있었다. 누구나 공유 녹지에 필요한 만큼 밤나무를 심을 수 있게 한 법이었다. 이 밤나무들은 심은 사람의 소유가 되었고, 나중에 상속도 가능했다. 그 이용권의 유효 기간은 나무가 죽을 때까지였다. | 18세기에 농업 혁명이 시작되면서 그 전까지는 중요하게 여겨졌던 참나무류와 밤나무 같은 유실수들의 인기가 시들해지고 대신에 집약적으로 밭을 일궈 다량으로 수확하는 감자가 대세가 되었다. 예전에 '젤베(Selve)'[488]라 불리며 번성했던 밤나무 숲은 이제 알프스 남

[483] 『왕실 재산 조례[*Capitulare de villis*]』 : 771~800년 사이에 작성된 문서로 카를(샤를마뉴) 대제 재위 후반기 왕실 소유 재산을 열거했다. 토지, 가축을 포함한 왕의 소유물과 그것을 관리하는 방법을 규정하므로 카롤링거 시대의 문화·행정·사회상을 살펴볼 수 있다. [484] 장크트 갈렌 수도원 평면도[St. Galler Klosterplan] : 820년 무렵 작성된 유럽 중세 수도원 평면 계획이다. 교회뿐만 아니라 숙소, 부엌, 공방, 양조장, 텃밭, 과수원 등 110명 정도의 수도사와 농부, 장인들이 기거하는 베네딕토회 수도원이 갖추어야 할 요소들을 짜임새있게 계획해 제시한 일종의 표준 평면도다. 장크트 갈렌 수도원장에게 제출된 계획이기는 하나, 이 평면도대로 실제 수도원이 건립된 적은 없다. [485] 카를 카스트호퍼[Karl Kasthofer, 1777~1853년] : 스위스 베른 출신의 삼림 전문가이자 정치가. 독일 하이델베르크와 괴팅겐 대학에서 식물학과 경제학을 공부했다. 졸업 후에 베른의 삼림 전문가로 부임하는 한편 직접 산림 경제를 가르치는 학교를 세우는 등 삼림학의 선구자 중 한 사람으로 꼽힌다. 이후 베른 대학 교수 및 베른 의원으로 활동했다. [486] 쿠치나 포베라[cucina povera] : 가난한 요리라는 뜻의 이탈리아어로, 농민들의 구황 식품, 또는 부엌에 늘 있는 재료로 소박하게 만든 음식을 뜻한다. 지역에서 거둔 신선한 자연 재료로 만든 건강 음식이라는 의미도 있지만, 프랑스 요리처럼 세련되지 못하다는 의미로도 쓰인다. [487] 퀴스나흐트[Küssnacht] : 스위스 중동부 슈비츠주(Schwyz)의 서쪽 끝에 있는 마을. 주크주, 루체른주와 접경하며, 오래 전에는 로마 제국의 통치 하에 있다가 1424년부터 슈비츠주의 관할 하에 들어가게 되었다. 오늘날 스위스라는 나라 이름이 슈비츠주에서 기원한다. [488] 젤베[Selve] : 과수 재배 방식 중 특히 밤나무 재배 방식을 말한다. '숲'을 뜻하는 라틴어 '실바(silva)'에서 유래했으며, 주로 알프스 남부와 코르시카에서 소규모 밤나무 단지를 뜻하는 용어다. 이 밤나무 단지는 여러모로 유용했는데, 아래에 자라는 잡초들은 가축 사료로, 나무 그늘은 가축들의 쉼터로, 잎은 축사 바닥 깔개로 쓰였다.

↓ 도시에서는 저녁 때 쌀쌀해지는 11월 경부터 다음 해 1월까지가 본격적인 군밤 철이다.

쪽 사면의 골짜기에 드문 드문 흩어져 남아 있다. 가장 빼어난 밤나무 숲의 하나는 스위스 베르겔(Bergell)에 있는데, 1920년대에 120ha에 달하던 숲이 지금은 고작 절반만 남아 있는 실정이다.

13 | Die Edelkastanie
Castanea sativa | 밤나무 | 나무신화(Mythos Baum):
나무로 본
유럽 민속의 기원과 효능

누가 불 속에서 밤을 꺼내 오는가?

10월에 익은 밤은 나뭇잎 더미 속에 넣어 두면 거의 6개월까지도 신선하게 보관할 수 있지만, 벌레 먹을 위험이 있다. 검증되어 널리 통용되는 저장법은 밤을 9일 동안 물에 담가 놓는 것이다(물은 매일 갈아 준다). 그 다음, 별도로 지은 건조실에서 몇 주간 훈제를 하는데, 이 특유의 형태가 발칸 지방이나 스위스 테신(Tessin) 지방에서는 아직도 간간이 보인다. 건조가 천천히 진행될수록 보존 기간도 더욱 길어진다. 말린 밤은 마대 자루에 넣고 껍질이 벗겨질 때까지 도마에서 두드린다. 이렇게 해서 서늘하고 건조한 곳에 두면 2~3년까지도 보관이 가능하다. 이 '건과(Dörrfrüchte)'를 필요한 만큼씩 갈아 두었다가 호밀 가루와 섞어 굽는데, 칼라브리아(Calabria)나 코르시카에서는 이것을 '나무 빵(Baumbrot)'이라고 부른다. | 그 동안 수많은 밤나무 개체가 식재되었기 때문에 개량된 품종도 엄청나게 늘어났다. 프랑스에는 그 품종이 300가지나 되지만, 정작 시장에 유통되는 것은 몇 종뿐이다. 가장 경제적 가치가 있는 단밤 외에 내성이 강하고 수확량이 좋은 마가레타(Magaretta)가 큰 비중을 차지한다. 또한 보관이 어려운 조생종 토르티오네(Tortione), 보관이 쉽고 향이 좋은 만생종 베데사(Verdesa)도 자주 볼 수 있다. | 밤이 주식용(主食用) 열매로서 명성을 잃은 지는 오래다. 중유럽 도시에서는 크리스마스가 다가오면 대로변에 나와 숯난로에 밤을 굽는 군밤 장수를 볼 수 있는데, 이야말로 밤의 명맥을 이어가는 유일한 장소다. 군밤 철은 저녁 때 쌀쌀해지는 11월부터 다음해 1월까지다. 일본에서 밤은 전통적인 새해 음식이다. 이를 '카치쿠리(勝ち栗)'라고 부르며 '승전(勝戰)'이라는 뜻이 있다.[489] 유럽에서는 성 마르틴 축일에 먹는 거위 요리의 거위 뱃속을 채우는 소로, 사냥한 짐승 요리에 곁들이는 반찬으로 미식가

---

[489] **카치쿠리**[勝ち栗] : 말린 밤을 절구에 찧어 껍질과 보늬를 없앤 것을 이른다. 일본어로 '절구에 찧는다'는 뜻의 동사 '카츠(搗つ)'와 '이기다'는 뜻의 동사 '카츠(勝つ)'가 발음이 같은 데서 이런 속뜻이 유래했다. 搗ち栗로 쓰기도 한다.

↑ 겨울철에도 온화해 포도 재배가 가능한 곳에서만 밤이 열린다. 동판화, 1702년.

들에게 각광 받는다. 연간 6,000톤의 밤을 수확하는 남프랑스 아르데셰(Ardèche)와 같은 밤 산지에서는 간단하지만 풍미 좋은 밤 수프 레시피가 전해 오니, 다음과 같다. | 우선 1l의 육수에 껍질 벗긴 밤 500g을 넣고 10분간 끓인다. 그 밤을 으깨어 퓌레를 만든다. 거기에 생크림 150g과 허브 소금 약간, 강황(薑黃) 1티스푼을 넣고 다시 끓인 후, 신선한 생크림과 마조람(Marjoram)[490]으로 장식해 낸다. | 밤을 미리 잘라 두면 얼리기가 쉽고, 이렇게 얼린 생밤은 끓는 물에 바로 넣거나 오븐에서 구워도 맛이 그대로다. | 한편 "타인을 위해 불 속의 밤을 줍다"라는 널리 알려진 관용구는 곧 '남을 위해 위험을 무릅쓴다'는 뜻이다. | 프로이센의 총리였던 오토 폰 비스마르크(Otto von Bismarck)로부터 유래한 말로, 그는 자신의 정치 전략을 이렇게 정의한 바 있다. "누군가 타인을 위해 불 속의 밤을 줍고 있어, 다른 이들이 거기에 힘을 보태고자 나선다면, 말릴 이유가 없지 않겠는가?"

포도나무 받침대와 무두질용 밤나무 껍질

열매가 작고 잎이 가늘며 질긴 야생 밤나무는 재배종 밤나무보다 훨씬 우수한 건축용 목재가 된다. 재질과 습기에 대한 내성이 사촌간인 참나무류와 흡사해 참나무처럼 나무 통을 만드는 통널판 제작과 선박 건조에 사용된다. 밤나무에서 무늬목도 생산된다. 단단하고 질긴 야생 밤나무 목재는 오랜 기간 건조해도 안정적이지 않아 목재의 가운데가 쩍 갈라진다는 단점이 있다. 생장력은 밤나무가 참나무를 능가한다. 80년 된 유럽밤나무의 가슴 높이 지름〔흉고 직경(胸高直徑), DBH. 사람의 가슴 높이(지상에서부터 약 1.2m)에서 측정한 직경〕은 약 60cm에 달하는데, 참나무는 이 정도 크기가 되려면 비슷한 입지 조건에서 200여 년이나 걸린다. | 서어나무(Hainbuche)나 참나무처럼 유럽밤나무도 특히 포도 재배지 부근에서 저림 형태로 경영된다. 몇 년 동안 줄기들이 자라면 지표면 가까이에서 바짝 자르고(그루터기를 남긴다) 나른다. 이렇게 몇백 년을 벌목해도 나무가 튼튼하기만 하면, 남아 있던 그루터기에서 매번 새순이 쑥쑥 자라기 때문에 나무를 새로 심어야 하는 수고를 덜 수 있다. 포도나무 받침대나 땔감 등과 같은 용도로 사용할 때는 대략 8~15년에 한 번씩 줄기를 잘라서 쓰면 된다. 건축용 자재나 전신주, 나무 통 제작용으로 쓸 목재로는 25~30년 정도 자란 밤나무를 사용한다. | 그 뿐 아니다. 20세기 들어서까지도 가죽 무두질용 타닌을 추출하는 데 유럽밤나무를 사용했다. 그 껍질에는 참나무보다 무려 7배나 많은 타닌 성분이 함유되어 있기 때문이다. | 밤나무는 이따금 약용으로도 사용되는데, 그 잎으로 만든 차가 기침과 백일해에 효능이 있다. 그러나 밤은 변비를 일으키는 음식으로도 여겨진다.

〔490〕 마조람〔Marjoram, *Origanum majorana*〕: 지중해 지역에서 자라는 박하종류의 허브로, 연한 붉은색 꽃을 피운다. 채소, 치즈, 고기 요리 등 다양한 요리에 두루 쓰이는 향신료다. 식욕을 돋우는 효과가 있다.

파괴적인 균류 전염병

1940년대에 밤나무 수피에 발생한 병해(病害)가 대서특필된 적이 있었다. 그때까지만 해도 동아시아의 밤나무에 기생하던 자낭균류(子囊菌類)인 이 밤나무줄기마름병원균(*Endothia parasitica*)[학명이 *Cryphonectria parasitica*로 바뀌었다.]은 유럽밤나무에 별다른 해를 입히지 않았다. 그런데 1904년에 처음으로 북미밤나무(*Castanea dentata*)가 감염되었다. 이 균은 수피에 난 상처 틈으로 침입해 들어가 독성을 띤 분비물을 내뿜어 세포를 파괴하고 결국 나무를 고사(枯死)시킨다. 20세기 초반까지만 해도 북미의 대서양 연안에서 주요 삼림 수종으로 꼽히던 밤나무는 1940년에 아예 미국의 삼림 수종 목록에서 삭제되었다. 100ha 이상의 밤나무 숲이 이 균류의 침입으로 절멸했던 것이다. 이 균이 제2차 세계 대전이 발발하기 바로 직전 이탈리아 제노바(Genova)에서 발견되면서, 유럽밤나무도 피해를 입지 않을까 우려가 대단했다. 다행히도 유럽밤나무는 줄기마름병[동고병(胴枯病)]에 어느 정도 저항력이 있었을 뿐 아니라 맹아력(萌芽力)[잘린 가지나 그루터기에서 새싹을 틔워 내는 힘.]도 워낙 강해 감염되더라도 다시 건강을 되찾을 수 있었다. 그럼에도 20여 년간 유럽에서 밤나무 절반이 이 균류에 감염되어 고사했다. 그 사이 북미에서는 일본과 중국으로부터 내성이 강한 품종을 수입해 재배하게 되었다.

[491] 므두셀라[Methuselah] : 구약 성경에 등장하는 에녹의 아들이자 노아의 할아버지다. 「창세기」에 따르면 969세에 죽어, 성경에 언급된 인간 중 가장 장수했다. 이에 서양에서는 장수, 장생을 상징하는 표현으로 자리잡았다.

13 | Die Edelkastanie *Castanea sativa* | 밤나무 | 나무 신화(Mythos Baum) : 나무로 본 유럽 민속의 기원과 효능

거대한 나무 덩어리

↑ 밤나무는 유럽에서 가장 큰 나무로 꼽힌다. 지금은 죽어 없지만 가장 유명한 밤나무 중 하나는 에트나에 있던 밤나무로, 줄기 둘레가 무려 61m에 달했다고 한다.

유럽에서 가장 거대한 나무, 괴물 유럽밤나무가 지난 세기까지만 해도 이탈리아 에트나(Etna) 동쪽 산록에 서 있었다. 가지를 전부 포함하면 둘레가 무려 61.2m에 달했다는 것이다. 크기가 다소 과장되었을지는 몰라도, 유럽밤나무는 아메리카 대륙이 발견되기 전까지는 구대륙을 통틀어 가장 커다란 나무에 속했다. 에트나에는 아직도 가슴 높이 지름이 6m가 넘는 사례가 있다. | 신화에 따르면, 위의 거목은 플라톤이 인근의 시라쿠사(Siracusa) 항구에 방문했던 시절부터 이미 울창했다고 한다. 일반적으로 밤나무는 수명이 500년을 넘지 못한다. | 에트나에 있던 밤나무계의 므두셀라[491]를 20세기 들어 더는 볼 수 없게 되었다. 밤 채집꾼들이 너나 없이 어린 밤나무가 떨군 밤을 불에 굽느라 가지를 잘라 대다 보니 비극적 종말을 맞게 된 것이다.

| 14 | Der Birnbaum
Pyrus pyraster | 배나무 | 나무 신화(Mythos Baum) :
나무로 본
유럽 민속의 기원과 효능 |

[346] ↑
[347] →

배나무

Der Birnbaum
Pyrus pyraster

정자 옆에 서서 흔들리는 그림자를 하얀 벽에 드리우던 배나무,
나는 꽃이 핀 그 배나무 아래에 하얀 벤치를 놓습니다. […]
그리고 그리움이 절절할 때면,
그것들이 나와 가까이 있음을 느끼는 것만으로도,
내 모든 숨구멍을 통해 봄이 흘러듭니다.
〔에두아르트 뫼리케의 편지 중에서, 1848년〕

↑ 봄에 피는 하얀색 배꽃에는 청초하고 순결한 아름다움이 있다.
← 대부분 크기가 작은 사과나무와는 달리 야생 배나무의 수관(樹冠)은 크고 또 옆으로 넓게 퍼진다.

진짜 야생 배나무

↑ 요즘은 귀해진 야생 배나무. 열매의 크기가 작고 매우 떫다.

독일에서 1998년에 '올해의 나무'[492]로 선정된 야생 배나무(*Pyrus pyraster*)[493]는 이제 유럽의 숲에서 보기 드물다. 전문가 사이에서도 진짜 야생 배나무가 발견되면 식물학적으로 화젯거리로 삼는다. 개량종과는 달리, 뿌리가 깊게 뻗고 높이가 약 20m까지도 자라는 야생 배나무는 가시 달린 짧은 가지〔短枝〕를 달고 있다. 야생 배나무에도 2종류가 있는데, 하나는 열매의 형태가 둥근 것(ssp. *pyraster*)이고, 다른 하나는 유럽에서 흔히 볼 수 있는 전형적인 호리병 모습을 한

것(ssp. *achras*)이다. 야생 배는 야생 사과와 마찬가지로 타닌 성분을 많이 함유하여 떫은 맛이 몹시 강하다. 덜 익은 것을 먹으면 입 안이 여간 뻑뻑하지 않으므로 열매가 다소 익어 물러져야 먹을 만하다. | 야생 배나무는 햇빛이 많이 드는 산울타리나 침엽수와 활엽수가 섞여 자라는 혼효림에 주로 분포하며, 알프스에서는 해발 약 900m까지 분포한다. 대략 100년에서 150년까지 살 수 있으니 과일 나무 중 수명이 긴 편이다. | 재배종 사과는 유럽에서 자생하는 야생 사과에서 기원한 것이 아니다. 반면, 서유럽의 야생 배나무는 유럽 남동부 또는 서아시아의 다른 수많은 야생종과 함께 재배종 배나무의 기원으로 여겨진다. 진짜 야생 배나무와 재배종(개량종) 배나무를 딱 잘라 구별하기란 쉽지 않은 것이, 둘 사이의 중간쯤 되는 특질을 지닌 갖가지 변종이 나타나기 때문이다. 인류가 거주해 온 지역에서 '야생 배나무'가 발견되었다고 하면, 대개가 재배종(개량종) 배나무의 종자에서 발아된 것, 즉 유전적으로 엄격히 보자면 순종이라고는 할 수 없는 재배종이 다시 야생화된 경우다. | 비교적 크기가 크고 수령도 100여 년쯤 된 배나무는 라인 지방의 수변림(水邊林)에서 만날 수 있다. 벨하임(Bellheim) 영림서(營林署, Forstamt) 관할 게르하르트키스(Gerhardskies) 지역의 회르트(Hördt) 구역에는 나무 높이가 18m에 달하고 근원부 둘레가 270cm에 달하는 배나무가 자라고 있다.

[492] 올해의 나무[Baum des Jahres] : 한 해를 대표하는 나무를 선정해 기념하는 것으로, 각 나라마다 제도는 약간씩 다르다. 독일처럼 한 해에 한 종의 나무를 선정하는 국가가 있는가 하면, 슬로바키아처럼 특별한 한 그루의 나무(개체)를 정하는 경우도 있다. 독일에서는 '올해의 나무 선정위원회(Kuratorium Baum des Jahres: KBJ)'에서 매년 10월에 이듬해의 나무를 선정하며, 1989년 로부르 참나무(*Quercus robur*)를 시작으로 2021년 호랑가시나무(*Ilex aquifolium*)까지 총 33종의 나무가 선정되었다. 오스트리아는 1994년부터 시작해 2018년에는 사시나무속(*Populus spec.*)를 올해의 나무로 선정했다. [493] 유럽 야생 배나무[Wildbirnbaum, *Pyrus pyraster*] : 배나무의 기원지는 톈산(천산)산맥 남쪽으로 추정된다. 본문에서 야생으로 언급하는 배나무는 이 기원지의 배나무가 아니라, 현재 유럽 재배종 배나무(*Pyrus communis* subsp. *communis*)의 조상으로 여겨지는 유럽 야생 배나무이며, 서유럽 중남부와 코카서스에 분포한다. 한국의 야생 배나무는 한반도와 만주에 자생하는 우수리배나무(*Pyrus ussuriensis*), 중부 이남에 자생하는 돌배나무(*Pyrus pyrifolia* (Burm.f.) Nakai var. *pyrifolia*) 등이다. 원문의 'Wildbirnbaum'은 'Holzbirne'와 함께 '야생 배나무'로 옮겼다.

향기 가득한 배나무 정원

독일에서 가장 이른 배나무 화석은 그 크기로 보아 재배종이 확실시 되며, 보덴 호수의 청동기 시대(기원전 1,900~600년) 유적지〔보드만(Bodman)의 호상 가옥〕[494]에서 출토되었다. 페르시아, 코카서스, 러시아 남부 등에서 서아시아 재배종 배나무가 발생했고, 이것이 터키와 그리스를 거쳐 유럽에 전해진 것으로 추정된다. | 고대 그리스들이 개량종 배나무를 알고 있었다는 사실은 아르카디아의 킬레니오스(Kyllenios) 송가[495]에서도 입증된다. | "한때 나 야생 배나무는 짐승들과 외롭고 황량한 숲에서 살며 시원찮은 열매를 맺었네. 그러나 이제 꽃이 가꾸어지고 다른 나무로 개량되어, 더는 내 것이 아닌 접지(接枝)에서도 열매를 얻는다네. 노고에 감사하오, 정원사여! 사람들이 나 야생 배나무를 가장 귀한 나무로 여기게 된 것은 당신의 공이라오." | 탄탈로스(Tantalos)[496]의 서사적 신화에도 배나무 이야기가 등장한다. 탄탈로스는 그가 저지른 죄악의 대가로 영원한 갈증과 배고픔에 시달려야 했다. 물 속에 서 있지만, 물을 마시려고만 하면 매번 말라 버렸고, 눈 앞에 어른거리는 나뭇가지를 잡으려 하면 금세 잘 익은 배로 변신해 그를 더욱 애타게 했다. 호메로스도 (기원전 600년경에) 그 나무의 가지를 『오디세이아』 7장 「알키노오스(Alkinoos)의 정원」 편에서 노래했다. | "농장 밖 골짜기 옆에는 정원이 하나 있다네. / 그 곳에는 모든 나무가 무성한 잎들을 달고 수관을 하늘로 뻗고 있지. / 죄다 향기로운 배를 달고서." | 그리스인으로부터 이 유산을 계승한 로마인들도 품종을 꾸준히 개량해, 서기 1세기경에는 이미 40종 이상을 재배하기에 이르렀다. 로마인은 게르만족을 정복하면서 이 배나무들을 중유럽에 전파했고, 거기 원래 있던 종들이 결합하며 더욱 다양해졌했다. 중세 초의 암흑기를 지내고 카롤링거 왕조

14   *Der Birnbaum*
Pyrus pyraster

배나무

나무 신화(Mythos Baum):
나무로 본
유럽 민속의 기원과 효능

시대에 비로소 이 나무들은 '배나무(birabaum 혹은 birnboum)'['비른 바움(Birnbaum)'의 중세 표기다.]라는 명칭을 얻게 되었다. 9세기경에 라이헤나우(Reichenau) 수도원의 수도사였던 발라프리트 슈트라보(Walahfried Strabo)[497]는 두 손을 가득 채울 만큼 커다란 배를 묘사하고 있다. 옛 문헌에서 곧잘 '재배종'을 명확히 구분지어 표현해 놓은 것을 보면, 중세까지만 해도 야생종이 흔했던 것 같다. 1360년경에 콘라트 폰 메겐베르크도 "들판의 나무 자생 야생배(Wild pirn)를 '다소 큰 나무배(holzpirn)'(귀한 배)"와 구분했다. 작고 떫은 '야생 나무배'가

[494] 알프스 주변의 선사 시대 호상 가옥[Prähistorische Pfahlbauten um die Alpen]: 유럽 알프스 일대에는 기원전 5,000년부터 습지나 호숫가에 세운 호상 가옥 유적이 다수 남아 있다. 물 속에 나무 기둥을 박고 수면 위에 통나무 집을 지었는데, 이것이 물에 잠기면서 잘 보존되어 유럽 초기 농업 사회의 모습을 알 수 있다. 그중 111개가 2011년에 유네스코 세계 유산 목록에 등재되었다. 독일 남부 보덴 호수의 북쪽 호안에 위치한 보드만도 그중 한 곳이다. [495] 아르카디아의 킬레니오스[Kyllenios]: 그리스 신화에서 전령 헤르메스(로마의 메르쿠리우스)는 아르카디아에 있는 킬레네산(Kyllene)의 동굴에서 태어나, 헤르메스 킬레니오스라고 불리기도 한다. 아르카디아는 그리스 펠로폰네소스 반도 중앙부의 산악 지대다. [496] 탄탈로스[Tantalos]: 일설에는 제우스의 아들이라 전한다. 신들의 총애를 받았으나, 신을 시험하려고 자신의 아들을 죽여 식탁에 내고, 천계의 음식을 훔쳐 사람들에게 나누어 주는 등 잘못을 범해 벌을 받게 되었다. 영원히 채워지지 않는 갈증과 배고픔을 느끼며, 과일이 달린 나뭇가지가 늘어진 타르탈로스의 늪 속에 서 있어야 하는 형벌이다. 배가 고파 과일나무에 손을 뻗으면 나뭇가지가 올라가 손이 닿지 않았고, 목이 말라 물을 마시려고 하면 물이 내려가 버렸다고 한다. [497] 발라프리트 슈트라보[Walahfried Strabo, 808?~849년]: 알레만니아(Alemannia) 출신의 수도사이자 시인. 가난한 부모 밑에서 태어났으나 신학을 공부하고 829년 카롤링거 왕조의 카를 왕자(훗날의 카를2세) 가정 교사가 되었고, 그 인연으로 838년부터 보덴 호수 위의 라이헤나우 수도원을 맡았다. 수도사의 환상 여행을 소재로 한 "Wisio Wettini", 수도원 정원의 식물들을 묘사한 "Hortulus" 등 그가 지은 시가 중세에 많은 영향을 미쳤다. [498] 재갈[Würgbirne]: 떫어서 먹기 어려운 배 품종을 '재갈 배(choke pear)'라고 한다. 딱딱하고 맛이 나빠 날로는 먹을 수 없어 목을 죈다고 표현했다. 프랑스 도르도뉴(Dordogne)의 앙그와즈(Angoisse) 산 배가 이런 맛으로 유명했으므로, 프랑스어로 오늘날에는 '앙그와즈' 자체가 호흡 곤란, 불안을 뜻하게 되었다. 재갈 배 또는 앙그와즈 배(Poire d'angoisse)는 입에 재갈을 물리는 고문 도구(pear of anguish)를 뜻하기도 했다. [다음 쪽의 사진 참고] [499] 발레리우스 코르두스[Valerius Cordus, 1515~1544년]: 약재학 연구로 저명한 독일 튀링엔 출신 의학자이자 식물학자다. 1544년에 탐사 중 열병에 걸려 29살에 급사했고, 사후에 『식물의 역사(Historia Plantarum)』가 출간되었다. 최초로 에테르를 합성했으며 식물 학명에 붙이는 속명 '코르디아(Cordia)'는 그의 이름을 딴 것이다. 이 책의 저자는 1561년 판본을 참조했다.

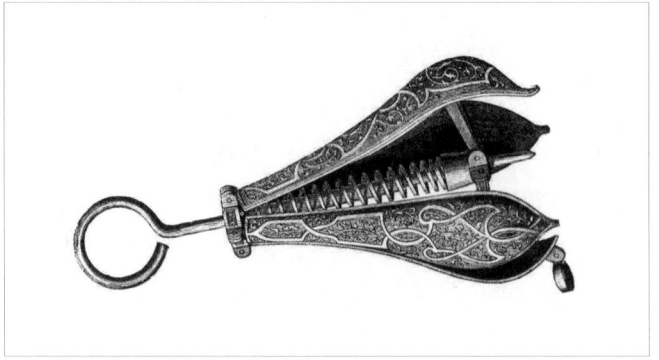

↑독일어로 재갈배(Mundbirne), 고문배(Folterbirne), 목 조르는 배(Würgbirne)라는 뜻의 이 도구는 금속으로 만든다. 입 안에 넣고 손잡이를 돌리면 금속 날이 혀를 조인다. 프랑스 루브르에 소장된 19세기 재갈(Poire d'angoisse)을 복제한 드로잉.

종종 '재갈(Würgbirne)' 또는 '질식사(Strengling)'[498] 같은 데 빗대어진 것도 이해할 만하다. 발레리우스 코르두스(Valerius Cordus)[499]는 1561년판 『식물의 역사(Historia Plantarum)』에서 이미 50여 종의 다양한 품종을 명명했다. 1750년부터 1850년 사이에 배나무의 품종 개량에 많은 진척이 있었다. 이 시대에 개량된 품종 가운데 몇몇은 아직도 그 명성을 유지하고 있다. | 오늘날 배나무는 1,500여 품종이 있으며, 과일나무로는 사과에 이어 세계 과일 생산량 중 2위를 차지한다. 그러나 그 수확량은 겨우 사과의 1/3 수준이다. | 배나무와 사과나무는 그 열매 모양만 다른 것이 아니라 수관의 형태도 다르다. 비교적 키가 작으며 수관이 넓고 둥근 사과나무와는 달리, 배나무는 마치 배 모양처럼 위쪽으로 솟는다. 또한 배꽃은 사과꽃처럼 붉은빛을 띠지 않고 순결한 백색을 띠며, 트리메틸아민 성분을 함유하고 있다(마가목이나 산사나무처럼 약간 비릿한 냄새가 난다). 배의 과육에는 먹을 때 치아에 씹히는 석세포(石細胞)가 함유되어 있다는 특징도 들 수 있겠다.

잘 익은 배는 따야지

사과나무와 배나무는 원예에서 서로 '짝'을 이룬다. 예로부터 사과나무는 여성성으로 여겨지면서 사랑과 생산을 의미했다. 반면 배나무는 13세기에 알베르투스 마그누스(Albertus Magnus)[500]가 강조했듯이 남성성을 상징했다. 이 두 나무는 사랑의 신탁(神託)으로 이용되었으니, 청년은 사과나무에, 처녀는 배나무에 자문을 구했다. 사내아이를 곧잘 '작은 배꼭지(Birnstielchen)'라고 부르기도 했는데, '꼭지'는 아이에게 달린 배(梨), 즉 성기를 가리켰다. '배 꼭지'는 또한 아주 하찮음을 의미하기도 했다. 뉘른베르크의 구두 장인 한스 작스는 한때 노략질 패거리로 들끓었다가 잠잠해진 슈페사르트 일대를 여행한 경험을 1562년에 『용감한 귀족(Vom frommen Adel)』에서 털어놓는다. | "요즘은 슈페사르트를 지날 때 / 머리에 금을 쓴 이들, / 도둑들은 그런 자를 털지, / 자잘한 건(Birnenstiel) 아니야." | 독일 속담에는 배나무를 여성과 관련짓는 것들도 있다. "파울레 비른, 슐렉테 디른(Faule Birn, Schlechte Dirn : 썩은 배, 못된 년)"이라는 속담에서 보듯, '비르네(Birne, 배나무)'와 '디르네(Dirne, 창녀)'가 운율이 맞아떨어지기 때문일 것이다. "잘 익은 배가 진흙에 빠지고 싶어 한다"는 속담은 한창 물 오른 처녀들이 하룻밤 로맨스를 즐길 준비가 되어 있음을 에둘러 표현한다. "잘 익은 배는 늦기 전에 따야 한다"라는 충고도 이와 연관 있다. 바로크 시대에는 여성미의 이상을 잘 익은 과일의 탱탱함에 비유하다 보니, 배의 품종에 '장딴지 배(Wadelbirne)', '사랑의 배(Libesbirne)', '숫처녀 허벅지(Jungfernschenkel)' 같은 외설적인 이름을 붙이기도 했다.

---

[500] 알베르투스 마그누스[Albertus Magnus, 약1200~1280년] : 독일 바이에른 출신의 스콜라 철학자, 신학자, 과학자. 토마스 아퀴나스의 스승이다. 당시 서유럽에 이입된 아리스토텔레스 철학과 이슬람 세계의 학문에 정통하여 그 박학다식함으로 '닥터 우니베르살리스(만물 박사)'라 불렸다고 한다.

발저의 배나무

야생 배나무는 마귀와 마녀가 깃든 거처여서, 그 나무 껍질을 가지고 음험한 마법을 부린다고들 한다. 풋내기 마녀들은 야생 배를 가지고 고도의 마술을 수련하는데, 그 첫 번째 과제가 배를 쥐로 변신시키는 것이었다. 그러다 마지막엔 마녀 자신이 쥐로 변신해야만 한다. 옛날에는 신비스러운 용(龍)도 배나무 속에 살 것이라고 믿었다. 벤트족(Wende)[501]에게 '플로니카(Plonika)'라는 단어는 배나무와 동시에 '용'을 의미하기도 했다. | 배나무는 오스트리아 잘츠부르크에 있는 운테르스베르크(Untersberg)라는 산의 신화적 역사와 관련이 깊다. 지금도 거기 장크트 레온하르트(St. Leonhard)에 있는 '용의 동굴(Zum Drachenloch)'이라는 이름의 여관이 연상시키듯, 그 곳은 거인과 난쟁이, 용들이 사는 곳이었다. 그 안에는 카를 대제와 그의 전사(戰士)들이 잠자던 장대하고 화려한 공간도 있었다. 세상의 종말이 가까워지자 동굴의 문이 열리고 카를 대제가 최후의 격전을 위해 대군을 이끌고 선봉에 서서 발저(Walser) 들판으로 내달렸다. 전쟁에서 승리한 후, 카를은 영원한 평화를 선포하고 방패를 배나무에 걸어놓았다. 이 배나무는 바싹 마른 채로 영원히 그 자리를 지켰다고 한다. 여기서 카를 황제는 신화에 등장하는 독일 최고의 신 보단(보탄)을 뜻하며, 발저 들판의 배나무는 위그드라실에 해당한다. 오늘날에도 인스브루크(Innsbruck)의 국도에서 그로스그메인(Großmain)으로 빠져나가는 간선 도로변에서 발저의 배나무[502]를 볼 수 있는데, 지금 서 있는 배나무는 9번째라고 한다. | 프리드리히 바르바로사(프리드리히 1세)와 관련해서도 유사한 전설을 찾을 수 있다. 그는 키프호이저(Kyffhäuser)[독일 튀링겐의 구릉 지대다.]의 동굴(지금도 바르바로사의 동굴을 방문할 수 있다) 속에서 수백 년 동안의 깊은 잠에서 깨어나 전

쟁에서 승리를 쟁취한 뒤, 방패를 나무(여기서는 참나무이기는 하지만)에 걸어 놓았다는 것이다. | 배나무 종류가 가장 많은 중국에서는 배나무가 소나무와 더불어 장수(長壽)를 상징한다. 한자어 배〔梨〕는 중국에서 '리(Li)'라고 발음하며, 그 성조를 약간 달리 하면 '이별(離別)'을 뜻하기도 한다.[503]

↑ 아세레토(Giocchano Assereto), 〈탄탈로스의 처벌(Tantalisation of Tantalus)〉, 1640년.

[501] 발저의 배나무〔Der Walser Birnbaum〕: 오스트리아 잘츠부르크 공항 인근에 자라고 있다. 이 배나무의 원조는 로마 시대까지 거슬러 올라가며, 지난 200여 년 간 사람들이 베어 버리거나 폭풍우에 쓰러지기도 했다. 사람들은 매번 다시 나무를 심었는데, 현재의 배나무는 1887년에 심은 것으로, 기념물로 지정되어 있다. 발저 들판은 독일과 오스트리아의 접경 지역으로, 독일 베르크테스가든의 남쪽과 잘츠부르크의 북쪽에 펼쳐져 있다. [502] 벤트족〔Wende〕: 서기 8~9세기 경 독일 북동부로 이주해 살았던 슬라브 계통의 민족이다. [503] 배〔梨〕: 중국어에서 '배〔梨〕'와 '이별〔離〕'은 성조는 다르나 발음은 '리(Li)'로 동일하다. 이와 관련해 일상 금기가 생겼는데, 연인이나 부부간에 배를 나눠 먹지 않는 것이다. '리'라는 발음에 더해 '이별한다'는 뜻의 '편쇼〔分手〕'가 연상되기 때문이다.

↑ **지도07** 〔11 무화과나무〕〔12 물푸레나무〕〔13 밤나무〕〔14 배나무〕편에 등장하는 지명.

| 14 | Der Birnbaum
Pyrus pyraster | 배나무 | 나무신화(Mythos Baum):
나무로 본
유럽 민속의 기원과 효능 |

목조각가와 목형 제작자

↑ 초봄에 잎이 막 돋아난 배나무.

야생 배나무는 목재가 촘촘하고 단단하며, 결이 곱고 무늬가 일정해 목조각가들이나 목형 제작자들이 탐내는 나무다. 목형(木型)이란 과자를 찍어 내거나 반죽을 부어 형태를 만들 때 쓰는 나무틀, 또한 섬유나 벽지에 무늬를 찍을 수 있는 양각 판(版)을 뜻했다. 석재나 점토로 만들기도 하지만, 대부분 배나무 목재로 제작한다. 독일에서는 13세기부터 공예 장인(匠人)의 일로 자리 잡은 목형 제작업은 바로크 시대에 전성기를 맞이했다. 피리를 만드는 사람도 다른 나무들보다 단풍나무나 배나무 목재를 선호한다. | 배나무 목재는 증기로 찌거나, 검은색을 먹이기도 쉬워서 궤를 제작할 때 필요한 흑단재(黑檀材) 대용품과 피아노 건반 제작에 중요한 역할을 한다. 예전에 시장에서 '독일산 회양목(deutscher Buchsbaum)'이란 이름으로 거래된 데서 알 수 있듯이 가공하지 않은 배나무 목재는 귀한 회양목과 비슷해 보인다.

배나무에 하소연하기

오래된 미신에 따르면, 독일가문비와 마찬가지로 배나무도 인간의 질병을 대신할 수 있다고 한다. 이를 위해 사람들은 우선 나무를 정하고 다음과 같은 주문〔베를린 쾨페닉(Köpenick) 인근의 프리드리히스하겐(Friedrichshagen)에서 채록〕과 함께 자신의 고통을 그 나무에게 하소연했다고 한다. | "배나무야, 너에게 하소연하노니, / 벌레 세 마리가 나를 물고 있는데, / 한 녀석은 회색, 다른 한 녀석은 푸른색, 나머지 한 녀석은 붉은색. / 이 녀석들 모두 죽어 없어졌으면 좋겠네." | 메세그(Maurice Mességué)[504]는 배를 차로도 마실 수 있고 배뇨 작용과 신경 안정, 열과 혈압을 내리는 데 효과가 좋은 식품으로 배를 높이 평가하고 있다. | 신선한 배나무잎에는 항균성 성분인 알부틴(Arbutin)이 함유되어 있어, 배나무잎 차를 마시면 신장과 방광 염증에 효과가 있다고 한다. 배나무잎에는 베어베리(bearberry)[505] 잎보다 타닌 성분이 적게 함유되어 있어 신장에 무리가 적고, 그렇기 때문에 장기간 복용할 수 있다. 물론 신선한 배나무잎에 뜨거운 물을 부어 차로 마셔야 하는데, 그 이유는 잎이 건조되면 그 효과가 없어지기 때문이다. | "배를 날로 먹은 후에는 와인 한 잔을 마시거나 아니면 신부님을."〔임종 미사를 올려야 할 만큼 위험한 상황임을 의미한다.〕이라는 독일의 옛날 속담처럼 배는 날로 먹으면 사과와 달리 소화가 잘 안 된다. "배로 만든 파이(Warden Pie)는 마녀도 죽일 수 있다"라는 영국 속담도 비슷한 내용이다. 그러나 배 주스나 설탕물에 조린 배는 건강 식품이 된다. 특히 유기산, 미네랄, 타닌 성분이 함유되어 있어 고혈압, 심장과 순환기 질환, 방광 신장 질환에 식이 요법으로 애용되고 있다. | 크리스마스 시즌에는 유럽의 곳곳에서 예전 방식대로 장작불에 말린 배를 넣고 빵을 굽는다. 옛날에는 이 때 만약 빵이 잘 안 구워지면, 이듬해에 가

↓ 사람들만 배나무 주변에 모이는 것이 아니다. 히에로니무스 보크의 『본초학』에 나오는 목판화. 1577년.

족 중 누군가가 세상을 뜨게 된다는 전조라 생각했다. | 특히 타닌 성분을 다량 함유한 배는 와인이나 증류가 제대로 되지 않은 사과주를 정제할 때 사용한다. 사과에 반해 야생 배는 쌀쌀한 가을 저녁이 되면, 과육이 연해져서 먹을 만하다. 예전에는 배의 씨도 이용했는데, 페르디난트 폰 뮐러(Ferdinand von Müller)[506]는 1874년에 출간한 저서 『본초학 대도감(Großen, Illustrierten Kräuterbuch)』에서 배나무 씨앗 25lb에서 3lb의 기름을 짜낼 수 있다고 한다.

[504] 모리스 메세그[Maurice Mességué, 1921~2017년]: 프랑스의 허브 전문가이자 식물 요법 치료사. 허브 요리나 허브를 사용한 치료법을 책으로 내어 이름을 얻었다. 실제로 허브를 사용한 식물 요법 치료를 행하기도 했다. 윈스턴 처칠, 아데나워 등이 그의 식물 치료를 받은 적이 있다고 한다. 모리스 메세그 연구소를 설립, 운영했다. [505] 베어베리[Bärentrauben]: 유럽과 북미 지역에 자생하는 진달래과 관목(학명 Arctostaphylos uva-ursi)으로 '우바우르시'라고도 하며 타닌, 알부틴 등이 함유되어 있는 잎은 요로 감염, 설사 등에 특효가 있다. [506] 페르디난트 폰 뮐러[Ferdinand von Müller, 1825~1896년]: 독일 로슈토크 출신으로 호주에서 활동한 지리학자이자 식물학자다. 당시 빅토리아 식민지(호주)의 식물을 조사해 정리했고, 이후 멜버른의 왕립 식물원장을 맡았다.

하벨란트의 리벡 마을에 사는 리벡 아저씨

하벨란트(Havelland)[507]의 리벡(Ribbeck) 마을에 사는 리벡 아저씨네 정원에는 배나무가 한 그루가 자라고 있었어요. 가을이 깊어지면 배나무에는 여기저기 노란 배가 주렁주렁 달렸어요. 한낮에 교회의 종이 울리면 리벡 아저씨는 배를 따서 양쪽 호주머니에 가득 채웠어요. 나막신을 신은 소년이 다가오자 리벡 아저씨가 말을 걸었지요. "얘야, 배 하나 줄까?" 또 한 소녀가 지나가자, "얘야, 이리 오렴. 내가 배 하나 줄게." 돌아가실 때까지 리벡 아저씨는 계속 그렇게 하셨어요. 그는 자기가 머지 않아 죽음을 맞이하게 될 것을 알았답니다. | 어느 가을, 배가 다시 주렁주렁 열렸을 때, 리벡 아저씨는 말씀하셨지요. "이제 곧 세상을 뜰 것 같아. 내가 죽으면 내 무덤에 배 하나를 같이 묻어다오." | 사흘 후 리벡 아저씨는 땅에 묻혔어요. 모든 마을 사람이 슬퍼하며 〈예수는 나의 확신(Jesus, meine Zuversicht)〉이라는 찬송을 불렀답니다. 아이들은 몹시 애통해 했어요. 그리고 중얼거렸지요. "아저씨가 돌아가셨어. 이제 우리에게 배를 줄 사람은 아무도 없을 거야." 그러나 그렇지 않았어요. 아이들이 리벡 아저씨가 어떤 분인지 모르고 하는 말이었습니다. | 리벡 아저씨 집의 새 주인[리벡 아저씨의 아들을 말한다.]은 매우 인색한 구두쇠였기에, 정원과 배나무를 철저히 감시했답니다. 그런 아들을 믿지 못했던 리벡 아저씨는 돌아가시기 전에 이 모든 것을 예상하고 자기 무덤에 배 하나를 같이 묻어 달라고 한 것이지요. | 아저씨가 돌아가시고 3년이 지난 뒤, 아저씨의 무덤가에서는 배나무의 싹이 솟아나기 시작했어요. 세월이 몇 년 흐르자 배나무는 아저씨의 무덤을 훌쩍 넘어 커다란 배나무로 자랐습니다. 다시 황금빛 가을이 되자, 잘 익은 배가 나무에 주렁주렁 열렸어요. 교회에 다녀오던 소년이 그 곁을 지나가자, 배나무가 속삭였습니다. | "배 하나

14 | Der Birnbaum
Pyrus pyraster | 배나무 | 나무 신화(Mythos Baum):
나무로 본
유럽 민속의 기원과 효능

줄까?" 소녀가 지나가도 배나무는 속삭였습니다. "애야, 이리 오렴. 내가 배 하나 줄게." | 하벨란트의 리벡 마을에는 리벡 아저씨의 축복이 지금도 그렇게 전해오고 있답니다. 〔테오도르 폰타네(Theodor Fontane)〕[508]

이 이야기에 소개된 배나무는 1911년 태풍으로 쓰러지기 전까지 리벡의 공동 묘지에 서 있었다. 독일의 장벽이 무너진 직후 오래된 배나무 전통이 되살아나 새로 나무를 심었고, 1994년에 비로소 배가 맺기 시작했다.

〔507〕 하벨란트의 리벡 마을에 사는 리벡 아저씨 : 독일에 전해 오던 전래 동화를 폰타네가 재구성한 동화 작품으로, 우리 나라에서는 「하벨란트의 리벡 아저씨」, 「배나무 아저씨」, 「배나무 할아버지」 등의 제목으로 소개되었다. 하벨란트(Havelland)는 독일 북동부 브란덴부르크주에 있다. 〔508〕 테오도르 폰타네〔Theodor Fontane, 1819~1898년〕: 베를린 교외 노이루핀의 약제사 집안에서 태어났다. 처음에는 가업을 이어 약제사 일을 하다가 이후 문학에 흥미를 느끼고 저술 활동을 시작했다. 장편 소설 『폭풍 앞에서(Vor dem Sturm)』(1878년)가 대표작이다. 프로이센 시대의 베를린을 무대로 신분 의식에 사로잡힌 인간 관계를 풍자적으로 그려낸 작품을 다수 썼다.

15   Die Weide
Salix sp.

버드나무

나무 신화(Mythos Baum) :
나무로 본
유럽 민속의 기원과 효능

버드나무 Die Weide
Salix spec.

"버드나무에는, 예컨대 말이야, 가슴을 울리는 무언가가 있어. 자연의 기이한 혼돈을 보여 주잖아. : 가지는 색색이고, 잎은 회색이고, 나는 아름답지만 병약한 어린아이가 떠오르곤 해, 어느 하룻밤의 공포로 그 머리카락이 하얗게 새어 버린 것 같아."
[아네테 폰 드로스테-휠스호프(Annette von Droste-Hülshoff)[509]의 단편 소설「레트비나(*Ledwina*)」에서]

↑ 중유럽에 자생하는 버드나무 중 가장 크고 가장 오래 사는 흰버드나무(*Salix alba*)는 저습지의 모래 땅을 좋아한다.
← 지금은 자연 상태에서는 멸종한, 2색 버드나무(*Salix phylicifolia*).

[509] 아네테 폰 드로스테-휠스호프[**Annette von Droste-Hülshoff**, 1797~1848년] : 독일의 이름난 여성 문인. 베스트팔리아의 귀족 집안 출신으로 어려서부터 문학에 뛰어난 재능을 보였으나 당시 귀족 사회 여성들에게 요구되던 규범과 갈등하며 외로운 삶을 살았다. 고향인 베스트팔렌에 구전되어 오던 민담과 지역 문화, 자연의 관찰을 바탕으로 많은 작품을 남겼으며 소설『유대인의 너도밤나무』등 많은 작품이 오늘날에도 사랑받고 있다.

버드나무의 친척

↑ '세상에서 가장 키 작은 나무'는 고산 지대에 사는 북극버들이다. 지하에서 분지하는 줄기에서 나오는 가지는 1년에 겨우 몇 cm 성장하며 한 가지마다 잎도 달랑 2장만 달린다.

버드나무과(科)에는 버드나무속(*Salix*)과 사시나무속(*Populus*) 그리고 두 속의 중간 형태인 한국의 새양버들속(*Chosenia*)[510]까지 3개의 속(屬)이 있다. 사시나무와 버드나무 둘 다 끊임없이 특질들을 새로이 조합하려는 것을 보면, 잡종 교배력이야말로 이 과의 특성인 모양이다. 그렇기 때문에 화학적, 유전적(염색체 수) 특징을 총동원해야 정확한 식별이 가능하다. 게다가 잡종이라고 해도 무성 생식으로 유전적으로 동일한 후손들을 생산할 수 있기 때문에(블랙베리, 마가목류와 마찬가지다. 「마가목」참조), 개개의 종들을 구분해 경계를 짓기란 거의 불가능하다. │ 버드나무와 사시나무의 또 다른 공통점은 바이오매스(Biomass)[511] 산출량이 높다는 것이다. 버드나무는 중유럽에서 사시나무 다음으로 가장 빨리 자라는 속성수다. (그저 가지를 잘라 축축한 모래나 흙에 꽂아만 두어도 뿌리가 내릴 정도로) 생명력이 매우 강하기 때문에 하수관이나 건물의 기초 지반 근처에는 심지 않도록 해야 한다. │ 중유럽의 버드나무는 30여 종이나 헤

아리지만 모두 암수딴그루이며, 몇 cm 밖에 자라지 않는 땅꼬마(북극버들, *Salix herbacea*)부터 당당한 교목(흰버드나무, *Salix alba*)까지 그 크기도 각양각색이다. | 북유럽과 알프스의 고지대에서는 갖가지 버드나무가 난쟁이처럼 자란다. '세상에서 가장 작은 나무' 북극버들(Krautweide, *Salix herbacea*)도 이곳에 자란다. 목본성 줄기는 땅속에서 분지(分枝)하며, 매년 여러 개의 작은 싹을 땅 위로 밀어 올린다. | 이 책에서는 수많은 버드나무 중 중유럽에서 가장 주요한 흰버드나무와 호랑버들, 그리고 공원에 흔히 심는 수양버들을 다루려고 한다. | **흰버드나무**(*Salix alba*)는 북유럽을 제외한 전 유럽의 저지대에 분포한다. 가장 많이 식재되는 나무로서 습하고 주기적으로 물에 잠기는 저지대 모래땅을 좋아하며, 다른 버드나무류와 사시나무, 오리나무 등과 연목림을 이룬다. 높이가 15m에 달하며 수관 폭이 넓은 흰버드나무는 중유럽에 자생하는 버드나무 중 그 크기가 가장 크다. 또한 120년까지도 살아서 버드나무로서는 가장 수명이 긴 편에 속하기도 한다. 잎은 가늘고 긴 피침형(披針形)으로, 뒷면에 매끄러운 털이 빽빽이 나 있어 바람에 휘날릴 때마다 은빛으로 반짝이는 데서 그 이름을 얻게 되었다. | "버드나무여, 은빛 얼굴이여, / 멀리서 너를 보니 / 괴롭게도 나를 보지 않누나. / 네 앞에 서서 인사를 건네기까지는."〔루돌프 알렉산더 슈뢰더(Rudolf Alexander Schröder)〕[512] | 흰버드나무는 그 본래의 모습도 다양하거니와 헤아릴 수 없는 잡종을 만들어 내는데, 무엇보다 프라질리스 버드나무(*Salix fragilis*)

---

[510] 새양버들〔*Chosenia arbutifolia*, 이명 *Salix eucalyptoides*〕: '채양버들'이라고도 부른다. 우리 나라 중부 이북의 시냇가와 계곡에 분포하는 낙엽 활엽 교목으로 키가 20m에 달한다. 학자에 따라서는 버드나무속으로 분류하기도 한다. [511] 바이오매스〔Biomass〕: 태양 에너지를 받아 광합성에 의해 유기물을 합성하는 조류(藻類)와 식물체, 이들을 식량으로 삼는 생물 유기체의 총량을 말한다. 즉 단위 면적이나 부피 내에서 모든 종 또는 한 종을 생체량으로 환산한다. 생물 현존량, 생체량이라고도 한다. [512] 루돌프 알렉산더 슈뢰더〔Rudolf Alexander Schröder, 1878~1962년〕: 독일 브레멘 출신의 번역자이자 시인이다. 한때 그의 시가 서독의 국가 가사로 채택된 바 있으며 노벨 문학상 후보로 여러 차례 거명되었다. 〔원문 출처: Rudolf Alexander Schröder, *Gerd und Marlene Haerkötter* (Frankfurt : Eichborn Verlag, 1989).〕

↓1833년 세인트헬레나에 처음 묻혔을 당시 나폴레옹 무덤의 모습을 그린 그림. 통곡하는 수양버들 아래 조성되었다.

[Bruchweide는 잘 부러지는 버드나무라는 뜻이다.]와 쉬 교배되다 보니 헷갈리기 쉽다. | 중국 서부가 원산지인 **수양버들**(*Salix babylonica*)은 내한성이 약해 중유럽에서는 잘 자라지 못한다. 따라서 중유럽의 공원에서는 순종 대신 교배를 거친 변종 수양버들을 심는데, 흰버드나무와 교잡종인 소위 '늘어진 노란 버드나무(Hänge-Dotter-Weide, *Salix alba* var. *tristis*)'[513]이라 불리는 종을 가장 즐겨 심는다. 나폴레옹은 세인트 헬레나섬(Saint Helena)에 유배되어 있을 때, 가장 좋아하는 장소로 수양버들의 그늘을 즐겨 찾았다. 심지어 그 나무 아래에 묻어 달라고 유언을 남겼으니 말이다. 아닌 게 아니라 수양버들은 나폴레옹 이후부터 정원과 공원에서 주목 받기 시작했다. 양버들과 짝을 이뤄 대규모 공원에서 빠질 수 없는 공원수(公園樹)가 되었다. | "내 몸을 꽁꽁 휘감는 수양버들, / 그의 머리카락 땅 위에 흩날리고, / 쇠사슬처럼 내 발을 붙잡고 / 내 손과 팔도 묶어 버려 […]." [고트프리트 켈러(Gottfried Keller)[514] | 옛 고지 독일어에서는 버드나무를 '잘하(salha)'

15 | Die Weide *Salix* sp. | 버드나무 | 나무 신화(Mythos Baum) : 나무로 본 유럽 민속의 기원과 효능

라고 했다. 그러므로 '**잘바이데**(Salweide, 호랑버들)'는 실제 버드나무 같은 것[('디' 바이데('die' Weide)]을 뜻한다. 호랑버들(*Salix caprea*)은 그 크기나 나이로 보아서는 사촌 간인 흰버드나무와 경쟁할 수 없지만, 가장 중요한 밀원 식물(蜜源植物)의 하나로 꼽힌다. 초봄 벌들에게 처음으로 식량을 제공하는 것이 바로 호랑버들의 꽃이다. 때문에 예전에는 호랑버들의 꽃피는 가지가 자연 보호 차원에서 관리되었다. 지금도 고난 주일 예배 때 쓰이는 녹색의 나뭇가지는 호랑버들로 만든다. 그 학명에서 알 수 있듯 호랑버들잎은 염소들에게도 주된 먹이었다. ['카프라(capra)'=염소] 호랑버들은 생장이 빠른 교목 또는 관목 형태로 최고 60년까지 살 수 있으며, 크기는 대개 10m에 이른다. 그 목재는 버드나무 종류 중 가장 높은 열량을 자랑한다. | 수 년 전 독일에서는 처음으로 야생에서 멸종한 버드나무가 있다. 바로 하르츠의 브로켄산(Brocken)에 자생하던 2색 버드나무(*Salix phylicifolia*)[515]의 암그루다. 오늘날에는 인공적으로 재배한 후계목(後繼木)을 식물원에서만 볼 수 있다. | 버드나무의 학명 '살릭스(Salix)'는 소금(Salt)을 뜻하는 라틴어 '살(sal)'에서 유래한 듯하다. 아마도 흰버드나무의 회색빛 잎이 암염(巖鹽)을 떠올리게 하기 때문이었을지도 모르겠다. 민간에서는 폭이 좁은 잎을 가진 버드나무를 펠버(Felber)라 하고, 잎이 다소 넓은 버드나무를 잘헨(Salchen)이라 해 서로 구분했다. 버드나무의 또 다른 옛 이름으로는 '빌게(Wilge)'와 '비켈(Wichel)' 등이 있다. 바이다크(Weidach), 바이딩(Weiding), 잘헨(Salchen), 잘라크(Salach), 펠벤(Felben) 등의 지명은 오래된 버드나무의 흔적이다. 펠빙거(Felbinger)라는 성씨도 마찬가지다.

[513] 늘어진 노란 버드나무(Hänge-Dotter Weide, *Salix alba* var. *tristis*) : 흰버드나무와 수양버들 사이의 교잡종으로, 가지가 늘어진 모양이 수양버들과 거의 흡사하다. 중유럽의 공원 물가에서 자주 볼 수 있으며, 가지 색이 노랗기 때문에 '노란 버드나무'라는 이름이 붙었다. [514] 고트프리트 켈러(Gottfried Keller, 1819~1890년) : 스위스 취리히 출신의 소설가로 19세기 시적 사실주의를 대표한다. 자전적 장편 소설『초록의 하인리히(*Der grüne Heinrich*)』가 널리 읽힌다. [515] 2색 버드나무(Zweifarbige Weide, *Salix phylicifolia*) : 꽃의 위는 진한 갈색 또는 검은색, 아래는 연한 갈색으로 두가지 색이 나서 붙은 명칭이다. 독일에서는 '차잎버드나무(Teeblättrige Weide)'라는 별칭도 있다.

1년에 1번만 벤다

↑ 니더라인(Niederrhein) 지방의 버드나무 절두목(截頭木) 가로수. 경관을 특징 짓는 이 버드나무 절두목 가로수는 1~2년마다 우듬지를 잘라 가지런히 해 주어야 한다. 예전에는 버드나무 가지가 바구니를 짜는 소기업의 원재료였다. 요즈음 자연 보호론자들은 시간이 많이 소모되는 우듬지 절단 작업을 일부 맡아서 시행하고 있다.

1950년대까지만 해도 많은 곳에서 흰버드나무와 고리버들(Korbweide, *Salix viminalis*)을 이른바 '절두목 버드나무(Kopfweide)'라 해서 적당한 높이로 우듬지를 베어 냈다. 그 다음부터 약 1~2년 주기로 줄기의 윗부분에서 자라 올라난 가지를 잘라 고리 바구니를 짜는 데 사용했다. [Korbweide가 바구니 버드나무라는 뜻이다.] 또 아델베르트 폰 샤미소(Adelbert von Chamisso)[516]가 그의 저서 『약용, 독성, 그리고 유

15 Die Weide
Salix sp.

버드나무

나무신화(Mythos Baum) :
나무로 본
유럽 민속의 기원과 효능

용한 식물 개론(*Heil-, Gift- und Nutzpflanzenbuch*)』에서 밝힌 것처럼 "물가의 둑방을 고정시키고 피복하는 데"에도 사용했다. 이렇게 버드나무의 줄기를 베는 행위에 대해 오스트리아 빈의 유명한 설교가였던 아브라함 아 장크타 클라라는 다음과 같은 비유를 했다. "버드나무(Felberbaum)는 단지 1년에 1번씩만 아픔을 당하지만, 가련한 하층민들은 거의 매일 대부분의 못된 영주들에게 매섭게 당한다." | 버드나무의 목을 자르는 이 과거의 이용 형태는 플라스틱 빨래 바구니와 비닐 장바구니가 등장하면서 수십 년 사이 급격히 감소했다. | 절두목 버드나무들이 전형적인 경관 요소로 자리 잡은 니더라인(Niederrhein)[517] 지방에서는 얼마 전부터 버드나무의 우듬지를 자르는 관습이 다시 부활했다. 자연 보호자들은 오래된 나무들이 가지는 독특한 모습을 보존하고자 고된 일을 자처하고 나섰다. 그러나 나무들의 머리를 꼬박꼬박 자르는 일에 누구나 찬성하지는 않는다는 것은 빌헬름 폰 훔볼트(Wilhelm von Humboldt)[518]가 쓴 「어느 여자 친구에게 보내는 편지」에서 확인할 수 있다. "진정 아름다움을 표출할 권리가 있는 나무들을 사람들 손으로 끊임없이 베고 잘라 내어 불룩하게 만든다는 것은 참으로 몹쓸 짓이오. 예를 들면 버드나무가 그렇다. 그냥 내버려 두면 튼튼하고 크게, 그리고 그림처럼 아름답게 자랄 텐데 말이지요. […]"

[516] 아델베르트 폰 샤미소(Adelbert von Chamisso, 1781~1838년) : 독일의 시인이자 식물학자. 원래 프랑스에서 태어났으나 프랑스 혁명으로 귀족의 지위가 박탈된 뒤 가족이 독일에 정착했고, 자라면서 독일인으로서 정체성을 지니게 되었다. 베를린 대학에서 자연과학을 공부하고 북극 탐험대에 합류한 후 남미와 아프리카 등 세계를 항해했다. 귀국 후 식물학 연구에 몰두하여 베를린 대학의 명예 박사이자 제국식물표본소 소장을 지내기도 했다. [517] 니더라인(Niederrhein) : 독일 노르트라인-베스트팔렌 주의 서쪽에 위치한 지방으로 네덜란드와 접해 있다. [518] 빌헬름 폰 훔볼트(Wilhelm von Humboldt, 1767~1835년) : 독일(프러시아)의 철학자, 언어학자, 정치가다. 포츠담 출신으로 베를린 훔볼트 대학을 공동으로 설립했다. 지질학자인 알렉산더 폰 훔볼트가 그의 막내 동생이다. 그가 설계한 훔볼트식 교육 이상은 미국과 일본의 근대 교육 체계 형성에 많은 영향을 미쳤다.

↓ 바구니를 짜는 작업은 예전에 어디서든 농가에서 겨울의 주된 부업거리였다. 유럽도 다르지 않았다. 동판화, 17세기.

15 | Die Weide *Salix* sp. | 버드나무 | 나무 신화(Mythos Baum) : 나무로 본 유럽 민속의 기원과 효능

버들가지로 엮어 삼은 신발

가늘고 잘 휘는 버들가지는 쓰임새가 많아 시골 농가에서는 없어서는 안 될 존재였다. 전통 목골조 건물을 세울 때는 버들가지를 엮어 들보 사이의 벽면을 채우고 거기에 진흙을 발라 넣은 다음 평평하게 다듬어 마무리했다. 초가 지붕을 엮을 때 서까래에 짚더미를 묶어 고정하는 것도 이 가지였다. 냇가나 경사면을 고정하거나 울타리를 만드는 데도 사용되었다. | 버드나무 가지는 포도 줄기를 묶는 용도로 포도밭에 공급되었다(철사 대용으로 사용했다). 가난한 사람들은 여린 버들가지를 엮어 신발을 삼았으니, 전해 오는 농부들의 하소연에서도 그 사실을 알 수 있다. | "내 얘기 좀 들어 봐. / 버드나무 가지(Wyden) 삼아 신발을 신고, / 광에는 곡식 한 톨 없어, / 그런데도 세금을 내야만 한다네." | 예전에 시골 소년들은 봄이면 버들가지를 베어 '버들피리'를 만들곤 했다. 피리를 만들려면 우선 겉껍질을 벗겨야 한다. 바이에른 지방에서는 그럴 때 이런 노래를 불렀다. | "피리리, 피리리 / 고양이(Katz) 껍질을 벗겨라. / 머리도, 꼬리도 벗겨라. / 내 피리는 다시 불릴 거야."〔우리가 버들강아지라 하는 것을 독일어로는 버들고양이라는 뜻의 'Weidenkätzchen'이라고 한다. 381쪽 주석 [528] 참고〕 | 목재로서는 여러 버드나무 중에 단지 흰버드나무 목재만을 그나마 쳐 준다. 질기지 않고 가볍고 무른 흰버드나무 목재로 '클로첸(Klotschen)'이라 부르는 나막신을 만들고 장난감도 제조한다. 공업용으로는 제도판과 성냥을 만들기도 한다. 흰버드나무 껍질을 달인 물은 가죽을 무두질하는 데 사용하며, 잎과 뿌리는 면(綿)을 물들이는 데 쓴다. 그 씨앗에 달린 솜털은 여러 다른 사시나무(포플러)의 씨앗 솜털과 함께 낡은 수건 속을 채워 '빈민의 베개'가 되어 주었다.

음울한 죽음의 나무

버드나무가 예로부터 오늘날까지 다양한 문화권에서 죽음과 관련맺어 왔다는 사실은 문학 작품에도 반영되어 있다. 데스데모나(Desdemona)는 죽기 전 버드나무 꿈을 꾸었으며, 오필리아(Ophelia)는 버드나무에서 연못으로 떨어져 익사했다.[519] 게르만 신화에서 죽음의 신인 비다르(Vidar, Viddharr)는 버드나무 숲속에 살았다. 게르만족은 돌을 매달아 무겁게 한 버드나무 바구니에 인간 제물들(대부분 노예나 전쟁 포로들)을 담아 늪에 빠뜨렸다. 바구니가 다시 떠오르지 않으면, 신이 제물을 받아들였다고 풀이했다. 타키투스는 『게르마니아』에서 독일의 선조들이 재판할 때 죄의 종류와 경중에 따라 죄인을 다르게 처벌했다고 기록한다. "배신자와 투항자는 나무에 매달아 교수형에 처하고, 겁쟁이와 전쟁을 두려워하는 자, 타락한 자들은 수렁과 늪에 빠뜨리고 그 위에 [버드나무 가지로 엮은] 고리를 덮어 씌웠다. 이렇게 처형 방법을 달리 한 까닭은 속죄해야 할 경우에는 사람들에게 드러나게 하지만, 추행을 했을 때에는 보이지 않게 하려는 의도였다. […]" | 고대 그리스의 상상 세계에서도 버드나무 주변에 죽음의 숨결이 감돌았다. 콜키스(Kolchis)의 마녀 메데이아(Medea)가 심은 음침한 버드나무는, 그 가지에 죽은 자들이 — 동물 가죽으로 묶여— 매달려 있었다. 헤라(Hera)의 황금 사과를 지키던 헤스페리데스 중의 하나인 아이글레(Aigle)는 헤라클라스가 황금 사과를 훔쳐가자 비탄에 빠져 버드나무로 변신했다. | "저기 물가 수풀의 버드나무 하나 / 무성한 푸른 가지를 휘날리네. / 님프의 머리카락처럼, / 이루 말할 수 없는 슬픔. / 나무로 굳어져가며, / 지난 일들을 한탄하네. […]" [요반 두치치(Jovan Ducic)][520] | 트란실바니아의 전설에 따르면, 예수가 인간으로 살던 당시 버드나무는 열매를 맺는 과수였다

15 Die Weide
Salix sp.

버드나무

나무 신화(Mythos Baum) :
나무로 본
유럽 민속의 기원과 효능

→ 늙고 큰 버드나무의 줄기와 가지에는 마녀뿐 아니라 요정들도 살았다. 밤이면 이 희미한 존재들은 자신들이 사는 나무 주위를 돌며 춤을 추었다. 〈플로트베크 최후의 버드나무 노거수(*Die letzten Riesenweide zu flottbek*)〉, 동판화, 1863년. 〔플로트베크는 브로켄 땅 남쪽에 흐르는 강이다.〕

고 한다. 그러나 그 나무에 유다가 목을 매달고 죽어 오늘날까지도 저주를 받고 있다는 것이다. 〔유다가 목을 맨 나무는 서양박태기나무, 또는 무화과라는 이야기도 있다.〕 | 어느 유명한 지구 방사선 연구자는 버드나무가 특히 지구 방사선이 방출되는 장소에서 잘 자란다는 것을 발견했다. 그런 곳에서는 수맥 탐지봉도 더욱 격렬하게 흔들린다고 한다. 버드나무가 자살의 나무로 악명 높은 이유는 아마도 시인 카롤리네 폰 귄더로데(Karoline von Günderode)〔521〕가 버드나무 아래에서 가슴에 비수를 꽂고 요절했기 때문일 수도 있다.

〔519〕 데스데모나〔Desdemona〕와 오필리아〔Ophelia〕: 각각 윌리엄 셰익스피어의 『오셀로(*The Tragedy of Othello, the Moor of Venice*)』와 『햄릿(*Hamlet*)』의 여주인공이다. 〔520〕 요반 두치치〔Jovan Ducic, 1871~1943년〕: 보스니아 헤르체고비나의 모더니즘 시인이자 외교관이다. 오토만 제국 치하 트레비녜(Trebinje)에서 태어났다. 보스니아 출신의 가장 이름난 시인으로, 오늘날 50마르카 지폐에도 그 모습이 등장한다. 〔원문 출처: Jovan Ducic, *Claus Schulz* (Düsseldorf : Bäume und Menschen, 1972).〕 〔521〕 카롤리네 폰 귄더로데〔Karoline von Günderode, 1780~1806년〕: 독일 카를스루에 출신의 여성 시인. 하이델베르크대학교 교수이자 신화 연구가인 크로이처(Georg Friedrich Creuzer)와의 불행한 사랑으로 그 시재(詩才)가 무르익을 사이도 없이 젊은 나이에 자살했다.

샘솟는 생명의 상징

고대 그리스인은 버드나무에 상반된 의미를 부여했다. 죽음과 동시에 싱싱하게 피어나는 생명과 탄생을 상징한 것이다. 생명의 화신(化身)으로서는 고대 그리스 신들의 제왕이 탄생하는 순간도 지켜 보았다. 제우스가 태어나고 자란 크레타섬(Creta)의 동굴 앞에 자라던 버드나무가 그의 어린 시절을 함께 했다. 전설에 따르면, 제우스의 부인 헤라도 사모스섬(Samos)의 오래된 버드나무 아래서 태어났다고 한다. | 헬리오스(Helios)와 하데스(Hades)의 영토 사이 좁은 땅에 뿌리 내린 저승의 나무도 버드나무였다. 오르페우스가 과감하게 지하세계에 발을 들여 놓았을 때 버드나무 지팡이가 길을 인도했다. 헤로도토스에 의하면, 스키타이인(Scythian)[522]은 버드나무의 힘을 이용해 미래를 해석했다고 한다. "그들은 버드나무 막대기 여러 개를 가지고 예언했다. 다발이 마련되면 땅에 내려 놓고 서로 나누어 놓는다. 그러고는 막대기를 하나씩 놓으면서 주문을 외운다. […]" | 생명력이 왕성한 버드나무는 농업과 풍요의 여신 데메테르(Demeter)의 나무다. 동시에 줄기 안쪽이 전부 썩어도 계속해서 푸름을 자랑하는 버드나무 고목은 죽음과 부활의 여신인 페르세포네(Persephone)와도 이어졌다. 그리스에서는 매년 곡물을 파종하는 시기에 테스모포리아(Thesmophoria)[523]라는 데메테르에 바치는 축제를 거행했다. 여자들만 참석하는 이 축제에서는 항상 신선한 버드나무 가지를 펼쳐 침상을 만들었다고 한다. | 그리스 문화가 꽃피기 수 세기 전에도 버드나무의 주체할 수 없는 에너지는 널리 알려져 있었다. 고대 상(商)나라(기원전 16~11세기경)의 갑골문(甲骨文)에 이미 버드나무를 가리키는 문자가 새겨져 있으며, 오늘날에도 한자의 '기(氣)'라는 개념에는 버드나무와 생명의 숨결이라는 뜻이 동시에 포함되어 있다.

15 | *Die Weide*
Salix sp. | 버드나무 | 나무신화(Mythos Baum) :
나무로 본
유럽 민속의 기원과 효능

↓그림(B. Grim, 1470~1522년)의 목판화. 마녀 여왕의 홀(笏)만 버드나무로 만든 것은 아니었다. 마녀의 빗자루에 강력한 힘을 부여하려면 자작나무 가지 외에도 버들가지로 빗자루의 대를 묶어 주어야 했다.

[522] **스키타이인**[Scythian] : 기원전 6~3세기경 남부 러시아의 초원에서 활약한 기마 유목 민족. 주로 유목에 종사했으며, 그리스와 교역하기도 했다. 뛰어난 전투력을 지녔으며, 짐승과 새, 나무를 도안화한 독특한 문양을 고안했다. 고대 그리스인은 스키타이인이 살던 흑해 북쪽 돈강에서 프루트강에 이르는 초원 지대를 스키티아(Skythia)라 불렀다.
[523] **테스모포리아**[Thesmophoria] : 아테네를 비롯한 여러 도시에서 행해지던 고대의 제례 의식. 데메테르와 그 딸 페르세포네에게 토지의 풍요를 비는 축제로, 해마다 늦가을에 사흘간 열리며 성인 여성만 참석할 수 있다. 여자들은 이 축제 때 간단히 몸을 누일 움막을 만들고, 침상에는 순결을 상징하는 버들가지와 잎을 깔아 놓았다고 한다.

버드나무 옆에서 참회하다

이 나무의 또 다른 속성은 불명예에 관한 것이다. 게르만 조상들은 버들가지에 묶이는 것을 가장 굴욕적인 처벌로 여겼다. "당신은 버드나무 옆에서 참회해야 한다"라고 무섭게 위협하면 과거에 형을 집행할 때 버드나무 지팡이를 썼던 사실을 떠올리곤 한다. 중세 시대 비밀 재판이 열렸을 때에도〔비밀재판에 대해서는 『피나무』 편을 볼 것.〕 배심원장 책상에 칼과 함께 버들가지로 만든 올가미가 올랐다. 무성하게 자라는 버드나무의 특성을 무절제와 연관한 것은 고대 중국도 다르지 않았다. 중국에서는 바람에 하늘거리는 버들가지가 상스럽고 분방한 생각을 불러 일으킬까봐 '외설적인' 버드나무를 여인이 기거하는 뒤뜰에는 심지 못하게 했다. "꽃을 찾고 버들가지를 산다"라는 말은 예전에 유곽을 찾는다는 뜻이었다. 나무에 내재된 억누를 수 없는 욕정과 관련해, 막스 다우텐다이(Max Dauthendey)[524]는 버드나무에 관한 시를 다음과 같이 끝맺었다. "버드나무 잎들이 모두 은빛 비늘로 가득 차 있어, 마치 학수고대하는 이처럼, 밤에도 눈 뜨고 있네."

---

[524] **막스 다우텐다이(Max Dauthendey, 1867~1918년)**: 독일 뷔르츠부르크 출신의 시인이자 인상주의 화가다. 동시대에 많은 영향을 미쳤으나 1차 세계 대전 당시에 자바에 억류되어 세상을 떠났다. [525] **귄터 아이히(Günter Eich, 1907~1972년)**: 독일의 서정 시인이자 방송 작가. 나치 치하에서 절필하다가 전후 독일 사회와 독일인의 심리 상태를 그려 주목을 받았다. 5개의 꿈으로 이루어진 방송극 『꿈(Träume)』은 독일 현대 문학에 큰 영향을 미쳤다는 평가를 받고, 그밖에 시집 『변두리의 농가(Abgelegene Gehöfte)』, 『비의 사자(Botschaften des Regens)』 등을 펴냈다.

15 | Die Weide
Salix sp. | 버드나무 | 나무신화(Mythos Baum): 나무로 본 유럽 민속의 기원과 효능

마법에 걸린 나무

유럽 문화권에서 버드나무는 벚나무, 사과나무, 오리나무와 함께 '달의 나무'에 속했으며 위대한 여신의 나무로 높이 추앙 받았다. 하지만 기독교로 개종하면서 경외심은 두려움으로 완전히 바뀌어, 갑자기 정령과 마녀의 나무가 되어 버렸다(「사과나무」편 참고). 퀸터 아이히(Günter Eich)[525]는 버드나무 숲에서 느껴지는 스산하고 음울한 예감을 시로 옮겼다. | "불구가 된 여자, 버드나무여, / 굽어지고 덥수룩한 머리, / 너덜너덜한 치마, / 머리에는 서캐 투성이. / 가녀린 팔을 위로 뻗어 / 하늘을 감싸고 / 발은 개울가에 뿌리 박았네. / 두꺼운 널빤지로 만든 다리 아래에는 / 익사한 어린 아이가 누워 있지. / 그의 사지(四肢)는 부패한 버드나무 그루터기. / 뙤약볕 아래서 버드나무가 절규하는 것을 나는 알고 있지. / 아무 소리도 못 들은 것처럼 나는 다리를 건너네." | 현란한 누런 가지들이 서로 뒤엉킨 버드나무를 보면서 사람들이 마력을 느꼈다는 것도 그리 놀랄 일도 아니다. 특히 마녀 사냥이 자행되던 암울한 중세에는 마녀 무리들이 버드나무 아래에 모인다고 생각했다. 젊은 여자들은 마법을 배우기 위해 악마가 깃들어 있다고 믿어지던 썩은 버드나무 그루터기 앞에서 사탄에게 영혼을 바쳤다. 마녀 여왕의 홀(笏)을 버들가지를 잘라 만든 것 또한 결코 우연이 아니다. 마녀의 빗자루에 강력한 힘을 부여하기 위해 자작나무 가지 외에도 버들가지로 빗자루의 대를 묶어 주어야 했다. 앵글로색슨계 언어권에서는 버드나무와 마녀가 언어학적으로도 밀접한 관계에 있는데, '윌로(willow, 버드나무)'와 '위치(witch, 마녀)', '위키드(wicked, 사악한)' 등이 같은 어원에서 파생되었다. 영어로 '윌-오-더 위습(will-o'-the wisp)'은 '도깨비불'을 뜻한다.

욕망을 억제하다

↑ 호랑버들의 꽃은 벌들이 봄에 처음으로 맛보는 중요한 먹이다.

버드나무에 깃든 뜻은 양면적이다. 고대에는 버드나무를 방탕한 속성을 지닌 나무와 동시에 순결의 나무로도 여겼다. 이같은 혼란스러운 해석은 고대 그리스에서 유래한 것이다. 고대 그리스인은 버드나무를 관찰한 결과 열매 맺기 전에 이미 꽃이 떨어진다고 생각했다. 그러므로 종자로 번식하는 것이 아니라, 단지 꺾꽂이 같은 무성 생식으로만 번식하는 나무라고 간주했다. 실은 당시 사람들이 꽃과 아주 작은 열매간의 차이를 분간하지 못한 것이었다. │ 이런 믿음이 퍼져 버드나무는 스스로 사멸함으로써 살아남는 식물로, 즉 후기 기독교 시대에 기독교인이 세속의 삶을 포기하고 오직 그리스도 안에서 살고자

함을 상징하게 되었다. 외견상으로는 생식을 포기한 듯 보였기 때문에, 순결의 상징이 된 것이다. 또한 버들잎이 색정(色情)을 억누르는 효과가 있다고 생각해 동유럽이나 서유럽을 막론하고 사제들의 침소에 버들잎을 뿌리기도 했다. 레온하르트 푹스(Leonhard Fuchs)[526]는 『신 본초학(New Kreüterbuch)』(1543년)이라는 책에서 다음과 같이 기록했다. "잎을 끓여 마시면 부정한 생각이나 마음이 사라진다." 의사 크리슈토프 폰 헬비히(Christoph von Hellwig)[527]는 『남성 질병에 관한 독일 의학 처방책』(1715년)에서 이 문제를 노골적으로 언급했다. "남자가 섹스와 성욕이 너무 과한 것은 정상이 아니다. […] 정자가 과도하게 많거나 너무 호색한이기 때문이다." 이에 대한 치료법으로 헬비히는 버들잎을 설탕에 절여 먹어 보라고 처방했다.
| 버드나무는 성욕을 억제할 뿐 아니라 완전한 피임약으로도 여겨졌다. "찬물에 담근 버들잎으로 여성들이 임신을 피할 수 있다"라는 조언은 오래 전 디오스코리데스로부터 유래한 것이나 16~17세기까지도 본초학 책들에 빈번히 소개되어 있다. "정자를 죽여 여성이 임신을 하지 않도록 하기 위해" 성교하기 전에 여성의 질에 넣는 좌약도 갯버들의 잎으로 만들었다. 예전에는 구혼자가 거절 당하면, 실망의 표시로 버드나무 가지를 모자에 꽂았다.

[526] 레온하르트 푹스[Leonhard Fuchs, 1501~1566년]: 독일 바이에른 출신의 식물학자다. 뮌헨에서 의사로 활동했다. 1542년에 바젤에서 식물과 약재에 대한 방대한 책을 라틴어로 출간했다. 정교한 식물 삽화를 목판으로 새긴 이 『식물들의 역사에 대한 주해(De Historia Stirpium Commentarii Insignes)』는 이듬해인 1543년에 독일어판 『신 본초학(New Kreüterbuch)』으로 번역되었고 같은 해 네덜란드어와 영어로도 번역 출간되어 큰 영향을 미쳤다. [527] 크리슈토프 폰 헬비히[Christoph von Hellwig, 1663~1721년]: 독일 튀링엔 출신의 의사로, 에르푸르트 등 여러 도시에서 공중 보건의를 지냈고, 점성학에도 조예가 깊어 백년력을 냈다.

←버들강아지는 종려 다발에서 빼놓을 수 없는 요소다.

15 | Die Weide
Salix sp. | 버드나무 | 나무신화(Mythos Baum):
나무로 본
유럽 민속의 기원과 효능

새로 난 가지를 봉헌하다

이미 유다는 가을의 초막절 동안에 신을 섬기는 데 버들가지를 사용했다. "첫날에는 너희가 아름다운 나무 열매, 종려나무잎, 잎이 무성한 나뭇가지, 그리고 갯버들 가지를 취해 너희 하느님 여호와 앞에서 7일 동안 즐거워하리라"라고 성경(「레위기」 24장 40절)에 기록되어 있다. 이른바 버드나무 축제라 불리는 이 축제 7일째에는 독실한 유다가 버드나무 가지로 땅을 두드리며 씨를 뿌린 후 여호와 하느님께 비를 내려 달라고 빌었다. 가톨릭 교회에서는 8세기부터 종려 주일에 예수의 예루살렘 입성을 기념하기 위해 버들 가지, 즉 종려 강아지[528]를 '종려 다발'로서 봉헌한다. 버들강아지는 따스한 곳에서만 자라는 종려나무 가지를 대신했다. 그렇기 때문에 우크라이나에서는 종려 주일을 버드나무 주일이라고 부른다. 버드나무는 어느 곳에서나 자라기 때문에 버들가지는 항상 종려나무를 이루는 중요한 요소라는 점은, 괴테도 「상징(Symbole)」에서 설명한 바 있다. | "마지막으로, 초록의 어린 나뭇가지를 가지고 / 경건한 이가 찬양과 영광을 조금이라도 보이고 싶다면 / 버드나무 가지를 쓰라." | 오랜 관습에 따라 교회에 봉헌했던 버드나무 가지를 거실 식탁 너머 귀퉁이 한쪽의 '성상을 모신 구석'에 꽂아 두었다. 그 전에 이미 잔가지 하나씩은 밭이나 창고에 놓아 두었다(「호랑가시나무」편 참고). 아이펠(Eifel) 지방의 민간에서 날씨를 점치는 오래된 방법에 따르면, 크리스마스 때 추우면 이듬해 부활절에는 꽃 피는 버들강아지를 자를 수 있다고 한다. "버드나무 옆 지붕에 고드름이 달리면, 부활절에 종려나무 가지를[버드나무 가지를 말한다.] 자를 수 있다네."

[528] 종려 강아지[Palmkätzchen]: 일반적으로 봄에 솜털처럼 피어나는 꽃송이가 달린 버드나무 가지를 가리킨다. 직역하면 '종려 고양이'지만, 371쪽 본문에서 언급한 것처럼 독일어로 버들강아지를 '버들고양이'라 하므로, '종려 강아지'라 했다.

기나나무 껍질과 아스피린

↑ 수세기 전에 그려진 여러 그림에서 볼 수 있듯 금속이 비싸고 귀했던 시기에는 나무통을 조일 때 철제 띠뿐 아니라 버드나무 가지와 개암나무 가지를 이용했다.

예전 사람들은 버드나무를 통풍과 류머티즘 같은 육체의 고통을 몰아내고 열을 내리는 데 효험이 있는 나무 중 하나로 생각했다. 효력을 얻으려면 독일가문비와 마찬가지로 버드나무의 틈 속에 신체 일부(예를 들면 머리카락이나 손톱 등)를 집어 넣고 왁스로 봉한 다음 주문을 외워야 했다. | 이런 주술적 의식을 제쳐놓고 고찰하자면, 버드나무는 실제로 약용 식물이다. 버드나무의 어린 가지 껍질로 만든 차는 탁월한 토종 해열제며, 또한 류머티즘과 통풍에도 효과가 있는 것으로 알려졌다. 그런 연유로 남미에서 수입되었던 기나피(幾那皮)〔331쪽 주석 〔474〕참고.〕와는 오랫동안 경쟁 관계였다. | 이 두 약제 모두 당시 독일에서도 드물지 않던 질병인 말라리아 치료에 쓰였다. 일례로 알브레히

15 Die Weide
Salix sp.

버드나무

나무신화(Mythos Baum):
나무로 본
유럽 민속의 기원과 효능

트 뒤러(Albrecht Dürer)도 1520년 네덜란드에 머물 때 말라리아에 걸려 온 이후 만성 말라리아에 시달리다 목숨을 잃었던 것이다.[1528년에 세상을 떠났다.] | 특히 흰버드나무 껍질(다른 버드나무 종류에도 함유되어 있다)에는 글리코시드 살리신(Glykoside Salicin)이라는 주요 성분이 들어 있는데, 이 성분은 체내에서 효과 물질인 살리신산으로 산화된다. | 이 살리신산 화합 물질(아스피린)이 인공적으로 제조된 1898년 이래 버드나무 껍질은 옛 명성을 잃었다. 버드나무 껍질은 아스피린에 비해 그 진통 효과가 떨어지기 때문에 거의 처방되지 않는다. 오늘날의 아스피린은 염료 생산의 부산물로[529] 지금까지 세계에서 가장 많이 사용되는 의약품이다. | 그 사이 아스피린이 누구나 흔히 복용하는 단순한 진통제가 아니라는 사실이 밝혀졌다. 염증을 완화하는 작용 외에도 특히 심장병 환자에게 중요한 (혈소판 응집을 억제하는) '혈액을 묽게 하는' 작용도 있다는 것이 밝혀졌다. | 땀이 나는 사람이 버드나무잎이나 껍질 한 줌을 넣고 끓인 물로 족욕을 하면 효과를 본다. | 예전에는 갓 태어난 아기를 처음 목욕시킬 때 '영아 습진'을 막기 위해 목욕물에 버드나무 껍질 추출물을 넣었다고 한다. 버드나무 껍질과 잎으로 만든 차는 민간 요법에서 여전히 신경 강장제로 간주되고 있다.

[529] 아스피린[Asprin] : 아스피린을 제조한 독일의 바이엘 사는 원래 섬유와 염색 산업을 중심으로 하는 회사였다. 나중에 염료 폐기물에서 해열제 제조가 가능하다는 것을 알고, 의약품 사업부를 신설해 1899년부터 아스피린을 제조 판매하기 시작했다.

16 | Der Kirschbaum *Prunus avium* | 벚나무 | 나무신화(Mythos Baum): 나무로 본 유럽 민속의 기원과 효능

벚나무
Der Kirschbaum
Prunus avium

언젠가〔…〕나는 벚나무 앞에 서 있었지.
셀 수 없이 수많은, 가장 순결하고 가장 새하얀 꽃들로 뒤덮인〔…〕
이를테면 눈이나 간혹 멀리서 돌아가는 바퀴의 반짝임을 제외하면,
이 세상에서 이처럼 흰 것이 없는 듯이,
어두운 숲 저편에서도 눈에 띌 때
여름의 구름을 비추네.
〔아달베르트 슈티프터, 「증조부의 노트(*Die Mappe meines Urgrossvaters*)」중에서, 1841년.〕

↑ 일본에서는 꽃이 활짝 핀 벚나무에 열광하는데, 꽃이 질 때도 우아함을 잃지 않기 때문이다. 벚꽃은 사무라이가 임전할 때의 모범이었다.
← 신양벚나무(Sauerkirsche, *Prunus cerasus*)는 그 열매의 신맛이 강해 붙여진 이름이다. 오스트리아의 의학자 플렌크(Joseph Jakob Plenck)의 『약용 식물 도감(*Icones Plantarum Medicinalium*)』 수록 삽화, 1788년.

재배종 벚나무의 시조

중유럽의 재배종 벚나무의 시조는 활엽수 혼효림이나 숲 가장자리, 산울타리 등지에서 자라는 양벚나무(Vogelkirsche, Prunus avium ssp. avium)다. 양수 또는 중용수(中庸樹)[530]이자 선구수종인 이 양벚나무는 북유럽을 제외한 유럽 전 지역의 버려진 포도밭이나 초지 또는 제방 등지에서 흔히 볼 수 있다. 뿌리에서 새싹이 돋아나고 발근력(發根力)이 좋기 때문에 가까운 곳에서는 대개 무성 생식으로 퍼져 간다. 수명이 60~90년 정도까지 이르며 키가 15~20m, 줄기 지름은 50cm쯤 된다. | 벚나무는 윤기 있는 적갈색 껍질에 가로로 나 있는 피목(皮目)[531]과 가지 끝에 잔뜩 모여 맺히는 눈이 전형적 특징이다. 그 덕분에 잎이 없는 겨울철에도 쉽게 알아볼 수 있는 나무다. | 잎의 아래쪽 끝부분인 잎자루에는 이른바 '화외밀선(花外蜜腺)'[532]이라고 불리는 한 쌍의 붉고 둥근 밀선(蜜腺)이 있다. 이 밀선은 벚나무 해충의 애벌레를 잡아먹고 사는 개미를 끌어들이는 먹이가 된다. | 벚나무속(Prunus spec.)의 모든 종(서양 자두, 살구, 복숭아, 아몬드 등이 속한다)의 씨에는 청산에서 분리된, 유독성 아미그달린(Amygdalin) 배당체가 함유되어 있다. 신양벚나무(Sauerkirsche, Prunus cerasus)는 근동(近東)의 야생 신양벚나무가 개량된 품종이다. 양벚나무와는 대조적으로 꽃받침 아래쪽에 작은 잎들이 달려 있다.

---

[530] 중용수[中庸樹, Halbscattengehölz] : 햇빛이 적당한 곳에 자라는 나무로, 양지와 음지 두 곳에서 다 잘 자란다. 대부분의 나무들이 여기에 속한다. [531] 피목[皮目, ablösende Borke] : 껍질눈(lenticel). 식물의 줄기나 뿌리 등에서 흔히 관찰되는 작게 갈라진 틈이다. 기체 교환을 위한 통로구실을 하는 조직으로 대부분 갸름한 형태를 띠지만, 사시나무에서와 같이 마름모꼴의 형태를 나타내기도 한다. [532] 화외밀선[花外蜜腺, extrafloralen Nektarien] : 꽃밖 꿀샘, 꽃외 꿀샘(extrafloral nectary). 보통 식물은 꽃에서 화밀(nectar)을 분비하는데, 벚나무류는 꽃이 아닌 잎자루에 깨알 크기의 밀선이 한 쌍씩 붙어 있는 것이 특징이다.

루쿨루스(Lucullus)의 귀한 벚나무

→로마의 집정관이자 미식가의 원조인 루쿨루스는 기원전 74년에 흑해의 케라소스에서 귀한 전리품들을 가지고 돌아왔고, 그 중에서 양벚나무를 훗날 개선 마차의 정중앙에 배치해 눈에 잘 띄도록 했다.

양벚나무는 개량 벚나무(Edelkirsche)[버찌 수확을 위해 접붙이기(Edelreis)한 벚나무. 아시아의 관상수를 유럽에서 과실수로 개량한 것이다.]의 '계통수(系統樹)'다. 가장 오래된 것으로 알려진 양벚나무 씨는 니더라인의 켐펜(Kempen) 인근 중석기 시대 거주 유적에서 발굴되었다. 스위스의 로벤하우젠(Robenhausen) 인근, 오스트리아의 잘츠부르크, 북부 이탈리아 등지의 신석기 시대 이래 호상 가옥에서도 발굴 기록이 있다. 소아시아의 흑해 연안에서 최초로 버찌가 더욱 달고 크도록 품종 개량을 시도한 것으로 보인다. 그 해안 도시 케라소스(Kerasos)[533]에서 로마의 최고 지휘관 루키우스 리키니우스 루쿨루스(Lucius Licinius Lucullus)

[533] 케라소스(Kerasos): 기레순(Giresun)의 옛 지명이다. 터키 동북쪽에 위치한 기레순주의 주도(州都)로 흑해 연안에 있다. 그리스인은 케라소스(Kerasos)로 불렀는데, 그 자체로 케라스(keras, 버찌)가 나는 땅이라는 뜻이다. 영어의 버찌를 뜻하는 체리(cherry)도 이 지명에서 유래되었다.

[534]가 기원전 74년에 처음으로 알이 굵고 물이 많으며 달콤한 버찌(Süßkirsche)[직역하면 단 버찌라는 뜻이다.]를 알게 되어 고향인 로마로 가지고 왔다. 모든 미식가의 전설이 된 미식의 원조 루쿨루스는 값나가는 여러 공물(貢物) 중에서도 자그마한 벚나무를 승리의 개선 마차 정중앙 상석(上席) 눈에 띄는 곳에 자리잡게 했다. 루쿨루스의 무공은 이미 잊힌 지 오래지만, 그의 전리품인 '개량 벚나무'는 그를 미식가로 역사에 길이 남겨 놓았다. | 그렇게 해서 로마인에 의해 재배종 벚나무가 중유럽에 퍼졌으며, 그 일부가 숲속에서 다시 야생화했다. 중유럽에서는 토종 양벚나무도, 재배종이었다가 야생이 된 벚나무(Süßkirsche)도 전부 양벚나무(Vogelkirsche)로 통칭한다. 재배종과 야생종은 열매의 크기가 다르다. 이미 중세 말에 품종 개량이 얼마나 진행되었는지에 관해서는 1539년 히에로니무스 보크가 그의 책 『본초학』에서 다음과 같이 일목요연하게 설명한다. "재배종과 야생종, 크고 작고, 둥글고 길고, 달콤하고 시고, 약간 하얗고, 약간 붉고, 약간 검고 […]. 이제는 세간에 흔해져 버렸다." | 요즘은 그 품종이 셀 수 없이 많아졌지만, 크게는 쉽게 상하는 말랑한 품종(Herzkirsche, *Prunus avium* var. *juliana*)과, 운반이 편한 단단한 품종(Knorpelkirsche, *Prunus avium* var. *duracina*)으로 나눈다.[각각 직역하면 심장 버찌와 연골 버찌라는 뜻이다.] 재배종 벚나무의 열매 과육에는 당분이 평균 10%나 함유되어 있다. | "처녀가 나무에 앉아 있네, / 붉은 스커트를 입고. / 가슴속에는 돌멩이 하나. / 맞춰 봐, 이것이 무엇일까?"[민간에 전하는 수수께끼]

---

[534] 루키우스 리키니우스 루쿨루스[Lucius Licinius Lucullus, 기원전 117~57년] : 로마 공화정의 군인이자 정치가. 미식가로 이름나, '사치스러운', '호사스러운' 또는 '미식가(美食家)'를 뜻하는 영어 단어 '루컬런(lucullan)'도 그의 이름에서 유래했다. 소아시아 속주에서 오래 전쟁을 치렀다. 본문의 기원전 74년은 그가 집정관에 선출된 해다.

16 | Der Kirschbaum
Prunus avium | 벚나무 | 나무 신화(Mythos Baum) :
나무로 본
유럽 민속의 기원과 효능

새에서 유래한 학명

↑ 탐스럽게 익은 버찌는 과거 사랑의 상징이었다.

버찌가 익을 무렵인 6월에 사람들보다 새가 먼저 열매를 거두어 간다는 사실에서 스웨덴의 자연 과학자 카를 폰 린네(Carl von Linné)는 벚나무의 학명을 '프루누스 아비움(*Prunus avium*)'〔라틴어 '아비스(avis)' = '새'〕이라 명명했다. 앞서 설명한 대로 케라소스라는 지명에서 유래한 버찌의 고대 로마식 표현 '케라수스(cerasus)'도 게르만족은 이어 받았다. 벚나무를 뜻하는 프랑스어 '세리스(cerise)', 영어 '체리(cherry)'와 함께, 옛 고지 독일어의 '키르사(kirsa)'도 라틴어에서 유래한 것이다. 키르사는 나중에 '케스베어(Kersbeere)'로 불리다가, '케르쉐(Kersche)로, 그리고 적어도 1469년 이후로는 명백하게 '키르쉐(Kirsche)'라는 이름〔현재 독일어로 벚나무를 이른다.〕으로 정착했다.

벚나무 동우회

↑ 티치아노(Vecellio Tiziano), 〈버찌를 든 성모 마리아(Madonna of the Cherries)〉, 1515년경, 나무에 유채, 빈 미술사 박물관. 아기 예수가 성모에게 바치는 버찌는 천상의 순결을 상징하겠지만, 성모의 옷과 뒤의 붉은 색은 원죄와 정열의 핏빛을 연상하게 한다.

예전에는 벚나무를 달과 관련지어 인식했다. 특히 달빛이 비칠 때는 되도록 나무 밑에 서 있지 말라고들 했는데, 거기서 유령과 불길한 형체들이 괴물들을 부리기 때문이라는 것이다. 둥근 달이 떠오르는 보름에 꽃이 만개한 벚나무 아래서 정령과 요정이 춤추는 것을 겁 없이 훔쳐보려고 들다가는 화를 입으리라고 생각했다. | 그러나 그런 인상

에도 아랑곳없이, 찬란히 빛나는 붉은 열매는 사랑의 상징으로 받아들여졌다. | "[…] 나무들, 아니 모든 식물은 진짜 두근대는 심장을 가지고 있어, 잎의 가장 미세한 부분까지 퍼져 있는 세포로 혈액을 보내는 것이다. 그래서 열매는 붉게 달아오르니, 특히 심장 버찌[535]는 사랑으로 뺨에 붉은 피가 돈다"고 엘저 라스커-실러는 그의 책 『나무들 아래(*Die Bäume unter sich*)』[*]에서 썼다. 과즙이 풍부하고 잘 익은 버찌가 감각적 쾌락과 욕정을 자극한다는 이유로, 교회에서는 사과와 마찬가지로 이 열매를 불결하게 여겨 비난하며 금지했다. 티치아노(Tiziano)[536]의 그림 〈버찌를 든 성모 마리아(Madonna mit den Kirschen)〉에서 성모 마리아가 버찌를 손에 들고 있는 것은 그녀가 순결해서 죄악으로부터 구원 받았기 때문이라고 한다. | 오월주와 관련된 풍습에서는 매년 5월 1일마다 타락한 처녀들이 사는 집 문 앞에 '치욕의 오월주'로 벚나무 가지(또는 사시나무 가지)를 놓는 것이 상례였다. "벚나무를 꺾다"라는 관용구는 "장미를 꺾다"와 비슷한 표현으로 금지된 사랑의 향락을 뜻했고, 미혼모는 "벚나무가 되었다"고 표현되었다. 마르틴 루터는 한 설교에서 "버찌는 따 먹고, 다른 사람에게는 바구니만 목에 걸어 주는 사람"이라는 표현을 들어, 처녀를 임신시키고 결국 그녀와는 결혼하지 않은 채 다른 사람에게 시집가게 만든 어느 남자 이야기를 하기도 했다. 마지막으로 "벚나무 동우회"는 한 상대에 정착하지 못하고 이 남자 저 남자 만나고 다니는, 행실 좋지 않은 여편네를 비하하는 표현이었다.

---

[535] 심장 벚나무[Herzkirsche, *Prunus avium var. juliana*] : 독일어로 심장을 뜻하는 '헤르츠(Herz)'와 벚나무를 뜻하는 '키르셰(Kirsche)'를 결합한 이름이다. 신맛이 강한 '신벚나무'에 대응해 단맛의 벚나무라는 뜻의 '단벚나무'라고 불린다. 버찌의 속살도 검붉은 색을 띤다. [*] [원문 출처 : Else Lasker-Schüler, *Gesammelte Werke in dre Bänden* (Frankfurt am Main : Suhrkampt, 1996).] [536] 티치아노 베첼리오[Tiziano Vecellio, 1488?~1576년] : 이탈리아 북부 피에베 데 파도레(Pieve di Cadore) 출신의 르네상스 미술가로, 피렌체파의 조각적 형태주의에 대응해 베네치아파의 회화적 색채주의를 확립했다. 바로크 양식의 선구가 되었다는 평을 받는다.

↓ 과자가 귀하던 시절, 달콤한 열매가 달리는 벚나무는 군것질을 좋아하는 아이들의 가슴을 두근거리게 하는 나무였다. 루트비히 리히터(Ludwig Richter)의 『가정을 위하여(Für's Haus)』 수록 삽화, 1860년.

16 | Der Kirschbaum
Prunus avium | 벚나무 | 나무 신화(Mythos Baum) :
나무로 본
유럽 민속의 기원과 효능

성 바르바라 축일에 자르다

"성 바르바라 축일에 정원으로 나간다. / 낙엽 진 벚나무에 다가가 / 말을 건다. / 하루하루 짧아지는 / 회색의 시절. / 겨울이 시작되어, / 봄은 멀구나. / 그러나 3주 안에는, / 무슨 일이든 일어나겠지. / 우리는 축제를 열어, / 그토록 아름다운 봄처럼. / 나무여, 네 가지를 하나 주렴, / 그러면 꽃이 피어 나리라. / 환희에 넘치는 장관을 이루며, / 겨울 한가운데, / 거룩한 밤에."〔요제프 구겐모스(Josef Guggenmos)〔537〕,「12월 4일에(*Am 4. Dezember*)」〕| 성 바르바라 축일인 12월 4일에는 옛 풍습에 따라 바르바라 나뭇가지 — 대개는 벚나무 가지(그러나 다른 과일나무의 가지나 개나리 가지도 상관 없다) — 를 자른다.〔121쪽 주석〔183〕참조〕 이것을 하루 저녁 미지근한 물에 담갔다가 꽃병에 꽂는다. 그리고 매일 신선한 물을 갈아 주면, 크리스마스쯤에 맞추어 대부분 꽃을 피운다. 중유럽에서는 이 기간이 되면 이미 평균 기온이 한 달 내내 10°C 이하로 떨어지는 것이 보통이며, 나무들은 추운 기후 조건을 견디도록 바뀐다. 즉 3주는 식물들이 겨울을 나느라 분비한 개화 억제 물질을 없애는 데 걸리는 최소한의 평균 기간인 셈이다. | 농촌의 주요 절기(節氣)에는 집안일을 하는 처녀들이 너나없이 사랑하는 사람의 이름을 적은 쪽지를 바르바라 나뭇가지에 걸어 놓는다. 크리스마스에 처음으로 꽃이 피는 나뭇가지에 이름이 적힌 사람이 이듬해에 그녀를 신부로 데려간다고 믿으면서 말이다.

〔537〕요제프 구겐모스〔Josef Guggenmos, 1922~2003년〕: 독일 슈바벤 출신의 서정 시인이자 아동 문학가다. 그의 동화 다수가 우리말로도 번역 소개되었다. 〔원문 출처 : Josef Guggenmos, *Ich will dir was verraten* (Weinheim & Basel : © Beltz & Gelberg in der Verlagsgruppe Beltz, 1992).〕

버찌의 꼭지와 벚나무의 진

기원 후 1세기, 그리스의 의사 디오스코리데스는 『약물지』에서 버찌를 "위(胃)에 좋다"고 추천했다. "조혈(造血) 작용을 하는" 버찌 주스는 저혈압에 효과가 있으며, 다이어트 음료로도 훌륭하다. | 민간요법에서 벚나무는 잊힌 지 오래다. 우리 할머니 때까지만 해도 신선한 벚나무잎에다 나무딸기잎과 산딸기잎, 딸기잎을 재료로 해서 섞은 차를 가정에서 마셨으며, 버찌 꼭지를 말린 것을 우려 낸 물은 어린아이가 기침을 계속할 때 가래를 삭이는 가정 상비약으로서 효험이 일찍이 입증된 것이었다. | 영국에서는 오이를 저장할 때 벚나무잎을 사용한다. 버찌 꼭지는 수분을 흡수하는 특성이 있어 오늘날에도 갖가지 비만 치료용 차에 두루 함유된다. 가장 약효가 뛰어난 것은 이른바 벚나무 수지(樹脂) 또는 "벚나무 진(Katzengold)"〔직역하면 고양이 (눈의) 금색. 황철석을 가리키기도 한다.〕이라고 부르는 물질이다. 자두나무와 마찬가지로 〔그리고 '프루누스속(Prunus屬)의 다른 종들도〕, 벚나무는 껍질 안쪽에 상처가 나면 상처 유합제(癒合劑)로 끈적끈적하고 붉은 빛이 돌며 송진과 비슷한 물질을 만들어 낸다. 옛날의 처방전에 따르면, 이 벚나무 진을 포도주에 풀어 마시면 훌륭한 기침약이 된다는 것이다. | 건강을 비는 "건배주"로서 열매를 증류해 만든 버찌술〔酒〕도 빼놓아서는 안 될 텐데, 이질과 "통풍(痛風, Zipperlein)"에 마시면 신통한 효과를 본다는 것이다.

추운 겨울을 위한 핫 팩

↑ 벚나무의 상처에서는 상처 유합(癒合)을 위해 소위 '벚나무 진(Kirschgummi)'이라는 젤라틴 형태의 붉은 덩어리가 돋아난다. 이 진은 예전에 요긴한 폐병약이었다.

지난 세기의 서민들은 벚나무를 여러모로 이용했다. 물가가 급등하는 시기에, 농부들은 담배를 아끼느라 조심스레 말린 벚꽃잎을 대신 피웠다. 또 벚나무의 부드러운 잎과 꽃은 샐러드에 넣거나 삶아 먹기도 했다. 전쟁 중에는 버찌씨에 기름 성분이 35%나 함유된 것을 용케 기억해 내고, 그것을 짜서 식용유로 이용했다. | 일반적으로 버찌씨가 널리 쓰인 곳은 침대를 데우는 용도였다. 버찌를 수확할 무렵이면, 농가 중에 버찌씨를 뱉는 타구(唾具)가 없는 집이 없었다. 그런 버찌씨를 남김없이 모아서 끓는 물에 데친 다음, 화덕에 말려서 베개만 한 크기의 린넨 주머니에 넣고 꿰맸다. 추운 겨울 저녁이 찾아오면, 사람들은 이 버찌씨 주머니를 꺼내 와서 화덕에 데운 다음, '핫 팩'으로 차가운 침대 속에 집어 넣었다.[538] | 펠트 모자를 빳빳한 형태로 만들 때도 예전에는 벚나무 진을 썼다. 진을 끈끈한 덩어리로 끓여 겨우살이 열매처럼 새 잡는 끈끈이로 사용하기도 했다.

[538] 버찌씨 발열팩[Heizkissen] : 국내에서도 현재 스위스산 버찌씨 발열 팩, 체리 씨앗 핫 팩(cherrystone hot pack) 등의 이름으로 판매되고 있다.

시대를 풍미했던 양식을 대표하는 목재

↑ 비더마이어 양식의 침실 그림, 1825년.

비더마이어 양식(Biedermeier Style)[539]과 벚나무 목재는 하나의 개념 쌍['허와 실', '음과 양'과 같이 서로 짝을 이루는 개념들]이다. 이 양식이 유행하던 시대에는 벚나무 목재가 그 당시의 단순하고 합목적적 형태에 가장 앞서 부응하는 최고의 재료였다. 이 고전적인 가구용 목재가 요즘 다시 유행을 타는 모양이다. 격조 높은 실내 인테리어에서 한동안 휩쓸던 열대 목재가 한물 가고 고급 벚나무 무늬목이 사용된다.[540] 점점 많은 사람들이 멋과 안락함을 모두 드러내는 부드러운 붉은 색조[벚나무 목재의 빛깔]를 높이 쳐 준다. 최고의 벚나무 목재 생산국의 하나도 스위스다.

[539] 비더마이어 양식[Biedermeier Style] : '비더마이어 양식'이란 이름은 잡지 『프리겐데 브레타』의 정치 만화에 등장하는 두 주인공의 이름 '비더만(Biederman)'과 '부멜마이어(Bummelmaier)'의 합성어로, 무취미한 실리주의자라는 뜻에서 비롯했다. 19세기 초 독일, 오스트리아, 스칸디나비아의 가구, 실내 장식 분야에서 유행한 양식을 이른다. 소재의 결을 살린 간결하고 실용적인 디자인과 밝은 색조가 특색이다. [540] 열대 목재 퇴조 : 최근 유럽에서는 열대림 파괴의 주요인이 되는 열대 목재를 대신, 벚나무, 너도 밤나무, 오리나무, 물푸레나무 등 유럽 자생종 나무의 무늬목과 목재를 사용하는 경향이다.

16   Der Kirschbaum / *Prunus avium*   벚나무   나무 신화(Mythos Baum) : 나무로 본 유럽 민속의 기원과 효능

벚꽃에 취한 일본

일본처럼 벚나무를 진지하게 여기고, 또 진정으로 존중하는 나라는 없으리라. 그곳에서는 이미 1,000년 전부터 벚나무를 기려 벚꽃 축제를 시작했다. 우아한 기품이 결코 사라지지 않는 벚꽃 속에 진정한 씨앗, 즉 일본의 비밀이 담겨 있다고들 한다. "누군가 당신에게 '일본의 진정한 본질이 무엇인가'라고 물어 본다면, 그에게 햇빛에 반짝이는 산 벚꽃을 보여 주시라."라고 일본의 작가 모토오리 노리나가(本居宜長)[541]도 썼다. 당초에는 영주와 사무라이들만 즐기던 벚꽃 예찬은 중세 때부터는 일반 백성에게도 퍼져 나갔다. │3월과 4월에 일본 사람들은 청주(淸酒)와 음식을 갖가지로 담은 칠기 찬합을 싸서 일제히 도시를 벗어나 벚꽃이 만발한 숲그늘을 만끽하러 떠난다. 이처럼 사람들이 모이는 것에 대해 중세의 은둔자인 사이교 법사(西行 法師)[542]는 "혹여 벚꽃의 단점을 굳이 꼽으라면, 오로지 만개할 때, 사람들이 모조리 그 꽃을 쫓아 달려간다는 것이다"라고 언급하기도 했다. │중요한 점은 일본 민족 안에서 이 나무에 대한 숭배가 지금까지도 이어진다는 것이다. 나라 전체가 벚꽃 축제에 맞춰 기업들도 공장 문을 닫고, 너나없이 열차를 타고 벚꽃으로 유명한 곳을 찾아 떠나서, 흠 없이 만개한 벚꽃에 경탄하고, 피크닉을 즐기며 잔치를 벌인다.

[541] **모토오리 노리나가**[本居宣長, 1730~1801년]: 일본 에도 시대의 국학자로, 오늘날 일본 정신과 벚꽃을 연결시키는 데 결정적 역할을 한 인물인다. 위의 원 구절은 "시키시마의 야마토 정신을 물으면 아침해에 반짝이는 산벚꽃이라 하리(敷島の大和心を人問はば朝日に匂ふ山さくら花)"이다. 이른바〈시키시마 노래(敷島歌)〉라는 이름으로 교육되었으며, 태평양전쟁 중 가미카제 특공대의 이름도 이 노래를 따서 시키시마 부대라고 편성했다.
[542] **사이교**[西行, 1118~1190년]: 일본 헤이안 말기에 활동한 승려, 가인(歌人). 속명은 사토 노리키요(佐藤義淸). '사이교(西行)'는 법명이다. 귀족 집안에서 태어나 무사로 봉공하기도 했으나, 23세 때 출가했다. 코야산(高野山)에 은거하며, 자연, 특히 벚꽃을 노래하는 와카를 많이 남겼다. 위 인용구의 원문은 "아름다움 때문에 사람을 잡아 끄는 것이 벚꽃의 죄인 바(美しさゆえに人をひきつけるのが桜の罪なところだ)."

17   Die Apfelbaum
Malus sylvestris

사과나무

나무신화(Mythos Baum):
나무로 본
유럽 민속의 기원과 효능

사과나무 Der Apfelbaum
Malus sylvestris

어서 이리 오세요, 달콤하고 사랑스럽게
잘 익은 이 과일을 드셔 보세요!
장미야 시로 노래하면 그만이지만
사과는 깨물어 먹어 봐야 맛을 알지요.
〔괴테, 『파우스트』 2부.〕

↑ 다양한 신화와 상징적 의미를 담고 있는 사과나무.
← 재배종 사과(*Malus domestica*)는 그 품종이 오래 전부터 다양했0다. 바인만(Johann Wilhelm Weinmann)의 『약용식물도감(*Phytanthoza iconographia*)』에 수록된 삽화, 1742년.

야생 사과나무

유럽과 아시아 그리고 북미 대륙에 알려진 야생 사과나무는 20여 종이 넘는다. 유럽의 야생 사과나무(Holzapfel, *Malus sylvestris*)는 온대의 중유럽과 서아시아를 중심으로 자생하는 종으로, 북유럽이나 남유럽에는 분포하지 않는다. 공기가 습한 지역의 토심이 깊고 양분이 많은 토양에서 유난히 잘 자라는 이 야생 사과나무는 키가 약 10여 m까지 뻗고, 다 자라면 수관이 둥근 형태를 띤다. 비교적 햇빛을 좋아하는 수종이라서 활엽수림의 숲 가장자리나 들판 덤불 속에서도 마주칠 수 있다. 유럽에서는 이제 야생 사과나무가 매우 희귀해졌는데, 오랫동안 이 가시 돋힌 야생 나무가 쓸모없어 보였기 때문이다. 그저 사냥꾼들이 시큼털털한 야생 사과를 동물들의 먹이로 심는 정도가 다였다. 현재 식용으로 먹는 개량 사과와 야생 사과의 차이점은 우선 야생 사과나무의 다 자란 잎은 뒷면의 잎맥 부근에 솜털이 나 있고 가지에는 가시가 돋아 있다는 점이다. 물론 열매의 질과 크기도 다르다. 야생 사과나무의 목재는, 변재(邊材)는 희거나 연한 갈색을 띠고 심재(心材)는 붉은 갈색을 띠는데 모두 단단하고 무겁다.[543] 어찌나 단단한지 마력으로 돌아가는 기계(방아)나 시계 톱니바퀴, 그밖에 나무 나사 등을 만드는 데 몹시 유용하여 목수들이 즐겨 찾았다고 한다. 하지만 이제는 거의 유통되지 않는 목재가 되었다.

---

[543] **변재와 심재**: 나무를 자른 단면을 보면, 일반적으로 중심 부분은 색이 짙고 껍질 쪽 바깥 부분은 옅은 색을 띠는 것을 알 수 있다. 수심(樹心) 부분의 진한 색깔 부분을 심재(心材, heart wood)라 하고 껍질 쪽 바깥 부분을 변재(邊材, sapwood)라고 부른다. 조직상으로는 둘에 차이가 없지만, 심재 부분은 녹말, 당분, 타닌, 색소 등 화학 물질 함량이 많아 색깔이 진하고 강도나 내구성도 좀 더 강하다.

17   Die Apfelbaum *Malus sylvestris*   사과나무   나무 신화(Mythos Baum): 나무로 본 유럽 민속의 기원과 효능

사과의 문화사

독일에 현존하는 가장 오래된 사과 유물은 약 6,000년 전의 것으로, 하일브론(Heilbronn) 근처 띠무늬 토기를 사용하던 신석기 거주지에서 탄화(炭化)된 상태로 발굴되었다. 야생 사과를 가져와서 이미 신석기 시대 때부터 재배하기 시작했으리라 추측한다. 그렇지만 서력 기원 무렵까지도 맛 좋은 과일을 맺는 종자 개발 성과는 미미했다 싶은 것이, 로마 시대의 역사가 타키투스가 게르만족의 과일에 대해 '야생의 나무 열매(agrestia poma)'라고 비꼬는 투로 서술한 것을 보아도 그렇다. | 재배종 사과는 서남 아시아에서 야생종이 자연 교배되어 비롯한 것으로 추정하기는 하지만, 유럽에서 과일향이 물씬한 사과 종이 생겨나지 않았으리라는 법도 없다. 오늘날 우리가 먹는 개량 사과의 시조가 무엇이었는지는 아직 밝혀지지 않았다. 다만 크기가 손톱만 한 파라다이스사과(Malus paradisiaca)라는 품종이 중요한 구실을 했으리라 추정할 따름이다. | 이집트와 히브리 사람에게는 사과의 존재가 전혀 알려지지 않았으므로, 성서에 기록된 아담과 이브가 따 먹은 과일은 사과와는 아예 다른 과일이었음이 틀림없다. 그리스에선 사과를 그다지 중요한 과일로 치지 않았다. 고대인 중에 사과 재배에 공을 들인 이는 로마인이 최초다. 30여 종에 이르는 사과를 재배했다는 것이다. 이 재배 사과가 로마를 거쳐 게르만족으로 전해졌으며, 고대 게르만어로 '아피츠(apitz)'라는 향명(鄕名)을 갖게 되었다. 통상 게르만족은 정복자 로마인들이 쓰던 표현을 그대로 받아들이거나 조금만 '게르만화(化)'하곤 했는데, 당시에 라틴어와 숫제 다른 '아피츠'라는 이름을 썼다니 다소 생소한 감이 있다. 사과의 학명 중에 속명(屬名) '말루스(Malus)'는 라틴어 '말룸(malum)'에서 어원을 찾을 수 있다. 또한 '폼므(pomme, 프랑스어로 '사과')'의 어원인 라틴어 '포뭄(pomum)'은 원래 과일을 뜻하던 말이었는데 훗날에 가서야 사과를 의미하게 되었다.

↑ 합스부르크의 태수는 스위스의 명궁수이자 국민적 영웅인 빌헬름 텔(Wilhelm Tell)에게 그의 아들의 머리에 놓인 사과를 활로 쏘도록 강요했다. 텔은 아들 머리 위에 얹힌 사과를 맞춘 다음 증오하던 폭군을 살해했는데, 이것이 계기가 되어 합스부르크의 폭정에 대항한 민중 봉기가 일어났다.

| 17 | Die Apfelbaum *Malus sylvestris* | 사과나무 | 나무 신화(Mythos Baum) : 나무로 본 유럽 민속의 기원과 효능 |

전통적인 과수 재배의 쇠퇴

사과는 오래 전부터 우리가 먹어 온 과일이라 대개 정원에 한두 그루씩 심겨 있기 마련이다. 독일에서 흔히 쓰는 말에 "사과 한 알과 달걀 한 알(für einen Apfel und ein Ei)"[544]이란 관용구가 있는데, 이는 사과가 얼마나 지천에 널렸고 값싼 과일인가를 알려 준다. 독일의 식물학자 야코부스 타베르네몬타누스가 "사과나무는 누구나 알고, 그 종류도 워낙 많은 데다 형편없는 품종도 허다하니 일일이 설명하기가 불가능할 지경"이라고 1664년에 출간된 자신의 저서 『최신 본초학(Neu vollkommen Kräuterbuch)』에 쓴 것을 볼진대, 이미 중세 때부터 사과의 종류가 헤아릴 수 없을 만큼이었던 모양이다. | 오늘날 존재하는 사과 품종은 수천 가지에 이르지만, 그 중에서 경제성이 있는 것은 극히 일부에 불과하다. 원래 전통적 과수(果樹) 재배 방식은 사과나무, 배나무, 자두나무 등 큼직한 과일 나무들을 들판에 드문드문 흩어 심는 것이 보통이었다. 과일 나무가 흩어져 자라던 이런 '과수원(Streuobstwiese)' 풍경은 농촌의 전형적인 문화 경관이었으며, 바로 이런 까닭으로 보존해야 할 가치가 있는 것이다.[545] 그러나 아쉽게도 이와 같은 농가의 오래된 과일 수확 방식은 관리 비용이 많이 들기 때문에 더는 수지 타산이 맞지 않는다. 과실 나무들이 들판에서 점차 사라져 가는 이유도 바로 이 때문이다. 예전에는 보통 1ha 면적에 키운 사과나무를 겨우 75그루 정도 심는 데 반해, 신식 대규모 과수원에서는 기계를 이용해 같은 면적에 '현대식' 키 작은 사과나무 4,000그루를 심을 수 있으니 훨씬 노동 집약적이고 경제적인 것이다. | 일

[544] **사과 한 알과 달걀 한 알**[für einen Apfel und ein Ei] : 독일어 관용구로 '헐값에' 혹은 '제대로 값을 못 받고'라는 뜻이다. [545] **전통적인 과수원**[Streuobstwiese] : 넓은 들판에 다양한 종류와 수령의 키큰 과수들을 특별한 규칙 없이 띄엄띄엄 심어 재배하는 것으로 현대적 단작 과수원(Obstplantage)과 대비되는 말이다. 지역에 따라 비츠(Bitz), 반게르트(Bangert)라고도 한다. 과일뿐 아니라 낙엽도 거둬들였고, 가축을 먹이는 초지를 겸했다. 독일에서는 지금도 과거의 과수원을 생태적 문화사적 가치가 높다고 평가해 중요한 비오톱(Biotop, 특정 동식물의 서식 구역 또는 공간)이나 천연기념물로 지정해 관리한다.

↓ 전통적인 과수 재배 방법에 따라 사과나무가 심어진 전형적인 과수원 풍경. 수백 년 동안 가꿔온 이같은 문화 경관은 요즘 유럽에서 보기 드물게 되었다.

부 사과 품종은 교배가 되지 않는다. 씨가 없는 품종의 경우에는, 튼실한 밑그루에 접목[546]해 자라게 하는 무성 생식에 의존할 수밖에 없다. 오랜 농사 경험에서 비롯된 옛 농사 규율에서는 사과 수확을 반드시 하현(下弦) 무렵에 해야만 "훨씬 오래 간다"고 믿었다. 또 늦어도 성 갈루스 축일(10월 16일)[547]까지는 수확을 끝내야 한다고들 했다.

[546] 접목[接木, Pfropfung] : 식물의 한부분을 다른 식물에 삽입해 그 조직이 유착되어 생리적으로 하나의 식물체가 되게 하는 것을 말한다. 종자가 아니라 잎, 가지 같은 식물의 영양 기관을 이용하므로 무성 생식법 중 하나인 영양 번식법에 속한다. 사과 씨를 발아시킨 나무는 모수의 유전 형질을 이어받지 못하므로, 사과씨를 심어 1년 정도 밑그루(대목, 臺木)으로 키운 다음 그 위에 품종 사과의 가지(접지, 接枝)나 잎눈(접순, 接荀)을 접붙여서 다시 1년 정도 키워 묘목을 만든다. [547] 성 갈루스 축일[Gallustag] : 7세기경 서유럽에 기독교를 전파한 아일랜드의 성 갈로(갈루스, Gallus) 수도사를 기념하는 축일로 매년 10월 16일이다. 장크트갈렌 수도원이 그의 이름을 따라 세워진 것이다. 독일 농촌에는 이 때를 봄에 씨 뿌린 모든 수확을 마치고 겨울을 대비하는 기점으로 삼아, "장크트 갈렌이 사과와 눈을 떨군다(St. Gallen lässt Äpfel und Schnee fallen.)"는 속담도 전한다.

17 | *Die Apfelbaum* | 사과나무 | 나무 신화(Mythos Baum) :
Malus sylvestris | | 나무로 본
| | 유럽 민속의 기원과 효능

사과나무가 자라는 땅

태초부터 사과나무는 대지의 원초적 상징이자 여성 원리(webliche Prinzip)의 현현으로서 사랑과 다산의 여신들에게 바쳐졌다. 바빌로니아에서는 이슈타르(Ischtar) 여신[548]이 '사과를 나르는 수호 여신(Apfelträger)'으로 숭앙받았고, 그리스 신화에서는 아프로디테가, 게르만 신화에서는 이둔[549]이 그러했다. 열매를 먹으면 영생을 얻으리라는 낙원의 나무 이야기는 다양한 문화권에서 곧잘 등장하는 내용이다. 켈트(Celt)의 낙원은 바로 '사과의 땅'이라 불리던 '아발론(Avalon)'[550]이라는 섬이었다. 해가 지는 서쪽 끝에 자리 잡은 그곳은 빛과 죽음의 여주인이라는 모건(Morgan Le Fay, 모르간 르 페이)'[551]만이 출입을 허가하는 땅이란다. 아일랜드 왕들은 죽음이 가

---

[548] **이슈타르 여신**(Ischtar): 메소포타미아 신화에 나오는 아시리아와 바빌로니아의 여신. 연애와 미, 풍요와 다산, 전쟁, 금성을 상징했다. 수메르인에게는 '하늘의 여왕'을 뜻하는 이난나(Inanna)라 불렸고, 페니키아인에게는 아스타르테(Astarte)라 불렸다. 하늘신 아누(Anu)의 딸이자 많은 연인을 거느린 아름다운 여신으로 『길가메시 서사시』에 등장한다. 본문의 '사과를 나르는 수호 여신(Apfelträger)'은 고대 페르시아 제국의 왕실 호위병의 여성형이다. 이들은 창을 든 보병 중에서도 특별히 과실 형상의 그 장식을 달았는데, 그것을 그리스에서 '사과를 나르는 자'라는 의미의 '멜로포로이(melophóroi)'라고 명명한 것이다. 하지만 사실은 사과가 아니라 석류였다는 설도 있다. 고대 페르시아의 만 명의 불사 부대(이모탈)에는 평민이나 노예도 포함되었지만, '멜로포로이'는 왕실 측근과 상류층 출신의 정예 부대로 대왕을 지근거리에서 보좌하며 왕의 부재시 그를 대리했다. [549] **이둔**(Idun): 북유럽 신화의 여신 중 가장 아름다운 용모의 소유자다. '불사의 사과(청춘의 사과)'를 관리하는 임무를 지고 있었다고 한다. 이둔의 이름은 최고신 오딘의 여성형일 수 있다는 설도 있다. [550] **아발론**(Avalon): 켈트족이 이상향으로 생각했던 낙원 아발론의 이름은 켈트어로 '사과'를 뜻하는 '아발(Abal)'에서 유래했다고 한다. 인도유럽어권 전반에 전하는 고대 설화에서 사과는 대지의 모신(母神)이 가진 생명력과 풍요로움의 원천으로 그려지는 예가 많다. 이런 이유로 '사과의 섬' 아발론은 대지의 여신이 본거지를 둔 세계, 즉 저승이라 여겨지기도 한다. 『아서 왕 이야기』나 그 밖의 영국에 전하는 이야기에 종종 등장하는 아발론은 대체로 어디에 있는지 알 수 없고, 사람이 접근하면 모습을 감추는 신비한 곳으로 그려진다. 산해진미가 넘칠 만큼 있고, 아름다운 음악과 향기, 꽃이 만발한 곳이라고 한다. [551] **모르간 르 페이**(Morgan Le Fay): 모르간 르 페이, 모건, 또는 모르가나(Morgana)는 아서 왕 전설에서 전승에 따라 아서 왕의 이복 누이, 아내, 또는 원수 등으로 다양하게 등장한다. 아발론을 다스리는 마녀로서 상처 입은 아서 왕을 아발론 섬으로 데려간다. 켈트족 신화에서 죽음과 운명을 관장한다.

↓〈사과나무 아래의 모르간과 랑실롯〉, 폴란드 시에들렝친(Siedlęcin)의 프레스코 벽화, 14세기.

까워지면 모건으로부터 젊음의 땅으로 인도하는 마법의 사과나 '은백색 꽃과 가지가 한데 붙은 사과나무 가지'를 받았다고 전한다. 기쁨이 넘치는 이 사과의 섬을 켈트어로 '이멘(Emain)'이라고 하는데, 고대 스칸디나비아 문헌에서는 이렇게 묘사했다. | "상록의 땅, 그곳은 이멘 / 세상에서 가장 아름다운 곳 / 어느 성(城)보다도 가장 마음에 드는 성 / 그 곳에 무성한 사과나무가 자란다네." | 웨일스어로 쓰인 시 「아벨레나우(Avellenau)」에 따르면, 전설적인 켈트족 마술사 멀린(Merlin, 메를렝)이 자신의 주인 아서 왕(아르튀르)에게 아발론의 존재를 은밀히 누설했다고 한다. 이에 아서 왕이 비밀의 사과나무 섬으로 들어가 자기 몸에 난 상처를 치료하게 된다. 하지만 그 열매 속에

사과나무

Die Apfelbaum
Malus sylvestris

나무 신화(Mythos Baum):
나무로 본
유럽 민속의 기원과 효능

는 마귀를 쫓는 '피타고라스의 5각 별표'가 있어, 무지한 사람이 금단의 사과를 함부로 먹어서는 안 된다고 한다. 비의(秘儀)를 해독할 수 있는 사람이 사과를 가로로 자르면, 사과 씨앗의 형태와 배열이 비밀을 보여 준다는 것이다. 집시들이 지금도 사과를 먹기 전에 가로로 자르는 이유도 바로 이런 의식에서 연유한다. | 북유럽 신화에서 생명의 황금 사과를 관장하던 이는 젊음의 여신 이둔이었다. 이둔의 마법 사과는 그녀의 시녀 필라(Fylla)가 보관하며, 이 사과를 먹기만 하면 누구나 젊음을 되찾을 수 있다고 한다. 게르만 신화에서 신 중에 가장 전능했던 아제(Ase)도 이 청춘의 사과를 매일 먹어 영원한 젊음을 유지할 수 있었다. 그러나 딱 한 번 늙게 된 적이 있으니, 불경스러운 로키(Loki)가 이 사과를 훔쳐 갔을 때[552]였다고 한다. 신보다 마귀에 가까웠던 교활한 로키는 훔친 사과를 다시 제자리에 갖다 놓을 때까지 죽음의 위협에 쫓겼다. | 그리스 신화에서는 전지전능한 제우스의 아내 헤라가 대지의 어머니 가이아(Gaia)로부터 결혼 선물로 황금 사과가 매달린 사과나무를 받았다고 한다. 영생을 보장하는 이 열매가 달린 나무는 가장 서쪽의 땅(일몰의 땅)에 있으며, 헤스페리데스(Hesperides)[553]가 수호했다고 한다.

[552] 이둔의 마법 사과[Iduns Zauberäpfel] : 어느 날 오딘과 로키, 회니르가 여행 중에 소를 잡아 구워 먹으려 했는데, 아무도 불을 붙이지 못했다. 독수리로 변한 거인 왕 시아치(Pjazi)가 와서, 고기를 나눠 주면 요리해 주겠다고 제안했다. 이에 신들이 요리를 맡겼는데, 시아치가 통째로 들고 도망쳐 버렸다. 화가 난 로키가 쫓아갔으나 도리어 포로가 되고 말았다. 시아치는 로키에게 이둔과 사과를 가져오면 놓아 주겠다고 약속한다. 이것은 시아치가 이둔과 불사의 사과를 탐내 꾸민 책략이었다. 풀려 난 로키는 이둔을 유인해 시아치에게 넘겨 준다. 이둔의 사과가 사라지자, 신들은 늙기 시작했고 한바탕 소동이 일어났다. 신들은 로키에게 이둔을 되찾아오라고 혼을 냈다. 프리그의 매의 날개옷을 빌려 입고, 로키는 시아치가 없는 틈을 타 이둔을 나무 열매로 변하게 한 뒤 아스가르드로 향했다. 뒤늦게 이 사실을 알아차린 시아치가 독수리로 변신해 뒤를 쫓았다. 아스가르드의 신들은 로키를 도와 시아치를 죽이고, 사과를 가져와 젊음을 되찾았다고 한다. [553] 헤스페리데스[Hesperides] : 헤스페로스(Hesperos)는 '저녁에 보이는 금성'을 뜻하고, 그의 딸들 '헤스페리데스'는 '저녁의 아가씨들'이라는 의미가 된다. 그 수는 3 혹은 4, 7명으로 여러 설이 있으나, 세상의 서쪽 끝에서 황금 사과나무를 지키는 임무를 맡은 것은 같다. 머리가 백 개 달린 용(龍) 라돈(Ladon)과 함께 이 나무를 수호했으나, 헤라클라스에게 죽임을 당한다.

사과의 고객들

↑ 아름다운 사냥꾼 아탈란테(Atalante)와 속임수로 이긴 신랑감 멜라니온(Melanion)의 경주. 아탈란테는 멜라니온이 경주 도중에 던진 황금 사과 3알을 줍느라 이기지 못했다.

"너희는 건포도로 내 힘을 돕고 사과로 내 원기를 북돋아라. 내가 사랑하므로 병이 났음이니라." 이미 구약성서 「아가서」 2장 5절은 사과의 힘에 관해 쓰고 있다. 레스보스섬 태생의, 고대의 가장 위대한 시인 사포는 사랑의 여신 아프로디테의 제단을 다음과 같이 형용한다. "이 곳으로 오세요, 크레타에서, 여기 성스러운 신전으로! 향기 가득한 사과나무와 제단이 있는 사랑스런 작은 숲으로." | 고대 그리스에서는 윤리적으로 순결하고 성스러운 엘레우시스(Eleusis) 제전[554]이 개최되었는데, 여기에 참여하고자 하는 여인들은 한 해 전부터 사과를 먹지 말아야 했다. 게르만 신화에도 사과에 관한 같은 맥락의

이야기가 있는데, 뵐중(Wölsung, 오딘의 혈통을 이어 받은 영웅) 왕[555]이 오딘이 전해 준 사과를 통해 잉태되었다는 것이 바로 그런 예다. | 잘 익은 사과를 주고받는 일은 요즘도 여러 문화권에서 중의적으로 해석된다. 아테네의 희극 작가 아리스토파네스(Aristophanes, B.C. 약 400년경)는 아끼는 무희의 집을 찾을 때면 말을 타고 다녔는데, 이는 주변의 매춘부들이 사과를 던지며 동침하기를 유혹했기 때문이었다. 고대 중국에서는 '사과 침대'라는 표현이 유곽(遊廓)을 뜻했다. 예전에는 연애에 흥미가 없는 사람에 대해 '그는 사과를 좋아하지 않아'라고 우회적으로 표현했고, 중세 때는 순결한 소녀를 두고 '그녀에겐 사과 단골이 없네'라는 표현을 썼다. 혼사가 신통치 않은 구혼자는 "사과를 먹으려면 사과나무 가지를 한껏 당겨야 하고, 딸을 가지려면 그 엄마에게 한껏 잘해 줘야지!"라는 말로 격려를 받았다. 17세기 바람둥이들에게 여자란 그저 '모든 남성이 그 달콤함을 갈망하는 사과가 익는 낙원'이었다. | '여자의 사과(Frauenapfel)'는 여성의 가슴을 에둘러 표현하던 관용구였다. 17세기에 쓰인 「미의 노예(Liebdiener der Schönheit)」라는 글에서는 "사과같은 모양에 방금 하늘에서 떨어진 눈처럼 새하얀" 여성의 가슴이 최고라고 찬미했다. 이 주제에 관해서라면 괴테도 빠지지 않고 말을 보탰으니,『파우스트』의「발푸르기스의 밤」에 등장한다. | "언젠가 나는 아름다운 꿈을 꾸었지. / 그때 사과나무 한 그루를 보았네. / 탐스러운 사과 두 알이 반짝이고 있었어. / 거기에 이끌려 올라가 보았네." | 이름 모를 미

[554] 엘레우시스 축제[Riten zu Eleusis] : 아테네 북서쪽 바닷가에 위치한 엘레우시스에서는 데메테르와 그 딸 페르세포네를 섬겼다. 엘레우시스 밀교와 제전은, 페르세포네가 하데스에게 납치되어 명계로 끌려간 신화와 관계 있다. 어머니 데메테르가 제우스에게 탄원을 하고, 제우스는 페르세포네가 명계에서 아무것도 먹지 않는 것을 전제로 구출을 허락했다. 이는 제우스가 아내가 없는 하데스를 배려해 꾸민 술책이었다. 전령 헤르메스의 귀뜸을 받은 하데스가 페르세포네에게 석류를 먹게 했기 때문에, 데메테르는 온전히 딸을 되찾지 못했다. 타협책으로 일 년 중 넉 달 간 페르세포네가 명계에서 지내는 것으로 합의를 보게 되므로, 이 넉 달 간은 데메테르가 슬픔에 빠져, 지상의 작물들이 마른다. 엘레우시스 제전은 페로세포네의 귀환을 축하하고 기념하는 것으로 수천 년 동안 비밀리에 이어졌다.
[555] 뵐중 왕[Wölsung] : 오딘의 손자로 'Völsung'이라고도 표기한다. 오딘의 아들 지기(Sigi)가 아내에게 사과를 먹게 해 잉태하게 했다고 한다.

녀는 그 암호같은 말뜻을 금세 알아차리고 바로 서약의 답을 한다. | "그 옛날 낙원 시절부터 그대들은 사과를 탐했죠. / 설레서 마음이 떨리네요. / 내 정원에도 그런 사과가 달려 있으니까요."[파우스트가 어느 젊은 마녀와 춤을 추는 장면이다.] | 사과에 얽힌 수많은 문학 작품 중에 또 하나가 바로 레싱(Gotthold Ephraim Lessing)[556]이 쓴 「우리 위에 있는 분(Der über uns)」이라는 시인데, 난감한 정사 장면을 쓴 시다. 한네와 요한이 사과나무 아래서 밀회를 즐기고 있었는데, 마침 그 나무 위에는 사과를 훔치려고 올라간 한스 슈테판이라는 소년이 있었다. 밀회가 끝나고 죄책감을 느낀 한네가 만약 아이가 생기면 누가 키울 것지 묻자 요한은 주저없이 대답했다. "우리 위에 있는 분이 그 애를 키울 거야. 그를 믿어 봐!" 나무에 숨어 있던 한스 슈테판은 그 소리에 너무 어처구니가 없었다. 이에 모습을 드러내고 그런 책임은 질 수 없다고 외친다. | 사과는 다산의 의미가 있어 여러 민족에게 사랑의 전조였다. 로마의 시인 호라티우스의 『풍자(Satiren)』에는 사랑에 굶주린 사람이 손가락으로 사과 씨를 튕겨 만약 그 씨앗이 천장에 닿는다면 꿈을 이루게 되리라는 이야기가 나온다. 독일에서는 성 안드레아 축일(11월 30일)이 결혼을 꿈꾸는 이들을 위한 예언의 밤이다. 이날 저녁 당사자는 사과를 껍질이 끊어지지 않고 끝까지 이어지도록 깎아야 한다. 사과를 다 깎으면 어깨 너머로 그 사과 껍질을 던지는데, 이 때 바닥에 떨어진 껍질 모양에 장래 배우자 이름의 머릿글자가 보인다고 믿는다. | 구혼(求婚)에도 사과는 결정적 몫을 맡는다. 북유럽 신화의 프레이르(Freir)는 거인 처녀 게르드에게 황금 사과 11개를 바치며 구혼했다고 한다.[557] 그리스 신화에도 다음과 같은 이야기가 전한다. 여장부 사냥꾼 아탈란테(Atalante)는 경주에서 자신을 이긴 자만을 신랑감으로 받아들이겠다고 맹세했다. 수많은 남자가 경주에 도전했다가 지고 목숨을 잃었는데, 아르카디아의 왕자 멜라니온(Melanion)

→로키에게 사과를 주는 이둔. 포스터(Mary H. Foster)의 아스가르드 이야기책 삽화 중에서, 1901년.

이 경주에 나섰다. 그는 아프로디테의 조언대로 아탈란테와의 경주 도중에 황금 사과 3개를 던졌다. 아탈란테가 그 사과를 줍느라 시간을 허비하는 동안 멜라니온은 경주에서 승리했다. 경주에 진 아탈란테는 결국 멜라니온을 신랑감으로 맞이하게 된다. | 고대 그리스에서는 자손 번창을 기원하며 솔론(Solon)[558]의 법에 따라 신랑 신부가 사과 한 알을 함께 베어 무는 관습이 있었다고 한다. 아이 없는 키르기스 여인들이 사과나무 아래에서 구르는 것도 사과가 다산을 상징한다는 데서 비롯한 것이다.

[556] 레싱[Gotthold Ephraim Lessing, 1729~1781년] : 독일의 계몽주의를 대표하는 극작가이자 평론가. 작센 출신으로 일찍이 연극에 관심을 가졌다. 희곡 『미나 폰 바른헬름』, 『에밀리아 갈로티』, 『현자 나탄』 외 연극론, 시, 미론 등 다방면에 걸쳐 작품을 남겼다. 함부르크 국민 극장장, 볼펜뷔텔 시립 도서관장을 지냈다. [557] 프레이르의 구혼 : 프레이르는 바다의 신 니외르드의 아들로, 프레야 여신의 오빠다. 대지의 생산력과 관계있는 풍요의 신이었다가, 오딘을 섬기는 아제 신족에 편입되었다. 프레이르의 결혼은 훗날 그의 죽음을 초래하는 원인이 된다. 먼 발치에서 게르드를 보고 상사병에 걸린 그는 사자(使者) 스키르니르를 보내 구혼했다. 어렵게 게르드의 허락을 얻어냈으나, 그 댓가로 스키르니르에게 약조대로 자신의 명검을 주게 된다. 프레이르의 명검은 본래 세계 종말의 싸움인 라그나뢰크에 쓰이기로 예정되어 있었다. 프레이르는 명검 대신 사슴뿔을 갖고 라그나뢰크에 나갔다가, 불의 거인 수르트에게 패배해 죽는다. [558] 솔론[Solon, 기원전 638~558년] : 고대 그리스 아테네의 정치가이자 시인. 지중해의 일곱 현인의 한 사람으로 꼽힌다. 새로운 법을 세움으로써 정치를 개혁해 빈부 갈등을 해소하고자 했다. 개혁은 단기적으로는 실패하기도 했으나 아테네 민주정의 기초를 세웠다는 평가를 받는다.

죄악의 열매

고대 문화에서 사과가 불가사의한 마력을 지녔다는 사실은 세월이 흐르며 점점 잊혀 갔다. 장미의 경우와 마찬가지로, 사과가 원래 상징했던 바도 전혀 다른 의미로 바뀌어 버렸으니, "말룸 엑스 말로(Malum ex malo)"〔악에서 나온 악〕라는 말이 '모든 재앙은 사과로부터 시작된다'라는 뜻이 되어 버린 것도 그렇다. 라틴어에서 '말룸(malum)'이라는 단어는 완전히 다른 두 가지 뜻으로 해석된다. 하나는 '사과'고, 또 하나는 '악(惡)'이다. | 유대교에서는 사과를 애초부터 낙원에서 온갖 나쁜 일을 꾸며 유혹하는 음침한 열매라 간주했다. 거기에 더해 앞에서 살펴 보았듯 성(性)과 연관을 맺으면서, 사과의 의미는 탈선과 죄악에 가까워지고 말았다. "이브가 가져온 사과는 우리 모두에게 재앙을 불러일으켰다."(참고로 에덴 동산의 열매는 딱히 사과를 지칭하는 것이 아니라 그저 어느 과일에 불과하다. 게다가 당시 유대의 땅에는 사과나무가 없었다.) 그러니 트로이의 왕자 파리스(Paris)가 "최고의 미녀"이자 사랑과 쾌락의 여신인 아프로디테에게 선물했던 그 사과가 결국 트로이가 멸망하는 재앙의 불씨가 되었다는 신화도 우연은 아니다. 그 이야기는 다음과 같다. 테티스(Thetis)라는 여신이 펠레우스(Peleus)와 결혼해 축하연을 베풀 때, 모든 신은 초대했지만, 불화(不和)의 여신 에리스(Eris)만은 초대하는 것을 깜박했다. 복수심에 불타던 에리스는 "최고의 미녀"라고 새겨진 사과를 연회장에 던졌다. 그러자 외모가 수려한 파리스에게 가장 아름다운 여신을 골라 그 사과를 건네 주라는 의무가 내려졌다. 후보는 헤라, 아테네, 아프로디테였다. 미와 쾌락, 성의 여신 아프로디테가 마침내 가장 아름다운 여신으로 선정되었다. 아프로디테는 자신을 뽑아 준 대가로 파리스에게 인간 중에 가장 아름다운 여인이며 누구나 탐내는 헬레나

17   *Die Apfelbaum*
     Malus sylvestris   사과나무   나무 신화(Mythos Baum) :
나무로 본
유럽 민속의 기원과 효능

↓ 니클라우스 마누엘(Niklaus Manuel), 〈파리스의 심판(Das Urteil des Paris)〉, 템페라, 1520년경.

(Helena)를 아내로 맞이하게 해 주겠다고 약속했고, 이 일이 계기가 되어 트로이 전쟁이 일어났다. 불화의 여신 에리스의 복수가 예기치 못한 사태로 번진 셈이다.

만물의 척도

지구 중심설에서는 지구가 만물의 척도이자 세계의 중심이었다. 사과는 그 둥근 형태 때문에 지구와 우주의 완전함을 상징했다. 1492년 뉘른베르크에서 이른바 '지구 사과(Erdeapfel)'라고 불리는 지구본이 만들어졌는데, 비록 북미 대륙은 빠져 있으나 현존하는 가장 오래된 지구의다. 그 제작자 마르틴 베하임(Martin Behaim)[559]은 "…이 형상은 사과의 모양을 본떠 만들었다"라고 천명했다. 이미 고대 로마인은 사과를 완전함의 표시라 여겼다. 그래서 로마의 연회 코스는 창조를 의미하는 달걀로 시작해 완성을 상징하는 사과로 마무리했다고 한다. 거기서 파생한 속담이 "달걀부터 사과까지(Ab ovo usque ad mala)"로, "처음부터 끝까지"라는 뜻이다. | 이런 식사 관습에 따라 헤로데 왕(Herodes)[560]도 매 식사 맨 마지막에 사과를 먹은 것이었다. | 아이작 뉴턴(Isaac Newton)에게 사과 열매는 광대한 깨달음의 핵심에 해당됐다. 그는 자기 눈 앞에서 땅에 떨어진 사과를 골똘히 궁구하다가 중력의 원리를 발견했다. 바이런(Byron)의 『돈 주앙(Don Juan)』에서 바로 이 역사적 순간을 포착한다. | "뉴턴은 사과가 추락하는 것을 보았을 때,/ 그 사과 속에서 어떤 법칙을 발견했다고 하지.〔…〕/ 바로 이 지구가 하나의 궤도 속에서 회전하고 있다는 사실을 / 가장 또렷하게 증명할 수 있는 규칙, 중력이라 불리는 것./ 그리고 이는, 사과와—또는 추락과 씨름한 아담 이후의 최초의 인간. / 인간은 사과로써 추락했고, 그리고 사과로써 올라섰네." | 기독교 교회에서는 장미의 경우에서도 그랬듯, 고대부터 내려오던 사과의 상징성을 지우느라 골머리를 앓았다. "가장 기독교적인 군주(allerchristlichste Herrscher)"라는 호칭을 받은 카롤루스 대제(Karl der Große)도 종교를 근거로 내세워 도금양(Myrthe) 가지 화관을 쓰고,

17 Die Apfelbaum
Malus sylvestris

사과나무

나무신화(Mythos Baum):
나무로 본
유럽 민속의 기원과 효능

↓ 이 자그마한 지구의가 예전에는 지배자의 상징으로 여겨졌다. 1619년에 이른바 '3일 천하' 왕으로 불렸던 팔츠(Pfalz)의 프리드리히 5세(Friedrich von Böhmen)가 지녔던 십자가를 단 지구의 모양의 보주.

Bayerische Verwaltung der Staatlichen Schlösser, Gärten und Seen. München

왼손에는 세 개의 황금 사과를 든 마그데부르크(Magdeburg)의 프레야 여신상을 파괴했다.[561] 십자가가 꽂힌 황금 사과 모양 보주(寶珠, Globus cruciger)는 원래 그리스 승리의 여신 니케(Nike)의 상징이었으나, 이후 통치의 권한을 상징하게 되었다. 왕홀(王笏), 왕관과 더불어 이 황금 사과 보주 또한 황제의 권한이 신에게서 부여 받은 것임을 증명했다. | 7살 이하의 어린 소년 앞에 사과와 금덩이를 놓고 시험을 치르게 하여, 성년이 되었는지를 결정짓는 일은 서고트(Visigoth)[562]의 율법에서 기원한 것으로 매우 흥미롭다. 어린 아이가 금을 집어 들면 남자들에게 교육받아야 할 때가 된 것이고, 사과를 집어 들면 한동안은 어머니 치마폭에 더 머물러 있어야 한다.

[559] 마르틴 베하임[Martin Behaim, 1459~1507년]: 독일의 항해가, 지리학자. 뉘른베르크 출신으로 아버지의 뒤를 이어 상인이 되어 각지를 떠돌다가 항해와 지리에 관심을 가지게 된다. 아프리카를 거쳐 아조레스 제도에 살다가 고향에 돌아왔을 때 뉘른베르크 시의회의 의뢰로 지구의를 제작했다. 지리학적으로는 오류가 많아 장식적 그림에 가까웠지만 이 이후로 뉘른베르크가 지구의 제작의 중심지가 되었다. [560] 헤로데 1세[Herodes, 기원전 73~4년]: 로마 제국 시대 유대의 왕으로, 기독교에서는 마테오 복음서에서 예수가 탄생했을 때 유아 학살을 명한 왕으로 전해지나, 근거는 미약하다. 평생 우울증에 시달리다가 고통 속에서 죽었는데,『유대 고대사』에 따르면 죽기 직전에 사과를 먹었다고 한다. [561] 프레야 숭배: 유럽과 북유럽에서 광범위하게 숭배되던 사랑과 미의 여신 프레야는 기독교 전래 이후 가장 박해받은 토착 신이다. 마그데부르크는 프레야를 모신 사원이 가장 마지막까지 남아 있던 곳으로, 805년 카를로스 대제의 명으로 마그데부르크성이 건설되면서 혁파된다. 그러나 이 지역에서 프레야여신 숭배는 17세기까지 남아 있었다고 한다. [562] 서고트[Visigoth]: 게르만 족의 한 분파인 서고트족이 살던 지역으로 현재의 프랑스와 스페인에 해당한다.

"하루에 사과 한 알씩 먹으면 의사가 필요 없다"

위의 영국 속담은 민간 요법에서 사과의 효능이 얼마나 뛰어난가를 알려 준다. 신선한 사과에는 다량의 비타민과 미네랄이 함유되어 있다. 사과 주스나 사과 껍질로 끓인 차는 배뇨 작용에 도움이 되고 류머티스, 요산성 관절염, 방광염, 신장병 등에도 효과가 있다. 또 잠자기 전에 사과를 먹으면 편안한 숙면을 취할 수 있다고 한다. 울름(Ulm) 출신의 요한 베허(Johann Joachim Becher)[563]가 1663년에 쓴 『약제사(Artzney Doktor)』라는 책에서도 사과의 다양한 용법을 소개한다. "갈증을 해소하고 위장을 튼튼하게 한다. 심장에 좋고 열을 내리게 한다. 위장과 해열에 이로울 뿐 아니라 우울증을 일으키는 시커먼 담즙이 분비되는 것을 예방한다." | 사과는 어떻게 조리하느냐에 따라 정반대의 효과를 초래한다. 설사에는 사과를 곱게 갈아 아침, 점심, 저녁으로 꾸준히 복용하면 효과가 있다. 또한 "배는 방광의 운동을 활발하게 하고, 사과는 배변을 돕는다(Post pirum da putum, Post pomum vade cacatum!)"라는 살레르노 의학교[564]의 잠언처럼, 장 운동을 촉진하는 데는 구운 사과뿐 아니라 신선한 사과도 효과가 있다. | 사과 주스는 오늘날에도 갈증을 해소할 때 가장 즐겨 찾는 음료다. 오스트리아 동북부에는 아예 '과일주 생산 지역(Mostviertel)'[565]이 있고, 매일 식탁에 오르는 음료(가능하면 단지에 담긴 것이 좋다)로 유명한 '프랑크푸르트의 사과주(애펠보이, Äppelwoi)'[566]를 모르는 이가 없다. 재미난 것은 과일주를 누구보다 즐겨 마시는 남부 독일 사람들은 성경 속 아담이 바로 자기네 지역 출신이었을 것이라 생각한다. 아담이 좀 더 현명해서 사과를 바로 먹지 않고 사과주를 만들 요량으로 신중히 간직했더라면, 사탄의 유혹을 물리치기 수월했을 것이고, 결코 타락에 빠지지 않았을 것이라면서 말

17   Die Apfelbaum
Malus sylvestris

사과나무

나무 신화(Mythos Baum) :
나무로 본
유럽 민속의 기원과 효능

이다. 남부 독일의 사과주는 도수가 제법 높아, 애펠보이는 알코올 함량이 4%에 달하기도 하며, 이것이 프랑스의 사과주(Cidre)와 크게 다른 점이다. 과일주는 새로운 것이 아니다. 이미 고대 그리스인이나 로마인은 '시데라(Sidera)'라는 이름의 과일주를, 게르만인은 '칫(Cit, 고트어로는 Ceipu)'이라는 과일주를 즐겨 마셨다. | 북부 독일에서는 과일 주스를 졸여 걸쭉한 시럽인 '크라우트(Kraut)'로 만드는 유서 깊은 풍습이 있다. 사과를 바짝 졸인 사과 시럽(Apfelkraut)뿐 아니라 자두를 가지고 자두 시럽(Zwetschgenkraut)이나 무 시럽(Rübenkraut)을 만들기도 하며, 일찍이 오일렌슈피겔(Eulenspiegel)[567]도 '꿀, 그것은 달콤한 크루트(Krut)'라고 말한 바 있다. 특히 다소 덜 익은 사과는 젤리처럼 굳는 펙틴 성분을 다량 함유하고 있어 잼을 만들 때 잘 응고되지 않는 과일들, 예를 들어 버찌 같은 과일로 잼을 만들 때 덜 익은 사과를 잘게 썰어 조금 넣어 함께 끓인다. 공장에서 대량으로 생산되는 젤리는 사과를 압착해 주스를 만들고 남은 찌꺼기로 제조하는 경우가 대부분이다.

[563] 요한 베허[Johann Joachim Becher, 1635~1682년]: 독일의 의학자, 화학자, 연금술사. 화학 이론의 연구와 산업의 부흥에도 힘썼다. 연금술에도 종사해 광석과 광물의 분석을 시도했다. [564] 살레르노 의학교[Scuola Medica Salernitana]: 이탈리아 남부 살레르노에 9세기에 설립된 의학교다. 고대 그리스와 아랍, 유대의 의학 지식이 유입되어 이후 중세 유럽의 의학에 큰 영향을 미쳤다. 유럽 최초로 의학 학위와 의술 면허를 부여했기 때문에 최초의 의과 대학으로 일컬어진다. [565] 과일주 생산 지역[Mostviertel]: 오스트리아 동북부에 위치한 니더외스터라이히주(Niederösterreich)는 오스트리아에서 가장 넓은 주로, 수도 빈을 둘러싸고 있다. 이 주는 크게 4개 지역으로 나뉘는데, 북동쪽의 포도주 생산 지역(Weinviertel), 남동쪽의 공업 지역(Industrieviertel), 남서쪽의 과일주 생산 지역(Mostviertel)이다. 그 중 과일주 생산 지역은 약 5,500km²에 달하며, 대부분 구릉 지대로 북쪽에 도나우강을 끼고 있다. 전통 과수원이 많고 특히 사과나무와 배나무 재배로 이름 높다. 여기서 나는 과일로 과일주를 만들어 과일주 지역이라 불리게 되었다. 한편 배즙에 사과즙을 섞어 만든 과일주(most)는 알코올 도수가 비교적 낮다. 이 과일주를 일컫는 라틴어 '무스툼(mustum)'에는 '발효가 덜 된 술'이라는 의미가 있다. [566] 프랑크푸르트의 사과주[애펠보이, Äppelwoi]: '아펠바인(Apfelwein)'이라고도 한다. 여러 종류 사과를 갈아 발효시킨 일종의 과일주로, 도수가 비교적 낮다. [567] 오일렌슈피겔[Eulenspiegel]: 1300년경에 북부 독일 크나이트링겐의 농가에서 태어나 1350년에 뤼베크에서 죽었다고 전하나, 실존 인물이라기보다는 가상의 인물이다. 1487년에 브라운슈바이크에서『틸 오일렌슈피겔(Till Eulenspiegel)』이 처음 나왔는데, 작자는 알려진 바 없다. 오일렌슈피겔이 여기저기 떠돌며 사람들을 곤경에 빠트리거나 장난을 치는 내용이다.

향기

↑ 사과꽃. 북반구에서는 4~5월에 잎과 함께 가지 끝 잎겨드랑이에서 나와 산형(우산 모양)으로 핀다. 열매는 8~9월에 익으며 수많은 재배종이 있다.

고대 고지 독일어로 사과를 뜻하는 '압풀(apful)'이나 '아필(apfil)', '아풀(afful)' 등은 게르만어 '아피츠'에서 유래했다. 중세 때 사과나무를 뜻하던 '아팔트라(Affaltra)'는 오늘에도 '아팔터바흐(Affalterbach)', '아팔터라흐(Affalterach)', '아폴더바흐(Afholderbach)' 같은 여러 지명에 남아 있다. 독일어에서는 '사과(Apfel)'라는 단어가 들어간 합성어를 '아펠쉬멜(Apfelschimmel, 회색 반점이 있는 백마)', '아우가펠(Augapfel, 안구)', '장크아펠(Zankapfel, 불화)' 등 곳곳에서 찾을 수 있다. | 사람의 목젖(Adamsapfel)은 아담이 이브에게 받은 사과를 먹다가 한 조각이 목에 걸려 생겼다고 한다. '사과'는 '열매'의 대명사로 다른 식물에까지 널리 통용되는데, 예를 들어

오스트리아에서는 감자를 '땅의 사과(Erdapfel)'라 부른다. '장미사과(Rosenapfel)'나 '잠들게 하는 사과(Schlafapfel)'는 야생 장미나무의 혹〔충영〕을 일컫는다.〔「들장미」편 261쪽 참고.〕 독말풀(Stechapfel)이나 토마토(Liebesapfel) 같은 단어도 그 열매가 사과처럼 둥글어 붙여진 이름이다. 과거 석류나무의 학명이었던 '말룸 그라나툼(*Malum grantum*)'의 의미는 '씨 많은 사과'였다. 솔방울을 뜻하는 킨아펠(Kienapfel)이라는 단어도 사과의 둥근 형태에서 유래한 것이다. | 히브리 사람들에게 사과는 '향기' 또는 '숨결'을 뜻했다. "식물의 향은" 마리안네 보이헤르트가 섬세하게 표현했듯이, "동방 사람들이 보기에는, 인간에게 말하고 숨 쉬는 것과 마찬가지로 그 식물의 생명의 표출이다." 이런 맥락에서 솔로몬의 잠언 중 "적절한 시기에 해주는 좋은 말은 황금 사과와도 같다"라는 구절을 더 깊이 이해할 수 있다. | 사과 향이 어디 동방 사람들의 마음만 들뜨게 했으랴. 프리드리히 실러는 서재 책상 서랍에 항상 사과 ─슬슬 썩기 시작했겠지만─ 를 넣어 두었단다. 어쩌면 이 낙원 열매의 '숨결'이 그에게 최고의 문학적 역량을 발휘하는 데 일조했는지도 모르겠다. | 중국에서는 '핑(ping)'이라는 발음이 사과뿐 아니라 평화를 뜻하기도 한다. 그러므로 중국에서 사과 선물은 곧 '평화가 당신과 함께 하시길'이라는 의미다.〔568〕| "내게는 여전히 그 때처럼 느껴진다. / 정원을 지날 때, 열매 잔뜩 매달린 / 사과나무 아래 / 흐트러진 구름 그림자 한가운데 보름달을 // 풀밭 위에 잃어버린 글자를 썼지 / 어둡고 거친 수풀 속에 / 사과가 떨어졌을 때 / 바스락거리는 이야기가 흐트러졌네."〔루돌프 알렉산더 슈뢰더,「구월(九月)의 송가(*Septemberode*)」〕[*]

〔568〕핑〔苹,平〕: 중국어로 사과는 '핑궈(苹果)'라고 표기하고, 평화는 '훠핑(和平)'이라고 표기한다. 여기서 사과를 뜻하는 '핑(苹)'과 평화를 뜻하는 '핑(平)'의 발음이 같아 언어 유희적인 선물 풍습이 생겨났다. [*]〔원문출처: Rudolf Alexander Schröder, *Gesammelte Werke. Die Gedichte* (Frankfurt am Main : ⓒ Suhrkamp Verlag, 1952).〕

→ 백색의 아름다운 산사나무 꽃은 잎이나 열매와 함께 심장 질환에 효과가 있는 것으로 알려져 있다.

↓ 산사(아가위)에 '작은 곡물통'이라는 별칭이 붙은 까닭은 식용 가능하기 때문이다. 산사나무는 열매뿐 아니라 꽃과 잎에도 약효가 있다.

| 18 | Der Weißdorn
Crataegus sp. | 산사나무 | 나무 신화(Mythos Baum) :
나무로 본
유럽 민속의 기원과 효능 |

산사나무 Der Weißdorn
Crataegus sp.

얼마나 많은 꽃봉오리들이 5월을 선포하는가.
들판을 축제처럼 장식하고, 뽐내려 안간힘 쓰는 꽃들 가운데
산사나무 어여쁜 꽃송이에 으뜸을 돌리라.
눈부시게 하이얗게 차려 입고,
곁눈질하던 눈길에 5월의 기쁨을 가득 채우나니.

〔제프리 초서(Geoffrey Chaucer)[569]〕

[569] 제프리 초서[Geoffrey Chaucer, 1343~1400년] : 영국의 시인이자 행정가. 일찍이 궁정의 시동으로 들어가 생활하고, 외교특사로 유럽 대륙을 여행하며 이탈리아와 프랑스 문학을 접한다. 이러한 경험을 바탕으로 말년에 『캔터베리 이야기』를 썼다. 그 때까지 평민의 언어로 취급되던 영어로 집필해 영시의 아버지로 불린다.

까다롭지 않은 산울타리

산사나무류(Weißdorn, *Crataegus*)[570]의 수형은 교목과 관목의 경계가 불분명하며 2가지 형태가 혼재한다. 산사나무는 500여 년까지 살 수 있으며, 아주 크게는 12m까지 자라기도 하지만 대개는 5m를 넘지 않는다. 산사나무꽃은 배꽃이나 마가목꽃과 마찬가지로 청어 절이는 비린내 같은 불쾌한 냄새(트리메틸아민)를 풍긴다. 잎이 나기 전에 꽃이 피는 유럽자두나무(Schlehdorn, *Prunus spinosa*)[571]와는 달리, 산사나무는 잎이 먼저 나고 그 뒤에 꽃이 핀다. 또한 유럽자두나무의 껍질은 거칠고 흑회색이지만, 산사나무는 그 이름처럼 [weiß는 희다는 뜻이다.] 밝은 색의 수피를 지닌다. 수분이 적고 다홍색인 열매는 크기가 손톱만 하며 10월에 익는다. 열매는 단단해 때로는 '작은 곡물통'이라고도 부르며, 비상시에는 갈아서 곡식 대용으로 사용하기도 한다. 생육 환경에 대해 전혀 까다롭지 않고 뿌리를 깊게 내리는 산사나무는 석회질 토양을 좋아하며 잡목이 우거진 숲, 암석 지대나 숲 가장자리에서 두루 잘 자란다. | 중유럽에는 암술대가 2개인 종(*Crataegus oxyacantha*)과 이보다 2주 뒤에 꽃을 피우는 암술대가 1개인 종(*Crataegus monogyna*)이 자라는데, 뒤의 것은 그 학명대로 1개의 암술대와 1개의 과핵(果核)을 가지고 있다. 잎 가장자리가 깊게 갈라져 거의 깃 모양을 띠지만, 교잡종이 흔하다 보니 종종 정확한 분류는 어렵다. 정원수로 사랑 받는 종으로는 붉은 산사나무(Rotdorn, *Crataegus laevigata*)가 있는데, 붉은색 꽃이 피는 유전이 불완전하게 발현되므로 접붙여 증식시킨다.

→ 입지 환경이 좋으면 산사나무는 소교목으로 자란다. 꽃에서 나는 냄새는 그다지 향기롭지는 않고, 배꽃 냄새와 비슷하다. 어패류 특유의 비린 냄새의 원인 물질인 트리메틸아민 때문이다.

Der Weißdorn
Crataegus sp.

산사나무

나무 신화(Mythos Baum):
나무로 본
유럽 민속의 기원과 효능

〔570〕 산사나무류〔Weißdorn, *Crataegus* sp.〕: 산사(山査)나무는 산에서 자라는 아침의 나무라는 뜻의 한자어 이름이고, 순우리말로는 아가위나무, 야광나무, 열매를 산사자, 산사육, 아가위라고 한다. 그 종소명은 *pinnatifida*으로 서양의 산사나무와는 다르다. 우리나라에서 속명을 산사나무속이라 하므로 여기서는 통칭해 산사나무라고 썼다. 가시가 많고 산울타리로 즐겨 쓰이는 속성 때문에 이 나무를 우리말로 가시나무로 번역하는 경우도 많다. 〔571〕 유럽자두나무〔Schlehdorn, *Prunus spinosa*〕: 유럽과 중동 지방에 자생하는 자두나무의 일종. 산사나무의 독일 명칭은 '바이스도른(Weißdorn)'이다. 직역하면 '하얀 가시'라는 뜻으로 수피가 밝은 색이고 중간 중간에 가시가 나 있기 때문에 붙은 이름이다. 반면 수피가 검은색을 띠며 가시가 나 있는 유럽자두나무의 일종인 프루누스 스피노자(*Prunus spinosa*)는 독일어로 '슈바르츠도른(Schwarzdorn, 검은 가시)'이라고 한다. 영어로도 산사나무와 자두나무가 각각 'hawthorn'〔haw=hedge(울타리)+thorn(가시)〕과 'blackthorn'으로 쌍을 이루므로, 서로 이름이 비슷한 두 종의 차이점을 비교해 설명한 것이다.

착한 마법의 나무

산사나무는 전형적인 산울타리 수목으로, 대개 가시가 있고 전정에 매우 강하기 때문에 가축들이 잎이나 가지를 뜯을수록 더욱 빽빽이 자라서 몇 년 지나지 않아 사람이 지나다닐 수 없을 정도로 울창한 덤불을 이룬다. 목초지와 정원의 살아 있는 울타리로서 산사나무의 의의를 19세기 숲 전문가 에른스트 아우구스트 로스매슬러는 "[…] 바로 독일 최고의 산울타리라는 점이 가장 주요한 가치"라고 단언했다. | 프랑스에서는 경작지의 경계를 구분 짓는 덤불을 라제르(Lazère)라고 하는데, 이 말은 민간에서 "산사나무를 심는다"는 말이자 곧 "땅을 경계 짓는다"는 뜻이다. 이 나무를 독일에서는 '하게도른(Hagedorn)'이라고도 부르는데, 중고지 독일어 '하그(hag)'에서 유래한 이름으로, 하그는 울타리, 또는 그 울타리를 두르는 수단을 뜻한다[서어나무(die Hage, Hainbuche)도 비슷한 경우다. 「서어나무」편 참조]. 산사나무와 그 밖의 가시나무들이 우거져 둘러쳐진 '우리(Gehäge)'[572]는 사람이나 가축 들이 잠자고 쉬는 처소를 야수나 마귀, 유령으로부터 보호해 준다. '하가지사(hagazissa)'[573], 또는 '울타리 부인(Hagweib)'은 미쳐 돌아다니는 야성의 마녀였지만, 황야와 문명을 나누는 이 우리의 경계는 순순히 조심하며 따른다. 옛날 미신에 따르면 산사나무는 선한 마법의 나무여서, 삿된 마법을 막아 주는 힘이 있다는 것이다. 흔히 시골에서는 마녀로부터 보호하기 위해서 가축 우리 문마다 반드시 산사나무 가지로 못을 박아 놓는다. 아일랜드와 같은 고대 켈트족 나라들에서는 아예 산사나무 줄기를 마을의 오월주로 광장에 세우기도 했다. | 비범한 마술사조차도 산사나무 덤불의 위력을 거스를 수 없었다. 아서왕(아르튀르) 전설에 나오는 켈트족의 유명한 마술사 멀린(메를랭)[574]은 아름다운 비비아네(Vivi-

↓19세기의 한 숲 전문가는 "〔…〕산사나무의 중요한 가치는 그 특성상 독일 최고의 산울 타리라는 점"이라고 했다. 가축들이 잎이나 가지를 뜯으면 더욱 빽빽이 자라서 수년 이내에 사람이 지나갈 수 없을 정도로 울창한, 살아 있는 생울타리로 자라기 때문이다. 17세기 목판화.

ane)의 마법에 걸려 요정의 숲 브로셀리앙드(Brocéliande)[575]의 산사나무 덤불 아래에서 영원한 잠에 들었다.

[572] **우리**[Gehäge]: 오늘날 동물원이나 목장, 사냥터 등 울타리나 담장을 둘러친 가축이나 동물을 치는 방목장, 사육장, 우리를 통칭한다. 독일어에서 말그대로 울타리를 친 안쪽이라는 뜻이다. [573] **하가지사**[hagazissa]: 울타리, 경계를 뜻하는 '하그(hag)'에서 유래한 말로 '하가주사(Hagazussa)'라고도 한다. 마녀를 뜻하는 독일어 '헥세(Hexe)'의 어원이기도 하다. [574] **멀린의 죽음**: 아서왕 전설에 등장하는 마법사이자 현자 멀린(메를랭)은 호수의 부인(Lady of the lake)과 연인 관계였다. 호수의 부인은 비비안(Vivien)이라고도 하고 니비안(Nivian), 니네브(Nyneve), 니뮤에(Nimue) 등 여러 이름으로 불리는데, 아서 왕에게 엑스칼리버 검을 주었고 랜슬롯(랑슬로)를 키운 인물이기도 하다. 니비안은 멀린에게 마술을 배워, 마지막으로 멀린을 소유하고자 호수 곁에 가두는데 큰 나무 둥치 밑이라고도 하고 판본에 따라서는 큰 바위 밑이라고도 한다. [575] **브로셀리앙드**[Brocéliande]: 장소는 어디인지 알 수 없으나 멀린의 무덤과 마법의 샘이 있다는 전설 속의 숲으로, 문헌에 가장 먼저 등장하는 것은 중세의 『루의 이야기(Roman de Rou)』에서다. 오늘날 그 위치로 가장 널리 믿어지는 곳은 프랑스 브르타뉴의 팡퐁 숲(Paimpont)이지만, 현실에 존재하지 않는 상상 속의 숲이라는 견해도 있다.

산사나무의 역사

기독교 신앙의 산사나무 숭배는 초기 기독교인이었던 아리마태아(Arimathäa)의 요셉(Josef)[576]으로부터 유래했다. 예수의 상처에서 흘러 나온 피를 성배(聖杯)에 담은 요셉은 서기 63년 산사나무로 만든 지팡이를 들고 영국을 순례했다. 글래스톤베리(Glastonbury)에 도착한 그는 그 곳에 최초의 교회를 세우며 땅에 지팡이를 꽂았다. 이 산사나무 지팡이가 생명을 틔우기 시작해, 수백 년 전까지도 매년 크리스마스(예수 생명의 탄생) 때가 되면 꽃을 피웠다고 한다.[577] | 사람들은 오래 전부터 산사나무의 개화 시기에 중요한 의미를 부여했다. 전통적인 봄 축제 기간인 5월 1일이 되도록 꽃을 피우지 않았다면 흉흉한 징조로 여겼다. "흰 가시(산사나무)와 검은 가시(유럽자두나무)가 무성하면 겨울이 매섭다"라는 옛말처럼, 날씨 예측에도 이용된 식물이다. | 대체로 남성들은 산사나무의 독특한 꽃 냄새를 성(性)과 연관지어 받아들였다. 동양에서 꽃이 핀 산사나무를 건네준다는 것은 사랑의 징표다. | 독일어권에서 가장 유명한 산사나무는 이제 더는 존재하지 않는다. 독일 남부 튀빙겐(Tübingen)에서 가까운 쇤부흐(Schönbuch)의 아인지델(Einsiedel)[578]이라는 사냥용 별장 옆에는 커다란 산사나무가 자라고 있었다. 15세기경 이스라엘 지역에 성지 순례를 갔던 누군가가 얻어 온 어린 산사나무가 이 곳에 정착하게 되었다고 한다. 1600년대에는 그 수관 둘레가 벌써 40m에 달할 정도로 자라 "아무도 그 줄기를 한 아름에 잴 수 없었다"고 한다. 이 노거수는 약 300년 전에 죽었지만, 지금까지도 산사나무가 자라던 곳에 항상 후계목을 심는다고 한다.

→ 비비안(니무에)이 마법의 책에서 주문을 읽자 멀린은 무기력해져서 산사나무에 걸려 들고 만다. 에드워드 번 존스(Edward Burne-Jones), 〈속아 넘어간 멀린(The Beguiling of Merlin)〉, 1872~77년.

18 | Der Weißdorn *Crataegus* sp. | 산사나무 | 나무 신화(Mythos Baum): 나무로 본 유럽 민속의 기원과 효능

〔576〕 **아리마태아의 요셉**〔**Josef von Arimathäa**〕: 성서에 따르면, 아리마태아는 예루살렘 근처의 유대인 마을이다. '아리마태아의 요셉'은 산헤드린(sanhedrin) 의회 의원으로, 예수를 죽이려던 의회 결정에 찬성하지 않았다. 예수가 십자가형에 처해지자, 그의 시신을 내려 장례를 치렀다고 한다. 〔577〕 **글래스톤베리의 산사나무**〔**Glastonbury Thorn**〕: 영국 기독교의 발상지이자 아서 왕(아르튀르)의 카멜롯 요새로 추정되기도 하는 성지다. 이곳의 산사나무는 5월에 한 번 꽃이 피고, 새 가지에서 12월에 또 한번 꽃이 피어 기적의 나무로 여겨진다. 12월에 꽃이 핀 가지는 대대로 크리스마스 때 영국 왕실에 바친다. 〔578〕 **아인지델성**〔**Schloss Einsiedel**〕: 독일 남부 바덴-뷔르템베르크의 쇤부흐(Schönbuch)는 숲이 울창해 수렵이 성행했고, 그중심부는 자연 공원으로 지정되어 있다. 아인지델은 뷔르템베르크공 에버하르트 1세(Eberhard I, 1445~1496년)가 1482년에 사냥 별장을 세운 것을 시작으로 성채를 갖추어 갔다. 마당 한켠에 그의 후손이 팔레스타인에서 가져온 산사나무가 자랐다. 1964년부터 가톨릭 유스호스텔로 이용되고 있다.

↓ 산사나무 가지는 질기고 광택이 나기 때문에 산책용이나 여행용 지팡이를 만드는 데 즐겨 사용됐다.

18 | Der Weißdorn
Crataegus sp. | 산사나무 | 나무 신화(Mythos Baum):
나무로 본
유럽 민속의 기원과 효능

산책 지팡이, 채벌 회초리

↑ **카를 라르손**(Carl Larsson, 1853~1919), 〈**만개한 산사나무 덤불 곁의 소녀**(Girl by a Flowering Hawthorn Bush)〉, 캔버스에 유화, 19세기 말~20세기 초.

산사나무 순례자 지팡이는 성배를 지닌 아리마테아의 요셉이 순례할 때만 짚었던 것이 아니다. 산사나무 가지로 만든 산책용 지팡이는 질기고 광택이 좋아 오랫동안 널리 사랑받았기 때문에 1세기 전까지만 해도 그 덤불이 무성한 지방에서는 가내 수공업으로 지팡이를 만들어 왔다. 우선 산사나무의 긴 가지를 잘라 마을 빵집의 오븐에 굽는다. 그것을 각목에 단단하게 묶어 반듯하게 편다. 집에 가져와 지팡이마다 살짝 조각을 장식하면 산책 지팡이가 완성된다. 단단하고 섬유질이 촘촘한 산사나무 목재는 대개 손도끼 자루, 도리깨, 갈퀴 이빨, 특히 나무 못 등 하중을 견디는 기구를 만드는 데 사용되었다. | 적잖은 영주들이 하인들을 벌 주는 데 가시 돋힌 산사나무가 꽤나 요긴했던 모양인 것이, 히에로니무스 보크가 1577년에 이렇게 쓴 바 있다. "산사나무는 훌륭한 채벌 회초리. / 못된 하인들에게 잘 듣는 명약일세!"

↑ 로만계 모과, 지중해 모과, 애저롤(azarole)이라고 불리는 남유럽의 산사나무(*Crataegus azarolus*). 지중해와 아랍 일대에서 열매를 식용 및 약용으로 먹는다. 뒤아멜 뒤 몽소(Duhamel du Monceau)의 『식물도감(*Traité des arbres et arbustes*)』, 1809년.

18 | Der Weißdorn *Crataegus* sp. | 산사나무 | 나무 신화(Mythos Baum): 나무로 본 유럽 민속의 기원과 효능

약용과 식용으로 탁월한 산사나무

산사나무는 이미 서기 1세기경에 그리스의 의사였던 디오스코리데스가 약용 식물로 설명한 바 있으나, 이후 오랜 기간 주목을 받지 못하고 고작 장 질환, 혈액 순환 부전과 현기증 등에 사용되는 정도였다. 19세기가 되어서야 심장약으로서의 탁월한 효능이 발견되었다. 특히 나이가 들면 나타나는 심근 쇠약이나 관상 혈관 질환 등 심장의 퇴화 현상에 산사나무잎과 꽃, 열매 등을 동량으로 섞어 만든 차가 아주 좋으며 부작용도 전혀 없다. 산사육은 약사의 조제를 거치지 않고 복용할 수 있는 몇 안 되는 심장약 중 하나다. 꽃이나 열매를 하루 이틀 와인에 넣어 두기만 해도 심장병에 좋은 맛있는 와인이 된다. 마시는 심장약을 손수 만들려면, 우선 꽃과 잎 또는 가을에 으깬 열매를 컵의 2/3 정도까지 넣는다. 그 위에 주정(酒精)을 붓고 뚜껑을 살짝 덮은 다음 따뜻한 곳에 놓아 둔다. 그 다음에 이 액체를 걸러서 병에 담아 서늘한 곳에 두면, 최소 1년간 보관할 수 있다. 이것을 10방울씩 매일 서너 번씩 복용하면 심장 치료 효과를 촉진할 수 있다. | 팍팍하고 맛없는 진홍색의 산사육을 예전에는 사료에 섞어 돼지에게 먹였으며, 비상시에나 사람들이 식용했다. 사람들은 이 '작은 곡물통'을 날것으로 먹거나 말려서 가루를 낸 다음 빵 반죽에 섞었다. 아델베르트 폰 샤미소는 간혹 열매로 발효 음료를 만들었다고 기록한다. 봄에 새로 난 산사나무잎은 향기롭고 고소한 맛이 나는데, 이를 샐러드와 스프에 양념으로 사용한다는 사실은 거의 알려져 있지 않다. 소위 '로만 모과(Welsche Mispel, *Crataegus azarolus*)'라고 불리는, 즙이 많고 열매가 큰 남유럽산 종은 지중해 일대에서 과수용으로 재배된다.

↓ 서어나무(*Carpinus betulus*), 오토 빌헬름 토메(Otto Wilhelm Thomé)의 『독일, 오스트리아, 스위스의 식물(*Flora von Deutschland, Österreich und der Schweiz*)』, 1885년.

19 | Die Hainbuche
Carpinus betulus | 서어나무 | 나무신화(Mythos Baum) :
나무로 본
유럽 민속의 기원과 효능

서어나무 Die Hainbuche
Carpinus betulus

〔…〕유럽의 숲속 나무 중에
단단하기로
서어나무만 한 나무는 없네.〔…〕
그렇기 때문에 물렛가락〔紡錘〕이 되고 나사가 되고
그리고 방앗간의 톱니바퀴가 된다네.〔…〕
〔히에로니무스 보크, 1577년〕

↑ 줄기가 뒤틀려 뻗은 서어나무 노거수. 서어나무는 대표적인 산울타리용 나무다.

전형적인 미상화서

서어나무(Hainbuche, *Carpinus betulus*)[576] — 독일에서는 흰색 너도밤나무(Weißbuche)라고도 부른다 — 는 중도의 나무다. 높이는 25m로 참나무류나 너도밤나무, 독일가문비처럼 너무 크게 자라지 않는다. 특별히 오래 살지도 않는다. 100년 정도 살면 대부분 속이 썩고, 가지 끝이 고사하며, 그렇게 십수 년을 더 지내면 죽는다. 단명하는 자작나무가 그렇듯 서어나무도 매년 왕성한 결실을 맺는다. 이른바 '해거리(Mastbäumen)'라고 해서 참나무류나 너도밤나무처럼, 여건이 유리한 해에만 다량의 결실을 맺는 나무들과 대조를 이룬다. 서어나무는 개암나무와 사촌 간으로 전형적인 '미상화서(尾狀花序)'[577]를 지닌다. 즉, 꽃대가 마치 '새끼 고양이 꼬리(Kätzchenförmig)'처럼 아래로 늘어지거나 곧게 선다. 미상화서의 예로 버드나무꽃〔버들강아지(Palmkätzchen)〕〔버들고양이. 「버드나무」편 371, 381쪽 참조.〕을 꼽을 수 있다. 자작나무나 너도밤나무, 호두나무, 쐐기풀 등도 모두 꽃차례가 같다. 열매를 떨구지 않고 나무에 매단 채 겨울을 나는 식물(wintersteher)로서, 거센 바람이 불면 씨앗을 수백 미터까지 날려 보낸다. | 서어나무를 간단히 알아보는 특징은 줄기다. 회색빛이 감도는 수피는 시간이 지나도 갈라 터지지 않아 마치 너도밤나무처럼 매끄럽다. 줄기의 은회색 껍질을 보면 아래로 내려가면서 나선형으로 뒤틀린 무늬를 이룬다. 나무 전체가 꼬인 밧줄처럼 보이는 이런 줄기를 삼림 전문가들은 '불규칙한 단면(spannrückig)'[578]이라고 부른다. 별칭으로 흰너도밤나무라고도 부르는데, 비슷해 보이는 너도밤나무의 목재가 연한 붉은 빛을 띠는 것과 대조적으로 그 목재가 흰빛을 띠는 데서 붙여진 이름이다.

밑동 베기

서어나무는 고향인 유럽(동쪽으로는 북부 페르시아까지 분포한다)에서는 평지나 구릉 지대에서 해발 900m까지 자란다. 척박한 땅에서도 살 수는 있지만, 토심이 깊은 적윤지(適潤地)[579] 토양에서 생장이 양호하다. 예전에 서어나무 순림(純林)이 있던 프로이센 동부 지역에서 고유한 종이 생겨났다고 한다. 수천 년 전부터 서어나무는 전형적인 참나무의 동반자였고 지금도 여전히 참나무 군락에 가장 많이 분포한다. 이 숲은 예전에 10~20년마다 나무의 밑동을 자르는, 다시 말해 땅위로 나온 줄기를 자르면 뿌리 부분에서 줄기가 새로 나와 자라게 되는 저림으로 경영되었다. 참나무나 너도밤나무 같은 몇몇 수종만이 이런 경영 방식에도 살아남는데, 엄청난 맹아력 덕택이다. 이처럼 줄기를 전부 베어 버리는데도 굳건히 버티며 금세 새 움을 틔우므로 서어나무는 가장 중요한 '산울타리 나무(Hage-Hölzern)'로 손꼽힌다['하그(hag)'는 독일어로 산울타리(Hecke)의 고어로 살아 있는 나무를 심어 만든 울타리를 말한다. 그래서 서어나무를 '하게부흐(Hagebuch)'라고도 한다.]. 예전에는 대개 비용을 아끼려고 목초지나 들판에 울타리를 치지 않고 산울타리를 만들었다. 촘촘히 심은 나무가 빽빽하게 자라면, 경제성 있는 이른바 '살아 있는 울타리'가 되는 것이다.

[576] 서어나무[Hainbuche, *Carpinus betulus*] : 우리 나라의 서어나무(*Carpinus laxiflora*)는 유럽 서어나무와는 엄밀히는 종이 다르나 속명은 서어나무속이다. 이 책에서는 서어나무로 통칭했다. [577] 미상화서[尾狀花序, Kätzchenblüher] : 꼬리꽃차례 또는 유이화서(柔荑花序)라고도 한다. 독일어를 글자 그대로 풀면 '고양이 꽃차례'라는 뜻이다. 암꽃이나 수꽃이 빽빽하게 달리고, 꽃대가 유연하게 아래로 처져 마치 꼬리 모양을 한 꽃차례를 이른다. [578] 불규칙한 단면[spannrückig] : 대부분의 나무 줄기 단면이 원형을 이루는 것과 달리 서어나무류는 단면이 아메바나 별처럼 불규칙한 형상이다. 이런 형태는 목재의 가치를 떨어뜨리기도 한다. 북미 지역에 서식하는 서어나무(*Carpinus caroliniana*)는 줄기가 사람의 근육처럼 울퉁불퉁하다고 해 일명 '알통나무(muscle wood)'라고도 불린다. [579] 적윤지(適潤地, frische Erde) : 토양이 머금고 있는 수분 비율에 따른 분류명칭이다. 손으로 흙을 쥐었을 때, 대략 손바닥 전체에 습기가 묻고 물에 대한 감촉이 또렷하게 느껴지는 토양을 이른다.

요새 산울타리

카이사르와 타키투스에 따르면, 네르비족(Nervier)이나 트레베리족(Treverer)—주무대는 트리어 일대—[580]과 같은 게르만 종족들은 외부의 침입자들을 막기 위해 서어나무를 꼬아 두께가 수 미터씩이나 되는 방어용 울타리를 조성했다고 한다. 카롤링거 왕조 시대에도 피난용 성채 주변에 사람들이 쉽사리 통과할 수 없도록 갖가지 나무를 사방으로 심었다고 한다. 이런 방어용 산울타리는 특히 30년 전쟁 당시에 중유럽에서 매우 결정적 구실을 했다. '덤불(Knickicht)', '요새 나무(Wehrholz)', '들울타리(Landheeg)' 또는 '녹채(鹿砦, Gebück)'[581] 등 이름은 다양하다. 원래 이런 산울타리는 간단한 둑을 쌓고 적이 침입하는 방향에 구덩이를 파서 만들었다. 거기에 산울타리 수풀로 대개 서어나무를 심은 다음, 이를 도끼로 베어서 꺾어 놓으면 그 사이 사이에서 나무딸기, 들장미와 기타 가시나무 덤불이 뒤엉켜 금세 자란다. "나무들이 서로 뒤엉키고 꼬여 빽빽해지고 점점 커져서 사람이든 동물이든 이 오래된 경계선을 격파하기 전에는 들어갈 수가 없다."고 1713년에 카를 폰 카를로비츠는 『야생 수목 재배 지침』[『산림 경제 혹은 야생 수목 재배를 위한 가장(家長)의 정보와 자연에 순응하는 지침』. 20쪽의 주 [001] 참고]에서 썼다. | 가장 유명한 대지 요새(Landwehr) 중 하나는 라인가우(Rheingau)[582]에 있는 '라인가우 녹채(Rheingauer Gebück)'[583]로, 11세기에 마인츠(Mainz) 대주교령에서 타우누스 산맥으로부터 내려오는 약탈자들을 막으려 세운 것이다. 이 방어용 울타리는 라인가우를 에워싸고 니더발루프(Nieder-Walluf)를 크게 우회해 로르히하우젠(Lorchhausen)까지 이어진다. 폭이 약 50~100보(步)에 이르는 넓은 띠 형태로 조성한 둔덕 위에 다양한 크기의 나무들을 서로 다른 높이로 자르거나 꺾고 어린 가지들은 땅에 구부려 놓았다. 이런

↓ 예전에 땔감을 얻기 위해 흔히 쓰던 방식은 서어나무와 참나무를 정기적(10~20년 마다)으로 '밑둥을 베는' 저림 경영이었다. 줄기를 땅 가까이 바짝 자른다. 계속 그렇게 하면 하나의 뿌리에서 여러 줄기가 돋는다.

〔580〕네르비족〔Nervier〕과 트레베리족〔Treverer〕: 고대 게르만족(갈리아 종족)들로 네르비족은 현재 벨기에와 프랑스의 국경, 트레베리족은 독일 남서부의 역사 도시 트리어 일대를 근거지로 삼아 로마에 강렬하게 대항했던 부족들이다. 〔581〕녹채〔鹿砦, Gebück〕: 외부의 침입자들로부터 마을을 보호하기 위해 경계 지역에 조성한 제방, 해자, 산울타리 등을 뜻한다. 중세에 빈번하게 조성되었으며, 고대에도 비슷한 사례가 있었다고 한다. 독일에서는 기념물로 지정해 보호하기도 한다. 〔582〕라인가우〔Rheingau〕: 독일 헤센주 비스바덴시 인근으로, 남쪽의 라인강과 북쪽의 타우누스산맥(Taunus) 사이를 일컫는다. 983년부터 1806년까지 마인츠 대주교령에 속해 있었다. 남쪽으로 경사진 긴 언덕 지대로, 포도밭과 고성, 라인강이 어우러져 경관이 수려하다. 〔583〕라인가우 녹채〔Rheingauer Gebück〕: 12세기 마인츠의 아달베르트(Adalbert I. von Saarbrücken, 1111~1137년) 주교의 지휘로 조성된 이 녹채는 1771년 대주교 브라이트바흐(Breidbach)가 제거를 명할 때까지 600여 년간 유지되었다. 현재는 오래된 나무들과 일부 성채만 남아 있다.

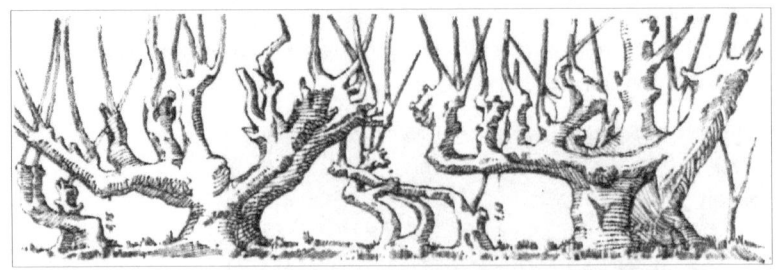

↑ 라인가우 녹채 중 남은 부분을 그린 스케치. 19세기의 고고학자 카를 아우구스트 폰 코하우젠(Karl August von Cohausen, 1812~1894)의 『고대와 중세의 요새 조성법(Die Befestigungsweisen der Vorzeit und des Mittelalters)』 수록 삽화, 1895년.
→ 카를 테오도르 라이펜슈타인(Carl Theodor Reiffenstein, 1820~1893), 〈라인가우 성채의 마퍼 망루(Die Mapper Schanze am Rheingauer Gebück)〉, 1863년, 프랑크푸르트 슈타델 미술관 소장(Städel Museum, Frankfurt am Main). 마퍼 망루는 호프 마펜(Hof Mappen) 장원의 남쪽에 1494년에 축조된 돌문으로 지금도 남아 있다.

요새는 몇몇 곳에만 여행자들이 오갈 수 있는 통로를 내고 거기에 망루, 보루(堡壘), 문 등을 두었다. 그런 개구부 중의 하나인 '마퍼 망루(Mapper Schanze)'는 과시할 목적으로 훗날 새로 조성한 시설이다. | 이 수비망을 유지하고 관리하기 위해서 1619년에 '준비 조서'를 제정하고, 그에 의거한 이른바 '산울타리 법정(Haingericht)'[584]을 열기도 했다. 철옹성 같던 이 요새는 30년 전쟁 중에야 처음으로 함락되었다. '녹채' 중 극히 일부는 오늘날에도 남아 있으니, 예를 들면 엘트빌러 영림서(Forstamt Eltville)의 236임분(가는 길을 알리는 안내 표지판) 인근에 있다. 최근에 나이테 분석을 시행했으나, 나무 속이 썩은 섬유질로 꽉 차 있어 아쉽게도 새로운 정보를 얻을 수는 없었다고 한다. | 울타리나 가시 울타리는 고작 적들이 밀어닥치기 전 가축이나 재산을 안전한 곳에 숨길 때까지만 버텨 주는 정도가 전부다. 그런데 동프로이센의 독일 기사단이 작성한, 도로에 관한 오래된 보고서에 따르면 '화살이 날아가는 거리(약 150m) 정도로 넓은 폭'을 가진 방

어용 울타리도 있었음을 알 수 있다. 마을 지명 중에 '하겐(hagen)' 또는 '하인(hain)'으로 어미가 끝나는 곳은 과거에 이런 보호 구역과 밀접한 관계가 있음을 상기하게 해 준다. 이런 바리케이드에는 서어나무뿐만 아니라 산사나무, 자두나무 등 산울타리를 보강해 주는 여러 나무가 한몫을 했다. | 맹아력이 강해 줄기를 절단해도 왕성한 생장을 보이는 서어나무의 특성은 그 중요성을 잃은 지 오래다. 이제는 아델베르트 폰 샤미소가 이야기한 것처럼 전정에 강한 정원 울타리로나 사랑 받을 뿐이다. "서어나무는 대개 프랑스 정원의 반드르르하게 다듬은 녹색 벽과 보스케(bosquet)〔585〕에 이용되는데, 그런 학대〔과도한전정(剪定)을〕를 가장 잘 견디는 나무이기 때문이다."

〔584〕**산울타리 법정**〔Haingericht〕: 중세 말 이후 근대까지 독일에서 공유림 주변의 공동체 구성원들이 숲에 관련된 문제와 목재 사용 권한을 논의하고 결정하던 회의체를 말한다. 지역에 따라서 삼림 법정(Forstgericht), 숲 법정(Waldgericht), 목재 법정(Holzgericht), 마을 법정(Marktgericht), 목재 회의(Holzgedinge) 등으로도 불린다. 숲, 개천, 산길, 다리에 대해 다루지만 그밖에 지역 공동체의 소소한 일을 논의하고 징벌을 결정하던 모임으로 오늘날에도 일부 지역에 그 흔적이 남아 있다. 〔585〕**보스케**〔bosquet〕: 총림(叢林). 프랑스의 바로크식 양식 정원에서 나무를 규칙적으로 심어 조성한 작은 인공 숲을 말한다. 프랑스 베르사유 정원에서 보스케는 서어나무, 주목, 회양목 등과 같이 전정에 강한 수목들을 기른 다음 다듬어 벽으로 둘러쳐진 방 모양으로 조성한다.

철의 대용품

서어나무에는 과거에 그 무엇과도 바꿀 수 없었던 또 다른 특징이 있었다. 철이 귀해서 보통 사람들은 선뜻 살 수 없었던 시기에 서어나무는 '쇠나무(Eisenbaum)'라고 불렸다. 히에로니무스 보크가 16세기에 쓴 본초학 책에 이에 관한 언급이 나온다[433쪽의 인용 문구 참조]. | 서어나무 $1m^3$는 800kg에 달해 유럽의 나무 중에서는 무거운 목재에 속한다. 가벼운 나무로 들 수 있는 사시나무를 견주자면, 그 비중이 서어나무의 반밖에 되지 않는다. 단단하고 질기며 옹이가 없는 서어나무 목재는 항만 공사에서 말뚝을 박는 망치로, 정육점의 고기를 두드리는 망치나 대포 받침대로, 구두골이나 피아노 해머 등을 만드는 데에도 요긴히 이용되었다. 그 쓰임새가 어찌나 다양했던지 나무 이름 자체가 요흐바움(Jochbaum, 멍에나무), 슈핀델바움(Spindelbaum, 물레나무), 드레슈플레겔부헤(Dreschflegelbuche, 도리깨밤나무) 또는 빌바움(Wielbaum, 바퀴나무)〔바퀴축(Radwelle)에서 왔음. 네덜란드어 '빌(wiel)'=바퀴〕 등으로 불리기도 했다. 수작업으로 만들던 접는 자에도 거의 항상 이 목재를 썼다. 인쇄술이 발달하기 시작하던 초창기 최초의 활자는 단단한 바이스부헤(Weißbuche, 서어나무)〔직역하면 흰 너도밤나무라는 뜻이다.〕나 로트부헤(Rotbuche, 유럽너도밤나무)〔붉은 너도밤나무〕의 목재로 만들어졌다〔'부흐(Buch, 책)'라는 독일어 단어도 너도밤나무나 서어나무의 '부헤(Buche)'에서 유래했다. 「너도밤나무」편 참고.〕. | 우악스럽고 촌스러운 사람을 '하네뷔헨(hanebüchen)'이라고 부르는 것 또한 꽤나 그럴 법하다. 옛 고지 독일어 '하게뷔힌(hagebüechin)'에서 유래한 이 말은 거칠고 단단한 서어나무 목재를 뜻한다. | 이제는 구식이 되어 버렸지만 포도주와 포도즙을 거르는 방법에 관해 본초학의 아버지 히에로니무스 보크의 말을

19   Die Hainbuche *Carpinus betulus*   서어나무   나무 신화(Mythos Baum): 나무로 본 유럽 민속의 기원과 효능

↓ 서어나무는 재질이 단단해 예전에는 너도밤나무와 함께 인쇄소에서 목활자 제조에 이용했다.

빌리자면, 당시에는 서어나무 목재를 잘라 "… 햇불을 만들기도 하고 대팻밥으로 탁한 포도주를 맑게 하는 데" 쓰기도 했다고 한다. | 서어나무가 약용 식물로서 사용되었다는 이야기는 옛 기록에도, 최신 자료에도 없다. 다만 배치 플라워 치료법(Bach-Blüten Medizin)[586]에서는 이 나무를 중요시한다. 이 요법에서는 '혼빔(Hornbeam)'[직역하면 뿔나무라는 뜻. 서어나무의 영어 이름으로, 뿔처럼 단단한 특성에서 유래했다.]이라고 해서, 과로나 머리가 무거울 때, 몸이 늘 허약할 때 —지극히 생명력 왕성한 서어나무의 특징에 걸맞게— 효험이 있다고 본다.

[586] **배치 플라워 치료법[Bach Flower Therapy]** : 영국인 의사 에드워드 배치(Edward Bach, 1886~1936년)가 창시한 식물 치료법이다. 식물이 지닌 에너지를 이용해 사람들을 치유하고 정서를 안정시킬 수 있다고 본다. '배치 플라워 테라피(Bach Flower Therapy)'라고도 한다. 이 요법에 따르면 정서를 다스리는 38가지의 기본 식물들이 있는데, 그중에서 혼빔(서어나무)은 지루함, 지침, 과로, 의심 등 정신적으로나 육체적으로 주어진 생의 짐을 지고 나갈 힘이 부족하다고 느끼는 이들에게 힘을 주는 식물이다.

↓ 판이 피티스(Pitys)를 덮치려 하자 보레아스(Boreas)는 님프를 소나무로 변신시켰다. 줄리오 보나소네(Giulio Bonasone), 〈피티스〉, 아킬레 보키(Achille Bocchi, 1488~1562년)의 『전 우주에 관한 상징적 질문들(Symbolicarum quaestionum de universo genere)』 수록 삽화, 1574년.

20 | Die Kiefer *Pinus sylvestris* | 소나무 | 나무신화(Mythos Baum) : 나무로 본 유럽 민속의 기원과 효능

소나무

Die Kiefer
Pinus sylvestris

숲 가장자리에서 소나무가 꿈을 꾼다. 하늘에는 흰 구름만 두둥실.
사방은 너무 고요해 자연의 깊은 적막 들을 수 있네.
들판과 길 위에 내리쬐는 햇빛 주위, 우듬지는 조용하고, 바람 한 점 없어
그래도 들리네, 마치 잎 그늘에 비 내리는 듯한 소리가.
〔테오도르 폰타네, 「정오(*Mittag*)」〕

↑ 알프스 동부에서 자라는 누운소나무(레그푀레, Legföhre)는 키가 작아 눈보라에 잘 견디며 알프스 산맥의 석회암 지대에서 흔히 수목한계선을 형성한다.

매우 오래된 선구수종

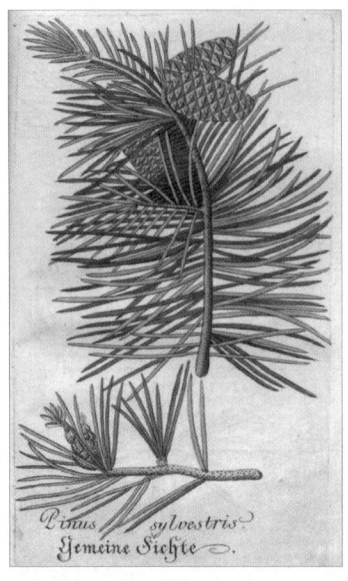

←유럽 소나무(*Pinus sylvestris*), 『**자생 및 외래 식물도감**(*Plantarum indigenarum et exoticarum Icones ad vivum coloratae*)』, 1790년.

지구상에는 극지방에서 적도까지 대략 90여 종의 소나무 종(*Pinus*)이 분포하며, 북미 태평양 지역에 분포하는 종이 가장 많다. 인도네시아에 생육하는 수마트라 소나무(*Pinus merkusii*)를 제외하고는, 대부분 북반구에 몰려 있다. 현재 유럽 중북부에 주로 분포하는 유럽 소나무(Waldkiefer, *Pinus sylvestris*)는 약 1만 년 전인 최후 빙하기 이후에 자작나무와 함께 중유럽의 대부분을 뒤덮었다. 이 두 수종은 종자가 매우 가벼워 멀리까지 날아가 퍼질 수 있었으므로, 오늘날까지 선구수종으로서 중요한 구실을 맡아 왔다. | 그러나 현재 소나무의 분포 상황은 다르다. 빙하기가 끝나고 기후가 바뀌면서 소나무와 자작나무 숲은 (기원전 6000년경부터) 경쟁력에서 개암나무에게 밀렸고, 이후 (기원전 5000년경) 참나무류가 숲의 새 주인이 되었다.

척박한 지역에서도 살아가는 생존자

중세 후반부터 계획적인 대규모 벌목 때문에 숲 속에 공터가 생기면 거기다 인위적으로 소나무를 조림하면서 (훗날 독일가문비에서도 유사했듯이), 소나무는 새로이 분포 영역을 넓혀 가게 되었다. 선구적인 역할을 한 사람이 바로 숲과 삼림학의 역사에서 중요한 위치를 차지하는 뉘른베르크의 '전나무 씨 뿌린 사람(Tannsäer)' 페터 슈트로머[73쪽 주[095] 참고.]였다. 그는 1368년 수백 ha에 달하는 로렌츠 제국림(Lorenzer Reichswald)[587]에 소나무씨를 파종한 선구자 중의 한 사람이었다. 선견지명이 있던 그도 당시에는 자신의 인공 조림과 같은 혁신적인 작업이 다음 수 세기 동안 꾸준히 이어지리라고는 예상치 못했다. 1790년에서 1910년 사이 소나무 비율은 5%에서 18%로 증가했으며, 오늘날에는 28%쯤 된다. 브란덴부르크주에서는 숲 면적의 무려 82%를 소나무가 차지하고 있다. 근래에는 생산성이 높은 북미 더글러스 소나무(미송, *Pseudotsuga menziesii*)의 조림으로 소나무의 비율이 다소 감소했지만 말이다. | 원래 소나무는 어디서나 자랄 수 있다는 강점을 지닌 만큼 척박한 지대나 수분과 양분이 부족한 땅에서도 잘 자란다. 다만 살아남는 데 필수 요건 중 하나가 바로 햇빛이다. '대륙의 모래 상자'로 불리는 유럽 북동부에는 햇빛에 강한 이 나무가 드넓게 퍼져 있다. 그렇지 않아도 병충해가 많이 발생하는 침엽수인 데다가 이처럼 소나무로만 이루어진 순림 지역은 유독 수난을 당하기 십상이다. 이미 소나무좀(Scolytide), 솔수염하늘소(Cerambycidae), 바구미(Curculionidae)를 위시해 솔나방(*Dendrolimus*), 자나방(*Bupalus*), 소나무순나방(*Rhyacionia buoliana*), 산명나방(*Eudonia delunella*), 솔박각시(*Sphinx pinastri*) 등 수많은 해충이 거의 모든 소나무 숲에 피해를 주고 있는 실정이다.

[587] 로렌츠 제국림[Lorenzer Reichswald] : 뉘른베르크는 13세기부터 신성 로마 제국 황제가 직접 다스리는 제국 자유 도시가 되었으며, 이 도시를 둘러싸고 제국에서 직접 경영하는 제국림이 조성되었다. 그 중에 남동쪽을 로렌츠 제국림이라 부르며, 이 지역에 라우렌시오 성인에게 바친 장크트 로렌츠 교회(St. Lorenz)가 있어 유래한 이름이다.

↓ 북독일의 황무지처럼 산성화되고 척박해진 토양에서는 무던한 소나무가 노간주나무와 더불어 아주 잘 자란다. 하지만 소나무는 햇빛만은 포기하고 싶어하지 않는다.

20 | Die Kiefer
Pinus sylvestris | 소나무 | 나무 신화(Mythos Baum):
나무로 본
유럽 민속의 기원과 효능

소나무의 생김새

소나무는 숫자 '5'와 친하다. 솔씨에서 처음 싹튼 어린 묘목은 5개의 바늘잎을 내고, 그것이 점차 가지 5개로 성장해 새로 하나의 '마디(Stockwerk)' [절간(節間)]를 이룬다. 매년 생장 시기에 이런 방식이 반복되어 가지가 형성되기 때문에, 어릴 때는 가운데 줄기의 마디 수를 세면 나이를 가늠할 수 있다. 어린 소나무는 모습이 다 엇비슷하지만 세월이 지나면서 독일가문비나 전나무처럼 곧은 줄기를 갖지 못하고, 환경(바람 등)에 적응하거나 견뎌내며 개체마다 고유의 형태를 형성해 나간다. 게다가 나무를 곧게 생장하게 하는 끝눈[頂芽(정아)]이 잘 자라지 못하고, 곁눈[側芽(측아)]이 점차 자라 곁가지가 더 발달하며, 이에 따라 줄기와 가지가 이리저리 구부러진다. 나중에는 밑부분의 가지는 떨어지고, 점차 하늘을 향해 우산 모양을 한 수관(樹冠)을 형성한다. | 솔잎은 길이 4~7cm로 2개씩 모여 나고, 보통 3~4년이 지나면 떨어지지만 대기 오염이 심각한 곳에서는 불과 2년 만에 떨어지기도 한다. | 소나무는 600년 정도 살 수 있으며, 높이는 10~30m(혹은 40m)까지도 자란다. 야외에서는 대략 50여 년이 지나면 성숙해지며, 독일가문비처럼 소나무도 (2~6년마다) 다량의 화분(花粉)을 생산해 '유황비(Schwefelregen)'라고 표현될 만큼 엄청난 노란색 꽃가루[송홧가루]를 퍼트리니, 물웅덩이나 연못을 유난히 노랗게 뒤덮는다. 이 가루는 석송(石松)의 포자인 '헥센멜(Hexenmehl)'[588]처럼 건조한 상태에서 쉽게 불이 붙는 까닭에 옛날에 민중 연극 무대에서 번개 효과를 내는 데 쓰기도 했다. 소나무는 바람에 의해 수분(受粉)

---

[588] 석송자[石松子, Bärlappsporen] : 석송은 석송과의 늘푸른 양치식물로 전세계 숲 속에 자생한다. 2~5mm 굵기의 줄기가 땅 표면을 기면서 자란다. 이 줄기에서 1cm 정도 높이의 가지가 곧게 서고, 잎이 빽빽히 난다. 그 끝에 원기둥 모양의 포자가 나는데, 이를 석송자라 한다. 서구에서는 석송의 홀씨뿐만 아니라 소나무, 가문비나무 계통의 꽃가루들을 모두 석송자(Lycopodium powder)라고 통칭하며, 이들은 지방 함유량이 높아 방습성과 폭발성을 지닌다. 예전에는 베이비 파우더, 환약의 피막, 마술의 불꽃 효과, 카메라 플래시 등으로 썼다. 한방에서는 궤양, 습진, 곪은 상처를 치료하는 데 쓴다. 본문에서 헥센멜은 독일어로 석송자를 이르는데, 말 그대로 풀면 요술 가루라는 뜻이다.

이 되지만, 송홧가루는 정작 벌들의 중요한 먹이가 된다. | 소나무는 땅 속 5m까지 내려가는 튼튼한 곧은 뿌리[直根(직근)]와 그 옆에 발달된 곁뿌리[側根(측근)]에 힘입어 혼자서도 잘 자란다. | 소나무속(屬)의 학명 '피누스(Pinus)'는 뾰족한 바늘잎과 연관이 있다. 고대에 '피눔(Pinum)'이란 단어는 투창과 같은 뾰족한 물건을 지칭했다. 독일어로 소나무를 뜻하는 '키퍼(Kiefer)'라는 낱말은 중세 말엽에 생겨났으며, 이를 널리 퍼트린 최초의 인물은 아마도 마르틴 루터일 것이다. 그가 번역한 성경에 '키퍼'라는 표기가 등장하기 때문인데,「이사야서」41장 19절의 "내가 광야에 백향목과 싯딤나무와 화석류와 들감람나무를 심고 사막에는 잣나무와 소나무(Kiefer)와 황양목을 함께 두리니"[589]라고 한 대목이 그것이다. '키퍼'라는 단어의 어원은 '킨포렌(kienforen)'으로 관솔[송진이 많이 엉겨 등불로 이용할 수 있는 소나무의 가지나 옹이] 또는 햇불을 의미하는 '키인(kien)'이란 낱말과 원래 침엽수를 의미했던 '푀레(föhre)'라는 낱말의 합성어였다. 그러므로 '키퍼'는 풀이하자면 '관솔개비 달린 침엽수'쯤이 될 법하다.

↑ 소나무의 솔방울에는 씨가 많이 들어 있어 고대에는 다산과 부의 상징으로 여겨졌다.

[589]「이사야서」41장 19절 : 원문에는 "내가 광야에 백향목과 싯딤나무와 화석류와 소나무를 심고…"로 되어 있다. 최영전의『성서의 식물』(1996년)에서는 백향목은 레바논 시이다로, 싯딤나무는 아까시나무의 일종으로, 화석류는 소귀나무로, 들감람나무는 올리브로 해석하고 있다.

20 Die Kiefer
Pinus sylvestris

소나무

나무 신화(Mythos Baum) :
나무로 본
유럽 민속의 기원과 효능

중세의 어둠을 밝히던 관솔개비

↑ 송진에 담근 나뭇조각인 관솔개비는 중세의 농가를 밝히는 유일한 조명 시설이었다.

잎갈나무와 더불어 소나무는 가장 송진이 많은 유럽의 향토 수종 중 하나다. 이런 특성 때문에 오래 전부터 중요하게 여겨졌고, 중세의 일상 생활에서 필수불가결한 존재였다. 가장 기름진, 즉 송진이 많은 나무는 주로 기둥 밑부분에서 거두어 이른바 관솔로 만들었다. 이렇게 채취한 길이 20cm 가량 되는 손가락 굵기의 나뭇가지를 조심스레 말린 다음, 쓰기 직전에 송진이나 역청 등을 발랐다. (끝이 구부러진 쇠로 된) 관솔대에 이것을 꽂고 불을 붙이면, 몇 시간 동안 농가의 어둠을 밝힐 수 있었다. 값비싼 초는 엄두를 내지 못하던 가난한 이들이나 외딴 농가에서는 20세기 초까지도 더러 이 관솔불을 이용했다. | 횃불을 만들 때는 큰 관솔 가지를 누더기 천조각으로 말아 역청에 담갔다. 옛 법전에서 관솔 가지로 어둠을 밝힌다는 구절을 종종 찾을 수 있다. 예를 들어 1701년의 라이프치히 시의 규정에 따르면, 야간 대중 집회 때는 "골목길과 모퉁이 집 인근의 화로에 역청을 칠한 횃불이나 관솔(Kühn) 또는 그밖의 장작으로 불을 밝혀야" 했다.

풍부한 송진

↑ 미국 플로리다의 송진 채취, 1910년대.

송진은 예로부터 수요가 많은 거래 품목이었다. 이미 기원전 4000년 경에 고대 이집트인은 송진을 이용해 미라를 방부 처리했으며, 그리스 로마 시대에는 심지어 의치(義齒)로 사용하기도 했다. 오늘날 장신구에 쓰이는 호박(琥珀)도 송진이 굳어 화석화된 것이다. | 소나무는 유럽의 자생 수종 중 가장 많은 송진을 생산해 내는 공급원이다. 동유럽이 사회주의권에 속하던 1980년대까지 송진 채취를 주된 목적으로 하는 임산업이 성행했으며, 오스트리아 빈의 남쪽에 위치한 헤른슈타인(Hernstein)에서는 지금도 그 채취가 이루어진다. 수 세기 전에는—대부분 수도원이나 귀족 계급인— 지주들이 송진 이용권을 독점했고, 지정된 업자가 조세나 공물을 내야 그 댓가로 채취를 할 수가 있었다. 송진 채취에는 먼저 송진을 긁어서 모으는 방법이 있는데, 특별히 고안된 기구를 이용해 봄에 소나무 껍질을 길이 1m, 폭 8cm 정도로 두어 군데 길게 벗겨 낸다. 그러면 불과 몇 달 지나지 않아 송진을

모을 수 있으며, 돌아오는 가을에 다시 한 번 채취가 가능하다(Scharrharznutzung). 그러나 이 방법은 소나무에 직접적 피해를 주고, 해충에도 쉽게 노출될 수 있다. | 또 다른 방법은 소나무 껍질을 목질부 깊이까지 몇 군데 벗긴 다음, '쇠 연장(Reißeisen)'으로 수직으로 홈을 파서 송진이 그 홈을 타고 아래에 받쳐 놓은 통 속으로 흘러 들어가게 하는 것이다. 며칠 지나고 나서 좌우로 위쪽에 비스듬한 홈을 파서 전체적으로 이른바 '웃는 입 모양(Lachten)'를 만든다.[590] 이 방법을 쓰면, 소나무에서 송진이 계속 흐르게 되어 1년에 1.5~4kg 정도를 수확할 수 있다. 수확한 송진은 커다란 솥에 넣고 끓인 후, 젖은 자루에 넣고 짜서 불순물을 제거한다. 정제된 송진은 통에 담겨 질에 따라 약품, 바니시(varnish), 래커(lacquer), 윤활유 등으로 재가공하기 위해 운반된다. 그 밖에도 송진을 끓인 액체 상태의 송진액은 '홀츠피크(Holzpik)'라 해서, 나무꾼들이 작업 시 도끼자루가 미끄러지지 않도록 손에 묻히는 보조제였다. | 자루에 남은 송진 찌꺼기는 다시 태워 그을음(타르)을 만들었는데, 이것이 인쇄용 검은 잉크와 가죽 무두질에 사용되기 시작하면서 점점 더 많은 양이 필요하게 되었다. | 밑동에서 송진을 과도하게 채취해 목재로서 가치를 잃은 소나무는 대부분 땔감용으로 일찌감치 베어 버린다. 최근에 미국에서 소나무 밑동이 패러쾃트 제초제와 접촉하면 뿌리까지 심하게 상한다[송진이 많아진다]는 보고가 나온 바 있다. 그래서 죽은 그루터기(벌채 후 남은 부분)에서도 화학적 추출 방법을 이용해 테르펜틴(Terpentin)[591] 수확을 시작했다. 또한 이를 통해 테레빈유도 얻을 수 있게 되었다. 정제된 송진으로 만드는 로진의 이름 '콜로포늄(Coloponium)'은 고대에서 유래했다. 디오스코리데스에 따르면 고대에 소아시아의 옛 도시 (이즈미르의 남쪽에 있는) 콜로폰(Kolophon)에서 왔다는 것이다.

[590] 송진 채취 : Lachten은 원래 웃는 입 모양을 뜻하나 그런 형태로 나무에 홈을 판다는 뜻도 있다. 우리 나라에서도 이와 비슷한 송진 채취 작업이 일제 강점기에 많이 이루어졌다. 야산의 큰 소나무 가운데 줄기에 V자 형태의 자국이 남아 있는 것들은 송진을 채취한 흔적일 가능성이 크다. [591] 테르펜틴[Terpentin] : 침엽수의 줄기를 벗기면 흘러내리는 끈끈한 진액, 즉 생송진. 생송진은 85%의 송진과 15%의 테레빈유로 조성되므로, 증류해 테레빈유를 얻고, 그 찌꺼기가 현악기의 활에 바르는 로진(콜로포니)가 된다.

역청과 타르 제조

↑ 예전에는 불 붙은 소나무의 역청으로 맥주와 포도주통을 방수 처리했다. 팔츠(Pfalz)의 백작 프란츠 필립(Franz Phlipp)의 『현명하고 법률에 정통한 가장(家長)(*Kluger und Rechtsverständiger Haus-Vater*)』에서, 1702년.

독일 동북부 저지대에 드넓게 펼쳐진 소나무 분포 지역에는 예전에 이른바 '타르 증류일(Teerschwelerei)'이 성행했다. 티르휘테(Teerhütte)〔타르 오두막〕, 티로펜(Teerofen)〔타르 가마〕 같은 옛 들판 지명이 그 증거다. 숯 가마와는 달리 타르 가마에서는 정제되고 남은 부산물을 땅에 흘려보내면 안 되고 모아야 한다. | 타르의 원자재는 송진이 많이 함유된 나무토막이다. 나무에 송진이 많이 생기도록 하기 위해 나무를 베기 수 년 전부터 나무껍질을 점차적으로 벗겨 낸다. 그러면 앞에서 설명했듯이 그 상처 부위가 송진으로 뒤덮이고, 송진으로 꽉 찬 변재 부분도 많아진다. 이런 과정을 거친 소위 '건류용(乾溜用) 나무(Schwelbaum)'는 베어 낸 후 장작으로 쪼개어 차곡차곡 쌓는다. 그 주변에 벽돌을 빙 둘러 쌓고, 약 30cm의 불구멍을 낸다. 액체가 빠져 나오는 아래쪽 출구를 제외하고는 점토로 모든 부분을 막아 가마를

↓ 오스트리아 북부의 뮐피어텔(Mühlviertel)에 있는 지름 3m의 역청유석(瀝靑油石). 최근까지도 이 위에 소나무를 쌓고 불을 붙일 때 역청(아스팔트)을 제조했다.

만든다. | 가마에 불을 지피고 하루 이틀쯤 건류하면, 아래쪽 구멍에서 관을 통해 갖가지 물질이 흘러나오기 시작한다. 몇 시간 지나면 최초 생산물로서 적갈색의 약산성 액체가 나오는데, 이것은 타르 액이라 해서 피혁공들이 무두질하는 데 이용한다. 그 다음으로 걸쭉한 송진 기름이 나오고, 마지막으로 검고 찐득한 목(木)타르(역청)이 만들어진다. 이 목타르로 '맥주 통 안쪽을 칠하'거나 '술을 만들고', 갓 도살한 돼지의 털을 제거했다. 선박이나 지붕, 어구(漁具) 등의 방수에도 이용했다. 가마의 장인들은 심혈을 기울여 목타르를 건류하는 네댓새 동안에 계속해서 생산되는 정제물들을 그때그때 분리해서 모은다. 이런 분리 작업을 거치지 않으면 이른바 '윤활유(Schmiere)'가 생성되는데, 이런 것으로 마차 바퀴를 윤활하는 '카렌잘베(Karrensalbe)'〔남부 독일 방언으로 바퀴 연고라는 뜻.〕를 생산한 것이다. | 오스트리아 오버외스트라이히의 동쪽에 자리잡은 뮐피어텔에는 상처 치료약으로 쓸 역청유(瀝靑油)를 추출하던 '역청유석(Pechölstein)'이란 것이 오늘날까지 남아 있다. 역청유가 잘 흘러내리도록 음각한 커다랗고 평평하며 약간 경사진 화강암 위에 송진이 다량 함유된 소나무를 쌓고 가마를 지어 불을 지핀다. 대략 5~7m²의 역청유석에서 50여 시간에 걸친 탄화 작업 끝에 생산되는 역청유는 13ℓ 정도 된다.

그을음 제조통

불을 땔 때 발생하는 그을음은 굴뚝에 달라붙어 굴뚝 청소부들에게 맡겨서 정기적으로 제거해야 하므로, 귀찮은 쓰레기로 여겨진다. 그러니 예전에는 그을음을 채취할 목적으로 북부 독일의 광활한 송림에 특별한 가마가 설치되었다는 사실이 쉽게 상상이 가지 않을 것이다. 나무에 송진이 많을수록 더 많이 그을고, 거기 더해 산소 공급이 부족할 때 더욱 발생율이 높아진다. 따라서 나무를 태우는 가마에서부터 수평으로 낸 연통, 일명 '그을음 제조통(Rußfabricationslocale)'을 따라 연기가 배출되도록 한다. 여기에 그을음 채집기를 설치하는데, 그을음이 달라붙도록 둥그런 지붕을 설치하고 연기가 빠져나갈 구멍을 조그맣게 뚫었다. '보통품' 그을음은 눈송이처럼 떨어지지만, 고가인 상급품 그을음을 얻기 위해서 '커다란 자루나 거친 광목 천막'을 따로 치기도 했다. 200여 년 전만 해도 흑림의 북부에 그을음 제조 가마 공장이 다수 존재해, 이렇게 얻은 귀한 원료를 가지고 먹[墨]이나 인쇄용 잉크, 검정색 유채료(油菜料) 등을 만들었다. 그러나 숯이 저렴한 석탄으로 대체된 것처럼, 그 전까지 다양하게 쓰이던 그을음과 같은 송진 부산물의 자리를 점차 석탄 타르가 대신하게 되었다.

←소나무 그을음(카본) 제조 가마 시설(Kienrußbrenner), 1900년경.

다양한 쓰임새

↑ 척박한 땅에서도 잘 자라는 소나무는 잎이 2개씩 모여 나며, 가을에 익는 솔방울 속에는 씨가 빼곡히 차 있어 다산을 상징했다.

좋은 목재를 얻으려면 소나무의 수령이 대략 100~120년 되었을 때 벌채하는 것이 적당하다. 소나무의 재질은 연하고 가볍지만 전나무나 독일가문비 목재에 비해서는 단단한 데다 송진 함량이 많기 때문에 습기나 기상 변화에도 훨씬 내구력이 강하다. 또 솔방울은 불쏘시개로 적당해 솔숲이 있는 지역에서는 솔방울[구과(毬果)]을 주워 모았다. 솔씨를 짜서 추출한 기름은 나무로 만든 공구의 기름칠에 매우 적합했다. | 솔방울이나 솔씨뿐 아니라 솔잎도 쓰임새가 많았으니, 가난한 집에서는 '숲에서 나는 목화(Waldwolle)'라 해 베갯속이나 이불속으로 사용했다. 솔잎을 미지근한 물에 몇 달 담가 놓으면, 딱딱한 겉껍질이 벗겨지고 부드러워지면서 얼추 솜과 비슷한 상태가 된다. 부드러워진 솔잎을 건져 햇볕에 말려 베개와 이불의 속을 채웠다.

고대의 폐 질환 약제

소나무는 독일의 신화 속에서 그다지 주목을 받지 못했다. 그리스 전설에 등장하는 피티스(Pitys)가 소나무로 변신한 이래, 그리스에서 소나무는 '피티스' 또는 '포이케(Peuke)'라고 불렸다.[592] 하지만 독일어권에 널리 퍼지게 된 역사가 수백 년밖에 되지 않았기 때문인지 독일의 관습이나 민간 신앙에서 큰 의미 있는 존재는 아니었다. 중유럽의 문화사는 활엽수림에 그 뿌리를 두었던 것이다. 반면 오래 전부터 소나무가 분포하던 보스니아-헤르체고비나와 같은 지역에서는 마법과 사술을 물리치는 주문에 솔가지를 쓰기도 했다. | 민간 요법에서 소나무는 독일가문비, 전나무와 함께 폐 질환의 처방이었다. 특히 만성 기관지 장애에는 소나무의 어린 싹 혹은 소나무에서 추출한 오일을 코나 입으로 흡입하면 즉효가 있으며, 기침이나 기관지염이 심할 경우에는 소나무 추출물로 만든 연고를 가슴이나 등에 바르면 효과가 있다고 한다. 소나무 연고 제조법은 다음과 같다. | 테르펜유 2.5 순가락 | 올리브유 8순가락 | 로즈마리유 2.5방울 | 벌꿀 1순가락 | 밀랍 20g | 밀랍을 냄비에 녹인 후, 올리브유와 테르펜유를 넣는다. 그다음 벌꿀을 넣고 계속 젓다가, 불을 끄고 로즈마리유를 넣는다. 연고제 틀에 이 내용물을 붓고 식히면 완성. 기관지뿐 아니라 상처 소독, 피부 보호, 류머티즘에도 잘 듣는다.

[592] 피티스[Pitys] : 님프 피티스가 소나무로 변신한 이야기에는 2가지 설이 있다. 판(Pan)이 피티스에 반해 끈질기게 구애했으나, 피티스가 받아들이지 않고 계속 도망 다녔다. 이에 신이 피티스가 더는 판의 추적을 받지 않고 쉴 수 있도록 그녀를 소나무(또는 전나무)로 변신시켜 주었다. 또 다른 설은 반대로 피티스가 판을 사랑했지만, 북풍의 신 보레아스(Boreas)의 질투로 죽음을 맞이했다는 내용이다. 판과 보레아스 둘 다 피티스를 사랑했는데, 피티스는 판의 사랑만 받아들였다. 이에 분노한 보레아스가 바람을 일으켜 피티스를 벼랑에서 떨어져 죽게 했다. 피티스를 가엾게 여긴 대지의 여신이 시신을 거두어 소나무로 만들어 주었다고 한다.

20 | Die Kiefer
Pinus sylvestris | 소나무 | 나무 신화(Mythos Baum) :
나무로 본
유럽 민속의 기원과 효능

천년의 광채를 뿜는 일본의 소나무

↑ 일본 전통극인 노에서는 큰 노송을 그린 무대 장식(그림 왼쪽 끝)을 사용하는데, 이 소나무를 '요리시로(依り代)', 즉 신령이 내려오는 통로로 신성시한다. 요슈 치카노부(楊洲周延), 〈마치이리노그림(町入能の図)〉, 1889년경.

일본 문화에서 소나무는 매우 중요한 의미를 지닌다. 매화, 자두나무와 더불어 정원수로 가장 각광 받을 뿐 아니라 소나무에는 신(神)이 깃들어 있다는 오랜 믿음이 이어져 왔다. 일본인에게는 '나무' 하면 곧 소나무로 통용된다. 소나무는 위엄, 영원, 불변, 장수 등을 상징하며 나무 중에서 남성성을 표상한다. | "초록으로 물든 봄에는 모든 나무에서 새싹이 돋아나지만, / 오직 소나무의 초록만이 천 년의 광채를 품고 있네."〔후지와라노 요시츠네(藤原良經)〕[593] | 독일에서 크리스마스 때 독일가문비를 장식하듯, 일본에서는 신년에 대문 양쪽에 소나무를 세운다. 일본의 전통 고전극 노가쿠〔能樂〕는 소나무를 신성시하여, 무대에 항시 소나무가 그려진다. | 일본에서는 정원을 가꿀 때 소나무를 원래의 수형 그대로 놔두지 않고, 어린 나무조차 가지를 묶거나 솎아 매우 오래된 고목처럼 보이게 만든다. 도가(道家)에서는 솔씨를 소나무의 장생과 인내를 흡수하게 하는 영약으로 친다.

[593] 후지와라노 요시츠네〔藤原良經, 1169~1206년〕: 일본 헤이안 시대의 섭정, 귀족이자 가인이다. 원문은 "모든 싹들도 봄의 연둣빛, 소나무에만 천년의 색 어리다(おしなべて木のめも春のあさみどり 松にぞ千世のいろはこもれる)."

유럽잣나무(*Pinus cembra*)

↑ '알프스의 여왕'인 유럽잣나무는 접근이 어려운 깊은 산속에 자리 잡고 있다. 잣 열매는 잣까마귀에 의해 퍼져 나간다.

스위스에서는 아르베(Arve)라고 부르는 유럽잣나무(Zirbelkiefer, *Pinus cembra*)[594]는 예전에는 지금보다 더 많이 분포해 있었다. 중앙 알프스의 고산 지대 중 특히 해발 1,300~2,750m의 산성 토양 지역에서는 이 유럽잣나무가 순림으로 또는 낙엽송과 혼재하며 수목 한계선을 형성한다. 알프스 지역이 아닌 곳으로는 헝가리 국경을 이루는 카르파티아 산맥에 분포한다. | 유럽잣나무의 종자인 치르벤뉘세(Zirbennüsse)는 산방울새나 딱따구리들도 좋아하지만, 잣까마귀

가 유독 좋아한다. 잣까마귀는 길고 날카로운 부리로 잣방울에서 종자를 파내며, 바로 먹기도 하지만 수백 알씩 목구멍에 모아 두기도 한다. 간혹 잣까마귀가 자기가 외진 곳에 묻어둔 잣 열매를 다시 찾지 못해, 그 곳에서 나중에 유럽잣나무의 어린 싹이 돋아 나기도 한다. │ 19세기의 삼림 관련 책자에서는 유럽잣나무는 "알프스 산사람과 방목하는 소들만이 오르는 험준한 곳", 이른바 "불모의 땅(unproduktivem Terrain)에서만 자란다"고 기록했다. 그런 곳에서조차 유럽잣나무는 농부들에게 성가신 존재였다. 짙은 그늘을 드리워 젖소가 뜯어먹을 목초에 피해를 주기 때문이었다. 농부들은 고원의 목초지를 확보하겠답시고 유럽잣나무를 수백 년 동안 마구 베어 버렸다. 반면 수관(樹冠)이 엉성해 햇빛이 지표면까지 도달하는 낙엽송 지대는 목초지로 적당하다 보니 결국에는 이런 나무들만 남게 되었다. │ 유럽잣나무의 생장은 더디지만 약 700~1,000년 정도 살 수 있으며, 알프스 일대에서 생산되는 목재 중 가장 선호되는 것 중 하나다. 특히 빈대와 진딧물을 쫓는 향이 나는 이 목재는 티롤 지방의 농가에서 '별실(Gute Stube)'[595]을 지을 때 써 왔고, 그 지역에서는 요즘도 이 나무로 가구를 만든다. 이뿐 아니라 구유나 십자가상 조각, 인형, 나무 장난감 등의 제작에도 곧잘 이용된다. 생장이 느리다 보니 유럽잣나무를 조림한다는 것은 임업인에게 수지 타산이 맞지 않는다. 그러나 아직도 눈사태 방지와 산사태 방지에 중요한 몫을 한다. 유럽잣나무는 바늘잎이 2개씩 모여 나는 소나무와 달리 5개의 바늘잎이 한데 모여 난다.[596] 최근 들어 남벌과 스키장 건설을 위한 개간 사업으로 유럽잣나무의 입지는 더욱 위태로워졌다.

[594] **유럽잣나무**[Zirbe, *Pinus cembra*] : 소나무과에 속한다. 알프스의 고산 지대에 살아. 고산소나무 또는 셈브라소나무(*Pinus cembra*)라고도 한다. 잣의 형태와 맛은 우리나라 잣과 흡사하며 과자나 빵을 구울 때 넣기도 한다. 그 독일어 이름 '치르베'는 중세 독일어의 '소용돌이친다'는 말에서 유래한 것으로 여겨진다. [595] **별실**[Gute Stube] : 독일이나 오스트리아 농가에서 특별한 일이 있을 때 사용하는 방. 신혼방이나 빈소 등을 말한다. [596] **잣나무의 잎** : 소나무와 해송 등은 바늘잎이 2개씩 모여 나고, 리기다소나무와 백송 등은 3개씩, 잣나무, 섬잣나무, 스트로브잣나무 등의 잣나무류는 5개씩 모여 난다.

↓ 무고소나무(*Pinus mugo*), 마티올리(Pietro Andrea Mattioli)의 『약물에 대하여(*New Kreüterbuch*)』, 1563년판.

20 Die Kiefer
Pinus sylvestris

소나무

나무신화(Mythos Baum):
나무로 본
유럽 민속의 기원과 효능

고산 지대의 무고소나무

고산 지대의 무고소나무(Bergkiefer, *Pinus mugo*)[산소나무라는 뜻이다.]는 알프스 전면의 구릉 지대를 온통 뒤덮었다가 빙하와 함께 고산 지대로 물러났던 최후 빙하기의 유물이다. 현재 무고소나무는 알프스 지역과 피레네 산맥, 카르파티아 산맥, 발칸과 아브루첸[아브루초. 이탈리아 중부 아페닌 산맥의 일부]에 걸쳐 분포한다. 독일의 중산간 지역에서도 볼 수 있다. 유럽잣나무와 마찬가지로 무고소나무도 알프스의 해발 1,400~2,500m 지대에 자란다. | 특히 수목 한계선을 이루는 알프스의 석회암 지대는 예전에 무고소나무가 빽빽한 숲을 이루었으며, 등산객이나 겨울 스포츠 마니아조차 찾지 않는 오지에는 아직도 예전과 같은 울창한 송림이 남아 있다. | 슬로바키아의 국립 공원인 '호헤 타트라(Hohe Tatra)'[고타트리 산맥]에서 방문객을 놀라게 하는 건 곰이나 늑대뿐 아니라 산 정상 부근의 원시림에 가까운 울창한 무고소나무 숲도 있다. 이 산 꼭대기 숲은 살쾡이의 서식지기도 하다. | 알프스 지역에는 수형이 다른 두 가지의 아종(亞種) 무고소나무가 있다. 하나는 서부 알프스에서 자라는 **슈피르케**(Spirke)로 키는 약 10m에 반듯하게 자라며 수형은 원뿔형이다. 다른 하나는 동부 알프스에서 자라는 관목형의 아종으로 **레그푀레**(Legföhre, 누운소나무) 또는 라췌(Latsche)라고 하는데, 키가 작고 내성이 강한 가지가 땅에까지 늘어져 극심한 눈보라도 견뎌낸다.[597] | '라체'라는 이름은 나무의 생김새와 연관이 있다. 독일어로 '라첸(latschen)'은 '땅에 질질 끌다'라는 뜻이다.

[597] **무고소나무의 아종**: 알프스 산맥 서부와 피레네 산맥에 분포하는 무고소나무 슈피르케(Spirke)의 학명은 *Pinus mugo* ssp. *uncinata*, 알프스 산맥 동남부나 발칸 반도에 분포하는 라체(Latsche, Legföhre)의 학명은 *Pinus mugo* ssp. *mugo*다.

↑1895년 창설되어 유서 깊은 이탈리아 공화당(Partito Repubblicano Italiano, PRI)의 로고는 송악잎 모양이다.
↓→송악(아이비)은 유럽에 자생하는 다수의 식물들이 열매를 맺는 9월에야 비로소 꽃이 핀다. 꽃이 달리는 가지의 잎은 하트형인 반면 나머지 잎은 3~5개로 갈라져 있다.

| 21 | Der Efeu
Hedera helix | 송악 | 나무 신화(Mythos Baum):
나무로 본
유럽 민속의 기원과 효능 |

송악

Der Efeu
Hedera helix

영원한 자연은 강력한 팔로
오래된 성벽에 송악을 널리 퍼트리네.
시간의 힘 앞에 두려워하는 성(城)들에게
마치 자비를 베풀듯이.

〔알렉산더 그라프 폰 뷔르템베르크(Alexander Graf von Württemberg),[598] 「송악(*Epheu*)」, 1837년.〕

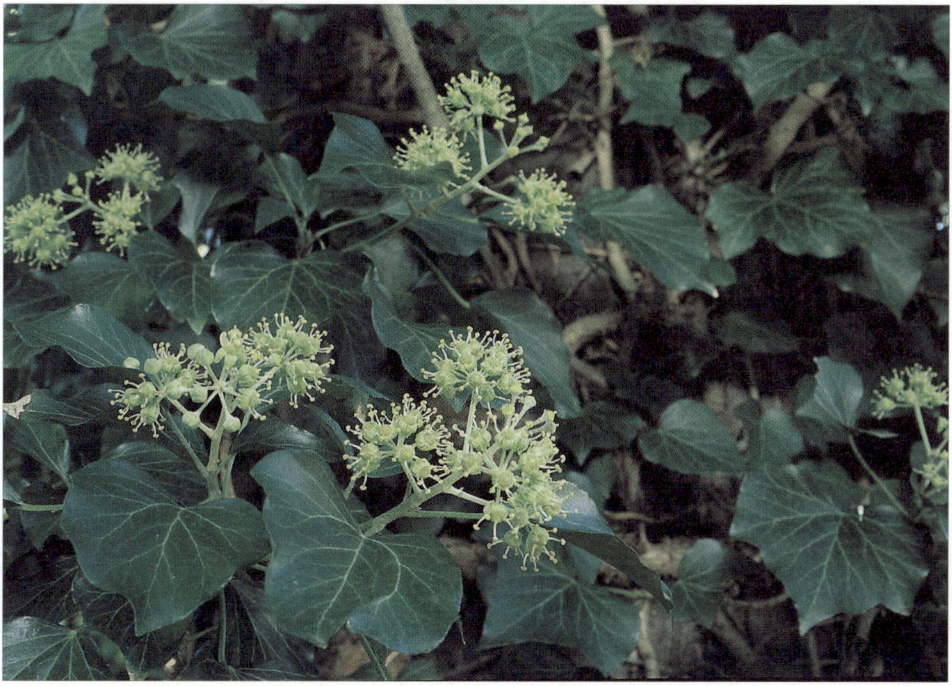

Photo by Doris Laudert

〔598〕 **알렉산더 그라프 폰 뷔르템베르크(Alexander Graf von Württemberg, 1801~1844년)** : 본명은 알렉산더 크리스티안 프레데릭(Alexander Christian Frederick)으로, 독일 남서부의 뷔르템베르크 왕가 출신의 군인이자 시인. 니콜라우스 레나우를 비롯한 여러 시인들과 교유했으며, 뇌졸중으로 요절했다.

독일 숲속의 외래종

↑ 송악은 지주(支柱)가 되는 나무를 목 졸라 죽이지는 않지만, 햇빛에 대한 경쟁 때문에 결국엔 죽이게 되는 수가 있다. 송악 때문에 햇빛이 차단되어 말라 죽는 것이다.

송악(Efeu, *Hedera helix*)[599]은 여러 모로 눈에 띄는 특질을 지닌, 색다른 식물이다. 중유럽에서 유일한 덩굴성 식물로 아주 작은 공기뿌리[氣根(기근)]만 있어도 무려 20m에 달하는 나무나 암벽을 오를 수 있다. 그 과정에서 지주(支柱)가 되는 나무를 목 졸라 죽이지는 않지만, 햇빛을 차단하는 바람에 말라 죽게 만들 수는 있다. 식물 생육에 필수적인 햇빛 경쟁에 치열하다는 특징은, 송악이 열대림에 주로 분포하는 두릅나무과(Araliaceae)에 속하는 중유럽의 유일한 식물종이라는 사실과도 통한다. 송악의 어린 가지는 2가지 형태를 띤다. 하나는 다른 물체를 감아 기어오르는 가지고, 다른 하나는 꽃봉오리를 맺는 가지다. 기어오르는 가지에는 삼각형이나 오각형의 잎이 달리는 반면, 꽃봉오리를 만드는 가지에는 가장자리가 모나지 않은 하트 모양 잎이 달린다. 그러나 몹시 어두운 장소에서는 꽃봉오리를 피우지 않으며, 기는 줄기만 뻗는다. 흥미로운 사실은, 꽃봉오리가 되는 가지를 꺾꽂이해 키우면 나중에도 똑바로 서는 생장 특징을 지니지 절대로 기는 줄기를 만들지 못한다는 것이다. 송악은 개화 시기도 보통의 중유럽 꽃들과 달라서 9월에서 10월 사이다. 또한 꽃에서 당분(糖分)의 결정체가 생성될 정도로 다량의 꽃꿀〔花蜜(화밀)〕을 만들어 낸다. 2월에서 4월 사이에 익는 열매는 지빠귀류(類)가 널리 퍼뜨린다. 하지만 인간이나 말과 같은 다수의 동물에게는 매우 독성이 강한 열매다. 송악의 목재는 예로부터 거의 사용되지 않아, 고작 목판 인쇄와 상감(象嵌) 세공에 회양목 대용으로 때때로 쓰이는 정도가 전부다. │ 그늘진 벽이나 가옥의 북쪽 벽면을 녹화(綠花)하고자 할 때는 송악이 최선의 선택이다. 겨울에 따뜻하고 다습한 너도밤나무 숲과 참나무 숲은 내음력이 강한 송악의 터전이다. 이런 곳에서는 무성히 자라며 100년까지도 살 수 있다. 주목할 만한 것은 구세계〔유라시아와 아프리카〕 특유의 식물로 북미 대륙에서는 자생하지 않았던 송악에 열광하는 이들이 미국에 있다는 사실이다. 미국의 버지니아주 몬트 버넌(Mont Vernon)에 자리잡은 미국 송악 협회(American Ivy Society)[600]는 미국뿐 아니라 유럽에 나타난 새로운 송악 품종의 허가와 명칭을 결정하는 일을 맡아 하고 있다.

[599] 송악〔Efeu, *Hedera helix*〕: 우리가 흔히 영어 이름인 '아이비'로 부르는 송악을 일부 서적에서는 '담쟁이 덩굴'로 번역하고 있지만, 담쟁이 덩굴은 전혀 다른 식물이다. 형태가 비슷하지만 송악은 두릅나무과에 속하며 상록성 덩굴 식물인 반면, 담쟁이 덩굴은 포도과의 낙엽성 덩굴 식물이다. 한국의 자생종 송악은 학명이 *Hedera rhombea*로 유럽과 그 종이 다르지만, 속명에서 송악(*Hedera*)으로 칭하므로 여기서는 송악으로 옮겼다. [600] 미국 송악 협회〔American Ivy Society〕: 송악 보존을 목표로 한 비영리 조직으로 1977년부터 국제적으로 송악의 신품종을 승인하고 있다. http://www.ivy.org

술의 신〔酒神〕디오니소스에 대한 열광

↑ 튀르소스 지팡이를 든 마이나스. 불키에서 출토된 고대 그리스의 술잔에 그려진 그림. 기원전 490년 경. 튀르소스는 회향으로 만들고 송악 줄기와 잎을 감은 지팡이다. 띠를 두르기도 하며 끝에는 반드시 솔방울을 꽂는다. 디오니소스 제전 중 여사제 마이나스들은 환각 상태에 들어 새끼 사슴 가죽을 걸치고 풍요, 번영, 쾌락을 상징하는 이 지팡이를 들며 머리에도 송악 덩굴을 감기도 했다.

옛 고지 독일어에서 '송악(Efeu : 에포이)'은 한동안 '에바(ebah)'라고 불리다가 '에브호이(Ebheu)', 나중에는 '엡호이(Epheu)'가 되었다. 뒷음절은 그 발음만 '호이(Heu)'〔마른풀, 건초를 뜻한다.〕였던 것이 아니라 의미 또한 '건초'로 이해되었다. 이 '엡-호이(Ep-Heu)'라는 낱말이 어디에서 유래했는지는 명확하지 않다. 라틴어 학명의 '헬릭스(helix)'는 '감아 오르는'이라는 뜻이다. | 송악은 고대 이집트에서 식물의 신 오시리스(Osiris)에 귀속되었고, 고대 그리스에서는 포도나무와 함께 디오니소스(Dionysos)에게 봉헌했으며, 로마에서는 바쿠스 신에게 헌납했다. 소포클레스(Sophokles)[601]는 '송악 덩굴에 휘감긴 바쿠스와 디오니소스의 동상들은 피를 들끓게 한다'며 다음과

같이 경탄한다. "오! 보라. 나를 바쿠스의 황홀경에 빠뜨리는 저 송악의 영혼이 나를 흥분시키는구나." 디오니소스의 무녀인 마이나스(Mainades)는 송악 화환을 머리에 쓰고, 송악이 감겨 올라간 장식이 달린 튀르소스 지팡이(Thyrsus)를 쥐었다. 송악 잎사귀는 분위기를 띄울 뿐 아니라 알코올로 열이 오른 이마를 식혀 주었으므로 연회에서는 송악 화관을 썼다. | 밤새도록 술을 마신 다음 면역 체계가 말을 듣지 않을 경우 사용하는 비법으로 송악은 수백 년 세월이 흐를수록 더욱 인기를 누렸다. 히에로니무스 보크의 본초학 책에 따르면, "송악잎을 빻아 식초와 약간의 장미수를 첨가하면 심한 두통을 가시게 하는 근사한 약이 된다." | 디오니소스의 신봉자들은 송악을 신이 존재하는 곳의 징표라고 믿었다. 알렉산더 대왕의 전사들은 그들이 정복한 인도의 도시 니사(Nysa)의 신성한 산에 송악이 우거진 것을 보고 디오니소스가 가까이 있고, 그러므로 그들의 고향도 멀지 않으리라 믿고 기쁨의 눈물을 흘렸다.[602] | 그리스 세계에서는 노예조차 술취한 포도주 신께 경의를 표해야 할 정도로 디오니소스를 숭배했다. 키레네의 야손(Jason von Kyrene)은 『마카베오기』의 2번째 책[603]

[601] 소포클레스[Sophokles, 기원전 496~406년] : 고대 그리스의 3대 비극 작가 중 한 사람이자 정치인. 아테네의 부유한 집안 출신으로 디오니소스 제전의 비극 경연에서 수십 차례 1등을 차지하면서 비극의 형식을 완성시켰다고 평가받는다. 펠로폰네소스 전쟁에 해군으로 참전했으며 사후에까지 아테네 시민들에게 큰 사랑을 받았다. 『안티고네』, 『오이디푸스 왕』 외 여러 작품이 전한다. [602] 니사[Nysa] : 그리스 신화에서 제우스와 인간 여자의 간통으로 태어난 디오니소스가 헤라의 눈을 피해 숨은 곳이다. 어린 디오니소스는 성스러운 산 니사에서 님프의 보호 아래 키워졌다. 그리스 동쪽 어딘가에 있는 이 산에서 디오니소스가 다 자라 그리스로 돌아올 때 포도주를 처음 가져 왔다고 한다. 몇몇 학자는 이를 불교와 힌두교의 수미산으로 해석하기도 하는데, 알렉산더의 동방 원정대가 인더스강 근처의 수미산(Meru) 아래 니사라는 도시를 정복했을 때 그 지역 사람들이 디오니소스 제의를 지키고 있었기 때문이다. 그들은 디오니소스가 이 도시를 세웠다고 믿었다. 그 증거로 주민들은 원정 온 군대에게 수미산에서 자라는 송악을 보여 주며 인도에서 유일하게 이 곳에만 송악이 자란다고 말했다고 한다. [603] 『마카베오기[Macabees]』 : 알렉산더 대왕의 계승국인 셀레우코스 제국의 안티오코스 4세는 강력한 반유대 정책을 폈는데, 마카베오는 그에 대항해 독립 운동을 시작한 이스라엘의 유대인 지도자 가문이다. 이들의 실패로 돌아간 항쟁의 역사를 기록한 『마카베오기』는 총 4권이 전하며 그 중 1권(또는 상)과 2권(하)을 가톨릭에서는 정경으로 간주한다. 『마카베오기』 제2권은 지금의 리비아 북부인 케레네 출신 유대인 야손이 쓴 5책짜리 역사서를 한 권에 축약한 것이라고 알려져 있다.

↓ 디오니소스가 송악 관을 쓰고 한 손에 송악 덩굴을, 다른 손에 술잔을 들고 있다. 디오니소스와 그 추종자들. 그리스 흑회식 도기 그림. 기원전 5세기 초.

에서 그리스인이 점령한 시기에 예루살렘에서 유대인이 어떻게 지냈는지에 관련해 "디오니소스 축제 행렬에 송악으로 화관 장식을 하고 참여해 디오니소스에게 경배하도록 강요했다.(『마카베오 2서』 6, 7)"고 기록했다. 『마카베오 3서(아포크리파)』[604]에서는 심지어 그리스인이 상대의 의지와는 상관없이 유대인의 몸에 송악잎 문신을 하게 했다며 통탄했다.

[604] 아포크리파(Apocrypha) : 위경(僞經). 어원은 그리스어 형용사 '아포크리포스(Apocryphos)'로, '숨겨진' 또는 '감춰진'이라는 뜻이다. 초기 기독교가 점차 정립되어 가면서 '이단적 내용이거나 출처가 불분명하기 때문에 숨겨진 것' 또는 '거짓된 것'이라는 의미로, 기원전 2세기경부터 기원후 1세기 사이에 유포되어 있던 종교 서적들 중 성경에서 제외된 모든 서적을 일컫는 말이 되었다. 구약 위경으로는 12성조의 유훈, 헤녹서, 유빌레움, 므나세의 기도, 에즈라 제3권, 마카베오기 제3권 등이 있으며, 신약 위경에 에피온인, 히브리인, 이집트인, 니고데모, 야고버, 베드로 등의 복음서를 비롯해 각종 사도행전, 서간, 묵시록 등이 있다. 프로테스탄트에서는 일반적으로 외경(外經)으로 번역한다.

21   Der Efeu
       Hedera helix   송악   나무 신화(Mythos Baum) :
                                           나무로 본
                                        유럽 민속의 기원과 효능

신의(信義)의 상징

주신(酒神)인 디오니소스 숭배가 시간이 지나면서 점점 음탕해지고 잔인해지자, 송악도 꺼려지기 시작했다. 불결한 식물이라는 꼬리표를 달고, 정숙한 결혼의 여신 헤라의 신전을 필두로 신전에서 추방되었다. | 그런데 송악에는 디오니소스적 광란과는 전혀 다른 또 다른 상징적 의미가 있다. 이 식물은 다른 식물들을 붙잡아야만 온전히 자랄 수 있기 때문에 우정과 신뢰를 상징하기도 한다. 고대 그리스에서는 신랑 신부들이 정절 관념을 깊이 새기고자 항시 송악의 가지를 지니고 다녔다고 한다. 전해 오는 미담(美談)으로는 트리스탄과 이졸데 이야기가 있다. 마크왕은 이 두 연인을 죽음에서조차 갈라놓으려고 교회에 따로 따로 나누어 매장했다. 그러자 무덤에서 송악들이 자라기 시작했고, 결국 지붕 위에서 서로 만나 하나가 되었다는 것이다. | 다른 여러 상록성 나무들처럼 송악도 영생(永生)의 의미가 있다. 이런 관념은 기독교와 빠른 속도로 결합되어, 초기 기독교에서부터 기독교인이 죽으면 고인을 안장할 때 송악을 심고, 비기독교들이 죽으면 측백나무 가지를 두었다고 한다. | 요즘 공동 묘지의 정원사들은 관리하기 수월하고 상록성인 지피식물(地被植物)[605]이나 무덤을 덮는 식물들을 선호해 고유한 송악 숭배와 그에 수반한 풍부한 상징은 거의 사라져 버렸다. 이에 19세기에 카를 리터 폰 페르거(Karl Ritter von Perger)는 송악을 '쓰러진 거물(eine gefallene Größe)'이라 부르며 애석해 했다.

---

[605] 지피식물(Bodendecker) : 땅 표면을 낮게 덮는 식물을 통틀어 이르는 말이다. 조릿대류, 잔디류, 클로버 등의 초본이나 이끼류가 여기 속한다. 정원의 바닥풀이나 맨 땅을 녹화하는 목적으로 즐겨 심는다.

최상의 물건은 광고가 필요 없다

고대에는 포도주 잔을 송악으로 제작했는데, 이렇게 하면 포도주에 물을 탔는지 알아낼 수 있다고 믿었기 때문이다. 고대 로마의 송악 숭배의 또 다른 측면은 수세기가 지난 지금까지도 사라지지 않고 이어질 수 있었으니, 바쿠스와 관련된 질펀한 연회를 통해서였다. 로마 시대 이후 영국에서는 적어도 송악 줄기로 만든 다발이나 관(冠)이 술집 운영의 필수품이었다. "술만 좋으면 덤불은 필요 없다(Good wine needs no bush)"[606]는 영국 속담은 오늘날에도 이 오랜 관습을 기억하게 한다. | 송악이 어떻게 해서 이탈리아의 공화당(PRI)의 표장(標章)이 되었는지는 명확하지 않다. | 남프랑스와 지중해 남동부에서는 송악 줄기를 잘라 일종의 고무 수지(*Gummiresina hederae*)를 채취해 방향제로, 충치 구멍을 메우는 용도로, 그리고 성욕 증강제로 사용해 왔다. 송악에는 피임 효과와 심지어 유산(流産)을 유발하는 효과가 있다고 오토 브룬펠스(Otto Brunfels)[607]는 1532년에 출간된 저서 『본초학(*Contrafayt Kreuterbuch*)』에서 설명했다. "모든 신실한 여인은 이것을 끓여 추출한 즙이나 화주(火酒)를 멀리해야 한다. 이런 비밀을 유한(有閑) 부인과 매춘부들에게 발설해서는 안 된다." | 현대의 생약 요법에서는 송악잎으로 만든 약제가 기관지 질환에 효과가 있어 중요성이 부각되고 있다. 송악잎 차(매일 찻숟갈 반 정도의 송악잎을 찬물에 우려낸 것)는 기관지 점막 염증, 기관지염, 백일해 등에 치료제 구실을 한다. 물론 반드시 용량을 정확히 지켜야만 하는데, 그 이유는 양이 많아질 경우 유독하기 때문이다. 그러나 열매는 독성이 매우 강하니 어떤 경우에도 먹지 말아야 한다. 비비면 옅은 발삼(balsam) 향이 나는 신선한 송악잎은 예전에는 소다와 함께 끓여 세탁 세제로 쓰기도 했다. | "끊임없이 숲 속을 기어가는 / 기다란 녹색

21   Der Efeu   *Hedera helix*   송악   나무 신화(Mythos Baum): 나무로 본 유럽 민속의 기원과 효능

↓ 옛날 술집 간판은 고대 로마의 관습에 따라 술의 신인 바쿠스를 상징하는 송악 화환으로 만들었다. 루트비히 리히터의 목판화, 19세기.

의 줄기를 가진 녀석은 / 나무 둥치마다 잠시 멈추었다가 / 어떤 나무에서는 아예 자리를 잡았다. / 수많은 새싹이 나무 꼭대기까지 올라 / 나무 줄기와 가지에마다 초록 그물로 뒤덮는다. / 송악이여! / 반짝이는 잎은 여러 형상을 보이며, / 덩굴은 한 해의 끝자락에서야 꽃 장식을 펼치네. […]."〔맨트 주교(Bishop Mant)〕[608]

〔606〕 "술만 좋으면 덤불은 필요 없다〔Good wine needs no bush〕": 품질이 좋으면 간판이나 광고는 필요 없다는 뜻으로 쓰이는 이 속담의 '부시(bush)'는 송악 다발을 의미한다. 오래 전에는 송악 다발을 걸어 술집임을 알렸고, 새로 술집을 차린 이들이 아이비를 구하지 못하면 아무 덩굴이나 덤불을 가져다 입구를 장식했던 데서 유래했다. 〔607〕 오토 브룬펠스〔Otto Brunfels, 1488~1534년〕: 독일의 신학자이자 의사, 식물학자로 본초학 관련 저서가 많다. 〔608〕 리처드 맨트〔Richard Mant, 1776~1848년〕: 영국의 성직자이자 문필가. 아일랜드의 주교에 임명되었다.

↑ 회색오리나무라는 이름은 수피가 회색빛이 나기 때문에 붙여진 명칭이다. 회색오리나무(*Alnus incana*), 크렙스(F. L. Krebs)의 『독일 중북부 야생 식물 도감(*Vollständige Beschreibung und Abbildung der Sämmtlichen Holzarten*)』, 1826년.

| 22 | Die Erle
Alnus sp. | 오리나무 | 나무 신화(Mythos Baum) :
나무로 본
유럽 민속의 기원과 효능 |

오리나무 Die Erle
Alnus sp.

〔…〕늙은 오리나무 수풀에서 바람이 소리 내네,
마치 유령의 속삭임처럼.
온 삼림을 통틀어
이다지도 암울한 소리는 없으리.〔…〕.
〔알렉산더 그라프 폰 뷔르템베르크,「오리나무(*Erlen*)」, 1837년.〕

↑ 솔방울을 닮은 오리나무 열매는 염료로 사용되었다.

오리나무의 종류

유럽에 자생하는 오리나무 중에 중유럽에서 가장 흔히 볼 수 있는 것은 **흑오리나무**(Schwarzerle, *Alnus glutinosa*)다. 10~25m까지 자라며, 수령은 최고 120년에 달하는 이 나무는 수관(樹冠)이 좁아 위풍당당하기보다는 비교적 왜소한 느낌을 준다. 짙은 녹색에 윤채(潤彩)가 나는 잎은 어릴 때는 점성이 있고〔종소명 글루티노사(*glutinosa*)는 라틴어로 아교를 뜻하는 '글루텐(gluten)'에서 유래〕 가장자리에 톱니가 나 있다. 잎 끝이 짤막하고 뭉툭하며 거의 하트에 가까운 모양을 이루기도 한다. 물푸레나무, 아까시나무와 마찬가지로 흑오리나무는 가을에 잎이 녹색인 채로 낙엽을 떨군다. 겨울에도 자루가 달린 겨울눈〔芽〕 덕택에 쉽게 알아볼 수 있다. 나무가 어릴 때는 껍질이 광택이 나고 회색빛이 돌다가 시간이 지나면서 검게 변하며, 흑오리나무라는 이름도 바로 이런 이유에서 비롯한 것이다. 흑오리나무가 자작나무과(科)에 속한다는 사실은 수꽃 이삭을 보면 바로 알 수 있는데, 이 수꽃 이삭은 늦여름에 피어 이듬해 이른 봄 잎이 돋기 전까지 오랫동안 피어 있다. 꽃가루는 비염 알레르기를 유발한다. | 오리나무류 중에 비교적 드문 축에 속하는 **회색오리나무**(Grauerle, *Alnus incana*)는 주로 남부 독일과 오스트리아 일대에 분포한다. 회색오리나무는 흑오리나무에 비해 습한 토양을 덜 좋아한다. 그러다 보니 알프스 경사면에 독일가문비와 함께 '회색오리나무 숲(Hanggrauerlenwald)'을 이루거나 알프스 계곡을 따라 분포한다. 회색오리나무가 흑오리나무와 가장 구별되는 점은 잎 끝이 길게 뻗어 있다는 것과 눈에 점성이 없다는 점이다. 그 목재는 흑오리나무보다 덜 쳐 준다. | **녹색오리나무**(Grünerle, *Alnus viridis*)의 전형적인 입지는 눈사태가 내리는 곳으로, 알프스와 흑림의 산악 지대에서만 숲을 형성한다.

오리나무

계곡과 강의 경계를 형성하는 나무

↑ 흑오리나무에 박테리아 프랑키아 알니(*Frankia alni*)가 형성한 뿌리혹.

흑오리나무는 몇몇 버드나무 종류와 더불어 유럽 수종 중에서 정체 과습지(停滯過濕地)[609]를 가장 잘 견디는 수종에 속한다. 때때로 침수되는 연재림(軟材林)[610]이 전형적인데, 이런 곳에서 버드나무, 사시나무와 어울려 자란다. 흑오리나무는 늪지와 잡목이 우거진 소택지, 계곡과 강변 가장자리에서 숲을 이루며 특유의 수변 경관을 이룬다. 토심이 깊고 양분과 염기성 함량이 높은 토양을 선호하지만 워낙 햇빛을 많이 필요로 하고 빨리 자라기 때문에 척박한 토양에 선구수종으로 곧잘 식재되었다. 심지어 평지에서 자라는 이 나무를 석탄이 쌓인 산비탈 같은 미숙(未熟) 토양에 조림하기도 했다. | 오리나무가 잘 자라는 데는 뿌리혹박테리아(Actinorhiza)가 한몫을 한다. '방선균(放線菌)'이라는 조그만 구슬 모양의 조직이 오리나무 뿌리에 공생하며 공기 중의 질소를 고정시켜 질산염 형태로 나무에 공급해 주기 때문이다. 흑오리나무는 북유럽의 스칸디나비아를 제외하고는 전 유럽에 자생한다.

[609] 정체 과습지[停滯過濕地, Staunässe]: 물이 빠지지 않고 오랫동안 머무르거나 물에 잠겨 있는 장소로 강변이나 호수 또는 저수지 주변 등을 꼽을 수 있다. 이런 곳에서는 뿌리호흡이 어려워 나무가 잘 자라지 못한다. [610] 연재림[軟材林, Weichholzaue]: 버드나무, 사시나무, 오리나무 등 재질이 비교적 연한(무른) 나무들이 모여 사는 숲이라는 뜻으로, 강둑에 면해 흔히 침수되는 숲을 이른다.

땔감용에서 인기 있는 목재로

오리나무를 베면 베인 자리에서 피를 흘린다는 옛 속설에는 그럴 만한 이유가 있다. 금방 베인 오리나무는 공기 중에 노출되자마자 짙은 주황색으로 색깔이 변하고, 시간이 지나고 마르면서 색깔이 더욱 짙어진다. 오리나무는 대부분 백목질(白木質, Splintzholz)〔껍질 안쪽의 희고 연한 부분〕로 구성되어 있고, 연하지만 찢어지거나 갈라지지는 않는다. | 물에 담그면 수분을 잘 흡수하고 더욱 단단해져 목재의 내구성이 참나무만큼 증가한다. 예전에는 오리나무로 수조(水槽)나 펌프관을 만들었을 뿐 아니라 유럽의 여러 수상(水上) 가옥촌도 오리나무 목재 위에 세워졌으니, 이탈리아 수상 도시 베네치아(Venezia)의 절반이 참나무와 오리나무 기둥에 떠받쳐져 있다고 한다. | 오랫동안 흑오리나무 목재(녹색오리나무 목재보다 더 높이 친다)는 특히 식기, 구두골, 젖 짜는 통과 일상 생활에 필요한 소소한 물건들을 만드는 데 널리 사용되었다. 녹색인 가지는 피리를 만드는 데 아주 적당하다. 기름 성분이 적게 함유된 목재는 채색하기가 좋아 고급 목재〔특히 마호가니(Mahogany)〕의 모조품을 만드는 데 정평이 나 있다. 오리나무 목재 자체는 땔감으로는 적당하지 않지만, 나무가 탈 때 연기가 덜 나기 때문에 맥주 공장에서 맥아(麥芽)를 말릴 때 땔감으로 썼다. 여기서 나오는 숯은 귀하게 여겨졌을 뿐 아니라 화약을 제조하는 데 사용되기도 했다. 아델베르트 폰 샤미소는 "네덜란드 사람들은 벽돌에 철회색을 입힐 때 가마에 마르지 않은 오리나무를 집어 넣다"고 기록했다. 오리나무는 건축재나 가구재로서는 오랫동안 저급품으로 여겨졌다. 1847년 에른스트 모리츠 아른트(Ernst Moritz Arndt)[611]가 해결되지 않은 황제 문제에 대한 시를 읊으며 이런 속성에 빗대기도 했다. | "오, 게르만 족이여, / 황제를 그렇게 찾을 수 없는가? 자존심도 없는

↓ 흑오리나무는 수변 구역을 공고히 하며 수많은 수서 생물을 보호하며 서식 공간을 제공해 준다.

Photo by Hans Reinhard

가? / 그대들의 참나무 숲은 어디에 있느냐? / 벨 나무가 겨우 오리나무뿐이란 말인가?" | 그 목재의 붉은 빛이 도는 온화한 색감과 아름다운 나뭇결의 가치가 서서히 알려지면서, 지난 20여 년 사이에 오리나무의 수요가 증가했다. 이런 르네상스 시대가 열린 데는 오리나무 숲을 자연 친화적으로 경영하고 가공하며 성공적으로 관리했던 오스트리아의 원목 가구 공장의 힘이 컸다. | 오리나무는 20~25년만 지나면 벌채가 가능할 정도로 빨리 자라는 속성수이기 때문에, 자연에 피해를 줄 정도로 남벌하지 않아도 산림 경영이 가능하다. 또한 베인 그루터기에서 새 가지들이 왕성히 움트고 자라기 때문에 대개 벌채 후에도 나무를 다시 심을 필요가 없다. 오스트리아에서는 1993년 한 해에만 100만 그루 이상의 오리나무 가지를 삽목했으니, 그 사이에 이 오리나무들은 너도밤나무와 참나무만큼이나 각광받게 된 셈이다.

[611] 에른스트 모리츠 아른트 [Ernst Moritz Arndt, 1769~1860년] : 독일의 작가, 민족주의자. 저서 『시대의 정신(*Geist der Zeit*)』(1806년)이 나폴레옹의 분노를 산 탓에 한때 스웨덴으로 망명하기도 했다. 애국시와 논문을 써서 국민 정신을 호소하고 프랑스로부터 벗어나길 촉구했다. "라인은 독일의 강이지, 국경이 아니다"라는 말로 유명하다.

염색과 채색

↑ 물가에 전형적으로 자라는 흑오리나무는 개울이 오랫동안 범람해도 잘 버틴다.

오리나무는 전통적으로 염료용 나무로 여겨졌다. 나뭇가지에서는 갈색 염료를, 꽃에서는 녹색 염료를 채취했다. 또 껍질에서는 변색이 되지 않는 검은색을 채취하는데, 이 염료는 가죽 염색용으로 오래 전부터 알려져 왔다. 검은색 염료를 얻으려면 껍질에 함유된 철분이 타닌산과 결합해 검은색 물질로 변할 때까지 몇 주 동안 물 속에 담가 둔다. 오리나무잎이 떨어진 웅덩이나 연못의 물 색깔이 검어지는 이유도 이 때문이다. 또 어망(漁網)을 오래도록 사용하기 위해 오리나무 껍질을 달인 액을 발랐다. 열매에서도 변색되지 않는 검은색의 잉크를 추출했다. 한편 18세기까지도 모기를 잡는 데 점성이 있는 오리나무의 어린 가지를 이용했다. 아델베르트 폰 샤미소에 따르면, 거실과 닭장에 오리나무의 어린 가지를 걸어서 "해충 잡는 기구"로 흔히 이용했다는 것이다.

마왕의 고향

오리나무(Erle, 옛 독일어로는 'erlia')를 일컫는 이름은 게르만어족의 여러 언어에 보인다. 영어의 '엘더(elder)', 노르웨이어의 '올데(older)', 덴마크어의 '엘(el)'이 그것이다. 독일어 방언에서는 '엘러(Eller)' 또는 '알러(Aller)'라고 한다. 더 오래된 표현으로는 '우어레(Urle)', '일(Irl)', '엘제(Else)', '엘텐(Elten)', '올테(Olte)' 등이 있다. | 오리나무를 베면 "피를 흘린다"는 표현은 불길한 정서를 불러일으켜서 잔인한 이야기와 괴기 동화의 소재가 되었다. 습하고 질퍽하며 "길이 없는 어둑한 곳"에 자라다 보니 오리나무는 애초부터 수상쩍은 나무로 여겨졌다. 중세 시대에는 음침한 오리나무 습지와 소택지 대부분이 이른바 '불모지(Unland)'이거나 개간이 되지 않았다. 드루이드 사제들은 제물로 바칠 사람을 늪에 빠트리고 다시 떠오르지 않으면 그것을 보고 비로소 제물을 바친 것으로 간주했다. 따라서 소택지가 죽은 자들이 머무는 곳이라고 믿었다. "그는 오리나무 늪(Ellernbrauk)의 사랑하는 하느님 곁에 있다"라는 독일 메클렌부르크(Mecklenburg) 지방[612] 속담도 이에서 비롯했다. 숲 속에서 길을 잃은 자들은 깊은 웅덩이에 살면서 사람들을 잡아당기는 오리나무 마녀 ─'일레(Irle)' 또는 '엘제(Else)'로 불리는─ 때문에 공포에 떨었다. 마녀는 오리나무가 변신한 것으로, 무서운 마술을 부린다고 여겨졌다. "오리나무와 빨간 머리[마녀]에게는 좋은 일이 드물다"거나 "빨간 머리와 오리나무 싹은 좋은 땅에서 자라지 않는다" 같은 속담은 이를 더욱 확실히 짐작케 한다. 13세기의 볼프디트리히(Wolfdietrich) 전설[613]에도 마술을 부리는 오리나무 부인의 이야기가 나온다. '엘제'라는 이름의 그녀의 피부와 머리카락은 너덜너덜한 나무 껍질과 뒤헝클어진 이끼를 닮았다고 묘사되었다.

[612] **메클렌부르크[Mecklenburg]**: 독일 북동부 발트해에 면한 지역을 일컫는 역사적 지명. 거의 전 지역이 저습지를 이루며, 선사 시대부터 켈트 부족들이 살았던 유적이 남아 있다. [613] **볼프디트리히[Wolfdietrich]**: 1250년 경에 여러 사람에 의해 꾸며진 전설의 제목이자 주인공의 이름. 콘스탄티노플의 왕후그디트리히(Hugdietrich)의 아들이다.

↑ '왕관을 쓰고 긴 옷자락을 휘날리는' 마왕은 아들을 죽음의 세계로 데려 가고 있다.
↓ 헨드리크 판 발렌(Hendrick van Balen)·대 얀 브뤼겔(Jan Brueghel the Elder)·요스 데 몸퍼(Joos de Momper), 〈칼립소의 환대를 받는 오디세우스(Odysseus as a Guest of the Nymph Calypso)〉, 나무에 유채, 1616년. 신과 요정들이 거주하는 동굴은 오리나무 숲이 나 늪으로 그려졌다.

22   Die Erle
Alnus sp.
     오리나무   나무 신화(Mythos Baum):
나무로 본
유럽 민속의 기원과 효능

[480] ↑
[481] →

마왕

문학에서 오리나무의 의미는 와전되었다. 요한 고트프리트 헤르더(Johann Gottfried Herder)[614]가 덴마크어 '엘레르콩에(ellerkonge, 요정의 왕)'라는 단어를 독일어 '에를렌쾨니히(Erlenkönig, 마왕)'[615]로 오역(誤譯)한 것이다. 그런데 괴테는 이 오역을 그대로 받아들여 새로운 신화적 형상을 탄생시켰고, 이 이름이 곧이어 대대적인 유명세를 탔다. | "늦은 어두운 밤에 바람 속을 말 달리는 자 누구인가? / 그것은 아들을 데리고 가는 아버지. / 아버지는 아들을 품에 꼭 안고 있다. / 아들아, 무엇이 무서워 얼굴을 숨기고 있니? / 아버지, 아버지 눈에는 마왕이 보이지 않나요? / 왕관을 쓰고 긴 소매를 휘날리는 마왕 말이에요. / 애야, 그것은 희뿌연 안개란다〔…〕."〔괴테〕 | 이 시의 원본은 「요정 엘프 왕의 딸(*Die Tochter des Elfenkönigs*)」이라는 덴마크의 서정 시가에서 빌려 왔는데, 그 내용은 다음과 같다. 결혼식을 하루 앞두고 밤에 산책을 하던 올루프(Oluf)라는 젊은이가 갑자기 원무(圓舞)를 추는 요정 엘프 왕의 딸을 만났다. 그녀는 올루프에게 같이 춤을 추자고 요청했지만 거절당하고 만다. 그러자 그녀는 그의 가슴을 찌르고 말에 태워 집으로 돌려보냈다. 결혼식 당일 아침, 올루프의 신부는 싸늘한 시체로 돌아온 올루프를 발견한다.

〔614〕 요한 고트프리트 헤르더〔Johann Gottfried Herder, 1744~1803년〕: 독일의 시인이자 번역가, 신학자. '슈트름 운트 드랑(Strum und Drang, 질풍노도)' 시대를 대표하는 작가 중 한 명이며, 괴테와 친분이 두터웠다. 〔615〕 엘레르콩에〔ellerkonge〕와 에를렌쾨니히〔Erlenkönig〕: 덴마크어로 '요정의 왕'을 뜻하는 '엘레르콩에(ellerkonge)'는 독일어로는 '엘펜쾨니히(Elfenkönig, 요정의 왕)'로 번역된다. '엘펜쾨니히'의 접두사 '엘펜'은 요정 또는 정령을 뜻하는 독일어 '엘프(Elf)'에서 온 것으로, '왕'을 뜻하는 '쾨니히(könig)'와 결합해 '요정의 왕'이 된다. '에를렌쾨니히(Erlenkönig)'는 독일어 사전에 '마왕'으로 번역되어 있지만, 철자 그대로 직역하면 '오리나무 왕'이 된다.

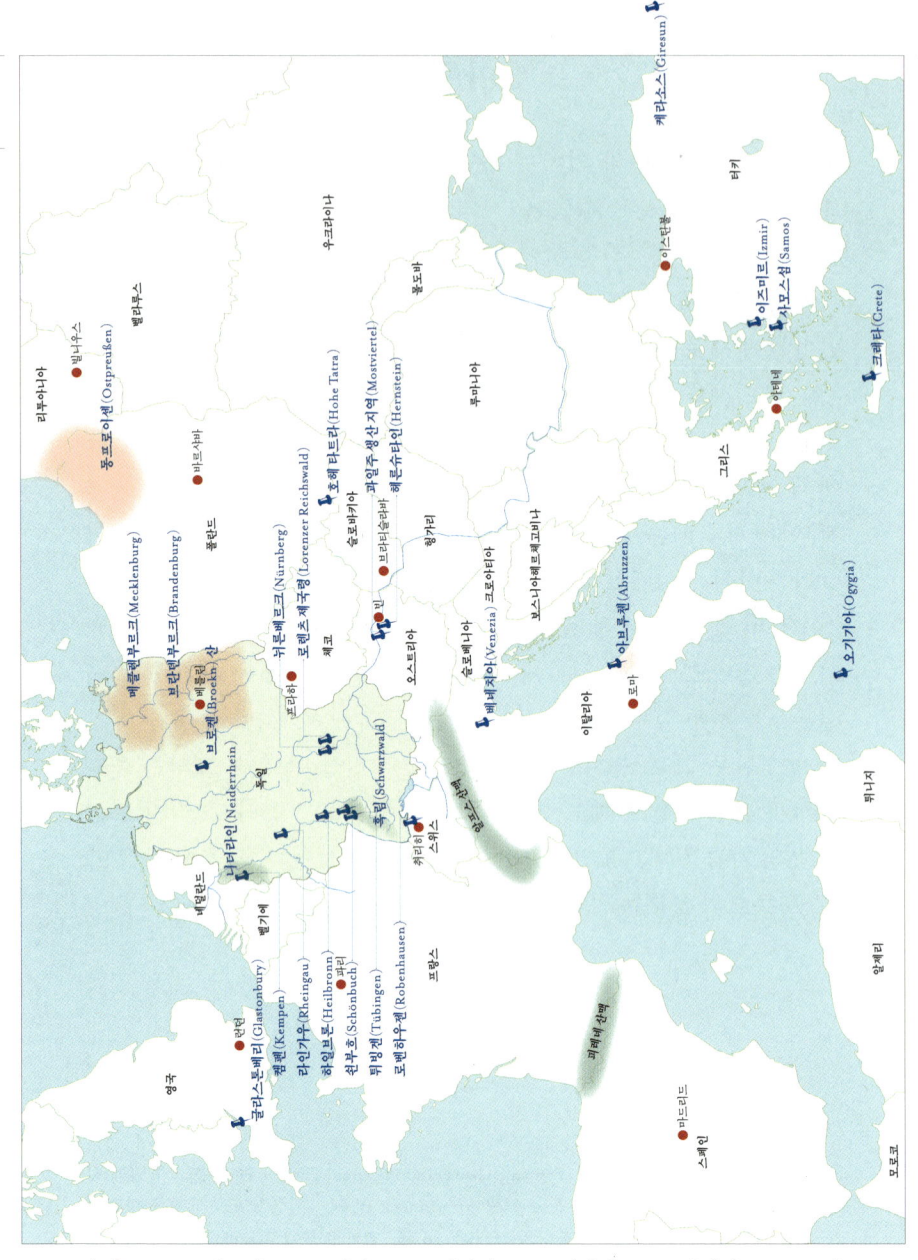

↑ **지도** 08 〔15 버드나무〕〔16 벚나무〕〔17 사과나무〕〔18 산사나무〕〔19 서어나무〕〔20 소나무〕〔21 송악〕〔22 오리나무〕편에 등장하는 지명.

22 | Die Erle
Alnus sp. | 오리나무 | 나무 신화(Mythos Baum) :
나무로 본
유럽 민속의 기원과 효능

〔482〕↑
〔483〕→

유배의 나무

옛 프랑크 왕국에서는 오리나무가 독특한 역할을 했다. 살리카 법전(Lex salica)[616]에 따르면, 씨족으로부터 추방할 때 법정에서 그 사람 머리 위에서 오리나무 조각을 넷으로 쪼개어 사방으로 던졌다고 한다. 이는 곧 당사자와 가족의 결별을 상징하며, 그의 집이 파멸될 것임을 뜻했다. '가혹하게 비판하다'라는 뜻으로 지금도 쓰이는 관용구 "머리 위에서 막대기를 부순다(über jemanden den Stab brechen)"도 여기서 기인한 것이다. | 그리스 신화에는 오리나무가 자주 등장한다. 그리스어로 오리나무를 뜻하는 '클레트라(Klethra)'는 '클레이오(kleio, '감금하다' 또는 '에워싸다'라는 뜻)'에서 유래했다. | 대개 신탁소(神託所)는 바다나 강의 섬에 있고, 그 주변에는 오리나무 숲이 울창했으니, 그리스의 서쪽 끝에 있는 극락의 섬 오기기아(Ogygia)에 있는 요정 칼립소(Calypso)의 동굴이 바로 그런 곳이다. 『오디세이아』에 따르면, 마녀 키르케(Kirke)가 사는 마법의 섬 '아이아이에(Aeaea)'의 음습한 주변에도 오리나무가 자랐다고 한다.[617] 베르길리우스의 『아이네이스』에서 헬리아데스(Heliades, 태양신 헬리오스의 딸들)는 동생 파에톤(Phaton)[618]이 죽자 슬픔에 겨워 오리나무 숲으로 변한다. | 오리나무는 약용으로는 별 구실을 못해, 겨우 잎 정도만 약방에서 거래되었다. 잎은 열을 식히고 진통 효과가 있어, 나무 껍질과 함께 후두염에 구강 세척제로 사용했다.

[616] 살리카 법전[Lex salica] : 프랑크 왕국(5~9세기)의 주족(主族) 중 하나인 살리족(Salii)의 법전으로 게르만족의 가장 대표적 법전이다. [617] 칼립소[Calypso]와 키르케[Circe] : 『오디세이아』에 등장하는 여성들로, 오디세우스가 강풍을 만나 표류하다가 오기기아섬에 도착했을 때 님프 칼립소의 도움으로 목숨을 구한다. 키르케는 태양신 헬리오스(Helios)와 페르세 사이의 딸로, 아이아이에섬에 살며 방문하는 모든 이들을 짐승으로 변신시켜 버렸다고 한다. 오디세우스는 칼립소에게 7년, 키르케에게 1년 동안 붙잡혀 있었다. [618] 파에톤[Phaton] : 헬리오스와 클리메네(Clymene)의 아들. 성인이 된 기념으로 아버지를 졸라 태양을 실은 수레를 몰게 되었는데, 운전에 미숙했다. 태양 수레가 강과 바다를 마르게 하고 은하수를 불태우자 제우스가 벼락을 내리쳐 그를 죽인다.

↓ 열매가 풍성하게 달린 올리브나무. 은색의 잔털이 밀생하는 잎 뒷면은 흰 빛이 돈다.

23 Der Ölbaum
Olea europaea

올리브나무

나무 신화(Mythos Baum):
나무로 본
유럽 민속의 기원과 효능

올리브나무

Der Ölbaum
Olea europaea

올리브나무 숲의 살랑거리는 속삭임은 몹시 은밀하고,
믿을 수 없을 만큼 장구하고 존귀하단다.
올리브나무 숲은 우리의 상상력으로 도달하기에는,
혹은 감히 그림으로 옮겨 내기에는
너무도 아름다운 것이지.

〔빈센트 반 고흐(Vincent van Gogh, 1853~1890년), 테오에게 보낸 편지, 1889년.〕

↑ 빈센트 반 고흐, 〈올리브나무(Olive Trees in a Mountainous Landscape)〉, 캔버스에 유채, 1889년, 뉴욕 현대미술관(MoMA) 소장. 프로방스의 생 레미 인근 정신병원에 입원해 있던 시절, 인근의 올리브 과수원을 보고 그렸다.

끈기의 표상

↑ 오래된 올리브 숲의 봄 정경. 커다랗게 자라 혹처럼 불거진 나무의 줄기와 은색 잎은 어느 지역과도 뚜렷이 구별되는 남유럽 특유의 경관을 보여 준다.

늙어 울퉁불퉁 혹이 생긴 올리브나무는 매혹적이다. 마치 인생의 연륜이 느껴지는 지혜 깊은 노인을 마주할 때처럼, 불굴의 생명력으로 태고의 지식을 오늘날까지 전해 주는 듯하다. | 지중해 쪽을 여행하는 시인과 화가라면 너나없이 올리브나무(*Olea europaea*)로부터 영감을 받는다. 빈센트 반 고흐, 요한 볼프강 폰 괴테, 에리히 캐스트너, 로렌스 더렐(Lawrence Durrell)[619], 그리고 수많은 이들이 이 나무에 반했다. 올리브나무는 50살이 지나면서부터야 자신이 상징하는 바를 드러낸다—축복, 고요, 늙어감. 끈기의 표상이며, 시간의 표상이다. 남유럽의 많은 나라에서 모든 나무 중의 으뜸가는 나무다. 이와 같은 매력은 아마 이들이 지닌 겸손과 관대함에서 오는 듯하다.

[619] 로렌스 더렐[Lawrence Durrell, 1912~1990년] : 영국의 시인이자 소설가. 인도에서 태어나고 통신원으로 세계 각지에서 일했다. 소설 『알렉산드리아의 4중주』가 국내에 번역되어 있다. 1945년에 쓴 소설 『프로스페로의 작은 방(*Prospero's Cell*)』에서 그리스 코르푸섬 체류 경험을 묘사하는데, 그중에 한 장(章)을 올리브나무 이야기에 할애했다.

올리브나무의 기원

↑ 유태인이 올리브를 갈던 맷돌. 팔레스타인의 옛 도시인 가버나움(Capernaum)의 발굴 현장에서 출토되었다.

올리브나무는 천 년 넘게 살 수 있지만, 키는 10~16m를 넘지 않는다. 나이가 들면서 줄기에는 혹이 나고, 뒤틀리며 속이 썩어 부서진다. 키프러스와 프로방스 지방과 같은 몇몇 곳에서는 수익을 높이고 올리브 열매 수확을 편하게 하기 위해, 해마다 나무를 5~7m 정도 높이를 유지하도록 잘라 준다. 뾰족한 창 모양의 잎은 상록성이며, 가죽처럼 질기고 뒷면에는 은색 털로 덮여 있다. 북아프리카에서는 이 잎을 사료로 쓴다. 꽃은 원추꽃차례로 흰색의 조그만 꽃이 포도처럼 달린다. 바람에 의해 수분이 되는 꽃에는 4개의 씨방이 있는데, 그 중 하나에만 핵과(核果)인 열매가 달린다. | 재배용 올리브나무의 유래는 전문가 사이에서도 의견이 분분하다. 야생 올리브나무(*Olea oleaster*)에서 유래되었다고도 하고, 널리 퍼진 아프리카나 올리브나무(*Olea chrysophylla*)[620]의 후손이라고도 한다. 또 다른 전문가들은 현재의 올리브나무(*Olea europaea*)가 모든 올리브 종의 조상이라고 주장한다. 오랫동안 수많은 세대에 걸쳐 꼼꼼한 선별을 거치면서 올리브나무의 생산성과 질은 매우 높아졌다. 올리브나무는 학명으로만 보면

[620] **아프리카나 올리브나무**[*Olea chrysophylla*] : 예멘, 이집트 등 북부 아프리카에 자생하는 올리브나무 종. 원문에서는 학명으로만 표기했으나 우리나라에서는 보통 아프리카나 올리브나무라고 불리므로 이를 따랐다. 파키스탄, 인도, 중국 운남성 일대에서도 자생하며 중국에서는 수린목서란(銹鱗木犀欖)이라고 부른다.

그 기원이 유럽인 듯 보이지만 분포와 서식을 알려 주는 유물과 발굴품, 사료(史料) 등에 의거해, 재배의 기원이 지중해 동방임을 알 수 있다. 팔레스타인과 시리아, 크레타 섬 등 인류 문명의 발상지로 추정되는 곳 말이다. 고고학 유물들은 그 곳에서 약 1만 년 전에 처음으로 올리브 재배를 시도했음을 알려 준다. | 가장 단순하고 오래된 올리브 압착 방법은 6,000년 이상 거슬러 올라간다. 지중해 동쪽의 이 지역에서는 우선 올리브를 절구로 으깼다. 죽처럼 걸쭉하게 될 때까지 으깬 열매를 토기에 담고, 뜨거운 물을 부은 다음 손으로 치대면, 물보다 가벼운 기름은 추출되어 위로 뜨므로, 그것을 걷었다. 돌로 된 압착기는 그보다 훨씬 뒤에야 비로소 개발된 것으로, 100여 년 전까지만 해도 지중해 곳곳에서 사용되었다. 이런 선사 시대적 올리브유 압착기는 이스라엘의 하이파(Haifa) 외곽 올리브 박물관에서 직접 볼 수 있다. 커다란 돌이 돌아가면서 올리브를 으깨면, 거기서 나온 기름이 돌 아래로 떨어져서 바닥에 놓인 통 속으로 흘러 들어간다. | 이같은 착유 방식은 예루살렘의 올리브산(Mount of Olives)〔성서의 감람산(橄欖山)〕 기슭에서도 시행되었다. 수많은 올리브나무와 올리브 기름 덕분에 '겟세마네〔Gethsemane, 히브리어로 'Gat-Shmanim'로 표기하며 '올리브 압착기'라는 뜻〕'라는 이름을 얻은 곳이다. 십자가에 못 박히기 전에 예수는 제자들과 함께 겟세마네 동산을 찾아 기도했다. 곧이어 그 자리에서 체포되어 결국 올리브나무로 만든 십자가에 처형되었다. | 올리브나무 중의 므두셀라〔나이 많은 나무〕는 프랑스 코르시카섬의 필리토사(Filitosa) 마을(수령 약 1,000년으로 추정), 코트다쥐르(Côte d'Azur)(그 중에는 수령 2,000년에 달하는 '왕중왕'도 있다)에서 볼 수 있고, 이탈리아 사르데냐섬(Sardegna)에도 대단히 오래된 나무 두 그루가 있다. | 올리브 재배는 지중해 지역에서 긴 시기를 거쳐 서방으로 전파되었다. 거기에 지중해 동쪽에 거주하면서 기원

23 | Der Ölbaum *Olea europaea* | 올리브나무 | 나무 신화(Mythos Baum): 나무로 본 유럽 민속의 기원과 효능

↑ 코트 다쥐르(Côte d'Azur)의 올리브나무 노거수의 밑동. 프랑스 남동부 지중해 해안의 코트 다쥐르는 프랑스 리비에라(서리비에라)라고도 한다. 이 노거수는 로크브륀느-카프-마르탱(Roquebrune-Cap-Martin) 마을에 있는데, 전체 둘레가 24m 가량에 이르며, 수령 대략 2,000년으로 프랑스에서 가장 오래된 올리브나무로 간주된다.

전 1800여 년경에 전성기를 맞았던 셈족(Semites)의 항해 민족 페니키아인이 큰 구실을 했고 최종적으로는 로마인이 정복한 식민지에 퍼뜨렸다. 현재는 지중해 일대 모든 나라에서 키운다. | 고대에는 지중해 동쪽과 서아시아 지역이 올리브 재배의 중심지였으나, 현재는 에스파냐와 이탈리아로 중심이 옮겨 왔다. 캘리포니아, 남아프리카, 호주, 일본, 중국 등지에서도 재배하기는 하지만 생산량은 미미하다. 지중해 지역에서 전 세계 올리브 수확량의 97%를 생산하며, 그 중 이탈리아에서 가장 많이 생산된다.[621]

[621] 올리브 생산국 : 여기서 저자는 올리브 자체가 아니라 유통되는 올리브 제품을 기준으로 쓴 듯하다. 이탈리아에서는 자국에서 생산되지 않은 올리브에도 이탈리아 상표를 붙여 판매하기 때문에 생산량도 가장 많은 듯 보이지만 현재 각종 통계 자료에 따르면 올리브의 최대 생산국가는 에스파냐다.

초록에서 보라를 지나 검정으로

←익은 정도가 각각 다른 올리브 열매가 한 가지에 달려 있다.

올리브나무는 줄기 속이 텅 비어 있어도, 또 부러진 듯 보이는 데도 기이하게 수백 년을 살면서 새 가지를 뻗는다. 60~100년 동안 나무 한 그루 당 최대 200kg의 올리브를 생산해 낸다. 올리브 농장에서는 평균 한 그루당 연간 60~65kg의 올리브를 수확한다. 물론 매년 그런 것이 아니라 격년제로, 다시 말해 한 해 결실이 좋으면 이듬해에는 떨어진다. 올리브 열매 100kg이면 평균 15l의 올리브유를 생산한다. 그 품종은 현재 700여 종을 헤아린다. | 모든 올리브 열매는 익기 시작하면서 천천히 색깔이 변하는데, 처음에는 초록색이었다가 점차 갈색을 띠고 자두처럼 검은 보라색으로 변하며 마지막에는 까매진다. 다 익는 데 약 2주가 걸리며, 그 과정에서 열매에 희끗희끗한 작은 점이 퍼진다. 이런 올리브로 기름을 짜면 신선한 풀 냄새와 강한 과일향이 난다. | 올리브는 익기 직전에 수확하는 것이 가장 좋은데, 과육에 기름 성분이 더는 늘지 않으면서(기름 성분은 과육의 약 50%까지만 찬다) 그 대신 변질된 기름내가 나기 시작하기 때문이다. 수확은 기후와 입지 조건에 따라 9월부터 1월 말까지 이루어진다.

Der Ölbaum
Olea europaea

올리브나무

나무 신화(Mythos Baum) :
나무로 본
유럽 민속의 기원과 효능

다양한 수확물

전 세계에서 거두어 들이는 올리브 중 손으로 직접 딴 것은 8%쯤 되며, 그 대부분은 열매 그대로 먹기 위해 가공을 거친다. 우선 알칼리성 식염수에 담가 과육에 포함된 쓴 맛을 제거한 다음 정제수, 식염, 머스캣(Muscat), 계피, 정향, 고수(Coriander) 등을 넣은 고유한 용액에 절이는 것이다. 알제리에는 다 익은 올리브를 말려 이렇게 가공하지 않고 그대로 먹을 수 있는 종류도 있다. 최고급 올리브유도 손으로 딴 올리브를 짠 것이다. | 나머지 대부분의 올리브는 손으로 따지 않는다. 오늘날에도 흔히 쓰이는 전통 방식은 긴 막대기로 나무를 두드려 떨어진 올리브를 바구니에 담는 것이다. 예전에는 좀 더 쉽게 기름을 짜기 위해, 수확한 올리브를 1주일쯤 그냥 두곤 했다. 멍이 들거나 벌레 먹어 금세 곰팡이가 끼고 발효되기 시작하므로 이런 올리브로 짠 기름은 탁하고 아린 맛이 나며 변질되기 쉽다. 대강 만든 저급 올리브유는 수출 대상국에 도착하면 이미 변질되다 보니, 북유럽에서 두루 나쁜 평판을 얻는다. 그런데 남유럽 사람들은, 전하는 말에 따르면, 이렇게 냄새가 고약한 올리브유를 애호한다는 것이다. 따라서 이런 기름은 오랫동안 산지에서만 식용유로 유통되었고, 중유럽에는 기계로 짠 올리브유만 수입되었다. | 테오발트 피셔(Theobald Fischer)[622]는 그의 책 『올리브나무』(1904년)에서 갓 짜낸 신선한 올리브유를 예전에 어떻게 가공했는지에 관해 상세하게 묘사한다. 우선 넓고 통풍이 잘 되는 곳에 보관해 두었던, 솜을 채운 함석판 상자를 3층으로 쌓고 갓 짠 올리브 기름을 그 위에 붓는다. 그러면 기름이 상자를 통과할 때마다 서서히 맑아진다. 그 다음에는 외부로 출하하기 전까지 큼지막한 점토 항아리에 담았다가 이따금 다른 항아리로 옮겨 따르는

---

[622] 테오발트 피셔[Theobald Fischer, 1846~1910년] : 독일의 지리학자. 처음에는 역사학을 공부했으나 유럽 여러 곳을 여행하면서 점차 지리학에 관심을 갖게 되었다. 특히 북아프리카를 포함한 지중해 지역에 관한 연구에서 많은 성과를 남겼다. 본문의 저서의 원제는 『올리브나무, 그 지리 분포와 경제적 문화사적 의의(Der Ölbaum. Seine geographische Verbreitung, seine wirtschaftliche und kulturhistorische Bedeutung)』다.

데, 그렇게 해서 바닥에 가라앉은 침전물을 제거하는 것이다. 이 과정을 거치는 사이 올리브유는 숙성되어 풍미가 더해진다. | 오늘날에는 올리브를 수확하면 곧바로 과육에 씨까지 한꺼번에 최신 압착기에 넣고 으깬다. 저온 압착으로 처음 생산된 올리브유가 이른바 '버진 올리브유'고, 그 다음 고온 압착으로 생산된 것은 두 번째 등급인 '프로방스 올리브유'다. 세 번째 압착해 추출한 '올리브 기름'은 비누 제조, 연료, 윤활제 등 공업용으로만 사용된다.[623] 이렇게 압착을 해도 여전히 10% 정도 기름이 남게 마련인데, 최근에는 헥산을 용매로 사용하면서 2%만 남기고 추출해 낸다. 남은 찌꺼기는 농장에서 가축 사료로 쓰거나 조개탄 같은 숯 형태로 눌러 건조한 뒤 가정용 난방 연료로 사용하기도 한다. | 노란색에서 녹황색을 띠는 올리브유는 떫지 않고 글리세리드가 80%를 차지하며 0~9°C에서 굳는다.

↑ 그리스에서는 올리브를 수확할 때 대부분 전통 방식으로 한다. 사람들이 나무 밑에 커다란 덮개를 깔고 작대기로 나무를 두드려 떨어진 열매를 주워 모은다.

23 | Der Ölbaum
Olea europaea | 올리브나무 | 나무신화(Mythos Baum):
나무로 본
유럽 민속의 기원과 효능

의인(義認)의 화환

↑ 투탕카멘의 화환. 이집트 제18왕조 기원전 1336~1327년경, 미국 메트로폴리탄 미술관 소장. 목에 걸린 세 개의 장식 중 하나로, 파피루스에 올리브 잎을 매달았다.

올리브나무 재배가 이집트에서 최초로 이루어졌다는 증거는 기원전 1325년경 19살의 나이로 사망한 파라오 투탕카멘(Tutankhamen)으로 거슬러 올라간다. 그의 무덤에서 출토된 화환에는 올리브나무 가지도 섞여 있었다. 그 중 '의인(義認)의 화환(Kranz der Rechtfertigung)'[624]이라는 화환은 내세의 법정을 상징하는 유물로, 원래 파라오의 데드 마스크(dead mask) 위에 놓여 있었다. 투탕카멘의 부장품은 지금은 이집트 카이로 박물관에서 만날 수 있다. 부장품 가운데는 올리브 잎사귀 조각으로 장식 띠를 두른 은접시도 있었다. 다른 파라오의 무덤에서는 금으로 만든 올리브나무 형상의 조각도 출토되었다. | "나는 당신들의 도시인 헬리오폴리스에 정원사들과 많은 사람들을 동원해 올리브나무를 심었으니, 이집트 최고의 올리브유를 생

[623] **올리브유 등급** : 버진 올리브유는 올레움 비르지네움(Oleum virgineum) 또는 올리오 비르지네(olio virgine)라고 한다. 2등급 프로방스 올리브유(Provenceöl)는 일반 올리브유로, 올레움 옵티움(Oleum optimum)이다. 3등급 올리브 기름은 식용이 아닌 공업용으로만 사용되며 올레움 코뮤네(Oleum commune)라고 한다. 현재 우리 나라의 올리브유 등급은 미국 농무부의 기준을 따르므로, 엑스트라 버진, 버진, 리파인드, 퍼미스(pomace, 공업용)의 4단계로 나눈다. [624] **의인(義認)의 화환[Kranz der Rechtfertigung]** : 고대 이집트에서는 사후에 내세의 신이 심판할 때 잘 봐 주기를 기원하는 의미로 시신 위에 올리브나무 가지로 만든 화환을 놓았다고 한다. '의인'은 신이 인간의 의로움, 무죄임을 인정한다는 뜻이며, 독일어 'Rechtfertigung'에는 정당화, 변명의 뜻도 있다.

산하여 당신들의 성스러운 궁전에서 등불을 피우기 위함이다." 이 글은 태양신 라의 신전에 바친 람세스 3세의 문서에 표기되어 있다고 한다. 당시 왕이 올리브나무를 심은 총 조림 면적은 2,750ha에 달했다고 한다. | 노아의 대홍수에서 언급된 대로, 성서적 인류의 역사 이래 올리브나무 가지는 평화와 희망의 상징이었다. 육지를 찾으려 한 첫 번째 시도에서 노아가 날려 보낸 비둘기는 어떤 생명의 징후도 찾지 못하고 방주로 되돌아 왔다. 두 번째 시도에서는 희망이 보였다. "저녁 때에 비둘기가 그에게로 돌아왔는데, 그 입에 신선한 올리브나무 잎 사귀가 있는지라. 이에 노아가 땅에 물이 감(減)한 줄 알았다."〔「창세기」 8장 11절〕[625] 이후로 올리브나무 가지는 평화와 희망을 선사하는 것으로 여겨졌다. | 올리브나무와 포도나무와 밀, 이들은 성서의 세계에서 가장 상징적이자 신성한 땅의 축복을 받은 7가지 음식[626] 중에 꼽혔다. 이 세 식물은 행복의 원천으로서 성서에 끊임없이 등장한다. 이집트의 노예 생활을 기억하던 모세는 주요 식량 자원이었던 올리브나무에서 마지막 남은 올리브 한 알까지 모조리 따지 말고 조금 남겨 가난한 이들에게 주도록 했다. "네가 올리브나무를 떤 후에 그 가지를 다시 살피지 말고 그 남은 것은 객과 고아와 과부를 위해 버려 두라."〔「신명기」 24장 20절〕 | 비유법적 설명이 많은 성서에는 올리브나무와 관계된 수많은 비유가 등장한다. 예언자 호세아(Hosea)는 신이 그에게 다시 은총을 내리자, 이스라엘 민족들에게 "그 아름다움은 올리브나무와 같구나"라고 했으며, 에레미야는 나중에 유다 민족에서 하느님의 영광이 사라진 것을 초록의 아름답고 열매가 많은 올리브나무와 비교했다.〔「에레미야서」 11장 16절〕. 「시편」(52장 8절)에서는 독실한 신앙에 대해, "나는 하느님의 집에 있는 푸른 올리브나무와 같다"라고 했다. 아직도 팔레스타인에는 더는 열매를 맺지 않는 올리브나무에 야생의 나무 뿌리를 접붙이는 오래된 풍습이 있

↓ "저녁 때에 비둘기가 그에게로 돌아왔는데, 보라! 그 입에 신선한 올리브나무 잎사귀가 있구나." 노아의 방주 이후로 올리브나무 가지를 입에 문 비둘기는 평화와 희망을 상징하는 것으로 간주된다.

다. 말하자면 올리브나무의 수액이 다른 나무의 줄기를 바꾸어 그 나무에조차 올리브 열매가 달리게 하리라는 믿음이다. 이는 「로마서」 (11장 17~21절)의 사도 바울(Paulus)과 관련이 있다. 그가 이교도들에게 말하기를, "뿌리가 신성하면 가지도 마찬가지다 […]. 또한 가지 얼마가 꺾이었는데 돌감람나무인 네가 그 중에 접붙임이 되어 참감람나무 뿌리의 진액을 함께 받는 자 되었은즉 […]."[627]

[625] 감람나무(橄欖): 성경에 올리브나무가 흔히 감람나무로 번역되어 있다. 근대기에 한문 성경에서 올리브를 감람(橄欖)으로 오역한 것이 우리말에도 그대로 옮겨진 것이다. 실제 감람나무(*Canarium album*)는 감람과에 속하는 상록 교목으로 중국 남부와 베트남 등지가 원산지다. 오늘날 중국에서는 올리브를 유감람(油橄欖)으로 표기한다. [626] 신성한 땅의 축복을 받은 7가지 음식: "밀과 보리의 소산이요, 포도와 무화과와 석류와 감람나무(올리브나무)와 꿀의 소산지라." 「신명기」 8장 8절. [627] 「로마서」의 비유: 일반 접목법은 야생의 뿌리에 좋은 가지를 붙이는데, 바울의 비유는 그 반대다. 최영전(1996년)의 설명이 이 문제를 좀 더 명확히 해 줄 수 있다. "올리브에서 가장 난해한 것이 있다. 그것은 「로마서」 11장 17~24절에 나오는 참감람나무와 돌감람나무를 접붙이면 참감람나무가 된다는 구절이다. 과수 재배에서 대목(臺木)의 유전 형질이 접붙인 접수(椄穗)에 나타나는 일은 없다. 가령 고욤나무를 대목으로 해 단감을 접붙이면 그 가지에는 단감이 열리게 된다. 그러나 바울이 말하고자 한 것은, 유태인이 볼 때에 이방인은 돌감람나무이고 자기들은 선택을 받아서 성지에 자라는 참감람나무(올리브나무)로, 이방인(접수)이 유태인(대목) 위에 접붙임으로서 대목의 좋은 성질이 접수의 성질을 바꾸듯 이방인도 구원 받게 된다는 신앙적인 해석이 가능하다. 확대 해석하면, 인간이라는 돌감람나무가 신의 대목에 접붙임이 될 때에 비로소 구원 받을 수 있다는 성령의 역사로 해석하는 것이, 식물학적인 해석의 오해를 풀 수 있을 것 같다."[최영전, 『성서의 식물』(아카데미서적, 1996년) 13쪽]

성유

올리브 기름은 구약에서 가장 중요한 제례 용품이었다. 모세의 두 번째 책[모세 5경 중 두 번째인「출애굽기」]에는 여호와의 기름 만드는 법이 나온다. 성유(聖油)를 만들려면 몰약, 계피, 창포, 육계 등을 가장 깨끗한 올리브 기름에 넣고 충분히 저어 주어야 한다. 그것을 회막(會幕), 계약의 궤[629], 책상, 제단과 그 외 모든 도구에 잘 발라 준다. "너는 그것들을 지성물(至聖物)로 구별하라. 무릇 이것에 접촉하는 것이 거룩하리라[「출애굽기」 30장 22~30절]." 사무엘(Samuel)이 사울(Saul)을 왕으로 세우기 위해 뿔로 만든 그의 잔에 올리브 기름을 부어 바른 이래, 올리브 기름은 통치자의 성유가 되었다. 기독교에서 예수 그리스도의 주검에 기름을 바른 도유식(塗油式)만큼 중요한 도유 의식은 없다. 올리브산(감람산)이라는 장소뿐 아니라 예수 그리스도의 이름도 올리브 기름과 관계를 맺고 있다. '그리스도(Christos)'라는 이름이 곧 '신으로부터 기름 부음을 받았다'는 뜻인 까닭이다[그리스어로 크리에인(chriein)은 '성유를 바르다'라는 뜻이다]. 하느님이 그의 아들에게 "즐거움의 기름을 네게 부은"[「히브리서」 1장 9절] 이후로, 올리브 기름에 신의 기꺼운 축복이 깃들었다. 예수 탄생 이전에도 사제나 왕으로 선택 받은 사람들은 기름 부음을 받았으나 그리스도 이후 올리브 기름은 향유를 받는 사람에게 최고의 찬미가 되었으며, 성사(聖事)에서 핵심이 되었다. 예수 그리스도의 도유 의식은 예루살렘에 있는 성묘(聖墓) 교회 내부 입구 바로 앞에서 거행되었다고 한다. 오늘날에도 '성유 바위'[630]라는 커다란 석판이 땅에 놓여 있어 당시의 의식을 떠올리게 하며, 매년 부활절을 앞둔 성 주간에는 이 돌에 성유를 부어, 주검에 기름 부음을 상징적으로 축성한다. | 올리브 기름은 지금도 로마의 성 베드로 대성당 안에서 영원한 빛[631]을 밝히고 있다.

23　Der Ölbaum
　　Olea europaea

올리브나무

나무 신화(Mythos Baum):
나무로 본
유럽 민속의 기원과 효능

신들의 다툼

↑ 기원전 420년 경의 아테네 동전에 새겨진 올빼미와 올리브나무. 고대 아테네시의 상징이었다.

옛날 이탈리아에서 통용되던 100리라(Lira) 동전은 큰 가치는 없지만, 앞면에 흥미로운 모티프가 그려져 있다. 바로 작은 올리브나무와 함께 그려진 로마 신화의 여신 미네르바(Minerva, 그리스의 아테나 여신)다. 이 그림은 두 신들 사이의 싸움에 관한 전설에서 유래한 것인데, 이에 관해서는 여러 해석이 전한다. 아테네의 초대 왕이었던 케크롭스(Cekrops)에게 아테네와 주변을 아우르는 아티카(Attica)의 수호신[632]을 결정해야 하는 달갑지 않은 과제가 주어졌다. 이 특권을 두고 지혜의 여신 아테나와 바다의 신 포세이돈(Poseidon)이 경쟁했다. 케크롭스는 도시에 더 이로운 선물을 가져다 줄 신에게 천상의 권한을 주기로 했다. 포세이돈이 아크로폴리스의 바위에 자신의

[628] 계약의 궤[Bundeslade] : 성궤, 언약궤. 모세의 십계명이 들어 있는 상자. 도금한 상자 뚜껑 양쪽에 날개 달린 천사의 상이 있다고 한다. [629] 성유 바위[Salbungsstein] : 기름 부음의 돌. 십자가에서 내린 예수 그리스도의 시신을 눕히고 기름을 부은 돌을 말한다. [630] 성 베드로 성당의 등불 : 바티칸의 성 베드로 성당 안에는 1633년에 베르니니 (Giovanni Lorenzo Bernini, 1598~1680년)가 제작한 중앙 대제단이 있다. 이 제단을 95개의 등불이 밤낮으로 밝히는데, 그 등불의 연료가 올리브 기름이라고 한다. [631] 아티카[Attika]의 수호신 : 그리스의 아테네, 에레우시우스, 마라톤 등의 지역을 통틀어 아티카라 한다. 그 수호신 지위를 두고 포세이돈과 아테나의 분쟁이 일어나자 제우스는 올림푸스의 여러 신으로 구성된 재판단에 맡긴다. 제우스가 의견을 내놓지 않은 상황에서 포세이돈과 아테나의 지지자가 똑같은 수가 되었을 때 아테네의 왕 케크롭스가 아테나의 손을 들어 주었으므로 결국 케크롭스의 의견이 결정적인 것이 되었다.

삼지창을 힘껏 던지자 그 자리에서 샘이 솟아 엄청난 양의 소금물이 쏟아져 나왔는데, 이 물이 에게해가 되었다고 한다. 게다가 포세이돈은 시에 항구와 조선소(또는 말)도 선물했다. 이에 기세가 꺾일 아테나가 아니었다. 이번에는 아테나가 그녀의 창으로 새로 솟은 샘 옆의 바위를 치자 작은 올리브나무가 싹트기 시작해, 온통 꽃으로 뒤덮였다. 현명하고 선견지명이 있던 통치자 케크롭스는 귀한 식량이 되며 신체의 위생과 질병 치료 등에 필요한 올리브나무의 가치를 간파하고 아테나를 수호자로 결정했고, 시의 이름도 결국 그녀의 이름을 따랐다. 아테네의 아크로폴리스에서 가장 중심인 파르테논(Parthenon) 신전 옆에 성스러운 소금과 성스러운 올리브나무를 보호하는 에레크테이온(Erechtheion) 신전이 조성되었다. | 포세이돈의 패배에 심한 굴욕을 느낀 그의 아들은 아크로폴리스의 성스러운 올리브 숲을 파괴해 복수하려고 했다. 그러나 그가 든 도끼가 손에서 빠져 나가 도리어 그를 때려 죽였다고 한다. | 아테나의 승리는 새로운 시대의 개창을 비유한다. 자연의 위력을 표상하는 거친 신 포세이돈이 물러나고 아테나 여신이 인간을 새로운 시대로 인도하게 된 것이다. 농업과 수목을 재배하는 —자연을 경작하는— 일은 넓은 의미에서 인간 문명의 기반을 준비하는 것이었다. 우선 생각하고 계획한 다음 실천하는 것이 발전을 이끄는 새로운 슬로건이 되었다. | 아테나 여신의 올리브나무는 수백 년을 살았다고 한다. 시민들은 나무 관리에 정성을 다했으며, 이 나무의 성장과 번성을 진실로 시의 안녕을 상징하는 지표로 여기기도 했다.(「신화 속의 나무」 편 '운명의 나무' 참고). | 기원전 480년 크세르크세스 1세(Xerxes I)[632] 치세의 페르시아가 아테네를 점령하고 잿더미로 만들었을 때 이 올리브나무도 해를 입은 듯하다. 그러나 헤로도토스에 의하면, 얼마 뒤에 불탄 그루터기에서 기적 같이 1엘레[약66cm] 길이나 되는 새 가지가 솟았단다. 이것은 전쟁에 패한 아

23   Der Ölbaum
Olea europaea   올리브나무   나무 신화(Mythos Baum) : 나무로 본 유럽 민속의 기원과 효능

↓ 아크로폴리스에 있는 아테나의 신성한 올리브나무. 수백년을 살았다고 하는 이 나무는 도시의 안녕을 상징하는 지표로 간주됐다.

테네 사람들에게 희망을 불어 넣어 주는 징표였다. | 시인 파우사니아스(Pausanias)[633]는 기원후 2세기 말에 아테나 여신의 올리브나무를 직접 눈으로 보았다고 주장했다. 이 아크로폴리스의 나무는 비잔티움 제국 시대와 터키의 지배 속에서 살아남지 못했다. 그리스 정교도와 이슬람교도들의 거부감 때문이었다. 현재 에레크테이온 신전의 폐허 옆에 서 있는 나무는 1917년에 새로 심은 것이며 원래의 올리브나무에서 파생된 것이라고 한다. | 고대 그리스인은 올리브나무는 순결한 팔라스(Pallas)[634]의 선물이며, 창녀가 심으면 평생 열매가 맺히지 않는다고 여겼다. 이런 생각이 이어져 기독교에서는 올리브나무를 성모 마리아의 징표로 삼았다. 6세기에 성 그레고리 타우마투르

---

[632] 크세르크세스(Xerxes I, 기원전 519?~465년): 페르시아 제국 제4대 왕(재위 기원전 486~465년). 기원전 480년에 그리스를 침공해 페르시아 전쟁을 일으켰다. [633] 파우사니아스(Pausanias, 2세기경): 그리스 태생의 여행가이자 지리학자. 『그리스 안내(Description of Greece)』를 썼다. 그리스 도시들의 자연, 산물, 풍속을 비롯해 미신, 신화 등을 비교적 정확하게 기술해 후대에 많은 참고가 되었다. [634] 팔라스(Pallas): 여신 아테나의 별칭. '젊은 여성'을 뜻하는 그리스어 팔라키스(pallakis)에서 유래했다는 설도 있다.

구스(St. Gregory Thaumaturgus)는 동정녀 마리아의 수태에 대해, "마치 열매가 많이 달린 올리브나무처럼 그녀는 신의 집안에 심기었다"라고 표현했다. 이탈리아 르네상스 그림에서 천사가 마리아에게 수태를 알리면서 낯익은 백합 대신에 올리브 가지를 쥐었다면, 이런 뜻이 담긴 도상이거나 아니면 앙숙인 피렌체(Firenze)의 백합 문장을 넣기 싫었던 시에나(Siena) 화가[635]의 저의였을 수도 있다. | 아크로폴리스 외에도 아테나 여신에게 봉헌한 '모리아이(moriai)'[636]라고 불리는 수많은 올리브나무가 아티카 도처에 있었다. 이 나무들은 국가의 보호를 받아, 이를 훼손하는 자는 재산을 뺏기고 추방되었다. 이 나무에서 생산한 올리브 기름은 여신의 명예로서 암포라(Amphora) 항아리에 담아 4년마다 열리는 경기의 승자에게 나누어 주었다.

↑ 수확하고 나서 병에 담기까지 올리브유는 여러 공정을 거쳐야 한다. 쇼이히처의 '피지카 사크라(Physica Sacra)' 수록 동판화, 1731년.

[635] **시에나파 화가**: 〈수태고지(受胎告知)〉를 그린 화가는 많지만, 시에나 출신의 시모네 마르티니(Simone Martini)를 지칭하는 듯하다. 시에나파를 대표하는 그가 1333년에 시에나 대성당의 제단화로 그린 〈수태고지〉(우피치 미술관 소장)에는 천사 가브리엘의 손에 올리브 가지가 들려 있고, 백합은 뒤쪽 화병에 꽂혀 있다. [636] **모리아이**(moriai): '아테네 여신의 성스러운 올리브나무'라는 뜻의 모리아(Moria)의 복수형이다.

| 23 | Der Ölbaum
Olea europaea | 올리브나무 | 나무신화(Mythos Baum):
나무로 본
유럽 민속의 기원과 효능 |

방랑

아테나는 오디세우스의 수호 여신이었다. 그러니 올리브나무가 방랑자 오디세우스의 삶에서 3번이나 결정적으로 등장하는 것도 우연이 아니다. 모험 후 귀향길에 오디세우스는 부하들과 함께 외눈박이 거인 폴리페모스(Polyphemos)에게 붙잡히고 만다. 오디세우스는 몰래 올리브나무를 잘라 끝을 뾰족하게 다듬은 다음 불에 달궜다. 이렇게 만든 무기로 키클롭스(Kyklops)[637]의 눈을 힘껏 찌르고, 부하들과 도망칠 수 있었다. | 마침내 고향 섬 이타카(Ithaca)에 도착했다. 항해에 뛰어난 파이아키아 사람들(Phaiakes)[638]이 잠든 오디세우스를 구출해 끌어올린 땅에는 요정의 동굴이 있었고, 그 입구에도 신묘한 올리브나무가 서 있었다. 그러나 모험은 그것으로 끝이 아니었다. 가장 어려운 시험을 통과해야 했다. 집을 떠난 지 20년이 지났는데도 돼지 치던 하인과 늙은 하녀, 기르던 개조차 그를 알아보았건만, 수많은 유혹을 거절하고 평생을 기다려 온 아내 페넬로페(Penelope)는 정작 그를 믿지 못해, 시험을 냈다. 첫날 저녁을 다른 방에서 자야 하며, 자기 침상을 그 방으로 옮기라는 것이었다. 오디세우스가 알고 있는 한 그것은 불가능했다. 깊게 뿌리 박은 올리브나무 고목에 방을 들이고 그 안에 견고한 침상을 만든 건 바로 자신이었기 때문이다. 그 침상은 결코 움직일 수 없었다. 이 영웅은 『오디세이아』에서 이렇게 회상한다. | "우리 집 마당에 올리브나무가 무성하게 / 잎을 내며 자라 그늘을 드리웠고, / 그 줄기는 큰 기둥처럼 굵었소. / 그 나무 둘레에 내가 방을 만들었는데, / 단단한 돌로 마무리하고 위에는 튼튼한 지붕도 씌었소. / 그리고 잘 짜 맞춘 문도 달았다오. / 그 다음에 나는 그늘을 드운 올리브나무의 우듬지를 베어 […]." | 그제야 페넬로페는 자기 앞에 서 있는 사람이 오디세우스임을 확신하고, 품에 끌어안았다.

---

[637] **키클롭스(Kyklopes)**: 그리스 신화에 나오는 거인족을 이른다. 폴리페모스(Polyphemos)도 여기에 속한다. [638] **파이아키아 사람들(Phaiakes)**: 그리스 서쪽 스케리아 섬(Scheria)에 사는 해양 민족으로, 난파한 오디세우스를 도와주었다.

몸 속은 꿀로, 몸 밖은 올리브유로

→불꽃이 두 군데로 나오는 폼페이의 올리브 램프, 기원전 79년.

그리스 최초의 올리브나무는 전설에서 이야기하는 것처럼 아테네가 아니라 크레타섬에 있었다. 미노스(Minos)의 사제 왕들은 순전히 올리브 수확 덕분인 풍요에 감사를 올렸다. 훗날 크노소스 궁전의 폐허 속에서 올리브 기름이 담긴 높이 1m에 달하는 옹기 그릇이 보관된 창고가 발견되었다. 이 황금 액체[올리브유]를 조그만 암포라에 담아 배에 싣고 이집트로 향했을 것이다. 3,500여 년 전의 미노스 문명[크레타 문명]은 사라지고, 이제 폐허와 개념만 남았다. 그리스어로 올리브나무를 뜻하는 '엘라이아(elaia)'와 올리브 기름을 뜻하는 '엘라이온(elaion)'이 크레타섬에서 왔다. '엘라이온'에서 라틴어 '올레움(oleum)'이 파생되었으며, 독일어로 기름을 뜻하는 '욀(Öl)'도 여기서 유래했다. | 그리스인에게 올리브 기름의 의미는 음식물 그 이상이다. 가난한 오두막의 등잔이나 왕이 사는 궁전의 등잔을 고루 밝히는 기름이었다. 또한 신들과 운동 선수들이 나란히 몸에 바르거나, 관절염을 치료하기도 했다. 레슬링장이나 연습장에서 사내아이와 어른들은 올리브 기름을 몸에 붓고 마치 제 몸이 광이 나는 대리석으로 만들

23　Der Ölbaum
　　Olea europaea

올리브나무

나무 신화(Mythos Baum):
나무로 본
유럽 민속의 기원과 효능

어진 것이기라도 한 양 번쩍거릴 때까지 문질렀다. 근육을 부드럽게 만들어 주기 때문이란다. 대개 이런 기름은 공동으로 구매했다. | 순수한 올리브 기름에 곧 다양한 향료가 첨가되기 시작했다. 그러자 향유 제조업과 같은 새로운 산업이 번창하게 되었다. 1954년에 미케네(Mycenae)의 유적에서 발굴된 몇몇 토기판을 보건대, 당시 사람들은 귀한 화장품을 정교하게 생산해 내는 방법을 알고 있었다. 그 토기판에는 향유를 만드는 데 첨가되는 향료 목록이 적혀 있었는데 참깨, 셀러리, 회향, 캐러웨이(caraway), 고수, 민트(mint), 장미, 향부자(香附子) 등이었다. 그러나 이 사치 풍조에 곧 비판이 일기 시작했다. 엄격한 스파르타(Sparta)에서는 향유를 제조하는 사람을 '변조자' 또는 '올리브 기름을 망치는 사람(Ölverderber)'이라고 비난했다. 디오게네스와 플라톤도 향유와 고급 향이 사회에 해악이 된다고 보았다. 결국 솔론은 아테네 시민들이 향유 제조업에 전념하는 것을 금지했다. | 그러나 순도 높은 올리브 기름은 여전히 최고의 평가를 받았다. 상처를 진정시키고 가려움증을 완화하며 찰과상을 낫게 했고 통풍, 피로, 위장 장애에도 효험이 있는 만병 통치약인 까닭이다. 또 오래 전부터 관장용 용액으로도 사용되었다. 동방에서는 올리브 기름과 포도주를 섞은 '사마리아인의 향유'[639]가 상처 치료에 널리 쓰였다. 오늘날 올리브잎은 혈압을 낮추는 용도로 쓰인다. | 트라키아(Thracia)의 철학자 데모크리토스(Demokritos)가 100살이 되었을 때, 동료들이 그에게 건강의 비결을 물어 보았더니 간단 명료하게 대답했단다. "몸 속은 꿀로, 몸 밖은 올리브유로."[꿀을 자주 섭취하고 올리브 기름으로 피부를 마사지 한다.] 고대의 사례와 똑같은 일화를 프랑스 아를의 잔 칼망(Jeanne Calment)[640] 할머니에게서 다시 만난다. 그녀가 121세가 되던 생일에 어떻게 세계 최고령자가 되셨느냐는 질문에 그녀는 딱 한 마디로 대답했다고 한다. "올리브유!"

[639] 사마리아인의 향유(Samariterbalsam) : 올리브 기름과 포도주를 1:1로 혼합한 것으로 화상이나 자상에 이 향유를 바르면 흉터가 남지 않고 낫는다고 한다. [640] 잔 칼망(Jeanne Calment, 1875~1997년) : 1997년 사망 당시 122살로 세계 최고령자로 인정 받았다. 프랑스 남부 아를 사람으로로 화가 빈센트 반 고흐와도 교류가 있었다고 한다.

올림피아 경기

열매가 나는 올리브나무를 베거나 불태우는 일은 신이 벌을 내릴 범죄에 속했으므로, 5세기 중엽 스파르타인이 아테네를 폐허로 만들었을 때도 올리브나무만큼은 보호했다고 한다. 신들로부터 받을 복수가 두려웠나 보다. 아테네의 아홉 현인[641] 중에 한 사람이었던 솔론은 제단을 만들거나 시에서 필요할 때 등 특별한 조건하에서는 올리브나무를 벨 수 있다는 새로운 법령을 공포했다. 그러나 그것도 1년에 최대 2그루에 한해서였다. | 특유의 무늬가 있고 광이 잘 나는 올리브나무 목재는 매우 단단하며 내구성이 강하다. 기원전 150년 경 파우사니아스가 그리스 여행담에서 설명한 것처럼, 이미 헤라클레스는 자기가 쓸 강력한 몽둥이로 혹이 달린 야생 올리브나무를 선택했다. 헤라클레스가 아르고스(Argos)[642]에서 이 올리브나무 몽둥이를 어느 조각상 옆에 기대어 놓았더니, 몽둥이가 땅에 뿌리를 내리고 다시 살아나 푸른 싹을 냈다고 한다. 헤라클레스는 또한 히페르보레오이(Hyperboreoi)[643] 종족의 허락을 얻어 야생 올리브나무를 극한의 북극에서 올림피아로 옮겨와 제우스 신전 옆에 심었다고 한다. 그 이후 이 곳에는 평화로운 경기를 위해 4년에 1번씩 그리스 민족들이 모여 들었다. 올림피아에서 승리한 자는 제우스 나무의 가지[644]로 장식했는데, 이 나뭇가지는 사제가 잘라 화관으로 묶었으며, 약한 끝부분에 강한 나무를 받쳤다. 이는 신들로부터 그 능력을 부여 받아 승리한 인간에 대한 일종의 은유였다. 전투에서 피 흘려 쟁취한 승리의 죄를 씻기 위해 장식한 월계관(「월계수」편 참고.)과는 달리 올리브 화관은 평화롭고 공정한 시합에서 승리한 대가와 그 상징이었다. 운동 선수들은 올림피아의 상품으로 올리브 화관 외에도 최상급 올리브 기름이 담긴 화려한 암포라를 받았다. 오늘날에도 그리스의 올림피아 경

↓ 아마존 여왕 히폴리테(Hyppolyte)와 싸우는 그리스의 영웅 헤라클레스. 올리브나무로 만든 몽둥이와 사자 가죽은 헤라클레스의 상징으로 자주 그려졌다.

기가 열렸던 원래의 장소에서 4년마다 벌어지는 성화 봉송에 쓰이는 성화 연료로 올리브 기름이 사용된다. | 그리스에서는 화관을 승리자뿐 아니라 죽은 자의 머리에도 씌웠다. 그리스의 장례 문화에서는 사람이 죽으면 우선 씻기고 향유를 바른 다음 신선한 올리브 가지 화관으로 장식했다. 올리브 가지로 만든 화관은 저승 세계에 들어간 시체에 떠다니는 악령을 묶어 두기 위한 것으로, 그렇게 해야 병상 주변의 살아 있는 유가족들은 악령으로부터 안전하리라고 믿었다.

〔641〕**아테네의 아홉 현인** : 저자는 아테네의 9현인이라고 썼으나 그리스의 7현인을 말하는 듯하다. 기원전 620~550년 고대 그리스 여러 지역의 현인들로, 문헌에 따라 5명부터 25명까지 다양하지만, 밀레토스의 탈레스, 아테나이의 솔론 등이 포함된다. 플라톤은 이들 7명의 공통점은 '스파르타의 문화를 동경'한 것이라고 썼다. 〔642〕**아르고스**〔Argos〕: 그리스 펠로폰네소스 반도의 아르골리스주에 있는 도시. 호메로스에 따르면, 헤라클레스는 아르고스의 지배권을 계승할 자격이 있었으나 헤라의 질투로 에우리스테우스왕에게 봉사하며 모험을 하게 된다. 〔643〕**히페르보레오이**〔Hyperboreoi〕: 그리스 신화에서 북극 지방에 산다는 신화적 거인족. 그리스어로 '북풍(보레아스) 너머 사는 사람들'이라는 뜻이다. 〔644〕**제우스 나무** : 제우스를 상징하는 나무는 참나무와 올리브나무가 있는데, 여기서는 올리브나무의 가지를 뜻한다.

300만 *lb*의 올리브유

그리스인들의 올리브나무에 대한 존중은 로마인에게로 계승되었다. 콜루멜라(Columella)[645]는 올리브나무를 '나무 중의 으뜸이자 최고급의 나무(primam omnium arborum)'라고 칭했다. 그리스인과 마찬가지로 로마인에게도 올리브 기름을 바르는 의식은 종교적 의미를 지녔다. 카툴루스는 신랑 신부들이 '첫날밤의 위기'에 대비하기 위해 올리브 기름을 바른다고 적고 있다. 그러면 젊은 신부가 이미 순결을 잃었을지라도 마커가 해를 끼칠 수 없다는 것이다. 신랑 신부의 침소나 아기가 갓 태어난 방의 문지방에 유령들이 접근하지 못하게 하려고 올리브 가지 장식을 걸기도 했다. | 올리브는 식료품으로서도 로마인의 식단에서 확고한 위치를 차지했다. 호라티우스는 올리브를 아주 귀한 진미라며 몹시도 즐겼다. 로마 시대에 이미 올리브 기름은 경제적으로 매우 중요한 품목이었다. 올리브 기름을 생산하고 거래하는 것과 마찬가지로 올리브나무를 경작하는 것도 국가가 관리했다. 로마는 수출입을 규정하고 관세를 징수했다. 원래는 카르타고에 속했던 로마 식민지 렙티스 마그나(Leptis Magna)는 현재 리비아 땅에 있었던 고대 도시인데, 카이사르의 지배 아래 있던 로마에 300만 *lb*[약120톤]의 올리브 기름을 직접세로 바쳐야 했다고 한다. | 북아프리카로부터 공급되는 양은 엄청나서, 셉티미우스 세베루스 황제(Septimius Severus)[646]가 사망했을 당시(211년) 로마뿐 아니라 이탈리아 전역에 무려 5년 동안이나 공급할 수 있을 정도로 올리브유를 비축하고 있었다고 한다. 이처럼 값싼 수입산이 넘쳐나자 정작 로마의 올리브유 생산은 마비되었다. 제국의 쇠락을 더는 막을 수 없었다.

23   Der Ölbaum
         Olea europaea   올리브나무   나무 신화(Mythos Baum) : 나무로 본 유럽 민속의 기원과 효능

↓기원후 1세기경 로마의 벽화에 그려진 경기 우승자. 올리브 가지로 만든 트로피를 썼다. 폼페이 벽화.

〔645〕**루키우스 콜루멜라**〔Lucius Iunius Moderatus Columella, 4?~70?년〕: 로마의 저술가. 『농사에 관하여(*De re rustica*)』, 『나무에 관하여(*De arboribus*)』 등 농업에 관한 저작을 남겨 당대 로마 농업 연구의 자료가 된다. 〔646〕**셉티미우스 세베루스 황제**〔Lucius Septimius Severus, 146~211년〕: 북아프리카 렙티스 마그나(현재의 리비아) 출신으로 호민관, 총독 등을 거쳐 혼란기의 로마 제국에서 군사력을 등에 업고 스스로 황제에 오른다. 올리브 농사가 잘 되어 일찍이 올리브유 제조로 이름났던 렙티스 마그나는 세베루스 황제 즉위 후에 크게 확장되어 전성기를 구가한다. 그를 세습한 안토니우스(카라칼라)와 뒤이은 군인 황제 시대에 렙티스 마그나의 교역이 큰 타격을 입고, 로마 제국 또한 쇠망의 길을 걷기 시작했다고 평해진다.

↓ 연노랑색 꽃이 핀 월계수. 늘푸른 잎은 다양한 요리의 향신료로 쓰인다.

24 | Der Lorbeer
Laurus nobilis | 월계수 | 나무 신화(Mythos Baum):
나무로 본
유럽 민속의 기원과 효능

월계수
Der Lorbeer
Laurus nobilis

땀을 흘려야만 월계수잎의 성과가 있는 것이다.

〔무명씨〕

↑ 로마의 지휘관은 피비린내 나는 전투에서 승리했을 때만 월계관을 쓰고 로마에 입성할 수 있었다. 목판화, 18세기.

↘ 헬레니즘 시대의 금제 월계관, 아테네 케라메이코스 고고학 박물관(Kerameikos Archaeological Museum) 소장.

옛 숲에 남겨진 나무

월계수(*Laurus nobilis*)는 오늘날 거의 지중해 전역에서 자란다. 그 원산지는 아직 정확하게 밝혀지지 않았다. 제3기(약 6,500만~200만 년 전)에 월계수는 지금은 멸종해 버린 다른 월계수 종류들과 함께 전 대륙을 덮고 있었다. 이름난 월계수 숲(예를 들면 카나리아 제도의 다습한 무역풍대)을 이루며 번성했지만, 오늘날 이런 숲은 유존종(遺存種, Relict)[647]으로만 남게 되었다. | 약 200만 년 전에 낙원과 같던 제3기가 끝나고 마지막 빙하기가 도래했다. 추위에 민감한 월계수는 원래 자라던 곳에서 밀려나 발칸 반도와 소아시아 등지 몇몇 군데에 자리를 잡았다. 왕성하게 번식하면서 나중에서야 옛 서식지를 서서히 재탈환하기 시작했지만, 더는 그런 곳을 우점(優占)하지 못했다. 월계수는 지중해 지역에서 흔히 줄기가 여러 갈래로 갈라져 자라며, 입지 환경이 좋으면 18m까지 큰다. 상록성에 래커를 칠한 듯한 잎은 딱히 눈에 띄는 모양은 아니지만 손으로 비비면 햇살이 풍부한 남유럽 요리 특유의 쌉쌀하면서도 묘한 향이 퍼진다. 월계수는 암수딴그루이기 때문에 암나무에만 열매가 달린다.

↑ 요정 다프네는 사랑에 미친 아폴론으로부터 더는 도망칠 수 없다고 생각되자, 아버지에게 월계수로 변신시켜 달라고 했다. 오비디우스의 『변신 이야기』(1778년판) 중에서.

Der Lorbeer
Laurus nobilis

월계수

나무신화(Mythos Baum) :
나무로 본
유럽 민속의 기원과 효능

영혼이 깃든 나무

고대 그리스에서는 수많은 나무 속에 어떤 존재가 살고 있으며, 따라서 영혼이 있다고 여겼다. 나무가 죽으면, 그 안에 깃들어 있던 요정들도 죽을 수밖에 없었다.(「신화 속의 나무」 편 '변신 이야기' 참고). 아름다운 님프 이오다메(Iodame)[648]는 뿌리가 뽑힌 그녀의 월계수 아래에 수그린 채 슬퍼하며 최후를 기다리고 있었는데, 갑자기 신들의 아버지가 혜성처럼 나타나 나무를 반듯이 세워 다시 심었다고 한다. 당연히 사랑의 향락을 나누겠다는 약조가 따랐다. 제우스와 칼리스토(Callisto) 사이에서 아들 아르카스(Arkas)[649]가 태어난 사연도 비슷하다. | 신화 속 요정들이 태어나면서부터 모두 나무 속에 터를 잡았던 것은 아니다. 요정들은 다양한 이유로 신에게 변신을 청한다. 고대에는 이런 변신 이야기가 인기를 끌어, 기회가 있을 때마다 즐겨 낭독되었다. 오비디우스는 이를 모아 『변신 이야기』라는 하나의 문학 작품으로 완성했다. 님프 다프네의 이야기도 여기 나온다. 오비디우스의 소상한 설명은 에로스(Eros)와 아폴론과의 불화에서부터 시작된다. 아름답고 정열적인 사랑의 신이자 아프로디테의 아들인 에로스는 힘센 아폴론 앞에서 자기 힘을 과시하려 했다. 그는 파르나소스산(Parnassos)[650]에 올라 화살 2개를 쏘았다. 품행 방정한

[647] 유존종[遺存種, Relict] : 생물이 환경 변화의 영향을 받아 이동할 때 산이나 계곡, 섬 등과 같은 지형 때문에 이동하지 못하고 남겨져 현재까지 생존하는 종. 잔류종, 잔존종이라고도 한다. 아프리카 북서쪽 대서양에 있는 카나리아 제도의 라 고메라섬(La Gomera)에서 제3기의 식생 경관을 유지하며 잔존한 월계수 숲은 가라호네이(Garajonay) 국립공원의 80%를 차지하며, 유네스코 세계 자연 유산 목록에 등재되어 있다. [648] 이오다메[Iodame] : 이토노스(Itonos)의 딸이자 아테나 신전의 여사제로, 여러 설이 전하는데 그 하나가 제우스와의 사이에서 딸 테베(Thebe, 보이오티아의 오기고스왕과 결혼)를 출산했다는 이야기다. 본문에서 혜성처럼 나타난 신들의 아버지가 제우스다. [649] 칼리스토[Callisto]와 아르카스[Arkas] : 칼리스토는 아르테미스를 섬기는 님프였는데 미모가 뛰어났다. 제우스는 아르테미스의 모습으로 변신해 칼리스토를 범했다. 아들 아르카스를 낳자 칼리스토는 아르테미스에게 쫓겨났고 헤라의 미움도 사서 곰으로 변한 채 숲에서 지냈다. 사냥꾼으로 자란 아르카스가 곰으로 변한 어머니를 알아보지 못해 화살로 쏘아 죽인다. [650] 파르나소스[Parnassos] : 그리스 중앙 코린토스만 북쪽에 있는 산(해발 2,457m). 남쪽에 델포이 신전이 있으며 아폴론과 아홉 무사(뮤즈)가 산다고 전한다.

↓ 델포이 신전 안에서는 여사제가 앉아 신성한 월계수잎을 씹었다. 아폴론 신은 최면 상태인 여사제의 목소리를 통해 신탁을 공포했다. 델포이 신탁소, 채색 목판화, 1865년경.

다프네에게는 사랑을 거절하도록 뭉툭한 납화살을, 아폴론에게는 애욕을 불러일으키도록 날카로운 금화살을 쏘았다. 아폴론은 사랑스런 요정 다프네와 마주치자마자 정열에 휩싸였다. 그는 제 정신을 잃고 "그녀의 목덜미에 가쁜 숨을 몰아쉬어 그녀의 머리카락이 쭈뼛 설 정도로" 쫓아 다녔다. | 굴욕을 피할 유일한 해결책으로 다프네는 강의 신인 아버지 페네이오스(Peneios)에게 간청했다. "도와주세요, 아버지…. 강물에 신통력이 있지 않나요. 오, 저를 변신시켜 주세요! 모욕스런 제 모습을 거두어 주소서!"라고 오비디우스는 쓴다. 간청은 받아들여졌고, 그 자리에서 그녀는 월계수로 변하기 시작했다. 변신에도 아랑곳없다는 듯, 아폴론은 광란에 찬 격정을 나무에 쏟았다. "[…] 나뭇가지를 마치 다프네의 팔인 것처럼 손으로 끌어안자 나무껍질 속에서 아직도 파닥이는 그녀의 심장을 느꼈다." 나무마저도 그의 입맞춤에 몸을 움츠렸다. "내 아내가 되기를 거부했으니, 당신을 내 성수(聖樹)로 삼으리라. 오, 월계수여, 내 머리와 칠현금, 그리고 화살통을 영원히 당신으로 장식할 것이오." 그 후로 그리스에서는 이 지중해의 관목을 다프네라고 불렀다.

속죄의 나무

다프네와 아폴론의 사랑 이야기는 의미심장한 속뜻을 품고 있다. 아폴론은 태양의 신인 동시에 의술의 신이었는데, 이 두 가지 상징은 월계수에 잘 맞아 떨어진다. 향이 강한 월계수잎은 아폴론과 그의 아들인 아스클레피오스(Asklepios) 그리고 아스클레피오스의 딸인 히게이아(Hygeia)가 전염병과 질병을 치료하는 데[651] 도움이 되었다. 아리스토파네스에 의하면, 그의 대문 앞에 심은 월계수가 페스트를 막아 주었다고 한다. | 아폴론은 델포이 신탁소의 전(前) 주인이었던 뱀 형상의 용, 피톤(Phyton)[대지의 여신 가이아의 딸]을 물리친 다음에 제우스의 명에 따라 정화 의식을 치뤄야 했다[가이아에게 불경죄를 저질렀기 때문이다.]. 이 때 파르나소스 산기슭에 있는 테살리아의 템페(Tempe) 계곡을 참배해, 거기 자라는 그리스 전역에서 가장 오래된 월계수나무가 가지로 속죄했다. 그제야 아폴론은 월계관을 쓰고 오른손에 월계수 가지를 들고서 델포이의 신탁소를 점령할 수 있었다. 나중에 피톤에게 승리한 아폴론을 기려 거행되었던 피티아 제전(Pythian Games)[652]에서는 월계관이 상으로 주어졌다. | 파우사니아스에 의하면, 델포이에 세운 최초의 아폴론 신전은 월계수 가지를 간단하게 엮어 만들었다고 한

[651] **아스클레피오스(Asklepios)와 히게이아(Hygeia)**: 아폴론은 올림포스의 12신 가운데 빛과 태양, 이성과 예언, 시, 음악, 의술을 관장한다. 그와 라피타이족 왕녀 코로니스(Koronis, 까마귀) 사이에 태어난 아들이 아스클레피오스다. 아버지로부터 물려받은 천분에 더해, 아스클레피오스는 케이론에게 의술을 배워 명의가 되었다. 그 의술이 너무 뛰어나 죽은 사람까지 살려 내기에 이르렀다고 한다. 이에 자연의 이치를 거스르게 될 것을 우려한 제우스가 벼락을 내리쳐 아스클레피오스를 죽여 뱀자리 별로 만들었다. 히게이아는 그런 아스클레피오스와 에피오네(Epione) 사이에 태어난 딸로, 아버지를 이어 의술을 펼쳤다. 전승에 따르면, 병자가 펠로폰네소스 반도의 에피다우로스에 있는 아스클레피오스 신전에서 하룻밤을 보내면 자연히 병이 나았다고 한다. [652] **피티아 제전(Phythian Games)**: 올림피아 경기 다음으로 중요한 경기로, 기원전 590년에 처음으로 개최되었다. 아폴론이 가이아의 노여움을 사지 않기 위해 피톤의 이름을 붙이고, 경기와 함께 제물을 바쳤다고 한다. 피톤이 이 땅, 즉 피토를 관장할 때부터 가이아의 명에 따라 예언을 하던 신탁소가 있었다. 아폴론은 그 지명과 신탁소의 이름을 델포이로 바꾸고, 그곳에서 4년마다 한 번씩 경기를 열었다. 신전의 이름은 바뀌었지만 신탁을 내리는 여사제의 이름은 여전히 피톤에서 딴 피티아(Pythia)로 불렸다.

다. 신탁소에 웅장한 신전이 세워지고 나서는 신전에 매일같이 신선한 월계수 가지를 걸어 놓았다. 석조로 된 이 첫 번째 아폴론 신전에는 다음과 같은 글귀가 쓰여 있다. "너 자신을 알라." | 아폴론이 신전의 여사제로 명한 피티아(Pythia)는 신전 안에 자리 잡고 앉아 순수함과 진실을 말할 수 있도록 매일 신성한 월계수잎을 씹는 의식을 거행했다. 월계수잎을 씹는 의식은 델포이에서 유일하게 피티아 여사제들에게만 허락되었다. 나중에는 다른 예언자들도 강신(降神)의 최면 상태를 오래 유지하고 숨겨진 것을 볼 수 있도록 월계수잎을 씹게 되었다. 월계수잎의 즙에는 기름 성분과 쓴 맛이 나는 성분, 당분, 몇 가지 종류의 글리세리드(glyceride), 미리실 알콜(Myricyl Alcohol) 등이 들어 있다. 그러나 환각을 일으키는 효과는 아직까지 밝혀지지 않았다. | 테오프라스토스에 따르면 월계수 잎을 물고 있으면 중상모략을 막을 수 있다고 한다. 신앙심이 독실한 사람들은 신전에 들어갈 때나 나올 때마다 월계수 가지에 성수(聖水)를 적셔 몸에 뿌렸다. 가톨릭에서도 이 관습을 받아들여 유대인들이 히숍(Hyssop)[653]을 쓰는 것처럼 월계수 가지를 성수채(aspergillum)[654]로 사용했다. 오늘날 특별한 경우에는 측백나무 가지나 회양목 가지를 사용한다.

[653] 히숍[Ysop] : 성경에는 '에솝(ezov)'이라고 적혀 있지만, 외국의 성경에서는 히숍(Hyssop, *Hyssopus officinalis*)이라고 번역한다. 우리 나라 성경에는 '우슬초'라고 번역되어 있는 경우가 많다. 그러나 서양에서 흔히 히숍이라 부르는 식물은 성경의 에솝(ezov, 또는 esob)과는 다르다고 한다. 히숍(*Hyssopus officinalis*)은 유럽에 자생하며 이스라엘과 시나이 지방에는 자라지 않는다. 성서 식물학자들은 지중해 연안, 북아프리카, 서남아시아가 원산지인 마조람(*Origanum majorana*)을 에솝으로 보고 있다. [654] 성수채 [Sprengwedel, 영 aspergillum] : 가톨릭에서는 축복 받을 사람이나 사물에 성수를 뿌린다. 이 성수를 뿌리는 도구로 예전에는 월계수나 측백나무 가지 또는 회양목 가지를 사용했다. 요즘에는 흔히 손잡이가 달린 솔이나 끝에 구멍이 뚫린 금속 막대기를 사용한다.

Der Lorbeer
Laurus nobilis

월계수

나무 신화(Mythos Baum) :
나무로 본
유럽 민속의 기원과 효능

피비린내 나는 승리의 상징

월계수에 속죄와 정화의 능력이 있다는 그리스인의 관념은 로마인에게 그대로 전해졌다. 월계수로 흘린 피를 속죄하는 것은 아폴론에서부터 시작된 것이다. 이에 따라 로마의 군단에서는 전쟁에 승리를 거두면 우선 그들의 무기와 깃발을 월계수 가지로 정화했다. 이것이 시간이 지나면서 승리와 개선 행진의 상징으로 바뀐 채 오늘날까지 전해졌다. 로마에서는 승전보를 전하는 편지(litterae laureatae)를 항상 월계수 가지로 묶었다. 개선 행진 때 최고 지휘관은 전리품과 승리의 상징으로 월계관을 쓰곤 했다. 그러나 이는 피비린내 나는 전투에서 승리한 경우에만 적용되었다. 피를 흘리지 않고 승리를 얻었거나 해적, 노예처럼 하찮은 상대를 이긴 전사들이 로마에 입성할 때는 미르테[도금양]로만 장식했다. 미르테는 종려나무처럼 무혈의 승리와 평화의 상징이었던 까닭이다(「올리브나무」 편 참고). | 기원전 71년에 마르쿠스 크라수스(Marcus Crassus)[655]가 스파르타쿠스(Spartacus)가 이끄는 12만의 노예 반군을 물리쳤을 때, 원로원에서는 예외적 호의를 베풀어 개선 행진에서 미르테관 대신에 월계관을 쓰도록 허락했다. 이 제도는 1871년 6월 16일 독일에서 부활했다. 독일군이 프랑스에서 승리를 거두고 베를린에 입성할 때, 승자들은 상징적인 환영 선물을 받았다. 시 당국에서 1만 마르크(DM)어치에 달하는 월계수잎을 사들여 월계관을 만들어 귀향 군인들에게 나눠 준 것이다. | 한편 월계수는 불사신이므로 벼락도 피해 간다고 여겨졌다. 수에토니우스의 『황제전』에 따르면, 미신을 신봉하던 티베리우스(Tiberius) 황제[656]는 이런 이유로 번개가 칠 때마다 월계관을 뒤집어썼다고 한다.

[655] 마르쿠스 크라수스[Marcus Licinius Crassus, 기원전 115~53년] : 로마 공화정의 군인. 스파르타쿠스 전쟁(제3차 노예전쟁)을 잔인하게 진압하고 원로원의 신임을 얻어 율리우스 카이사르, 폼페이우스와 함께 제1차 삼두정치를 이끌었다. [656] 티베리우스[Tiberius Julius Caesar Augustus, 기원전 42~37년] : 로마 제국 제2대 황제. 재위 14~37년. 제1대 황제인 아우구스투스와 혈연이 아님에도 강건한 체력과 행정력을 인정받아 황제의 지위를 이어 받았으나, 평생 은둔하는 일면도 지녔으며 점성술을 신봉했다고 한다.

시인과 체육인들의 나뭇잎

원래 승리의 상징이기만 했던 월계수는 시간이 지남에 따라 칠현금[고대리라]과 함께 음유 시인으로서의 아폴론도 상징하게 되었다. 애초에 월계관, 즉 '승리관(Corona Triumphalis)'은 올림피아 경기에서 우승자의 머리에 씌워 주던 것이었지만, 나중에는 뛰어난 시인을 선출할 때도 이 관을 내렸다. 탁월한 작가에게 월계수의 영광을 내리는 관습은 고대에만 있었던 것이 아니다. 중세 후기부터 약 200여 년 전까지 독일에서도 황제가 직접 시인에게 상을 수여했다. 오늘날에도 월계수는 시에 대한 열정에 영감을 불어넣는 나무로 사랑 받는다. 여전히 영국에서는 자국의 국민 시인에게 ['월계수로 된 관을 썼다'는 뜻의] '계관 시인(桂冠詩人, laureate)'이라는 칭호를 수여한다. | 예전에는 의학도들이 공부를 마치면 월계수 열매인 '바카 라우리(bacca lauri)'로 머리를 장식했다. 중세 때뿐 아니라 오늘날에도 앵글로색슨계 국가에서 수여하는 바칼로레아(Baccalaureat)[657]라는 학위가 여기서 유래했다. 프랑스의 '바칼로레아'는 독일의 아비투어(Abitur)[658]에 해당한다. | 독일 연방의 스포츠에 관한 최고상은 '은월계수잎 훈장(Silbernes Lorbeerblatt)'[659]이다. 1950년에 테오도르 호이스가 제정한 이래 올림픽이나 패럴림픽 메달리스트 등 뛰어난 성취를 이룬 선수들에게 대통령이 해마다 수여하며 150여 회 거행되었다. 음악 부문 상은 거의 시행된 적이 없다.

[657] 바칼로레아[Baccalaureat]: 흔히 프랑스의 대학 입학 자격 시험으로 알려져 있지만, 벨기에나 캐나다 등에서는 3년 과정을 이수한 후 획득하는 대학의 학위 명칭이다. [658] 아비투어[Abitur]: 독일의 고등학교(Gymnasium) 졸업증이자 대학 입학 자격증. 이 증서를 소유해야 대학(Universität)에 입학할 수 있다. [659] 은월계수잎 훈장[Silbernes Lorbeerblatt]: 독일의 스포츠와 음악 스타에게 수여하는 최고 권위의 상으로, 은으로 월계수잎을 형상화했다. 월드컵 우승을 한 독일 국가 대표팀이 흔히 받는다. 음악 부문에서는 1954년 바트 빌벨(Bad Vilbel)의 만돌린 오케스트라가 상을 받은 바 있다.

Der Lorbeer
Laurus nobilis

월계수

나무 신화(Mythos Baum):
나무로 본
유럽 민속의 기원과 효능

천상과 대지의 월계수

↑ 이탈리아 가르다 호수 인근에서는 까맣게 잘 익은 월계수 열매 기름을 약용으로 쓴다.

성경에서 이 식물의 상징성은 거의 언급되지 않았다. 단 신약에서 등장하는데, 월계수 아래에서 성 안나가 마리아를 출산하리라는 예언을 듣는 장면이다. 그리스의 영향을 받아 기독교 도상에서도 월계수는 승리의 표시였다. 다른 상록수들도 마찬가지지만 늘푸른 월계수 잎은 영원과 불멸을 상징했다. 빛과 결합한 월계수는 어둡고 음침한 죽음의 힘에 대한 대척점이었다. 르네상스 이래로 로즈마리, 레몬과 더불어 기독교 장례 문화에서 주요한 요소로 자리잡았다. | 월계수는 전정을 해서 동물 모양이나 구형, 피라미드 따위로 형태를 잡는 데 수월하다. 추위에 약한 나무라 중유럽에서는 따뜻한 온실에서만 겨울을 날 수 있다. 고향인 남쪽 지방에서는 향이 감미로운 월계수 목재를 상감 세공에 사용하며, 잎은 과일이나 감초 사탕(liquorice)을 포장하는 데 쓴다. | 검고 작은 자두 비슷한 월계수 열매는 독일에서는 보기 힘들다. 이탈리아 북부 가르다 호수(Lago di Garda) 인근에서는 이 열매를 눌러 녹색 기름을 짠다. 월계수 기름은 매우 귀할 뿐 아니라 쓰임새도 다양하다—류머티즘에 바르는 약, 해충을 물리치는 예방제, 동물 피부병의 수의학, 실크햇의 펠트에 광택을 먹이는 기름.

↓ 부채 모양의 은행잎은 잎맥에 주종이 없다. 나란히맥(평행맥)으로 보이나 정확하게는 하나의 잎맥이 두 개씩 갈라지는 두갈래맥(차상맥)이다.

25 | Der Ginkgo
Ginkgo biloba | 은행나무 | 나무신화(Mythos Baum):
나무로 본
유럽 민속의 기원과 효능

은행나무 Der Ginkgo
Ginkgo biloba

은행도 떨어지면, 신들은 여행 갈 채비를 한다.

〔아마노 토린(天野桃隣, 1639~1719년)[660]〕

↑ 익은 은행은 마치 작고 매끈한 살구를 닮았다. 고약한 버터 냄새가 나고 즙이 있는 외과피(外果皮)를 제거하면 그 안의 종자를 밤알처럼 구워 먹는다.

[660] 아마노 토린〔天野桃隣, 1639~1719년〕: 일본 에도 시대의 가인. 호는 태백당(太白堂), 도옹(桃翁) 등. 일본의 뛰어난 하이쿠 가인인 바쇼와 무척 가까워 벗 또는 제자이거나 조카라고도 전하나 명확하게 밝혀지지는 않았다. 위 단가의 원문은 "銀杏も落ちるや神の旅支度".

살아 있는 화석

2억여 년 전부터 살아 온 은행나무는 지구상에서 가장 오래된 식물 중 하나다. 활엽수나 침엽수 어디에도 속하지 않는, 진화 역사상 침엽수 이전 단계의 원시 식물이다. 은행나무와 소철류(*Cycas*), 침엽수는 겉씨 종자 식물로 전 세계에 겨우 800여 종이 분포한다. | 은행나무는 고생대 페름기(약 2억 8,500만 년~2억 5,000만 년 전)[661]에 소철류와 함께 지구의 식생을 대표했으며, 유럽과 북미 지역에 다양한 과(科)와 속(屬)이 널리 분포했다. 그러나 우리 시대에 이르렀을 때 단 하나의 종(*Ginkgo biloba*)만이 중국의 저장성〔浙江省(절강성)〕일대에서 살아남아 전해졌다. | 은행나무에서 볼 수 있는 원시적 특징은 두 갈래로 갈라진 잎맥과 특히 자유롭게 움직이는 정충(情蟲)[662]이다. 가을에 나무 아래에 떨어져 잘 익은 미라벨자두(*Prunus domestica* ssp. *syriaca*)[663]처럼 보이는 것은 실은 열매가 아니라 종자를 감싼 배젖이다. 은행은 꽃이 피는 동안에 수분이 되지만, 정작 수정은 씨앗이 땅에 떨어진 다음 한 달 뒤에 이루어지는 것이 보통이다. 원시적인 발전 단계에 있는 식물이라는 뜻이다.

---

[661] 페름기[Perm]: 고생대 6기 중 마지막 기로, 대략 2억 9,900만 년 전부터 2억 5,200만 년 전까지의 지질 시대다. 양서류, 반룡류가 번성했다. 우랄 산맥 서쪽의 페름 지방에 이 시기의 지층이 잘 남아 있는 데에서 이름이 연유한다. [662] 은행나무 정충: 은행나무나 소철은 꽃가루가 씨방에 닿기 전에 꽃가루관이 터지면서 마치 동물처럼 꼬리가 여럿 달린 정충 2마리가 나오고, 이들이 헤엄쳐 가서 난핵을 수정시킨다. 은행의 정충이 난핵에 닿는 데는 여러 달 걸리므로 수정은 씨앗이 땅에 떨어진 뒤 이루어진다는 것이다. [663] 미라벨자두[*Prunus domestica* ssp. *syriaca*]: 자두나무와 비슷한 종이지만 열매가 검은 보라색을 띠는 자두와는 달리 노란색을 띠어 은행과 흡사하다. 그냥 먹기도 하지만, 타르트를 만들어 먹거나 잼이나 젤리를 만들기도 하며 발효해 브랜디로도 마신다.

Der Ginkgo
Ginkgo biloba

은행나무

나무 신화(Mythos Baum):
나무로 본
유럽 민속의 기원과 효능

암나무와 수나무

↑ 은행나무의 수꽃.

가을에 황금색으로 곱게 물드는 은행잎은 쥘부채 모양이며 두 개로 갈라져 있고〔학명에 '빌로바(biloba)'〔라틴어로 '두 갈래로 갈라져 있다'는 뜻〕가 들어가는 것은 이 때문이다〕 잎맥은 평행맥[664]이다. 긴 가지에는 잎이 어긋나게 달리며 짧은 가지에는 3~5개씩 모여서 난다.[665] 은행나무는 자웅이주, 다시 말해 암그루와 수그루가 따로다. 은행을 수확하고자 한다면, 인접한 곳에 암나무와 수나무를 같이 심어야 한다. 바트 크로이츠나흐 요양 공원(Kurpark Bad Kreuznach)[666]에는 아름다운 은행나무 한 쌍이 있어, 가을이면 어김없이 열매를 맺는다. 땅에 떨어진 은행은 몇 주 동안 고약한 버터 냄새를 연상케 하는 악취를 풍기는데 유럽 사람들은—동아시아와는 달리— 이 냄새를 견디지 못한다. 공원이나 정원에 은행나무를 한 그루쯤 심고 싶어해도, 암그루는 꺼

---

[664] **평행맥**〔Parallelnervig〕: 나란히맥. 잎자루로부터 잎몸의 끝까지 줄기이 서로 나란히 난 잎맥으로 외떡잎식물의 기준이 된다. 은행잎은 정확하게는 평행맥이 아니라 하나의 잎맥이 2개로 갈라지고 그것이 다시 2줄씩으로 갈라져 나가는 두갈래맥에 속한다. [665] **무리지어 나기**〔gebüschelt〕: 은행나무, 잎갈나무, 낙엽송, 자작나무 등은 마디와 마디 사이에 성장이 일어나는 긴 가지〔長枝〕와 그렇지 않은 짧은 가지〔短枝〕가 있다. 긴 가지에서는 잎과 잎 사이 마디가 길어 잎이 드문드문 떨어져 나지만, 짧은 가지는 마디가 거의 없어 잎이 서로 모여 난다. [666] **바트 크로이츠나흐**〔Bad Kreuznach〕: 독일 중서부 라인란트팔츠주에 속한 인구 4만의 소도시며, 요양도시로 유명하다.

린다. 문제는 수십 년이 지나서야 처음으로 꽃이 피고, 그때에 이르러서야 비로소 암나무인지 알 수 있기 때문에 수많은 정원사들이 골머리를 앓는다. 대부분의 묘목장에서는 아린(芽鱗)[나무의 겨울눈을 싸고 있는 비늘 조각.]의 형태와 크기를 보면 은행나무의 암수를 구별할 수 있다고 큰소리를 치고, 또 일설에 따르면 수관의 형태로 성을 감별할 수 있다고도 한다. 수나무는 암나무보다 2주 전에 잎이 나고 이에 따라 낙엽도 2주 일찍 진다는 의견도 있다. 그러나 암수 구별의 기준[667]으로 삼을 만한 정확한 특징은 아직까지 밝혀지지 않았다. | 극히 드물지만 오래된 수나무가 갑자기 암꽃을 피우고 열매를 맺는 사례(자웅동주 현상)가 발생하기도 한다. 이 특이한 예외적 현상은 예나 식물원(Botanischer Garten Jena)[668]에 있던 늙은 은행나무 수나무에서 일어났는데, 조사해 보았지만 이 수나무에 접을 붙인 것조차 아니었다. 사실 은행나무는 다른 성(性)의 나뭇가지를 접붙이면 인공적으로 자웅동주를 만들 수도 있다.[669] | 옛 서독과는 달리 옛 동독에서는 은행나무가 인기가 많았던 모양이다. 옛 동독에는 은행나무의 관리와 식재에 힘을 쏟던 '은행나무 친구단'(Freundeskreis Ginkgo)이라는 조직이 있었다. 튀링겐(Thüringen)과 작센 지방의 도시에서는 은행나무가 도시의 경관을 특징짓는데, 드레스덴은 은행나무 가로수의 도시다. 1967년 벤 바긴(Ben Wagin)[670]은 나무의 대부(代父)를 자처해 베를린에 수천 그루의 은행나무를 심었다. 그 동안에 오늘날까지 3,000그루가 자라게 되었다. 은행나무 팬이라면 예나에 있는 은행나무의 문화사 아카이브를 강력히 추천한다.[671] | 왜 하필 지구상에서 가장 오래된 나무인 은행나무를 가로수와 공원에 심는지는 도시의 정원사들이 잘 알고 있다. 은행나무는 튼튼하고 까다롭지 않으며 대기 오염이 심한 대도시에서도 잘 자라는 데다 어렸을 때를 제외하고는 추위에도 매우 강하기 때문이다.

↓독일의 휴양지 바트크로이츠나흐의 가을 단풍이 든 은행나무.

Photo by Doris Laudert

[667] **은행나무 암수 판별** : 우리 나라에서도 오래 전부터 은행나무의 암수 구별에 관심이 많았다. 조선 숙종 때의 실학자 홍만선(洪滿選)이 쓴 『산림경제(山林經濟)』에서 은행이 둥글면 암나무, 세모지거나 뾰족하면 수나무로 구별했고, 가지가 자라는 각도로 구별할 수 있다는 말도 있지만 모두 불확실하다. 우리 나라 국립 산림 과학원에서는 2011년 유전자 검사를 이용한 구별법을 개발했다. [668] **예나 식물원**[Botanischer Garten Jena] : 튀링겐주 예나에 있는 식물원으로 1586년에 문을 열어 독일에서 두 번째로 오래된 식물원이다. 괴테가 이 식물원을 자주 드나들며 연구하고 영감을 받아 작품도 썼던 인연으로 식물원을 적극 후원했으며, 지금은 예나 대학교에서 관리를 맡고 있다. [669] **자웅동주 은행나무** : 은행나무 수나무 가지에 암나무 가지를 접붙이면 한 그루에 수꽃과 암꽃이 함께 피어 자웅동주가 될 수도 있다. 실제로 이탈리아 파도바 대학의 식물원에 자라는 은행나무는 1750년에 도입된 수나무인데, 19세기 중반 연구 목적으로 암나무 가지를 접목해 자웅동주로 만든 사례다. [670] **벤 바긴**[Ben Wagin, 1930~2021년] : 독일의 행위 예술가. 베를린 프로젝트를 통해 자연과 인간의 공존과 자연 보호를 강조했다. 나무가 그의 프로젝트의 주된 대상이었다. [671] **괴테 기념관**[Goethe Museum] : 예나 식물원에는 18세기에 괴테가 이 식물원을 관리하며 지낸 관사가 있고, 그 앞에 괴테가 심었다고 전해지는 은행나무가 자라고 있다. 기념관에는 괴테의 자연 과학에 관련된 수집품들이 소장되어 있다.

다산의 상징

↑ '치치'가 달린 일본 센다이(仙台)의 유모(乳母) 은행나무 노거수. 아이를 낳지 못하는 부인들은 이 은행나무를 찾아가 임신을 빈다.

일본이나 중국에서는 은행나무가 화기(火氣)와 재앙을 막아 준다고 믿어 주택가와 사찰 주변에 즐겨 심었다. 그러나 예전과 달리 요즘에는 유럽에서 흔히 짐작하는 만큼 자주 심지는 않는다. 은행나무는 원산지가 중국이지만, 오래 전에 일본에 도입된 이후로 원산지에서보다 오히려 더 각광을 받았다. 행운을 가져다주는 나무로서 일본의 민간에 전해 내려오는 이야기와 전설, 역사 책에 끊임없이 등장하는 것이다. | 오래된 은행나무 또한 중국보다 일본에 더 많은데, 은행나무 노거수에서는 옆으로 자라는 가지에서 이유를 알 수 없는 부정아(不定芽)[672]가 종종 발생한다. 이 부정아는 주머니 모양으로 불거지다가 결국 동굴의 종유석처럼 길게 아래로 자라게 된다. 이른바 '치치 조직(Tschitschi Bildungen)'[673]이 생겨나('치치'=가슴, 젖[乳]) 여

성의 젖가슴과 흡사한 모양을 띠므로, 이와 같은 조직이 발달된 은행나무는 아이를 낳지 못하는 일본의 젊은 부인들이 반드시 찾는 순례지가 되었다. 이 유주(乳柱) 달린 나무를 찾아가 빌면, 아이도 많이 낳을 수 있고 모유도 잘 나오며, 또한 태어난 아이에게도 행운이 찾아오리라는 믿음이 전하기 때문이다. | 일본 센다이(仙台)에 자라는 오래된 은행나무에는 다음과 같은 전설이 깃들어 있다. 700년 경에 일본을 다스렸던 쇼무천황(聖武天皇)의 이모였던 나이카쿠 고조(Naikaku-Kojo)[674]는 왕자들의 유모로서 많은 이에게 존경을 받았다. 그녀는 임종이 가까워 오자 무덤가에 비석 대신에 그녀의 영혼이 계속 살 수 있도록 은행나무 한 그루를 심어 달라고 부탁했다. 그녀의 소망대로 은행나무는 잘 자랐으며 나무껍질에서는 '젖가슴'이 만들어졌다. 여자들은 이 은행나무를 '존경하는 유모 나무'라고 불렀으며, 이 은행나무 아래에 모여 자녀를 많이 낳게 해 달라고 빌었다. | 유주를 달고 있는 은행나무는 독일에 아주 드문데, 괴리츠(Görlitz)[675]와 카를스루에 식물원(Botanischer Garten Karlsruhe)[676] 온실에 각각 한 그루씩 자라고 있다. 이 유주의 목질 성분을 조사해 보았더니, 다른 가지와 구조적으로 비슷한 것으로 나타났다.

---

[672] 부정아(不定芽, Adventivknospe): 일반적으로는 눈이 형성되지 않는 부분에 생기는 눈을 이른다. [673] 치치 조직(乳柱, Tschitschi Bildungen): 흔히 '젖기둥'이라는 뜻으로 유주라고 한다. 땅에 닿을 정도로 길게 자라기도 하는데 그 생성 원인은 아직 확실히 밝혀지지 않았다. 우리 나라에도 일본과 비슷한 미신이 있어 손으로 만지거나 심지어 유주를 잘라 가기도 한다. 천연 기념물 제59호로 지정된 서울 문묘 은행나무에도 유주를 볼 수 있다. [674] 나이카쿠 고조(Naikaku-Kojo): 센다이 니가다케의 은행나무(苦竹のイチョウ, 니가다케노이쵸)는 '치치 은행나무(乳銀杏, 유모 은행나무)'라는 별칭으로도 불린다. 많은 유주가 달려 있는 이 은행나무는 1926년에 일본 천연 기념물로 지정되었다. 헤이안 시대 쇼무 천황(701~756년)의 유모였던 코하니쿠(白紅尼)의 유언과 얽힌 내력이 전한다. 코하니쿠는 쇼무 천황이 세운 고쿠분니시(国分尼寺, 국분니사)라는 비구니 사찰의 비구니로, 본문에 언급된 '나이카쿠 고조'는 아마 이 코하니쿠를 지칭하거나 '니가다케노이쵸'를 잘못 읽은 듯하다. [675] 괴리츠(Görlitz): 인구 약 6만이 거주하는 소도시로, 독일에서는 가장 동쪽에 위치해 있어 폴란드와 접해 있다. [676] 카를스루에 식물원(Botanischer Garten Karlsruhe): 카를스루에 궁의 서쪽을 차지하는 식물원으로, 1808년에 왕실 정원으로 세워졌으나 현재는 시에서 운영하고 있다. 1863년에 철강 구조로 개축된 온실은 영국 풍경 정원의 일부를 이루며 19세기의 희귀 식물 컬렉션을 보유하고 있다.

괴테의 나무

↑ 괴테가 자필로 쓰고 은행잎을 붙인 시 「은행나무(Gingko biloba)」, 1815년.

은행나무는 1730년 경에 유럽에 처음으로 소개되어 위트레흐트(Utrecht)[677]와 라이덴(Leiden)[678]의 식물원에 식재되었다. 유럽에서 가장 나이가 많은 은행나무들을 거기서 만나볼 수 있다. 독일에서 가장 늙은 은행나무는 괴테가 경탄을 아끼지 않았던 나무로 수령이 225년으로 추정되며, 헬름슈테트(Helmstedt)의 동쪽에 있는 하르브케 장원(Gut Harbke)[679]에 있다. | 1815년 괴테는 하이델베르크에서 프랑크푸르트의 은행가 빌레머(Willemer)[680]의 딸인 로지네 슈테델(Rosine Städel)에게 한 통의 편지를 썼다. 편지에는 시 한 수와 로지네의 계모인 마리안네 폰 빌레머(Marianne von Willemer)에게 바치는 두 개로 갈라진 은행잎 몇 장이 동봉되었다. 은행나무가 독일에

서 유명해지게 된 데는 그로부터 4년 뒤에 서정시 연작을 묶어 낸, 그의 『서동 시집(West-östlicher Divan)』에 실린 연가가 결정적이었다. 아직도 중국에서는 은행잎을 책갈피 사이에 끼워 넣곤 한다—무엇보다 좀벌레를 쫓기 위해서다. │ "동방에서 건너와 내 정원에 뿌리내린 / 이 나무의 잎은 / 그 의미를 숨겨 두고 / 그 뜻을 아는 이들에게 기쁨을 주네. // 둘로 나뉜 한 몸인가? / 아니면 하나로 알고 있지만 둘인가? // 의문에 답하다가 / 드디어 참뜻을 알았네. / 그대는 내 노래에서 느끼지 못하는가, / 내가 한 몸이면서도 둘이라는 것을."〔괴테,「은행나무(Ginkgo biloba)」,『서동 시집』〕│ 자웅이주이면서 하나의 잎이 두 갈래로 갈라진 데서 괴테는 이 유명한 시를 낳은 영감을 얻었다. 서양정원에 자리 잡은 동방의 나무에서 하나 속의 둘이라는 시의 핵심 모티프를 떠올린 것이다. 그의 시상에서 은행잎은 친밀한 관계로 발전한 두 영혼의 상징이다. 그처럼 이 시에서 이미 결혼한 마리안네 폰 빌레머와의 관계를 넌지시 암시했다. 훗날 마리안네는 괴테가 하이델베르크성의 공원에 있던 은행나무(지금은 죽고 없다)에서 시의 영감을 얻었다고 고백했다. │ 고향인 동아시아에서도 은행나무는 남성과 여성, 기쁨과 슬픔, 강함과 약함 등 음양(陰陽)의 원리를 상징한다.

〔677〕위트레흐트 식물원〔Botanische Tuinen Utrecht〕: 네덜란드의 위트레흐트에 대학이 설립된 지 3년 후인 1642년에 처음 식물원이 열렸다. 1723년에 지금의 자리로 옮긴 것이 구 식물원(Oude Hortus)이며, 유럽에서 최초로 은행나무가 심긴 곳으로 알려져 있다.
〔678〕라이덴 식물원〔Hortus Botanicus Leiden〕: 네덜란드 남부에 위치한 라이덴은 화가 렘브란트의 고향으로 유명하다. 1587년에 라이덴 대학에서 시에 요청해 1590년에 문을 연 식물원은 네덜란드에서 가장 오래된 식물원이다. 17세기 초에 네덜란드동인도 회사와 식민지에서 채집한 식물을 수용하기 위한 온실을 세웠다. 1785년에 들어온 은행나무는 주요 컬렉션의 하나다. 〔679〕하르브케 장원〔Gut Harbke〕: 독일 북동부 작센-안할트주에 있는 하르브케 궁(Schloss Harbke)은 14세기에 웰트하임 가문(Veltheim)에서 세운 장원이다. 그 정원은 1740년에 바로크풍으로 정비되어 동양 취향을 연출했는데, 그 일환으로 1758년에 심긴 은행나무는 독일에서 가장 처음으로 소개된 것이었다. 괴테는 1805년 8월에 이 정원을 방문했다. 과거에 동독이던 이 지역으로 가려면 헬름슈테트의 국경을 통과해야 했다. 〔680〕빌레머〔Johann Jakob Willemer, 1760~1838년〕: 독일의 은행가이자 작가. 괴테의 친구였다. 괴테는 1815년 그의 집에 몇 달간 머물면서 그의 세 번째 부인이자 35살 연하인 마리안네(Marianne von Willemer, 1784~1860년)를 사모하게 되었다. 배우 출신의 마리안네는 시적 재능이 뛰어나 괴테와 평생 편지를 주고받았다. 『서동시집』의 '줄라이카의 서' 부분에는 마리안네가 쓴 시도 4편 들어 있다.

↓ 1945년 8월, 역사상 최초로 원자폭탄이 투하된 곳에서부터 약 800m 밖에 떨어지지 않은 곳에서 살아남은 유명한 히로시마의 은행나무. 사진은 새로 지은 호센보 절(報專坊) 앞에 자라는 은행나무의 겨울 모습.

25 | Der Ginkgo
Ginkgo biloba | 은행나무 | 나무신화(Mythos Baum) :
나무로 본
유럽 민속의 기원과 효능

일본 국운의 상징

일본의 수많은 은행나무가 벼락과 화재뿐 아니라 지진이나 강풍에서도 살아남은 것은 놀라운 생명력 덕분이다. 그 중 일본뿐 아니라 세계적으로도 유명해진 것이 바로 히로시마(廣島)의 절 근방에서 자라다가 1945년 8월 6일에 살아남은 은행나무다. 이 날은 인류 역사상 최초로 원자 폭탄이 투하된 날로, 폭탄은 나무에서 불과 800m밖에 떨어지지 않은 곳에 투하되었다. 사방 2km 내의 모든 생명체가 흔적도 없이 사라져 버렸다. 8만 명이 즉사했으며, 수천 명은 방사능 피해와 화상으로 쓰러졌다. 이 은행나무도 껍질이 새까맣게 타고 줄기의 윗부분은 불에 탔지만, 이듬해 봄에 새싹을 내기 시작했다. 히로시마에서 아크로폴리스의 올리브나무 같은 기적이 일어난 것이다(「올리브나무」편 참고). 이 은행나무는 현대 일본의 국운을 상징하는 나무가 되었다. 당시의 상처는 아직 남아 있지만, 살아남은 가지가 다시 커다란 나무로 자랐으며 여전히 살아 있다. 이 은행나무는 일본의 수많은 현대시에서 재앙 뒤의 삶에 대한 의지의 화신이자 전쟁을 경고하는 기념비로 노래되어 왔다.

↑ 지금은 멸종된 쥐라기의 은행잎 화석(*Ginkgo huttonii*), 독일 드레스덴 식물원 소장.

옛 중국의 캐슈너트

↑ 은행나무의 노란 단풍이 돋보이는 〈계류춘추초목도병풍(溪流春秋草木圖屛風)〉 한 쌍 중 가을풍경(부분), 일본 에도시대 17세기, 6폭 병풍.

은행나무는 고향에서 다양한 이름으로 불리며, 가장 오래된 이름으로 입증된 것은 오리 발(Entenfuß), 즉 '압각수(鴨脚樹)'다〔일본어로는 '이초(いちょう)'〕[681]. 중국에서는 할아버지와 손자의 나무(Großvater-Enkel-Baum)라는 뜻의 '공손수(公孫樹)'라고도 불린다. 열매를 맺으려면 최소 30~40년이 걸려, 할아버지가 심으면 손자 대에 가서야 은행을 수확할 수 있기 때문이다. | 은행은 다른 식용 견과류와 달리, 지방이 겨우 3%정도 함유되어 있다. 주성분은 녹말(68%)과 단백질(13%)이다. 구운 은행은 오래 전부터 술안주로 즐겼으니, 옛날 중국에서 은행은 오늘날 땅콩이나 캐슈너트(Cashews Nut)[682]에 해당되었던 셈이다. '바게보(pa-kewo)' 혹은 '베이구오〔bai-guo, 白果〕', 즉 '하얀 열매'라는 이름으로 유통되는 은행은 일본과 중국에서 진미로 팔린다. 영양가가 높으며 소화도 잘되지만, 마

취를 일으키는 펜토산(Pentosan) 성분이 있어 과다 복용은 금해야 한다. 유럽인에게 날은행은 뻑뻑한 생감자나 피스타치오(Pistachio)를 연상시키는 생소한 맛이다. 원산지에서는 대개 탕에 넣어 끓여 먹거나 구워 먹는다. │ 은행은 1300년대 원(元)나라 시대의 본초학 책들에 처음 등장한다. 대개 '최선의 처방'은 아니지만, 다양한 질환들, 특히 기침이나 천식 등에 두루 복용했다. 잎으로 만든 연고와 차는 천식, 고혈압, 이명(耳鳴)과 협심증 등에 효과가 있다. │ 약용 식물로서 은행나무는 제2차 세계 대전 이후에 비로소 세계적 명성을 얻게 되었다. 독일 과학자들은 1960년대에 은행잎에서 추출해 낸 물질이 혈액 순환을 돕는다는 것을 밝혀 냈다. 그 이후로 예전에는 딱히 치료법이 없었던 질병, 즉 뇌와 말초 혈액 순환 장애에 처방되기 시작했다. 시장에서는 이 신약의 가치를 재빨리 파악했고, 은행으로 만든 약제는 이미 1992년 독일에서만 3억 7,000만 마르크(DM)〔당시 기준으로 약 2억 6천만 달러〕의 판매를 달성했다. 이것은 모든 혈액 순환제 판매액의 1/3에 해당되는 수준이다.

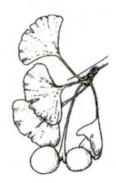

〔681〕 압각수〔鴨脚樹, Entenfuß〕: 은행나무 잎의 모습이 오리〔鴨〕의 발〔脚〕과 닮았다 해 붙여진 이름이다. 단 일본어 이쵸(いちょう)가 압각수의 음독은 아니다. 〔682〕 캐슈너트〔Cashews Nut〕: 남아메리카가 원산인 상록교목 캐슈(cashews)의 열매를 이른다. 캐슈는 동남아시아에서도 재배된다. 캐슈너트는 지방과 단백질을 다량 함유하고 있다.

↑ 중앙 알프스에서는 가을이면 노랗게 빛나는 잎갈나무가 유럽잣나무와 함께 삼림 한계 선을 형성하며, 10월을 황금빛으로 물들인다.
→ 소나무의 솔방울과 흡사하게 생긴 잎갈나무 열매.

| 26 | Die Lärche
Larix decidua | 잎갈나무 | 나무 신화(Mythos Baum) :
나무로 본
유럽 민속의 기원과 효능 |

잎갈나무 Die Lärche
Larix decidua

잎갈나무는 침엽수 형제 중에서도
황금빛으로 물드는 머리를 지니고 있지.
잔가지에 우울이 깃들어, 나는 어느 영혼을 본 것만 같네.
어떤 날개[683]도 가을 바람에 날리지 않고,
생생한 비늘은 겨울에도 씨를 보호하지.
가지에는 오래된 솔방울 달려 있네, 내 텅 빈 기억[684]마냥.
한밤 별이 무성한 잔가지에는, 어떤 영혼이 깃들어 살까?
만월(滿月)이나 신월(新月) 아래 나는 잎갈나무처럼 머리를 감추네.

〔귄터 아이히, 「잎갈나무(*Lärche*)」〕

[683] 날개[Flügel] : 소나무과 식물들의 씨앗에는 얇은 막처럼 생긴 날개가 붙어 있다.
[684] 텅 빈 기억[taube Erinnerung] : 원문에서 'taube'는 '무감각한', '비어 있는', '흐린' 등의 뜻도 있지만 식물의 '열매가 없다'는 뜻도 있다. 오래된 솔방울 속 종자들이 사라진 것을 중의적으로 표현한 듯하다. 〔원문출처 : Günter Eich, *Gesammelte Werke, Band I* (Frankfurt am Main : Shurkamp Verlag, 1991)〕

태양의 후예

유럽산 잎갈나무(*Larix decidua*)는 태양의 후예(Kind der Sonne)[685]로, 계절에 따라 바늘잎의 빛깔을 바꾼다. 이른 봄 연두빛이던 어린 잎은 여름까지 점점 짙은 색으로 변하다가, 10월에는 밝은 황금색으로 바뀐다. 유럽에 자생하는 침엽수로는 유일하게 가을에 낙엽이 지는 나무다. 이런 특별한 점은 종소명에 쓰인 '데치두아(decidua)'라는 라틴어에서 확인되는데, '잎이 지는'이라는 뜻이다. | 잎갈나무는 유럽잣나무(*Pinus cembra*)와 같이 고산 지대와 아고산대의 산악 지역 침엽수림대에서 자생한다. 중앙 알프스 대부분 지역에서는 해발 2,300m 부근에 잎갈나무 숲이 삼림 한계선을 형성한다. 잎갈나무는 가문비나무나 전나무, 너도밤나무 등과 함께 자라지 않는다. 안개나 높은 습도를 꺼리고 대륙의 산악 지대를 좋아한다. | 잎갈나무가 자라는 입지 조건을 보면 그 밖에도 다채로운 점이 매우 많다. 고산 지대에서 2~3개월이라는 짧은 생육 기간만으로도 잎갈나무가 성장하는 데 충분하다. 연평균 강수량 450mm에서도 그럭저럭 살아가지만, 연평균 강수량 2,500mm에서도 잘 견딘다. 또한 석회석 지대나 일반 암석 지대에서 두루 잘 자란다. 그럼에도 독일 삼림의 1%를 차지할 뿐이므로 주요 수종에 꼽히지는 않는다.

---

[685] 태양의 아이[Kind der Sonne] : 잎갈나무가 햇빛이 잘 들어야 자랄 수 있는 양수(陽樹), 즉 양지 식물(Sonnenpflanze)이라는 뜻이다.

Die Lärche
Larix decidua

잎갈나무

나무 신화(Mythos Baum) :
나무로 본
유럽 민속의 기원과 효능

산속의 잎갈나무 목초지

수백 년 동안 목재로 각광받던 유럽잣나무를 베고서는 다시 조림하지 않았다. 그 결과 이른바 '잎갈나무 초원(Larchwiesen)', 즉 드문드문한 잎갈나무 단순림만 남게 되었는데, 이는 숲속의 방목장으로 탁월했다. 이런 목초지에서 나무는 토양을 고정시키고 가축에게 그늘을 드리우는 구실을 한다. 게다가 듬성듬성 서 있는 잎갈나무들 아래로 사이사이 가축이 뜯을 풀들이 무성하게 자랄 수도 있다. 그런데도 원래 산악 지대에 형성되었던 잎갈나무의 자생 분포지는 매우 감소된 상태다. 오래 전부터 이루어져 온 산악 지대의 산림 수탈은 자연을 되돌릴 수 없을 만큼 훼손했다. 삼림 한계선은 약 200m 정도 아래쪽으로 내려갔고, 덕분에 눈사태 방지 구조물을 설치하는 사람들의 밥벌이가 보장되기는 했다. 대부분의 눈사태 방지 공사는 예전에는 숲이었지만, 지금은 허허벌판이 되어 버린 이런 곳에서 시행되니 말이다.

↑ 빌헬름 포르트만(Wilhelm Porttmann, 1819~1893년), 〈프랑스 알프스 풍경〉, 1866년. 잎갈나무가 드문드문한 풀밭은 알프스의 목초지로, 티롤 사람들의 문화경관이 되었다.

까다롭지 않은 산림 수종

↑ 잎갈나무(*Larix decidua*)의 꽃과 잎, 열매. 램버트(Aylmer B. Lambert)의 『소나무속 해설(*Description of the genus Pinus and some other remarkable plants*)』, 1890년판.

잎갈나무가 자라던 원래의 분포 지역을 넘어 퍼져 나간 것은 사람의 손에 의해서였다. 알프스 지역 해발 1,000m 이하에서 자라는 잎갈나무는 사람들이 심은 것이라고 보면 된다. 유럽에서 잎갈나무가 자라

| 26 | Die Lärche
Larix decidua | 잎갈나무 | 나무 신화(Mythos Baum) :
나무로 본
유럽 민속의 기원과 효능 |

는 지역은 알프스 산맥, 수데티 산맥(Sudety Mt.)[686], 카르파티아 산맥, 비수와강(Wisla)[687] 주변의 저지대 등 네 군데다. 각 지역별로 4개의 아종이 나타나는데, 서로 차이가 많아 일괄해 설명하기는 곤란하다. 잎갈나무는 40m(최고 54m)까지 자라며 수령이 600년에 달한다. 독립수(獨立樹)로 혼자 자랄 때는 수령이 12~15년 정도 되면 꽃을 피우지만, 숲을 이룬 곳에서는 그보다 10년 정도가 늦다. '원조 잎갈나무'라고 불리는, 유럽에서 규모가 가장 큰 잎갈나무 노거수는 남티롤의 메란(Meran)[688] 인근 울텐(Ulten) 계곡에 자란다. 독일에서 키가 가장 큰 잎갈나무는 53m로 헤센주 북부의 슐리츠(Schlitz) 영림서〔풀다(Fulda) 인근에 위치〕 관할 구역인 리히트호프(Richthof)에 있다. 전에는 주로 산지에서 자라던 것을, 170여 년 전 대대적 사업을 펼쳐 가장 훌륭하고 규모가 큰 잎갈나무 인공 조림지를 조성한 것이다. | 16세기 무렵에는 생장이 빠르고 까다롭지 않아 잎갈나무를 평지 여기저기에 심었다고 한다. 그러나 대량의 조부식(粗腐植)[689]을 만들어 내기 때문에 잎갈나무 단순림은 독일가문비나무처럼 토양을 망가뜨리는 나무로 분류되기에 이르렀다. 임업인들은 수데티 산맥에서 자라는 종을 높이 치는데, 수간(樹幹)이 반듯하고 수관 폭이 좁으며 잎갈나무 혹병에도 저항력이 강한 까닭이다. | 목재 시장에서 잎갈나무는 자라는 입지와 목재의 재질에 따라 크게 2종류로 나뉘며, 산악지대의 바위틈에서 자라 나이테가 촘촘한 산지 잎갈나무와 저지대에서 빠르게 생장해 나이테가 넓은 평지 잎갈나무가 그것이다. 대개는 수령 100~140년 정도가 벌채하기에 적당해질 시기다.

[686] **수데티 산맥**[Sudety Mt.] : 독일, 체코, 폴란드에 걸쳐 있는 산맥으로, 수데텐 산맥으로도 불린다. [687] **비수와강**[Wisla] : 폴란드를 관통하며 흘러 북해에 이른다. [688] **메란**[Meran] : 이탈리아 최북단 볼차노 자치현(Bolzano)에 속하는 인구 4만의 작은 도시. 이탈리아어로는 메라노(merano). 볼차노 자치현은 1차 대전 종전 후 티롤이 해체되어 이탈리아로 넘어간 땅으로, 남티롤(Südtirol, South Tyrol)이라고 불리기도 하며 독일어가 통용된다. 울텐 계곡은 메란 남서쪽에 있는, 길이 약 40km의 계곡으로 이탈리아어로는 울티모(Ultimo)다. [689] **조부식**[粗腐植, Rohhumus] : 모르(mor). 숲의 지표층에 낙엽이나 나뭇가지, 풀 등이 분해되지 않고 두껍게 쌓여 있는 것으로 무기물 함량이 적고 강한 산성을 띤다.

내수성(耐水性)이 강한 잎갈나무 목재

유럽에 자생하는 침엽수 중에 가장 단단하고 내구성이 강한 목재를 생산하는 것이 잎갈나무다. 이 연분홍빛 목재는 송진을 다량 함유하고 있으며, 바로 그 이유로 충해(蟲害)나 날씨 변화를 견뎌 내는 내성이 강하다. 누런 빛깔의 변재(邊材)는 수 cm 두께이며, 적갈색의 심재(心材)와 확연히 구분된다. 그 목재의 가치는 이미 고대 로마 때부터 높게 평가되었으니, 티베리우스 황제는 정평이 난 이 나무 줄기를 건축 자재로 쓰려고 레티아(Raetia)[690]에서부터 통째로 로마에 운반해 오도록 명했다. 자연의 위력에 저항하는 이 나무에 관한 신화는 아주 오래되었다. 플리니우스는 37권으로 엮은 『박물지』에서 "잎갈나무는 심지어 불에도 피해를 입지 않으며, 타지도 않고 숯을 만들 수도 없다"고 주장했다. 이와 같은 속설은 14세기까지도 이견 없이 내려왔으니, 레겐스부르크의 성직자 콘라트 폰 메겐베르크는 그의 『박물지』에서 다음과 같이 적고 있다. "이 나무로 판자를 만들어 집에 걸어 두면, 불길이 가까이 엄습해도 집에 불이 붙는 것을 막아 준다." 그런데 이 이야기와 모순되는 것은 잎갈나무 나이테 사이의 썩은 부분이 '잎갈나무 털가죽'이라 해 불쏘시개로 각광을 받았다는 사실이다. | 잎갈나무의 수분을 견디는 성질에 관해서는 더 이상 이론의 여지가 없다. 예전에는 수도관 전체와 버터 통, 산간 목장의 젖 짜는 통 등을 만드는 데 잎갈나무 목재를 썼고, 요즘도 여전히 전신주, 건물 외벽의 널빤지(shingle), 선박 제조 등에 사용된다. 주택 실내에서는 벽이나 바닥을 깔 때 주로 잎갈나무 목재를 채택한다.

[690] 레티아[Raetia] : '레티엔(Rätien)' 또는 '라티아(Rhätia)'로도 표기한다. 로마 제국의 영토로, 현재의 이탈리아 북부와 스위스, 독일 남서부, 오스트리아 서부 등을 아우른다. 본문의 기록은 모의 해전(naumachia)에 쓰일 선박을 제조하기 위해서 곧고 두꺼우며 길이가 수십 미터나 되는 잎갈나무 목재를 알프스를 넘어 가져왔다는 것이다.

Die Lärche
Larix decidua

잎갈나무

나무 신화(Mythos Baum) :
나무로 본
유럽 민속의 기원과 효능

베네치아의 테르펜틴

침엽수의 테르펜틴은 오래 전부터 가장 훌륭한 식물 추출 치료제에 속했다. 소나무 송진은 일찍부터 채취 방법이 알려졌기 때문에 널리 이용되었다. 그런데 소나무보다 송진이 더 많은 나무가 잎갈나무다. 잎갈나무 테르펜틴은 '뢰츠(Lötsch)'라고 불리며, 이는 속명(屬名)인 '라릭스(Larix)'에서 유래했다. 1808년에 간행된 『모든 이를 위한 박물사(Gemeinützigen Naturgeschichte)』[691]의 '뢰츠' 항목에는 다음과 같이 적혀 있다. "[…] 이 잎갈나무에서 추출된 테르펜틴은 베네치아 테르펜틴의 원조라고 할 수 있는데, 베네치아에서 최초로 가장 많이 취급했기 때문이다." 잎갈나무가 많은 남티롤 지방 산지에서는 수지 채취를 위한 칼자국이 나무마다 숱하다. 여기서 채취된 수지는 주거래 시장인 베네치아에 보내져 이른바 '베네치아 테르펜틴(Terebintha laricina)'[692]으로 유통된다. | 투명한 황갈색의, 벌꿀처럼 점성이 있으며 상쾌한 향을 풍기는 테르펜틴은 약간 쓴 맛이 난다. 이 테르펜틴은 폐질환과 피부병에 사용된다. 감기나 독감 초기에 예방 차원에서 수지 덩이를 씹기도 한다. 외용약으로는 연고 형태로 된 것을 가슴에 바르면 된다. 잎갈나무 수지 연고는 류머티즘과 요통에도 효과가 좋다. | 연고는 다음과 같은 방법으로 만든다. 개암 크기의 잎갈나무 수지를 냄비에 넣고 가열해 녹인다. 거기에 식용유 10술과 밀랍 8g을 넣고 계속 저은 후 이것을 용기에 넣는다. 수지 대신에 잎갈나무 테르펜틴을 사용할 수도 있는데, 이 때에는 밀랍을 조금 더 첨가해야 한다. | 알프스 서쪽에서는 뜨거운 여름철 잎갈나무 어린 가지에서 나오는 달콤하고 진한 분비물을 간혹 볼 수 있다. '브리앙송의

---

[691] 『모든 이를 위한 박물사(Gemeinützigen Naturgeschichte)』 : 임학자이자 조류 전문가로서 활동했던 자연 과학자 요한 마트호이스 베흐슈타인(Johann Matthäus Bechstein, 1757~1822년)의 저술로 추정된다. [692] 베네치아 테르펜틴(Terebintha laricina) : 테르펜틴 중에서 최상품으로 여기며, 정제 과정을 거쳐 테르펜유를 만든다. 원문에는 'Terebintha laricina'라고 표기되어 있지만, 흔히 'Terebinthina laricina' 또는 'Terebinthina veneta'라고 한다.

↓ 산악 지대에서는 사진의 잎갈나무처럼 줄기가 종종 Y자로 자라기도 한다.

만나(Manna von Briançon)'[693]라고 알려진 이 물질은 특히 소화를 촉진하는 데 복용한다. | 잎갈나무 버섯(*Laricifomes officinalis*)[말굽잔나비버섯]은 변비에 효과가 있어서, 대개 말려서 가루를 낸 다음 향신료를 넣은 백포도주와 함께 복용한다. | 가문비나무나 전나무의 잎과 달리 잎갈나무잎은 다소 독성을 함유하고 있다. 레히라인(Lechrain)[694] 일대에서는 이 잎을 삶은 물로 낙태시킬 수 있다고 여긴다.

[693] 브리앙송의 만나[Manna von Briançon] : '만나'는 식물의 어린 가지나 잎에서 분비되는 단맛이 나는 크리스탈 형태의 분비물로, 잎갈나무 분비물은 햇빛이 많이 드는 곳에서 더 많이 분비된다고 한다. 브리앙송의 만나는 잎갈나무 분비물이 특히 많이 산출되는 브리앙송(이탈리아와 접해 있는 프랑스 남동부 도시) 지방의 이름을 따서 명명된 것이다.
[694] 레히라인[Lechrain] : 독일 아우스부르크와 알프스 사이에 흐르는 레히강 주변 지역. 바이에른주 남부의 란스베르크(Landsberg)가 중심 도시다.

26 | Die Lärche
Larix decidua | 잎갈나무 | 나무 신화(Mythos Baum) :
나무로 본
유럽 민속의 기원과 효능

알프스의 정원수

잎갈나무를 뜻하는 독일어 '레르헤(Lärche)'를 옛 고지 독일어에서는 '라리하(lariha)'라고 하는데, 이는 잎갈나무의 라틴어 표현인 '라릭스(Larix)'에서 차용한 것이다. 다른 한편에서는 옛 이름이 알프스에 살던 켈트족 원주민의 언어에서 유래했다고도 한다. | 알프스 산간에서 잎갈나무는 집이나 창고 주변에 흔히 자라던 나무였다. 14세기 콘라트 폰 메겐베르크는 '라릭스'라는 이름을 로먀의 선량한 가정 수호신과 연결시켰지만, 이는 이견의 여지가 있다. 잎갈나무는 무엇보다 티롤 지방 농부들의 삶과 가장 밀착해 있었다. 그래서 잎갈나무를 두고 고유한 전설이 생겨나기까지 했다. '젤리겐'과[알프스의 동굴 요정. 087쪽 주[124] 참고.] 선한 숲의 여신이 나무에 깃들어, 엄마와 아이들을 보호한다는 것이다. 전설에 의하면, 란데크(Landeck)[695] 어딘가에 줄기가 2개로 갈라진 오래된 잎갈나무가 있어, 여기에서 아기가 태어난다고 한다. 아기를 황새가 물어 오는 것이 아니라 잎갈나무에서 데려오는 셈이다.[유럽에는 갓난아기를 황새가 물어 온다는 전설이 있다.] 숲 속에는 수상한 것들이 많지만 이 나무 요정들은 인간에게 늘 호의적이어서 여러 가지를 선사하며, 난산(難産)일 때 돕기도 한다. 행운을 가져다 준다며 귀히 여긴 나무지만, 부정적인 의미도 있다. 알프스 지방에서는 5월 1일 저녁, 행실이 나쁜 처녀의 집 합각머리[696]에 잎갈나무 가지를 끼워 '수치스러운 5월'을 맞게 했는데, 이 풍습 자체를 '레르헨(Lärchen, 잎갈나무)'이라고 불렀다. 또한 그녀와 관계를 가진 청년을 두고, "잎갈나무했다(Der hat g'lärcht)."고 표현했다.

[695] 란데크[Landeck] : 오스트리아 티롤에서도 가장 서쪽 지방이다. 스위스 및 이탈리아 국경과 접해, 예로부터 티롤에서 알프스 서쪽으로 가는 주된 통로였다. [696] 합각머리[Dachgiebel] : 맞배 지붕의 양쪽 끝머리에 있는 삼각형 또는 '∧' 모양의 벽. 대개 장식물을 설치한다.

↓토머스 워딩턴 위트리지(Thomas Worthington Whittredge, 1820~1910년), 〈옛 사냥터(The Old Hunting Ground I)〉, 1864년경.

27 Die Birke
Betula pendula

자작나무

나무신화(Mythos Baum) :
나무로 본
유럽 민속의 기원과 효능

자작나무 Die Birke
Betula pendula

자작나무여, 너는 소녀처럼 갸냘프게
초록의 숲에서 일렁이는구나.
창조의 세 번째 날[697]
신의 사랑스런 착상이리.

〔뵈리스 폰 뮌히하우젠(Börries von Münchhausen)[698],「자작나무 전설(Birkenlegendchen)」중에서〕

↑ 새하얀 수피가 개성적인 자작나무는 내한성이 강한 수종으로 북유럽의 낙엽 활엽수를 대표한다.

[697] 창조의 세 번째 날[dritten Schöpfungstag] : 성경의 「창세기」에 따르면 제3일에 물과 식물이 만들어졌다. [698] 뵈리스 폰 뮌히하우젠[Börries von Münchhausen, 1874~1945년] : 독일의 시인. 힐데스하임 출생으로 하이델베르크, 뮌헨, 괴팅겐, 베를린에서 법학과 정치학을 공부하고 라이프치히 대학에서 학위를 받았다. 20세기 초에 다수의 시를 발표했으나 이후 나치에 적극 가담했다. 1945년 연합군이 온다는 소식을 듣고 자살했다. 〔원문 출처 : Börries von Münchhausen, *Das Balladenbuch des Freiherrn Börries con Munchhausen* (Stuttgart : Deutsche Verlagsanstalt, 1959). 563쪽도 동일.〕

자작나무의 생장

수양자작나무(Betula pendula)[699]는 90년에서 120년 정도밖에 살지 못해, 마가목과 함께 중유럽에서는 가장 수명이 짧은 나무 중 하나다. 수령이 50년을 넘으면 더는 키가 자라지 않는다. 수령 60~80년 사이가 목재 생산에는 최적의 수확기다. 보통 25m(최고 30m)까지 자라는 이 자작나무의 전형적인 특징은 어린 줄기의 매끈하고 눈부시게 하얀, '반짝이는 수피(Spiegelrindle)'다. | "자작나무 줄기가 빼입은 / 창백한 은빛 옷자락을 보았습니다 / 밝은 밤에 더 환히 드러났습니다 / 달빛이 남아 걸려 있는 듯."[니콜라우스 폰 레나우,「여행 감상(Reise-Empfindung)」] | 자작나무 껍질에 함유된 일종의 3중 테르펜 유도체(Triterpenderivat)인 베툴린(Betulin)이라는 백색 색소는 나무껍질을 동물들이 갉아 먹는 것을 막아 준다. 또 유지(油脂) 성분이 수분이 침투하는 것도 막는다. 그러나 시간이 지나면, 처음에는 매끈하던 껍질이 울퉁불퉁해지고 게다가 아래쪽 껍질은 깊이 갈라져 점점 검게 변한다. | 자작나무는 햇빛을 무척 좋아하는 양수(陽樹)며, 까다롭지 않고 빨리 자라는 속성수다. 독일 사람들이 흔히 듣는 관용구 "자작나무는 늦게서야 무장(武裝)한다(Die Birke bewaffnet sich erst spät)."는 자작나무가 늦여름까지 생장을 계속하는 생리적 특징에서 온 것으로, 늦가을이나 되어야 가지가 단단해짐을 뜻한다. 바람이 불면 유연한 잔가지와 이파리가 이리저리 쉬이 흔들리기 때문에 봄이면 직경 0.01mm의 꽃가루가 퍼져 알레르기성 비염을 유발시킨다. 넓은 날개가 달린 '비행 열매(Segelfliegerfrüchte)'는 이론상의 활강 범위는 대략 1.6km쯤 되지만, 바람만 잘 타면 몇 배나 더 멀리도 이동한다.

내한성 강한 선구수종

→ "눈이, 테두리가, 줄이
  원주민이 섬기는 우상처럼
  회색과 흑색으로
  자작나무의 몸통을 덮었으니,
  마치 아직 새로운 신앙에 물들지 않고
  고대의 숭배를 간직한
  하나의 영혼인 듯 […]"
  〔오스카 뢰르케(Oskar Loerke)〕

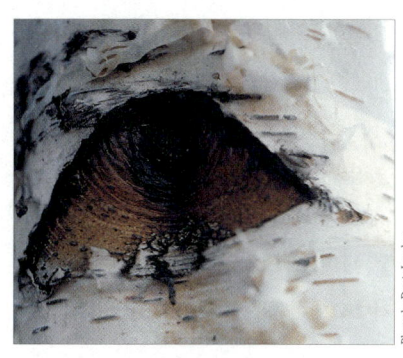

이처럼 부드럽고 연약하며 우아한 듯 보인다고 해서 자작나무를 과소 평가해서는 안 된다. 혹독한 기후의 영향으로 키 작은 나무(관목) 형태를 띠긴 하지만, 북방의 나무답게 내한성이 가장 강한 활엽수다. 한겨울이면 영하로 떨어지고 여름철 식물의 생육 기간도 짧은 툰드라 지방에서도 꿋꿋하게 버텨낸다. | 늙은 자작나무의 전형적 특징은 축축 늘어지는 가지〔처진 자작나무(Hänge-birke)〕로, 우울하고 슬픈 느낌을 자아낸다. 우스개로 하는 이야기지만, 이 나무의 생애 자체도 그렇다. 참나무는 100년은 되어야 비로소 장대하고 위엄 있는 개성이 나타나는 데 반해, 자작나무는 그 무렵이면 벌써 노쇠해지는 것이다. | 최후의 빙하가 물러가고 중유럽의 대부분이 습하고 나무 하나 없는 툰드라로 뒤덮였을 때 가장 먼저 자리를 잡은 나무는 자작나무와 소나무였고, 제2차 세계 대전이 끝난 후에도 자작나무는 버드나무 몇몇 종과 함께 중요한 '황무지 나무(Trümmerbäumen)'에 속했다. 오늘날에도 척박한 땅에 자라는 자작나무와 소나무는 개벌지나

〔699〕 **수양자작나무**〔Hängebirke, *Betula pendula*〕: 중유럽에서 가장 흔히 볼 수 있는 자작나무 중 하나다. 나이가 들면 가지가 늘어져 마치 수양버들 같은 형태를 띠므로, 처진(Hänge) 자작나무라고 부른다. 종소명으로 쓰인 '펜둘라(pendula)'는 라틴어로 '늘어지다', '처지다'라는 뜻으로, 시계추처럼 늘어진 가지 형태를 묘사한 것이다. 펜둘라자작나무라고도 한다. 우리 나라와 만주 등에 자생하는 자작나무(*Betula platyphylla* var. *japonica*)와는 종소명이 다르다.

황무지, 토양의 양분이 부족하고 습한 곳 등에 가장 먼저 자리 잡는 선구수종이다. 그러나 이처럼 햇빛을 선호하는 반면 경쟁력이 약한 '초기(初期) 나무'[700]는 시간이 지남에 따라 음지를 견디는 종들, 예컨대 참나무라든가 뒤이어 나중에는 결국 너도밤나무에 '가려서 밀려나게(weggedunkelt)' 된다. | 딱히 성격이 까다롭지 않은 자작나무는 볕이 풍부히 드는 혼효림, 늪지대, 척박한 초지(草地), 황무지, 습지나 진흙이 섞인 산성 모래땅 등지에서 주로 자란다. 예민하게 가리는 게 있다면 건조함이다. 정원수로 그리 적당한 수종이 아닌데, 뿌리가 빽빽한 데다 지표면에 넓게 퍼지므로 지표면 가까이 표토층(表土層)의 물을 다 빨아들여 주변 다른 나무들의 성장을 방해하기 때문이다. 자작나무는 남부 유럽을 제외하고는 유럽 어디서나 볼 수 있으며, 알프스에서는 해발 1,900m까지 분포한다. | 자작나무(Birke, 옛[古] 독일어로 'bircha')라는 단어는 가장 오래된 나무 이름에 속하며, 하얗고 광택 있는 나무껍질에서 유래한 것이다. 영어로 'birch(버치)', 노르웨이어로 'bjerk(비에르크)', 러시아어로 'Bierioza(비료자)', 프랑스어로는 'bouleau(불로)', 리투아니아어로 'berzas(베르자스)' 등으로 표기하는데, 모두 인도게르만어의 '브헤레그(bhereg)'(=밝게 빛나는)가 어원이다. 게다가 옛 인도어로는 그 이름이 'bhurjas(부르야스)'였다. 이처럼 ─참나무나 너도밤나무, 소나무 등과는 상반되게─ 어디서나 비슷한 이름으로 불리는 것으로 보아, 인도게르만족들이 살던 고향 특유의 나무였음이 틀림 없으리라 여겨진다. 독일의 비르크너(Birkner), 피르크하이머(Pirkheimer) 같은 성씨는 자작나무에서 파생했다. 학명인 '베툴라(*Betula*)'는 라틴어인 '베투아레(betuare)'(=때리다, 치다)에서 유래한 것인데, '생명의 회초리(Lebensrute)로 때리기'(「마가목」편 참고)라는 오랜 주술적인 풍습과 관련된 것이지, 어린이 체벌과는 무관하다.

27   Die Birke   자작나무   나무 신화(Mythos Baum):
Betula pendula   나무로 본
                                                유럽 민속의 기원과 효능

자작나무로 만든 비행기와 술잔

↑속도를 높이기 위해 몸체와 날개의 외피를 자작나무 합판으로 한 영국의 경주용 단엽기 네이피어-헤스턴 레이서(Napier-Heston Racer), 1940년경.

견고하고 질기며 유연하고 가벼운 자작나무 목재는 예로부터 다양한 용도로 이용되었다. 예전에는 사다리, 바퀴테, 수레의 손잡이, 톱니바퀴의 이, 등롱형(燈籠形) 톱니바퀴, 제분기의 변속 기어, 나무 신발, 가구 등을 만들었다. │제2차 세계 대전 동안에는 프로펠러처럼 비행기의 가벼운 부품을 만드는 데 이용되다 보니 '날으는 자작나무(fliegerbirken)' 같은 명칭도 생겨났다. 오늘날에는 자작나무로 합판도 생산해 낸다. 가장 질이 좋은 목재는 핀란드에서 수입된다. 요즘은 다소 구식으로 보이겠지만, 예전에 대학생 학우회에서는 껍질을 벗기지 않은 자작나무로 만든 맥주잔을 즐겨 이용했다.

[700] 초기 나무(Bäume der ersten Stunde) : 허허벌판에 씨가 떨어져 처음으로 숲을 이루는 나무를 뜻한다.

북유럽의 나무

자작나무는 북쪽 지방에서 매우 중요한 구실을 한다. 라트비아에서 자작나무라는 단어는 단지 그 나무만을 의미하는 것이 아니라 자작나무 숲, 활엽수림, 산울타리 같은 다양한 의미를 지닌다. 목재, 나무껍질, 뿌리, 나뭇잎, 겨울눈— 자작나무의 모든 부분이 온갖 용도로 유용하게 쓰였다. 껍질에는 이른바 자작나무 타르 성분이 함유되어, 금방 베어 마르지 않은 상태에서도 불이 붙기 때문에 북유럽에서 대단히 요긴했다. | 금세기까지도 돌돌 말린 자작나무 껍질을 기름에 담갔다가 횃불로 이용했다. 껍질에는 또한 수분을 차단하는 성질이 있으므로, 스칸디나비아에서는 건물을 지을 때 땅에서 올라오는 습기를 차단하기 위해 바닥재 아래쪽에 자작나무 껍질을 깔았고, 지붕을 해 덮는 데도 썼다. 캐나다 인디언은 자작나무 껍질을 가지고 굉장히 가벼운 카누를 만들기도 했다. | 러시아의 가정에서도 여린 자작나무의 껍질은 참으로 다양한 데 쓰였다. 부드럽고 연한 까닭에 가죽처럼 가공할 수 있어서 신발, 목도리, 다리에 차는 각반(脚絆) 등을 만들었으며, 장신구를 만들기도 했다. | 스칸디나비아 반도 북부에 위치한 라플란드(Lapland) 사람은 난장이자작나무(Zwergbirke, *Betula nana*)의 가는 뿌리로 깔개를 짜기도 한다. 명반(明礬)을 넣고 자작나무잎을 물에 끓이면, 녹색 염료를 추출할 수 있으며, 탄산칼슘을 첨가하면 황색 염료가 된다. 이 두 가지 염료는 그림 물감으로 유명했다. 아델베르트 폰 샤미소는 1827년에 쓴『북부 독일의 가장 유용한 식물과 가장 유해한 식물에 대한 개론(*Übersicht der nutzbarsten und schädlichsten Gewächse in Norddeutschland*)』에서 자작나무 꽃을 물에 넣고 끓이면 세탁 비누 효과를 얻을 수 있다고 했다. | 자작나무의 안쪽 누런 껍질, 즉 형성층에는 비타민 C와 당분뿐 아니라 심지어

↓ 자작나무의 고향인 북유럽에서는 자작나무의 모든 부분을 이용했다. 이것을 그린 예술가가 빗자루를 통해 초자연적 구성을 표현하려고 했는지는 알 수 없다.

지방까지도 들어 있다. 이것은 대부분의 인디언이나 금광을 찾는 사람들에게 혹한 속의 겨울에도 생명을 유지시키는 귀한 물질이었다. 형성층 조각을 잘게 자르고 말려 가루로 만들어 보관해 두었다가 필요할 때마다 팬케이크 같은 음식으로 만들어 먹었다.

갈리아의 역청

이미 고대 그리스인은 옆으로 벗겨지는 새하얀 자작나무 껍질을 건류(乾溜)해[공기를 차단한 상태에서 석탄, 목재 등의 고체 유기물을 가열 분해해 휘발분과 탄소질 잔류분으로 나누는 조작] 타르를 얻었다. "갈리아인이 자작나무를 끓여 역청을 만들기(bitumen ex ea Galli excoquunt)" 때문에 플리니우스는 이 나무를 '베툴라(betulla)'라고 이름지었다. 자작나무 타르는 여러모로 요긴했으니, 선조들은 이것을 가지고 나무통이나 배에 방수 처리를 하고, 부싯돌의 끝을 창과 화살에 접합하기도 했다. 가축의 상처 난 부위에 발라도 잘 들었다. | 유흐텐(Juchten) 기름[701]도 자작나무 타르에서 추출한다. 이 기름을 칠한 유흐텐 가죽(러시아 가죽이라고도 함)은 독특한 향이 나며, 보존성이 높아지고 방수도 된다. 유흐텐 기름은 해충도 막는다고 한다. | 러시아 속담에 따르면, 자작나무에는 네 가지 덕이 있다고 한다. 첫째, 빛을 준다(목재로 밝히는 횃불). 둘째, 소리를 막아 준다(삐걱거리는 수레바퀴에 윤활유로 자작나무 타르를 발라 줌). 셋째, 환자를 치료한다(자작나무 수액과 자작나무 잎차). 넷째, 몸을 깨끗이 한다(사우나의 자작나무 가지 마찰).

[701] **러시아 가죽[Juchtenleder]**: 버드나무 껍질로 무두질한 가죽의 뒷면에 자작나무 타르(기름)을 먹인 것이다. 이 타르의 강한 냄새가 배어 벌레가 접근하지 않으며, 가죽의 밀도가 높아져 유연해진다. 방수성이 높아 신발 등을 만드는 데 아주 유용했으나 제법이 알려지지 않아 17세기까지 러시아의 주요 수출 품목이었다. 18세기에 독일에 전래되었다. 이 기름과 가죽을 모두 유흐텐, 또는 유프텐(Juften)이라고 한다. [702] **누마 폼필리우스[Numa Pompilius, 기원전 753~673년]**: 로마의 전설적인 제2대 왕. 야누스 신전을 세우고 종교 제식에 따른 달력을 고안하는 등 로마의 종교 관습을 확립한 것으로 알려져 있다. 로마의 건국자인 로물루스를 신격화시키기도 했다.

27 · Die Birke · Betula pendula · 자작나무 · 나무 신화(Mythos Baum): 나무로 본 유럽 민속의 기원과 효능

자작나무로 만든 우편 엽서

제1차 세계 대전 당시 러시아를 침공한 독일 군인들이 자작나무 껍질로 만든 우편 엽서를 고향으로 보냈을 때, 사람들은 그 기발함에 깜짝 놀라지 않을 수 없었다. 그러나 이 독창적인 착상은 새로운 것이 아니라 이미 오래된 것이었다. 서기 1세기경 플리니우스는 누마 폼필리우스(Numa Pompilius)[702]의 책들이 자작나무의 껍질에 쓴 것이었다고 기술한 바 있다. 또한 본초학의 아버지인 히에로니무스 보크는 16세기에 다음과 같이 결론지었다. "예전에는 자작나무가 지금보다 컸던 모양일세. / 누군가 종이를 발명하기 전까지 하얀 자작나무의 껍질에 글을 쓴 것을 보게나. / 내가 스위스의 쿠어(Chur)에서 흰 자작나무 껍질에 쓴 몇몇 베르길리우스(기원전 70~19년)의 카르미나(Carmina)[시편]를 / 직접 보고, 읽었듯이."

↑ 러시아나 핀란드 등지에서는 사우나에서 혈액 순환을 돕기 위해 자작나무 가지 다발로 등이나 몸을 마찰한다. 보리스 쿠스토디예프(Boris Kustodiev), 〈러시아 비너스(Russian Venus)〉, 1925~26년, 니즈니 노보고로드 미술관 소장.

새로운 시작의 상징

독일에서 사랑과 삶, 행운의 나무로 피나무를 떠올린다면, 북유럽이나 동유럽에서는 자작나무를 든다. 봄의 소생을 표상하는 오월주는 오랜 전통에 따라 어린 자작나무를 사용했으니, 광명, 새 봄, 새로운 시작 등 중요한 상징적 의미를 갖고 있었기 때문이다. 갓 태어난 아기의 요람도 오랜 관습에 따라 자작나무로 만들었다. 로마 시대에는 새로 집정관이 임명되면, 어린 자작나무 12그루를 든 행렬이 앞장섰으며, 그의 권표(權表, Liktorenbündel)도 자작나무의 가지로 묶었다. | 영국에서는 매년 회계의 기점인 4월 1일경에 자작나무가 싹을 틔운다. | 스칸디나비아에서 자작나무의 새 잎은 농사를 시작을 알리는 표지인데, 딱총나무를 제외하고 숲에서 가장 먼저 새 잎을 돋우는 나무이므로, 그 모습을 보고 농부들이 여름에 수확할 밀을 파종하기 때문이다. | "겨울이 물러가고, 들판에 꽃들이 피어나면, / 신록의 초원에서 자작나무처럼 아름답게 치장한 나무가 또 어디 있을까?"〔요하네스 트로얀(Johannes Trojan)〕[703] | 자작나무는 에스토니아(Estonia)의 상징이며, 핀란드, 리투아니아, 폴란드 등지에서도 국가적으로 존중받는다. | 농촌 생활에서 한해 살림이 시작되는 성촉절(2월 2일)에는 자작나무 성촉으로 광명이 소생하는 축제를 벌였다. 이 날은 원래 성 브리기테(Brigitte)〔자작나무를 뜻하는 'birke'와 마찬가지로 인도게르만어의 'bhereg'에서 파생〕를 기념하는 날인데, 5세기경 아일랜드에 산 성녀로서, 원래 켈트족의 부활의 여신이 맡던 지위를 대체하게 되었다.[704]

[703] 요하네스 트로얀〔Johannes Trojan, 1837~1915년〕: 독일의 작가. 단치히 출생으로 괴팅겐에서 의학을, 베를린과 본에서 독문학을 공부했다. 졸업 후에는 비스마르크를 옹호하여 언론 매체에서 편집자로 일했다. 독일 식물에 관련된 옛 이야기, 민담 등을 채집하고 여행기를 써서 『나치오날 차이퉁(National Zeitung)』에 기고했다.

러시아인과 자작나무

↑ 고대 로마의 속간(束桿, fasces)은 라틴어로 묶는다(fascis)는 말에서 유래해 통합, 권력, 사법권을 상징했으며 '권표(權表)'라고도 불린다. 흰 자작나무 막대를 가죽 띠로 묶고 그 사이에 날을 바깥으로 세운 도끼를 끼워 행진할 때 들었다.

유럽에는 어느 한 나무와 불가분의 특별한 관계를 맺은 민족이 많다. 그리스인의 올리브나무, 독일인의 피나무 또는 참나무, 러시아인의 자작나무 등이 그렇다. 프랑스 작가 마네스 스퍼버(Manès Sperber)[705]는 나무가 인간의 마음 속 깊이 뿌리내릴 수 있음을 다음의 일화를 통해 소개한다. 러시아를 떠나 서유럽으로 망명했던 32살의 레닌(Vladimir Il'Ich Lenin)은 1903년 정치 회의에 참석하기 위해 영국을 방문했다. 초조한 성격인 그는 신경질적인 필체로 갑작스러운 착상과 계획을 종이에 옮겼다. 그러는 와중에도 쪽지에 러시아어로 자작나무를 뜻하는 단어 'berjosa'를 여러 필체로 계속해서 끼적거렸다. 고향에 끝없이 펼쳐진 광활한 자작나무 숲이 수천 km나 떨어져 있는 레닌을 사로잡아 가슴 벅차게 한 것이라고, 스퍼버는 상상한다.

[704] 성촉절[聖燭節, Lichtmess] : 주의 봉헌 축일, 성 브리지다의 날. 성모 마리아가 아기 예수를 교회에 봉헌함을 기념하는 축일로 촛불을 밝혀 축복하는데, 기독교 전래 이전의 전통이 포섭된 풍습으로 본다. 성녀 브리지다(Saint Brigit of Kildare)는 5세기 아일랜드의 수호 성녀인데, 그 이름 브리지다는 아일랜드의 지모신인 브리지드(Brigit)에서 유래했다. 브리지드는 의료, 예술, 가축, 우물, 그리고 겨울이 끝났음을 알리는 초봄의 여신이다. [705] 마네스 스퍼버[Manès Sperber, 1905~1984년] : 오스트리아-프랑스의 소설가이자 심리학자. 오스트리아 제국의 영토였던 갈리치아(지금의 우크라이나) 유대인 집안에서 태어났다. 빈으로 이주해 아들러(Alfred Adler)에게 심리학을 배웠다. 1927년 베를린으로 이주해 공산당에 가입하는 한편 대학에서 심리학을 강의했다. 히틀러를 피해 파리로 이주해 공산당 활동을 하다가 스탈린 독재 이후 2차 대전에 참전했다. 종전 후 출판사의 편집자로 파리에 정착하는 한편 철학, 정치, 심리학에 대한 글과 소설을 남겼다.

샤머니즘의 우주수(宇宙樹)

←자작나무는 광대버섯과 공생한다.

자작나무는 스칸디나비아뿐 아니라 북아시아 전역 여러 민족의 문화사(文化史)와도 밀접하다. 몽골의 부족들은 자작나무를 세계수(世界樹)로 공경한다. 하카스족(Khakass)[706]은 가지가 6개 달린 성스러운 자작나무가 지구 중심부 불변의 산에 서 있다고 믿는다. 미누신스크(Minusinsk) 타타르족도 산 위의 거룩한 자작나무를 숭상한다. | "12개의 하늘 위, 산 꼭대기에는 자작나무가 하늘 높이 자라고 있다. / 황금의 잎과 수피를 달고서." | 샤머니즘(Shamanism)의 주술사들은 대부분 꿈 속에서 '모든 인간에게 생명을 선사한 나무'를 만난다. 시베리아 지방에서는 이 '샤머니즘의 우주수'로 자작나무를 흔히 꼽는다. 성년식을 하는 동안 무당이 영(靈)과 통한 접신 상태에 들어가 세계수인 자작나무에 올라가면, 줄기에 9개의 금을 긋는데, 9개의 천계(天界)를 상징한다. 이것으로 그는 신들에게 다가가 환자들의 완쾌를 비는 데 필요한 힘을 얻게 된다는 것이다. 젊은 주술사는 이 성스러

운 나무의 큰 가지로 자기가 평생 사용할 북을 만든다. 이 신령한 북을 두드리면, 북을 두드리는 자가 북을 낳은 나무로, 지구의 중심인 세계수로 변한다고 믿었다. 이것이 천상(天上)에 도달하는 유일한 출구인 셈이다. 그런데 지금은 시베리아에서 하필 자작나무가 세계수가 된 이유가 밝혀졌다고 한다. 자작나무는 광대버섯과 공생 관계인데, 이 버섯이 무당을 천계의 무아지경으로 빠트리는 가장 주된 약재라는 것이다. | 나무 자체뿐 아니라 나무의 다른 여러 부분도 오래 전부터 지금에 이르기까지 영적 도구로 사용되고 있다. 한 예로 빗자루는 단순한 청소 도구 이상의 의미를 지녔다. 고대에는 신성한 장소에서 하는 빗자루질을 의례로 간주했으며, 불교 사찰이나 힌두교 사원에서는 지금도 그렇게 여긴다. 중유럽에서도 그처럼 자작나무 잔가지를 묶어 빗자루를 만든다. 십이야(12월 25일 성탄절과 1월 6일 주현절 사이)에 묶은 비가 질기고 오래간다는 것이다.

↑ 올센(Ørjan Olsen), 유르트 안에서 북을 두드리며 굿을 하는 하카스족 무당, 1914년.

[706] 하카스족[Khakas] : 남시베리아 하카스 공화국에 거주하는 투르크계 민족으로 교착어인 알타이어 계통의 하카스어를 사용한다. 그 기원은 예니세이 키르기즈 또는 몽골 계통으로 추정한다. 자신들은 스스로를 '타타르'라고 부른다. 하카스라는 이름은 1923년 소비에트 러시아에서 서로 다른 다섯 부족(벨티르, 사가이, 카친, 코이발, 키질)을 인위적으로 통합해 붙인 것이다. 전통적 유목, 수렵 생활을 하고 샤머니즘을 믿지만 오늘날은 러시아 문화에 많이 동화되었다. 미누신스크 분지에 정착했다 해서 미누신스키 타타르라고 불리기도 했으므로, 본문의 하카스와 미누신스크 타타르는 결국 같은 부족을 일컫는다.

말썽꾸러기 길들이기

수 세기 전에는 자작나무 가지를 묶어서 빗자루뿐 아니라 말을 듣지 않는 고집 센 아이들을 훈육하는 회초리로도 사용했다. 버릇을 고치기 위해서는 반드시 자작나무 회초리를 사용해야지, 그렇지 않으면 어린이들에게 안 좋은 결과를 초래하게 된다고 한다. 독일의 의사인 로니체루스는 1679년에 이런 체벌 방법을 두고 다음과 같이 칭찬을 아끼지 않았다. | "오늘날에도 자작나무는 반항하는 못된 녀석들을 혼내 주니 존경 받아 마땅하다. 그래서 사람들이 '오, 착한 자작나무 회초리여, 네가 못된 녀석들을 착하게 이끌어 주는구나!'라는 독일 격언을 입에 담는 것이다." | 당시에 회초리가 얼마나 중요한 의미를 차지했는지는 다음과 같은 16세기의 노래를 보면 좀 더 확실해진다. | "반듯한 집안에는 / 빵은 없어도 / 회초리는 꼭 있는 법." | 반대로 어려서 자작나무 회초리로 매를 맞던 사람이 자작나무에서 수액을 채취할 때면 복수의 말을 했다고 한다. | "너 잔인하고 메마른 자작나무여, / 이제는 내가 너에게 복수할 차례구나. / 그렇게 내 젊은 피를 흘리게 하더니, / 이제는 내가 네 피를 마시며 미소 짓는다!"

←선생님들을 그린 옛 그림에는 항상 '말썽꾸러기 어린이를 교육하는 자작나무 회초리'가 함께 등장한다.

27 Die Birke
Betula pendula   자작나무   나무 신화(Mythos Baum) : 나무로 본 유럽 민속의 기원과 효능

값비싼 수액

자작나무에는 인체의 수분 대사에 영향을 미치는 능력이 있다. 자작나무 차(茶)나 수액은 플라본(flavone) 성분이나 사포닌(saponin) 성분을 함유하고 있어 방광과 간을 자극하지 않으면서도 활성화하며, 특히 봄에 보양제로 적합하다. 자작나무는 수종(水腫), 류머티즘, 통풍(痛風)이나 관절염, 신장 결석이나 방광 결석 등에 효과가 입증된 가정용 처방약이다. | 봄에는 포도당 함량이 2%나 함유된 수액이 수 주일 내에 수액 채취를 하는 부위까지 올라온다. 이 수액을 채취하기 위해 지상 약 1m 높이에 폭 0.5cm, 깊이 1~2cm의 구멍을 뚫는다. 그 구멍에 유리관을 박아 넣고 밑에는 통을 고정해 이틀 동안 수액을 받는다. 수액 채취가 끝나면 나무에 피해를 주지 않도록 신속히 상처 치료용 왁스(양초는 안 된다)를 발라 준다. 더 간단한 채취 방법은 어린 가지를 잘라서, 그 자른 부위에서 떨어지는 수액을 통에 받는 것이다. 채취한 수액에 계피와 정향(丁香) 몇 쪽을 넣어 두면 일주일까지는 보관할 수 있으며, 일주일이 지나면 발효되기 시작한다. 알베르투스 마그누스가 이미 13세기에 자작나무 수액에 관해 언급한 바 있거니와, 게르만족도 봄에 활기를 얻고자 자작나무 수액을 마셨음은 의심의 여지가 없다. 옛날부터 쉽게 아물지 않는 상처 부위를 소독하거나 발진(發疹)을 가라앉히려는 목적으로 이 물로 씻었다. 비듬이나 탈모를 치료하려고 두피에 바르거나 마사지하기도 했다. | 히에로니무스 보크도 자작나무 수액을 자주 마신 듯하다. 1551년 그의 본초학 책에 "모든 나무 가운데 봄에 자작나무처럼 그렇게 / 금방 다량의 수액이 오르는 나무는 거의 없으리라. 〔…〕 달착지근한 수액은 숲속 목동들의 갈증을 풀어 주고 나 또한 그것으로 기운을 차린 적이 자주 있었네."라고 기록한 것이다. | 채취 후 그 상처 부위를 치료용 왁스로 아무리 조심스럽게 처리해도, 수액 채취 행위가 나무에게 피해를 끼친다는 사실은 다음과 같은 러시아 속담에서도 뚜렷이 드러난다. "자

↓ 수액을 채취하기 위해 자작나무에 칼자국을 냈다. 18세기.

작나무 수액으로 동전 몇 푼을 벌지는 몰라도, 1루블을 벌려다 숲을 망치게 된다는 것을 명심해야 된다." 그렇거나 말거나 러시아 농가에서는 자작나무 수액을 발효해 담근 술을 즐겨 마신다. 예전에는 남성들이 정력을 높이려고 마시기도 했다.

27 Die Birke
    Betula pendula

자작나무

나무 신화(Mythos Baum):
나무로 본
유럽 민속의 기원과 효능

치료용으로 쓰이는 잎과 가지

다소 떫은 맛이 나며 끈적이는 자작나무의 어린 잎을 5월에 따서 신선한 샐러드로 먹을 수도 있다. 또 잎을 말려 쐐기풀잎과 섞어 차로 마시면 피가 맑아지며, 특히 봄에 몇 주 동안 이 차를 마시면 좋다. 이뇨 작용에도 효과가 있고 피부의 노폐물 배출에도 영향을 주므로 피부병을 치료하기 위해 마시기도 한다. 아델베르트 폰 샤미소는 끈적이는 자작나무 눈(芽)을 건류해서 만든 자작나무 향유(香油)가 상처 치료에 특효약이라고 썼다. | 자작나무 줄기를 침대에 넣어 놓으면 어린이나 임산부의 장딴지 경련에 효과가 있다고 믿었는데, 아주 오래된 이 민간 요법은 여러 곳에서 사용되었다. 메겐베르크는 자신의 책『박물지』(1349~1360년)에서 "자작나무 줄기를 다리에 감고 있으면 경련이 가라앉는다"고 기술했다. 17세기에 파브리치우스(Fabricius)[707]는 자작나무를 '신경 치료용 목재(lignum nervinum)'라고 표현했다. 미신에 따르면, 효과를 극대화하기 위해서는 제르바시우스(Gervasius)[708] 축일인 6월 19일에 자작나무를 베어야 한다고 전해진다.

소택지자작나무

소택지자작나무(Moorbirke, *Betula pubescens*)는 그 이름에서 알 수 있듯이 고층 습원(Hochmoor)이나 중간 습원(Zwischenmoor)[709]에 분포하지만 자작나무나 오리나무 충적림(Brüchen),[710] 또는 참나무나 자작나무 숲에서도 볼 수 있다. 어떤 경우든, 대체로 줄기가 지표면 근처에서부터 갈라져 자라는 이 나무는 수양자작나무보다

---

[707] 파브리치우스[Wolfgang Ambrosius Fabricius, 1625~1653년] : 독일의 의사로 약용 식물을 소개한 논문(*Aporèma Botanikon, de signaturis plantarum*, 1653)을 썼다.
[708] 제르바시우스[Gervasius] : 제르바시오. 서기 2세기 사람으로 밀라노 지역 첫 순교자 가족의 일원이자 건초 만드는 사람들의 수호 성인이다. 가톨릭 교회에서는 유해가 이장된 6월 19일을, 동방정교회에서는 순교일인 10월 14일을 축일로 기념한다.

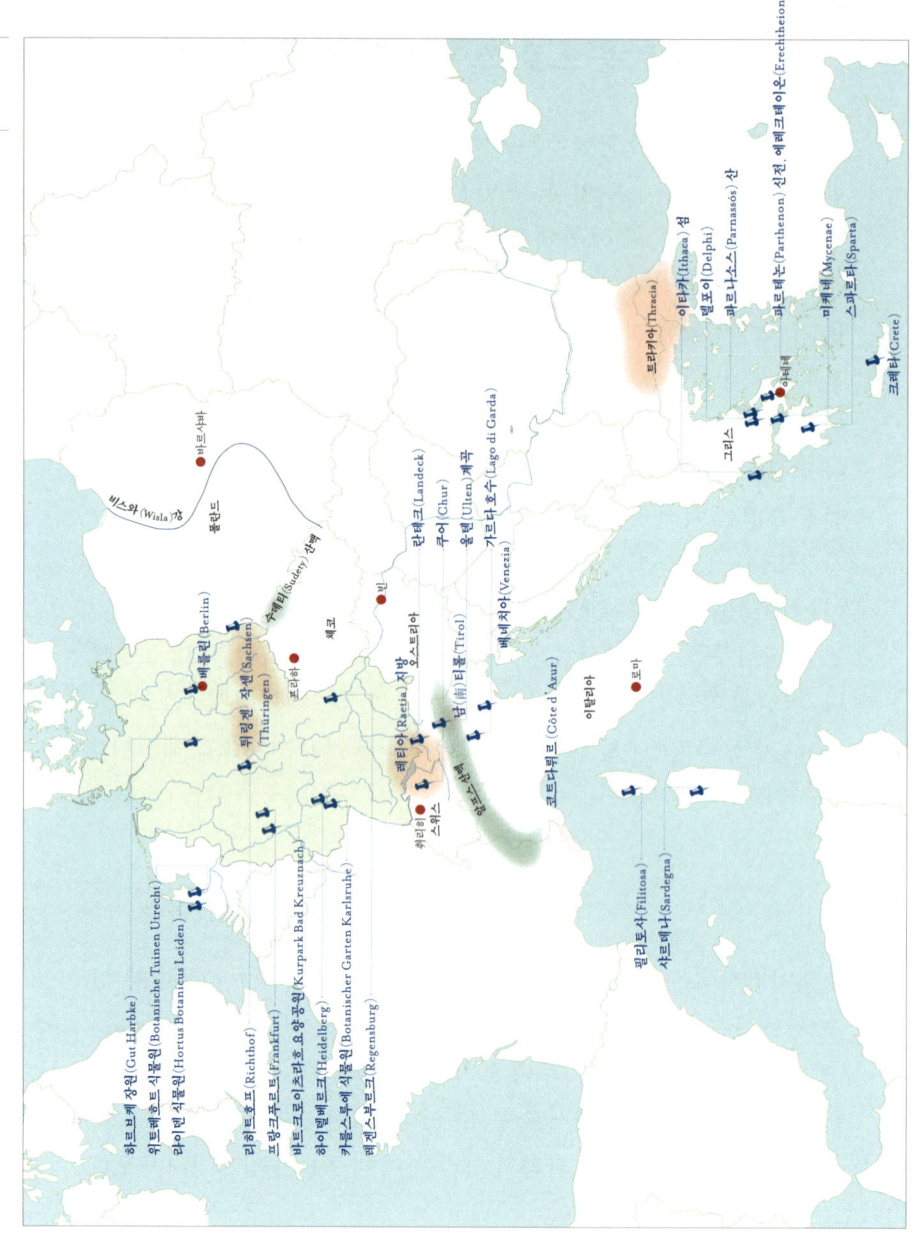

↑ **지도** 09 [23 올리브나무] [24 월계수] [25 은행나무] [26 잎갈나무] [27 자작나무]편에 등장하는 지명.

27 Die Birke
Betula pendula

자작나무

나무 신화(Mythos Baum) :
나무로 본
유럽 민속의 기원과 효능

수분이 많고 산성인 토양을 선호한다. 또 그 어린 가지는 위나 옆으로 자랄지언정, 수양자작나무처럼 밑으로 쳐지지는 않는다. '푸베센스(pubescens, 털이 난)'라는 종소명은 어린 가지에 잔털이 촘촘히 난다는 특징을 설명하는 것이다(수양자작나무 가지는 매끈하다). | "자작나무여, 너는 소녀처럼 갸냘프게 / 초록의 숲에서 일렁이는구나. / 창조의 세 번째 날 / 신의 사랑스런 착상이리! // 하느님께서는 선 채로 식물을 끊임없이 창조하셨네. / 긴 창을 만드느라 물푸레나무를, / 방패를 짜기 위해 버드나무를. // 고통을 위해 쐐기풀을, / 익살스러움을 위해 멘드레이크를, / 즐거움을 위해 포도나무를, / 아픔을 위해 엉겅퀴를. // 노동과 고통 속에서도 / 조용히 웃으셨지. / 여섯째 날에는, / 이브를 생각하셨네. // 꿈 속에서 곰곰이 생각하시어 / 당신의 창조력으로 / 남성들 나무 중 하나에게 / 소녀의 모습을 주셨네. // 당신의 손으로 / 그 머리를 금빛으로 곱슬거리게 하시고 / 비단처럼 빛나는 그 살결을 / 흡족해 하셨지. // 바람 속에서 가지들이 / 즐거이 구부러지고 서로 달라붙으며 / 봄의 행복 가득한 아이가 그 팔에 안긴 듯 / 이리저리 흔들리네. // 자작나무여, 너는 소녀처럼 갸냘프게 / 초록의 숲에서 일렁이는구나. / 창조의 세 번째 날 / 신의 사랑스런 착상이리!"〔뵈리스 폰 뮌히하우젠, 「자작나무 전설」〕

〔709〕 **습원**〔Moor〕: 습지(습원)의 유형 중에서 고층 습원(Hochmoor)은 평지나 산지에 외부나 지하수의 영향 없이 오직 비가 고여 볼록하게 형성된 습원이고, 저층 습원은 저지대에서 지하수나 외부 생태계로부터 수분이 유입되는 습원이다. 저층 습원이 시간이 흐름에 따라 이탄이 많이 쌓이면 중간 습원(Zwischenmoor)으로 발달한다. 독일어 'Moorbirke'(*Betula pubescens*)를 원어 그대로 번역해 늪자작나무, 또는 소택지자작나무라고 하기도 하고, 영어로는 'white birch'라고 하므로 우리말로 백자작나무라고 옮기기도 한다. 〔710〕 **충적림**〔Bruch〕: 충적림(Bruchwald) 또한 우리말로 습지로 번역될 수 있는데, 이는 항상 습하고 일부 지역이 늪이거나 거의 언제나 침수되어 있는 숲을 이른다. 우리말로는 모두 늪이 있는 숲, 또는 습지 숲이지만, 매 년 정기적인 범람에 의해 침수되지만 곧 물이 빠지는 숲은 줌프발트(Sumpfwald)라고 해서 구분한다.

↓ 『차가운 심장』에서 가난이 싫은 숯쟁이 소년 페터 뭉크는 소원을 들어 준다는 유리 요정을 만나러 전나무 숲으로 간다. 카를 오프터딩어(Carl Offterdinger), 〈페터 뭉크와 유리 요정〉, 빌헬름 하우프의 동화집을 위한 삽화, 1869년.

28 Die Tanne
Abies alba

전나무

나무 신화(Mythos Baum) :
나무로 본
유럽 민속의 기원과 효능

전나무

Die Tanne
Abies alba

잎이 진 나무들은 말이 없네,
찬 바람이 사방에서 불어올 때도.
전나무만이 오로지 고집스럽게
그리도 늦게까지 암록빛을 지키지.
〔니콜라우스 레나우,「가을의 노래(*Herbstlied*)」[711]〕

↑ 전나무 열매는 하늘을 향해 곧추서는 것이 특징이다.

[711]「가을의 노래[*Herbstlied*]」: 원서에서 이 시의 첫 행은 "Stumm stehen die Entlaubten"로 되어 있으나, 1838년 출간된 니콜라우스 레나우의 시집에 수록된 시의 원문은 "Rings trauern die Entlaubten"로 시작한다. "나무 둥치는 울며 잎을 떨구네" 정도로 번역될 수 있을 것이다. 이 시는 나중에 알브레흐트 모에싱거(Albert Moeschinger, 1897~1985년)라는 작곡가에 의해 가곡으로 작곡되기도 했다.

그늘진 곳에서도 잘 자라는 나무

↑ 나이가 80년 정도 되면 전나무는 거의 키가 자라지 않고 꼭대기가 전형적인 '황새 둥지 형태'를 띠게 된다.

전나무(Abies alba)는 독일가문비나무와 더불어 중유럽에서 거대한 나무에 속한다. 크기가 60m, 지름 3m에 이르니 달리 견줄 만한 나무가 없다. 토양조건이 적당하다면 발육이 왕성한 직근(直根)[712]이 땅속 깊은 곳까지 뿌리를 내려 최고 600년까지 살기도 한다. | 너도밤나무와 마찬가지로 음지에서 발아해 어렸을 때는 어미 나무[母樹(모수)]의 그늘을 좋아하는데, 생장은 매우 더디다. 나중에 햇빛을 많이 받게 되면, 그때서야 키가 쑥쑥 자란다. 커다란 나무 그늘 아래서 거의 100년 동안 겨우 몇 m밖에 자라지 못한 채 간신히 견뎌 내는 경우도 있

다. 그러나 주변의 노거수들이 베여 사라지면, 믿지 못할 만큼 놀라운 생장력을 보인다. | '백색'을 뜻하는 종소명 '알바(alba)'는 매끄럽고 회백색인 수피(樹皮)에서 유래한 것이다. 하지만 '하얀 전나무'라는 이름은 '붉은 전나무'(독일가문비나무)처럼 그렇게 흔히 통용되지는 않고, 책에서나 볼 수 있을 따름이다.[713] | 진녹색의 윤기가 도는 전나무 잎은 뒷면에 두 줄로 된 백색의 기공 조선(氣孔條線)[714]이 있으며, 잎의 수명은 7~11년에 달한다. 크리스마스 트리에 사용되는 전나무의 잎은 독일가문비나무의 잎과는 다르다. 전나무는 손으로 잎을 훑어 내고 나면 가지가 매끈하지만, 독일가문비나무는 잎이 달렸던 자잘한 돌기 자국이 남는다. | 바람에 의해 수분이 이루어지고 나면 씨앗은 틈 없이 둘러싼 실편(實片)[715]의 보호를 받으며 여물어 간다. 이 솔방울이 산산이 터져야 종자들이 흩어져 바람을 타고 멀리 퍼져 나간다. 다 익은 솔방울을 떨구는 독일가문비나무와는 대조적으로 전나무는 열매의 심을 그대로 매달고 있다. 그러므로 땅에 떨어져 있는 '전나무 열매'[716]는 어김없이 독일가문비나무 열매다. | 전나무는 죽은 가지들을 떨어뜨림으로써 스스로 가지치기한다. 전나무 노거수의 전형적인 실루엣은 '황새 둥지 수관'[717]으로, 약 80~100년이 되면 나타난다. 수간(樹幹)은 생장을 멈추고 윗부분 가지들만 계속 자라 정상부의 줄기를 뒤덮는 것이다.

[712] 직근[直根, Pfahlwurzel] : 땅 속으로 곧고, 깊게 자라는 뿌리로 태풍에도 뿌리가 잘 뽑히지 않는다. [713] 백색전나무[Weißtanne] : 가문비나무와 전나무의 모습이 흡사하기 때문에, 독일에서는 수피가 붉은 독일가문비나무를 붉은 전나무(Rottanne), 수피가 회백색인 전나무를 흰 전나무(Weißtanne)라고 부르기도 한다. [714] 기공 조선[氣孔條線, Wachsstreifen] : 나뭇잎이 숨 쉬는 숨구멍(Stoma). 전나무는 잎의 뒷면에 흰색의 공기 구멍이 줄지어 있다. [715] 실편[實片, Schuppe] : 소나무나 전나무, 가문비나무 등에 달리는 솔방울형 열매의 겉을 감싸는 비늘처럼 생긴 조각. 종린(種鱗)이라고도 한다. [716] 전나무 열매[Tannenapfel] : 진짜 전나무(Abies alba) 열매가 아니라 사실은 독일가문비나무 열매라는 뜻이다. 전나무 열매는 여물면 실편 하나하나가 흩어지며 그 안에 있던 씨앗이 사방으로 퍼지고 한가운데 심지는 그대로 가지에 붙어 있다. 전나무 숲에서 통째로 땅에 떨어진 솔방울을 찾기 힘든 이유도 그 때문이다. [717] 황새 둥지 수관[Storchennestkrone] : 독일가문비나무는 나이가 들어도 상방 생장(上方生長), 즉 줄기가 계속 위로 자라 나무 꼭대기가 뾰족한 상태를 유지하는 반면, 전나무는 나이가 들면 곁가지가 자라는 측방 생장(側方生長)만 이루어지기 때문에 꼭대기 부분이 마치 황새 둥지 같은 모습을 하게 된다.

↓ 수세기 전의 자연 과학자들은 전나무잎이 야생 사슴류의 주요한 먹이 중의 하나라는 사실을 간과하지 않았나 보다.

28 | Die Tanne
Abies alba

전나무

나무 신화(Mythos Baum):
나무로 본
유럽 민속의 기원과 효능

우려되는 전나무 고사(枯死) 현상

중유럽에 자생하는 나무 중 대기 오염에 매우 민감한 전나무는 삼림 쇠퇴(Waldsterben)[718]에 가장 큰 영향을 받았다. 전나무에 나타난 피해 양상은 전에 보지 못했던 새로운 것이었다. 전형적인 형태는 낙엽이 조기에 떨어져 수관(樹冠)이 눈에 띄게 엉성해지는 것이다. 노거수에서나 나타나는 '황새 둥지 수관'이 어린 전나무에서부터 나타나면 이미 '병이 든' 것이다. 공업 시설에서 배출되는 오염 물질을 엄격하게 통제한 이후로 수 년 전부터는 상황이 좀 나아져, 많은 노년기 전나무 숲이 한숨을 돌릴 수 있게 되었다. 그렇다고 해도 여전히 적색 목록(red list)[719]에서 위기에 처한 식물종(EN)으로 분류된다. 그것은 이 침엽수가 점점 사라지는 이유가 환경 오염에 민감한 특성 때문만은 아닌 까닭이다. 지난 수십 년 동안 전나무 조림 사업이 눈에 띄게 줄었는데, 여기에는 2가지 이유가 있다. 첫째는 어린 전나무가 야생 노루의 주된 먹잇감이라는 점이고, 둘째는 산주들이 늘 전나무 목재를 팔지 못해 곤혹스럽기 때문이다. 목재 시장에서 전나무는 따로 분류되기는커녕 독일가문비나무에 딸려 서비스로 제공하는 목재 정도로 취급된다. 하지만 전나무 목재에는 독일가문비나무와 비교해 결정적 장점이 있다. 송진을 내는 수지구가 줄기가 아니라 껍질에만 있기 때문에 목재에서 송진이 나오지 않는다.

[718] 삼림 쇠퇴[Waldsterben]: 산성비 등의 영향으로 나무들이 고사해 삼림이 황폐해지는 현상으로 한동안 유럽과 북미 지역에 상당한 삼림 피해를 입혔다. [719] 적색 목록[Roten Liste]: 정식 명칭은 '멸종 위기에 처한 동식물 보고서'로, 세계 자연 보존 연맹(International Union for Conservation of Nature, IUCN)에서 전 세계 생물종을 대상으로 9단계에 걸쳐 멸종 위기 등급을 구분해 목록화한 것을 이른다. 위기의 진행 속도, 개체 규모, 분포 지역, 분포 정도 등을 근거로, 멸종(extinct, EX), 야생 멸종(extinct in the wild, EW), 위급(critically endangered, CE), 위기(endangered, EN), 취약(vulnerable, VU), 취약 근접(near threatened, NT), 주시할 필요(least concern, LC), 자료 부족(data deficient, DD), 평가 불가(not evaluated, NE)로 등급을 나눈다. 이 중 위급, 위기, 취약의 세 등급을 '멸종 위험(threatened)'으로 분류해, 주시를 촉구한다. 2008년 스페인 바로셀로나 연례 회의에서 출간한 『2008 멸종 위기에 놓인 동식물 보고서(적색 목록)』에 의하면, 서식지 파괴와 사냥 등 인간의 활동 때문에 현존 포유류 25%가 멸종 위기에 처했다고 한다.

서늘한 기후를 좋아한다

↑ 전나무는 너도밤나무와 마찬가지로 어렸을 때 큰 나무들 아래의 그늘에서 잘 자란다.

독일가문비나무보다 추위에 약한 전나무는 혹독한 지역에서는 자라지 못한다. 습도가 높고 강우량이 많으며 늦서리가 없어 너도밤나무가 숲을 이루는 해양성 기후가 전나무에게는 적지(適地)다. 너도밤나무나 독일가문비나무와 함께 숲을 이루는 전나무의 가장 아름다운 숲은 피레네 산맥이나 프랑스 중앙 고원(Massif Central)[719], 흑림, 알프스 등지에서 볼 수 있고, 해발 2,000m의 스위스 발리스(Wallis) 지방에서도 자란다. 그보다 북쪽에는 전나무 자생지가 없다. 수 세기 전부터 조림 수종으로 식재되어 온 이 침엽수는 독일 전역에 퍼진 지 오래지만, 겨우 독일 산림의 2%만 차지할 뿐이다. 임업에서 윤벌기는 90~130년이다. 매우 가볍고 노란색을 띠는 목재는 탄력이 있고 빨리 건조되며 뒤틀림이 거의 없어 값비싼 건축재와 구조재로 쓰인다. 악기 제작자들은 독일가문비나무 목재와 더불어 오르간의 음관(音管) 같은 악기용 공명재(共鳴材, resonance wood)로 높게 친다.

전나무의 영혼

전나무의 학명에 쓰인 '아비에스(Abies)'는 플리니우스의 『박물지』에서 처음으로 언급되었다. 전나무(Tanne)는 독일어에서 매우 친숙한 낱말로, (원래 독일가문비나무 방울 열매인데도) 전나무 방울(Tannenapfel)이라고 부르는 데서도 알 수 있듯이 예전에는 종종 독일가문비나무와 전나무를 달리 구분하지 않았다. 중세 고지 독일어에서 '탄(tan)'은 일반적으로 숲이나 산림을 통칭했다. 옛 문헌에는 심지어 '독일가문비전나무(Fichtentanne)'라는 용어도 이따금 등장하는데, 이것은 침엽수 그 자체를 뜻하는 말이다. | 의사와 철학자로 유명한 파라셀수스가 "우리, 전나무 방울 속에서 자라난 [···]"이라고 한 것은 숲을 신화적인 존재와 지식의 원천으로 느꼈다는 뜻이라 할 수 있다.[720] 우리의 조상들은 거대한 노거수를 곧잘 영혼이 깃들어 있거나 경외할 존재로 여기곤 했다. 빌헬름 하우프의 『차가운 심장』이라는 동화는 그런 나무의 영혼 이야기다. 동화 속에 등장하는 소년 쾰러 페터 뭉크(Köhler Peter Munk)는 전나무 언덕에서 가장 크고 아름다운 전나무에게 도움을 청하면서 그 영혼에 맹세했다. | "초록의 전나무 숲속 보물 창고를 지키는 파수꾼아, / 네 나이 벌써 수백 년이 되었구나. / 전나무가 서 있는 모든 땅이 네 것, / 일요일에 태어난 행운아들만 너를 볼 수 있다네."

[719] 마시프 상트랄(Massif Central): 중앙 고원이라는 뜻으로, 프랑스 중부와 남부에 걸쳐 있는 산맥이다. 해발 고도 1,800m 안팎의 높은 산들이 이어진다. 프랑스 국토 전체 면적의 약 15%를 차지하며 오베르뉴, 부르고뉴, 랑그도크루시옹, 리무쟁, 미디피레네, 론알프에 걸쳐 있다. [720] 전나무 방울 속의 유년(Tannenzapfen Erwachsen): 이는 파라셀수스가 자신의 어린 시절을 회고하면서 쓴 글 「일곱 개의 변명」에 등장한다. 파라셀수스는 의사인 아버지와 수녀원의 하녀 사이에서 태어났는데, 신분 차이 때문에 어려서 따돌림을 받았고, 숲속에서 외톨이로 자랐다고 한다. "어릴 때 받은 것은 평생을 따라다닌다. 귀하고 섬세하며 우아하게 자란 사람에 비하면 나의 유년은 아주 투박했다. 여인들의 규방에서 보드라운 의상을 입고 자란 이들과 전나무 방울 속에서 자란 우리는 서로를 이해하기가 쉽지 않다."

↓ 고대 로마의 항구 도시 오스티아(Ostia)에 있는 마그나 마테르(키벨레) 성소에 남아 있는 아티스 상의 머리 부분. 뾰죽한 전나무잎을 머리에 쓰고 있다.

28 | Die Tanne
Abies alba

전나무

나무신화(Mythos Baum) :
나무로 본
유럽 민속의 기원과 효능

거룩한 전나무

그리스 신화에 키벨레(Kybele)—지중해 지역에서는 소아시아의 '마그나 마테르(Magna Mater, 大母神)'라고도 한다—가 사랑했던 미소년 아티스(Atys/Attis)에 관한 이야기가 전한다.[721] 아티스가 정절을 지키지 못하자, 대모신 키벨레는 그에게 전나무로 변하는 벌을 내렸다. 고대 그리스에서는 매년 열리는 키벨레 축제에 사제들을 보내 아티스를 찾게 했다. 드디어 전나무로 변해 있는 아티스를 찾았을 때, 그 전나무를 대모신의 상징으로 숲에서 꺼내 신전을 조성했다. | 코린토스(Corinth)[펠로폰네소스 반도의 고대 도시 국가이자 현대 도시] 지방에 전해 오는 이야기에 따르면 테베의 왕 펜테우스(Pentheus)는 뻔뻔스러운 범죄를 저질렀다. 전나무로 변신하고 숨어서 금지된 바커스 신(디오니소스)을 추종하는 여신도들의 축제를 훔쳐본 것이다. 이 관음증 환자는 결국 발각되어 전나무는 베여 나가고, 그의 사지는 갈가리 찢겼다.[722] 나중에 그 나무는 신성한 전나무로서 바커스 예배에 봉헌되었다.

[721] 키벨레(Kybele)와 아티스(Attis) : 키벨레는 소아시아(프리기아)의 이다산(Ida)에서 태어났다고 여겨진다. 로마인들이 '이다 신들의 대모(Magna Mater deorum Idaea)'라 부른 것은 여기서 유래한다. 본래 양성(兩性)의 존재로, 남성/여성을 모두 가지고 있었다. 양성 신이었을 시절의 이름은 아그디스티스(Agdistis)였는데, 이를 기이하게 여긴 신들이 강제로 거세해 여신 키벨레가 되었다. 거세된 그의 성기가 떨어진 곳에서 아몬드나무가 자라났고, 그 나무에서 나온 아몬드가 상가리오스강(Sangarius)의 신의 딸이자 님프인 나나(Nana)에게 떨어져 아티스가 태어났다. 키벨레는 미소년으로 자라난 아티스를 보고 사랑해 연인 관계를 맺었는데, 아티스에게 다른 나라의 왕녀와 혼담이 들어오자 질투에 빠져 아티스를 정신착란에 이르게 하고 스스로 거세하게 했다. 이 일로 아티스는 목숨을 잃게 되었고, 뒤늦게 후회를 느낀 키벨레는 그를 전나무로 만들어 살게 했다고 한다. [722] 펜테우스(Pentheus) : 펜테우스의 이야기는 에우리피데스의 비극 『박코스의 여신도들(Bakchai)』에 자세하게 등장한다. 펜테우스는 테베 왕으로 디오니소스와는 사촌간이 된다. 그런데 디오니소스가 펜테우스를 찾아와 자신이 신이라고 하자 이를 인정하지 않았을 뿐더러 디오니소스 제의를 아예 금했다고 한다. 그러다 이 제의에 몰래 잠입해 엿본 셈인데, 광란 상태에 빠진 신도들에게 야수로 오인 받아 갈가리 찢겨 죽임을 당하게 되었다. 여신도 중에서는 펜테우스의 어머니와 이모들도 있었는데, 이는 자신을 업신여긴 데 대한 디오니소스의 복수라고 보기도 한다.

스트라스부르 테르펜틴

↑ 곧추선 전나무 방울 열매의 씨들은 열매가 다 익으면 바람에 하나씩 흩어져 결국 가운데 심만 남는다.

민간 요법에서 전나무잎은 독일가문비나무의 잎과 치료 효과가 비슷해서 (「독일가문비나무」편 참고) 입욕제와 차로 이용된다. 천식 환자들이 신선한 전나무 가지를 한 소쿠리 따다가 방 안에 밤새 두고 자면 효험을 볼 수 있다고 한다. 이 침엽수의 치료 효과는 송진에서 나오는 것으로, 오래 전부터 보주 산맥(Vosges)[723]에서는 송진을 증류

해 '스트라스부르 테르펜틴'[724]을 만든다. 이는 염좌나 타박상에 매우 효과가 있으며, 고약 형태로 피부에 붙이면 혈액 순환을 촉진한다. | 독일의 크나이프 신부는 교사와 성직자, 성악가들에게 성대를 부드럽게 유지하도록 어린 전나무 열매를 우린 차를 추천했다. 푸른 전나무 열매는 —아마 남근을 닮았기 때문일 텐데— 예전에는 최음제로 한몫을 했다. 열매를 절구로 빻아 물에 끓인 차로 여성의 "은밀한 부분"을 닦으면, 질을 더 조여들게 해 "쾌감이 강렬"해진다고 생각했다. | 비슷한 용법은 인도에도 있는데, 전나무 껍질에 강황과 연꽃 수술대를 섞으면 그런 효과가 난다고 믿었다. | 전나무 열매에서 추출한 오일(Oleum Templini)[근육통이나 출혈에 효과가 있는 것으로 알려져 있다.]은 염증을 억제하고 상처를 아물게 하는 물질로서 약국에서 상시 취급한다. "전나무에 열매가 많이 달리면 호밀 수확도 좋다"라는 말에서, 전나무 열매가 기상 예측에도 도움이 되었음을 알 수 있다. | 맥주를 발효하는 데 —대부분의 다른 허브 음료도 마찬가지다— 전나무잎을 달여 꿀을 첨가한 청을 넣기도 했다. 허브 맛을 더한 맥주는 중세에 가장 사랑 받던 음료다. 그 유행의 퇴조는 당연히, 14세기 이후에 중유럽에 알코올 증류 방법이 퍼져 나가면서 피할 길이 없었다.

[723] 보주 산맥[Vosges] : 프랑스 북동부의 산맥으로, 독일의 팰처발트(Pfälzerwald) 숲과 이어지며 동일한 자연 환경을 이룬다. 500~1,400m의 그리 높지 않은 산들이 이어지며 고원을 이루는 보주 산맥은 동쪽의 라인강을 사이에 두고 독일의 흑림과 비슷한 자연·문화 환경을 보이는데, 이는 동일한 융기 작용에 의해 형성 되었기 때문이다. 보주 산맥의 동쪽 중심 도시가 스트라스부르다. [724] 스트라스부르 테르펜틴[Strasbourg Turpentine] : 스트라스부르는 라인 강변에 위치한 프랑스 알자스의 도시로 독일과 접해 있다. 독일어로는 슈트라스부르크(Straßburg)로 표기한다. '스트라스부르 테르펜틴'은 이 도시가 보주 산맥에서 채취한 테르펜틴 집하되는 유통의 중심지인 데서 유래한 이름이고, 알자스 테르펜틴이라고 부르기도 한다.

29 | Die Eibe *Taxus baccata* | 주목 | 나무 신화(Mythos Baum) : 나무로 본 유럽 민속의 기원과 효능

[574] ↑
[575] →

주목 Die Eibe
Taxus baccata

주목이 유리창을 두드린다.
어둠 속의 번득임.
우상의 시간처럼, 이교도의 꿈처럼
창문 안으로 주목이 바라본다.

〔테오도르 폰타네, 「주목(Der Eibenbaum)」, 1873년〕

↑ 카로티노이드(Carotinoid) 성분 때문에 붉은색이 선명한 주목의 열매.
← 빙엔 암 라인(Bingen am Rhein)에서 촬영한 주목 연리지(連理枝). 2그루의 주목이 하나의 나뭇가지로 이어져 있다.

색다른 생김새

주목(朱木, *Taxus baccata*)은 진기한 나무다. 유럽의 다른 침엽수들과는 유연(類緣) 관계가 먼 유일한 자생종[주목과(Taxaceae)에 속한다][725]으로, 찬찬히 관찰해 보면 이국적인 인상을 풍긴다. 보통 10m(최대 18m)까지 자라는 주목은 줄기가 여럿으로 갈라지는데, 이 줄기들이 나중에는 서로 엉겨붙기도 해 수령을 헤아리기가 어려워진다. 이국의 분위기를 더하는 또 하나의 특성은 유럽에 자생하는 침엽수로서는 유일하게 방울 열매를 맺지 않는다는 점이다. 까무스름한 씨앗은 즙이 많은 열매살에 둘러싸여 있는데, 이 열매살은 익으면 카로티노이드 성분 때문에 붉은 빛깔이 선명해진다. 이런 특성 때문에 린네는 종소명을 '장과(漿果)가 달리는'이라는 뜻의 '바카타(baccata)'라고 명명했다. 입지에 따라 다르지만, 꽃을 피우려면 15~30년이 지나야 된다. 암수딴그루[자웅이주(雌雄異株)]인 주목은 암그루만 열매를 맺는데, 발아 억제 현상 때문에 그 종자에서 2~4년이 지나야 싹이 튼다.[726] 목재의 조직도 다른 침엽수와 달라서, 수지구(樹脂溝)가 존재하지 않는다. 주목의 잎은 전나무잎과 어느 정도 비슷해서, 유연하고 가죽 같은 느낌이 나며 윤기 있는 진녹색을 띤다. 잎의 수명은 8년까지 달하기도 한다.

[725] **주목과[Taxaceae]** : 구과목 주목과는 (일부 이견이 있으나) 비자나무속, 개비자나무속, 주목속으로 나뉜다. 비자나무속은 우리 나라를 포함한 동아시아와 아메리카 대륙에, 개비자나무속은 아시아에만 자생한다. 주목속(*Taxus*)만이 유럽을 포함해 북반구 전체에 자생한다. 유럽 주목은 *Taxus baccata*이고 우리 나라 주목은 *Taxus baccata*로 종이 다르나, 여기서는 주목으로 통칭했다. [726] **발아 억제[Keimhemmung]** : 가을에 씨앗이 잘 익고 봄에 발아 조건이 되어도 싹이 쉬 트지 않는 현상을 종자 발아 휴면성(seed dormancy)이라고 한다. 나무 종자들은 자발적 휴면 현상을 자주 보이는데, 그 원인은 씨앗의 껍질이 불투수성이어서 바깥의 습기를 빨아들이지 못하거나 발아 억제 물질이 씨앗 안에 들어 있는 경우 등 여러 가지다. 주목은 씨앗의 껍질이 딱딱해 안에서 배가 자라는 것을 기계적으로 압박하기 때문으로, 복숭아나무, 호두나무 등도 이와 비슷하다.

모양만들기

주목은 유럽 여러 곳에서 자란다. 특히 알프스 주변과 산악 지역(발리스에서는 1,600m까지)의 활엽수 혼효림 하층부에서 자생하는 것을 볼 수 있다. 뿌리가 심근성이라서 비탈진 곳에서도 생육하지만, 습기가 적당하고 토심이 깊으며, 염기성을 띤 토양을 각별히 좋아한다. 음수(陰樹)인 주목은 햇빛을 많이 필요로 하는 소나무에 비하면 1/4 정도의 빛만 있어도 살아남는다. 그래도 최적의 생장이 가능하려면 햇빛이 적당해야 한다. 오늘날 주목 임분(林分)이 위험에 처한 첫 번째 원인은 개벌(皆伐, Kahlschlag)에 있는데, 침엽수는 주변 나무들이 잘려 갑자기 음지에서 양지로 바뀌는 환경 변화에 잘 적응하지 못하기 때문이다. 물론 처음부터 강한 햇빛에 노출되어 익숙해진 나무들은 상대적으로 낫다. | 왕성한 맹아력 덕분에 주목은 토피어리(topiary)[727] 재료로 단연 사랑받으며 18세기 초 로코코(Rococo) 양식을 풍미했다. 루이 15세(Louis XV) 시대[1715~1774년]에는 궁전 정원이라 하면 가지를 전정 가위로 다듬어 정확한 대칭형을 이루게 꾸민 장식적 자수(刺繡) 화단이나 미로(迷路)를 갖추지 않은 곳이 없었다. 이런 정황을 요제프 폰 아이헨도르프는 「시대의 가곡(Zeitliedern)」이라는 시에서 읊었다. | "로코코 왕자여, 그대는 오솔길을 / 나무로 정교히 재단해 그렸구나. / 나무들은 잘리누나, / 더는 숲속을 꿈꾸지 못하도록…." | 주목 열풍은 일찌감치 시들해졌지만, 정원사들에게는 여전히 좋아하는 나무로 꼽히곤 한다. 그나마 유행이 지났다 보니 주목이 예전처럼 심하게 가위질에 시달리지는 않아도 되게 되었다. 오늘날 주목은 80가지가 넘는 다양한 형식으로 정원과 공원에 식재되고 있다.

---

[727] **토피어리**[Formschnitt] : 식물들을 전정해 기하학적 형태나 동물의 형상으로 자르고 다듬는 기술이나 그 작품. 주로 전정에 강한 주목, 회양목 등이 사용되었다. 유럽에서 17~18세기에 성행했으며, 최근 우리 나라에서는 철사로 형태를 잡고 이끼류를 덧붙인 토피어리도 유행이다.

↓ 주목은 기하학적인 형태로 잘라 정돈하기가 용이해 18세기 초 로코코 시대에 매우 유행했던 나무다.

29 | Die Eibe
Taxus baccata | 주목 | 나무신화(Mythos Baum):
나무로 본
유럽 민속의 기원과 효능

금지된 나무

1730년에 출간된 『진기한 본초서(*Curioser Botanicus*)』라는 책에서는 이렇게 쓴다. "나무 전체에 독성이 있을 뿐 아니라 그 그늘마저 해로우리라." 침엽수 중에는 독성이 있는 나무가 그리 많지 않은데, 유럽에서는 주목이 유일하다. 나무의 모든 부분이 알칼로이드의 일종인 탁신(Taxin)과 에페드린(Ephedrine)을 함유하고 있으며, 열매의 붉은 과육(arillus) [씨의 겉을 둘러싼 부분. 가종피(假種皮)]만이 예외다. 달콤한 점액질의 과육은 그 속에 든 씨를 씹지 않고 다시 뱉기만 한다면 마음 놓고 먹어도 좋다. | 아리스토텔레스의 후계자였던 그리스의 테오프라스토스(기원전 287년 사망)도 이 나무의 위험성을 익히 알았다. 주목이 그리스 신화 속에서 복수의 여신들인 에리니에스(Erinyes)[728]와 연결된 것도 우연은 아니다. 에리에니스는 주목의 독으로 모독에 앙갚음한다. 결국 고대 그리스 사냥의 여신인 아르테미스가 그 시범을 보였으니, 니오베(Niobe)의 딸들에게 주목의 독을 묻힌 독화살로 복수한 일이다. 이는 테바이(Thebai)의 왕비 니오베가 아르테미스의 어미에게 자식이 많음을 거만하게 뽐내다가 벌어진 일이었다. 켈트족의 독화살도 주목잎을 달인 물을 묻혀 만들었다. 카이사르의 『갈리아 전기』에서 게르만 종족인 에부로네스족(Eburones)의 수장(首

---

[728] 에리니에스[Erinyes] : 에리니스(Erinys)의 복수형으로, 티시포네(Tisiphone), 알렉토(Alecto), 메가이라(Megaera) 세 여신을 가리키며, '퓨리', '푸리아이'라고도 한다. 크로노스가 아버지 우라노스를 거세했을 때 흐른 핏방울이 대지의 여신 가이아에게 떨어져 잉태되었다고 하며, 친족 살해에 대한 복수를 거행한다. 추한 노파의 용모에 머리카락은 뱀이며, 특히 티시포네는 주목 가지를 들고 악행을 저지른 자를 정화했다. 고대 그리스 로마의 여러 문헌에서 에리니에스의 복수와 주목의 독을 연결시켰지만, 테오프라스토스의 『식물지』에서는 주목의 독이 동물을 죽인다고 썼을 뿐 에리에니스를 직접 언급하지는 않는다. [729] 에부로네스족[Eburones] : 고대 갈리아 동북부(지금의 벨기에)에 근거지를 두었던 게르만 종족. 뫼즈강과 라인강 사이에 살던 부족으로, 기원전 57년에 카이사르가 이 지역을 복속했을 당시에 암비오릭스와 카투볼쿠스(Cativolcus) 두 왕이 나누어 다스리고 있었다. 암비오릭스는 카이사르에 대항하다가 라인강을 건너 도망을 갔으나 연로한 카투볼쿠스는 주목의 독을 먹고 기원전 53년에 자살했다고 한다. 부족 이름의 '에부로(eburo)'의 어원이 켈트어로 '주목'에서 왔다고 한다.

↓ 테베의 왕비 니오베는 '여신 레토(Leto)는 자식을 둘밖에 낳지 못했는데, 자기는 일곱 아들과 일곱 딸을 두었다'며 뽐내고 다녔다. 진노한 레토는 쌍둥이 자녀 아폴론과 아르테미스를 시켜 니오베의 자식들을 모조리 화살로 쏘아 죽이도록 한다. 쾨니히(Johann König), 〈니오베의 자식들의 죽음(The Death of Niobe's Children)〉, 17세기 전반.

長)[729]이 로마의 점령군을 더는 막지 못하자 주목의 독으로 자살을 감행했음을 확인할 수 있다. | 알칼로이드의 일종인 탁신은 디기탈리스(Digitalis purpurea) 배당체보다 훨씬 독성 작용이 강해서, 과거에 디기탈리스 대용으로 쓰이기도 했다. 이 독을 쓰면 처음에는 맥박이 점차 빨라지다가 나중에는 느려지며 결국 심장 근육이 멈추게 된다. 주목의 잎 50~100g 정도면 인간에게 치사량이다. 얼추 1시간 반이면 아주 의식을 잃고 사망에 이른다. | 주목의 액즙은 예전에 피임약으로 쓰였는데 이를 복용한 산모들에게 치명적인 중독을 일으켰기 때문에 지벤뷔르겐(Siebenbürgen)[루마니아 트란실바니아(Transylvania)의 독일식 명칭]에서는 '금지된 나무(verbodä Bum)'라는 향명을 얻게 되었다. 스위스에서는 주목잎을 달여 외양간의 해충을 쫓는 데 썼다.

29   Die Eibe *Taxus baccata*   주목   나무 신화(Mythos Baum): 나무로 본 유럽 민속의 기원과 효능

치명적인 독약인가 미래의 치료약인가?

말[馬]에게 탁신은 유독 치명적이어서 주목 잎 1*lb*만 먹어도 한 시간 안에 죽을 수 있다. 사르데냐섬 볼로타나(Bolotana) 지방의 주목 숲 [730]에서 잎을 뜯어 먹어 나무에 피해를 입히는 것은 반추 동물이나 할 수 있는 소행이다. 소나 양은 탁신에 익숙해져 특별한 해를 입지 않는다. 플레스발트 숲(Plesswald)[731]에서는 지난 세기까지만 해도 겨울철 사료로 쓰기 위해 주목 가지를 쳤는데, 이런 풍습을 오늘날에도 파키스탄에서 흔히 볼 수 있다. 노루나 산토끼, 산돼지 등에게는 주목잎이 아예 별미에 속한다. 노루의 위를 분석해 보았더니, 노루에게 주목잎이 마치 인간이 담배를 피울 때와 흡사한 작용을 하는 것으로 밝혀졌다. | 미국에서는 특히 북미 서부에 자생하는 주목(*Taxus brevifolia*)[732]의 껍질에 함유된 탁솔(Taxol)이라는 물질을 추출해 세포 증식 억제제〔시토키타티쿰(Cytostaticum)〕로 활용한다. 난소암 치료에서 1차 치료가 듣지 않았을 경우 탁솔을 투여하면 놀라운 효과를 보인다. 그러나 1kg의 탁솔을 추출하자면 주목 3,000그루를 베어야만 한다. 날로 증가하는 북미 주목의 이러한 수요를 감당할 수 없기 때문에 유럽 주목의 잎이나 껍질에서 탁솔의 유사 성분을 추출하려고 노력하고 있다.

[730] **볼로타나의 주목 숲** : 이탈리아 서쪽 지중해의 사르데냐섬 중부에 있다. 가장 높은 산은 몬테 라수(Monte Rasu)이며 이 산 일대의 숲에 주목 노거수가 많아 사람들이 신성하게 여긴다. 그중에서 19세기 영국의 공학자 벤자민 피어시(Benjamin Piercy, 1827~1888년)가 지은 컨트리하우스 빌라 피어시(Villa Piercy)의 숲에 있는 주목은 기념물로 지정되어 있다. [731] **플레스발트숲[Plesswald]** : 독일 중북부 괴팅엔에는 11세기의 고성 플레스성(Burg Plesse)이 있는데 이 성 바깥을 둘러싼 숲에는 독일에서 가장 오래된 주목이 있다. [732] **미국 주목[*Taxus brevifolia*]** : 북미 대륙의 태평양 연안을 따라 알래스카에서 캘리포니아 중부까지, 그리고 아이다호 북부에 자생하는 주목. 태평양 주목 또는 미국 주목이라고 부른다. 미국의 과학자들이 여러 나무들의 성분을 조사하는 과정에서 이 주목에서 탁솔 성분을 처음 발견했으나, 오늘날 유럽 주목이나 한국 주목에서도 탁솔 또는 탁솔을 합성할 수 있는 성분을 검출하고 있다.

↓ 16세기 중반까지는 주목으로 만든 활이 가장 인기가 좋았다. 신성 로마 제국 황제 막시밀리안 1세의 이야기 『백왕(바이스쿠니그)』 중에서 한스 부르크마이어(Hans Burgkmair)가 제작한 삽화, 1514~1516년.

29 | Die Eibe
Taxus baccata | 주목 | 나무 신화(Mythos Baum) :
나무로 본
유럽 민속의 기원과 효능

주목과 전쟁

1523년 10월 스위스의 빈터투르시에서 활쏘기 대회를 열었을 때 그 문구가 "주목(Ibe) 또는 활로 사격을 고지함"이었다. 16세기까지는 주로 주목으로 만든 무기를 이용해 사격을 했다. 사냥이나 사격 대회뿐 아니라 전투를 벌일 때도 마찬가지였다. 그랬기에 시원적 형태의 화기(火器)가 최초로 개발되어 본격적으로 도입되기 전까지, 사람들에게 주목은 곧 전쟁과 직결되는 나무였다. 실로 활이나 석궁을 만드는 데 이보다 나은 재료는 없었다. 14세기의 콘라트 폰 메겐베르크는 『박물지』에서 "이교도들은 주목(paum)으로 활과 석궁을 만든다"라고 적고 있다. 주목의 목재는 저항력이 강하고 매우 단단하며 동시에 유연성이 있어, 원시적 투창(投槍)이나 창과 화살을 만드는 데 즐겨 쓰였다. 독일 니더작센주의 베르덴(Verden)에서는 이회암(泥灰巖) 구덩이에서 매머드의 갈빗대 사이에 약 15만 년 전의 주목 창(槍)이 온전한 상태로 꽂힌 채 발굴되었다. 영국 남부에서 발굴된 네안데르탈인의 가장 오래된 유명한 창도 역시 주목으로 만들어진 것이다.

로빈 후드(Robin Hood)의 비밀

옛 고지 독일어에서 '이바(iwa)'라는 표현은 주목뿐 아니라 활과 석궁도 의미했다. 로마인은 주목을 '탁수스(taxus)'라고 불렀는데, 이는 아마도 라틴어 '탁사레(taxare, 처벌하다)'에서 유래한 것으로 보이며, 다른 한편으로는 활을 뜻하는 그리스어 '톡손(toxon)'과도 친연할 법하다. 고성의 성곽 주변을 에워싸고 자란 주목의 의미가 궁금한가? 그건 말하자면 서서히 자라는 무기고로 설치된 셈이다. 사수(射手)에 따라 다르지만 길이 1.8~2m에 달하는 전투용 주목 활은 중세 영국에서 가장 중요한 전쟁 무기였다. 당시에는 재판관이나 학자들을 제외한 모든 자유 시민이 주목으로 만든 활과 화살로 항상 사격 채

비를 갖추고 있었다. 게다가 활쏘기의 숙련성과 민첩성이 무뎌지지 않게 하고자, 영국 왕 에드워드 3세(Edward III)[733]는 심지어 1369년에 이렇게 공포했다. "모든 런던 시민은 신체 건강을 위해 여가 시간과 휴일에는 활과 화살을 이용해 사격술을 연마하도록 명하노라." 예전 프랑스에서도 부르고뉴 공국이나 신성 로마 제국의 용병(傭兵)들이 반드시 갖추어야 할 무기로 꼽혔다. | 16세기 초 영국과 스코틀랜드에서 주목 활의 수요가 어찌나 증가했던지 추위에 민감한 주목에게는 섬나라 영국의 온화한 해양성 기후가 최적의 생장 조건임에도 주목 숲이 거의 사라질 지경에 이르렀다. 급기야 이 섬나라는 한때 영국 무력의 근간을 이루던 주목을 유럽 대륙으로부터 수입해야 할 형편에 처했다. 국가에서 활의 값은 매우 낮게 규제했으므로, 판매 이윤이 적어 상인들에게 주목 활은 별 구미 당기는 품목이 아니었다. 결국 1492년 영국 의회에서는 모든 수입품 1t 당 주목 활 4개를 반드시 수입하도록 엄격히 규정했다. 폴란드와 스페인도 주요 수출국이었지만 알프스에서 가장 많은 물량이 공급되었다. 예전에는 알프스에서 지금보다 예전에 주목을 훨씬 흔히 볼 수 있었다는 사실은 아이벤코겔(Eibenkogel, 주목 산봉우리), 아이벤베르크(Eibenberg, 주목 산), 아이벤그라벤(Eibengraben, 주목 도랑) 등의 지명에서 알 수 있다.

[733] 에드워드3세[Edward III, 1312~1377년] : 잉글랜드의 국왕으로, 1337년에 프랑스와 백년 전쟁을 일으켰다. 처음 노르망디를 침공하면서 보병 장궁병으로 프랑스군을 격파한다. 이는 에드워드 1세가 웨일스 정벌 당시 사냥꾼들이 쓰던 장궁의 위력에 감명받아 도입한 것으로, 시민들에게 계속 장궁 사격 대회를 시키면서 양성한 전력이었다고 한다. 본문의 전투용 주목 활이 바로 영국 장궁을 일컫는다. [734] 막시밀리안1세[Maximilian I, 1459~1519년] : 신성 로마 제국의 황제. 혼인 정책과 외교, 전쟁으로 네덜란드, 헝가리, 보헤미아, 스페인 등으로 영토를 확장하면서 합스부르크 왕가를 16세기 유럽에서 지배적인 세력으로 만들었다. 독일 최후의 기사(Deutschland, der letzte Ritter)라는 별명을 얻었고, 인문 군주로서 예술과 과학을 진흥시켰다. 자전적 성격이 강한 이야기 『백왕전(Weißkunig, 바이스쿠니그)』를 작성하도록 명해 목판화집이 남아 전한다.

29   Die Eibe / Taxus baccata   주목   나무 신화(Mythos Baum) : 나무로 본 유럽 민속의 기원과 효능

영국에서 온 궁수

↑ 스키를 신고 활을 든 북유럽의 신 울러(Ullr). 18세기 아이슬란드의 필사본 삽화 중에서.

신성 로마 제국의 황제 막시밀리안 1세(Maximilian I, 1459~1519년) 시절[734]에는 오늘날 귀해져 보호받는 주목을 숲에서 흔히 볼 수 있었다. 황제 스스로부터가 대담한 궁수로 이름을 날렸으니, 그가 가장 사랑하던 스포츠 무기와 사냥 무기가 바로 영국산 장궁(長弓)이었다. 그는 군대를 혁신하는 과정에서 새로이 징집된 보병들을 화승총과 석궁, 영국산 장궁으로 무장시켰다. 1489년 플랑드르[67쪽 주석 [085]을 참고]의 도시들을 점령한 반란군을 진압하기 위해 무려 3,300명의 궁수(弓手)들을 직접 영국에서 모병해 왔다. 궁수들의 강점은 신속함에 있었다. 숙련된 궁수들은 조악한 초기식 화승총을 쏘는 병사들을 압도했다. 주목은 때때로 수출 금지 조치에 처해지기도 했는데, 특히 도나우 강 하류 쪽으로의 반출이 금지되었다. 합스부르크 왕가는 물론이고 기독교 세계 전체의 숙적이었던 터키인 손에 최고의 무기가 들어가지 못하게 하기 위해서였다.

유럽을 가로질러

막시밀리안 1세의 뒤를 이은 카를 5세(Karl V)[735]의 집정하에서 주목을 둘러싼 상황은 급변했다. 방탕한 궁정 생활과 전쟁을 일삼던 대외 정책 때문에 카를 5세는 새로운 국고 수입을 창출해야 했다. 영국에 수출하는 주목의 최초의 전매권은 1521년에 슈타이어(Steyr)[736] 출신의 상인 2명에게 양도되었다. 다음은 주목 활 1,000개당 5굴덴(Guldan)의 조세를 빈(Wien) 관청에 납부하는 조건이었다. 주목 거래가 남는 장사였던 모양인 것이, 겨우 2년 남짓 후에 두 상인은 성공하고 장사에 손을 뗀다. 어느 빈 시민이 전매권을 사겠다며 20배나 되는 비싼 값을 제안하고 나선 까닭이다. 지방에서 모집된 '궁장(弓匠, Bogenschneider)'들은 초봄부터 가을까지 규격 맞게 자른 주목 막대기를 계약된 수량만큼 공급해야 했다. 그를 위해 커다란 주목 둥치를 깎고 다듬어 각각 지름 약 6cm, 길이 2m의 활로 만들었다. 최상의 장력(張力)을 가진 질 좋은 궁목(弓木)에는 변재와 심재의 비가 1:3이 되는 줄기 바깥 부분만을 사용해야 된다. 이 비율을 못 지킨 활은, 불량으로 분류되어 아궁이로 직행했다. | 적절치 못하고 낭비가 많은 공정, 게다가 더디게 자라는 귀한 원자재로 폭리를 취하는 판매 행위들이 늘어나자 인스브루크의 당시 군주는 일련의 조치를 취하기로 했다. 황제의 동생인 오스트리아의 페르디난트(Ferdinand I)[737]에게 남벌되는 주목 숲을 보호하고자 청원서를 보냈으나, 아무런 응답을 받지는 못했다. 대부분의 활 묶음은 '질레(Zille, 특별히 제작된 작은 배)'[738]에 실려 도나우강 상류의 레겐스부르크로 운반되었다. 거기서부터 육로(陸路)로 알프스 지방의 가장 중요한 궁목 유통 중심지인 뉘른베르크에 보내졌다. 그 곳부터는 다시 수로(水路)를 통해 벨기에의 안트베르프(Antwerp)까지 운반되었다. | 목재가 목적지인 영

↓ 석궁과 활을 만드는 사람이 가장 좋아하는 나무는 바로 주목이었다. 작업장에서 작업하고 있는 궁장(弓匠). 크리스토프 바이겔(Christoph Weigel)의 동판화, 『공공을 위한 작업을 하는 주요 계층의 초상(Abbildung der gemein-nützlichen Haupt-Stände)』, 레겐스부르크, 1698년.

[735] 카를 5세(Karl V, 1500~1558년) : 막시밀리안 1세의 손자로, 16세에 에스파냐 국왕에 올랐으며, 막시밀리안 1세가 죽자 1519년 신성 로마 제국의 황제로 추대되었다. 재위 기간 동안 광대한 영토를 다스렸으며, 프랑스와 이탈리아 전쟁을 벌이는 등 군비에 많은 돈을 썼다. [736] 슈타이어(Steyr) : 오스트리아 북부의 도시로, 중세기에 신성 로마 제국과 베네치아 사이에서 무역의 특권으로 이익을 보았다. 원문에 'Steyer'로 되어 있는 것은 'Steyr'의 오기다. [737] 오스트리아의 페르디난트(Ferdinand I, 1503~1564년) : 카를 5세의 동생으로 1521년부터 독일과 오스트리아의 통치권을 형에게 넘겨받았다. 형의 뒤를 이어 1556년에 신성 로마 제국의 황제에 취임했다. 본문의 황제가 카를 5세다. 인스브루크는 1429년 이래 티롤의 수도였으며 황제 취임 전의 막시밀리안 대공이 이곳을 사랑해 주석하기도 했다. [738] 질레(Zille) : 오스트리아와 독일 유역의 도나우 강에서 사용하는 바닥이 편평한 배. 좁고 길어서, 19세기에는 길이가 30m에 이르는 것도 있었다.

↑ 네덜란드 헬데를란트(Gelderland)의 데 비르서(De Wiersse) 궁전의 주목 가로수길.

국에 도착할 때까지 전매 업자가 지출할 명목은 적잖았으니, 빈의 왕실 재산 관리청에 바칠 것 외에도 벌채비, 보관비, 운반비, 관세 등도 꼬박꼬박 내야 했다. 또한 빼놓을 수 없던 것이 '존경(Verehrung)' 이라는 명목(뇌물)으로 회계 장부에 꼼꼼하게 기입되었듯, 이를테면 '1589년 린츠(Linz)[739]의 제후 재산 관리인에게 사탕과 아몬드 과자 3굴덴' 따위다. 불과 수십 년만에, 1521년부터 1567년까지 바이에른과 오스트리아에서 대략 60만에서 100만 개의 주목 활이 수출되었다. 1568년 급기야 알브레히트 대공은 [바이에른 공 알브레히트 5세. 재위 1550~1579년.] 바이에른에는 더는 벌채할 만한 주목 숲이 남지 않은 현실을 뉘른베르크 제국 의회에 알리지 않으면 안 됨을 깨닫기에 이르렀다. 흥미롭게도 알프스에서 주목 숲이 거의 사라지다시피 했을 때와 비슷한 시기에 영국에서 궁목의 수요가 감소했으니, 헨리 8세(Henry VIII) 시절 [740]까지만 해도 장궁이 군대의 기본 무기였지만, 여왕 엘리자베스 1세(Elisabeth I) 때는 이미 전쟁을 화기(火器)가 지배하기에 이른 것이다. 주목을 더는 군사적 목적으로 쓸 필요가 없어진 것이다.

청동기 시대 대신 주목 시대

이미 고대 이집트에서는 관을 짜거나 흉상을 만들 때 주목을 사용했다. 오버외스터라이히의 몬트제(Mondsee)[741] 호수에서 발견된 청동기 시대의 수변 주거 유적에서는 주목으로 만든 갖가지 유물이 발굴되어 학자들이 그 시대를 '주목 문화'라고 지칭할 정도다. 발굴된 유물 중에 일상 생활에서 사용되던 도끼 자루, 빗, 베틀 북은 물론 심지어 '쓸모없는 소품'까지도 주목으로 만들어졌다. 주목으로 만든 통나무 통 마개는 흔히 볼 수 있다. 또한 탄성 덕분에 금세기까지도 채찍 손잡이를 만드는 데 주목이 인기가 많았다. 그래서 어리고 반듯한 '주목(Eitanne)'['Eibe(주목)'과 'Tanne(전나무)'의 합성어]이 엄지손가락 두께만큼 자라면 바로 잘랐다. 서양산사나무로 만든 등산 지팡이가 그렇듯 주목으로 만든 채찍 손잡이는—다른 나무들과 비교해—겨울철에 촉감이 덜 차갑게 느껴진다고 한다. 나중에는 흑단(黑檀) 소목장이나 가구 공예사들이 제2철염으로 검게 물들인 주목을 '독일 흑단'이라고 해 상감과 무늬목으로 사용했다. 편지 칼, 짜깁기 받침(Strumpfkugeln)[742], 바늘갑이나 이쑤시개같은 소소한 일용품을 만드는 데도 인기였다. │ 회양목과 함께 주목은 유럽에서 가장 단단한 나무에 속한다. 참나무보다 잘 썩지 않기 때문에 이른바 '주목부(Eibengegenden)'라고 해 바닥 쪽에 썼다. 밑 부분의 들보는 주춧돌 위에 바로 세워져서 가

[739] 린츠(Linz): 도나우강을 끼고 있는 오스트리아의 도시. 신성 로마 제국의 지방 정부가 있던 도시로 지리적 요건 때문에 체코와 폴란드, 이탈리아 등을 잇는 중요한 무역의 길목이었다. [740] 헨리 8세(Henry VIII, 1491~1547년): 튜더 왕가 출신의 잉글랜드 국왕. 영국 성공회를 창설하고 절대 왕정 체제를 수립한 군주로, 뒤를 잇는 에드워드 6세(재위 1547~1553년)와 두 여왕 메리 1세(재위 1553~1558년), 엘리자베스 1세(재위 1533~1603년)가 모두 6번의 결혼에서 본 자녀들이다. [741] 몬트제(Mondsee): 오스트리아 잘츠부르크 인근인 잘츠카머구트 지방에 있으며, 약16km² 넓이의 호수를 끼고 있다. 기원전 3,800~2,800년경의 선사 주거 유적이 19세기부터 발굴되었으며, 유럽에서 가장 초기에 속하는 독특한 청동기 및 석기들이 나타나 '몬트제 문화' 또는 '몬트제 그룹'으로 지칭된다. [742] 짜깁기 받침(Strumpfkugeln): 양말 뒷꿈치 등을 짜깁기 할 때 모양을 잡기 위해 천 아래에 집어넣는 둥근 받침. 주로 단단한 나무를 이용해 달걀이나 버섯 모양으로 만든다. 영어로 다닝 에그(darning egg)라고 부른다.

↓ 오스트리아 뮐피어텔 지방의 에르드만스도르프(Erdmannsdorf)에 있는 주목 노거수는 천연기념물로 지정되어 보호받고 있다.

Photo by Doris Laudert

장 빨리 부패할 위험이 있기 때문이다. 괴팅엔 인근의 플레스발트 숲에 있던 17세기 목골조 교회를 이전할 때는 무려 길이 9m, 두께 25cm나 되는 주목 들보가 발견되었다. 포도나무를 받치는 막대기도 참나무로 만든 것보다 주목으로 만든 것이 낫다고 한다. 100여 년을 너끈히 견딘다고 하는데, 아무튼 전나무보다 3~4배는 오래 간다. 스위스 취리히의 고지대에서는 거실용 빗자루도 때로는 주목의 어린 잔가지를 묶어 만들었다. 왜냐하면 잘 휘어져 바닥을 쓸기에 편한 데다, 잎도 오랫동안 가지에 붙어 있어 가문비나무로 만든 빗자루보다 나았기 때문이다. 〔가문비나무는 가지를 베면 잎이 단기간 내에 떨어져 버린다.〕

마법으로 둘러싸이다

신화적 측면에서 보면, 대부분의 문화권에서 주목을 신성시했음을 알 수 있다. 옛 고지 독일어에서 주목을 뜻하는 이바(iwa)라는 단어는 영원(永遠)을 뜻하는 에바(ewa)와 관련이 있는 것으로 추정된다. 계절의 변화에도 아랑곳없는 상록성의 잎은 영생(永生)을 상징한다. 그러나 삶과 죽음이 떼려야 뗄 수 없음은 주지의 사실이며, 주목도 예외가 아니다. 중세에는 주목 아래에서 잠든 자들을 죽음의 숨결이 감싼다고 여겼다. 아네테 폰 드로슈테-휠스호프는 다음과 같은 시를 남겼다. |"네 잎에서 나는 연기가 / 고약한 잠에 들게 한다고 / 사람들은 말하지. / 아! 나는 깨어나지 못하겠네, / 네 숨결이 감쌀 때면."| 중세에는 주목을 전장에 즐겨 심었기 때문에 특히 고대 켈트족의 땅이었던 영국, 아일랜드, 브르타뉴〔프랑스 북서부의 켈트족 거주 지역〕에서 우람한 주목을 볼 수 있다. 영면(永眠)의 상징인 주목은 마녀로부터 보호해 준다고 여겨졌다. 셰익스피어(William Shakespeare)도 수의(壽衣)에 주목의 가지(영어로 'yew')를 넣는 풍습을 언급했다. "주목 가지를 꽂은 나의 하얀 수의를, 오, 마련해 주려무나! 내 죽음을 나눌 만큼 진정을 다한 이가 세상에 어찌 있으리오(My shroud of white, stuck all with yew / O prepare it / My part of death, no one so true / Did share it)."〔『십이야』의 제2막 4장에서 광대가 부르는 노래〕 옛 사람들은 장례식에 주목 화관을 썼다. 그럴 때면, 나무 중에서도 가장 음울하고 오래된 나무에서 죽음의 이 엄습함을 느꼈을 것이다. 로마의 시인 오비디우스의 『변신 이야기』에서 주목 횃불로 무장한 푸리아이(Furiae, 복수의 여신)〔에리니에스〕는 주목이 심긴 좁은 길로 들어오는 죽은 영혼을 사냥했다. "애도하는 주목으로 검게 뒤덮인 길은 밑으로 내리막이다. 침묵으로 조용한 그 길이 지하 세계로 인도한다." | 게르만 신화에서도 주목은 신의 나무로 간주되었다. 『에다』에서 참조할 수 있듯이 신의 도시 아스가르드(아스 신족의 거주지)의 시장에는 '이벤(Iwen, 주목)'이 자리를 차지하고 있었다. 북유럽에서는 '영광스런' 울르(Ullr)[743]의 나무였

다. 겨울의 신이자 토르의 양아들인 그는 이달리르(Ýdalir)의 주목으로 지은 집에 머물렀다. 막강한 궁수로서 설피(雪皮)를 신고 자신의 영토를 바쁘게 돌아다니면서 말이다. 게르만족도 켈트족의 드루이드처럼 마법의 철자(綴字)를 지니고 있었다. 룬 문자의 철자 중 하나는 주목에 바쳐졌다. 그들은 주목을 '이바츠(Ihwaz)'[룬 문자로는 ᛇ]라고 명명했으며, 이 문자가 거대한 치유력을 보장한다고 믿었다. 주목과 그것을 표시한 문자는 질병과 불행을 물리친다. 마법과 악마로부터의 방어 수단으로 여겨졌다. 주목 파편을 몸에 지니면 사악한 기운이 침입하지 못한다고 한다. "주목 앞에서는 마법이 통하지 않기 때문이다." | 주목에 비밀스럽고 음험하며 미래를 알리는 힘이 존재한다는 사실은 셰익스피어의 『맥베스(Macbeth)』에 분명하게 드러난다. 그렇기에 "달의 어둠을 걷어 내는 주목 가지"가 도롱뇽의 눈, 도마뱀 다리와 함께 마녀들이 만든 진실을 알려 주는 마법의 술에 들어간 것이다. 막스 다우텐데이(Max Dauthendey)[744]도 그의 시 「구애에 관한 노래」에서 같은 주제를 읊는다. "[…] 주목 아래서 잠들거라. 가끔 꿈속에서 진실을 알려 줄 테니 […]" | 그러나 힐데가르트 폰 빙엔은 예지력에는 별 감흥을 받지 못했던 모양이다. 그녀는 '주목은 기쁨의 상징'이라고 적었을 뿐 아니라 코감기와 기침에 주목 연기를 들이 마시라는 권고도 남겼다.

[743] 울르[Ullr]: 북유럽 신화에 등장하는 겨울의 신. 아제 신족의 일족이며 겨울, 사냥, 결투, 토지의 신이다. 활 솜씨와 스키 솜씨가 뛰어났고, 아름다운 용모를 지니고 있었다고 한다. 울르는 "명예로운" "영광스러운" 등의 뜻을 지닌다. 울르가 사는 곳의 이름은 이달리르(Ýdalir)로 주목의 계곡이라는 뜻이다. [744] 막스 다우텐데이[Max Dauthendey, 1867~1918년]: 독일 인상주의 시인이자 화가. 동시대 예술계에 많은 영향을 남겼다. [745] 아이흐스펠트[Eichsfeld]: 독일 니더작센의 동남쪽과 튀링겐의 북쪽에 걸친 역사적 지명. 구릉을 이루며, 제2차 세계 대전 후 나뉘어 대부분이 동독에 속했다. [746] 파터첼[Paterzell]: 독일 남부 바이에른주의 베소부른(Wessobrunn)에 있는 작은 마을. 독일에서 가장 큰 규모의 주목 숲 중 하나인 파터첼 주목숲(Paterzeller Eibenwald)으로 유명하다.

오랜 세월의 증언

오래된 주목 숲을 독일에서는 보기 드물다. 튀링겐의 아이흐스펠트(Eichsfeld)[745]에 약 4,000그루, 바이에른의 파터첼(Paterzell)[746]에 2,500여 그루의 주목이 자라고 있다. 또 다른 주요한 숲은 포더뢴(Vorderrhön)[바이에른과 튀링겐의 경계를 이루는 뢴 산맥의 일부]의 데름바흐(Dermbach)라는 곳인데 '주목 정원(Ibengarten)'이라고 불린다. 독일 밖 대규모 분포지로 슬로바키아 에르츠(Erz) 산맥의 바코니 숲(Bakony)을 들 수 있다. 주목 중 가장 늙고 유명한 존재는 스코틀랜드의 포팅걸(Fortingall)에 있다. 나이 대략 3,000년으로 추정되는데, 수백 년의 오차가 있다. 주목은 줄기끼리 자라면서 서로 붙기도 해 줄기 둘레로 수령을 추정하기가 쉽지 않다. | 2,000년에 조금 못 미치는 나이테를 자랑하는 힌터슈타인(Hinterstein)의 주목이 독일 내에서는 최고령 주목으로 인정받고 있다. 오버알고이(Oberallgäu)[747]의 힌델랑(Hindelang)에는 높이가 18m나 되는 거대한 주목이 있다. 오버스트도르프(Oberstdorf)에서 북서쪽으로 수 km 떨어진 작은 마을 발더슈방어(Balderschwanger)에 또 다른 노거수가 자라는데, 한 뿌리에서 올라온 2개의 줄기가 엉겨 하나의 수관(樹冠)을 이룬다.[암그루로 매년 결실이 양호하며, 수령은 800~1,500년 사이로 추정한다.] | 끝으로 기록 하나를 더 꼽자면, 가장 나이 많은 나무의 이식에 성공한 사례도 바로 주목이다. 1907년 독일 프랑크푸르트에서는 몇 년의 준비 끝에 30년 전쟁[1618~1648년] 전에 심긴, 300년도 더 된 주목을 옮겨 심었다. 그 운송에만도 꼬박 17일이 걸렸다.[현재 프랑크푸르트의 팔멘가르텐(Palmengarten, 야자수 공원)에서 자라고 있다.]

[747] **오버알고이[Oberallgäu]** : 알고이는 독일 바이에른주와 바덴뷔르템베르크주, 오스트리아 일부를 아우르는 지명이다. 오버알고이, 운터알고이(Unterallgäu), 오스트알고이(Ostallgäu), 티롤 등으로 세분되며, 이 중 오버알고이는 독일의 최남단이 된다. 힌터슈타인(Hinterstein), 힌델랑(Hindelang), **오버스트도르프**(Oberstdorf)**는** 모두 이 곳에 위치한 산간 마을들이다.

↓ 혹이 울퉁불퉁하게 나 있는 참나무 노거수. 큰 가지 끝에서 잔가지가 돋을 때 모든 방향을 향해 돌려 나서 마치 액자속을 꽉 채운듯 전형적 수형을 이룬다.

30 | Die Eiche
Quercus sp. | 참나무 | 나무 신화(Mythos Baum) :
나무로 본
유럽 민속의 기원과 효능

참나무 Die Eiche
Quercus sp.

어느 욕심 많은 돼지 한 마리가 커다란 참나무 아래서 떨어지는 도토리로 배를 채우고 있었다. 주둥이로 도토리 한 알을 씹어 삼키면서도 눈은 연신 다른 도토리를 집어 삼킬 듯이 노려 보았다. 드디어 참나무가 참지 못하고 한마디 내질렀다. '뻔뻔스런 짐승이로구나! 네가 내 도토리로 배를 채우면서도 내게 고맙다는 눈길 한 번 주지 않다니.' 그러자 돼지는 참나무를 힐끗 한 번 쳐다 보고 투덜거리며 대답했다. '네가 나를 위해서만 도토리를 떨어트려 준 거라면, 나도 당연히 감사하다고 했겠지.'

〔고트홀트 에프라임 레싱, 「참나무와 돼지(*Die Eiche und das Schwein*)」〕

↑ 도토리 열매가 달린 로부르참나무(*Quercus robur*). 도토리는 지금까지도 널리 쓰이는 돼지 사료다.

참나무의 특성

참나무류(Quercus)[748]는 수령이 700~800년까지 달해, 대부분의 다른 나무들에 비해 오래 산다. 메클렌부르크(Mecklenburg)의 이베나크(Ivenack)[749]에서 자라는 참나무들처럼 1,000년 넘게 장수하는 것도 있는데, 그 중 가장 오래된 것은 수령이 1,200여 년이라 추정된다. 카를 대제 시대에도 존재하던 방목림(Hudewald)[750]의 최후의 유물이 오늘날까지도 살아남아 있다는 뜻이다. 이 곳 참나무들은 지난 시대의 증인인 듯 죽은 가지가 삐죽삐죽 뻗어 있고, 나뭇가지에 난 상처는 마치 피나무가 그렇듯 몇 년이 지나도 쉽사리 수관으로 뒤덮이지 않는다. 죽고서 십수 년이 지난 다음에야 바람에 못 이겨 부러지기도 하며 구멍이 나기도 한다. | 참나무류는 최소 200년은 자라야 비로소 가치를 대접받게 되는데, 인간의 삶과 비교하면 긴 시간이므로 임업인은 다른 시간 개념을 가지고 이 나무를 대하게 된다. 참나무를 심는 사람은 자신을 생각하지 않는다. 자식이나 손주를 생각하는 것도 아니다. 아주 아주 먼 미래를 생각하며 한 그루를 심는 것이다.[750] | 중유럽에 흔한 로부르참나무(Quercus robur)와 페트레아참나무(Quercus petraea)[751]는 둘 다 최소 50년은 지나서야 꽃을 피우며, 울창한 숲 속에서는 더욱 느려 30년쯤을 더 기다려야 한다. 이들의 수꽃과 칠엽수, 너도밤나무의 수꽃을 비교해 보면, 우선 모두 유이화서(꼬리꽃차례)를 지닌다는 점이 눈에 띈다. 이 세 종은 모두 너도밤나무과(科)[752]에 속한다. 이 과(科)의 전형적 특징은 열매가 모두 깍정이(殼斗, Cupular)를 지닌다는 점인데, 칠엽수와 너도밤나무는 열매 껍질 전체에 삐죽삐죽한 돌기가 뒤덮고 있다. 하지만 참나무 도토리는 깍정이만 덮여 있다. 로부르참나무(Stieleiche)의 열매는 긴 꼭지(Stiel) 끝에 매달려 있으며(이름을 보라!), 잎은 가장자리가 물결

↓로부르참나무(왼쪽)는 도토리가 긴 꼭지 끝에 매달려 독일어로 슈틸아이헤(Stieleiche, 꼭지참나무)라고 부른다. 도토리가 포도알처럼 다닥다닥 붙는 페트레아참나무(오른쪽)는 라우벤아이헤(Traubeneiche, 포도참나무)라고 부른다. 19세기 도감에서.

[748] 참나무[Die Eiche] : 우리 나라에서는 상수리나무, 졸참나무, 굴참나무, 갈참나무, 떡갈나무, 신갈나무 등을 통칭해 참나무라고 부르지만, 식물학적으로는 '참나무류'라고 해야 옳다. 중유럽의 참나무는 우리 나라의 참나무류와는 종(種)이 다르지만, 편의상 참나무로 옮겼다. [749] 메클렌부르크[Mecklenburg]의 이베나크[Ivenack] : 북해에 인접한 메클렌부르크는 동독 시절에 불린 옛 행정 구역명으로, 통일 후에는 '메클렌부르크-포어포메른(Mecklenburg-Vorpommern)'으로 바뀌었다. 이 주에 위치한 인구 1,000여 명의 작은 마을 이베나크에는 근원 둘레가 약 12.4m, 수고 35m, 체적 180m³에 달하는 로부르참나무(Quercus robur)가 자라는데, 유럽에서 가장 나이가 많은 참나무로 알려져 있다. 천연 기념물로 지정되었으며 구 동독에서 우표로도 만들어진 바 있다. [750] 방목림[放牧林, Hudewald] : 인위적으로 나무를 베지 않은 숲으로, 가축을 풀어 알아서 풀을 뜯게 한다. 참나무류의 도토리, 어린 잎 등이 영양 높은 사료가 된다. 가축 수에 따라 어린 나무 생장을 억지하고 과실을 맺는 큰 나무만 남게 된다. 유럽에서는 선사 시대부터 오랜 시간에 걸쳐 이러한 개입 과정을 거치면서 거의 공원같은 초지가 형성되었는데, 이른 후트바이데(Hutweide), 또는 후테발트(Hutewald) 등으로 부른다. 이런 숲은 자연 경관이 아니라 문화 경관이다. [751] 참나무 조림 : 프랑스 작가 장 지오노(Jean Giono, 1895~1970년)의 1953년작 『나무를 심은 사람들(L'homme qui plantait des arbres)』이라는 소설은 이런 사상을 매우 잘 표현한 대표적 작품이다. [752] 너도밤나무과[Buchengewächsen] : 우리 나라에서는 참나무류와 너도밤나무를 참나무과에, 칠엽수는 무환자나무과 또는 칠엽수과로 분류한다. 유럽에서도 현재는 칠엽수를 칠엽수과 또는 무환자나무과로 분류한다.

↑ 목장으로 이용되던 오래된 참나무 방목림은 예전에는 도토리가 가축의 먹이로도 쓰여 소중히 여겨졌다. 19세기 동판화.

처럼 파상(波狀)을 이루고 잎자루가 매우 짧다. 반대로 페트레아참나무는 열매 꼭지가 거의 없지만 잎자루는 한결 길다. 그러나 이 두 종의 참나무 사이에는 수시로 교잡이 발생해 그 특징이 대부분 모호하다. | 독일어권 지역에는 또 다른 참나무도 있으니, 세리스참나무(Zerreiche, *Quercus cerris*), 푸베센스참나무(Flaumeiche, *Quercus pubescens*), 일렉스참나무(Steineiche, *Quercus ilex*) 등이다. 이들은 임업적 의미는 별로 없고 분포 지역도 국한되어 있다. 오늘날 목재 생산이나 관상수 목적으로 자주 식재되는 종은 잎의 길이가 20cm에 달하는 북미산 루브라참나무(*Quercus rubra*)다. | 참나무류의 뿌리는 말뚝처럼 길게 뻗는 직근성(直根性)과 더불어 땅 속 깊이 뻗어 내리는 심근성(深根性)을 지녀 강풍이 불면 부러질지언정 뿌리채 뽑히지는 않는다. 이는 다른 나무들과 다른 점이다. 이를테면 뿌리가 접시 모양으로 얕게 뻗는 독일가문비나무는 풍해에 가장 먼저 희생양이 되

고, 심근형(心根型)[753] 나무들 또한 폭풍에 그리 안전하지 않다. | 수령이 약100년에 달하면 참나무류는 독일 사람들이 이른바 '전형적 참나무(typische Eiche)'라 불리는 수형(樹形)을 이루게 된다. 가지 끝쪽에 나선형으로 맺는 눈은 3차원 공간을 최대한 효율적으로 활용한다. 여기서 어느 한 민족이 직관한 형태론(Morphologie)과 신화학(Mythologie)의 상관성을 읽을 수 있다. 가지마다 울퉁불퉁 혹이 지는 참나무의 특출난 형상은 진리를 상징하게 될 것이다. 진리란 사방으로 드높이 뻗은 나뭇가지처럼 모든 관점을 신중히 타진해야 하는 것이기 때문이다. 이 세계를 더 종합적으로 설명해 낼수록 더욱 값진 법이다. '현자(賢者)'를 칭송하는 것도 비슷한 속성 때문으로, 그들은 언제나 늙고 '울퉁불퉁한' 외양으로 모습을 드러낸다.[754] | 참나무 묘목은 따라서 이미 정해진 참나무의 수형대로 마치 금테두리 액자를 미리 쳐 두기라도 한듯 자라 나간다. 이 활엽수는 참나무와 연관된 이름을 가진 수많은 동물, 예를 들면 어치(Eichelhäher), 다람쥐(Eichhörnchen), 참나무혹벌(Eichengallwespe), 하늘소(Eichenbock) 등에게 생태적 서식 공간을 제공한다. 아이헨도르프(Eichendorff), 아이힝거(Eichinger), 아이클러(Eichler), 아이크너(Eichner), 아이크마이어(Eickmeier)나 아이크만(Aichmann) 같은 성씨는 이 나무에 대한 사람들의 애착을 알려 준다. 또한 그 지역 경관에서 가장 두드러진 요소에 따른 아이크(Eich), 아이켄부르크(Eichenburg), 아이크홀트(Eichholt), 아이케로트(Eicherod), 아이켈보른(Eichelborn), 쇤아이크(Schöneich), 아이크슈타트(Eichstätt) 등…, 1,400여 개에 이르는 독일어 지명에도 그 이름이 남았다.

[753] 심근형(心根型, herwurzel) : 심장의 혈관처럼 크고 작은 뿌리가 사방으로 퍼져 자라는 나무 뿌리로 피나무, 자작나무 등에서 볼 수 있다. [754] 진리의 나무 : 아시아에서도 유사한 예를 찾아볼 수 있는데, 궁궐이나 사대부 주택에 자주 심는 회화나무(Sophora japonica)가 그 예다. 회화나무는 가지 끝이 어느 한 곳에 편향적으로 자라지 않고 각 방향으로 골고루 뻗어 있다. 이를 두고 학자의 자유스러운 기개를 나타내는 것 같다 해 일명 '학자수(schlor tree)' 라고도 한다. 우리 나라 서울의 창덕궁 입구에 심겨진 회화나무 8그루는 천연 기념물 제472호로 지정되어 있다.

참나무의 열매 "배런드 봄"

↑ 사람들은 돼지를 굽고, 돼지는 도토리를 굽네. 독일의 판화가이자 도안가였던 페터 플뢰트너(Peter Flötner)의 놀이 카드, 16세기.

지난 세기에는 참나무류의 가치가 목재보다 열매에 있었다는 것을 요즘 사람들은 이해하기 힘들 것이다. "도토리에서 최상의 훈제 햄이 만들어진다"라는 중세 속담처럼 참나무류는 —너도밤나무와 거의 마찬가지로— "배런드 봄(bärend bom)" [옛 독일어에서 '배런(bären)'은 낳다, '봄(bom)'은 나무를 뜻한다.]으로 분류되었는데, 이는 결실을 맺는(gebärender), 그리고 열매가 중요한 나무라는 뜻이다. 그러나 참나무 도토리를 먹고 자란 돼지의 고기를 훈제한 햄의 육질이 너도밤나무 열매를 먹고 자란 돼지로 만든 햄보다 훨씬 단단하고 맛있다. | 이미 켈트족들은 돼지가 숲속에서 도토리를 먹이로 찾는다는 것을 알고 있었으며, 게르만족은 돼지 훈제 햄을 로마에까지 공급했다고 한다. 외딴 시골에서는 거의 20세기까지 돼지를 쳤다. 1894년경 에스파냐의 기록을 보면, 농민들의 부유한 생활이 상록 일렉스참나무(Steineiche)[755]에

서 나오는 도토리를 먹여 치는 돼지떼 덕분이었음을 알 수 있다. 또한 오래된 관료적 잔재이긴 하지만, 프랑스의 산림법에는 1961년까지만 해도 돼지 사육에 관한 세세한 규정이 열거되어 있었다. | 애초에 산림의 가치는 목재가 아니라 돼지로 표시되었다. 1066년 헤이스팅스(Hastings) 전투에서 승리해 잉글랜드 남부를 정복한 윌리엄 1세(William I)[756]는 새로 획득한 지역을 그 지역에서 방목해 키울 수 있는 돼지 숫자로 나누어 부하들에게 배분했다. 예전의 판례에 등장하는 최초의 세금 중의 하나가 바로 돼지 사육으로 번 돈이었다거나, 여러 지역에서 어린이들이 허락 없이 도토리를 채취할 수 없게 했다는 사실은 돼지 사육이 경제적으로 매우 중요했음을 말해 준다. | 목재 생산만을 숲에서의 주 수입원으로 여기는 오늘날이다 보니 예전에 숲에서 돼지 사육이 얼마나 큰 비중을 차지했는지 쉽게 이해되지 않을 수도 있다. 구체적 수치를 수도원 문서나 지역 회계 장부 또는 임업 회계 장부에서 찾아 볼 수 있다. 한 예로 16세기 졸링(Solling)의 삼림 중 라우엔푀르데(Lauenförde) 숲[757]에서 목재 수입은 44라이히스탈러(Reichs thaler)[1566년에 라이프치히에서 발행된 신성 로마 제국의 은화]였던 반면, 돼지 사육에서 얻는 수입은 1,110탈러에 달했다. 18세기까지 돼지 방목에 관한 규정이 잔뜩 존재했다. 마찬가지로 도토리 이용에 관한 소송도 매우 많았다. 매년 가을이 되면 공무원으로 구성된 위원회가 '촌장(Schultheiß)'[중세 독일에서 마을 운영을 맡은 이]이나 '백작(Centgraf)', '마을 대표' 등을 대동하고 도토리 열매의 결실을 확인하기 위해 참나무 방

[755] 일렉스참나무(Steineiche, Quercus ilex): 지중해 일대에 자생하는 상록성의 참나무. 영어로는 'holm oak'. 이 나무 도토리를 먹이며 방목한 흑돼지로 만든 햄이 하몬 이베리코(Jamón ibérico)다. [756] 윌리엄 1세(William I of England, 1028~1087년): 영국 노르만 왕조를 창건한 왕으로 정복왕 윌리엄이라고도 불린다. 프랑스 노르망디를 다스리다가 1066년 수천 명의 노르만 기사를 이끌고 도버 해협을 건너 잉글랜드를 침공해 헤이스팅스 전투에서 해럴드 2세를 죽이고 왕위에 올랐다. 몰수한 땅을 휘하 기사에게 나누어 주며 봉건 국가의 기초를 다졌다. [757] 졸링(Solling)의 라우엔푀르데(Lauenförde): 독일 니더작센주 서남쪽의 고지대로, 광활한 숲이 이어진다. 주로 독일가문비나무, 너도밤나무와 참나무 등이 자란다. 라우엔푀르데는 이 주의 홀츠민덴(Holzminden)에 위치한 도시로, 과거에 이 지역 숲의 참나무와 그를 이용한 돼지 사육이 유명했다.

목림을 시찰하기도 했다. 그 현지 실사 결과에 따라 도토리 소유권이 배분되었다. | 도토리 수확이 좋은 해에는 다들 새끼 돼지를 몰래 숨겨 가면서까지 사료비를 바치는 대신 돼지를 숲에 방목하려고 애를 썼다. 대개 돼지 치는 목동이 그 때 그 때 농부들에게서 마릿수에 따라 돈을 받고 종일 돼지를 감시하다가 저녁에 다시 집으로 데려다 주는 방식이었다. 옛 기록에서 자주 찾아볼 수 있는 것처럼, 도토리가 풍년인 해는 '신의 은총'으로 여겨졌는데, 식구의 생계를 오래 보장할 수 있었기 때문이다. | 우리 시대 중유럽에서 도토리 사료는 거의 잊어져 버렸다. 세계 대전 때 잠시 다시 관심이 쏠리기는 했지만 말이다. 제1차 세계 대전 중에는 황실 및 왕실 식량 관리국에서 도토리를 모아 온 시민들에게 열매 100kg당 70크로네(Krone)〔독일의 옛 10마르크 금화〕를 지급했다. 요즘에는 돈 많은 미식가들을 위해 또 다시 '육질이 쫄깃하고 비계가 맛있는' 훈제 돼지 햄이 등장했다. 포르투갈의 에보라(Evora) 일대와 에스파냐의 안달루시아(Andalusia)와 바스크(Basque)에서는 코르크참나무의 도토리와 칠엽수 열매만 먹여 돼지를 사육한다. 그 맛에 눈뜬 미식가들은 에보라 훈제 햄, 바욘(Bayonne)이나 안달루시아산 같은 귀한 햄을 맛보려 많은 돈을 지불한다. 이런 미식가를 위한 제품과 더불어, 이 지역 사람들 사이에 다음과 같은 속담들도 남아 내려온다. "눈 먼 돼지도 속 빈 너도밤나무 열매를 먹지 않는다" 또는 "눈 먼 돼지도 간혹 도토리를 찾아낸다". 또 오늘날 임업에서 경제성이 있는 수종의 종자 결실 상태를 나타내는 표현으로 '대량 결실(Vollmast)', '과반수 결실(Halbmast)', '1/4 결실(Vietelmast)', '소량 결실(Sprengmast)' [758] 같은 용어가 아직도 사용되고 있다.

---

[758] 대량 결실(Vollmast)과 소량 결실(Sprengmast) : 대량 결실은 모든 나무에 열매가 달린 상태를 말한다. 가득찬, 풍만한을 뜻하는 'voll'과 사료, 비육, 돼지 먹이를 뜻하는 'mast'의 합성어다. 반면 소량 결실은 겨우 몇몇 그루에만 열매가 달린 상태다.

Die Eiche
Quercus sp.

참나무

나무 신화(Mythos Baum) :
나무로 본
유럽 민속의 기원과 효능

인류 최초의 식량

↑ 고대 로마인에게 참나무는 종려나무와 함께 부유하고 풍족함이 넘쳐나는 '황금 시대'의 상징이었다. 동판화, 1590년.

돼지에게 퍼 주기 훨씬 이전부터 인간은 이미 스스로 도토리를 먹어 왔다. 오디세우스의 아들 텔레마코스(Telemachos)[759]는 펠레폰네소스의 산에 '도토리를 처먹는' 지저분한 종족이 산다고 믿었다. 플리니우스는 1세기경에 쓴 『박물지』의 12권 서문에서 "참나무 열매인 도토리는 인간 최초의, 그리고 가장 원시적인 식량이었다. [⋯]"라고 썼다. 도토리는 오래 전에 사라진 '황금 시대', 즉 '토지는 공동의 소유였으며, 누구나가 풍요롭고, 철(鐵)이나 전쟁, 그리고 파괴도 없던,' 그야말로 평화롭던 시기의 상징이었다. | 18세기까지 여러 시에 인간의 의식 깊은 곳에서부터 우러나오는 이 유서 깊은 식량 나무(Brotbaum)[직역하면 빵나무]에 대한 경외심이 잘 표현되어 있다. 요한 빌헬름 글라임(Johann Wilhelm Gleim)[760]은 1772년 운율을 맞춰 다음과 같은 시를 지었다. | "이 사람아, 그 도끼로 도토리 열매 맺는 참나무일랑 베지 말고 / 가문비나무나 물푸레나무를 베어 버리게, 이 사

[759] 텔레마코스(Telemachos) : 오디세우스와 페넬로페 사이의 아들이다. 트로이 전쟁 후 아버지가 돌아오지 않자 소식을 찾으려 애쓰는 텔레마코스의 이야기가 『오디세이아』의 앞부분을 이룬다. [760] 루트비히 글라임(Johann Wilhelm Ludwig Gleim, 1719~1803년) : 독일의 시인. 주로 할베르슈타트(Halberstadt)에서 평생을 보냈다. 당대 문인들에게 큰 영향을 미쳐 '글라임 아버지'란 별명으로 불리기도 했다.

람아! / 참나무를 귀히 하게, 여보게나. 참나무란 / 지혜로운 어르신이 말씀하시길, / 우리 조상을 먹여 살렸다지 않는가!"│오늘날에도 마찬가지다. 떫은 맛을 우려낸 도토리는 매우 영양가가 높다. 탄수화물 35%, 당분 7%, 지방 15%, 단백질 6% 등의 영양소를 함유하고 있다. 에스파냐에서는 오래 전부터 떫은 맛이 덜하고 단맛이 나는 도토리(*Quercus ilex* var. *ballota*)를 육류 요리에 곁들여 먹기도 했다. 여러 다른 문화권에서도 예나 지금이나 식량으로 알려져 왔다. 대서양 건너의 인디언조차 독일에서와 매우 유사한 방법으로 떫은 맛을 제거했다. │그를 위해 우선 삶아 으깬 도토리를 수 일 간 냇물에 담가 탄닌을 씻어 냈다. 미각이 발달함에 따라 탄닌 성분을 중화하는 방법은 점점 정교해졌다. 우선 도토리를 엿기름[761]으로 만든다(도토리 커피를 만들 때와 같은 방법이다). 이를 위해 열매의 싹을 틔워야 하는데, 배아의 구조가 쓴 맛을 내는 탄닌 성분을 많이 소모하기 때문이다. 맥아 과정에서 당분은 캐러멜화하고 페놀(Phenol) 성분은 중화되어 위해 성분과 떫은 맛이 사라진다. │고대 앵글로색슨족의 룬 문자 노래 가운데 "도토리는 인간의 살이 되는 식량"이라는 구절이 있다. 도토리 가루는 게르만족에게도 역시 귀한 식량 구실을 해서, 1563년 스위스 취리히에서 발간된 동물 이야기 책에서도 "아몬드, 호두, 기타 비슷한 류의 견과"와 나란히 열거된다. 도토리는 너도밤나무 열매, 견과류와 더불어 16세기경 폴란드에서 소작인들이 농장 주인에게 바쳐야 할 품목이었다. 일반적으로 도토리 가루는 다른 재료들과 섞어 빵을 굽는 데 쓰였다. 18세기 한 박물학자는 "이와 같은 혼합 재료로 만든 빵은 간혹 덜 익는 경우가 있지만, 농촌에서 흔히 먹는 완두콩으로 만든 빵보다 좀 더 부드러운 맛이 있다"고 했다. 제1차 세계 대전 중 러시아에서도 기아 구제용 빵을 굽는 데 2*lb*의 호밀 가루, 2*lb*의 호밀 기울[762], 10*lb*의 도토리 가루를 첨가하도록 했다.

내구성이 필요한 물건의 재료

↑ 돼지 치는 목동이 참나무를 향해 막대기를 던져 도토리를 거둔다. 시몬 베닝(Simon Bening), 〈브레비아리움 그리마니(Breviarium Grimani)〉 중 11월 달력 삽화, 16세기 초.

예전에는 도토리 사료가 매우 귀히 여겨졌으나, 근래에 들어오면서 그 중요성이 감소하기 시작했다. 실은 그보다 목재 이용 가치가 점차 높아진 것이다. 중세까지만 해도 목재는 고기 다음이었지만, 나무가 부족해지자 그 가격도 올랐다. 농업 구조가 크게 바뀌면서 과실 나무로서 참나무는 더는 가치가 없어졌는데, 특히 감자가 남미에서 수입

[761] 엿기름[malt] : 곡물을 물에 불려 싹만 틔운 다음 말린 것을 우리말로 엿기름, 또는 질금이라 하고 영어로는 몰트(malt)라 한다. 밀, 수수 등 여러 곡물로 할 수 있지만 보리가 가장 널리 사용된다. 우리 나라에서는 식혜, 조청, 고추장 등을 만들 때, 유럽에서는 맥주나 위스키를 만들 때 이 과정을 거친다. [762] 호밀 기울[Roggenkleie] : 호밀을 빻아서 가루를 낸 다음 이를 체에 거르고 남은 찌꺼기를 말한다.

↓ 제2차 세계 대전 이후 방치해 둔 참나무 저림(低林). 토양이 척박해 수형이 불량한 숲이 되었다.

되어 주요 식량 자원을 차지하게 되었기 때문이다. 이제 돼지들은 우리 속에 갇혀 지내면서 도토리 대신 음식 찌꺼기를 사료로 먹게 되었다. | 참나무 목재는 중유럽에 자생하는 다른 나무들의 목재와 비교할 때, 내구성에서 단연 선두다. 위스키나 셰리주(Sherry) 주조에는 아직도 참나무 목재가 절대적으로 필요하다. 건축, 선박 제조, 교량 건설, 방앗간, 술통 제조, 제혁업(製革業) 등 여러 분야의 제조 건설업에도 없어서는 안 될 **식량 나무(Brotbaum)**다. "참나무와 바위에 대해 지껄인다(über Eiche und Fels plaudern)"는 속담은 바위만큼이나 단단한 참나무의 목질에 기인한 것으로서, 세계의 근원을 따진다는 의미다. 19세기까지의 유럽 문화사를 '나무 시대'라고 표현하는 것은 우연이 아니다. [베르너 좀바르트의 표현이다. 056쪽 주 [068] 참고.] | 영국에서는 참나무가 '선박의 아버지'로 여겨졌으니, 그 모든 식민지 정복과 해상 무역은 무엇보다 짐을 실을 수 있고 무장이 잘된 선박이 있어야 가능한

일이었다. 18세기 영국의 전설적인 참나무 숲[763]에서 약 50만 그루의 참나무가 단지 선박 제조를 위해 벌채되었을 것으로 추측하고 있다. 루이 14세(Louis XIV) 시대에 해군성 장관이었던 콜베르(Jean-Baptiste Colbert)[764]는 일찍이 선견지명을 갖고 당시 넓은 면적에 참나무 조림을 실시했다. 그가 심은 수령이 약 300년 된 참나무는 오늘날 양질의 무늬목으로 유통되고 있다. │ '늪참나무(Mooreiche)' 또는 '물속 참나무(Wassereiche)'[765]라는 것도 유명하다. 물이나 늪지대 속에 오랫동안 잠겨 물을 흡수하고 색깔이 검게 변한 참나무는 가구용 목재로 수요가 매우 많다. 지난 세기 말에 마인츠 부근에서 교량 작업 중 로마 시대에 건설된 군사용 교량 유적이 발굴되었다. 그 유적의 참나무 말뚝의 재질이 어찌나 좋았던지 베를린의 한 피아노 공장에서 이 나무로 피아노를 제작했으며, 유명한 구매자로는 바로 빌헬름 황제(Kaiser Wilhelm)[766]와 당시의 러시아 차르도 있었다. │ 가장 귀하고 고가로 거래되는 참나무는 천천히 자라는 페트레아참나무처럼 나이테의 폭이 mm 단위로 매우 좁은 나무다. 1970년대에 로르부룬(Rohrbrunn) 영림서에서 수령 500년 된 참나무가 경매에 붙여져 무늬목 제조용으로 48,278마르크(DM)에 낙찰된 적이 있다. 환산해 보면 1m³당 10,000마르크가 되는 셈이었다.

[763] **영국의 전설적인 참나무 숲** : 영국 노팅햄셔주 셔우드 숲(Sherwood Forest)으로 추정된다. 이 곳에는 참나무 노거수가 다수 자라고 있으며, 그중 수령이 약 800~1,000년으로 추정되는 '대장 참나무(Majoroak)'는 로빈 후드가 아꼈던 나무라고 한다. [764] **장 바티스트 콜베르〔Jean-Baptiste Colbert, 1619~1683년〕** : 태양왕 루이 14세 치하에서 1665년부터 약 30년 동안 재무를 책임졌던 프랑스의 중상주의 정치가. 재무 장관을 거쳐 1669년부터는 해군성과 상무성, 식민성 장관 및 궁정 관리인을 겸하면서 전쟁을 제외한 모든 국사를 책임졌다. 프랑스 산업을 부흥시키고 경제를 희생시키는 데 큰 몫을 했음에도 루이 14세의 과도한 지출을 완전히 막지는 못했다. [765] **늪참나무〔Mooreiche〕또는 물속 참나무〔Wassereiche〕** : 실제 참나무 수종이 아니라 수백 년 동안 밑둥이 물에 잠겨 있었던 나무를 일컫는다. 나무의 탄닌산이 물속의 철염과 결합해 빛깔이 검어지며 엄청나게 무거워진다. [766] **빌헬름 황제〔Wilhelm II, 1859~1941년〕** : 독일 제국 황제이자 프로이센의 왕. 빅토리아 여왕이 외할머니가 된다. 독일 제국의 3대 황제로 취임해 비스마르크 수상을 해임하고 독일을 제국화한다. 제1차 세계 대전에 참전했다가 1918년 독일 혁명 후 폐위됐다.

성스러운 숲

↑ 참나무 겨우살이〔Riemenblume, *Loranthus europaeus*〕. 마른 겨우살이가 황금빛을 띠는 데서 '황금 가지'라는 별명이 유래했으며 민간에서 만병 통치약으로 여겨졌다.

"〔…〕그러나 너희 장대한 자들이여, 마치 거인족처럼 / 더욱 온화한 세계에 서 있구나. 너희는 오로지 너희 자신들과 / 너희를 기르고 키웠던 하늘과 너희를 낳아 준 대지와 어울릴 뿐이다. / 너희 중 어느 누구도 인간의 학교에 다닌 적이 없고 / 오로지 힘찬 뿌리로부터 즐겁고 자유롭게 서로 밀고 올라와, 마치 독수리가 먹이를 낚아채듯, / 힘센 팔로 허공을 움켜 쥐고 구름을 꿰뚫으며 / 햇빛이 내리 비치는 너희의 수관을 커다랗게 펼친다. / 너희 각자는 하나의 세계이며, 하나의 신인데 / 마치 하늘의 별처럼 자유로운 동맹 속에 함께 살아가는구나.〔…〕"〔프리드리히 횔덜린(Friedrich Höldelin)[767], 「참나무들(*Die Eichbäume*)」〕| 참나무에서 "신성함"을 느낀 사람은 비단 횔덜린만이 아닐 것이다. 이 나무가 뿜는 강건함과 굳센 의지력은 많은 이에게 경외감을 자아낸다. 숱한 민족이 참나무를 신성시했다. 고대

히타이트(Hittite), 페르시아, 그리스나 로마, 그밖의 여러 고대 민족이 참나무를 숭배한 것으로 전해 내려온다. 나무가 거의 자라지 못하는 아이슬란드(Iceland)에서조차도 '아이크(eik)'[참나무. 네덜란드어, 노르웨이어에서도 같다.]라는 말은 나무 자체를 뜻한다. | 구약 성서에는 참나무가 신탁(神託)의 나무로 자주 등장한다. 하느님은 성스러운 참나무가 자라는 세겜(Shechem)[768]이나 마므레 같은 곳에서 아브라함에게 말씀을 내리셨다. 거기서 사람들은 가축을 제물로 바치거나 왕위를 수여하기도 했다. 유대 민족의 족장들은 항시 이 신성한 나무 아래 성소(聖所)에 돌로 된 제단을 만들었다. 〔「창세기」18장;「사사기」9장 6절;「유딧기」3장 8절〕 | 켈트족도 참나무를 신성시했다. 가장 중요한 두 가지 나무를 불법으로 베거나, 신성한 참나무숲을 벌채한 사람은 누구든 죽임을 당했다. 왜냐하면 "세 가지 존재의 숨을 멎게 하면 오로지 숨쉬는 존재로써 갚아야 한다. 그 세 가지는 사과나무, 개암나무, 그리고 참나무 숲이다." 그 신성함이 「아메르긴의 노래(Cân Amergin)」[769]에도 등장한다. "나는 번개다, 그리고 번개에 부서지는 참나무다." 참나무를 뜻하는 켈트어 '다이르(dair)'는 '드루이드(Druide)'라는 낱말에서 유래했다. 드루이드 사제는 켈트족의 정신적 지주로서 해마다 1번씩 황금 낫을 들고 참나무 겨우살이를 자르려 하얗게 꾸민 신성한 참나무에 올라갔다.[770] 여기서 겨우살이는 일반

〔767〕프리드리히 횔덜린〔Friedrich Hölderlin, 1770~1843년〕: 독일의 뛰어난 서정 시인 가운데 한 사람으로, 고대 그리스의 운문 형식을 독일어에 도입했다. 작품으로는 시「하이델베르크」,「다도해」, 소설『히페리온(Hyperion)』등이 있다. 〔768〕세겜〔Shechem〕: 아브라함이 가나안에 들어온 후 첫 언약을 받은 땅이다. 예루살렘의 북쪽으로 강우량이 적당하고 농사 짓기에 좋아 야곱이 정착했다. 〔「창세기」33장 18절〕 〔769〕「아메르긴의 노래〔Cân Amergin〕」: 아메르긴은 게일어 'Amhairghin'에서 유래하며, '노래의 탄생'을 뜻한다. 전설에 따르면, 아메르긴은 아일랜드인의 조상인 밀리전(Milesian)의 우두머리였다. 아일랜드 해안에 아메르긴이 도착하는 장면부터 시작하는「아메르긴의 노래」는 밀리전들이 신들과 싸워 이기고 아일랜드를 차지하는 이야기다. '나는 깊은 바다의 바람이다 / 나는 빛나는 태양의 햇살이다' 같은 식의 1인칭의 선언문으로 이루어진 이 노래는 주술적 무가로 여겨진다. 〔770〕참나무 겨우살이〔Riemenblume, Loranthus europaeus〕: 영국 인류학자 제임스 프레이저(James G. Frazer)의 저서『황금 가지(The Golden Bough)』에 등장하는 황금 가지의 정체가 바로 참나무 겨우살이다. 드루이드 제사장이 황금 낫으로 벤 겨우살이를 부족 백성들에게 나누어 주면 각자 집에 걸어 귀신과 병을 쫓았다.

적인 겨우살이(Mistel, *Vicum album*)가 아니라, 이른바 참나무 겨우살이(Riemenblume, *Loranthus europaeus*)라는 것으로, 참나무에만 기생하고 매우 희귀하다. 겨우살이가 땅에 닿으면 안 되기 때문에 밑에 흰 천을 깔고 떨어지는 가지를 받아 백성들에게 나누어 주었다. 이런 고대의 제식(祭式)이 남아 앵글로색슨족 사이에서는 겨우살이를 크리스마스 장식으로 이용하는 풍습이 전해 내려오고 있다. | 게르만족 사이에는 참나무가 대지의 풍요를 위해 희생되어 비를 내리게 하는 초목과 뇌우(雷雨)의 신, 성스러운 도나르(노르웨이어로는 토르)를 상징했다. 번개를 일으키는 역할을 맡은 도나르는 염소가 끄는 마차를 타고 하늘을 휘젓고 다녔다. 이 뇌우의 신에게 바쳐진 날이 목요일, 독일어로 도너스탁(Donnerstag)이며, 스웨덴어로는 '토르스다그(torsdag)'다. 〔영어 'Thursday'도 어원이 동일하다.〕 | 게르만족에게 가장 유명한 성수인 '뇌신의 참나무(Donareiche)'는 오늘날 헤센주의 전신인 샤텐(Chatten) 땅 가운데 서 있었다. 이 나무의 줄기 틈새에는 신의 입상(立像)을 모셨다. '독일의 사도(使徒)' 보니파시오(Bonifatius) 성인[771]은 서기 719년 당시 교황 그레고리오 2세(Gregorius PP. II)의 명을 받고 포교에 나섰다. 보니파시오 이전과 이후 대부분의 주교가 그렇듯이 의무감과 공명심에 가득 찬 그는 주교 지팡이 대신 도끼와 칼을 집어 들어 제손으로 직접 이 뇌신의 참나무를 베어 버렸다. 그 다음 주교의 운명에 대해서는 의견이 분분하다. 일부 역사가들에 따르면, 보니파시오는 쓰러뜨린 그 참나무로 예배당을 짓고 그 후로도 오래오래 잘 살았다고 한다. 또 다른 문헌에서는 자신이 저지른 일 때문에 비참한 죽음을 맞이했다고도 전한다. 루트비히 울란트는 그의 시에서 참나무 신목을 다음과 같이 기린다. | "차가운 대리석도 아니네 / 곰팡내 나고 음습한 신전도 아니네 / 생기찬 참나무 숲 속에서 / 독일의 신은 생기있게 느껴지네.〔…〕" | 그 이후로 수백 그루

↓8세기에 '독일의 사도(使徒)' 성 보니파시오(Sankt Bonifatius)는 게르만의 성수(聖樹) 중 가장 유명하던, 헤센의 뇌신의 참나무(Donareiche)를 베어 버렸다.

의 신성한 나무들이 불〔火〕과 도끼에 의해 사라져 갔다. (「신화 속의 나무」편 '신성한 숲' 참고) | 슬라브인은 참나무를 '페룬(Perun)' 또는 '페르쿤(Perkun)'이라 했는데, 참나무를 뜻하는 인도게르만어 낱말이 그 어원이다. 비스와강 동쪽, 구 프로이센의 가장 거대한 성소인 로모베(Romove)[772]에서 페룬(Perun), 즉 뇌신은 뇌우를 관장했

[771] 성 보니파시오[Sankt Bonifatius, 675?~754년] : 잉글랜드 태생으로 교황 그레고리오 2세의 지지를 받아 프랑크 제국에 기독교를 처음 전파한 베네딕토회 선교사다. 초대 마인츠 대교구장을 맡았으며 '독일의 사도'라고 불린다. 초기에는 전도에 어려움을 겪다가 뇌신의 참나무를 베었을 때 강풍이 불어닥쳤지만 그가 쓰러지지 않아 사람들이 개종하기 시작했다고 한다. 보니파시오는 754년에 전도 여행 중 도적떼에게 죽임을 당했다. 그의 유해가 안장된 풀다 대성당은 이후 독일 선교의 중심지가 되었다. [772] 로모베[Romove] : 로무바(Romuva), 로무베(Romowe)라고도 한다. 고대 프로이센(Preußen)에 있었다는 이교도 성소로, 로마 교황에 대응하는 크리베(Kriwe)라는 제사장이 주석하며 발트해 일대를 다스렸다고 한다. 그 사원에는 영생의 불과 함께 지름이 4m나 되며 연중 푸르고 무성한 거대한 참나무가 있었는데, 이 참나무에는 뇌우를 관장하는 신(Perun), 죽음을 관장하는 신(Peckols), 전쟁과 수확을 관장하는 신(Potrimpos)이 삼위일체를 이루었다고 한다.

다. 8엘레(약 5m) 높이의 비단 휘장이 로모베의 신성한 나무를 감싸고 있었고, 그 휘장에는 그림과 신의 형상이 붙어 있었다. 오직 '바이델로트(Waidelott)'라 불리는 사제만이 이 비단 커튼을 걷어 올릴 자격을 얻었다. 10세기까지도 러시아의 기독교도들은 성 게오르그섬〔우크라이나 드네프르강의 코르티치아섬(Khortytsia)〕에 있는 거대한 뇌신의 참나무에 봉헌했다. 봉헌 후면 사제는 테데움(Te Deum)[773] 성가(聖歌)를 부르며 나뭇가지를 참석자들에게 나누어 주었다. 이같은 신앙의 융합 방법은 수백 년 동안 선교에 성공적으로 이용되었다. 일찌감치 서기 600년경 대교황 그레고리오 1세(Gregorius PP. I)〔재위 590~604년〕는 교회가 새로이 얻은 어린 양떼들이 어차피 예전의 신들과 관련된 관습을 버리지 않고 있음을 깨달았던 것이다. 따라서 그는 "이교도 제식을 점진적으로 기독교화해야 하므로, 여러 주제에서 이를 모방하도록" 지시했다. | 그런데도 14세기에 에르메란트(Ermeland)〔폴란드 북부의 역사적 지명 바르미아(Warmia)의 독일어〕 출신이었다고 전하는 어느 주교는 로모베의 참나무를 베어 버리라고 명한 적이 있다. 물론 '야만적인(babarische)' 프로이센 사람들과 분란을 일으키는 짓은 매우 위험한 시도였다. 프라하의 아달베르트(Adalbert)[774]는 이미 997년 포교 활동을 하다가 잠란트(Samland)〔북유럽 발트해 근처〕에서 목숨을 빼앗겼으며, 마그데부르크의 브루노(Bruno)[775]도 같은 이유로 삶을 마감해야 했다. | 리투아니아 사람들은 오늘날에도 뇌신 페르쿤의 기억을 되새긴다. 천둥 번개가 칠 때면 아직도 "페르쿤이 노하셨다"고 말하면서 말이다. 지난 세기 슬라브족의 문헌에는 나무를 숭앙하는 의식의 증거로서 특별한 표현이 등장한다. '페르쿤의 참나무까지'라는 것인데, 요즘 말로 하자면 '이 세상 끝까지'라는 뜻이다. | 그리스에서는 많은 사람이 제우스신께 바친 도도나(Dodona, 에페이로스 산의 성소)의 참나무[776]를 신탁의 장소로 찾았다. 서기 500년경 바로 그 자리에 3개의 회랑이

↓프러시아에 있던 고대 로무바(Ancient Romuva). 지몬 그루나우(Simon Grunau)라는 역사가 서술을 바탕으로 1684년에 크리스토프 하르트노크(Christoph Hartknoch)가 그렸다.

있는 바실리카 교회당이 세워지며 이교도의 성전은 잊히게 되었다. 로마의 성 베드로 성당도 고대 이교도 성전의 초석 바로 위, '첼리오 언덕(Mons Caelius, 주피터에게 바친 참나무 숲)'[777]에 세워졌다.

[773] **테데움[Te Deum]**: 라틴어 '테 데움 라우다무스(te deum laudamus, 주 하느님 당신을 찬양합니다)' 앞의 두 단어에서 따온 말로 감사 예배 때 부르는 성가다. [774] **아달베르트[Adalbet]**: 체코 출신의 성직자로 '프라하의 아델베르트'는 세례명이다. 981년 티트마(Thietmar) 주교의 뒤를 이어 프라하의 주교가 되었다. [775] **브루노 성인[Brun von Querfurt, 974~1009년]**: 보니파시오(Boniface) 성인. 독일 쿠에르푸르트 출신의 성직자로 마그데부르크에서 수학하고 로마에서 수도자가 되었다. 독일과 프로이센에서 선교 활동을 벌이다가 지금의 리투아니아 국경 근처에서 러시아인들에게 처형당했다. 뇌신의 참나무를 벤 성 보니파시오([771] 참고)가 최초의 '독일의 사도'이고, 프러시아의 참나무 노거수를 벤 쿠에르푸르트의 부르노(보니파시오)는 두 번째 '독일의 사도'로 불린다. [776] **도도나의 참나무[Eiche von Dodona]**: 에페이로스 계곡 안에 제우스의 신탁을 받던 성소가 도도나. 이곳에 말을 알아 듣는 참나무가 있어, 소원을 쓴 판을 던져넣은 다음 나무가 떨거나 잎을 흔드는 것을 보고 신관이 신탁을 풀이했다고 한다. 오늘날에도 소원을 쓴 판이 일부 남아 전한다. 아르고 원정대가 황금 양털을 찾아 떠날 때 탔던 아르고 호에 도도나의 참나무 가지로 돛대를 세웠다고 한다. [777] **첼리오 언덕[Mons Caelius]**: 로마의 일곱 언덕(Seven hills of Rome) 중 하나다. 고대 로마 시절 이 언덕에는 주피터(제우스) 신전과 신성한 숲이 있었다고 한다. 그런데 오늘날 바티칸이 되는 성 베드로 성당은 로마의 일곱 언덕에 속하지 않는다. 본문에서 성 베드로 성당이 첼리오 언덕의 초석 위에 세워졌다는 것은, 베드로의 무덤이 처음에 첼리오 언덕 주피터 신전의 초석 위에 세워졌음을 의미하는 듯하다. 이 무덤의 자리는 오늘날 산 조반니 인 라테라노 대성당(Arcibasilica Papale di San Giovanni in Laterano)에 해당한다.

↓ 『마네세 필사본(Codex Manesse)』[778] 중 〈도토리 이야기(*Der Kol von Nüssen*)〉, 14세기. 예술가는 참나무에 앉은 다양한 새를 표현하려고 한 것일까, 아니면 부자들의 석궁을 표현하려던 것일까?

30 Die Eiche
Quercus sp.

참나무

나무 신화(Mythos Baum):
나무로 본
유럽 민속의 기원과 효능

치료 효과가 있는 껍질

힐데가르트 폰 빙엔은 "참나무는 떫고 단단하며 연약함이라고는 없다"라고 표현했는데, 정확한 지적이다. 부드러운 잎과 더군다나 부드러운 목질을 지닌 피나무(Linde)가 항상 온화하고 쉴 그늘을 제공하는 사랑과 가족의 나무로 여겨진다면, 참나무는 단단하고, 차가우며, 떨떠름한 이미지다. 그 원인은 특히 무두질에 쓰이는 타닌 성분 때문인데, 이 성분은 목재나 나무껍질, 열매뿐 아니라 잎에도 포함되어 있다. | 무두질 재료는 유기적 물질로 부패 방지 성분이 있어, 동물의 피부를 가죽으로 가공하는 데 이용된다. 의학에서는 이 성분이 수축과 살균 작용을 해, 연약한 조직에 일어나는 여러 병증에 처방한다. 참나무 껍질을 우려낸 물로 좌욕을 하면 치질과 자궁 염증에 효과가 있다. 참나무 껍질을 삶은 물로 양치를 하면 편도선 염증과 후두염에 좋고, 위와 장 점막의 질병과 잇몸 강화에도 효과가 있다. 이뿐 아니라 그 물에 손이나 발을 담그면 땀을 과도하게 흘리는 증상이나 오한 등에도 효험을 본다. | 전쟁 때 커피 대용으로 이용되었던 도토리 커피는 예전에는 엄청나게 귀한 것이었다. 1779년에 어느 의사가 남긴 기록에 따르면, "순수한 도토리 가루로 뽑은 커피는 새삼스러운 발견이 아니다. 이 커피는 오래 전부터 이질에 특효가 있다고 알려져 왔다." 예전에 터키 여성은 살을 찌우기 위해 이 음료를 복용하기도 했다.[779] 커피를 추출할 때는 껍질을 벗긴 도토리를 잘게 자르고 볶은 뒤 갈아서 가루를 내어 쓴다.

[778] 『마네세 필사본(Codex Manesse)』: 13세기 옛 고지 독일어로 된 연애시 민네장(Minnesang)를 모음집으로, 취리히의 기사 가문인 마네세 집안을 위해 만든 데서 이름이 연유했다. 135명의 민네쟁어를 그린 세밀화와 함께 그들이 지어 부른 노래가 수록되어 있다. [779] 도토리 커피(Eichelkaffee): 도토리 커피는 카페인은 없지만 탄수화물과 단백질을 다량 함유해 영양가가 높다. 껍질을 벗겨낸 도토리 속알맹이를 물에 끓여 탄닌을 제거하고 말린 다음 커피처럼 갈색이 나게 볶는다. 볶은 열매를 갈아서 뜨거운 물에 우려내어 마시는 것이다.

참나무의 상징

"수면 한 가운데 / 참나무가 솟아 올랐다. / 저런 초록의 울창한 숲에 / 당당하게 찍힌 제후의 표지 / 그 발 아래에서 자신을 보고, / 범람한 물 속에서 하늘을 본다. / 그렇게 삶은 즐기는 것. / 고독이란 최고의 미덕이다."〔괴테,「빌헬름 티시바인의 전원시(*Wilhelm Tischbeins Udyllen*)」〕│ 오래된 참나무는 확고 부동함, 순결, 진리 등을 상징한다. 이미 소크라테스는 '참나무 옆에서' 서약을 하는 버릇이 있었으며, 기원전에 작센족들은 알텐부르크(Altenburg)〔작센-알텐부르크 공국의 수도였고, 튀링겐주에 속한다.〕 인근에 솟은 참나무에 맹세의 신 프로보(Provo)의 입상을 세우기도 했다. 오늘날에도 보헤미아 민요에서는 참나무 아래에서 한 혼인 서약의 절대적인 구속력을 찬미한다. 또한 군주에 대한 신뢰와 충성이라는 의미는 "참나무의 녹색 잎을 단 이는 끊임없고 변치 않는 신의를 사랑한다" 같은 속담에서 확인된다. 요즘에도 독일 연방 공화국의 장교들은 참나무잎 문양으로 된 계급장을 단다. │ 언제나 공권력과 관계되다 보니, 참나무는 한 번도 민중 속에서 진정 활력을 주는 나무로 인식되지 않았다. 민중 사이에 살아 있는 나무는 피나무였다. 참나무잎은 군인들의 철모를 장식했지만, 피나무 잎은 성지 순례자들이 즐겨 몸에 지녔다. 이른바 '독일의 참나무(deutsche Eiche)'라는 말은 1803년에 서거한 시인 클롭슈토크(Friedrich Gottlieb Klopstock)[780]가 창안한 하나의 '발명'이라고 할 수 있는데, 그의 게르만 민족의 국가적 이상 세계를 '독일의(deutsch)'와 '참나무(Eiche)'라는 낱말을 합성해 표현한 것이다. 클롭슈토크라는 시인은 클라우스 린데만(Klaus Lindemann)[781]이 적절하게 지적한 바와 같이, "소박한 덤불 숲이나 월계수 그늘 아래 있던 자신의 옛 시들을 참나무 숲과 참나무 그늘에 점차 옮겨 심음으로써 위대한 시의 참나무 숲을 일구어 낸 최초의 시인이었다."│승리와 영웅을 상징하는 참나무잎은 1813년 독일 철십자 훈장에 처음으로 등장했으며, 나중에는 독일 체조 협회[782]와 독일 통일 운동[783]에도 쓰였다. 국가 사회주의 독일 노동당 표장(標章)은 독수리가 발톱으로 참나무 엽환(葉環)을 움켜 쥔 모습이었다. 이 표장은 나중에 나치 제3제국의 상징이 되었다. 1993년부터 참나무는 독일 공화당의 표식으로 간주되고 있다. 수년 전 비극적인 일로 유명해진 호이에스베르다(Hoyerswerda)[784] 시의 방패 문장에는 3그루의 녹색 참나무가 그려져 있으며, 비스마르크 후작 가문의 방패 문장에도 3개의 참나무잎과 3개의 클로버잎이 그려져 있다.

↓ 산화알루미늄을 사용하는 무두질과는 달리 식물 타닌 무두질은 동물 가죽을 무두질할 때 가죽이 수축되도록 타닌 성분이 많은 참나무 껍질 추출액에 몇 주간 담가 놓는다.

[780] 프리드리히 클롭슈토크(Friedrich Gottlieb Klopstock, 1724~1803년) : 독일의 시인으로 조국애를 찬미하는 시를 주로 지었다. 대표작으로는 서사시『메시아(Der Messias)』가 있으며, 프랑스의 영향에서 벗어난 독일 문학을 개척한 이로 평가받는다. [781] 클라우스 린데만(Klaus Lindemann, 1930~2004년) : 독일의 극작가이자 연출가. 1960년대부터 자유 베를린 방송(SFB)에서 예술가와 저명한 인물을 조명하는 고정 코너를 장기간 맡았다. [782] 체조 십자가(Turnerkreuz) : 19세기 후반 만들어진 독일 체조 협회(Deutscher Turner-Bund)의 로고로 알파벳 F를 대칭으로 상하 좌우 대칭으로 뒤집어 붙인 형상이다. 이 형상을 흔히 참나무잎을 엮은 관으로 에워싼다. 독일 체조 협회는 경기의 승리자에게 월계관 대신 참나무잎관을 수여했다. [783] 참나무잎(Eichenlaub) 관 : 19세기 독일 통일은 낭만주의 영향 속에서 프로이센 제국이 주도했다. 그 과정에서 민족적 일체감을 강화하는 데 끈기, 불멸, 강인함 등을 상징하는 참나무가 공통 상징이 된다. 독일의 우의인 게르마니아 여신은 참나무잎 화관을 쓴 모습으로 묘사되었다. [784] 호이에스베르다(Hoyerswerda) : 구 동독의 작센주에 위치한 소도시. 1991년 극우파들이 외국인 망명자 수용소에 불을 질러 여러 명의 사상자가 발생했다.

↑ 독일에서 마지막 남은 라인하르트(Reinhardt)의 원시림에는 거대한 규모를 자랑하는 참나무 노거수가 자라고 있다.「잠자는 숲 속의 공주」의 무대가 되었던 자바부르크(Sababurg) 성이 있는 숲이다.

| 30 | Die Eiche
Quercus sp. | 참나무 | 나무 신화(Mythos Baum):
나무로 본
유럽 민속의 기원과 효능 |

[618] ↑
[619] →

나무의 노장

중유럽에서는 약 3,000년 전에 일어난 기후 변화 후부터 자연적으로 너도밤나무가 우세하고 있다. 그러나 너도밤나무는 토양 수분에 매우 민감해 너무 건조한 곳도 꺼리지만, "발이 젖는 곳(nasse Füße)" 즉 습지라든가 범람지도 꺼려하는 수종이다. 땅이 건조한 곳에서는 음울한 너도밤나무 숲 대신, 참나무(페트레아참나무)가 소나무, 칠엽수 등과 함께 혼효림을 형성한다. 참나무, 특히 이런 입지 조건에서는 상대적으로 로부르참나무가 경쟁력이 강해서 심지어 지하 수위가 높거나 범람이 일어난 경우에조차 쇠약한 너도밤나무를 대체한다. | 이처럼 까다롭지 않은 참나무의 입지 환경 요구에 관해 호르스트 슈테른은 다음과 같이 서술한다. "독일 사람이라면 독일의 모든 나무 중 가장 독일적인 나무로 참나무를 꼽는 데 이의가 없으리라. 이 나무는 어떤 환경에도 만족한다. 척박하든, 산성이든, 습하든." | '이베나크의 참나무' 외에도 독일어권에는 다수의 참나무 노거수가 자라고 있다. 예컨대 루르 지방 레클링하우젠(Recklinghausen)의 에를레(Erle)라는 곳에는 수령 1,000년이 넘는 법정(法廷) 참나무(Thingeiche, 심판 참나무)가 생육한다. 전문가들에 의하면 수령이 약 1,500년으로 추정되니, 독일에서 가장 나이 많은 나무에 속한다. 카를 대제 시절에는 이 나무 아래 자유 의자(freistuhl)를 놓고 그곳을 재판장으로 삼았으니 국가의 나무였다.[785] 심판의 나무로서 기능하게 되었으므로, '집회의 참나무〔mahaleich, '마할트(mahald)'는 옛 고지 독일어로 '집회'를 뜻한다〕'라고도 불렸다. 이 나무는 독일이 기독교화하면서 이교도들이 몰락하는 것을 지켜 보며 살아 남은 몇 안 되는 역사의 증인 중 하나다. 암머제 호수(Ammersee)와 슈타

---

[785] 법정 참나무〔Thingeiche〕: 중세 독일의 관습 법정으로 패메(Vehmgericht), 또는 자유 법정이라는 비밀 법정이 있었다. 비밀리에 고소장을 피고의 집 문에 붙이면 피고는 이튿날 지역의 법정 나무 아래에 출두하게 된다. 나무 아래에는 자유 의자라는 의자가 놓여 있고, 재판은 자유 백작이 맡았다. 모든 법적 절차는 비밀리에 진행되었으며, 사형까지 내릴 수 있었다.

른베르거 호수(Starnberger See) 사이에는 독일에서 가장 긴 참나무 가로수 길이 있는데, 길이는 2.3km가 넘고, 450여 그루의 참나무로 조성되어 있다. 이 가로수 길은 약200년 전 베슬링(Wessling)과 제펠트(Seefeld) 사이를 잇고자 만든 것이다. | 현재 독일에는 오래된 참나무 숲이 많지 않다. 아마 세계에서 가장 오래된 참나무 보호 구역은 수령 600여 년이 넘는 노거수들로 구성된 슈페사르트의 로르베르크(Rohrberg) 지역일 것이다. 또한 라인하르츠발트(Reinhartswald, 덧붙이자면 「잠자는 숲속의 공주」의 무대가 된 자바부르크 성(Sababurg)이 있는 곳)같은 옛 왕실 보호림에도 대규모로 보존되어 있다. 영국 산림 관리의 보고(寶庫)라고 할 수 있는 잉글랜드 남부의 숲들은 오늘날까지도 오래된 참나무로 이름을 떨친다. 멀린(메를랭)의 운명과 밀접하게 이어진 브르타뉴의 요정 숲인 브로셀리앙드 숲[프랑스 브르타뉴의 팡퐁 숲(Paimpont)]에도 참나무 노거수들이 생육하는데, 따라서 아서 왕(아르튀르) 시대부터 있었으리라 추정할 수 있다. 참나무의 조림에는 특별한 기술과 오랜 경험뿐 아니라 비용도 상당히 든다. 일반적으로 재원(財源)이 될 만한 대경목(大徑木)[786]들을 소유한 사람만이 어린 참나무를 조림할 수 있다고들 한다.

[786] 대경목[大徑木, Hiebsreife] : 대경목은 지름이 30m가 넘는 큰 나무를 말한다. 하브스라이페(Hiebsreife) 또는 슐라그라이페(Schlagreife)라는 원문의 표현은 특정한 크기가 아니라 임업에서 경제적으로 채산성이 날 만큼 자란 나무를 말하며, 이런 나무를 잘라내고 어린 나무를 새로 심는 주기를 윤벌기(Umtriebsziet)라고 한다. 나무마다 그 시기가 다른데, 참나무의 경우 높이 25m 전후로 가늠한다.

Die Eiche
Quercus sp.

참나무

나무 신화(Mythos Baum) :
나무로 본
유럽 민속의 기원과 효능

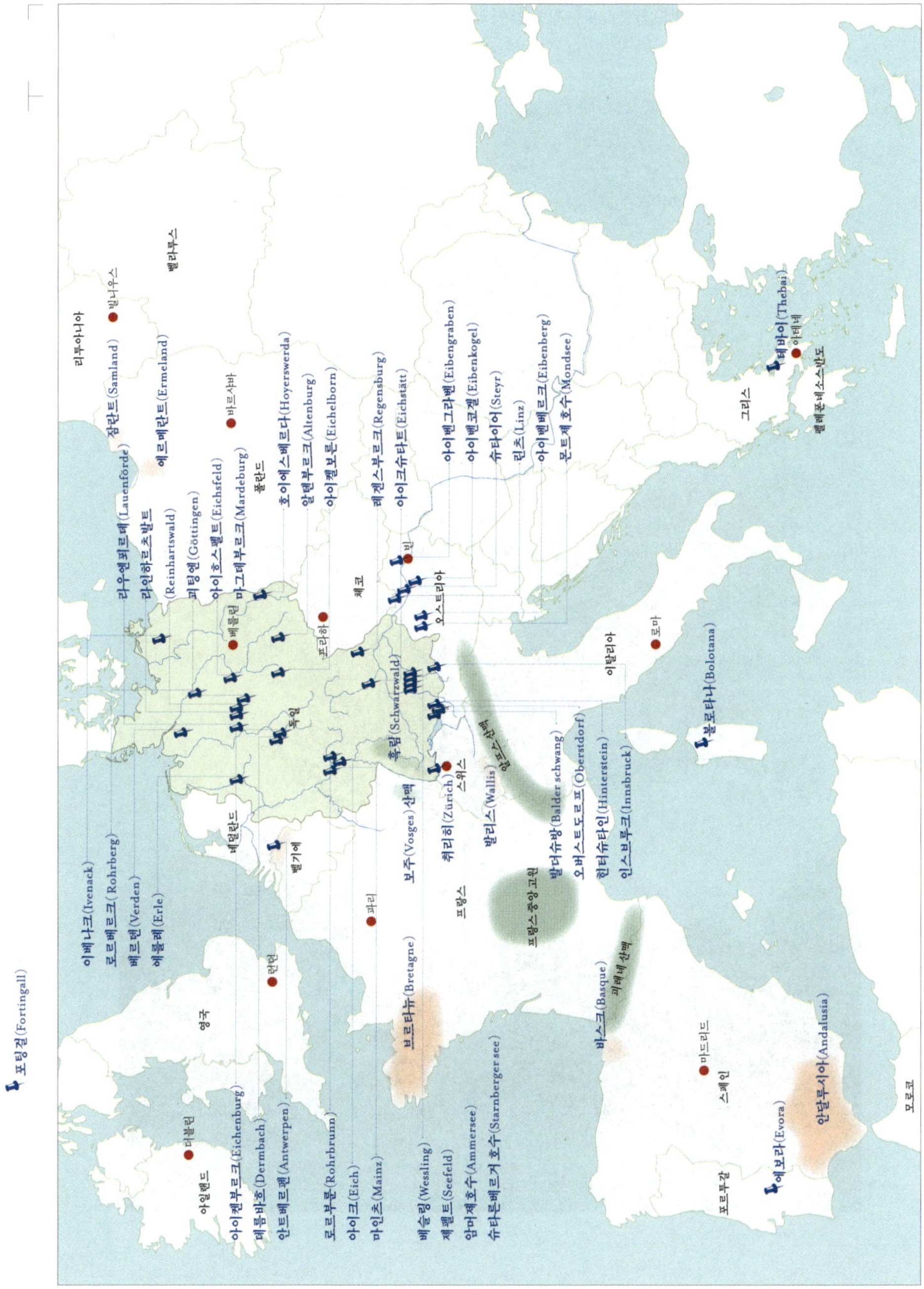

↑ **지도**10 〔28 전나무〕〔29 주목〕〔30 참나무〕편에 등장하는 지명.

↓ 길가에서 자라는 흑백양(黑白楊). 흑백양이라 불리는 것은 거의 대부분 교잡종이다.

31 | Die Pappel *Populus* sp. | 포플러 | 나무 신화(Mythos Baum) : 나무로 본 유럽 민속의 기원과 효능

포플러 Die Pappel
Populus sp.

단단해진 껍질 속 친근한 나무여, 증표를 품고 있구나,
그리고 네 잎은 바람에 흔들려, 노래를 속삭이누나,
꿈속인 듯.
환상적인 울림의 노래! 예전에 잃어버린 소식,
그리고 노래의 영혼은 내게 옛 약속을 실어 오네. […]
〔아델베르트 폰 샤미소, 「포플러 나무(*Der Pappelbaum*)」, 1824년〕

↑ 포플러는 잎자루가 길고 단면이 눌린 형태여서 미풍에도 쉬 살랑거린다.

다양한 포플러

버드나무과(科)에 속하는 포플러속(*Populus* sp.)[787]은 버드나무, 오리나무, 물푸레나무와 마찬가지로 습한 입지를 좋아해, 때때로 홍수가 발생해도 잘 견딘다. 이 선구수종[초창기 수종(Vorhölzer)]은 토심이 깊고 양분과 염기 성분이 풍부한 강변 토양이나 모래와 미사(微砂)가 섞인 토양에서 주로 자란다. 가장 많이 분포하는 곳은 넓은 강변의 저지대 숲이다. 중유럽에서는 흑백양(Schwarzpappel, *Populus nigra*), 은백양(Silberpappel, *Populus alba*), 그리고 사시나무(Zitterpappel, *Populus tremula*) 같은 3가지 자생종과 그 밖에 몇 가지 잡종을 심는다. 이들이 이른바 '경제적 포플러(Wirtschaftspappeln)'로 교잡을 거치면서 부모 세대에 비해서 번식력이 증가한다. 여러 방향으로 다양한 클론(clone)[꺾꽂이 등 무성 생식으로 생겨난 유전적으로 동일한 생물 집단 또는 개체]이 발생하다 보니 이를 가려내기 위해서는 전문가들에게 상담을 청해야 할 정도로 부정확하고 헷갈린다. | 본래 흑백양은 북유럽과 에스파냐를 제외하고는 저지대로부터 알프스의 해발 1,400m에 이르기까지 유럽 대륙 전역에서 자란다. 자연 서식지에서 순수한 야생종 포플러는 매우 드물어져, 독일에서는 심지어 멸종 위기종으로까지 간주되는 실정이다. 흑백양으로 분류되는 나무 대부분이 실은 잡종이다. 이들은 흑백양의 원래 분포 지역을 훨씬 벗어나는 데서도 뿌리를 내려, 이베리아 반도나 발티쿰에서도 보인다. | 다수의 포플러류 잎자루는 —사시나무가 가장 두드러지는데— 옆으로 눌린 모양이라늘 흔들거린다.[788] 잎이 계속해서 흔들리기 때문에 증산(蒸散) 작용이 활발해지고 영양 염류 공급이 촉진되며 따라서 나무의 생장이 빨라지는 결과를 가져 온다. 그 밖에도 이를 통해 포플러의 뿌리가 물을 빨아 올리는 흡인력이 매우 높음을 알 수 있다. 쉬지 않고 흔들리는

↓ 겨우살이가 잔뜩 붙어 자라는 흑백양. 겨우살이는 다른 나무에는 드물지만 포플러에는 자주 기생해 숙주(宿主)인 포플러로부터 물과 영양분을 섭취한다. 겨우살이가 많이 기생하면 숙주인 포플러가 약해지기는 하지만 죽지는 않는다.

잎에서 그 학명 포풀루스(*Populus*, 프랑스어 '포플리예(peuplier)', 영어로 '포플러(poplar)', 이탈리아어로는 '피오포(pioppo)') 또한 유래했다. 이 이름은 그리스어 '파팔레인(pappalein)'='절로 움직이다'라는 뜻에서 왔다. 라틴어로 '포풀루스(populus)'는 대중을 의미한다. 전하는 바에 따르면, 포플러라는 이름을 붙인 것은 (당시에는 은백양뿐이었겠지만서도) 로마인들로, 그들이 보기에는 그 잎이 마치 끊임없이 격앙된 상태인 대중들과 비슷하기 때문이었다고 한다. | 독일어권에서 '파펠(Pappel)' 또는 '바펠(Bappel)'이라는 이름은 중세 말까지 다른 식물, 즉 '아욱(Malve)'을 가리켰다. 당시까지만 해도 포플러는 '벨렌(Bellen)'이라 불렸다.

[787] 포플러(Die Pappel) : 여기서는 버드나무과 '포플루스속(*Populus*)'에 속하는 식물의 총칭으로써 표기했다. 우리 나라에서는 사시나무속이라고도 한다. [788] 포플러류 잎자루 : 식물 잎자루 단면은 대부분 원형으로 되어 있으나, 포플러 종류는 잎자루의 단면이 양쪽에서 눌린 듯 타원형으로 되어 있으며, 그 길이도 비교적 길다. 그렇기 때문에 바람이 조금만 불어도 좌우로 끊임없이 잎이 흔들린다. 우리 속담에 "사시나무 떨 듯하다"는 말도 사시나무의 잎이 이와 같은 이유로 수시로 떨리기 때문에 유래된 것이다.

포플러 조림

이 생장이 빠른 자생 목재가 대규모 숲을 이루면, 생태적 가치는 오히려 줄어든다. 빽빽한 그늘과 지하수 수위 하강 (1m나 내려가기도 한다) 때문에 초기 식생[789]들이 정착하기 어렵기 때문이다. 이미 1799년에 요한 카스파 분트슈(Johann Kaspar Bundschuh)[790]가 이 문제에 주목한 바 있다. 그는 남독일에서 피나무 가로수길이 속성수인 포플러로 점차 대체되는 바람에 양봉업이 쇠한다는 사실을 지적했다. 흑백양과 은백양은 뿌리 싹이 왕성하게 발생해(옆으로 35m까지 뻗는다) 무성 생식으로도 왕성하게 번식하므로 건물이나 배수관 주변에는 심지 않는 것이 상책이다. | 생장이 워낙 빠르다 보니 포플러 목재는 무척 가볍다. 포플러는 변재수(邊材樹)[791]에 해당되며, 내부에 타닌이 없기 때문에 쉽게 부패할 수 있다. 리그닌(Lignin) 함량이 20%밖에 되지 않아 주로 셀룰로오스(Cellulose)나 합판으로 가공되며, 또한 천천히 타기 때문에 성냥을 만드는 데도 쓰인다. 흑백양의 목재는 ─유럽에 자생하는 포플러 중에 가장 값진 목재로 간주된다─ 가구 산업에도 이용된다. | 옛날 네덜란드에서는 포플러가 하나의 산업 분야 전체를 먹여 살릴 일감을 제공했다. 나무 슬리퍼(Holzpantinen)[바닥이 나무인 를]나 나막신을 깎아 만들기에는 저렴하고, 가벼우면서도 내구성 있는 포플러 목재가 가장 적합했다. 갓 벌채해서 신선하거나 또는 축축한 상태인 통나무 토막(Holzklumpen=Holzklotz, 그래서 이름이 클롬펀이 되었다)을 가지고, 지난 시절에는 사람의 고된 수작업으로 그 유명한 '네덜란드 나막신'[792]이 만들어졌다. 아직도 네덜란드 신트 우덴로더(St. Oedenrode)에서 열리는 이른바 '나막신 박람회(Klompenmesse)'는 예전에 나막신이 화훼와 채소 다음으로 이들의 매우 중요한 무역품이었음을 상기시켜 준다.

31 Die Pappel *Populus* sp.

포플러

나무신화(Mythos Baum) : 나무로 본 유럽 민속의 기원과 효능

[626]↑
[627]→

↓ 독일의 시인 프리드리히 뤼케르트(Friedrich Rückert)가 '키 큰 게으름뱅이'라고 읊었던 양버들(피라미드 포플러)은 수백 년 전 이탈리아 북부에서 돌연변이에 의해 생겨난 것으로 추정한다.

[789] 초기 식생[Vorvegetation] : 나지(裸地)에 제일 먼저 들어와 자라는 초화류들을 말한다. [790] 요한 카스파 분트슈[Johann Kaspar Bundschuh, 1753~1814년] : 독일 프랑켄 출신의 교육자이자 목사. 'Johann Caspar Bundschuh'라고도 표기한다. 그의 『프랑켄의 지리, 통계, 지형학 사전』은 현재도 프랑켄 지방의 환경에 대한 중요한 정보를 제공하는 역작으로 손꼽힌다. [791] 변재수[邊材樹, Splintholzart] : 목재는 보통 안쪽의 색이 짙은 부분인 심재와 바깥쪽의 색이 옅은 부분인 변재로 구분되는데, 변재수는 이 구분이 없이 주로 변재 부분으로만 이루어진 목재를 말한다. [792] 네덜란드 나막신[Holländerschuhe] : 클롬펀(Klompen). 농부들이 일할 때 신던 신발로, 바다를 간척해 물기가 많은 네덜란드 토양에 적합하다.

포플러 왁스와 포플러 솜털

↑ 빈센트 반 고흐, 〈양배추와 나막신이 있는 정물(Still Life with Cabbage and Klompen)〉, 1881년, 반고흐 미술관 소장. 포플러 목재는 클롬펜(나막신)의 주재료였다.

예전에 포플러잎은 가축 사료와 염료로 쓰였으며, 그 나무껍질은 특히 극히 질긴 가죽인 '다듬은 가죽(Zurichtleders)'을 무두질하는 데 쓰였다. 아델베르트 폰 샤미소는 1827년 『가장 유용한 식물과 가장 유해한 식물에 대한 개론』에서 과거의 포플러꽃 용법 한 가지를 소개했다. "봄에 땅에 떨어진 (흑백양의) 수꽃과 눈을 모아 찧은 다음, 끓는 물로 세척하고 꽉 짜면 푸른빛이 돌며 부드럽고 왁스와 비슷한 덩어리를 얻을 수 있는데, 이것으로 초를 만들면 탈 때 아주 향긋한 냄새가 난다." | 일명 '포플러 솜털(Pappelwolle)'이라고 불리는 하얀 솜털이 붙어 있는 씨는 베갯속으로 쓸 수 있기 때문에 미국에서는 포플러를 '목화나무(cottonwood)'라고 부른다. 비상시에는 이 포플러 솜털이 심지어 셀룰로오스 공급원으로서도 한몫을 했다. 포플러는 상대적으로 바람에 약하기 때문에 가로수로서는 가치가 떨어진다.

치료 효과

초봄에 부드러운 향이 나며 약간 끈적이는 포플러 눈[芽]에서 진통 효과가 있는 발삼을 얻는데, 외용제로서 수백 년 동안 화상, 상처, 치질 치료에 사용되어 왔다. '운구엔툼 포풀레움(Unguentum populeum, 포플러 연고)'이라 불리던 이 연고는 의사와 이발사 들에게 가장 사랑받는 대중적 치료제로 손꼽혀 왔다. | 포플러 연고는 원래 돼지 기름으로 만들었다. 그러나 요즘은 신선한 포플러 눈 100g을 잘게 다져 올리브 기름 250ml와 섞어 유리병에 넣고 밀봉해 2주 동안 재워 둔다. 이 덩어리를 약 10분 간 약한 불에 저으면서 끓여 찌꺼기를 걸러 낸다. 끝으로 여기에 45g의 밀랍을 녹여 넣고, 깨끗한 연고 통에 채워 서늘한 곳에 보관한다. | 어린 포플러 눈은 샐러드에 넣어 먹는다. 우려낸 차는 류머티즘, 통풍, 방광 질환에 효과가 있다. 신선한 포플러 눈을 얻을 수 없으면, 말려서 '겜메 포풀리(Gemmae Populi, 라틴어로 '포플러의 눈')'[793]로 시판되는 것을 약국에서 살 수도 있다. | 중유럽에서뿐 아니라 북미 인디언 등 다른 문화권에서도 자작나무, 피나무, 느릅나무처럼 포플러나무 속껍질을 벗겨 쓴다. 예전에는 상처 치료용 붕대 구실을 했으며, 먹을 것이 없던 겨울철에는 양분 공급원이기도 했다—신선한 속껍질을 씹는다. 버드나무 껍질처럼 어린 은백양 가지의 겉껍질도 통풍과 말라리아 예방에 효험이 있다고 한다.

→ 흑백양 포플러 씨에 붙어 있는 솜털.

[793] 겜메 포풀리(Gemmae Populi) : 독일에서는 4~5월에 길이 약 1~2cm, 넓이 약 0.5cm 크기의 포플러 눈을 따서 모아 자연 건조한 후 '겜메 포풀리(포플러 눈을 말린 것)' 또는 '포풀리 겜메'라는 이름으로 판매한다. 약국에서 살 수 있다.

[⋯] 허나 포플러는 자꾸 꺾였다 [⋯]

독일에 전해 내려오는 신화 속에는 포플러 이야기가 거의 등장하지 않는다. 아마 최후의 빙하기 이후 생물종들이 북유럽으로 다시 이동할 때 포플러가 낙오했기 때문일 것이다. 켈트족은 포플러를 민감한 나무로 여겼다. 당시 사람들은 드루이드 사제들이 멀리 떨어진 사람의 의식 속으로도 들어갈 수 있고, 나무를 전사(戰士)로 변신시킬 수 있다고 믿었다. 오랫동안 구전으로 내려오는 켈트족의 「나무들의 전투(Schlacht der Bäume)」라는 전통 노래가 그에 관한 이야기다. 이 노래에서 전장의 노련한 참나무는 '용감한 문지기(mannhafter Wächter am Tor)'로 버틴다. 물푸레나무는 잔인하고 야만적이지만, "허나 포플러는 전투 중에 자꾸 꺾였다." | 그리스 신화에서 포플러가 다양한 전설에 언급되는 나무라는 것은 주지의 사실이다. 그 중 하나는 아폴론으로부터 구애를 받은 요정 드리오페(Dryope)의 이야기로, 그녀는 아들 암피소스(Amphissos)를 낳고 오랜 시간이 지난 후에 나무의 요정 하마드리아데스에게 납치당했다. 그 나무의 요정은 드리오페가 있던 자리에 포플러를 남겨 놓았다.[794] | 비슷한 내용이 그리스의 태양신 헬리오스의 아들인 불행한 파에톤에 관한 신화에도 전한다. 파에톤이 아버지의 태양 수레를 타고 천계(天界)를 날아다니다가 더는 말들을 통제할 수 없게 되자, 제우스는 그에게 벼락을 내리쳤다. 그의 누이들 헬리아데스는 남동생의 죽음에 슬퍼하다 그대로 포플러로 변해 버렸다(또 다른 문헌에서는 그녀들이 오리나무 덤불로 변했다고도 한다).[오리나무」편 483쪽 참고] 그러나 사실 포플러의 존재는 무엇보다 지옥의 신인 아름다운 요정 레우케(Leuce)에 힘입은 것이다. 레우케는 사랑에 미친 하데스의 성가신 구애에 더는 견딜 수 없게 되자, 황급히 은백양으로 변신했다.[795] 그 이후로 은백양은 저승 세계

의 입구, 즉 '기억의 강' 주변에 번성하게 되었다.[796] 이 숲은 축복받은 자들의 평원과 하데스의 영토, 즉 타르타로스(Tartarus)의 경계를 이루었다. 은백양은 하데스의 부인이자 사후 세계의 지배자인 페르세포네에게 바쳐졌다. 죽은 자들의 나라의 나무였으므로, 고대 그리스에서는 무덤가의 파수꾼이자 기념물로 즐겨 심었다. 그 지하 세계에서 헤라클레스가 돌아올 때, 자신이 좋아하는 은백양의 줄기를 올림푸스산에 가지고 왔고, 그 뒤 이 하얗게 빛나는 가지로 승리의 화환을 엮었다. 은백양은 빛을 발하는 밝은 죽음을 상징했다. 반면, 점술에서도 사용되었던 흑백양은 화를 불러들이는 나무로 헛된 기대를 상징했다.

[794] 드리오페[Dryope] : 드리오페가 변신하는 이야기는 크게 2가지가 있다. 하나는 드리오페가 산책 중에 무심코 꽃가지를 꺾었다가, 거기 깃들어 있던 요정을 노하게 해 나무로 변했다는 이야기로 『변신 이야기』에 실려 있다. 본문에 언급된 아폴론과 얽힌 이야기는 또 다른 해석이다. 드리오페가 숲 속에서 요정과 노는 광경을 보고 아폴론이 거북으로 변신해 접근했다. 거북을 드리오페가 무릎에 올려 놓자, 갑자기 거북이 뱀으로 변해 드리오페를 범했다고 한다. 드리오페는 아들을 낳게 되는데, 그가 도시 암피사(Amfissa)를 건설하고 아폴론 신전을 봉헌한 암피소스(Amphissos)라 한다. 어느 날 드리오페는 요정들에게 납치되어 자취를 감추었고, 그녀가 있던 자리에 포플러 1그루와 샘이 생겨났다고 한다.
[795] 레우케[Leuce] : 본문의 설명과는 다르지만, 레우케와 하데스에 얽힌 전설을 옮기면 다음과 같다. 레우카(Leuka), 또는 레우케는 그리스어로 '하얀'이라는 뜻으로, 바다의 신 오케아노스의 딸 중 가장 아름다운 님프였다고 한다. 저승의 신 하데스가 레우케의 미모에 반해 납치해 하계로 데리고 갔으나 레우케는 불멸의 존재가 아니었기에 죽고 말았다. 레우케의 죽음을 슬퍼하며 하데스는 그녀를 축복 받은 이들이 사후에 간다는 엘리시온 평원(Elysion pedion)의 은백양나무로 변하게 했다. 은백양 나뭇잎은 앞면이 어두운 녹색이고 뒷면은 밝은 흰색을 띠어, 고대인들은 두 색이 각각 저승과 이승을 상징한다고 생각했다. 이에 이승과 저승에서 공을 세운 영웅들에게 이 나뭇잎으로 관을 만들어 씌우게 되었다고 한다. [796] 지옥의 입구 : 원문에서 '기억의 강(Flusses der Erinnerung)'이라고 표현한 것은 지옥의 다섯 강 중 레테강(Lethe)을 뜻한다. 죽은 자가 이 강물을 마시면 모든 기억을 잊게 된다는 망각의 강이다. 레테강을 건너면 평원이 펼쳐지는데 오른쪽이 본문에서 축복받은 자들의 평원이라고 한 엘리시온(Elysion)이고 왼쪽이 지옥인 타르타로스이며, 두 영역 사이를 은백양숲이 나눈다.

흑백양

중유럽에 자생하는 모든 포플러는 암수딴그루(자웅이주)로, 암꽃이 피는 나무와 수꽃이 피는 나무가 서로 다르다. 적포도주 색깔을 띠는 수꽃은 미상화서(꼬리꽃차례)로 봄에 잎이 나기 전에 피어난다. 하지만 나무의 1/3 위쪽에 피기 때문에 지상에서 사람의 눈에는 쉽사리 띄지 않는다. 흑백양(*Populus nigra*)은 나무 한 그루에서 2,600만 개의 씨를 생산해 내어 중유럽의 자생 식물 중 최고 기록을 보유하고 있다. | '흑백양'이라는 이름은 검은색의 나무껍질에서 기인하며, 껍질은 대부분 세로로 길게 패어 있다. 흑백양의 전형적인 특징은 단면이 오각형으로 각이 진 가지와 대개 둥글고 커다란 혹이 달린 줄기다. 흑백양은 크게 자라면 높이가 30m, 지름이 약 2m에 달하며, 약 300년 가까이 살 수도 있다. 그러나 대개는 100여 년을 넘기지 못한다. 임업에서 윤벌기(輪伐期)[나무를 심어 벌채 수확까지 걸리는 기간]는 30~50년으로 몹시 짧다. 사시나무와 마찬가지로 흑백양도 근주맹아(根株萌芽)[797] 발생이 많아 나무 한 그루가 작은 숲을 이룰 만큼 번성하기도 한다.

←흑백양의 꼬리꽃차례가 그려진 식물 도판.

양버들

"저기 길가에 서 있다. / 키 큰 게으름뱅이, / 더는 아무 할 일도 없어 / 점점 길어지기만 하누나. / 저기 뻣뻣한 모가지로 서 있다. / 꼴사나운 포플러, / 더는 할 줄 아는 것도 없어 / 이파리나 흔들고 있구나. / 열매도 없고, 그늘도 없이 / 우리가 방랑하는 곳의 풍경을 / 우리 눈앞에서 가릴 뿐, / 대체 누가 좋아하랴?"〔프리드리히 뤼케르트(Friedrich Rückert), 「포플러(*Pappeln*)」〕| 양버들(Pyramidenpappel, *Populus nigra* var. *italica*)〔798〕은 땅에서부터 거의 수직으로 뻗어 나와 오므린 모양으로 자라는 큰 줄기와 가지들의 형태로 쉽게 식별할 수 있다. 원주 포플러(Säulenpapple)로도 불리는 양버들은 이탈리아 북부에서 유전자 구조의 급격한 변화, 즉 돌연변이로 생겨난 것으로 추정하고 있다. 롬바르디아(Lombardia)〔799〕 포플러—양버들을 원래는 이렇게 불렀다—는 18세기 이후 오스트리아와 남독일 일대를 최단 기간 내에 점령해 나갔다. 물론 양버들은 이미 중세 때부터 알려져 있었지만, 이토록 급속하게 퍼져 나간 데는 나폴레옹이 큰 몫을 했다. 그는 속성수인 이 원주 포플러(양버들)을 점령지 가로변에 줄지어 심게 했으므로 흰 눈이 제아무리 많이 뒤덮여도 알아볼 수 있었다. 귄터 아이히는 이 사실을 기억하고 양버들에 관한 시의 서두를 다음과 같이 꺼낸다. "포플러, 나폴레옹의 길가에 무성한 팔루스〔…〕" | 양버들의 원기둥 형태는 유전되지 않기 때문에 이 나무는 무성 생식으로만 번식하고, 따라서 수백 년간 유전 형질이 변함없이 지속되어

〔797〕 근주맹아〔根株萌芽, Wurzelsprosse〕: 뿌리 주변에서 발생하는 어린 가지. '뿌리움'이라고도 한다. 흑백양은 뿌리 주변에 움이 발생해 먼 거리까지 뻗어나가 또 다른 개체로 자라므로 작은 숲이 만들어지기도 한다는 뜻이다. 〔798〕 양버들〔Pyramidenpappel, *Populus nigra* var. *italica*〕: 독일에서는 위로 뻗어 자라는 양버들을 원주포플러(Säulenpappel), 이탈리아포플러(Italienische Pappel)라고 부르기도 한다. 영어에서는 주로 롬바르디아 포플러(Lombardy poplar)라고 부르는데, 우리 나라에서는 이를 그대로 롬바르디아 포플러로 옮기기도 하지만 대개 양버들로 부른다. 우리 나라에서 이태리포플러 또는 이탈리아포플러라고 부르는 종의 학명은 *Populus euramericana*다. 〔799〕 롬바르디아〔Lombardia〕: 이탈리아 북부에 있는 주로서, 주도(州都)는 밀라노다.

왔다. 그러는 사이에 예상대로 양버들의 활력은 눈에 띄게 저하했으며, 쉽게 하늘소 같은 해충의 희생양이 되고 만다. | 19세기 중반까지 중유럽에서는 공공연하게 양버들 수나무만 심었다. 이것이 당시 사람들에게는 눈엣가시로 비쳤던 모양이다. 가령 라인란트 지방의 이트너(Ittner)라는 박물학자는 이 '유별난 나무의 독신 생활'을 저지하고자 이탈리아에서 암나무 싹을 들여 오려고 했다. 1869년에 남독일에서 드디어 양버들 암나무를 꺾꽂이하기 시작했다. 수많은 작가들이 이 홀쭉한 원기둥 모양의 나무를 마주하면 자동적으로 남근을 떠올렸다. 나무의 뻣뻣하고 병정같은 모습에 착안해 하인리히 한스야콥(Heinrich Hansjakob)[800]은 다음과 같이 적고 있다. "[…] 은 지상에서 시와 감성에 관한 한 가장 무미건조한 군국주의에는 이 멋대가리 없는 양버들이 그저그만이다." 프리드리히 칸즈너(Friedrich Kanzner)도 황량한 복제 양버들 가로수길(promenade)과 오래되고 아늑한 고향의 호두나무 가로수길(alley)을 비교하며 같은 내용을 읊었다. | "보라, 방랑자여, 여기 형제 같은 / 우리의 옛 모습. / 저기 호두나무 가로수, / 옛 길의 자랑거리, /우리의 조상이 있었던 곳. / 우리가 심은 양버들은 / 높다랗고, 이리저리 흔들리며 / 열매와 그늘도 없네."[「신작로 옆의 옛길(*Die alte Strasse neben der Chaussee*)」] | 논란이 분분한 이 나무에 대해 18세기에 하일브론(Heilbronn)의 시장(市長)이었던 게오르그 하인리히 폰 로스캄프(Georg Heinrich von Roßkampf)는 우호적이어서, 벼락을 방지하는 피뢰침으로 하일브론 시내 곳곳에 양버들 10,000그루를 심게 했다. 까닭인즉슨 "[…] 이 나무가 대기 중에서 전기의 일부를 빼앗는 것처럼 보였기 때문이다. […]" | 서로 상반된 두 가지가 잘 어울린다는 것은 잘 알려진 사실이다. 양버들과 능수버들도 바로 그래서, 이 두 나무는 수많은 공원에서 전형적인 한 쌍을 이루는 나무들로 간주된다.

31 | Die Pappel *Populus* sp. | 포플러 | 나무 신화(Mythos Baum) : 나무로 본 유럽 민속의 기원과 효능

은백양

↑ 요한 빌헬름 바우어(Johann Wilhelm Baur), 〈나무로 변하는 드리오페〉, 오비디우스의
『변신 이야기』의 삽화, 동판화, 1640년경.

아달베르트 슈티프터는 『옛 빈에서(Aus dem alten Wien)』라는 책에서 도나우 강변의 풍채 당당한 나무들을 기념물로 꼽았다. "도나우 섬에서 사랑 받는, 이 거대한 규모와 위엄을 자랑하는 느릅나무와 은백양은 여기 아닌 다른 어디에서도 찾아볼 수 없을지니, 나무가 죽을 때까지 베지 말고 보존할지어다." | 은백양(Populus alba)은 지름이 2.5m까지 자라며, 400~500년까지 살 수 있다는 점에서, 흑백양을 능가한다. 주기적으로 침수되는 연목림(軟木林, Weichholzaue) 지역에서 잘 자라는 흑백양과는 달리, 은백양은 유독 1년 내내 침수되지 않는 경목림(硬木林, Hartholzaue) 지대에서 자란다. [801] 은백양은 사시나무와 은백양의 교잡종인 회색백양(Populus canescens)과 헷갈리곤 한다. 회색백양의 잎은 은백양보다 뒷면의 털이 적게 나 있고 잎 가장자리도 비교적 밋밋하다. 잎에 난 이 솜털은 대기 중에 떠다니는 먼지를 다량 흡착해 두었다가 비가 올 때 다시 씻겨 내리도록 한다.

[800] 하인리히 한스야콥(Heinrich Hansjakob, 1837~1916년) : 독일 바텐 지방의 신부이자 역사가, 정치가로 자연 과학과 정치학 저술은 물론 소설을 쓰기도 했다. [801] 연목림(軟木林, Weichholzaue)과 경목림(硬木林, Hartholzaue) : 하천변의 수변 지역에는 목재의 재질이 무른 연목림(softwood forest)과 목재의 재질이 단단한 경목림(hardwood forest) 지대가 인접해 있다. 연목림 지대는 주기적으로 침수되지만 경목림 지대는 침수되지 않는다. 하천변 연목림 지대에는 버드나무류, 흑백양, 오리나무류 등이 자라며, 경목림 지대에는 느릅나무, 은백양, 물푸레나무 등이 자란다.

31 | Die Pappel *Populus* sp. | 포플러 | 나무 신화(Mythos Baum) : 나무로 본 유럽 민속의 기원과 효능

[636] ↑
[637] →

↑ 에르메농빌(Ermenonville) 공원의 호수 한가운데 있는 인공섬에는 양버들에 둘러싸여 있는 장 자크 루소(Jean Jacques Rousseaus)의 무덤이 있었다. 그의 무덤은 유명해져, 위에 그려진 프랑스 기스카르(Guiscard)의 정원에서처럼 후세의 다른 화가들의 그림에서도 자주 모방되었다. 라보르드(Alexandre de Laborde), 〈기스카르 성(Le Chateau de Guiscard)〉, 동판화, 19세기.

사시나무

↑ 자작나무 묘목과 마찬가지로 포플러는 잘 자라며 까다롭지 않다. 클로드 모네(Claude Monet)가 그린 봄날의 포플러 〈포플러 아래 햇빛의 효과(Sunlight Effect under the Poplars)〉, 1887년, 슈투트가르트 미술관(Staatsgalerie Stuttgart) 소장.

"미동도 않는 나무와 수풀 / 내 정원의 / 적막한 공기. / 사시나무(Espe) 혼자만이 / 수많은 잎을 떤다. / 흔들리는 가지부터 / 나무 꼭대기까지 [⋯]" 〔헤르만 클라우디스(Hermann Claudius)〕 | 사시나무(Zitterpappel, *Populus tremula*)의 잎자루는 다른 포플러보다 더욱 납작하게 눌려 있어 바람이 조금만 불어도 흔들린다. 이 "사시나무 잎 떨 듯 하(zittern wie Espenlaub)"는 특징은 너무도 뚜렷해 그 이름 〔독일어 'Zitterpappel'은 직역하면 '떠는 포플러'라는 뜻이다.〕에 담겨 있으니, 학명 또한 라틴어 '트레메레(tremere)' 〔=떨다〕에서 유래한 것이다. 속설에 따르면, 사시나무(Espe) 〔옛 고지 독일어로는 'Aspe'〕가 이렇게 끊임없이 떨어야만 하는 까닭은 그리스도가 십자가에 못 박혔을 때 다른 나무들은 모두 고개를 숙였는데 사시나무만이 숙이지 않아서라고 한다. | 사시나무는 길어야 100년까지 살므로 흑백양이나 은백양에 비해 수

명이 훨씬 짧다. 그 목재는 가볍고 쉽게 쪼개지지만 하중을 잘 견딘다. 누런색을 띠는 목재는 합판이나 MDF〔중질섬유판〕, 펄프 등의 제조 공업에 이용된다. 예전에는 사시나무를 벽돌 굽는 일에 땔감으로 선호했는데, 목재의 연소가 빨라 벽돌의 내구성을 증진시키기 때문이었다. | 사시나무는 전형적인 양수로서, 제 그늘 아래서조차 어린 나무가 자라지 못한다. 그러나 나무가 없는 허허벌판에서는 자작나무, 소나무와 함께 가장 먼저 자리를 잡는 선구수종 또는 '초창기 수종'에 속한다. 1812년 나폴레옹이 모스크바의 거의 전 지역을 초토화했는데, 이듬해 폐허가 된 도시에 처음으로 자리 잡은 나무가 사시나무라고 한다. 이런 현상은 나중에 발발한 전쟁〔제2차 세계 대전〕에서도 별반 다르지 않았던 듯한데, 이를 베르톨트 브레히트는 포플러에 관한 시에서 잘 표현해 낸다. | "포플러 한 그루 카를 광장에 서 있다. / 폐허 도시 베를린 한복판 / 그리고 사람들이 카를 광장을 지날 때면, / 그 따스한 푸르름을 본다."[*] | 중국에서는 구충제로 사용되기도 하는 어린 사시나무의 황갈색 껍질은 나이가 들어서도 비교적 밋밋하지만, 검은색의 흑백양 껍질은 시간이 지나면서 점점 주름이 생긴다. 사시나무는 비버(beaver)들이 좋아하는 나무로, 다른 나무보다도 사시나무 속껍질(bast)을 좋아한다. 북미 대륙 인디언 또한 별다른 부작용 없이 매일 1~2kg 먹을 수 있는 사시나무 속껍질을 늦겨울의 구황 식품으로 여겼다. 또 기침이나 변비를 치료하는 데 복용하기도 했다. 아델베르트 폰 샤미소에 따르면, 시베리아 거주 민족들은 '괴혈병(Scharbock)을 예방하는' 비타인 C의 공급원으로, 그리고 매독(Syphilis) 치료약으로 이 속껍질을 삶아 마셨다고 한다. | 어느 수수께끼에서 사시나무는 '백천 개 방울을 단 기다란 광대와 홀쭉이'이라고 에둘러 표현되기도 하는데, 이는 길게 늘어지는 꽃차례를 가리키는 것이다.

[*]〔**원문 출처** : G. Honnefelder, *Das Insel-Buch der Bäume* (Frankfurt : Insel-Verlag, 1977) p.265.〕

↑ 위용을 자랑하는 플라타너스.

31 | Die Platane *Platanus* sp. | 플라타너스 | 나무 신화(Mythos Baum) : 나무로 본 유럽 민속의 기원과 효능

[640] ↑
[641] →

플라타너스 Die Platane
Platanus sp.

오오, 헤라 여신의 이름을 걸고, 여기는 참으로 아름다운 쉼터로군!
플라타너스가 이다지도 우람하고 높은 데다,
키도 크고 그 아래 그늘도 짙으니 더할 나위 없이 좋네.
게다가 이제 그 꽃이 만발해서 주변이 온통
말할 수 없이 기분 좋은 향기로 가득하니!

〔플라톤, 「파이드로스(Phaidros)」에서 소크라테스의 말〕

↑ 성수 플라타너스에 차일을 치고 그 아래 앉은 신과 곁에 선 여신에게 일가족이 공양물을 봉헌하고 있다. 전원의 봉헌 부조(Votive Relief), 그리스 기원전 200년경, 뮌헨 글립토테크(Glyptothek). 봉헌 부조는 고대에 신전이나 성소의 기둥, 기단 등에 붙이는 부조 조각으로 대개 공양물을 올리거나 희생 제의를 하는 공양자 가족의 장면을 묘사한다.

외래종 단풍나무

↑ 열매가 공처럼 둥글고 꼭지가 긴 플라타너스는 잎모양이 단풍나무와 흡사하다.

플라타너스속(die Platane)[버즘나무속]은 홀로 버즘나무과(platanaceae)라는 하나의 고유한 작은 과(科)를 이루며 단지 8종만이 북반구에서 자라는데, 그 중 2종은 구대륙에, 나머지 6종은 북미에 자생한다. | 모든 종류의 플라타너스는 공통적으로 서양 단풍나무잎과 닮은 잎을 지니며, 호두알만 한 갈색 열매는 수많은 작은 씨가 뭉친 '구과(Fruchtkugel)'[802]인데, 한겨울 내내 매달려 있어, 잎이 다 떨어진 추운 계절에도 다른 나무와 쉽게 구별할 수 있다. 그러나 잎이 비슷하기 때문에 일반인은 플라타너스와 단풍나무를 혼동하는 경우가 흔하다. 플라타너스를 식별하는 주요 특징 중 하나는 수피로, 누런색, 녹회색, 초록색 등 커다란 비늘처럼 벗겨지는 껍질 조각은 군인의 위장복을 연상시킨다. | 플라타너스는 중유럽 숲에서는 자생하지 않는다. 남동부 유럽에서 전래된 근동 버즘나무 또는 오리엔탈 버즘나무(*Platanus orientalis*)[803]는 식물원이나 군주들의 공원에서 이따금 가꾸는 정도였다. 북미에서 도입된 서양 버즘나무(*Platanus occidentalis*)[양버

즙나무]도 마찬가지였다. 이 2종 사이에서 17세기에 자연 발생적으로 교잡종이 생겨났는데, 부모 세대의 강점을 물려받아 합쳐 놓은 종이었으니, 바로 단풍잎을 닮은 단풍버즘나무(*Platanus acerifolia* 또는 *P. hybrida*)다. 이 새로운 나무는 교잡종다운 전형적인 생명력을 보인다. 생장이 빠르고 추위에 강하며, 양버즘나무에 잎마름병[엽고병(葉枯病)]을 일으키는 균류(菌類)에도 거의 감염되지 않는다. | 크리스토포루스 비르중이 1582년에 쓴 바에 따르면, "플라타너스는 풍차의 재료로 쓰이는 나무로 이탈리아에서 자라며 단풍나무로 그릇되게도 잘못 알려져 있다. 〔…〕 독일에는 자라지 않으며 이탈리아에는 흔하다." 야코부스 타베르네몬타누스는 1588년에 출간한 본초학 책에서 단풍나무 2종만을 거론하는데, 들단풍나무 즉 '독일 단풍나무'와 '외래종 단풍나무'였다. 이 '외래종 단풍나무'가 다름 아닌 플라타너스이다.

↓ 버즘나무(*Platanus orientalis*), 렘베르트 도둔스(Rembert Dodoens)의 『본초서(*Stirpium historiae pemptades sex, sive libri XXX*)』, 1583년. ↘ 양버즘나무(*Platanus occidentalis*), 마크 케이츠비(Mark Catesby)의 『캐롤라이나, 플로리다, 바하마 제도의 자연사(*Natural history of Carolina, Florida, and the Bahama Islands*)』, 1754년.

[802] 구과[Fruchtkugel] : 원어는 씨앗들이 모인 공이라는 뜻이다. 우리 나라에서 구과는 침엽수의 솔방울이나 잣방울 등을 일컬으나 대개 식물 도감에서 플라타너스 열매도 소견과가 모인 구과라고 정의하므로 여기에서는 구과로 옮겼다. [803] 오리엔탈 버즘나무[Orientalische Platane, *Platanus orientalis*] : 우리 나라에서는 버즘나무로 부른다. 버즘나무류의 학명 중에 속명을 원문에서는 플라타나(Platana)라고 표기하고 있지만, 현재는 플라타누스(Platanus)로 통일되어 있어 번역에서는 그에 따르기로 한다.

시골 마을의 정자 나무에서 대도시의 나무로

버즘나무(Platanus orientalis)는 자생하는 고향에서는 물가를 좋아한다. 유럽의 남부와 남동부의 수많은 마을에서 거대하고 넓은 그늘을 제공하는 플라타너스는 주민들의 만남의 장소였다. 유럽에서 가장 유명한 플라타너스는 달마티아(Dalmatia)의 카노사(Cannosa, Trsteno)[804] 근처에 자라고 있다. 한 그루는 성인 남자 7명이, 또 다른 하나는 6명이 팔을 벌려야 간신히 끌어안을 수 있을 정도로 크다. 지난 100여 년 사이에 단풍버즘나무(Platanus acerifolia)는 부모 세대인 버즘나무와 양버즘나무의 자리를 대체했다. 대기 오염에 내성이 있고 공간이 좁아도 적응을 잘하는 데다 전정에 강하고 이식도 쉬워 대도시의 튼튼한 나무로 변모했다. 그러나 수관의 폭이 넓고 바람에 약한 탓에 도심 가로수로서 가치의 한계도 드러내고 있다. 그래서 대개 나무를 과도하게 전정해서 생육을 기형적으로 정지시킨다. | 처음에는 잎에 털이 빽빽하게 자라다가 초여름이 되면 없어진다. 예전에는 담뱃잎에 플라타너스잎을 집어 넣기도 했다. 변재는 밝은 색이 나고 심재는 붉은색 혹은 짙은 갈색을 띠는 목재는 다소 흐린 광택이 있고 가공하기가 용이하다. 주로 무늬목과 선반 세공용으로 쓰인다.

---

[804] 카노사[Cannosa, Trsteno] : 달마티아(Dalmatia)는 크로아티아 남서부, 아드리아 해 연안 지방을 일컫는다. 과거에 로마 제국에 속했으며, 달마시안(Dalmatian) 견종의 기원지이기도 하다. 이 지역의 중심 도시인 두브로브니크(Dubrovnik)에서 약 18km 떨어진 해안가의 작은 마을인 트르스테노를 이탈리아어로 카노사로 부른다. 원서에서는 이탈리아어 지명으로 표기했다. 16세기부터 이어져 온 트르스테노 수목원(Trsteno Arboretum)은 이 일대에서 가장 오랜 수목원 중 하나로 손꼽히며 특히 한가운데 버즘나무 두 그루가 이름난다. 수령은 약 500년으로 추정되며, 가슴 높이 지름이 5m에 달한다.

신들의 선물

↑ 늘푸른 플라타너스 위에 앉아 있는 에우로페. 크레타섬의 고대 그리스 도시 국가 고르티스의 주화, 기원전 300년경.

고대 그리스의 문학과 예술에서 플라타너스는 특별한 지위를 차지한다. 플라타너스는 사람들이 숭배하는 신들의 선물로 받아들여졌다. 현재 뮌헨의 글립토테크(Glyptotek)[805]에는 기원전 200년경에 제작된 그리스의 봉헌 부조(Votive relief)가 소장되어 있다. 성전에 제물을 공양하는 일가족을 묘사한 부조다. 무성한 플라타너스의 나뭇잎 아래의 장면으로, 그늘을 만들어 주는 차양용 천을 드리웠는데 가지에 끈으로 묶어 두었다. | 레스보스섬에서는 해마다 봄의 신들에게 사원 마당 한가운데 있는 성스러운 플라타너스 아래에서 고대 에올리아(Aeolia)[806]의, 황소를 바치는 희생 제의를 올렸다. 크노소스의 플라타너스 아래에서 제우스와 헤라가 결혼식을 올렸다고도 한다.[807] | 또한 제우스는 새로 유혹한 에우로페(Europe)와의 밀회도 플라타너스 아래에서 즐겼다. 크레타의 고르티스섬(Gortys)[고르틴]에 있는 성

[805] 글립토테크(Glyptothek) : 바이에른 왕국의 루트비히 1세의 명으로 19세기 초 뮌헨에 세워진 고대 그리스 로마의 고전 조각 전문 미술관. 글립토테크는 그리스어로 '조각관'을 뜻한다. [806] 에올리아(Aeolia) : 레스보스를 포함한 소아시아의 서부와 북서부의 해안 지역. 아이올리스(Aeolis), 또는 아이올리아(Aeolia)라고도 한다. 현재의 아나톨리아에 해당하며 고대 그리스 도시 국가들이 번성했다.

↓ 경기에 승리한 아폴론은 패자를 마음대로 할 수 있었다. 그는 플라타너스 아래에서 비운의 사티로스인 마르시아스(Marsyas)의 피부를 벗겨냈다.

스러운 샘 옆에 서 있는 거대한 플라타너스 아래에서 제우스와 에우로페는 단 한 번의 잠자리로 아들 3명을 동시에 낳았으니, 그들이 바로 미노스 문명을 창시한 미노스(Minos), 라다만티스(Rhadamanthys), 사르페돈(Sarpedon) 형제[808]다. 테오프라스토스에 의하면 그 이후로 이 나무는 잎이 지지 않는 늘 푸른 나무가 되었다고 한다. 실로 오늘날 크레타섬에는 늘푸른 플라타너스의 변종이 30종 넘게 알려져 있는데, 아주 오래 전 고대에 원래 낙엽이 지던 플라타너스로부터 돌연변이로 발생한 것이다. 이 성스럽고 늘푸른 플라타너스는 도시국가 고르티스에 활기를 북돋는 원천이 되었을 뿐더러 도시의 동전에까지 새겨졌으니, 고르티스의 주화는 플라타너스에 앉아 있는 에우로페였다. | 플라타너스하면 아폴론의 일화도 빼놓을 수 없다. 플리니우스는 소아시아에 위치한 리디아의 아울로크레네(Aulokrene, 피

리의 샘)에 거대한 플라타너스가 있었다고 전한다. 사티로스인 마르시아스(Marsyas)는 아테네 여신이 버린 피리를 주워 부는 법을 익혔고, 후에 이만하면 자신이 피리 연주로 아폴론과 대적할 만하다고까지 여기기에 이르렀다. 시합을 하게 되었지만 불행한 사티로스는 교활한 아폴론에게 지고 말았다.[809] 이제 패자의 운명은 신의 손 안에 놓이게 된 것이다. 아폴론은 마르시아스를 산 채로 플라타너스에 매어 놓고 무자비하게 그의 껍질을 벗겨 냈다. 님프와 사티로스들이 껍질 벗겨진 자를 애도했으니, 눈물에 피가 더해져 강을 이루었고, 그 강 이름을 마르시아스라 부르게 되었다. | 플라타너스는 또한 지혜의 센터로 여겨지기도 했는데, 놀라운 일도 아니다. 태양이 내리쬐는 지중해 국가에서는 서늘한 그늘이 은혜로운 곳이어서, 스승이나 제자나 할 것 없이 그늘을 찾곤 했다. 그리스에는 버즘나무만큼 넓고 시원한 그늘을 드리우는 녹음수(綠陰樹)가 거의 없다. 오늘날에도 계속 가지치기를 해서 잎이 뒤덮이도록 만드는 것이 그 까닭이다.[전정(剪定)한 부분에서 많은 잔가지와 잎이 나기 때문이다.] 마른 잎도 금방 떨어지지 않고 오히려 가지에 더 오래 매달려 있다. 아테네에 있던 플라톤의 아카데미아 학당 산책길 곁의 플라타너스는 유명하다. 그 그늘이 바로 젊은이들이 '현자의 가르침'을 받던 장소였기 때문이다.[810]

[807] **제우스와 헤라의 결혼** : 제우스와 헤라의 결혼 장소에 대해서는 여러 설이 있고, 관련된 나무로 헤스페리데스의 정원에 황금 사과 나무가 대개 등장한다. 크노소스라는 설은 그리스의 역사가 디오도로스 시켈로스(Diodorus Siculus)의 저술 『역사 총서(Bibliotheka Historica)』에 따른 것으로, 크레타 인들은 크노소스 근처의 테렌(Theren River)이라는 강가에서 제우스와 헤라의 결혼식을 밤새도록 재현하는 축제(히에로가미)를 해마다 여는데, 이는 실제로 이 자리에서 열린 결혼식을 계승한 것이라는 내용이다. [808] **미노스 형제** : 에우로페는 크레타로 가서 여왕이 되었고, 세 아들들은 크레타의 왕 아스테리온에 의해 키워졌다. 아스테리온은 처음에는 공정한 라다만티스를 후계자로 내세웠고, 그는 법전을 만들었다. 그러나 미노스가 그 자리를 차지하면서 보이오티아로 쫓겨났고, 사르페돈은 리키아를 세우고 다스렸다. [809] **마르시아스**[Marsyas] : 아테나가 버린 피리는 사슴뼈로 만든 것이었고, 음악의 신 아폴론은 경기에서 리라를 뜯는다. 첫 시합에서 무승부가 나자 화가 난 아폴론은 악기를 거꾸로 연주해서 실력을 겨루자고 제안하는데, 현악기는 뒤집어서도 연주할 수 있지만 피리는 불 수가 없어 지고 만다. [810] **플라톤의 아카데미아** : 곳곳에 물이 흐르고 정자 · 열주 · 벤치 · 신전 등이 조성되어 있었으며, 커다란 플라타너스가 심긴 산책로는 '사색의 길'이라 해 많은 철학자와 제자가 거닐었다고 전한다.

페르시아의 나무

차라투스트라(Zarathustra, 조로아스터)의 가르침에 따르면, 플라타너스는 사이프러스와 함께 천국에 있어야 하며 신들의 나무를 대표하는 것으로 여겨졌다. 아르메니아(Armenia) 최초의 왕들도 그랬듯이 페르시아에서는 플라타너스를 통치권의 상징으로 여겼다. 왕들은 황금빛 플라타너스 아래의 왕좌에 좌정했다. 크세르크세스 대왕은 그리스 원정에 나섰다가 B.C. 480년 살라미스(Salamis) 해전에서 패전하게 되는데, 이 원정길에서 특별한 나무 한 그루를 접하게 되었다. 마이안드로스강(Maiandros)[811]을 건너, 리디아의 칼라테보스(Callatebus)라는 도시에서 몹시도 아름답고 가지가 넓게 뻗은 플라타너스를 발견한 것이다. 그는 이 플라타너스에게 경의를 표하고 황금 장식을 매달게 한 다음 관리인을 두어 영원히 보호하도록 임명했다. 이 원정 중에 시리아에서 플라타너스가 올리브나무로 바뀌었다고, 플리니우스는 의심을 품고 썼다. 아마도 초능력을 써서 장난을 친 모양이다. 페르시아의 나무인 플라타너스의 자리를 올리브나무, 즉 아테네의 나무가 대신 차지하게 된 것이다. | 로마인도 플라타너스가 드리우는 근사한 그늘에 감동했다. 소아시아의 리키아(Lycia)에서 로마의 집정관 리키니우스 무키아누스(Licinius Mucianus)[812]가 서기 70년 자연적으로 정자처럼 속이 텅 비게 된 플라타너스 안에서 손님 18명과 식사를 했다는 일화를 플리니우스가 소개한 바 있다. 초대 받은 손님들은 화려한 만찬을 즐기던 로마의 연회장보다 이 플라타너스의 잎과 가지들에 더 즐거워했다고 한다. 다만 잎사귀 위로 쏴쏴 흩뿌리는 빗소리를 듣지 못해 아쉬웠을 뿐.

Die Platane
Platanus sp.

플라타너스

나무신화(Mythos Baum):
나무로 본
유럽 민속의 기원과 효능

↓ 고대 그리스에서 플라타너스는 최고의 녹음수로 손꼽혔다. 플라톤이나 소크라테스와 같은 유명한 현인들은 플라타너스 아래를 소요하면서 자신들의 지혜를 전수했다.

[811] **마이안드로스강**[Maiandros] : 지금의 멘데레스강. 라틴어로는 메안데르(Meander) 강이라고 부른다. 터키 남서부를 흐르는 강으로 길이 약 600km. 칼라테보스는 지금의 터키 사리괼(Sarıgöl)에 있던 고대 도시다. 본문의 일화는 헤로도토스의 역사에 기록된 내용이다. [812] **리키니우스 무키아누스**[Licinius Mucianus, 1세기경] : 고대 로마의 정치가이자 장군. 네로 황제 사후 시리아에 집정관으로 파견된 적이 있다. 저술가로서 당대 로마 정치가들의 연설문과 편지를 모아 펴낸 한편, 소아시아의 풍물을 기록으로 남겨, 플리니우스가 기이한 일화를 소개할 때 자주 인용하곤 했다.

↓ 사람들은 마을의 중심인 피나무 주변의 생활을 즐겼다. 피나무 아래는 음주가무를 즐기기 좋았고, 그 수관은 음유 시인이 무대를 펼칠 그늘이 되었다.

33 | Die Linde
Tilia sp. | 피나무 | 나무 신화(Mythos Baum) :
나무로 본
유럽 민속의 기원과 효능

[650] ↑
[651] →

피나무
Die Linde
Tilia sp.

마치 '고향'이 지리적 개념이 아니라 하나의 신앙과 같은 상태이듯, 마치 '시간'이 측정에 관한 것이 아니라 정성(定性)적인 과정이듯, 그리고 마치 자연 보호는 과학이라기보다 하나의 신념의 문제이듯, 그렇게 '피나무'는 나에게 한 그루 나무라기보다는 차라리 신비다.

〔후베르트 바인치에를(Hubert Weinzierl)[813]〕

↑ 밀원 식물인 피나무꽃. 꽃자루 중간에 포가 달려 있다.

[813] 후베르트 바인치에를[Hubert Weinzierl, 1935년~]: 독일의 자연 환경 학자. 뮌헨 대학교를 졸업하고 수십 년 동안 자연 보존과 생태주의 관련 활동에 앞장섰다. 독일 환경과 자연 보호 연맹(BUND) 설립을 주도했으며 오늘날 독일 자연 보호와 환경 정책의 바탕을 형성하는 데 결정적 기여를 했다. 〔원문 출처 : Grabe H./Weinzierl H, *Lindenzeit* (Amberg : Amberg, 1991) p.7.〕

피나무시대

참나무류와 주목처럼 피나무(Linde, *Tilia* sp.)[814]도 인간보다 몇 배나 오래 사는 노거수 중 하나다. 피나무의 생장을 두고 일어서는 데 300년, 서 있는 데 300년, 스러지는 데 300년이라는 이야기도 있다. 그 목재는 참나무처럼 부패균에 대한 내성이 있는 타닌 성분을 함유하고 있지 않기 때문에 수백 년에 걸쳐 안쪽에서부터 부패가 진행된다. | 늙고 속이 빈 채로 살아 있는 피나무를 곧잘 보게 되는데, 어떻게 이런 일이 있을 수 있는지 궁금해진다. 게다가 적잖은 피나무가 나이가 들수록 오히려 더욱 생기를 뿜어내니 그저 놀라울 따름이다. 장수의 비결은 오래된 줄기 안쪽에서 땅으로 자라는 새 뿌리로, 거기에서 뻗어내려 노쇠한 나무가 죽으면 새로운 수관을 형성한다. 다시 말해 피나무는 안쪽에서부터 새롭게 회춘(回春)하는 것이다. | 중유럽의 기후 조건이 유리했던 이른바 '간빙기(기원전 약 4,000년)' 시대에는 피나무가 숲의 주요 수종이었다. 그러나 기후가 점차 따뜻해지면서 계속 사라져, 오늘날 피나무 순림은 고작 동유럽과 서부 시베리아에서나 볼 수 있다.

[814] 피나무[Linde, *Tilia* sp.] : 독일어로는 린데(Linde) 또는 린덴바움(Lindenbaum)으로 불리는 이 나무를 우리말 독일어 사전은 '보리수'라고 번역하는데, 식물학적으로 엄밀히 따지자면 잘못된 말이다. 슈베르트의 가곡에 나오는 '보리수(Lindenbaum)'와 석가모니의 '보리수(*Ficus religiosa*)'는 전혀 다른 나무다. 인도의 보리수(菩提樹, *Ficus religiosa*)는 보(Bo), 피팔라(Pipala), 반얀(Banyan), 피팔(Pipal)이라고도 부른다. 우리나라에서 자생하며 키가 1~3m에 달하고 열매는 식용이나 약용으로 쓰이는 보리수나무과(Elaeagnaceae)의 보리수나무(*Elaeagnus umbellata* Thunb.)나 보리장나무(*Elaeagnus glabra* Thunb.) 또는 보리밥나무(*Elaeagnus macrophylla* Thunb.) 등은 인도의 보리수와 다른 나무들이며, 불교에서 의미하는 보리수나 염주와는 연관이 없다. 우리 나라 사찰에서 자라는 보리수는 피나무과(Tiliaceae)의 보리자나무(*Tilia miqueliana* Max)이거나 피나무속(*Tilia* sp.)의 나무들이다. 피나무속 나무들은 잎이 석가모니의 인도보리수와 비슷한 하트형이며, 열매로는 염주를 만들기도 하므로 보리수라고 부른 듯하다. 식물학 측면에서 본다면 독일어 '린데'는 보리수가 아니라 우리 나라의 피나무속에 속하는 나무들이다.

33 | Die Linde *Tilia* sp. | 피나무 | 나무신화(Mythos Baum) : 나무로 본 유럽 민속의 기원과 효능

온순한 피나무와 거친 피나무

전 세계적으로 50종에 이르는 피나무는 비교적 비슷한 특질을 보인다. 잎의 아래쪽이 비대칭인 점과 하트 모양의 잎 형태, 꽃자루에 달려 있는 포, 수피 안쪽에 있는 섬유질의 속껍질 등이 공통된다. 중유럽에서는 여름피나무(Sommerlinde, *Tilia platyphylla*)와 겨울피나무(Winterlinde, *Tilia cordata*) 2종류밖에 자생하지 않는다.[815] 이미 16세기에 식물학자 히에로니무스 보크는 '2가지 서로 다른 종'이 있으니 즉 '온순한 종과 거친 종'이라고 했는데, 그가 말한 온순한 종이 여름피나무를 이른다. | 이 2종류 모두 훌륭한 조각용 목재와 약효가 뛰어난 꽃잎차, 그리고 예전에 요긴했던 속껍질[816] 등을 제공했기 때문에 독일인들과는 떼려야 뗄 수 없는 관계를 맺어 왔다. 6월 초순에서 중순에 꽃이 피는 겨울피나무는 잎 뒷면의 잎맥 사이에 갈색 털이 아주 조금 난다. 꽃차례마다 4~10개의 꽃대가 모여 달린다. 그보다 2주 전에 꽃피는 여름피나무는 이와 달리 흰 잎털이 나고 꽃차례마다 겨우 3~5개만이 모여 달린다는 점으로 구별된다. 이름과는 달리 여름피나무는 산에서 겨울피나무보다 더 고도가 높은 곳에서 자란다. 풀이 무성하고 서늘한 산지의 숲에 가장 잘 자라며, 요구되는 토양 습도는 너도밤나무와 거의 일치한다. 여름피나무가 유명한 곳은 팔츠 숲(Pfälzer Wald)[817]이다. 대개 겨울피나무는 더 안온한 입지를 좋아하며, 특히 여름이 따뜻한 곳에 분포하는 참나무-서어나무 숲에

[815] **겨울피나무와 여름피나무**: 유럽에서 겨울피나무는 비교적 추운 지방인 동부와 북부 지방에, 여름피나무는 남부 지방에 분포한다. 잎의 크기에 차이가 있어 여름피나무를 넓은잎피나무, 겨울피나무를 작은잎피나무라고도 한다. [816] **피나무 껍질**: 우리 나라에서도 예로부터 피나무의 껍질을 밧줄, 그물, 어망, 자루 등 섬유 자원으로 이용했기 때문에 한자 '피(皮)'를 붙여 피나무라 이름했다. [817] **팔츠 숲(Pfälzer Wald)**: 프랑스와의 접경 지대인 독일 남서부 라인란트팔츠 지방에 우거진 숲. 독일은 물론 유럽에서 가장 규모가 큰 삼림의 하나로 프랑스의 보주 산맥과 이어지며 유네스코 생물권 보전 지역으로 지정되어 있다. [818] **헤센 산지(Hessisches Bergland)**: 독일 중서부 헤센주의 라인 산지와 튀링겐 분지 사이의 낮은 산들로 이어진 지역을 이른다. 빽빽한 숲이 우거진 이 산지는, 독일의 주요한 보호 지역 중 하나다.

↑ 연노랑색 단풍이 든 겨울피나무. 피나무잎이 쉽게 분해되고 영양가가 풍부하기 때문에 임업인들은 참나무나 물푸레나무와 같은 주요 활엽수 임분(林分) 주변에 피나무를 조림한다.

33 | Die Linde *Tilia* sp. | 피나무 | 나무 신화(Mythos Baum) : 나무로 본 유럽 민속의 기원과 효능

서 자란다. 가장 이름난 예는 헤센 산지(Hessisches Bergland)[818]와 본(Bonn) 인근의 코텐포르스트(Kottenforst)[819] 숲이다. | 여름이면 피나무 뿌리가 활발히 뻗어나고, 잎에는 어김없이 진딧물이 꼬여서 자가용 운전자에게는 달갑잖은 '단물'을 떨군다.[진딧물이 배출한 단물이 나무 아래 주차된 차의 유리창에 떨어진다.] 그 밖에도 피나무는 배기 가스에 워낙 예민하다 보니 가로수로서는 인기를 잃고 있는 실정이다. 1990년대 중국에서 수입된 피나무(*Tilia oliveri*)[820]는 유해 물질에 내성이 강해 가로수로서는 최적의 나무라고 한다. 그러나 삼림 전문가들은 예나 지금이나 유럽산 토종 피나무[유럽산 여름피나무와 겨울피나무]를 조림학적 측면에서 매우 귀하게 여기는데, 잎이 풍성하고 또한 쉽게 분해되어 토양에 유용하기 때문이다. 겨울피나무는 숲을 조성할 때 보조 임분(Nebenbestand)[821]에 자주 심기는데, 예를 들면 참나무가 반듯하게 자라도록 주변을 에워싸 '보조목(dienende Baumart)'[822] 구실을 하는 식이다.

[819] 코텐포르스트[Kottenforst] : 독일 노르트라인-베스트팔렌주 본 북서쪽의 약 40km² 면적의 넓은 숲이다. 라인란트 자연 공원의 동쪽 끝을 이룬다. [820] 중국 수입 피나무[*Tilia olveri*] : 중국에서는 분단(粉椴)이라고 부르며 산시, 저장, 후난, 간쑤, 후베이, 쓰촨성 등 중원의 고산 지대에 자생하던 나무다. 영어로는 보통 올리버스 라임(Oliver's lime), 독일어로는 올리베르스 린데(Oliverslinde)라고 부른다. [821] 보조 임분[Nebenstand] : 숲을 조성할 때 주된 수종이 아니라 그에 부차적인 몇 가지 수종들로 이루어진 임분을 말한다. 상층목의 수관(樹冠)에 나쁜 영향을 미치지 않는 중간 이하의 키를 지닌 나무들, 또는 앞으로 키가 자라더라도 아직은 어린 후계목들도 이에 해당할 수 있다. [822] 보조목[dienende Baumart] : 하층 식생(Unterholz)은 숲의 아랫 부분을 형성하는 키 작은 나무나 잡초, 이끼류 등을 가리킨다. 이들은 숲의 습도를 높여 주고 지표면의 온도를 항상적으로 유지하는 등 생태학적으로 가치가 높은데, 그 중 여기서 말하는 '디넨데 바우마르트'는 숲의 주된 미래목들이 곁가지를 어려서부터 마구잡이로 곁가지를 뻗지 않고 위로 곧게 뻗어오르도록 도움을 주는 종들을 말한다. 직역하면 '도와주는 수종' 정도가 되는데, 우리 나라에서는 이런 나무들을 보조목으로 정하고 있다. 벌판에서 홀로 자라는 나무들은 수관이 옆으로 퍼지며 잔가지가 많지만, 여러 나무들이 빽빽한 틈속에서 자라는 나무들은 햇빛을 더 많이 얻으려고 곧고 높이 자란다. 특히 줄기가 곧게 자란 참나무는 독일에서 매우 고가로 거래되기 때문에 조림에서 매우 중시된다.

부드러움의 상징

조림 수종으로서 피나무가 참나무나 독일가문비나무만 한 각광을 받아 본 적은 한 번도 없다. 그런데도 독일인의 마음 속에서는 최고의 나무로 자리 잡고 있었으며, 유사 이래로 농가나 마을, 수도원, 성 주변에 가장 많이 심긴 나무였다. 피나무의 중요성은 여러 성씨(姓氏)에도 나타나는데, 스웨덴의 식물학자 린네의 성도 여기서 유래했다. [스웨덴어로 피나무는 '린드(Lind)'다.] 독일어권에서는 1,142개의 지명이 피나무(Linde)와 관련 있다. 린다우(Lindau), 린덴펠스(Lindenfels), 린데크(Lindeck), 호헨린데(Hohenlinde) 등을 꼽을 수 있겠다. 린츠(Linz)라는 도시의 이름은 원래 린덴하인(Lindenhain)이었고, 라이프치히(Leipzig)는 1485년까지 립스코(Lipsko)라 불렸는데, 이는 피나무 마을이라는 뜻이었다. 독일 학생들은 예전에 "피나무의 고도(古都) 할레(Halle) [독일 중부 작센-안할트주 도시]여, 만세! 번영하라! 번창하라!(Vivat, crescat, floreat)"라고 노래했다. | '린데(Linde)'라는 명칭이 어디서 유래했는지 더는 추정하기 쉽지 않다. 아마도 목재가 연하고 속껍질이 부드러운 것과 관련해서 '부드러운', '유연한'이란 뜻을 지닌 '린트(lind)'라는 독일어와 연관성이 있을 것으로 추정된다. 16세기에 의사 로니체루스는 그의 약초학 책에서 "린데라는 이름에는 부드러움(Lindigkeit)이 깃들어 있다."라고 주장한 바 있다. 린드부름(Lindwurm)[823]은 피나무(Linde) 안에 사는 용이 아니라 바로 '구불구불한(lind)' 뱀 모양의 용(龍)이었다. 영어 이름인 '라임 트리(lime tree)' 역시 독일어 '린트'에 어원을 두며, 피나무 학명 중 속명인 '틸리아(Tilia)'와 프랑스어의 관련 용어인 '테이으(teille)' 또는 '티으(tille)'는 실을 뜻하는 그리스어 '틸로스(tilos)'에서 유래했으며, 피나무 속껍질의 섬유 조직을 일컫는다.

33 | Die Linde
Tilia sp. | 피나무 | 나무신화(Mythos Baum) :
나무로 본
유럽 민속의 기원과 효능

마을의 피나무 아래서 추는 춤

↑ 린드부름(lindwurm)은 그 이름이 뜻하는 바 그대로, 딱딱하거나 구부러지지 않는 용이 아니라 유연하고 민첩한 용이다.

옛날부터 독일 민족의 나무는 참나무가 아니라 피나무다. 너그러운 모성애를 내뿜으며 꽃이 필 때면 꽃과 벌을 하나로 감싸안는 듯 보인다. 꽃이 활짝 핀 피나무가 불러일으키는 감상은 이루 말로 묘사하기 어려워 그저 고향이나 따스함, 보살핌 같은 단어들밖에 표현할 수 없다. 피나무와 꿀벌은 서로 긴밀하게 결합된 하나의 개념 쌍이다. 꽃에서 꿀이 엄청나게 생산되다 보니 급기야 나무가 '신성 로마 제국의 양봉장'으로 이름을 올렸으며(「숲의 문화사」편 '신성 로마 제국의 양봉원' 참고), 피나무가 많았던 뉘른베르크의 산림은 중세 내내 '제국의 꿀벌 정원'으로 간주되었다. | "피나무, 너 하나뿐이다. / 꿈에서조차 네 이름 피나무라고 들은 적 없는, / 눈먼 이에게도 기꺼이 인사하는 나무."〔프리드리히 헤벨, 「피나무(Linde)」〕[824] | 동프로이센에서는 아이가 죽으면 이렇게 말했다. "네 아버지가 온화한(lindne) 영혼을 심었다." 피나무 꽃은 독일인의 마음을 사로잡는다. 또한 "주

[823] 린드부름(Lindwurm): 영어로 '린드 웜(lind worm)'이라고도 부른다. '유연한'이라는 뜻의 '린트(Lind)'와 '벌레', '용'을 뜻하는 '부름(Wurm)'의 합성어로, 뱀처럼 생긴 전설상의 괴물을 이른다. 가장 유명한 린드부름의 하나인 요르문간드(Jormungandr)는 거대한 바다뱀 형상을 하고 독을 뿜는다. 대개 린드부름은 강이나 바다에 사는 독룡으로 여겨졌으나, 후세에는 날개나 다리가 붙은 형상으로 발전하기도 했다.

↓ 독일 바이에른의 쾨칭(Kötzing)에 있는 '볼프람피나무(Wolframslinde)'는 수목학적으로 매우 가치 있는 나무로, 지름이 5m에, 수령은 대략 1,000년인 것으로 알려졌다.

33 | Die Linde *Tilia* sp. | 피나무 | 나무신화(Mythos Baum) : 나무로 본 유럽 민속의 기원과 효능

인은 그래도 주인. 아무리 온화할지라도(linden) 무뚝뚝한(eichen) 하인을 누르는 법."라는 옛 속담도 있다. 독일의 옛날 카드 놀이에서 (1472년에 처음으로 기록되었다) 피나무잎은 자유 농민 계급을 상징한 반면 참나무의 도토리는 무산 하층 계급을 상징했다. 전사(戰士)들은 항상 참나무잎으로 투구를 장식했지만, 성지 순례자들은 피나무잎을 지녔다. | 오늘날 도시에서 많은 사람들이 회합하는 장소가 다목적 홀이지만, 예전에는 피나무였다. 피나무는 전형적인 마을의 중심이었을 뿐 아니라 전체 독일 영토의 정중앙에서도 푸르름을 자랑한다. '다시 통일된 독일의 피나무'라는 이름 아래 황제피나무(Kaiserlinde, *Tilia pallida*)[825]가 1991년 독일 국토의 정중앙으로 새로이 측량된 튀링겐의 소도시 니더도를라(Niederdorla)[826]에 심겼다. 통일 전 연방 독일의 지리적 중심선이 교차했던 헤센주의 헤르브슈타인(Herbstein)에서 2km 떨어진 275번 국도 옆에도 피나무를 심어 표시했다. | 피나무는 일찍이 요정들의 장미 정원에서도 중심이었다. 크림힐트[『니벨룽겐의 노래』의 주인공. 「너도밤나무」 편 역주 [240] 참조.]의 정원에도 꽃이 만개한 피나무가 한 그루 있었는데, 그 아래 그늘에는 500명의 여인이 쉴 자리가 있었다고 한다. 12명의 영웅이 여인들을 지켰는데, 그 영웅들 중에서 가장 유명한 이가 지그프리트였다. 시인들도 피나무를 친교의 중심으로 칭송하는 데 지칠 줄 몰랐다. 1200년 무렵에 고트프리트 폰 슈트라스부르크(Gottfried von Straßburg)[827]는 『트리스탄

[824] 프리드리히 헤벨의 「피나무[*Linde*]」: 프리드리히 헤벨의 원 시는 원서의 구절과 조금 다르다. 화자는 이른 아침 숲속을 산책하다 백일몽을 꾼 듯 눈앞에 아무것도 보이지 않는 상태에 이르는데, 때마침 피나무를 발견하고 안식을 얻는다. 시의 마지막 연에서 이렇게 읊는다. "너 사랑스런 나무여 / 눈먼 이조차 네게 기꺼이 인사 건네누나 / 꿈에서조차 네 이름 / 피나무라고 들은 적 없을지라도." [825] 황제피나무[Kaiserlinde, *Tilia pallida*]: 베를린에서 처음 발견된 피나무 변종(變種) 중 하나로, 과거 독일 제국이나 황제와 관련된 장소에 기념수로 자주 심겨져 왔다. 공해에 강해 도심 가로수로 자주 식재하고 있다. [826] 니더도를라[Niederdorla]: 독일이 통일되던 해인 1990년 독일의 동서남북에서 가장 중앙이 되는 지점을 측정한 결과, 이 소도시가 독일 국토의 정중앙으로 측량되었다. 이 곳은 북위 51도 10초, 동경 10도 27초에 위치해 있으며, 1991년 2월 26일에 국토 정중앙을 기념하기 위해 황제피나무가 식재되었다. 1990년부터 이른바 '국토 정중앙 축제(Fest am Mittelpunkt)'라는 행사가 매년 열리고 있다.

(Tristan)』에서 '푸른 피나무잎(das grüne Lindenblatt)'이 제공하는 쾌적한 그늘을 읊었다. 동시대의 연애 시인 나이트하르트 폰 로이엔탈(Neidhart von Reuenthal)도 그의「겨울의 노래」에서 비슷한 내용을 쓴다. "겨울아, 너는 우리를 피나무의 너른 품에서 끌어내려 작은 방구석에 우겨넣는구나." 12세기 독일의 가장 유명한 연애 시인이었던 발터 폰 데어 포겔바이데(Walther von der Vogelweide)는 이 나무 아래에서 벌어지는 연인의 밀회를 노래했다. "들판가 피나무 아래, 우리 둘의 침소가 있는 곳…." 마을 가운데 나무 아래에서 춤추는 것도 흔한 일이었다. "피나무 아래에서 우리는 노래하고 술 마시며, 춤추고 즐기고 싶어한다."고 마르틴 루터가 말했는데, "왜냐하면 피나무는 우리에게 평화와 우정의 나무인 까닭이다." | "목동이 춤추러 간다고 차려 입었네. / 울긋불긋 저고리를 입고, 띠를 두르고, 화관을 썼네. / 꾸미고 나선 꼴이 멋들어지는군. / 피나무 둘레는 이미 사람들로 꽉 들어차고, / 너나 없이 신나게 춤을 춘다네. / 야호, 야호! / 얼씨구나! 야호! / 바이올린 활 소리도 춤춘다."〔괴테,『파우스트』1부〕| 그런데 이런 자유분방함이 방자함으로 변질되지 않도록 경고하는 민요도 있다. "피나무는 낙엽이 져도, / 가지만은 남아 있지. / 젊은 처녀들이여, 그것을 기억해 / 너희 화환을 꼭 붙들거라." 순결하고 정숙한 처녀만이 마을의 피나무에서 먼저 시작되는 춤(Vortanz)을 출 수 있었다. [828] 만약 '타락한' 처녀가 피나무 아래서 이런 춤에 끼어 더럽히면, 피나무를 '정화해야' 했는데, 나무 주변 잔디를 갈아엎어 버린다는 뜻이다. | 춤판이 벌어지는 피나무는 대개 잘라서 계단을 내거나, 나뭇가지 위에다가 단상을 만들기까지 했다. 대개 나무로 된 구조물을 피나무 가지에 걸쳐 설치하고 거기에 무대를 깔았다. 오늘날에도 독일에 이렇게 춤추는 무대가 설치된 피나무들이 몇몇 남아 있다. 쿨름바흐(Kulmbach)의 작은 마을 림메르스도르프(Limmersdorf)의

33 Die Linde
Tilia sp.

피나무

나무 신화(Mythos Baum) :
나무로 본
유럽 민속의 기원과 효능

←옛 독일의 트럼프 카드에서 소위 '나뭇잎'은 피나무 잎을 단순화한 것이었다. 페터 플뢰트너(Peter Flötner)의 카드 중 하나, 16세기.

사다리 달린 피나무 '린덴케르바(Lindenkerwa)'는 성 바르톨로메우스(Bartholomäus) 축일 다음 일요일(대개 8월 마지막 일요일)에 그 일대에서 떠들썩한 볼거리가 된다. 또 다른 아주 멋들어진 피나무 무대는 튀링겐의 피스텐(Peesten)에 있는데, '복층'으로 확장한 무대였다. 아래나 옆에서뿐 아니라 나무 속에서 쌍쌍이 돌며 춤출 수 있는 곳도 있었다. 바이에른주의 카스베르크(Kasberg) 시 쿠니군덴(Kunigunden) 마을 피나무[29]는 속이 비어 있고 엄청난 크기를 자랑했는데, 한꺼번에 6쌍이 그 빈 속에서 춤출 수 있었다고 한다.

[827] 고트프리트 폰 슈트라스부르크[Gottfried von Straßburg, ?~?] : 13세기의 궁정 서사시 『트리스탄과 이졸데(Tristan und Isolde)』의 작자다. 생애는 알려져 있지 않으나 시민 계급 출신으로 추정된다. 슈트라스부르크(지금의 프랑스 스트라스부르)의 사제관에 출입했으며, 라틴어, 신학, 그리스와 로마 신화, 프랑스 문학에 통달한 교양인이었다. 마르케 왕의 가신인 트리스탄과 약혼녀 이졸데의 운명적인 사랑을 노래한 대표작 『트리스탄과 이졸데』는 1210년경에 쓰인 것으로 미완성으로 끝나 후에 다른 작가들이 완성했다.
[828] 먼저 추는 춤[Vortanz] : 16세기에 독일에서 정형화되어 알르망드(Allemande)라는 이름으로 유럽으로 퍼져 나간 바로크 춤의 형식은 우선 다소 느리고 정적인 4박자의 춤을 먼저 추고(Votanz), 뒤이어 경쾌하고 빠른 3박자의 춤(Nachtanz)을 추는 것이다. 중세 귀족 계급이 추던 앞의 느린 춤은 파반(Pavanne) 등으로 발전했고, 농민들의 춤에서 유래한 뒤의 빠른 춤은 가야드르(Galliard)로 정착했다가 왈츠로 발전하게 된다. 여기서는 정숙하고 고귀한 처녀만이 4박자의 느린 춤에 참여할 수 있었다는 뜻이다. [829] 카스베르크 피나무[Kasbergerlinde] : 이 피나무는 원래 둘레가 16m에 달했다고 한다. 현재 수세가 매우 쇠약해 있지만, 아직 천연 기념물로 지정되어 있다.

최초의 옷

현재 나무의 속껍질을 뜻하는 단어(Bast)는 옛 고지 독일어로는 피부, 치마단, 솔기 등의 의미 로 쓰였는데, 이를 통해 과거 속껍질의 용도를 유추할 수 있다. 고대에 호상 가옥을 짓고 살던 사람들은 이미 당시에 피나무 속껍질로 옷을 만들었으며, 클라우디스 황제와 동시대 사람인 폼포니우스 멜라는 독일인에 대해, "남자들은 짧은 가죽 외투나 나무의 속껍질을 걸쳤다"라고 기록했다. 독일의 조상은 보드랍디 보드라운 속껍질로 전투용 방패도 만들었다. 여러 겹으로 엮다 보면 강력한 충격도 흡수해 낼 수 있었던 것이다. 그리스에서는 피나무 속껍질로 만든 종이를 알고 있었으며, 속껍질을 띠처럼 길게 찢은 것으로 점을 보기도 했다. | 피나무는 수피에서 속껍질 가닥이 유난히 많이 나기로 유명하다. 나무의 속껍질은 2차로 형성된 껍질인데, 특별한 처리를 거쳐 섬유질을 추출할 수 있다. 속껍질을 추출하려면 피나무 껍질을 5월 중순에 벗긴 후, 그 안쪽의 연한 부분을 폭 10cm 크기로 나누어서 다발로 묶었다. 이것을 아마(亞麻)를 생산할 때처럼 '바래기'하는데, 깨끗한 속껍질이 분리될 때까지 찬 물에 오래 담가 놓는 과정으로, 보통 10월까지 걸렸다. 그 후 햇빛에 말리면 속껍질이 손쉽게 올올이 분리된다. 이 속껍질은 최종적으로 길이 1~2m, 폭 약 2cm 크기로 잘려 시장에서 거래되었다. 지름이 35cm쯤 되는 피나무 줄기에서라면 약 45kg의 속껍질이 생산된다. 테신 지방의 몬테 카르피노 (Monte Carpino)에서는 20세기 전후까지만 해도 해마다 15t의 피나무 속껍질을 수확했다. | 피나무 속껍질 수공업은 아주 유서 깊으며, 그 중에서도 단연 새끼 꼬는 일이 손꼽힌다. 활시위, 끈이나 밧줄, 벌통, 말안장과 마구류 등을 이렇게 만들었다. 소목장이 사용하는 아교솔도 피나무 속껍질로 만든 것이다. (야자잎에서 추출한) 값싼 라피

↓도나우 강의 지류인 독일의 인(Inn) 강가 안디젠(Andiesen)에 자라고 있는 1,000년 된 피나무.

Photo by Doris Laudert

아 섬유[830]나 합성 섬유가 시장에 등장하기 전에는 포도주 제조업자나 정원사들에게 피나무가 '노끈' 공급원을 도맡았다. 마지막으로 또 하나 중요한 것은, 예전에는 피나무 속껍질로 미친 사람들의 손을 결박했다는 사실이다. | 피나무 속껍질 실을 뽑아 내려면, 우선 화학 약품에 담가 부드럽게 녹여야 한다. 그 섬유는 매우 뻣뻣해서 자루나 신발 같은 거친 직물에나 적합하다. 피나무 외에도 느릅나무와 버드나무, 자작나무 등에서도 속껍질을 얻을 수 있다. | 스위스의 민간 요법에서는 피나무 속껍질이 또 다른 용도로 쓰인다. 화상을 입었을 때, 찬물에서 이 속껍질을 긁어 곤죽처럼 만든 것을 환부에 붙이면 빨리 낫는다는 것이다.

[830] 라피아 야자나무(*Raphia farinifera*) 속껍질 : 주로 마다가스카르에서 생산되고 있는 야자나무 속껍질로 20세기 초반부터 수출에 주력해 현재는 라피아 야자나무 숲이 상당수 황폐해졌다고 한다.

리그눔 사크룸, 신성한 목재

↑ 예전에 밧줄 제조자들은 피나무 껍질로 밧줄과 끈, 그리고 활시위, 띠 등을 만들었다.

오래 전부터 피나무는 '리그눔 사크룸(lignum sacrum)' 즉 신성한 목재로 여겨졌으니, 수많은 성상(聖像)을 이 목재로 조각했기 때문이다. 색이 하얗고 상당히 연하며 재질이 고른 까닭에 조각과 선반 세공 작업에도 안성맞춤이었다. | 프로테스탄트이자 약초학의 아버지였던 히에로니무스 보크는 피나무 항목을 설명하면서 "인간이 나무로 형상을 조각해 놓고서는 교회에서 성인(聖人) 대신 이것을 숭배한다"며 비난했다. 실제로 바이트 슈토스(Veit Stoß), 틸만 리멘슈나이더(Tilman Riemenschneider), 루트비히 슈반탈러(Ludwig Schwanthaler) 같은 저명한 조각가들이 만든 장엄한 성상과 성찬대, 장식용 구유 등이 대부분 피나무 목재를 깎은 것이다. 폴란드의 민족 성지인 쳉스토호바(Częstochowa)의 성모 마리아도 피나무 판 위에 그린 것이다. 그러나 피나무 목재는 단백질 함유량이 높아 해충 피해를 쉬 입는다. | 일상 생활에 긴요한 도구 생산에도 피나무가 한몫을 했다. 나무 신발, 대접, 숟가락, 그밖의 일용품들이 흔히 피나무제였다. 예전에는 화약 제조용으로 주로 쓰였으며 치아 위생[831]에도 이용되었던 피나무 숯은 요즘은 그저 소묘용 목탄으로나 쓰일 따름이다.

피나무 법정[832]

"유디키움 수브 틸리아(Judicium sub tilia)" 즉 피나무 아래에서 거행되는 재판은 수많은 사료(史料)에 기록으로 등장한다. 예로부터 신성시해 온 나무인 피나무에 진실을 밝히는 능력이 있다고 믿었기 때문이다. 나무 아래의 재판정은 역사가 유구하며 수많은 문화권에서 나타나는데, 구약에도 이에 대한 언급이 있다. "여선지(女先知) 드보라가 이스라엘의 사사(士師)가 되었는데, 그는 에브라임 산지(山地) 라마와 벧엘 사이 드보라의 종려나무 아래 거했고 이스라엘 자손은 그에게 나아가 재판을 받더라."[「사사기」][판관기] 4장 5절] | 이와 대조적으로 아테네에서는 건물 안에서 재판을 했다. 거기에도 예외는 있었다. 어느 살인죄 재판에서 재판관이 범인과 함께 한 지붕 아래 있기 싫다며, 고대 게르만족이 하던 것처럼 나무 그늘 아래로 나와 재판을 한 것이다. | 1678년 마이엔펠트(Maienfeld)[833]에서 시행되었던 범죄 형 집행 규칙에서는 재판은 "피나무 밑에서 그리고 다른 곳이 아닌 밝은 '하늘' 아래에서" 거행되어야만 한다고 강조했으며, 한스 작스 또한 이렇게 말했다. | "우리 시골 사람은 그런 꼼수는 쳐 주지 않아. / 어차피 우리의 재판은 하늘 아래 피나무 곁에서 열려 / 금세 판결이 내려질 터이니 [⋯]" | 중세 게르만 족의 재판 회의인 민회(民會, Thing)[834] 또는 슈란네 법정(Schrannengericht)은 1년에 2번씩 대부분 노천의 민회소에서 거행되었다. 모든 자유민, 즉 '군역의 의무를 진 이들(Waffenfähigen)'은 의무적으로 각자의 무기를 소지하고

---

[831] **치아 위생 용품**: 예전에는 피나무 숯에 샐비어잎과 회향(茴香), 명반 등을 섞어 구취 제거제로 사용했다. [832] **피나무 법정**: 중세에는 대부분 노천의 커다란 나무 아래에서 재판을 열었다. 피나무, 느릅나무, 참나무 등이 대표적이었는데, 그중 피나무가 가장 많이 법정 나무로 이용되었다. 피나무가 신성한 힘을 지녔다고 여겨졌을 뿐 아니라 높게 자라며 수명이 길고 잎이 무성해 넓은 그늘을 제공하기 때문이다. 이와 같은 역사적 내력 때문에 피나무는 곧 법정과 동의어로 사용되기도 했다. [833] **마이엔펠트**[Maienfeld]: 스위스 작가 슈피리(Johanna Spyri)가 쓴 소설 『하이디(Heidei)』 마을로 유명한 스위스 동부의 작은 도시. [834] **민회**[民會, Thing]: 고대 게르만족의 인민 재판 집회. 집회가 열리는 장소인 민회소는 노천의 노거수 아래에 다소 높게 단처럼 만들었다.

↓ 근대까지도 피나무나 참나무 아래서 재판이 진행되었다. 호베르크 남작의 『귀족의 전원생활』 중에서, 1687년.

나와야 했고(민회 참가의 의무, Thingpflicht) 민회의 화합을 깨는 자는 엄중하게 처벌받았다. 그러자면 형을 언도해 집행할 수 있도록 미리 규약이 정해져 있어야(thingfest) 했다. 대부분의 판결에는 "피나무 아래에서 주어진 대로 […]"라는 맺음말이 붙는다. 헤르만 헤세(Hermann Hesse)의 『피나무 세 그루(*Die drei Linden*)』[『세 그루의 보리수나무』로 번역되었다.]라는 작품에는 나무 아래에서 읽는 판결 주문(主文)에 관한 이야기가 실려 있다. | 프리드리히 베버(Friedrich Weber)[835]는 1922년 그의 담시(譚詩) 「드라이첸린덴(*Die dreizehnlinden*)」에서 재판 과정을 마치 직접 보는 것처럼 생생히 그려낸다. | "[…] 나무 곁의 민회소 / 개암나무 가지로 둘러싸여 있네. / 피나무 줄기 아래 웅크리고 / 음울히 침묵한 채 서 있는 백작(伯爵) / 그의 앞에 사암(砂巖)으로 만든 책상 위에는 / 칼과 밧줄이 […]"

33 | Die Linde
Tilia sp. | 피나무 | 나무신화(Mythos Baum):
나무로 본
유럽 민속의 기원과 효능

피나무 법정에서 추방되다

법 집행 피나무(Femelinde)에서 판결을 받은 자는 즉시 나무에 매달려 교수형에 처해졌다. 만일 피의자가 법정에 출두하지 않으면 추방했는데, 이는 곧 누구든 그를 붙잡는 사람은 그 자리에서 즉결 처형해도 좋다는 뜻이었다. 15세기부터 이런 즉결 재판은 의미를 잃었지만, 극우파들이 툭하면 정적(政敵)을 처단하는 암살(Fememorde)이 1920년대 독일에서 다시 고개를 들었다. 한스 팔라다(Hans Fallada)[836]의 소설 『늑대들 틈바구니에서(Wolf unter Wölfen)』에도 이런 암살 이야기가 나온다. | 독일어권에서 최후의 나무 법정으로 알려진 것은 1870년 하르츠 지방의 폴크만로데(Volkmanrode)라는 작은 도시의 폐광에서 거행되었는데, 당시의 재판권은 고작 삼림법이나 수렵법 위반에 관한 사항까지만 미칠 따름이었다. 그러나 예전에는 바로 거기서 매년 발푸르기스 축일(4월 30일)과 미카엘(Michaelis) 축일[837]에 지방 재판과 즉결 재판이 열렸다. | 게르만족의 법의 신 '치우(Ziu)'[838]는 요일 이름 중 화요일에 이름을 남겼으며 [중세 고지 독일어로는 '치에스탁(Ziestac)'이었다가 이후 '팅탁(Thing-Tag)'으로 바뀌어] 오늘날까지도 딘스탁(Dienstag)으로 내려오고 있다. | 유명한 법정 피나무로 독일 바이에른주 카스베르크의 쿠니군덴 피나무와 함께 수령 1,200년으로 유럽에서 최고령 피나무 중 하나로 손꼽히는, 바이에른주 슈타펠슈타인(Staffelstein)의 피나무를 들 수 있

---

[835] 프리드리히 베버[Friedrich Weber, 1813~1894년] : 독일의 의사, 정치가, 시인. 그의 대표작 「드라이첸린덴」은 작품 속에 등장하는 가상의 수도원의 이름으로 '13그루 피나무'라는 뜻이다. [836] 한스 팔라다[Hans Fallada, 1893~1947년] : 독일 작가. 술과 마약에 취해 살면서도 나치 치하에서 해외로 망명하지 않고 독일에 남아 수많은 작품을 남겼다. 1937년 발표한 『늑대들 틈바구니에서(늑대들 사이의 늑대)』는 1차 세계 대전 이후 독일 경제의 붕괴와 그에 따른 혼란상을 그린 소설이다. [837] 미카엘[Michaelis] 축일 : 죽음의 천사이자 천상의 지휘관인 대천사 미카엘의 축일로 9월 29일이다. 미카엘의 임무 중 하나는 최후의 심판 날, 나팔을 불며 인간의 영혼을 저울에 다는 것이다. [838] 치우[Ziu] : 천상의 신이자 전쟁의 신. 민회에서 옳은 편을 수호하는 법의 신으로 게르만족 최고 신이었다. '치우(Ziu)'는 옛 고지 독일어 표현으로 '티르(Tyr)', '티우츠(tiuz)', '티바츠(tiwaz)'로도 불린다.

↓ 게르만 전설 속의 영웅 지크프리트의 운명은 피나무와 밀접한 관련이 있다. 그가 용의 피를 뒤집어 쓰고도 불사신이 되지 못했던 것은 그의 어깨에 피나무 잎이 떨어져 그 부분만 용의 피가 묻지 않았기 때문이다. 결국 지크프리트는 피나무 아래에서 하겐의 창에 급소를 찔려 죽음을 맞이하게 된다.

다. 과거에는 이 피나무 그늘 아래 노천에서 "연루된 모든 사람의 입회 아래 법정이" 열렸다. 법정 나무로는 피나무 외에도 참나무가 이용되었으며, 프랑스에서는 느릅나무도 쓰였다. | 많은 지방에서는 마을 사람들에게 피나무 아래에서 공포문을 낭독했다. 과거 헤센주에서는 이를 두고 "S litt enger die Leng(에스 릿 엥에르 디 렝)" 즉 피나무 아래에서 종친다(촌장이 종을 쳐 공포문이 왔음을 알렸다)고 표현했다.

치료제 피나무

아리스토텔레스의 제자 테오프라스토스는 피나무를 '필리라(Philyra)'라는 이름으로 설명했다. 크레타 사람들은 필리라꽃을 가장 오래된 의약품으로 여겼으며, 피나무를 약효가 뛰어난 나무로 여겼다. 우리는 피나무 꽃차를 비교적 근대의 치료제라 생각하는데, 본초학 책에서 17세기에야 처음 언급되기 때문이다. | 미용 분야에서는 '피나무 꽃수(水)'[피나무꽃을 증류해 얻은 용액.]가 오래 전부터 알려져 있어, 일찍이 힐데가르트 폰 빙엔도 자신의 본초학 책에서 "여름철 자기 전에 신선한 피나무 잎을 눈과 얼굴 전체에 덮으라. 그러면 눈이 깨끗해지고 맑아진다"고 설명한 바 있다. | 피나무 꽃차는 딱총나무꽃과 비슷한 효과를 내는 배당체를 함유하고 있다. 유행성 감기에 걸렸을 때 뜨겁게 해 꿀을 타서 마시면, 땀이 나고 가래가 삭으며 경련이 완화된다. 피나무 숯은 위장의 독성 물질과 산을 응고시키는 작용이 있어, 민간에서 그 수요가 점점 더 늘고 있다. 숯과 함께 곧바로 설사제를 복용하면, 이런 물질들을 몸 밖으로 배출할 수 있다. 또한 배에 가스가 찼을 때나 위에 염증이 생겼을 때, 그리고 장 질환에는 매일 약 5~8g의 피나무 숯을 복용하면 효과가 있다. 심지어 피나무에게 병을 줘 버릴 수도 있었다. 예전에는 "통풍아, 멈춰라, 약해져라, 그리고 사라지거라. 피나무에 매달린 잎처럼, 죽은 자들 곁으로 가거라."라고 말했다.

피나무―인격체

게르만족은 피나무에 사랑과 행운의 여신이자 풍요와 화목한 가정의 여신인 프레야를 새겨 숭배했다. 기독교 신앙이 점점 뿌리 내리기 시작했을 때, 사람들은 오래된 프레야의 성상이나 피나무 법정을 때려 부수고 대신 그 자리에 성모 마리아상을 두었다. 과거의 프레야 피나무는 마리아 피나무[피나무에 성모 마리아상을 조각했다.]로 바뀌었으며, 이것이 오

늘날까지 유일하게 남은, 나무 숭배의 성소(聖所)가 되었다. | '사도(使徒) 피나무(Apostellinden)'는 독일의 고유한 특질로, 잘린 우듬지에서 열두 개의 가지가 나왔다 해서 12사도(使徒)의 이름을 각각 붙인 것이다. 가장 유명한 사도 피나무는 나이 800년에 달하며, 바르부르크(Warburg) 근처의 게르덴(Gehrden)에 있다. 마을에 전해 내려오는 이야기로는 수십 년 전 성(聖) 금요일에 유다로 지목되던 바로 그 나뭇가지가 태풍에 부러졌다고 한다. | 독일에서 가장 긴 피나무 가로수길은 1726년 하노버(Hannover)에 조성된 헤렌호이저길로, 도심과 헤렌하우젠(Herrenhausen)을 잇는다. 제2차 세계 대전 후 연합군이 점령하던 시기에 이 길이 주차장으로 남용되면서 석유 오염이 심해져, 많은 나무가 죽었다. | 시에서는 1972년에야 비로소 모두 2km에 달하는 길을 재정비했고, 총 1,219그루의 복제한 황제피나무[황제피나무의 가지를 꺾꽂이해 번식시켰다.]를 길가에 심었다. 부르거로트(Burgerroth)의 알텐베르크(Altenberg)에서 자라는 쿠니군데 피나무에는 고유한 전설이 전한다. 성 쿠니군데[839]는 그녀의 밤베르크성(Bamberg)에서 면사포 3장을 바람에 날려 보내면서, 그 면사포가 떨어지는 곳이면 어디든지 교회를 짓기로 약속했다고 한다. 한 면사포가 타우베르강(Tauber)의 지류인 골라흐(Gollach) 개울의 피나무에 걸렸고, 바로 그 나무 앞에 예배당을 세우게 했다. | 마지막으로 피나무에 얽힌 가장 오래된 사랑 이야기로 필레몬(Philemon)과 바우키스(Baucis)에 얽힌 그리스 신화를 빠트릴 수 없다. 오비디우스는 『변신 이야기』에서 헤르메스와 제우스 신이 지친 방랑자의 모습으로 프리기아(Phrygia) 바닷가에 나타난 이야기를 한다. 인간의 참 성품을 엿보고자, 그들은 숙소와 음식을 구걸했다. 다른 사람들은 모두 문전박대했지만, 늙은 농부 부부, 필레몬과 바우키스만이 그들을 반겨 주었다. | 작별을 고할 때, 신들은 이 야박한 민족에게 벌을 내렸지만 손님을 친절

33 Die Linde
Tilia sp.

피나무

나무 신화(Mythos Baum) :
나무로 본
유럽 민속의 기원과 효능

↓〈쳉스토호바의 검은 마리아(Matka Boska Czestochowska)〉. 폴란드 남부에 위치한 쳉스트호바(독일어로 첸스토카우)의 마리아상은 피나무 판 위에 그린 것이라고 한다.

하게 맞이했던 노부부만 홍수가 들이치기 전에 때맞춰 산 위의 신전으로 몸을 피하게 했다. 부부는 성전을 지키면서 오래오래 살았다. 생의 마지막 날이 다가왔을 때, 그들이 함께 죽고 싶다는 소원이 이루어졌다. 죽음의 순간에 필레몬은 참나무로, 부인 바우키스는 피나무로 변신했다. | "이미 얼굴 위까지 나무 우듬지로 변해 올라왔을 때에도, / 시간이 허락하는 한 서로 이야기를 나눴지. / '안녕, 내 사랑하는 이여!' / 둘이 계속 서로를 부르는 사이 몸이 가려지더니 / 이윽고 나뭇잎이 얼굴을 가렸다.…"〔오비디우스,『변신 이야기』〕

〔839〕**성 쿠니군데**〔Kunigunde von Luxenburg, 980~1033년〕: 신성 로마 제국의 황제 하인리히 2세(Heinrich II)의 왕비로 독일 밤베르크(Bamberg) 건설에 큰 영향을 끼쳤다. 하인리히 2세와 함께 성인으로추대되었다.

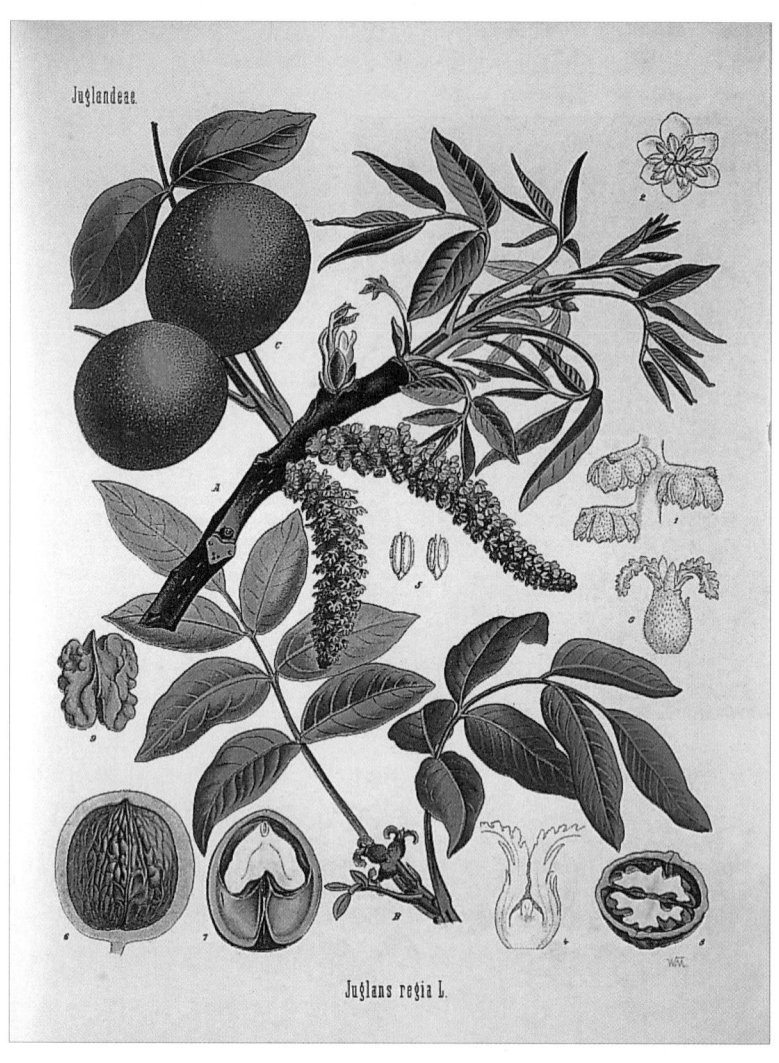

↑ 호두나무(*Juglans regia*)를 묘사한 식물학 도판. 프란츠 쾰러(Franz E. Köhler), 『쾰러의 약용 식물(Köhler's Medizinal-Pflanzen)』, 1897년. 늘어지는 수꽃을 보면 호두나무가 미상(尾狀)꽃차례(꼬리꽃차례)를 지녔다는 것을 알 수 있다.

34 | Der Walnussbaum *Juglans regia* | 호두나무 | 나무 신화(Mythos Baum): 나무로 본 유럽 민속의 기원과 효능

호두나무 Der Walnussbaum
Juglans regia

신은 우리에게 호두를 내렸지만, 직접 쪼개 주지는 않으신다.[840]

〔민간 격언〕

↑ 녹색의 육질로 되어 있는 둥근 열매의 외피를 벗기면 호두가 나온다. 이 푸른 껍질은 오래 전부터 태닝 염료로 사용되었다.

[840] 우리가 필요로 하는 것은 이미 세상 어딘가에 주어져 있으나, 그것을 알아보고 제대로 활용할 지혜는 직접 찾아내야 한다는 의미의 독일 격언이다.

사람도 동물들도 좋아하는 만생종

호두나무(*Juglans regia*)는 생장이 빠르다는 특징이 있지만, 따뜻한 남쪽에서 이주해 와 정착한 나무이기 때문에 늦서리에 약하다. 햇볕이 풍부하고 따뜻한 곳의 토심이 깊고 양분이 많은 토양에서 잘 자라며, 해발 700m 이상에서는 거의 못 자란다. 호두 농사를 짓는 사람들은 성 마르코 축일(4월 25일)을 '호두 잡아먹는 날(Nussfressertag)'이라고 부르며 근심하는데, 그런 까닭으로 꽃을 늦게 피우려고 안간힘을 쏟는다.[841] | 호두나무는 높이가 약 20m까지 자라는 늠름한 과실나무다. 평균 수명은 120~150년에 이른다. 호두나무의 특징은 줄기 가운데 속[842]이 방처럼 비어 있고, 잎을 비비면 향이 나며, 회갈색 수피가 세로로 갈라진다는 점이다. 심근성이어서 나무가 어렸을 때부터 일찌감치 땅 속 깊이 주근(主根)을 뻗기 때문에 수목원의 정원사들은 "삽으로 뿌리를 자르는(Unterstechen)"[843] 방법으로 생장을 조절려고 한다. | 남부 독일과 오스트리아의 강변 숲에서는 이따금 껍질이 얇고 크기가 작은 열매가 달린 호두나무를 볼 수 있다. 이 종의 원산지가 어디인지 아직까지 명확히 밝혀진 바 없으나, 아마 그 지방 특유의 종으로 여겨진다. 중유럽이라고 해도 기후적으로 유리한 지역, 일례로 포도나무 재배지 같은 곳에서는 호두나무도 천연 갱신이 가능하다. 다람쥐, 생쥐, 까마귀 등이 겨울 양식으로 호두를 땅 속에 파묻곤 하는데 그래놓고서 적잖은 경우 이 식량 창고를 잊어버리기 때문에 오히려 호두나무를 퍼뜨리는 데 일조하는 셈이다.

로만 호두나무와 갈리아 호두나무

호두나무는 남동부 유럽(발칸 반도)과 서아시아의 원산지에서 그리스〔여기서는 '카리아(karya)'라 불렸다.〕를 거쳐 이탈리아에 뿌리를 내렸으며, 거기에서 영예롭게도 '요비 글란스(Jovi glans, 주피터의 도토리)'[844]라는 신격의 이름을 얻었다. 중유럽에 호두나무는 일찍이 로마 시대부터 들어왔지만, 독일에는 800년경 카를 대제가 『왕실 재산 조례』에서 이름을 꼽으면서 처음으로 알려지게 되었다. 이 조례에서 '갈리아 너트(Gallische Nuss)'라고 불리던 것이, 콘라트 폰 메겐베르크의 『박물지』에서는 '로만 너트(wählisch Nutz)'라고 설명되었다가, 수 세기 후에는 '벨슈누스(Welschnuss)'라고 불리게 되었다.[845] | 그 이름의 '벨슈(welsch)'라는 표현은 켈트족의 한 부족 이름인 '볼카이(Volcae)'에서 유래한 것으로 추정되는데, '다른 종류의', '외래의', '낯선'이라는 뜻이다. 알레만(Alemanne)〔독일 서남부〕 사람들은 그런 민족들을 통틀어 (갈리아나 이탈리아에 산다는) 벨헨(Welchen) 또는 발허(Walcher)라고 보았기 때문이다. | 16세기부터는 "하젤누스(Haselnuss, 개암) 및 기타 견과류와 구분하기 위해" 바움누스(Baumnuss)〔나무 견과라는 뜻〕라고 불리기도 했다.

[841] **호두잡아먹는 날**〔Nussfressertag〕: 호두나무는 서리에 약해 4월 말경에 꽃이 피어 있을 때 늦서리를 맞으면 한 해 농사를 아예 망치기 때문에 꺼려하는 뜻에서 붙인 이름이다. 4월에 꽃을 보아야 9월에 수확을 할 수 있었으므로 꽃이 서리가 내리지 않을 만큼 늦게 피면서도 일찍 수확하는 품종을 개발하려는 것이다. [842] **속**〔Mark〕: 나무에서 줄기의 중심부를 채우는 조직(pith)으로 한자로는 수(髓)라고 한다. 호두나무의 속은 사다리 모양으로 작은 방이 이어진다. [843] **뿌리 자르기**〔Unterstechen〕: 지상부의 생장을 억제하기 위해 묘목의 뿌리를 자르는 방법이다. 단근(斷根) 작업, 또는 뿌리 끊기라고도 한다. [844] **요비 글란스**〔Jovi glans〕: 요비스 글란스(Jovis glans)라고도 한다. 라틴어로 '주피터의 도토리(acorn of Jupiters)'란 뜻으로, 고대인이 도토리를 신들의 음식이라 여기고, 호두나무의 어린 열매가 도토리를 닮았기 때문에 붙인 이름이라고 한다. 호두나무의 학명 '유글란스(Juglans)'가 여기서 유래했다. [845] **호두의 독일어 어원**: 호두나무는 라틴어로 '눅스 갈리카(Nux gallica, 갈리아 너트)'라고 불렸다. 그런데 독일에서는 갈리아인까지도 벨슈, 즉 (고대 로마에서 기원했다는 뜻의) 로만계라고도 불렀기에, 그에 따라 호두도 '로만 너트(wählisch Nutz, Welschnuss)'라 불리게 되었다. 그러다 18세기에 이르러서 현재의 발누스(Walnuss)라는 이름으로 정착했다. 영어의 월넛(walnut)도 어원이 같다.

후추 대용품이자 태닝 크림

↑ 원래 따뜻한 남녘 들판이 고향이며 '로마 너트'로 불렸던 호두나무는 일찍이 로마 시대에 중유럽에 들어왔다. 수관(樹冠)이 작은 대개의 과실나무와 달리 호두나무는 집 앞 가장 좋은 마당을 차지한다.

호두나무는 수령 15년부터 열매를 맺는다. 열매가 가장 많이 달리는 시기인 30~60년생 나무에서는 한 그루당 연간 50kg의 호두가 생산된다. 호두는 무게의 절반이 지방유인데, 굳지 않아 미술가의 유성 물감에 사용된다. 기름을 짜고 남은 찌꺼기는 가축의 사료로 쓴다. 호두의 주생산지는 이탈리아와 헝가리, 프랑스를 꼽으며, 특히 그르노블(Grenoble)[846] 지역에서 생산되는 호두가 향이 뛰어나기로 유명하다. | 예전에는 소시민들에게 호두나무 한 그루가 큰 재산이었다. 그렇기에 수 세기 전 카를 율리우스 베버(Karl Julius Weber)[847]는 "[…] 그래서 나는 탄원서를 손에 쥐게 되었는데, 어느 농부가 호두를 수확해 번 돈 300굴덴으로 결혼을 허가해 달라고 신청한 것이었다. […]"라고 기록했다. | 호두는 잘 익어야만 맛이 좋은 것은 아니다. 가끔씩은 6월에 아직 익지 않은 푸른 호두를 모아 영국식 '피클(pickle)'로 절여 두기도 한다. | 그리스에서는 호두를 꿀에 조려 그 지역 특유의 향기 좋은 별미를 만든다. 서민들은 초록색 호두 껍질과 잎을 말린 다음 가루를 내어 후추 대용으로 삼았다고 히에로니무스 보크가 1577년 『본초학』에 썼다. | 호두의 푸른 겉껍질은 오랫동안 변하지 않는 갈색을 내기 때문에 예로부터 지금까지 쓰임새가 다양하다. | 미국 독립 전쟁 때 이것으로 군복에 물을 들였고, 마룻바닥에 먹이기도 했다. | 머리카락을 물들이면 자연스러운 윤기뿐 아니라 강렬한 갈색 톤을 낸다. 화장품 업계에서는 오래 전부터 얼굴색을 구릿빛으로 만들어 주는 태닝 제품에 호두 껍질 추출물을 사용했다. 건강을 해치지 않는, 실내 태닝의 대안이 아닐까?〔인공 자외선을 쏘아 살을 태우는 실내 태닝은 피부암을 유발할 위험이 높다.〕| 요한 페터 헤벨의 "담배가 없으면, 호두나무 잎담배도 맛이 괜찮지"라는 말처럼, 몇몇 지방에서는 쌉쌀한 향내가 나는 호두나무 잎이 담배 대용품으로 인기가 높다.

↑ 카미유 피사로(Camille Pissarro), 〈봄의 호두나무(Walnut Tree in Spring)〉, 1894년.

〔846〕그르노블〔Grenoble〕: 프랑스 동남부 론알프 지방의 도시. 알프스 남부 기슭에 있다. 프랑스의 대표 작가인 스탕달의 고향이기도 하며, 호두의 특산지로 유명하다. 〔847〕 카를 율리우스 베버〔Karl Julius Weber, 1767~1832년〕: 독일의 작가이자 풍자가. 생생한 묘사와 위트로 유명하다.

호두가 벌어지면…

견과류는 어느 것이든 —당연히 개암도 포함된다— 예로부터 다산과 풍요의 상징으로 강력한 성적인 뉘앙스를 내포했다. 농민 사이의 속담에는 호두 까는 내용이 자주 보인다. 예를 들어, 옛말에 이런 것이 있다. | "딱딱한 호두와 무딘 이빨, / 젊은 여자와 늙은 남자. / 둘은 같이 맞추면 안 돼지. / 비슷한 것끼리 만나야 되는 법." | 같은 맥락에서 "호두를 껍질째 깨무는" 사람은 누군가를 정신적으로만 사랑하는 것이다. "호두를 먹고 싶으면 가지를 꺾고, 딸을 얻으려면 그 어미 주변을 맴돌아야 한다."라는 말은 결혼 생각이 있는 총각들에게 해 주는 덕담이었다. 과부와 결혼하는 것이 과히 나쁘지 않다는 것을 민간에서는 다음과 같이 표현하기도 한다. "호두가 벌어지면,[848] 속살에 더 가까워질 테지." | 이미 고대 그리스인은 결혼식에서 행운과 다산을 약속하는 의미로 호두를 손님 발밑에 뿌려 놓았다고 한다. 베르길리우스가 말한 "뿌려라, 신랑이여, 호두를(Sparge marite nuces)."는 이와 같은 은총의 힘을 표현한 것이다. 그리스 신화에서는 디오니소스가 라코니아왕(Laconia)의 막내딸 카리아(Karya)의 마음을 사로잡는다. 그러나 시기심을 품은 자매들이 둘의 사랑을 염탐하면서, 어여쁜 카리아는 참혹한 죽음을 맞는다. 그러자 디오니소스는 그녀를 호두나무로 변신시켰다.[849] 훗날 이를 애도하고자 라코니아 사람들은 소녀를 위해 사원을 세워 주는데, 그 건물의 엔타블러처(Entablature)를 호두나무로 깎은 여인상을 기둥으로 삼아 받쳤으니, 이것이 곧 카리아티드(Karyatide)[850]다. 오늘날에도 아테네의 아크로폴리스 에레크테이온 신전에서 지극히 아름다운 카리아티드(코레 홀, Korenhalle)[851]이 우리의 감동을 자아낸다. 지금은 석조로 되어 있는 여신상은 원래 호두나무로 만들어졌던 셈이다.

34   Der Walnussbaum / *Juglans regia*   호두나무   나무 신화(Mythos Baum): 나무로 본 유럽 민속의 기원과 효능

↓아크로폴리스(Akropolis) 코레 홀의 여인상은 원래 호두나무로 조각했던 것인데 이미 고대에 석조로 대체됐다.

[848] 핵과(核果)에 속하는 호두는 원형의 외피(外皮)는 녹색의 육질로 되어 있으며, 그 안에 단단한 골질의 내피(內皮)가 싸여 있고 다시 그 안에 속살이 들어 있다. 여기서 "호두가 벌어진다"라는 표현은 호두가 익으면 겉껍질, 즉 녹색 외피가 벌어진다는 뜻으로 성적 상징성이 담겨 있다. [849] 카리아[Karya] : 그리스 펠로폰네소스 반도의 남동부를 차지했던 라코니아의 왕 디온(Dion)은 아내 암피테아(Amphithea)와의 사이에 리코(Lyco), 오르페(Orphe)와 카리아 세 딸을 두었다. 자매는 아폴론 신으로부터 신통력을 받았는데, 그 조건의 하나가 다른 이의 일을 염탐하는 데 능력을 써서는 안 된다는 것이었다. 동생의 사랑을 염탐함으로써 신과의 약조를 배신했기 때문에 벌로 죽게 되는데 언니들은 돌로 변했다고 한다. [850] 카리아티드[Karyatide] : 고대 그리스의 신전 기둥에 사용되던 여인상. 여상주(女像柱)라고도 한다. 라코니아의 카리아 지역이 그리스와 페르시아 간의 전쟁에서 그리스를 배신하고 페르시아 편을 들었기 때문에 그 여인들에게 신전을 떠받치는 노역을 주었다고도 한다. [851] 코레 홀[Korenhalle] : 코레(kore)는 소녀라는 뜻으로 그리스 고졸기의 소녀 상을 일컫는다. 카리아티드는 코레 상이 발전한 것이라는 뜻에서 이 건축물을 코렌할레(코레 상이 떠받치는 방)라고 부르기도 한다.

독이 있는 나무 — 귀중한 목재

행운을 가져다준다고 여겨진 열매와는 달리, 중세 시대 내내 호두나무는 재앙의 나무로 간주되었는데, 주변 땅의 생산성을 떨어뜨렸기 때문이다.[852] 오늘날에도 시칠리아에서는 "누치 노치(Nuci noci)"〔노체 누오체(noce nuoce), 즉 호두나무는 해를 끼친다〕라는 말을 흔히 들을 수 있으며, 베스터발트(Westerwald)[853]에는 "호두나무 아래에 자라는 식물은 아무짝에도 쓸모가 없다"라는 속담도 있다. 심지어 튼튼한 참나무조차도 호두나무 곁에서 자라면 그 영향권에 들게 되어 죽고 만다고 한다. 농군들만이 그 잎이 냄새를 뿜는다는 점에서 쳐 주었는데, 성가신 모기와 파리를 쫓기 때문이다.〔호두나무 잎과 깍지가 분해될 때 곤충을 쫓는 시트로넬라 냄새가 난다.〕| 호두나무에는 2가지 가치가 있다. 우선 열매부터 꼽겠지만, 또 다른 하나가 목재로, 연한 밝은 빛의 변재와 검은 무늬의 심재는 가구용으로 가치가 매우 높다. 호두나무 목재는 기후와 토양에 따라 그 색깔과 질감의 차이가 몹시 크다. 가장 높이 치는 것은 프랑스, 터키, 코카서스 지방에서 자란 목재다. 가장 값비싼 부분은 줄기의 옹이(Stammkröpfe)로서, 이 부분으로 그 유명한 옹이 무늬목(Kropffurniere)을 만든다. | 전쟁 때는 항상 호두나무 목재의 수요를 공급이 따라잡지 못했다. "총 개머리판으로는 호두나무 목재가 최고다"라고 아델베르트 폰 샤미소가 말했듯이 말이다. 전장포(前裝砲)〔포신의 앞쪽에서 포탄(총탄)을 장전하는 대포(총)〕를 사용하던 시대에는 폭약과 탄환을 앞에서 총신에 밀어 넣어야만 쏠 수 있었는데, 이 때 쓰던 꽂을대〔장전용 밀대〕도 호두나무 아닌 다른 무엇으로 대체할 수 없었다. 아마 유럽산 목재 중에서 호두나무처럼 단단하고, 무거우며 모든 부분에 광택이 골고루 잘 나는 목재도 없을 것이다.

34   Der Walnussbaum / Juglans regia   호두나무   나무신화(Mythos Baum): 나무로 본 유럽 민속의 기원과 효능

↓총의 개머리판과 꽂을대(총탄 장전용 밀대)는 반드시 호두나무로 제작했다. 쇼이펠라인(Schäufelein, 1480~1540년)의 목판화에는 화승총(火繩銃)을 멘 당시의 병사들이 묘사돼 있다.

[852] **타감 작용**[他感作用, allelopathy] : 호두나무에서는 유글론(Juglone)이라는 화학 성분이 나와 주변 식물의 생장을 억제하거나 죽게 한다. 일례로 흑호두나무(*Juglans nigra*) 주변에 토마토를 심으면, 흑호두나무 뿌리가 퍼져 나간 지상부의 토마토는 모두 죽는다고 한다. 이처럼 어느 한 식물이 독성을 내어 주변의 다른 식물의 생장을 저해하거나 죽게 하는 현상을 타감 작용이라 한다. 타감 작용을 뜻하는 알렐로파시(allelopathy)라는 용어는 오스트리아의 생물학자 한스 몰리쉬(Hans Molisch, 1856~1937년)가 제창했다.

[853] **베스터발트**[Westerwald] : 독일 중서부 라인강 유역의 산악 지방으로 헤센, 노르트라인-베스트팔렌, 라인란트팔츠 등 3개의 주에 걸쳐져 있다.

↓ 호두나무의 이름이 벨슈누스(Welschnuß, 로마 너트)로 표기되어 있다. 호두나무(*Juglans regia*), 푹스, 『신본초학』, 1543년.

| 34 | Der Walnussbaum
Juglans regia | 호두나무 | 나무 신화(Mythos Baum) :
나무로 본
유럽 민속의 기원과 효능 |

'찰과상'에 효과가 있는 호두나무 잎

호두나무 잎을 우린 물은 살충 효과가 있어 해충이나 벌레, 기생충 등을 막는 내복약이나 외용약으로 사용되었다. 또한 정화(피를 맑게 한다)와 노폐물 제거 작용이 있기 때문에 피부병을 완화하고 족욕(足浴)을 할 때 발에서 땀이 과하게 나는 것을 막아 준다. | 해충 방지 선탠 오일을 만들고 싶다면 6월에 딴 녹색 호두를 주둥이가 넓은 유리 그릇에 담고 올리브 기름을 그 위에 부은 후 3주 동안 햇빛에 놓아 둔다. 이 기름을 체에 거른 후 냉장 보관하면서 쓰면 된다. | 북아프리카 사람 사이에서는 잇몸을 튼튼하게 하기 위해 어린 호두나무 가지의 껍질로 잇몸을 마사지하는 습관이 있었다. 호두나무 잎이 오랫동안 걸어서 생긴 다리의 찰과상을 보호해 준다는 믿음은 사람들 사이에 오랫동안 퍼져 있었다. 이 사용법이 '작센 왕실의 보병 훈련 규정'에까지 기록될 정도였다. | "나는 따뜻한 여름에는 녹색 옷을 입고 있지. / 그런데 가을이 오면 녹색 옷을 벗어. / 그러고는 돌멩이처럼 단단한 옷으로 갈아 입지. / 망치질로도 깨지지 않아. / 크리스마스가 다가오면 / 나는 황금 옷으로 갈아 입지. / 아이들은 내 황금 옷을 벗기고, / 크리스마스의 푸짐한 음식으로 / 내 속살을 먹지."〔민간에 전하는 수수께끼〕

↓ 호랑가시나무 껍질을 짓이겨 만든 끈끈이를 바른 가느다란 물레 모양 막대는 예전에 명금류(鳴禽類)를 잡는 데 이용되었다. 이 그림을 그린 풍자 화가는 고작 겁쟁이나 그런 부류의 녀석들만이 속아 넘어갈 것으로 생각한 것 같다. 동판화, 1582년.

35   Die Stechpalme
Ilex aquifolium   호랑가시나무   나무신화(Mythos Baum) :
나무로 본
유럽 민속의 기원과 효능

호랑가시나무 Die Stechpalme
Ilex aquifolium

바티칸에서는 종려 주일에 진짜 종려를 사용한다.
추기경은 머리를 숙여 구약의 「시편」을 노래한다.
그 「시편」을 부를 때 간혹 올리브 나뭇가지를 손에 드는 곳도 있고,
산속에서 그 전례를 따라야 할 때면 호랑가시나무조차 사용한다.
마지막으로 초록의 어린 가지로 족하다면 버들가지를 쥐고서라도
경건한 찬양과 영광을 조금이라도 보이리라.

〔괴테, 「상징들(*Symbole*)」〕

↑ 늘푸른 두꺼운 잎이 달린 호랑가시나무는 아래쪽 가지의 잎 가장자리에는 가시가 있지만, 위쪽 가지의 잎은 가장자리가 매끄럽다.

무장한 나무

어디서나 종려 축성식에 호랑가시나무를 사용하는 것이 우연이 아닐 만큼, 호랑가시나무(*Ilex aquifolium*)는 오랫동안 신비화되어 왔고, 미신이 얽힌 이야기를 떠올리게 한다. 상록성 식물이 모두 그렇듯 가죽처럼 두껍고 가장자리에 가시가 뾰죽뾰죽한 잎을 지닌 호랑가시나무도 영생을 상징한다. | 속명(屬名) '일렉스(Ilex)'는 호랑가시나무를 그 잎이 비슷한 상록 참나무(*Quercus ilex*)의 변종이라고 보았던 플리니우스로 거슬러 올라간다. 종소명 '아퀴폴리움(aquifolium)'도 [라틴어='찌르는 잎'] 잎과 관련된다. | 크게 자란 호랑가시나무는 서로 다른 2가지 잎의 형태를 보인다. 꽃이 피지 않는 아래쪽 가지에 난 잎은 가장자리의 각이 예리하고 가시가 있지만, 꽃이 피는 위쪽 가지에는 가장자리의 가시가 적거나 매끄러운 잎이 난다. 위쪽의 잎은 풀어 놓은 가축들에게 뜯길 염려가 없기 때문에 가시와 같은 방어 수단을 달리 만들 필요가 없다는 근거는 별 설득력이 없다 해도, 이 나무가 선견지명의 상징이라는 점은 널리 받아들여진다. | 호랑가시나무는 맹아력이 왕성해 전정에 매우 강하고, 매연에도 강해서 공업 단지에 즐겨 심는다. | 호랑가시나무(Stechpalme)—휠제(Hülse)라고도 부른다—의 또 다른 특징은 불완전한 암수 딴그루라는 점이다. 암나무와 수나무가 따로 있지만, 암꽃에는 퇴화된 수꽃이, 수꽃에는 퇴화된 암꽃이 달리기 때문에 때로는 암나무가 이화 수분(異花受粉) 없이 열매를 맺기도 한다. 붉은 산호색에 씨가 여럿 들어 있는 열매는 새들에 의해 퍼져 나간다. 이 열매에는 아직 밝혀지지 않은 함유 물질에 의한 독성이 있다. 열매 20∼30개면 어른에게 치명적일 수 있다고 한다. 그러므로 호랑가시나무, 금사슬나무[854], 쥐똥나무[855] 등의 독성 열매가 달리는 나무들은 놀이터나 학교에서는 심지 말아야 한다.

↓ 남미에서 차로 마시는 남미호랑가시나무(*Ilex paraguariensis*), 쾰러(Köhler), 『약용 식물(*Medizinal Pflanzen*)』, 1890년. 호랑가시나무와 잎의 모양이 확연히 다르다.

[854] 금사슬나무[*Laburnum anagyroides*] : 콩과 식물의 라브루눔속(*Labrunum*)으로 노란 꽃이 매달려 있어 금사슬나무라고 불린다. 씨앗에 독성이 있어 어린이가 먹을 경우 위험하다. [855] 쥐똥나무 : 쥐똥나무 열매는 독성이 있어 많이 먹을 경우 구토, 설사 등을 일으킨다.

숲속의 잡초

↑ 호랑가시나무꽃을 묘사한 19세기 영국의 식물학 도판.

추위에 약한 호랑가시나무는 온화하고 습한 겨울을 좋아하기 때문에 유럽에서도 해양성 기후를 보이는 지역과 지중해의 산악 지대 등이 최적의 생육지다. 중유럽에서는 겨우 몇 m밖에 자라지 못하지만, 그런 곳에서는 16m까지 자라며 수백 년까지도 산다. 중유럽의 동방 한계선을 보면 흑림 지대부터 라인강 하류를 따라 독일을 세로로 지른다. 하층 식생이 많은 활엽수림에서 까탈스럽지 않게 잘 자라는 덤불로, 뿌리 부근에서 움이 왕성히 뻗어나는 특성 덕분에 넓은 군락을 이룬다. 19세기 산림 전문가인 에른스트 아우구스트 로스매슬러는

호랑가시나무 숲을 심지어 '숲 속의 숲'이라 부르기도 했는데, 대개 가축을 방목하던 참나무 숲에 점차적으로 침투해 자라던 다른 풀들을 해치워 버렸기 때문이다. 그렇게 퍼져나간 곳 어디에서나 급속하게 가시덤불 숲을 이루며 인간이 새로 심은 나무를 뒤덮어 버리기 때문에 호랑가시나무는 산주(山主)에게 숲 속의 잡초로 악명이 높다. 호랑가시나무가 번성하는 산악 지대에는 아직도 다음과 같은 옛말이 전한다. "일제 빌제, 못된 호랑가시나무는 아무도 원치 않아(Ilse bilse, keiner willse, die böse Hülse)!!"[856] 베스트팔렌주의 뮌스터(Münster)에 있는, 아네테 폰 드로스테—휠스호프의 생가인 휠스호프(Hülshoff) 성(城)의 이름도 호랑가시나무에서 유래했다고 한다. | 수백 년 동안 크리스마스와 종려 주일에 호랑가시나무 가지를 무분별하게 사용하다 보니 그 폐해가 드러나기 시작했다. 호랑가시나무로 이름난 일대의 나무들은 이미 20세기 초반에 가지가 극심하게 잘려 나간 후였으며, 이른바 최후의 시점이었던 1935년의 제국 자연 보호법(RNG)[857]에서 일체의 상업적 이용을 불허했다. 그 사이 다행히도 호랑가시나무가 다시 번성하기 시작했다. | 독일에서 가장 유명한 호랑가시나무는 토이토부르크(Teutoburg) 숲에 있는 자연 보호 지역인 '엑스테른슈타이네(Externsteine)'[858]에 있다. 전 유럽을 통틀어서는 영국의 호랑가시나무 숲인 '더 홀리스(The Hollies)'와 '토미스 우드(Tomies wood)'[859]가 식물학적으로 대단히 가치가 있다.

[856] 일제 빌제[Ilse bilse] : 일제(Ilse) 또는 일자(Ilsa)는 여자 이름으로, 못나고 고집스러운 소녀를 칭하는 대명사로 쓰이기도 한다. 여기서 빌제는 사리풀(Hyoscyamus niger)로, 신경 계통을 마비시키는 강한 독성을 함유한 풀이다. 일제, 빌제, 뵈제, 휠제가 각운을 이룬다. [857] 제국 자연 보호법[Reichsnaturschutzgesetz] : 1935년 7월 1일부터 시행된 나치 제국의 법령으로, 독일 역사상 최초로 정부 차원에서 공식적으로 자연 보호를 규정한 법이다. 보호 구역과 기념물을 지정하고, 보호되어야 할 동식물의 수렵을 금지하는 등 당시로서는 세계적으로도 선진적인 내용이었다. 종전 후 오늘날까지 독일과 오스트리아 자연 보호법의 근간을 이룬다. [858] 엑스테른슈타이네[Externsteine] : 독일 노르트라인 베스트팔렌주(Nordrhein Westfalen)에 위치한 사암 지대로 기암 괴석이 장관을 이루는 자연 보호 지역이다. [859] 토미스 우드[Tomies Wood] : 아일랜드 남서쪽에 있는 킬라니(Killarney) 자연 공원 안에 있는 거대한 숲이다. 참나무 숲의 하부에 호랑가시나무 덤불이 군락을 이룬다.

호랑가시나무에게 왕관을

켈트족들은 호랑가시나무를 죽음과 부활의 상징으로 숭배했다. 한겨울 제례 의식 때면 드루이드 사제들은 열매가 달린 호랑가시나무의 가지를 사람들에게 나누어 주었다. 겨우살이의 흰색 열매가 남성의 속성인 씨앗과 죽음과 연결되었던 것과는 대조적으로 호랑가시나무의 붉은 '열매'는 여성적인 생명의 피를 상징했다. 지하 세계의 여신인 헬(Hel)[860]의 나무였으므로 그 목재는 마녀의 마법 지팡이를 만드는 데 각별히 적합했다. 중세 이교도들의 다음과 같은 크리스마스 축제 노래 가사에 의하면 가장 왕다운 나무이기도 했다. "호랑가시나무가 왕관에 제격이네." | 호랑가시나무는 고대 로마인에게 앞일을 예견하는 나무로 여겨졌다. 오비디우스가 썼듯 이탈리아의 예언의 신 피쿠스(Picus, 딱따구리)[861]는 아벤티누스(Aventinus) 언덕의 호랑가시나무가 뒤덮인 신탁(神託)의 숲에 살며 활동했다고 한다. | 호랑가시나무는 로마의 바커스 숭배에서 남성적인 송악에 대응해 여성적인 대상으로 여겨졌기에, 라틴 문화의 다양한 축제에서 이 두 식물로 문 앞을 장식하곤 했다. 2세기경의 신학자 퀸투스 테르툴리아누스(Quintus Tertullianus)[862]와 같은 초기 기독교인들은 이와 같은 비기독교적 풍속을 맹렬히 비난했다. 우상 숭배와 결별한 참된 기독교인이라면 자기 집 대문 앞을 신전처럼 꾸며서는 안 된다는 것이었다. 결국 브라카라[Bracara, 오늘날의 포르투갈 북서쪽 브라가(Braga)]의 종교 회의[863] 이후로 기독교인이 크리스마스에 호랑가시나무를 사용하는 것이 금지되었는데 "이교도들이 행하던 습속"이었기 때문이다. | 호랑가시나무를 숭배하던 오랜 전통은 ―그 형태는 조금씩 다를지라도― 앵글로색슨계 나라들에서 이어져 왔고, 오늘날에도 그 민족 풍습에서 확고한 위치를 차지한다. 이 영어권 나라들에

↓ 소녀와 시종의 주변에 호랑가시나무 장식이 보인다. 단테 가브리엘 로제티, 〈크리스마스 캐럴(A Christmas Carol)〉, 종이에 수채와 과슈, 1852년.

서는 여전히 크리스마스에 '홀리(Holly)'라고 해서 호랑가시나무 가지로 집을 장식한다. 또한 '암호랑가시나무(열매 달린 암꽃 가지)'와 '수호랑가시나무(수꽃 가지)'를 구분하기도 한다. [영어로 각각 '쉬-홀리(she-holly)'와 '히-홀리(he-holly)'] 이런 전통은 모국인 영국에서보다 미국에서 더욱 널리 성행했다. 대규모 호랑가시나무농장에서 가을이면 새들이 열매를 따 먹지 못하도록 나무를 망으로 덮는다. 크리스마스 직전 성수기가 되면 비로소 갓 베어 낸 호랑가시나무 가지가 거래된다.

[860] 헬(Hel) : 북유럽 신화에 등장하는 죽은 자들의 지배자. 로키의 딸로, 반신은 아름답지만 반신은 추하다. 홀(지팡이)을 들고 저승 세계를 다스린다. [861] 피쿠스(Picus) : 사투르누스의 아들로 라틴족이 정착해 세운 라티움(Latium)의 초대 왕으로 전한다. 예언력이 있었는데, 신탁을 받을 때 딱따구리를 이용했다고 한다. 빼어난 미남으로 어느 날 사냥을 나갔다가 그의 모습에 반한 키르케의 구애를 받았다. 이를 거절하자 분노한 키르케가 딱따구리로 변신시켜 버린다. 아벤티누스 언덕은 로마의 일곱 언덕 중 가장 남쪽에 있다. 오비디우스에 따르면 피쿠스는 라티움의 언덕에 살았다고 하고, 피쿠스가 아들 파우누스와 아벤티누스 언덕에 있었다고 한 것은 플루타르크 영웅전에서다. [862] 퀸투스 테르툴리아누스(Quintus Septimius Florens Tertullianus, 155?~230?년) : 북아프리카 카르타고 출신의 신학자이자 기독교의 교부. "삼위일체"를 비롯해 오늘날까지 널리 자리잡은 라틴어 신학 용어를 다수 정립했다. [863] 브라카라(Bracara) : 오늘날은 브라가로 불리는 포르투갈 북서쪽의 도시. 기원전 1세기경 로마인이 점령해 세운 도시로, 561년과 572년에 이교도들이 시행하는 여러 방식에 대해 유죄 판결을 내린 종교 회의가 열렸다.

종려나무 숲과 채찍 손잡이

장미가 그러했듯 유럽에 기독교가 정착하면서 호랑가시나무의 의미도 많이 바뀌었다. | 민간에서 늘푸른 나뭇가지에 대한 숭배가 사라지지 않자, 교부(教父)들은 호랑가시나무를 기독교 풍습에 통합하려고 고심하기 시작했다. 자잘한 전설이 퍼져 나갔는데, 그 하나가 다음과 같은 것이다. "[…] 예루살렘에서 유대인이 필라투스(Pilatus)[864]에게 '그를 십자가에 매달아 처형하라'고 요구하자, 종려나무 가지가 호랑가시나무잎으로 변했다." 이런 연유로 '휠제'는 은총 받은 나무인 호랑가시나무(Stechpalme) [슈테히팔메'는 '잎이 찌르는(stechen) 종려나무(Palme)'라는 뜻이다.]라는 이름으로 바뀌었으며, 봉헌된 그 나뭇가지는 고난 주일에 종려나무 잎을 대신해 성상을 모신 십자가상 뒤에 꽂히게 되었다. 이 장의 맨 앞에 실린 괴테의「상징들」은 이를 언급한 것이다. | 은총 받은 호랑가시나무는 사악한 마귀와 벼락으로부터 사람들과 동물들을 보호한다고 여겨진바, 15세기 설교자 가일러 폰 카이저스베르크(Geiler von Kaysersberg)[865]는 다음과 같이 설했다. "[…] 그런즉 호랑가시나무는 성스럽게 대해야 하며, 집에 꽂아 놓았다가 폭풍우가 몰아치거나 우박이 오거나 천둥이 칠 때 태우면 좋다." | 태운 호랑가시나무나 회양목 가지는 그 밖에도 재를 내었다가 재의 수요일[866]에 신부가 교인들의 이마에 십자가를 그릴 때 썼다. 처음에는 가톨릭 쪽에서만 휠제를 슈테히팔메라는 이름으로 바꿔 불렀다. 마르틴 루터가 이런 이교도의 미신을 비난했지만 별 성과가 없자, 슈테히팔메라는 명칭은 프로테스탄트 쪽에서도 통용되게 되었다. | 천천히 자라는 여타의 나무들이 그렇듯, 호랑가시나무의 목재는 매우 균질하며 단단하고 섬유질이 섬세하다. 심재와 변재의 구분이 없고 눈에 띄게 밝은 색을 띠기 때문에 소목(小木) 작업이나 선반 세공뿐 아니라 특히

35 Die Stechpalme
    Ilex aquifolium

호랑가시나무

나무 신화(Mythos Baum):
나무로 본
유럽 민속의 기원과 효능

[692] ↑
[693] →

↓유대인들이 빌라도에게 예수를 십자가에 매달라고 하자, 종려나무 가지가 호랑가시나무 잎으로 변했다고 한다. 이런 연유로 호랑가시나무가 종려 다발의 일부가 되었다.

중요한 상감 세공에 적당하다. 따라서 목재의 밝은 색이 사라져서는 안 되는데, 그러려면 나무를 겨울에 베어야 하고, 세공은 여름이 되기 전에 해야 한다. 예전에는 호랑가시나무로 채찍 손잡이와 산책용 지팡이를 만들기도 했다. 호랑가시나무로 만든 가장 유명한 산책용 지팡이는 오늘날 바이마르의 프라우엔플란(Frauenplan) 가에 있는 괴테의 집(Goethehaus)에 거장이 앉던 책상 곁에 놓여 있다. 마리안네 폰 빌레머가 괴테의 70세 생일을 기념해 선물한 것이었다.

〔864〕**폰티우스 필라투스〔Pontius Pilatus〕**: 우리말 성서의 본시오 빌라도. 북유대인에 의해 고소된 예수 그리스도를 십자가형을 언도한 로마 시대의 총독이다. 생몰 연도는 알 수 없고 서기 26년부터 36년까지 유대 지방 총독을 한 것으로 알려져 있다. 〔865〕**가일러 폰 카이저스베르크〔Johann Geiler von Kaysersberg, 1445~1510년〕**: 스위스 카이저스베르크 출신의 신학자이자 15세기 종교 개혁기의 이름난 설교자 중 한 사람이다. 〔866〕**재의 수요일〔Aschermittwoch〕**: 사순절(四旬節)이 시작되는 첫날로 성회(聖灰) 수요일 또는 성회례일(聖灰禮日)이라고도 한다. 자신의 죄를 참회하는 상징으로 재를 이마에 바르거나 뿌리는 의식을 행한다.

새 잡는 끈끈이와 마테 차

중세 때부터 명금류를 포획하는 끈끈이는 호랑가시나무 껍질을 으깨고 발효해서 만들었다.[867] 이 껍질에 약간의 송진과 아마인유(Linseed Oil), 꿀을 넣고 잔 섞어 끈끈이 물레(Leimspindel)에 감아 올려질 때까지 꼬아야 한다. 천연 물질로 만든 이 새잡이 끈끈이는 습기와 건조에 매우 예민하기 때문에 주의해서 다루어야 한다. 1653년 『새잡이에 관한 간략한 보고(Kurzen und Einfeltigen Bericht von dem Vogelstellen)』에 기록된 것처럼, 새 사냥꾼은 현장에 도달한 다음에야 끈끈이를 묻힐 막대를 그 용도에 맞게 제작한 막대집(대개 자라면서 가지 속의 심이 비는 딱총나무를 이용했다.[868])에서 꺼내자마자 신선한 끈끈이를 잘 묻힌 다음 "막대집 꺼풀에 따로 내어 둔 작은 구멍에 꽂아 놓는다." | 과거 호랑가시나무가 의료용으로 어떻게 활용되었는지도 잘 알려져 있다. 독성이 있는 열매는 일찍이 변비 치료와 간질에 쓰인 바 있다. 씨를 볶은 것은 남유럽에서 커피 대용이 되기도 했다. | 호랑가시나무의 잎(최근에 독성이 있음이 밝혀졌다!)은 (카카오에도 함유된) 테오브로민(Theobromine)이라는 성분 덕에 일부 지역에서 중히 여긴다. 잎으로 상큼한 맛에 발삼 향이 나는 차를

[867] 새 잡는 끈끈이 : 중세에는 약 20~30cm의 막대기에 접착력이 강한 끈끈이(Le-im)를 묻혀 작은 새들을 잡는 기술이 발달했다. 끈끈이 막대 주변에 새들이 좋아하는 열매를 매달아 유인했다. 물레처럼 생겼다고 해서 지역에 따라 이 막대를 끈끈이 물레라고 부르기도 한다. 독일어의 "누구에게 잡히다" 혹은 "누구에게 속다"를 뜻하는 관용구(Auf den Leim gehen)도 여기서 유래했다. 이 방식의 사냥은 오늘날에도 프랑스 남부, 스페인 등지에서 행해진다. 꿀은 끈끈이가 굳지 않게 하는 역할을 하며 꿀 이외에 과일즙을 넣기도 한다. [868] 딱총나무의 가지 한가운데 심[髓]은 처음에는 흰색이나 옅은 갈색의 무른 심으로 채워져 있으나, 나중에 가지가 마르면서 속이 빈 대롱 형태가 된다. [869] 마테[Mate] 차 : 남미 파라과이나 브라질에 자생하는 마테나무의 잎을 차로 만든 것으로 보통 뜨거운 물에 우려 마신다. 식욕 감퇴와 우울증 치료 등에 효과가 있는 것으로 알려져 있다. 최근 우리 나라에서도 다이어트를 위해 마테차를 마시는 사람들이 늘어나고 있다.

↑ 호랑가시나무의 진녹색 잎과 산호색 열매는 크리스마스 장식에 단골로 등장한다.

만들어 마신다. | 호랑가시나무의 가장 잘 알려진 유사종은 남미호랑가시나무(*Ilex paraguariensis*)를 비롯한 남미의 몇몇 종인데, 그 잎도 남미의 여러 나라에서 국민 차처럼 마시는 마테(Mate) 차[869]의 주재료가 된다. 마테 차의 주성분은 카페인(Caffeine) 외에도 테오브로민, 테오필린(Theophylline), 타닌, 송진 등이다. 마테 차는 원래 파라과이(Paraguay)의 원주민이 마시던 주술적 음료의 하나였다. 제례 의식에서 공동으로 나눠 마시던 이 풍습을 유럽의 정복자들이 받아들였다. 북미 인디언이 평화의 담뱃대로 담배를 나눠 피우는 반면, 남미에서는 오늘날에도 우정과 호의의 표현으로 마테 차를 나눠 마신다.

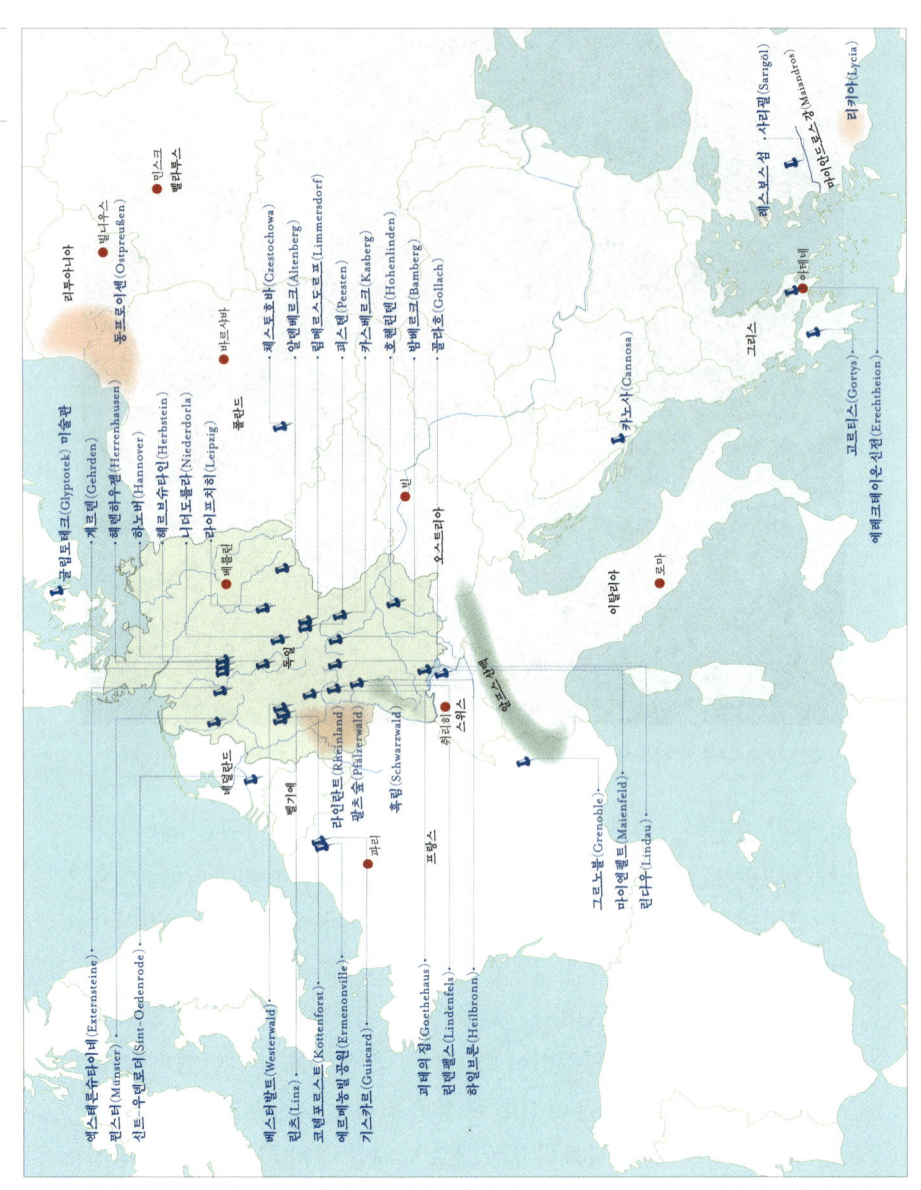

↑ **지도 11** [31 포플러] [32 플라타너스] [33 피나무] [34 호두나무] [35 호랑가시나무]편에 등장하는 지명.

| 35 | Die Stechpalme
Ilex aquifolium | 호랑가시나무 | 나무신화(Mythos Baum):
나무로 본
유럽 민속의 기원과 효능 |

추천도서 (Empfehlenswert Literatur)

[*] 원서의 도서목록을 옮기되 국내에 출판된 책은 한글판 제목을 덧붙였다.

- Allmann, J. (1989): Der Wald In Der Frühen Neuzeit. Untersuchung Am Beispiel Des Pfälzer Raumes. Berlin.
- Anderegg, S. (1968): Der Freiheitsbaum. Dissertation, Zürich.
- Arens, D. (1993): Von Bäumen Und Sträuchern. Köln.
- Bernatzky, A. (1973): Baum Und Mensch. Frankfurt.
- Bernatzky, A. (1988): Leben Mit Bäumen. Wiesbaden.
- Beuchert, M. (2. Aufl.1996): Symbolik Der Pflanzen. Frankfurt.
- Bock, Hieronymus (1577): Kräuterbuch. Reprint Kölbl, München 1964.
- Bode, W. und M. Von Holmhorst (1994): Waldwende. München.
- Boettjcher, C. (1856): Der Baumkultus Der Hellenen. Berlin.
- Borgeest, B. (1997): Ein Baum Und Sein Land. Reinbek.
- Brosse, J. (1967): Der Baum. München.
- Brosse, J. (1990): Mythologie Der Bäume. Olten. [『나무의 신화』, 이학사, 2007]
- Demandt, A. (2002): Über Allen Wipfeln. Der Baum In Der Kulturgeschichte. Wien.
- Durell, L. (1963): Schwarze Oliven: Korfu—Insel Der Phäaken. Hamburg.
- Eggmann, V. und B. Steiner (1995): Baumzeit. Zürich.
- Feininger, A. (1968): Wunderbare Welt Der Bäume Und Wälder. Düsseldorf.
- Friedl, P. (1975): Und Wieder Blühte Der Wald. Rosenheim.
- Fröhlich, H. J. (2. Aufl. 2000): Alte, Liebenswerte Bäume In Deutschland. Buchholz
- Gercke, H. (Hrsg. 1985): Der Baum In Mythologie, Kunstgeschichte Und Gegenwartskunst. Heidelberg
- Giono, J. (1981): Der Mann Mit Den Bäumen. Zürich. [『나무를 심은 사람』]
- Gollwitzer, G. (1980): Bäume, Bilder Und Texte Aus 3 Jahrtausenden. Herrsching.
- Gollwitzer, G. (1984): Botschaft Der Bäume. Gestern, Heute, Morgen? Köln.
- Grabe, H. (1991): Lindenzeit. Amberg.
- Gräter, C. (1996): Der Wald Immergrün. Leinfelden-Echterdingen.
- Gräter, C. (1997): Linde Und Hag. Leinfelden-Echterdingen.
- Haerkötter, G. und M. (1989): Macht Und Magie Der Bäume. Frankfurt.
- Harrison, R. (1992): Wälder. Ursprung Und Spiegel Der Kultur. München.
- Hesse, H. (1984): Bäume. Betrachtungen. Frankfurt. [『헤르만 헤세의 나무들』, 창비, 2021]
- Hilf, R. (1933): Wald Und Weidwerk In Geschichte Und Gegenwart. 2 Bände, Potsdam.

- Hindermann (1984): "Sagichs Euch, Geliebte Bäume...". Texte Aus Der Weltliteratur. Zürich.
- Hockenjos, W. (1978): Begegnung Mit Bäumen. Stuttgart.
- Höhler, Gertrud (1985): Die Bäume Des Lebens. Stuttgart
- Holz Aktuell (Hrsg. Karl Danzer): Reutlingen. Jahreshefte, Die In Unregelmäßigen Abständen Erscheinen.
- Honnefelder, G. (1977): Das Insel-Buch Der Bäume. Frankfurt.
- Hörmann, Fritz (Ca. 1991): Wald Und Holz. Werfen.
- Jünger, E. und J. Siedler (1976): Bäume. Berlin.
- Kasthofer, K. (1828): Der Lehrer Im Walde. Bern.
- Kilian, U. (1982): Baum Und Wald In Der Bildenden Kunst. Diplomarbeit. Freiburg.
- Küchli, C. (1987): Auf Den Eichen Wachsen Die Besten Schinken. Frauenfeld.
- Laudert, D. (2002): Wallfahrtsbäume Im Innviertel. In: Der Bundschuh 5/2002.
- Mannhardt, W. (1875/1877): Wald- Und Feldkulte—Der Baumkultus Der Germanen Und Ihrer Nachbarstämme.
- Mantel, K. (1975): Geschichte Des Weihnachtsbaumes.
- Mantel, K. (1990): Wald Und Forst In Der Geschichte. Alfeld-Hannover.
- Marzell, H. (1995): Bäume In Der Volkskunde. Bad Windsheim.
- Matzek, R. (1995): Durchs Holzauge Betrachtet. 2 Bände. Leinfelden-Echterdingen.
- Mazal, O. (1988): Der Baum. Symbol Des Lebens In Der Buchmalerei.
- Meinl, H. Und A. Schweiggert (1991): Der Maibaum. Dachau.
- Mitscherlich, G. (1982): Wald- Zauber Und Wirklichkeit. Freiburg.
- McPhee, J. (1995): Orangen. Stuttgart.
- Prigann, Hermann (1985): Der Wald. Ein Zyklus. Wien.
- Puchert, H. (1996): Die Buche In Historischen Zeitläufen. In: Buchenwälder—Ihr Schutz Und Ihre Nutzung. Stiftung Wald In Not. Bonn.
- Rheinisches Landesmuseum Trier (1986): Wald Und Holz Im Wandel Der Zeit. Trier.
- Schama, S. (1996): Der Traum Von Der Wildnis. München.
- Schäfer-Schuchardt, H. (1993): Die Olive. Nürnberg.
- Schirarend, C. (1996): Die Goldenen Äpfel. Berlin.
- Schlender, T. (1987): Der Wald In Mythen, Märchen Und Erzählungen. München.
- Schmid, M. (1994): Ginkgo. Stuttgart.
- Schmidt-Vogt, H. (1977): Die Fichte. Hamburg.
- Schneebeli-Graf, R. (1995): Blütenland China: Zierpflanzen. Basel.
- Schneebeli-Graf, R. (1995): Nutz- Und Heilpflanzen. Basel.
- Schoch, O. (1985): Alte Waldgewerbe Im Nördlichen Schwarzwald. In: Kultur Und Technik/1985.
- Schoenichen, W. (1950): Von Deutschen Bäumen. Berlin.
- Schulz, C. (1972): Bäume Und Menschen. Düsseldorf.
- Selbmann, S. (1984): Der Baum. Symbol Und Schicksal Des Menschen. Ausstellungskatalog. Karlsruhe.
- Semmler, J. (Hrsg) (1991): Der Wald In Mittelalter Und Renaissance. Düsseldorf.

- STERN, H. (1979): Rettet Den Wald. München.
- STÜTZER, F. (2. Aufl.1900): Die Größten, Ältesten Oder Sonst Merkwürdigen Bäume Bayerns In Wort Und Bild. München.
- Voss, B. (1997): Citruspflanzen Von Tropisch Bis Winterhart. Pfaffenhofen.
- WAGLER, P. (1891): Die Eiche In Alter Und Neuer Zeit. Berlin. (Nachdruck Nendeln In Lichtenstein 1975).
- WALKER, B. (1995): Das Geheime Wissen Der Frauen. München.
- WEYERGRAF, B.u.a. (1987): Waldungen. Die Deutschen Und Ihr Wald. Berlin.

역사적 인용문의 출처

- ABRAHAM A SANCTA CLARA (1711): Etwas Text Für Alle. Würzburg: Seite 88.
- ABRAHAM A SANCTA CLARA (Nachdruck 1885): Judas, Der Ertz-Schelm: Seite 220.
- AGRICOLA, G. (1656): De Re Metallica Libri: Seite 134.
- AITINGER, J. (2. Auflage 1653): Kurzer Und Einfeltiger Bericht: Von Dem Vogelstellen: Seite 18, 81.
- ANDREE-EYSY, M. (1910): Volkskundliches Aus Dem Bayrisch-Österreichischen Alpengebiet: Seite 221.
- ARCHIV FÜR BUCHGEWEBE (1900). Leipzig: Seite 195.
- AVENARIUS, F. (2. Aufl. 1903): Hausbuch Deutscher Lyrik. München: Seite 146.
- BADER, J. (1843): Badische Volkssitten. Karlsruhe: Seite 149, 182.
- BERG, O. UND C. SCHMIDT (1902): Atlas Der Officinellen Pflanzen: Seite 194.
- BOCK, HIERONYMUS (1577): Kräuterbuch: Seite 58, 68, 186.
- BRANDL, H. (1993): Wald Im Wandel. In: Holz Aktuell, Nr. 9 (Seite 7): Seite 15.
- BREVIARIUMG RIMANI: Kalenderblatt Für November. Bibliotheca San Marco: Seite 107.
- BRONNER, F. (1908): Von Deutscher Sitt Und Art. München: Seite 42, 211.
- BUSCHAN, G. (Vor 1920): Die Sitten Der Völker: Seite 191.
- CAMERARIUS, J. (1577): De Re Rustica Opuscula Nonulla: Seite 92,112,148.
- CAMERARIUS, J. (1590-1604): Symbola Et Emblemata. Nürnberg: Seite 166 Oben, 236.
- CLÜVER, P. (1616): Germaniae Antiquae: Seite 8.
- COMPENDIUM ANATOMICUM NOVA METHODO INSTITUTUM. Amsterdam 1696: Seite 35.
- DECKER, P. (1759): Gothic Architecture Decorated. London: Seite 38.
- DUHAMEL DU MONCEAU, H.L. (1766): Fällung Der Wälder. Nürnberg: Seite 25.

- Duller, E. (1841): Die Geschichte Des Deutschen Volkes. Leipzig: Seite 108, 139.
- Evelyn, J. (1729): Silva, Or A Discourse Of Forrest-Trees. London: Seite 63.
- Falke, J. Von (1888): Geschichte Des Deutschen Kunstgewerbes: Seite 179.
- Feldhaus, F. (1914): Die Technik. Ein Lexikon Der Vorzeit: Seite 135 Oben.
- Florini, Francisci Philippi (1722): Oeconomus Prudens Et Legalis: Seite 10, 13, 89.
- Fuchs, E. (1909, 1910): Illustrierte Sittengeschichte. München: Seite 35, 110, 169.
- Fuchs, Leonhart (1543): New Kreuterbuch. Basel: Seite 199.
- Gartenlaube 1869: Seite 128.
- Göll, Hermann (1870): Das Gelehrte Altertum. Leipzig: Seite 243.
- Gottfried, Johann Ludwig (1743): Historische Chronik. Band 1. Frankfurt: Seite 231.
- Grimod De La Reyniere (1807): Journal Des Gourmands Et Des Beiles: Seite 156.
- Hale, T. (1756): Complete Body Ob Husbandry: Seite 214.
- Helmuth, J. (2. Ausg. 1808): Gemeinnützige Naturgeschichte Des In- Und Auslandes. Leipzig: Seite 33.
- Henne, O. (1892): Kulturgeschichte Des Deutschen Volkes. Berlin: Seite 12, 27, 119, 131, 206 Unten.
- Hilf, R. (1933, 1938): Wald Und Weidwerk In Geschichte Und Gegenwart. Potsdam: Seite 19, 183.
- Hirth, G. (1882): Kulturgeschichtliches Bilderbuch. München: Seite 50, 96.
- Hohberg, W. Freiherr Von (1675): Lust- Und Arzeneygarten Des Königlichen Propheten Davids: Seite 135 Unten.
- Holbein, Hans (1884): Bilder Zum Alten Testament. Reprint Der Ausgabe Lyon 1538: Seite 9.
- Illustriertjeu Gendzeitung. Leipzig 1846: Seite 116.
- Kunckel, J. (1689): Ars Vitraria Experimentalis Oder Die Vollkommene Glasmacher- kunst: Seite 26.
- Kürschner, H. (Hrsg., 7. Aufl. 1888): Pierers Konversationslexikon. Berlin: Seite 202.
- Langlois (1673): L'Art De Peinture Du Fresnoy. Paris: Seite 215.
- Liebe, G. (1899): Der Soldat In Der Deutschen Vergangenheit. Leipzig: Seite 203.
- Löhneyss (1690): Bericht Vom Bergwerck: Seite 24.
- Lütke, Fedor P. (1871): Voyage Autour Du Monde. Amsterdam: Vorsatz
- Majer, M. (1618): Atalanta Fugiens. Oppenheim: Seite 76.
- Matthiolus, P. (1611): Kräuterbuch: Seite 85.
- Mazall, O. (1988): Der Baum. Ein Symbol Des Lebens In Der Buchmalerei. Graz: Seite 141 Links.
- Meisterwerkde Er Holzschneidekunst Aus Dem Gebiete Der Architektur, Skulptur Und Malerei. Leipzig 1884: Seite 7, 104.
- Meyer, H. (1903): Das Deutsche Volkstum. Leipzig: Seite 41.
- Mlelck, E. (1863): Die Riesen Der Pflanzenwelt. Leipzig: Seite 90, 210.
- Mohr, S. (1897): Die Flößerei Auf Dem Rhein. Mannheim: Seite 22.

- Mummenhoff, E. (1901): Der Handwerker In Der Deutschen Vergangenheit. Leipzig: Seite 101, 105, 166 Unten, 206 Oben.
- Münchener Bilderbogen Nr. 179: Seite 196.
- Muther (1884): Die Deutsche Bücherillustration Der Gotik Und Frührenaissance. München: Seite 30, 39, 40.
- Orme, P. De L' (1567): Le Premier Tome De I' Architecture: Seite 249, 256.
- Ovid (1778): Les Metamorphoses D'ovide En Latin Et Francais. Amsterdam: Seite 36, 54, 190, 229, 242 Oben.
- Pabst, G. (Hrsg., 1887): Köhler's Medizinalpflanzen. Gera-Unterhaus: Seite 201.
- Pfizer, G. (1843): Der Nibelungen Noth. Stuttgart: Seite 171.
- Philpot, H. (1897): The Sacred Tree. London: Seite 120.
- Ree, P. (1906): Habe Ich Den Rechten Geschmack. In: Künstlerische Kultur. Stuttgart 1907: Seite 125.
- Reicke, E. (1900): Der Gelehrte In Der Deutschen Vergangenheit: Seite 62, 72.
- Richter, Ludwig (1860): Für's Haus: Seite 157.
- Schama, S. (1996): Landscape And Memory. New York: Seite 60.
- Scherr, J. (1904): Germania. 2 Jahrtausende Deutschen Lebens. Stuttgart: Seite 167.
- Scheuchzer (1 731): Biblia Sacra: Seite 218,233 Rechts, 246.
- Schimpfky, R. (O. J., Um 1900): Unsere Heilpflanzen In Wort Und Bild: Seite 177 Links, 187.
- Thomas, M. (1979): Das Höfische Jagdbuch Des Gaston Phebus (1405-1410). Graz: Seite 17.
- Treitzsaurwein, M. (1775): Weißkunig. Wien: Seite 21, 100.
- Valentin, Basil (1625): Sechs Herzliche Teutsche Philosophische Tractätlein. Frankfurt: Nachsatz.
- Volkamer, J. C. (1708): Nürnbergische Hesperides: Seite 248 Links.
- Weigel, C. (1698): Abbildung Und Beschreibung Der Gemeinnützlichen Haupt-Stände. Regensburg: Seite 47.
- Wickenhagen, F. (Um 1905): Geschichte Der Kunst. Esslingen A. R.: Seite 177.
- Wüermann, K. (1911): Geschichte Der Kunst Aller Zeiten Und Völker. Leipzig: Seite 107 Unten.

인명 색인

[*] 원서의 항목을 따랐다. 신화적 존재를 포함했다.

게르드 Gerd 149, 166, 410, 411
고흐, 빈센트 반 Gogh, Vincent van 485, 486, 503, 628
괴테, 요한 볼프강 폰 Goethe, J. W. von 079, 113, 120, 123, 133, 139, 217, 229, 243, 245, 269, 274, 275, 381, 399, 409, 487, 523, 526, 527, 616, 660, 604, 692, 693, 696
그리스도(예수) Christus / Jesus 103, 107, 115, 119, 123, 151, 167, 180, 195, 196, 199, 274, 312, 317, 327, 329, 360, 372, 379, 381, 390, 415, 426, 427, 488, 496, 497, 553, 638, 693
그릴파르처, 프란츠 Grillparzer, Franz 104, 105
나폴레옹 Napoleon 045, 223, 229, 299, 314, 366, 477, 633, 639
네로 Nero 094, 095, 099, 159, 271, 649
노아 Noah 344, 494, 495
뇌르피 Nörfi 266, 267
뉴턴, 아이작 Newton, Isaac 415
니케 Nike 415
다윈 Darwin 106
다프네 Daphne 096, 510~513
데메테르 Demeter 097, 374, 375, 409
데스데모나 Desdemona 372, 373
데모크리토스 Demokrit 503
도나르(토르) Donar / Thor 289, 291, 591, 610
도이블러, 테오도르 Däubler, Theodor 157
뒤러, 알브레히트 Dürer, Albrecht 383
드로슈테-휠스호프, 아네테 폰 Droste-Hülshoff, Annette von 363, 591, 689
드리오페 Dryope 630, 631, 634
드보라 Deborah 665
디오게네스 Diogenes 639

디오니소스 Dionysos 302, 304, 466~469, 571, 678
디오스코리데스 Doiskurides 134, 135, 186, 201, 213, 379, 394, 430
라스커-쉴러, 엘저 Lasker-Schüler, Else 281, 290, 391
라우린 Laurin 265
라파엘로 Raffael 101
람세스3세 Ramses III 494
래우케 Leuke 630, 631
레나우, 니콜라우스 Lenau, Nikolaus 265, 463
레싱, 고트홀드 에프라임 Lessing, Gotthold Ephraim 410, 411, 595
레오폴트 변경백 Leopold, Markgraf 236, 237
로니체루스, 아담 Lonicerus, Adam 330, 331, 556, 656
로물루스와 레무스 Romulus und Remulus 090, 091, 094, 302, 303, 550
로키 Loki 267, 407, 411, 691
뢴스, 헤르만 Löns, Hermann 191, 192, 251
루이14세 Ludwig XIV 074, 331, 607
루쿨루스, 루키우스 리키니우스 Lukullus 387 388
루터, 마르틴 Luther, Martin 035, 073, 191, 217, 218, 273, 284, 298, 391, 448, 660, 692
룽게, 필리프 오토 Runge, Philipp Otto 183, 189
뤼케르트, 프리트리히 Rücker, Friedrich 626, 633
리멘슈나이더, 틸만 Riemenschneider, Tilman 664
린네, 칼 폰 Linné, Carl von 155, 331, 389, 576, 656

릴케, 라이너 마리아 Rilke, Reiner Maria 297
링크, 오토 Linck, Otto 094, 095
마그누스, 알베르투스 Magnus, Albertus 353, 557
마그데부르크의 브루노 Bruno von Magdeburg 612, 613
마리아(성모) Maria 103, 104, 119, 272, 273, 317, 390, 391, 499, 500, 517, 553, 664, 669, 671
마젤란 Magellan 141
마티올루스(마티올리) Matthiolus, Pierandrea 200, 201, 256, 283, 460
마호메트 Mohammed 268, 269
막시밀리안1세 Mazimilian I 059, 067, 584, 585, 587
멀린(메를렝) Merlin 406, 424, 425, 426, 620
메겐베르크, 콘라트 폰 Megenburg, Konrad von 162, 163, 176, 177, 330, 351, 538, 559, 583, 675
메르제부르크의 티트마르 Thietmar von Merseburg 329
모세 Moses 100, 149, 150, 151, 312, 494, 496, 497
뫼리케, 에두아르트 폰 Mörike, Eduard von 179, 347
뮌히하우젠, 뵈리스 폰 Münchhausen, Börries von 543, 561
미르라 Myrrha 096, 097
미켈란젤로 Michelangelo 300, 315
바그너, 리하르트 Wagner, Richard 233
바우키스 Baucis 670, 671
바울 Paulus 495
바쿠스 Bacchus 271, 467, 468, 470, 471
베르길리우스 Vergil 031, 084, 085, 134, 214, 215, 322, 323, 551, 678
베른의 디트리히 Dietrich von Bern 265, 324

베스파시아누스 Vespasian 094, 095
벤, 고트프리트 Benn, Gottfried 290
보니파시오 성인 Bonifatius 610, 611, 613
보크, 히에로니무스 Bock, Hieronymus 188, 189, 193, 197, 260, 286, 324, 359, 388, 429, 433, 440, 467, 551, 653, 664, 677
보탄 Wotan (오딘을 보라)
볼프디트리히 Wolfdietrich 479
뵐중 Wölsung 409
부처 Buddha 132, 133
브레멘의 아담 Adam von Bremen 325, 329
브레히트, 베르톨트 Brecht, Bertholt 081, 639
브룬펠스, 오토 Brunfels, Otto 470
브리기테(브리지다) Brigitte 552, 553
비너스(아프로디테) Venus 270~272, 276, 305, 323, 405, 409, 412, 511, 551
비르중, 크리스토포루스 Wirsung, Christophorus 298, 299, 643
빌헬름 텔 Wilhelm Tell 402
사무엘 Samuel 095, 496
사울 Saul 496
사포 Sappho 270, 271, 281, 408
생텍쥐페리, 앙트완드 Sant-Exupéry, Antoine de 083
샤미소, 아델베르트 폰 Chamisso, Adelbert von 368, 369, 439, 476, 478, 548, 559, 623, 628, 639, 680
세네카 Seneca 099, 158, 159
셰익스피어, 윌리엄 Shakespeare 201, 307, 373, 591, 592
셰펠, 빅토르 폰 Scheffel, Viktor von 161, 186
소크라테스 Sokrates 616, 641, 649
솔론 Solon 410, 503, 505
수에토니우스 Sueton 094, 095, 515
슈티빌, 루돌프 Stibill, Rudolf 333
슈티프터, 아달베르트 Stifter, Adalbert 245,

385, 635
스파르타쿠스Spartacus 515
시구르드Sigurd (지그프리트를 보라)
신데렐라Aschenputtel 148
실러, 프리드리히 폰Schiller, Friedrich von 120, 122, 129, 419
아담Adam 104, 105, 301, 401, 414, 416, 418
아도니스Adonis 096, 270
아론Aaron 150, 151
아르테미스Artemis 078, 511, 579
아리스토텔레스Aristoteles 055, 134, 135, 579, 669
아모르 (에로스)Amor / Eros 276, 324, 511
아브라함Abraham 097~100, 609
아서 왕 (아르튀르)Artus 086, 087, 299, 405, 406, 424, 425, 620
아스클레피오스Asklepios 513
아우구스투스Augustus 088, 271, 303, 515
아이네아스Äneas 091, 322, 323
아이히, 귄터Eich, Günter 376, 377, 533, 633
아킬레우스Achilles 323
아탈란테Atalante 408, 410, 411
아티스Atys 570, 571
아폴론Apoll 512~515, 630, 631, 646, 647, 679
아프로디테Aphrodite (비너스를 보라)
안데르센Andersen, Hans Christian 121, 122
알렉산더 대왕Alexander der Große 134, 467
에로스Eros (아모르를 보라)
에리스Eris 412, 413
에리시톤Erysichthon 096
엠블라Embla 084, 085, 216, 325
여호와Jehowa, Jahwe 099, 100, 104, 136, 381, 496
오디세우스Odysseus 480, 483, 501, 603
오딘 (보탄)Odin 085, 117, 119, 149, 165~167, 216, 266, 267, 325, 327~329, 354, 405, 407, 409, 411

오르페우스Orpheus 096, 097, 214, 374
오비디우스Ovid 096, 097, 510~512, 591, 635, 670, 671, 690, 691
오시리스Osiris 466
오필리아Ophilia 201, 372, 373,
울란트, 루트비히Uhland, Ludwig 203, 217, 610
윌리엄 1세 (정복왕 윌리엄)William der Eroberer 048, 049, 601
유다Judas 306, 307, 373, 381, 494, 670
이둔Idun 165, 405, 407, 411
이브Eva 104, 301, 401, 412, 418, 561
이사야Jesaja 103, 106, 448
이슈타르Ischtar 085, 086, 405
작스, 한스Sachs, Hans 233, 353
좀바르트, 베르너Sombart, Werner 056, 084, 606
주피터 (제우스)Jupiter / Zeus 084, 151, 324, 325, 337, 351, 409, 467, 483, 497, 504, 505, 511, 513, 612, 613, 630, 645~647, 670, 675
지그프리트 (시구르드)Siegfried 165~167, 659,
지브란, 칼릴Gibran, Kahlil 005, 096
차라투스트라Zarathustra 648
치우Ziu 648, 667
카를 (샤를마뉴) 대제Karl der Große 033, 154, 155, 338, 339
카이사르Cäsar 024, 026, 094, 095, 097, 271, 436, 506, 515, 579
카토Cato 305
카툴루스Catull 154, 155, 506
캐스트너, 에리히Kästner, Erich 092, 112, 113, 486
케레스Ceres 096, 097
케이론Chiron 322, 323, 513
켈러, 고트프리트Keller, Gottfried 366, 367
콜럼버스Kolumbus 141
콜레루스Colerus 054
크나이프, 제바스티안Kneipp, Sebatian 187, 193, 256, 573
크롤로, 카를Krolow, Karl 099

크림힐트Kriemhild 165
크세르크세스Xerxes 498, 499, 648
클레르보의 베르나르Bernhard von Clairvaux 102, 103
키르케 Kirke 483, 691
키벨레 Kybele 273, 570, 571
타베르네몬타누스, 야코부스Tabernaemontanus 197, 220, 228, 229, 403, 643
타키투스Tacitus 005, 024, 025, 058, 059, 099, 112, 168, 372, 401, 436
탄탈로스Tantalos 350, 351, 355
테오프라스토스Theophrast 134, 135, 314, 514, 579, 647, 669
토네트, 미하엘Thonet, Michael 063, 172, 173
토르 (도나르를 보라)
투탕카멘Tut-ench-Amun 493
튀링겐의 성 엘리사벳Elisabeth von Thüringen 274
트리스탄Tristan 084, 233, 469, 659~661
티베리우스Tiberius 095, 515, 538
티치아노Tizian 390, 391
파라셀수스Paracelsus 092, 569
파에톤Phaeton 483, 630
파우누스Faunus 084, 085, 304, 691
파우사니아스Pausanias 499, 513
페넬로페Penelope 501, 603
페룬 (페르쿤) Perun 611, 612
페르세포네Persephone 374, 375, 409, 631
포세이돈 Poseidon 497, 498
폰타네, 테오도르Fontane, Theodor 361, 443, 575
푸쉬카이티스Puschkaitis 236, 237
푹스, 레온하르트Fuchs, Leonhart 379
프라이당크Freidank 034, 035
프라하의 아달베르트Adalbert von Prag 612, 613
프레야Freya 119, 267, 272, 411, 415, 669

프레이르Freyr 149, 410, 411
프리드리히 2세 (프리드리히 대왕) Friedrich der Große 054, 115
프리드리히 바르바로사Barbarossa, Friedrich 309, 354
프리아포스Priapos 304, 305
플라톤Platon 077, 135, 301, 345, 503, 505, 641, 647
플루타르코스 (플루타르크) Plutarch 303, 307, 691
플리니우스Plinius 025, 099, 134, 258, 305, 313, 538, 550, 551, 569, 648, 649, 686
피쿠스Picus 690, 691
피톤Python 513
피티스Pitys 442, 456
필라투스Pilatus 692, 693
필레몬Philemon 670, 671
하데스Hades 097, 374, 409, 630, 631
하마드리아데스Hamadryaden 096, 097, 303, 630
하우프, 빌헬름Hauff, Wilhelm 064, 065, 562, 569
하이네, 하인리히Heine, Heinrich 298, 299
한니발Hannibal 304, 305
헤라Hera 372, 407, 505, 511, 641, 645, 647
헤라클레스Herakles / Herkulus 214, 372, 407, 412, 467, 504, 505, 631
헤로데Herodes 196, 414, 415
헤로도토스Herodot 268, 269, 374, 498, 649
헤르더, 요한 고트프리드Herder, Johann Gottfried 481
헤르메스Hermes 105, 151, 152, 214, 215, 351, 409, 670
헤벨, 요한 페터 Hebel, Johann Peter 111, 168, 677
헤벨, 프리드리히 Hebbel, Friedrich 279, 657, 659

헤세, 헤르만 Hesse, Hermann 666
헤스페리데스 Hesperiden 131, 140, 141, 214, 372, 407, 647
헤시오도스 Hesiod 271, 324, 325
헬 Hel 690, 691
헬리오스 Heliaden 374, 483, 630
호라티우스 Horaz 271, 410, 506
호메로스 Homer 055, 271, 300, 322, 323, 350, 505
홀레 아주머니 Frau Holle 147, 238, 239
횔덜린 Hölderlin 608, 609
후헬, 페터 Huchel, Peter 219
훔볼트, 빌헬름 폰 Humboldt, Wilhelm von 369
히포크라테스 Hippokrates 231, 330
힐데가르트 폰 빙엔 Hildegard von Bingen 154, 155, 228, 255, 278, 330, 592, 615, 669

•〔나무 신화〕나무로 본 유럽 민속의 기원과 효능│〔MYTHOS BAUM〕The Origin and Effect of European Folklore Seen through Trees│지은이 ⓒ 도리스 라우데르트 Written by Doris LAUDERT│옮긴이 ⓒ 이선 Translated by YEE Sun│책임 편집 ⓒ 심세중 Edited by SHIM Sejoong│주석 작성 ⓒ 심세중·이선 Annotation by SHIM Sejoong·YEE Sun│편집 도움 홍지영·김유정·조연하·김나영│표지 일러스트레이션 ⓒ 디자인 콘셉트·구성 박상일＋그래픽 이수경│한국어판 편집·디자인·출판 ⓒ 수류산방 Produced, Edited & Designed by Suryusanbang│•〔MYTHOS BAUM〕ⓒ 2009 BLV Buchverlag GmbH & Co. KG, München/GERMANY 이 책의 한국어판 저작권은 BLV Buchverlag GmbH & Co. KG와의 계약으로 수류산방에서 소유합니다.│• Produced & Published by 수류산방 樹流山房 Suryusanbang│초판 01쇄 2021년 11월 30일│02쇄 2022년 06월 21일│값 38,000원│ISBN 978-89-915-5579-2 03520│Printed in Korea, 2022.06

suryusanbang

② 2022년〔한국에서 가장 아름다운 책〕│① 2021년〔한국조경학회 우수번역상〕

• 수류산방 樹流山房 Suryusanbang│등록 2004년 11월 5일 (제300-2004-173호)│〔03054〕서울 종로구 팔판길 1–8〔팔판동 128〕│T. 82 02 735 1085 F. 82 02 735 1083│프로듀서 박상일│발행인 및 편집장 심세중│크리에이티브 디렉터 朴宰成＋박상일│이사 김범수, 박승희, 최문석│디자인·연구팀 김나영〔피디〕│사진팀 이지웅〔피디〕│편집팀 전윤혜〔선임〕│인쇄 효성문화〔박판열 T. 82 (0)2 2261 0006〕

SURYUSANBANG A. 1–8 Palpan-gil〔128 Palpan-dong〕, Jongno-gu, Seoul, KOREA│T. 82 (0)2 735 1085 F. 82 (0)2 735 1083│Producer **PARK Sangil**│Publisher & Editor in Chief **SHIM Sejoong**│Creative Director **PARK Jasohn＋PARK Sangil**│Director **KIM Bumsoo, PARK Seunghee, CHOI Moonseok**│Editorial Dept. **JEON Yoonhye**│Design & Research Dept. **KIM Nayoung**│Photography Dept. **LEE Jheeyeung**│Printing **Hyoseong Co., Ltd**〔PARK Panyoel T. 82 (0)2 2261 0006〕